中国农垦农场志丛

江苏
淮海农场志

中国农垦农场志丛编纂委员会 组编
江苏省淮海农场志编纂委员会 主编

中国农业出版社
北 京

图书在版编目（CIP）数据

江苏淮海农场志/中国农垦农场志丛编纂委员会组编；江苏省淮海农场志编纂委员会主编.—北京：中国农业出版社，2021.12
（中国农垦农场志丛）
ISBN 978-7-109-29245-1

Ⅰ.①江… Ⅱ.①中…②江… Ⅲ.①国营农场－概况－盐城 Ⅳ.①F324.1

中国版本图书馆CIP数据核字(2022)第047535号

出 版 人：陈邦勋
出版策划：刘爱芳
丛书统筹：王庆宁
审 稿 组：干锦春　薛　波
编 辑 组：闫保荣　王庆宁　黄　曦　李　梅　吕　睿　刘昊阳　赵世元
设 计 组：姜　欣　杜　然　关晓迪
工 艺 组：王　凯　王　宏　吴丽婷
发行宣传：毛志强　郑　静　曹建丽

江苏淮海农场志
Jiangsu Huaihai Nongchangzhi

中国农业出版社出版
地址：北京市朝阳区麦子店街18号楼
邮编：100125
责任编辑：李　梅
责任校对：吴丽婷　　责任印制：王　宏
印刷：北京通州皇家印刷厂
版次：2021年12月第1版
印次：2021年12月北京第1次印刷
发行：新华书店北京发行所
开本：889mm×1194mm　1/16
印张：46.25　插页：24
字数：1200千字
定价：298.00元

ISBN 978-7-109-29245-1

大众分社投稿邮箱：zgnywwsz@163.com

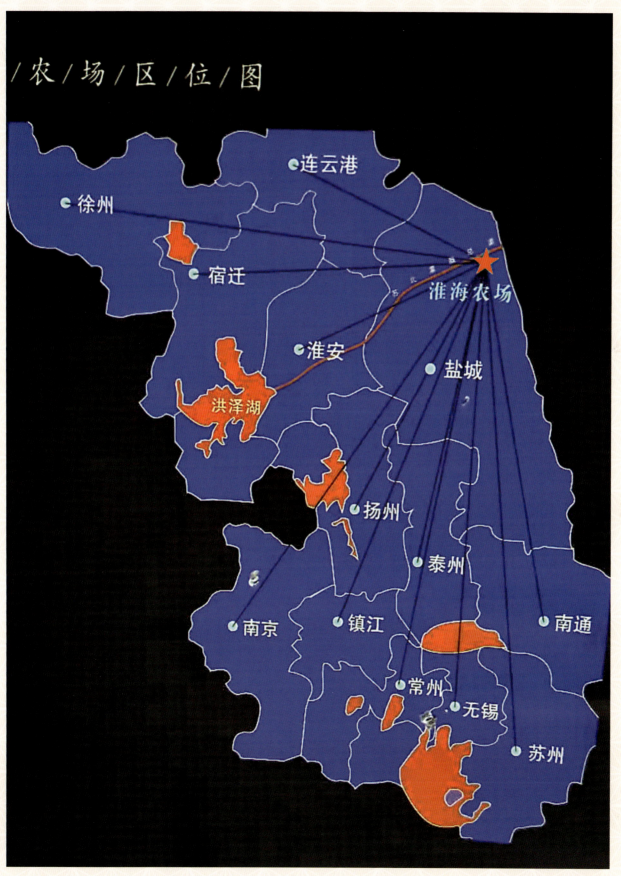

/ 农 / 场 / 区 / 位 / 图

连云港

徐州

宿迁

淮海农场

淮安

盐城

洪泽湖

扬州

泰州

南通

南京

镇江

常州

无锡

苏州

淮海农场区位图

中華人民共和國中央人民政府

人民革命軍事委員會

人民革命軍事委員會命令

於 一九五二年二月 日 北京

中國人民解放軍已勝利進行了抗美援朝、土地改革、鎮壓反革命三大革命運動取得了偉大勝利。朝鮮人民軍與中國人民志願軍並肩作戰，挫敗了美帝國主義的侵略計劃，把敵人趕過三八線，打回到三八線。全國人民反對貪污、反對浪費、反對官僚主義的愛國革命運動，正在全國範圍內，以空前巨大的規模開展著。工農業生產獲得了很大的恢復。為建立一個獨立、自由、繁榮、富強的新中國奠定了基礎。

但是我們從來不滿足於已得的勝利，發展勝利。同志們要知道，中國民族和人民要徹底解放，必須實現國家工業化，而我們已作出了的工作，還只是向這個方向剛才開步走去。同國內外的敵人會千方百計地進行破壞和抵抗，我們還必須大力加強國防建設，以及將來過渡到社會主義的建設中，鞏固人民民主專政，鞏固國防，來保障祖國東方的建設。同志們還要知道，勝利了的中國對祖國東方和世界和平的國際責任，而要更好地擔承偉大的保衛東方和世界和平的責任，要依靠我們對祖國建設的努力。

我們人民解放軍在中國共產黨領導之下，從創建之日起，就具有高度的愛國主義和國際主義精神，本著全心全意為人民服務的宗旨，英勇奮鬥，艱苦奮鬥。今天，我們人民解放軍，將在已有的勝利基礎上，站在國防的最前線，經濟建設的最前線，協同全國人民，為獨立、自由、繁榮、富強的新中國而繼續奮鬥！

為此目的，除各特種兵和大部分陸軍，應繼續加強正規化，現代化的訓練，警惕地站在自己的戰鬥崗位，保衛祖國國防外，我批准中國人民解放軍第四師的改編計劃，將光榮的祖國經濟建設任務賦予你們。軍一〇二師轉為中國人民解放軍建築第四師的改編計劃，我相信你們將在生產建設的戰線上，成為有熟練技術的建設突擊隊。你們過去曾是久經鍛鍊的有高度組織性紀律性的戰鬥隊，你們將以英雄的榜樣，為全國人民的，也就是你們自己的，未來的幸福生活，在新的戰線上奮鬥，並取得輝煌的勝利。當祖國有事需要召喚你們的時候，我將命令你們重新拿起戰鬥的武器，捍衛祖國。

你們現在可以把戰鬥的武器保存起來，拿起生產建設的武器。

此令

主席

（毛澤東簽名）

毛澤東主席簽署的命令

— 4 —

农建四师纪念碑

保持荣誉建设农场

淮海农场场歌

农建四师陈列馆

淮海农场社区分布示意图

誓师大会上，农建四师副师长李桂莲接受毛主席命令

1952年4月20日，农建四师在三厂举行誓师大会

农建四师官兵顶风冒雨浩浩荡荡向垦区进军

农建四师百里连营

农建四师规划建场

农建四师筑堆行硪

建篱笆房

造桥

农建四师战士警惕地守卫着祖国海防

拖拉机修理厂竣工

1952年6月底，第一批从苏联进口的4台斯大林80号拖拉机和随车农具运抵场。图为李桂莲等师首长为机车进场剪彩

农建四师文艺演出——"跑驴"

1953年1月15日，农建四师举行向文化展开大进军的誓师大会

1954年，12团1营3连3排8班在该团举行的拾花竞赛中获"优胜班"荣誉

1954年，农建四师10团3营工作站种植无花果

1954年，马车运花包途中

1954年6月2日，师部机关、文工队、军乐队及全体官兵欢送宝应湖农场筹委会全体人员

1954 年 6 月 12 日，12 团 2 连官兵在田间选种

1954 年 9 月，因雨人工收割

黄海前哨女民兵

自建砖窑厂

1955 年 10 月 29 日，农建四师科团以上干部在场部门楼前留影
（前排左起：三为师党委候补委员、秘书科科长蔡秋明，四为师长艾明山，
五为政委崔济民，六为副政委任经纬，八为政治部副主任徐方恒）

农建四师医院

农建四师干部战士"人定胜天，救苗如救火，有苗就有收"，
夜以继日地进行排水

1956 年 9 月，创办淮海农场职工子弟学校

淮海农场"石灰厂"

1967 年，农场用飞机治虫 ■

1968 年 4 月 10 日，淮海农场成立革委会 ■

1969 年 4 月，大批无锡知青来农场 ■

1971 年 5 月，农场自制插秧机在田间插秧 ■

1984 年，兽医站落成 ■

农场办公区

淮海路

文化广场

小区公园

生态环境

体育休闲运动广场 ▮

职工连体别墅 ▮

田间道路 ▮

淮海公园 ▮

俯瞰小区 ▮

莲心桥 ▮

淮海路公园

淮海路夜景

俯瞰场部

五星小区

群乐路公园

西园小区

南苑小区

五环广场

千古园

朝阳小区

广场夜景

音乐喷泉广场

四、领导关怀

1988年10月26日，原农业部副部长、时任国家农垦部副部长刘培植来农场考察

1989年，国家农垦部副部长吕清长视察农场

1989年9月21日，江苏省农垦局局长关耀庭
到农场调研

1991年5月16日，江苏省原副省长陈克天到农场视察

1992年4月20日，江苏农垦工商联合会总公司党委书记、总经理周伟森参加淮海农场建场40周年庆祝活动

1995年12月11日，农垦农工商联合总公司党委书记、总经理孙叶来农场调研

中国农垦改革发展百场行记者在农场

1992年3月12日，曾任农林部副部长、农垦部副部长赵凡到在农场考察

1993年8月7日，江苏农垦集团董事长、党委书记姜立宽来农场调研

2002年4月20，江苏省原副省长、时任江苏农垦集团党委书记、董事长徐鸣来农场调研

2003 年 5 月 30 日，江苏农垦集团有限公司党委书记、董事长许祖元来农场调研

2003 年 6 月 6 日，淮海农场场长陈俊陪同老干部参观农场农业生产

2007 年 7 月 11 日，江苏省委常委、副省长黄莉新来农场考察调研

2007 年 7 月 27 日，江苏省农垦集团有限公司总经理任建新来农场调研

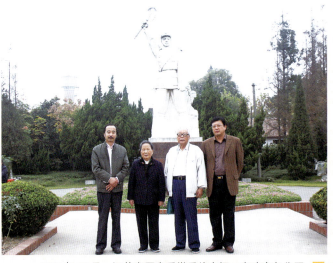

2009 年 9 月 8 日，中共江苏省委农村农业工作领导小组原副组长、时任江苏农垦集团有限公司董事长、党委书记宣荣到农场调研

2009 年 10 月，江苏省原省委常委徐方恒、省政府办公厅蔡秋明来农场视察

2009 年 12 月 27 日，原淮海农场党委副书记徐开泉主持党委会议

2010 年 7 月 24 日，江苏农垦集团副总经理孙宝成参观农建四师暨淮海农场历史陈列馆

2010 年 7 月 24 日，江苏农垦集团纪委书记周作义参观农建四师暨淮海农场历史陈列馆

2010 年 8 月 19 日，江苏农垦集团副总经理姚准明参观暨农建四师淮海农场历史陈列馆

2010 年 10 月 27 日，农业部农垦局副局长胡建锋参观农建四师暨淮海农场历史陈列馆

2010 年 11 月 1 日，农业部农垦局副局长胡建锋参观
农建四师暨淮海农场陈列馆

2011 年 10 月 18 日，农业部农垦局巡视员何子阳等参观农
建四师暨淮海农场历史陈列馆

2012 年 3 月 8 日，江苏省委宣传部副部长周琪（中）来农场调研

2013 年 12 月 24 日，苏垦集团纪委书记章朝阳来农场调研

2014 年 5 月 5 日，淮海农场原场长贺在锐检查农场水利工程

2014 年 6 月 13 日，江苏省纪委五室主任严华等一行 10 人，
在农场开展党员活动日活动（捐书、参观）

2014 年 8 月 27 日，苏垦农发股份公司总裁姜建友到淮海
分公司泗洪太平生产区检查指导工作

2015 年 1 月 8 日，江苏农垦集团副总经理陈建军来农场调研

2015 年 3 月 11 日，江苏农垦集团党委书记、董事长李春江
到农场指导工作

2017 年 10 月 25 日，江苏农垦集团党委委员、组织部部长
杨义林在淮海指导组织工作

2017 年 12 月 12 日，江苏农垦集团党委书记、董事长魏红军
到农场检查指导工作

2018 年 8 月 30 日，苏垦农发股份公司总裁苏志富在
农场高效园

2019 年 4 月 30 日，江苏农垦集团纪委书记李旭东到农场调研

2019 年 5 月 24 日，农业农村部农垦局局长邓庆海（右二）
到农场调研

2019 年 7 月 4 日，江苏农垦集团党委班子成员在农场开展红色实境教育活动 ■

2019 年 8 月 26 日，农场领导班子成员在华中工委纪念馆
参观学习 ■

2019 年 10 月 24 日，盐城市纪委一行参观农建四师暨
淮海农场历史陈列馆 ■

2019 年 11 月 5 日，江苏农垦集团总经理胡兆辉到农场检查指导
工作 ■

2020 年 7 月 22 日，射阳县委书记唐敬到农场
调研防汛工作 ■

原农业部副部长刘培植为农场题词（题词内容为：发扬光荣传统 办好淮海农场）

祝贺淮海农场四十大庆 赵凡 一九八二年十月

大干巧干四十年 淮海农场焕新颜

原农垦部副部长赵凡为农场题词

发扬农建四师艰苦创业精神，把淮海农场办得更好！ 陈焕友 一九九二年十月

江苏省原省委书记陈焕友为农场题词

发扬光荣传统
再建农垦新功

徐方恒

一九九二年十二月

原中共江苏省委常委徐方恒为农场题词

艰苦创业无私奉
献开拓创新的农
垦精神永放光芒

贺江苏农垦创业四十周年

凌启鸿 九三年春节

江苏省原副省长凌启鸿为农场题词（题词内容为：艰苦创业 无私奉献 开拓创新的农垦精神永放光芒）

章
传统再谱新
拓进取发扬
解放思想开

俞兴德 九三年元月

江苏省原副省长余兴德为农场题词（题词内容为：解放思想 开拓进取 发扬传统 再谱新章）

江苏省人民政府"双文明建设先进集体"荣誉 ▮

淮海农场连续24年荣获"江苏省文明单位"称号 ▮

江苏省发改委"江苏省农业产业化重点龙头企业" ▮

江苏名牌产品 ▮

江苏省淮海农场医院

二级乙等综合医院

江苏省卫生厅
二○一○年六月

淮海医院获评"二级乙等综合医院"

江苏省淮海农场中心幼儿园

江苏省优质幼儿园

江苏省教育厅
二○一一年七月

农场中心幼儿园获省优质幼儿园称号

农场获"江苏省五一奖状"

江苏省总工会"江苏省五一劳动奖状"

江苏省国资委"江苏省国有企业'四好'领导班子"

淮海农场学校国家体育总局"全国青少年足球活动布点学校"

江苏名牌产品证书

获得"中华全国总工会职工书屋"授牌

农场获"中国企业文化先进单位"称号

江苏省总工会"淮海农场社区一站式服务"江苏省工人先锋号"称号

农场获评江苏科技创新与高质量发展优秀企业

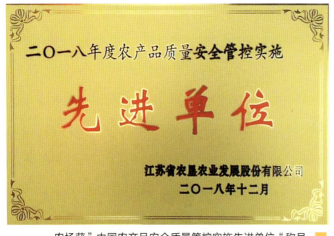

农场获"中国农产品安全质量管控实施先进单位"称号

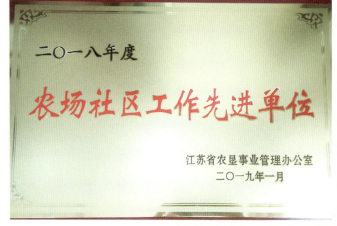

农场被评为社区工作先进单位

授予淮海农场公司"军垦文化"
江苏农垦特色子文化品牌
江苏省农垦集团有限公司党委宣传部
二〇一九年二月

农场被授予江苏农垦特色子文化品牌

盐城市文明单位
盐城市精神文明建设委员会
2019年10月

淮海农场连续25年荣获"盐城市文明单位"称号

2019年长三角名优食品品牌峰会
Yangtze river delta famous and descellent food rural summet 2019

授予：江苏省农垦米业集团淮海有限公司

渠星 大米

长三角名优食品
（2019年度）

有效期：三年   2019年12月21日

渠星香米名优食品证书

江苏农垦企业文化阵地建设
优秀单位
江苏省农垦集团有限公司党委宣传部
二〇二〇年三月

农场获评企业文化阵地优秀单位

江苏农垦

工人先锋号

江苏省农垦集团有限公司工会委员会
二〇二〇年三月

获评江苏农垦"工人先锋号"

江苏农垦

巾帼建功标兵岗

江苏省农垦集团有限公司工会委员会
二〇二〇年三月

农场获评巾帼建功标兵岗

淮海大米品牌系列

农场获"全国立信企业 示范单位"称号

农场获"盐城市五一劳动奖状"

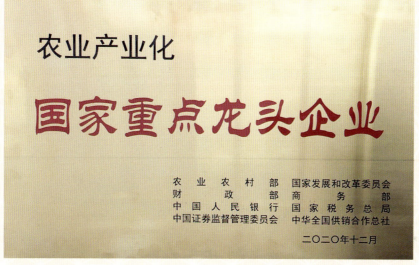

农场被认定为国家重点龙头企业

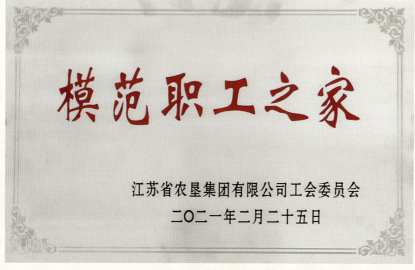

江苏农垦集团授予农场"模范职工之家"称号

第十四届淮海农场有限公司广场文化节

淮海医院送健康进社区

2014年4月，淮海开展"与青年员工结对助成长"活动

江苏农垦职工广场舞比赛

淮海农场游园文化活动

2010年5月27日，农场成功举办全国农垦发展现代农业现场会及专场文艺演出

农场注重青年员工传统文化教育

"庆国庆"广场大合唱

幼儿园开放式教育

职工书屋——职工的精神家园

职工老年幸福生活

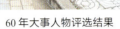
60 年大事人物评选结果

职工才艺展示

2014 年 9 月 25 日，江苏农垦集团工会在淮海农场举办江苏农垦首届职工趣味运动会

舞狮

冬日舞蹈 ■

安全生产宣传 ■

农场太极运动 ■

知青与稻田国旗合影 ■

农场开展门球比赛活动 ■

淮海民间舞蹈队 ■

临海镇与农场场地共建文化活动 ■

乒乓球赛 ■

淮海农场妇女健步分队晨练 ■

健身器材 ■

淮海跑团 ■

牌类比赛 ■

象棋比赛 ■

篮球比赛 ■

足球运动 ■

水生花卉

硬盘秧苗

机械育秧

插秧机

拖拉机

农田林网

场头机械

机械插秧

收割麦子

耕地 ■

无人机 ■

无人机化控 ■

苗木基地 ■

高效农业 ■

北斗平整系统整理秧畦

畜禽养殖

防渗渠道

三麦智能播种

排灌站

机械化控 ■

机械抛肥 ■

硕果累累 ■

果园采摘 ■

九、历任农场领导

历任党委负责人名录

姓 名	职 务	任命单位	任职日期	姓 名	职 务	任命单位	任职日期
冯国柱	政委	华东军区党委	1952.4 至1953.7	陈忠明	副书记	省农垦局	1980.6 至1984.3
崔济民	政委	华东局	1953.11 至1955.8	薛元海	书记	省农垦总公司	1984.3 至1985.10
任经纬	书记	江苏省委	1955.8 至1955.12	周布卿	书记	省农垦总公司	1985.10 至1988.3
朱建群	书记	省委农工部	1956.1 至1956.10	尤锦华	副书记	省农垦总公司	1988.3 至1993.6
					书记	省农垦总公司党委	1993.6 至1995.7
胡正平	书记	省委农工部	1956.10 至1959.12	徐开泉	副书记	省农垦总公司政治处	1995.8 至2001.10
					书记	省农垦集团公司党委	2001.10 至2006.12
张振华	书记	盐城地委	1959.6 至1967.5	束向红	书记	省农垦集团公司党委	2006.12 至2011.11
王勇	政委	南京军区	1969.10 至1975.7	王进强	书记	省农垦集团公司党委	2011.12 至2019.5
李志民	核心小组组长	省农垦局	1976.4 至1978.11	单祥忠	书记	省农垦集团公司党委	2019.5 至今
	书记	省农垦局	1978.11 至1980.6				

淮海农场历任党委负责人名录

历任行政负责人名录

姓名	职务	任命单位	任职日期		姓名	职务	任命单位	任职日期
温逢山	师长	华东军区党委	1952.4 至1952.12		薛元海	场长	省农垦总公司	1985.10 至1988.3
艾明山	师长	华东军区党委	1953.1 至1955.8		周布卿	场长	省农垦总公司党委	1988.3 至1992.12
任经纬	场长	江苏省委	1955.8 至1955.12		叶秀河	场长	省农垦总公司党委	1992.12 至2001.10
朱建群	场长	省委农工部	1956.1 至1956.10		陈俊	场长	省农垦集团公司党委	2001.10 至2006.12
张振华	场长	省委农工部	1956.12 至1960.8		许峰	场长	省农垦集团公司党委	2006.12 至2011.5
周志超	场长	盐城地委组织部	1960.8 至1967.5		王进强	副场长 (主持工作)	省农垦集团公司党委	2011.5 至2011.12
刘瑞生	团长	南京军区	1969.10 至1973.8		束向红	场长	省农垦集团公司党委	2011.12 至2013.81
孙立元	团长	华东军区党委	1974.2 至1975.7		贺在锐	场长	省农垦集团公司党委	2013.1 至2014.12
李志民	场革委会主任	省农垦局党委	1976.4 至1978.7		李卫东	场长	省农垦集团公司党委	2014.12 至2018.7
	场长	省农垦局	1978.11 至1980.6					
陈忠明	副场长	省农垦局	1980.6 至1982.8		单祥忠	董事长 总经理	省农垦集团公司党委	2018.7 至今
	场长	省农垦局党委	1982.8 至1984.3					
李如俊	场长	省农垦总公司	1984.3 至1985.10					

淮海农场历任行政负责人名录

中国农垦农场志丛编纂委员会

主 任

张桃林

副主任

左常升　邓庆海　李尚兰　陈邦勋　彭剑良　程景民　王润雷

成 员（按垦区排序）

马　辉　张庆东　张保强　薛志省　赵永华　李德海　麦　朝

王守聪　许如庆　胡兆辉　孙飞翔　王良贵　李岱一　赖金生

于永德　陈金剑　李胜强　唐道明　支光南　张安明　张志坚

陈孟坤　田李文　步　涛　余　繁　林　木　王　韬　魏国斌

巩爱岐　段志强　聂　新　高　宁　周云江　朱云生　常　芳

中国农垦农场志丛编纂委员会办公室

主 任

王润雷

副主任

陈忠毅　刘爱芳　武新宇　明　星

成 员

胡从九　李红梅　刘琢琬　闫保荣　王庆宁

中国农垦农场志

江苏省淮海农场志编纂委员会

主　　任　单祥忠
副 主 任　王灿明　孙国祥　李文忠　戴学林　李成军
　　　　　贺在利　于广伟
委　　员　周保兵　林一高　张长银　朱春森　王淮锁
　　　　　周　军　王建武　黄正海　征文高　朱炜亮
　　　　　陈士浩　郝东青　刘　鑫
顾　　问　王进强　束向红　贺在锐　李卫东　孙司正
　　　　　李海峰　陈海军

江苏省淮海农场志编纂委员会办公室

主　　任　孙国祥
副 主 任　于广伟　朱炜亮
编　　写　薛春曙　葛常新　徐德贵　邵为兵　黄建兵
核　　对　周保兵　林一高　张长银　朱春森　王建武
　　　　　征文高　陈士浩　张耀武　缪海如　陆　军
　　　　　孙　华　丁家慷　崔慧慧　杨宗海　顾松平
　　　　　吴翠宝　仇冬梅　陈玉珍　张荣成　周　瑞
　　　　　王增平　王超男　姚　远　陆　雯　张　杰
　　　　　陈　迪　冯　辉　黄文超　王晨阳　刘明东
　　　　　袁亚洲　董　伟　邵玉梅

总 序

中国农垦农场志丛自 2017 年开始酝酿，历经几度春秋寒暑，终于在建党 100 周年之际，陆续面世。在此，谨向所有为修此志作出贡献、付出心血的同志表示诚挚的敬意和由衷的感谢！

中国共产党领导开创的农垦事业，为中华人民共和国的诞生和发展立下汗马功劳。八十余年来，农垦事业的发展与共和国的命运紧密相连，在使命履行中，农场成长为国有农业经济的骨干和代表，成为国家在关键时刻抓得住、用得上的重要力量。

如果将农垦比作大厦，那么农场就是砖瓦，是基本单位。在全国 31 个省（自治区、直辖市，港澳台除外），分布着 1800 多个农垦农场。这些星罗棋布的农场如一颗颗玉珠，明暗随农垦的历史进程而起伏；当其融汇在一起，则又映射出农垦事业波澜壮阔的历史画卷，绽放着"艰苦奋斗、勇于开拓"的精神光芒。

（一）

"农垦"概念源于历史悠久的"屯田"。早在秦汉时期就有了移民垦荒，至汉武帝时创立军屯，用于保障军粮供应。之后，历代沿袭屯田这一做法，充实国库，供养军队。

中国共产党借鉴历代屯田经验，发动群众垦荒造田。1933年2月，中华苏维埃共和国临时中央政府颁布《开垦荒地荒田办法》，规定"县区土地部、乡政府要马上调查统计本地所有荒田荒地，切实计划、发动群众去开荒"。到抗日战争时期，中国共产党大规模地发动军人进行农垦实践，肩负起支援抗战的特殊使命，农垦事业正式登上了历史舞台。

20世纪30年代末至40年代初，抗日战争进入相持阶段，在日军扫荡和国民党军事包围、经济封锁等多重压力下，陕甘宁边区生活日益困难。"我们曾经弄到几乎没有衣穿，没有油吃，没有纸、没有菜，战士没有鞋袜，工作人员在冬天没有被盖。"毛泽东同志曾这样讲道。

面对艰难处境，中共中央决定开展"自己动手，丰衣足食"的生产自救。1939年2月2日，毛泽东同志在延安生产动员大会上发出"自己动手"的号召。1940年2月10日，中共中央、中央军委发出《关于开展生产运动的指示》，要求各部队"一面战斗、一面生产、一面学习"。于是，陕甘宁边区掀起了一场轰轰烈烈的大生产运动。

这个时期，抗日根据地的第一个农场——光华农场诞生了。1939年冬，根据中共中央的决定，光华农场在延安筹办，生产牛奶、蔬菜等食物。同时，进行农业科学实验、技术推广，示范带动周边群众。这不同于古代屯田，开创了农垦示范带动的历史先河。

在大生产运动中，还有一面"旗帜"高高飘扬，让人肃然起敬，它就是举世闻名的南泥湾大生产运动。

1940年6—7月，为了解陕甘宁边区自然状况、促进边区建设事业发展，在中共中央财政经济部的支持下，边区政府建设厅的农林科学家乐天宇等一行6人，历时47天，全面考察了边区的森林自然状况，并完成了《陕甘宁边区森林考察团报告书》，报告建议垦殖南泥洼（即南泥湾）。之后，朱德总司令亲自前往南泥洼考察，谋划南泥洼的开发建设。

1941年春天，受中共中央的委托，王震将军率领三五九旅进驻南泥湾。那时，南泥湾俗称"烂泥湾","方圆百里山连山",战士们"只见梢林不见天",身边做伴的是满山窜的狼豹黄羊。在这种艰苦处境中,战士们攻坚克难,一手拿枪,一手拿镐,练兵开荒两不误,把"烂泥湾"变成了陕北的"好江南"。从1941年到1944年,仅仅几年时间,三五九旅的粮食产量由0.12万石猛增到3.7万石,上缴公粮1万石,达到了耕一余一。与此同时,工业、商业、运输业、畜牧业和建筑业也得到了迅速发展。

南泥湾大生产运动,作为中国共产党第一次大规模的军垦,被视为农垦事业的开端,南泥湾也成为农垦事业和农垦精神的发祥地。

进入解放战争时期,建立巩固的东北根据地成为中共中央全方位战略的重要组成部分。毛泽东同志在1945年12月28日为中共中央起草的《建立巩固的东北根据地》中,明确指出"我党现时在东北的任务,是建立根据地,是在东满、北满、西满建立巩固的军事政治的根据地",要求"除集中行动负有重大作战任务的野战兵团外,一切部队和机关,必须在战斗和工作之暇从事生产"。

紧接着,1947年,公营农场兴起的大幕拉开了。

这一年春天,中共中央东北局财经委员会召开会议,主持财经工作的陈云、李富春同志在分析时势后指出:东北行政委员会和各省都要"试办公营农场,进行机械化农业实验,以迎接解放后的农村建设"。

这一年夏天,在松江省政府的指导下,松江省省营第一农场(今宁安农场)创建。省政府主任秘书李在人为场长,他带领着一支18人的队伍,在今尚志市一面坡太平沟开犁生产,一身泥、一身汗地拉开了"北大荒第一犁"。

这一年冬天,原辽北军区司令部作训科科长周亚光带领人马,冒着严寒风雪,到通北县赵光区实地踏查,以日伪开拓团训练学校旧址为基础,建成了我国第一个公营机械化农场——通北机械农场。

之后,花园、永安、平阳等一批公营农场纷纷在战火的硝烟中诞生。与此同时,一部分身残志坚的荣誉军人和被解放的国民党军人,向东北荒原宣战,艰苦拓荒、艰辛创业,创建了一批荣军农场和解放团农场。

再将视线转向华北。这一时期，在河北省衡水湖的前身"千顷洼"所在地，华北人民政府农业部利用一批来自联合国善后救济总署的农业机械，建成了华北解放区第一个机械化公营农场——冀衡农场。

除了机械化农场，在那个主要靠人力耕种的年代，一些拖拉机站和机务人员培训班诞生在东北、华北大地上，推广农业机械化技术，成为新中国农机事业人才培养的"摇篮"。新中国的第一位女拖拉机手梁军正是优秀代表之一。

（二）

中华人民共和国成立后农垦事业步入了发展的"快车道"。

1949 年 10 月 1 日，新中国成立了，百废待兴。新的历史阶段提出了新课题、新任务：恢复和发展生产，医治战争创伤，安置转业官兵，巩固国防，稳定新生的人民政权。

这没有硝烟的"新战场"，更需要垦荒生产的支持。

1949 年 12 月 5 日，中央人民政府人民革命军事委员会发布《关于 1950 年军队参加生产建设工作的指示》，号召全军"除继续作战和服勤务者而外，应当负担一部分生产任务，使我人民解放军不仅是一支国防军，而且是一支生产军"。

1952 年 2 月 1 日，毛泽东主席发布《人民革命军事委员会命令》："你们现在可以把战斗的武器保存起来，拿起生产建设的武器。"批准中国人民解放军 31 个师转为建设师，其中有 15 个师参加农业生产建设。

垦荒战鼓已擂响，刚跨进和平年代的解放军官兵们，又背起行囊，扑向荒原，将"作战地图变成生产地图"，把"炮兵的瞄准仪变成建设者的水平仪"，让"战马变成耕马"，在戈壁荒漠、三江平原、南国边疆安营扎寨，攻坚克难，辛苦耕耘，创造了农垦事业的一个又一个奇迹。

1. 将戈壁荒漠变成绿洲

1950 年 1 月，王震将军向驻疆部队发布开展大生产运动的命令，动员 11 万余名官兵就地屯垦，创建军垦农场。

垦荒之战有多难，这些有着南泥湾精神的农垦战士就有多拼。

没有房子住，就搭草棚子、住地窝子；粮食不够吃，就用盐水煮麦粒；没有拖拉机和畜力，就多人拉犁开荒种地……

然而，戈壁滩缺水，缺"农业的命根子"，这是痛中之痛！

没有水，战士们就自己修渠，自伐木料，自制筐担，自搓绳索，自开块石。修渠中涌现了很多动人故事，据原新疆兵团农二师师长王德昌回忆，1951年冬天，一名来自湖南的女战士，面对磨断的绳子，情急之下，割下心爱的辫子，接上绳子背起了石头。

在战士们全力以赴的努力下，十八团渠、红星渠、和平渠、八一胜利渠等一条条大地的"新动脉"，奔涌在戈壁滩上。

1954年10月，经中共中央批准，新疆生产建设兵团成立，陶峙岳被任命为司令员，新疆维吾尔自治区党委书记王恩茂兼任第一政委，张仲瀚任第二政委。努力开荒生产的驻疆屯垦官兵终于有了正式的新身份，工作中心由武装斗争转为经济建设，新疆地区的屯垦进入了新的阶段。

之后，新疆生产建设兵团重点开发了北疆的准噶尔盆地、南疆的塔里木河流域及伊犁、博乐、塔城等边远地区。战士们鼓足干劲，兴修水利、垦荒造田、种粮种棉、修路架桥，一座座城市拔地而起，荒漠变绿洲。

2. 将荒原沼泽变成粮仓

在新疆屯垦热火朝天之时，北大荒也进入了波澜壮阔的开发阶段，三江平原成为"主战场"。

1954年8月，中共中央农村工作部同意并批转了农业部党组《关于开发东北荒地的农建二师移垦东北问题的报告》，同时上报中央军委批准。9月，第一批集体转业的"移民大军"——农建二师由山东开赴北大荒。这支8000多人的齐鲁官兵队伍以荒原为家，创建了二九〇、二九一和十一农场。

同年，王震将军视察黑龙江汤原后，萌发了开发北大荒的设想。领命的是第五师副师长余友清，他打头阵，率一支先遣队到密山、虎林一带踏查荒原，于1955年元旦，在虎林县（今虎林市）西岗创建了铁道兵第一个农场，以部队番号命名为"八五〇部农场"。

1955年，经中共中央同意，铁道兵9个师近两万人挺进北大荒，在密山、虎林、饶河一带开荒建场，拉开了向三江平原发起总攻的序幕，在八五〇部农场周围建起了一批八字头的农场。

1958年1月，中央军委发出《关于动员十万干部转业复员参加生产建设的指示》，要求全军复员转业官兵去开发北大荒。命令一下，十万转业官兵及家属，浩浩荡荡进军三江平原，支边青年、知识青年也前赴后继地进攻这片古老的荒原。

垦荒大军不惧苦、不畏难，鏖战多年，荒原变良田。1964年盛夏，国家副主席董必武来到北大荒视察，面对麦香千里即兴赋诗："斩棘披荆忆老兵，大荒已变大粮屯。"

3. 将荒郊野岭变成胶园

如果说农垦大军在戈壁滩、北大荒打赢了漂亮的要粮要棉战役，那么，在南国边疆，则打赢了一场在世界看来不可能胜利的翻身仗。

1950年，朝鲜战争爆发后，帝国主义对我国实行经济封锁，重要战略物资天然橡胶被禁运，我国国防和经济建设面临严重威胁。

当时世界公认天然橡胶的种植地域不能超过北纬17°，我国被国际上许多专家划为"植胶禁区"。

但命运应该掌握在自己手中，中共中央作出"一定要建立自己的橡胶基地"的战略决策。1951年8月，政务院通过《关于扩大培植橡胶树的决定》，由副总理兼财政经济委员会主任陈云亲自主持这项工作。同年11月，华南垦殖局成立，中共中央华南分局第一书记叶剑英兼任局长，开始探索橡胶种植。

1952年3月，两万名中国人民解放军临危受命，组建成林业工程第一师、第二师和一个独立团，开赴海南、湛江、合浦等地，住茅棚、战台风、斗猛兽，白手起家垦殖橡胶。

大规模垦殖橡胶，急需胶籽。"一粒胶籽，一两黄金"成为战斗口号，战士们不惜一切代价收集胶籽。有一位叫陈金照的小战士，运送胶籽时遇到山洪，被战友们找到时已没有了呼吸，而背上箩筐里的胶籽却一粒没丢……

正是有了千千万万个把橡胶看得重于生命的陈金照们，1957年春天，华南垦殖局种植的第一批橡胶树，流出了第一滴胶乳。

1960年以后，大批转业官兵加入海南岛植胶队伍，建成第一个橡胶生产基地，还大面积种植了剑麻、香茅、咖啡等多种热带作物。同时，又有数万名转业官兵和湖南移民汇聚云南边疆，用血汗浇灌出了我国第二个橡胶生产基地。

在新疆、东北和华南三大军垦战役打响之时，其他省份也开始试办农场。1952年，在政务院关于"各县在可能范围内尽量地办起和办好一两个国营农场"的要求下，全国各地农场如雨后春笋般发展起来。1956年，农垦部成立，王震将军被任命为部长，统一管理全国的军垦农场和地方农场。

随着农垦管理走向规范化，农垦事业也蓬勃发展起来。江西建成多个综合垦殖场，发展茶、果、桑、林等多种生产；北京市郊、天津市郊、上海崇明岛等地建起了主要为城市提供副食品的国营农场；陕西、安徽、河南、西藏等省区建立发展了农牧场群……

到1966年，全国建成国营农场1958个，拥有职工292.77万人，拥有耕地面积345457公顷，农垦成为我国农业战线一支引人瞩目的生力军。

（三）

前进的道路并不总是平坦的。"文化大革命"持续十年，使党、国家和各族人民遭到新中国成立以来时间最长、范围最广、损失最大的挫折，农垦系统也不能幸免。农场平均主义盛行，从1967年至1978年，农垦系统连续亏损12年。

"没有一个冬天不可逾越，没有一个春天不会来临。"1978年，党的十一届三中全会召开，如同一声春雷，唤醒了沉睡的中华大地。手握改革开放这一法宝，全党全社会朝着社会主义现代化建设方向大步前进。

在这种大形势下，农垦人深知，国营农场作为社会主义全民所有制企业，应当而且有条件走在农业现代化的前列，继续发挥带头和示范作用。

于是，农垦人自觉承担起推进实现农业现代化的重大使命，乘着改革开放的春风，开始进行一系列的上下求索。

1978 年 9 月，国务院召开了人民公社、国营农场试办农工商联合企业座谈会，决定在我国试办农工商联合企业，农垦系统积极响应。作为现代化大农业的尝试，机械化水平较高且具有一定工商业经验的农垦企业，在农工商综合经营改革中如鱼得水，打破了单一种粮的局面，开启了农垦一二三产业全面发展的大门。

农工商综合经营只是农垦改革的一部分，农垦改革的关键在于打破平均主义，调动生产积极性。

为调动企业积极性，1979 年 2 月，国务院批转了财政部、国家农垦总局《关于农垦企业实行财务包干的暂行规定》。自此，农垦开始实行财务大包干，突破了"千家花钱，一家（中央）平衡"的统收统支方式，解决了农垦企业吃国家"大锅饭"的问题。

为调动企业职工的积极性，从 1979 年根据财务包干的要求恢复"包、定、奖"生产责任制，到 1980 年后一些农场实行以"大包干"到户为主要形式的家庭联产承包责任制，再到 1983 年借鉴农村改革经验，全面兴办家庭农场，逐渐建立大农场套小农场的双层经营体制，形成"家家有场长，户户搞核算"的蓬勃发展气象。

为调动企业经营者的积极性，1984 年下半年，农垦系统在全国选择 100 多个企业试点推行场（厂）长、经理负责制，1988 年全国农垦有 60% 以上的企业实行了这项改革，继而又借鉴城市国有企业改革经验，全面推行多种形式承包经营责任制，进一步明确主管部门与企业的权责利关系。

以上这些改革主要是在企业层面，以单项改革为主，虽然触及了国家、企业和职工的最直接、最根本的利益关系，但还没有完全解决传统体制下影响农垦经济发展的深层次矛盾和困难。

"历史总是在不断解决问题中前进的。"1992年，继邓小平南方谈话之后，党的十四大明确提出，要建立社会主义市场经济体制。市场经济为农垦改革进一步指明了方向，但农垦如何改革才能步入这个轨道，真正成为现代化农业的引领者？

关于国营大中型企业如何走向市场，早在1991年9月中共中央就召开工作会议，强调要转换企业经营机制。1992年7月，国务院发布《全民所有制工业企业转换经营机制条例》，明确提出企业转换经营机制的目标是："使企业适应市场的要求，成为依法自主经营、自负盈亏、自我发展、自我约束的商品生产和经营单位，成为独立享有民事权利和承担民事义务的企业法人。"

为转换农垦企业的经营机制，针对在干部制度上的"铁交椅"、用工制度上的"铁饭碗"和分配制度上的"大锅饭"问题，农垦实施了干部聘任制、全员劳动合同制以及劳动报酬与工效挂钩的三项制度改革，为农垦企业建立在用人、用工和收入分配上的竞争机制起到了重要促进作用。

1993年，十四届三中全会再次擂响战鼓，指出要进一步转换国有企业经营机制，建立适应市场经济要求，产权清晰、权责明确、政企分开、管理科学的现代企业制度。

农业部积极响应，1994年决定实施"三百工程"，即在全国农垦选择百家国有农场进行现代企业制度试点、组建发展百家企业集团、建设和做强百家良种企业，标志着农垦企业的改革开始深入到企业制度本身。

同年，针对有些农场仍为职工家庭农场，承包户垫付生产、生活费用这一问题，根据当年1月召开的全国农业工作会议要求，全国农垦系统开始实行"四到户"和"两自理"，即土地、核算、盈亏、风险到户，生产费、生活费由职工自理。这一举措彻底打破了"大锅饭"，开启了国有农场农业双层经营体制改革的新发展阶段。

然而，在推进市场经济进程中，以行政管理手段为主的垦区传统管理体制，逐渐成为束缚企业改革的桎梏。

垦区管理体制改革迫在眉睫。1995年，农业部在湖北省武汉市召开全国农垦经济体制改革工作会议，在总结各垦区实践的基础上，确立了农垦管理体制的改革思路：逐步弱化行政职能，加快实体化进程，积极向集团化、公司化过渡。以此会议为标志，垦区管理体制改革全面启动。北京、天津、黑龙江等17个垦区按照集团化方向推进。此时，出于实际需要，大部分垦区在推进集团化改革中仍保留了农垦管理部门牌子和部分行政管理职能。

"前途是光明的，道路是曲折的。"由于农垦自身存在的政企不分、产权不清、社会负担过重等深层次矛盾逐渐暴露，加之农产品价格低迷、激烈的市场竞争等外部因素叠加，从1997年开始，农垦企业开始步入长达5年的亏损徘徊期。

然而，农垦人不放弃、不妥协，终于在2002年"守得云开见月明"。这一年，中共十六大召开，农垦也在不断调整和改革中，告别"五连亏"，盈利13亿。

2002年后，集团化垦区按照"产业化、集团化、股份化"的要求，加快了对集团母公司、产业化专业公司的公司制改造和资源整合，逐步将国有优质资产集中到主导产业，进一步建立健全现代企业制度，形成了一批大公司、大集团，提升了农垦企业的核心竞争力。

与此同时，国有农场也在企业化、公司化改造方面进行了积极探索，综合考虑是否具备企业经营条件、能否剥离办社会职能等因素，因地制宜、分类指导。一是办社会职能可以移交的农场，按公司制等企业组织形式进行改革；办社会职能剥离需要过渡期的农场，逐步向公司制企业过渡。如广东、云南、上海、宁夏等集团化垦区，结合农场体制改革，打破传统农场界限，组建产业化专业公司，并以此为纽带，进一步将垦区内产业关联农场由子公司改为产业公司的生产基地（或基地分公司），建立了集团与加工企业、农场生产基地间新的运行体制。二是不具备企业经营条件的农场，改为乡、镇或行政区，向政权组织过渡。如2003年前后，一些垦区的部分农场连年严重亏损，有的甚至濒临破产。湖南、湖北、河北等垦区经省委、省政府批准，对农场管理体制进行革新，把农场管理权下放到市县，实行属地管理，一些农场建立农场管理区，赋予必要的政府职能，给予财税优惠政策。

这些改革离不开农垦职工的默默支持，农垦的改革也不会忽视职工的生活保障。1986年，根据《中共中央、国务院批转农牧渔业部〈关于农垦经济体制改革问题的报告〉的通知》要求，农垦系统突破职工住房由国家分配的制度，实行住房商品化，调动职工自己动手、改善住房的积极性。1992年，农垦系统根据国务院关于企业职工养老保险制度改革的精神，开始改变职工养老保险金由企业独自承担的局面，此后逐步建立并完善国家、企业、职工三方共同承担的社会保障制度，减轻农场养老负担的同时，也减少了农场职工的后顾之忧，保障了农场改革的顺利推进。

从1986年至十八大前夕，从努力打破传统高度集中封闭管理的计划经济体制，到坚定社会主义市场经济体制方向；从在企业层面改革，以单项改革和放权让利为主，到深入管理体制，以制度建设为核心、多项改革综合配套协调推进为主：农垦企业一步一个脚印，走上符合自身实际的改革道路，管理体制更加适应市场经济，企业经营机制更加灵活高效。

这一阶段，农垦系统一手抓改革，一手抓开放，积极跳出"封闭"死胡同，走向开放的康庄大道。从利用外资在经营等领域涉足并深入合作，大力发展"三资"企业和"三来一补"项目；到注重"引进来"，引进资金、技术设备和管理理念等；再到积极实施"走出去"战略，与中东、东盟、日本等地区和国家进行经贸合作出口商品，甚至扎根境外建基地、办企业、搞加工、拓市场：农垦改革开放风生水起逐浪高，逐步形成"两个市场、两种资源"的对外开放格局。

（四）

党的十八大以来，以习近平同志为核心的党中央迎难而上，作出全面深化改革的决定，农垦改革也进入全面深化和进一步完善阶段。

2015年11月，中共中央、国务院印发《关于进一步推进农垦改革发展的意见》（简称《意见》），吹响了新一轮农垦改革发展的号角。《意见》明确要求，新时期农垦改革发展要以推进垦区集团化、农场企业化改革为主线，努力把农垦建设成为保障国家粮食安全和重要农产品有效供给的国家队、中国特色新型农业现代化的示范区、农业对外合作的排头兵、安边固疆的稳定器。

2016年5月25日，习近平总书记在黑龙江省考察时指出，要深化国有农垦体制改革，以垦区集团化、农场企业化为主线，推动资源资产整合、产业优化升级，建设现代农业大基地、大企业、大产业，努力形成农业领域的航母。

2018年9月25日，习近平总书记再次来到黑龙江省进行考察，他强调，要深化农垦体制改革，全面增强农垦内生动力、发展活力、整体实力，更好发挥农垦在现代农业建设中的骨干作用。

农垦从来没有像今天这样更接近中华民族伟大复兴的梦想！农垦人更加振奋了，以壮士断腕的勇气、背水一战的决心继续农垦改革发展攻坚战。

1. 取得了累累硕果

——坚持集团化改革主导方向，形成和壮大了一批具有较强竞争力的现代农业企业集团。黑龙江北大荒去行政化改革、江苏农垦农业板块上市、北京首农食品资源整合……农垦深化体制机制改革多点开花、逐步深入。以资本为纽带的母子公司管理体制不断完善，现代公司治理体系进一步健全。市县管理农场的省份区域集团化改革稳步推进，已组建区域集团和产业公司超过300家，一大批农场注册成为公司制企业，成为真正的市场主体。

——创新和完善农垦农业双层经营体制，强化大农场的统一经营服务能力，提高适度规模经营水平。截至2020年，据不完全统计，全国农垦规模化经营土地面积5500多万亩，约占农垦耕地面积的70.5%，现代农业之路越走越宽。

——改革国有农场办社会职能，让农垦企业政企分开、社企分开，彻底甩掉历史包袱。截至2020年，全国农垦有改革任务的1500多个农场完成办社会职能改革，松绑后的步伐更加矫健有力。

——推动农垦国有土地使用权确权登记发证，唤醒沉睡已久的农垦土地资源。截至2020年，土地确权登记发证率达到96.3%，使土地也能变成金子注入农垦企业，为推进农垦土地资源资产化、资本化打下坚实基础。

——积极推进对外开放，农垦农业对外合作先行者和排头兵的地位更加突出。合作领域从粮食、天然橡胶行业扩展到油料、糖业、果菜等多种产业，从单个环节向全产业链延伸，对外合作范围不断拓展。截至2020年，全国共有15个垦区在45个国家和地区投资设立了84家农业企业，累计投资超过370亿元。

2. 在发展中改革，在改革中发展

农垦企业不仅有改革的硕果，更以改革创新为动力，在扶贫开发、产业发展、打造农业领域航母方面交出了漂亮的成绩单。

——聚力农垦扶贫开发，打赢农垦脱贫攻坚战。从20世纪90年代起，农垦系统开始扶贫开发。"十三五"时期，农垦系统针对304个重点贫困农场，绘制扶贫作战图，逐个建立扶贫档案，坚持"一场一卡一评价"。坚持产业扶贫，组织开展技术培训、现场观摩、产销对接，增强贫困农场自我"造血"能力。甘肃农垦永昌农场建成高原夏菜示范园区，江西宜丰黄冈山垦殖场大力发展旅游产业，广东农垦新华农场打造绿色生态茶园……贫困农场产业发展蒸蒸日上，全部如期脱贫摘帽，相对落后农场、边境农场和生态脆弱区农场等农垦"三场"踏上全面振兴之路。

——推动产业高质量发展，现代农业产业体系、生产体系、经营体系不断完善。初步建成一批稳定可靠的大型生产基地，保障粮食、天然橡胶、牛奶、肉类等重要农产品的供给；推广一批环境友好型种养新技术、种养循环新模式，提升产品质量的同时促进节本增效；制定发布一系列生鲜乳、稻米等农产品的团体标准，守护"舌尖上的安全"；相继成立种业、乳业、节水农业等产业技术联盟，形成共商共建共享的合力；逐渐形成"以中国农垦公共品牌为核心、农垦系统品牌联合舰队为依托"的品牌矩阵，品牌美誉度、影响力进一步扩大。

——打造形成农业领域航母，向培育具有国际竞争力的现代农业企业集团迈出坚实步伐。黑龙江北大荒、北京首农、上海光明三个集团资产和营收双超千亿元，在发展中乘风破浪：黑龙江北大荒农垦集团实现机械化全覆盖，连续多年粮食产量稳定在400亿斤以上，推动产业高端化、智能化、绿色化，全力打造"北大荒绿色智慧厨房"；北京首农集团坚持科技和品牌双轮驱动，不断提升完善"从田间到餐桌"的全产业链条；上海光明食品集团坚持品牌化经营、国际化发展道路，加快农业

"走出去"步伐，进行国际化供应链、产业链建设，海外营收占集团总营收 20% 左右，极大地增强了对全世界优质资源的获取能力和配置能力。

千淘万漉虽辛苦，吹尽狂沙始到金。迈入"十四五"，农垦改革目标基本完成，正式开启了高质量发展的新篇章，正在加快建设现代农业的大基地、大企业、大产业，全力打造农业领域航母。

(五)

八十多年来，从人畜拉犁到无人机械作业，从一产独大到三产融合，从单项经营到全产业链，从垦区"小社会"到农业"集团军"，农垦发生了翻天覆地的变化。然而，无论农垦怎样变，变中都有不变。

——不变的是一路始终听党话、跟党走的绝对忠诚。从抗战和解放战争时期垦荒供应军粮，到新中国成立初期发展生产、巩固国防，再到改革开放后逐步成为现代农业建设的"排头兵"，农垦始终坚持全面贯彻党的领导。而农垦从孕育诞生到发展壮大，更离不开党的坚强领导。毫不动摇地坚持贯彻党对农垦的领导，是农垦人奋力前行的坚强保障。

——不变的是服务国家核心利益的初心和使命。肩负历史赋予的保障供给、屯垦戍边、示范引领的使命，农垦系统始终站在讲政治的高度，把完成国家战略任务放在首位。在三年困难时期、"非典"肆虐、汶川大地震、新冠肺炎疫情突发等关键时刻，农垦系统都能"调得动、顶得上、应得急"，为国家大局稳定作出突出贡献。

——不变的是"艰苦奋斗、勇于开拓"的农垦精神。从抗日战争时一手拿枪、一手拿镐的南泥湾大生产，到新中国成立后新疆、东北和华南的三大军垦战役，再到改革开放后艰难但从未退缩的改革创新、坚定且铿锵有力的发展步伐，"艰苦奋斗、勇于开拓"始终是农垦人不变的本色，始终是农垦人攻坚克难的"传家宝"。

农垦精神和文化生于农垦沃土，在红色文化、军旅文化、知青文化等文化中孕育，也在一代代人的传承下，不断被注入新的时代内涵，成为农垦事业发展的不竭动力。

"大力弘扬'艰苦奋斗、勇于开拓'的农垦精神，推进农垦文化建设，汇聚起推动农垦改革发展的强大精神力量。"中央农垦改革发展文件这样要求。在新时代、新征程中，记录、传承农垦精神，弘扬农垦文化是农垦人的职责所在。

（六）

随着垦区集团化、农场企业化改革的深入，农垦的企业属性越来越突出，加之有些农场的历史资料、文献文物不同程度遗失和损坏，不少老一辈农垦人也已年至期颐，农垦历史、人文、社会、文化等方面的保护传承需求也越来越迫切。

传承农垦历史文化，志书是十分重要的载体。然而，目前只有少数农场编写出版过农场史志类书籍。因此，为弘扬农垦精神和文化，完整记录展示农场发展改革历程，保存农垦系统重要历史资料，在农业农村部党组的坚强领导下，农垦局主动作为，牵头组织开展中国农垦农场志丛编纂工作。

工欲善其事，必先利其器。2019 年，借全国第二轮修志工作结束、第三轮修志工作启动的契机，农业农村部启动中国农垦农场志丛编纂工作，广泛收集地方志相关文献资料，实地走访调研、拜访专家、咨询座谈、征求意见等。在充足的前期准备工作基础上，制定了中国农垦农场志丛编纂工作方案，拟按照前期探索、总结经验、逐步推进的整体安排，统筹推进中国农垦农场志丛编纂工作，这一方案得到了农业农村部领导的高度认可和充分肯定。

编纂工作启动后，层层落实责任。农业农村部专门成立了中国农垦农场志丛编纂委员会，研究解决农场志编纂、出版工作中的重大事项；编纂委员会下设办公室，负责志书编纂的具体组织协调工作；各省级农垦管理部门成立农场志编纂工作机构，负责协调本区域农场志的组织编纂、质量审查等工作；参与编纂的农场成立了农场志编纂工作小组，明确专职人员，落实工作经费，建立配套机制，保证了编纂工作的顺利进行。

质量是志书的生命和价值所在。为保证志书质量，我们组织专家编写了《农场志编纂技术手册》，举办农场志编纂工作培训班，召开农场志编纂工作推进会和研讨会，到农场实地调研督导，尽全力把好志书编纂的史实关、政治关、体例关、文字关和出版关。我们本着"时间服从质量"的原则，将精品意识贯穿编纂工作始终。坚持分步实施、稳步推进，成熟一本出版一本，成熟一批出版一批。

中国农垦农场志丛是我国第一次较为系统地记录展示农场形成发展脉络、改革发展历程的志书。它是一扇窗口，让读者了解农场，理解农垦；它是一条纽带，让农垦人牢记历史，让农垦精神代代传承；它是一本教科书，为今后农垦继续深化改革开放、引领现代农业建设、服务乡村振兴战略指引道路。

修志为用。希望此志能够"尽其用"，对读者有所裨益。希望广大农垦人能够从此志汲取营养，不忘初心、牢记使命，一茬接着一茬干、一棒接着一棒跑，在新时代继续发挥农垦精神，续写农垦改革发展新辉煌，为实现中华民族伟大复兴的中国梦不懈努力！

中国农垦农场志丛编纂委员会

2021 年 7 月

江苏淮海农场志

JIANGSU HUAIHAI NONGCHANGZHI

序言

《江苏淮海农场志》(1952—2020)经过农场的场志编纂委员会和修编人员的共同努力，几易其稿，终于在中国共产党100周年诞辰之际，完成卷帙，即将与大家见面。

淮海农场具有光荣的革命历史，素有"江苏农垦摇篮"之称。1952年4月20日，奉中央军委主席毛泽东命令，原中国人民解放军步兵第一〇二师，改编为中国人民解放军农业建设第四师，从江海防前线移师北上，进驻黄海之滨、苏北灌溉总渠尾闸两岸，在茫茫的大草滩上屯垦戍边、开荒建场，揭开了新中国成立后江苏大规模开发国土资源、发展农垦事业的序幕。

时光荏苒，岁月峥嵘，追寻前辈的足迹，70年的奋斗历史，沧桑巨变，成就辉煌，可歌可泣，催人奋进，当年的老军垦人们怀着"献了青春献终身，献了终身献儿孙"的满腔热忱，艰苦卓绝，辛勤耕耘，披荆斩棘，攻坚克难，在当年一片荒无人烟的盐碱滩上，建起了一个现代化国有农场。昔日一望无际的荒草滩，如今成了旱涝保收的"米粮仓""吨粮田"，到处呈现出一派生机勃勃、欣欣向荣、兴旺发达的景象。2020年，场域经济进入高质稳健发展时期，现代农业突飞猛进，社会事业蒸蒸日上，职工安居乐业，党建和精神文明建设成效显著，一片政通人和景象。场域营业收入达到10.21亿元，利润总额0.96亿元。农场连续多年被评为"盐城市文明单位""江苏省文明单位"。先后被授予"江苏省廉政文化示范点""江苏省国有企业'四好'领导班子""江苏省'五一'劳动奖状""全国模范职工之家"等系列荣誉称号。多次被江苏省农垦集团公司评为江苏农垦"先进企业""农场社区工作先进单位""思想政治工作先进单位""先进基层党组织"。

《江苏淮海农场志》沐浴着历史变迁的沧桑风雨,是伴随着改革开放的滚滚涛声,铭记历史,开创未来的文化建设硕果。它客观、真实地记述了近70年农场的发展征程,涵盖了农场政治、经济、文化、生态和社会事业等诸多方面,不仅是淮海人开创农垦事业的真实写照,还为继承传统、追忆历史、缅怀前辈奋斗的足迹提供了内容翔实的资料性教材。《江苏淮海农场志》的问世,将起到"资治、存史、教化"之作用,更可以服务当代,造福后世,启迪未来,为淮海农场的高质量发展提供宝贵的精神财富。

回顾往昔,追忆历史,这部史志会给人们更多的回味和思考,更能激励后人奋进和奉献。我们坚信,在省农垦集团公司党委的正确领导下,一代一代淮海人沿着老一辈开拓者的足迹,传承和发扬新时期"艰苦奋斗、勇于开拓"的农垦精神,凝心聚力,奋力拼搏,改革创新,淮海的明天一定会更加绚丽多彩、灿烂辉煌。

江苏省淮海农场有限公司党委书记、董事长、总经理:

2021 年 12 月

江苏淮海农场志
JIANGSU HUAIHAI NONGCHANGZHI

凡例

一、本志坚持辩证唯物主义和历史唯物主义的观点，全面、系统地记述淮海农场 70 年的历史与现状，力求思想性、科学性、资料性相统一。

二、本志是农场第一部场志，从 1952 建场起，到 2020 年底止。

三、本志以 2020 年淮海农场行政区域为记述范围，对历史上划出的区域一般不作记述。为保持历史的连续性，有关事物视情略记。

四、本志按编、章、节三个层次，横排门类，纵向记述。照片集中于文前彩插。图、表按章节统一编号，图序号为章序号＋图序号，如第二章第一张图，为"图 2-1"，表序号为章序号＋表序号，为"表 2-1"。大事记以编年体为主，辅以记事本末体。

五、本志采用公元纪年。

六、本志使用的计量单位执行国家质量技术监督局《出版物上数字用法的规定》，涉及长度、重量单位以及农耕土地面积的，仍沿用传统习惯，以"公里、公斤、亩"等为计量单位。

　　七、本志中行政区域、组织机构、会议、文件等名称按当时的称谓记述，在各章首次出现时用全称，后则用简称。凡未用全称的"省""市""苏垦集团""农场""淮海分公司"，均分别指江苏省、盐城市、江苏省农垦集团有限公司、江苏省淮海农场、江苏省农垦农业发展有限公司淮海分公司。

　　八、本志资料源自文献档案、报刊、专著及调查访问记录，编纂时一般不注明出处。统计数据以农场统计部门的统计资料为依据。

中国农垦农场志

目　录

第三编　社会生活

第四编　经　　济

第五编　组织机构

第六编　科教文卫

中国农垦农场志

概　述

　　淮海——一个响亮而久负盛誉的名字，她因解放战争那场举世瞩目的战役而载入史册。1952年，中华人民共和国唯一一个以她的名字命名，并经中央军事委员会批准的国营农场——江苏省淮海农场在黄海之滨、苏北灌溉总渠尾闸两岸诞生了。

　　农场土地总面积12.99万亩，其中耕地7.83万亩*。下辖7个分场，一个外拓基地，4家场直二、三产单位。常住人口7143人。昔日的盐碱荒滩，如今田园锦绣、大道平坦、楼房林立、集市繁荣，处处呈现出一派生机勃勃的景象。

　　翻开淮海农场70年的建设史，每一页都带给人们震颤心灵的激动和喜悦，每一行都给人以思索和鼓舞。

　　农建四师（农业建设第四师，简称农建四师）的遗址上，矗立着一座身背钢枪、手举铁锹的军垦战士汉白玉雕像，墙上镶嵌着毛泽东主席命令。还有一座外观酷似粮囤的农建四师陈列馆，记录了70年的沧桑巨变，记载着淮海70年的光辉业绩。

　　遥想当年，原中国人民解放军步兵第一〇二师，结束了淮海战役和解放大上海的作战任务后，根据中共中央军委主席毛泽东的命令，万余官兵在海门县三厂镇广场结集，挥师北上，长驱800里，进军淮河下游、黄海之滨的苏北平原，在百里漫漫荒滩上安营扎寨、屯垦戍边、开荒建场。"五岸六垛黄海边，草滩海水连着天，荒凉无人烟。遍地是芦花，嘴干想喝茶，咸水难靠牙。"——这首民谣是当时情况的真实写照。

　　从战火硝烟到建设农场，年轻的官兵们艰苦创业，白手起家，经过"三大战役"、200多天的日夜奋战，开垦荒地6万亩，建筑房屋1900间，兴修水利挖土140多万立方米，农场初见雏形，这就是"国营淮海农场"的前身，被陈毅元帅赞誉为"皇帝的气魄、叫花子的干法"。中央电影制片厂为此壮举摄制了专题纪录片。

　　在这片盐碱大地上，军垦人用汗水和热血谱写了一章章可歌可泣的诗篇。"不与民争地，安置移民，场乡共建，引领示范，经济发展"，将开垦好的良田给百姓耕种。滔滔黄海尽情地诉说着这支英雄部队创业的光荣事迹，五岸六垛的群众广泛传诵着军垦战士们艰

---

* 亩为非法定计量单位，1亩≈667平方米。——编者注

苦创业、无私奉献的动人故事。

老一辈农场领导们坚持政治挂帅、思想领先，抓思想，与职工促膝谈心，每一位职工的冷暖都时刻挂在他们心坎上。在开展大生产的同时，农场不断丰富职工文化生活，积极组织开展各项文体活动，创办了《生产战线报》，宣传淮海，鼓舞士气。

农建四师在开垦的土地上建起的国营淮海农场，是江苏农垦的摇篮，为国家和农垦培养输送了大批人才。他们先后开垦了临海、宝应湖、三河等农场，军垦人以其艰苦创业的军垦精神赢得了世人的瞩目。军垦战士们把青春年华奉献给了艰苦创业的岁月，他们也为后代留下了宝贵的精神财富。

农垦建设事业的发展，是无数人承前启后、共同努力的结果。1962—1969年，一批批城市知识青年来场，为农场的建设增添了活力，在老一代淮海职工的帮助和指导下，他们迅速成长起来。1969年，农场掀起了二次大生产高潮。最令人难忘的是一次次的水利大会战，无论寒暑，男女老少齐上阵，手挖肩挑人海战，这片热土留下了当年知青们奋战的脚印和汗水。

兵团时期，农场用准军事化的手段指挥生产的管理体制，控制了当时的混乱局面。随着国内外形势的变化，1975年兵团建制撤销，又重新恢复农场建制。

滔滔江水滚滚东去，茫茫大地花红柳绿。中共十一届三中全会后改革开放为农垦事业的发展提供了良好的机遇和环境。

在新的历史时期，农场把握农垦农工商全面发展的新定位，以建设"三基地一中心"为主要任务，实行联产承包责任制。改革开放的春风吹遍了淮海大地，成长在这片土地上的新一代农垦人，接过前辈的担子，再接再厉，奋勇前进。

1985年，农场废除农业"大呼隆"体制，改为以职工家庭农场和大包干承包为主，统一经营，包干到户，分户核算，定额上交，多余归己，完不成任务全额赔偿。工业实行独立经营、自负盈亏的经济责任制，调动了基层企业和广大职工的积极性。

二十世纪九十年代初期，农场经济一度跌入低谷。走出困境，深化经济体制改革，按照市场经济的规律整合配置资源，下大力气调整产业结构是时代的要求。1993年，以先活农业后活农场的经济发展思路，农场先后关停并转十多个亏损微利的场办企业，积极推行"扩粮工程"。2000年，农场对农机、林业产权制度进行改革。2003年，农场对农业单位土地资源全面实施租赁经营，实行"先交后种、三费自理"，土地租赁合同一定五年，改革为发展现代农业提供了良好的基础条件。

2007年，农场开展"二次创业"。针对场情，创新发展思路，以现代农业为主导，完善农业产业格局，大力扶持场内参股的米业公司、种子公司，积极配合场外参股的麦芽公司、生态公司，通过龙头企业的带动，实现现代农业的快速发展。与此同时，科学合理整合建筑房产、商贸流通、医疗服务等产业资源，经济和社会事业全面发展。随着农业产业化的进程不断加快，农场先后进行了土地模拟股份制和农业生产联合承包制的改革，进一步增强"统"的功能。机制的创新，进一步增强了国有经济的掌控力。

2011年，垦区实行资源整合后，种植业从农场分离出来，成立了江苏省农垦农业发展有限公司淮海分公司，负责原有种植业的经营管理。按照"一套班子，分块运作，共同责任"的原则，农场实行党委领导下的场长负责制，农场和分公司相互支持、协调运转、共同发展。

2017年秋播，农业承包实现由联合生产承包经营向集体经营管理模式转变，分别实施单位统一管理和分别管理改革，强化统的功能，资源集中，实行集聚与集约管理。完成了农业服务体制改革，强化服务，搞活经营，实现公司和职工双赢。

2009年，农场在原农建四师师部办公旧址上配套建设的农建四师暨淮海农场历史陈列馆，已成为盐城市爱国主义教育基地、盐城市未成年人社会实践基地和《盐城晚报》小记者采访基地，被授予国家3A级旅游景区。2010年，农场还被省纪委列为江苏垦区唯一的江苏省廉政文化示范点单位。2018年，农建四师暨淮海农场历史陈列馆被省委组织部授予党员干部教育"实境课堂"。2018年12月29日，农场举行农建四师暨淮海农场历史陈列馆二期工程开馆仪式。

农场加快分离办社会职能改革，推进社区民主管理，优化服务。推行"五个一"实践，开展"零距离"服务，社区党总支被集团公司党委确立为"党建工作创新工程示范点"。

农场农业步入跨越式发展新阶段，综合生产能力显著提高。2020年，粮食总产87364吨，创年耕地亩产达1122公斤的省内先进水平，出现了万亩年亩产1.2吨以上的高产田块。农场7.83万亩水稻，平均亩产达605公斤，实现稻麦种植收入2.24亿元，利润总额2997万元。外拓基地成了新的经济增长点，增产粮300.91万公斤，收入761.93万元。中共十八大以来，农场聚集现代农业生产要素推进农业供给侧改革，转变农业的发展方式。由于农村中富余劳动力转向城市打工，劳动力市场发生了根本性改变，必须调整经营策略，对水稻的传统种植方式进行改革创新，改水育秧为工厂化育秧，改人工插秧为机械插秧和机械直播、机械施肥、机械治虫作业，使大小麦种植的机械化程度达到100%，水稻机械化程度达95%到以上，农业的科技进步贡献达到75%以上。发展绿色栽培，保护环境，强化科技引领，开展高产竞赛活动，加快现代农业新技术的集成应用和推广，大力推广智慧农业，聚集北斗导航、信息技术、现代农学、先进农机、农业工程等新技术，集成运用于稻麦生产的播栽、施肥、喷药、灌溉、收获等生产管理的全过程，实现精准种植。

农场十分重视党建和精神文明建设工作，在全场广大党员中先后开展了"一个党员就是一面旗帜""党员与职工结对"和"党员责任区"的"三部曲"活动，并结合党务公开试点工作和创先争优，创建"学习型、服务型、创新性"党组织及"党员示范岗"等，激活了党建工作，彰显了党组织的政治优势。

2018年，农场党委创建并组织开展的"传统文化、广场文化、廉政文化、绿色文化、健康文化"五张文化牌活动，在垦区内外享有盛誉，得到了省委宣传部、省国资委和农垦集团公司有关领导的肯定。

2015年，《中共中央 国务院关于进一步推进农垦改革发展的意见》印发以后，省国资委出台了实施意见。农场全面深化改革，实行公司化改制，盘活存量资产资源，法人治理结构持续优化，理顺"三会一层"关系，严格"三重一大"决策制度，内控管理逐步规范，全面完成"三供一业"、医院、幼儿园供电、供水等社会职能的剥离和移交。供水改造工程完成，居民喝上了优质放心的长江水。

社区党总支被省国资委党委评为"先进党支部"，被集团公司党委授予"党建工作创新工程示范点"，一站式服务大厅被省妇联授予"巾帼文明岗"。

农场还加大投入，主要用于危房改造、场区道路和配套设施建设，营造宜居美丽环境，城镇人口年增长率达10%以上。目前，场部小城镇鸟语花香，绿树成荫，处处呈现出人间乐园的美景。

这里自然风光优美，生态环境优越，城镇绿化移步成景，特色景观亮点纷呈。绿化、香化、亮化、美化，道路两旁绿树成荫，农田林网星罗棋布，天蓝地绿水清景美。这里是绿色天然氧吧、康养宜居之地；这里是盐城市园林式小城镇，是淮海人的温馨家园，家庭和美、尊老孝亲、生活幸福、民风淳朴，令人向往。农场连续20多年被省市评为文明单位，成为国家无公害、绿色食品和良种生产基地，还获得"江苏农垦先进基层党组织""省国有企业四好领导班子"，"江苏省五一劳动奖"，多年被授予"江苏省农垦先进企业"。2016年，全国总工会授予"国家级职工书屋"称号。2017年被全国总工会授予"工人先锋号"称号。2019年，"军垦文化"获评江苏农垦特色文化品牌。

"雄关漫道真如铁，而今迈步从头越。"有着艰苦创业光荣传统的淮海人，在新的形势面前，戒骄戒躁，乘胜前进，拼搏不息，求索不止。淮海农场这颗镶嵌在黄海之滨的明珠将会更加璀璨，更加亮丽，更加耀眼！

大　事　记

● **1952 年**　4 月 20 日，中国人民解放军步兵第一〇二师万余官兵，在江苏省海门县三厂镇举行改编为农业建设第四师誓师大会。苏北军区副司令员常玉清宣读中共中央军委主席毛泽东关于改编部队的命令，副师长李桂莲代表全师官兵接受毛主席命令。出席会议的有苏北军区、苏北行署、南通专区、海门县党政领导和各界人士。

4 月 21 日，师政委冯国柱、副师长李桂莲率先遣部队，开赴滨海县海滨草滩，实地察看，选择场址。

4 月 22 日，全师部队由政治部副主任宋天民率领，向滨海县沿海荒滩进军，于 5 月 16 日到达滨海县八滩、五汛港、鲍家墩垦区。

5 月 17 日，全师部队在抵达目的地后，一人一张半芦席，一个班一捆芦苇，安营扎寨。

5 月 22 日，师党委发起建场第一战役，计划抢建房屋 600 间，同时兴修水利，开发渠北。

6 月 8 日，师党委做出"关于建场问题的决定"，并成立建场委员会，设立建场指挥部，下设秘书室、行政处、计划处、工程处、材料处等办公机构。开始筹建砖瓦厂、木铁工厂、畜牧场、军医院、速成小学等。

6 月 28 日，4 台斯大林 80 号拖拉机进场，7 月 15 日开始垦荒，9 天开垦荒地 5390 亩。

7 月 27 日，华东军政委员会农林部通报表扬农建四师建场第一战役取得的成果——抢建房屋 779 间、开挖水利土方 43.03 立方米，在荒凉的草滩上生根立足，取得建场的初步成绩。

7 月 28 日，为建设一个机械化的社会主义性质的国营农场，师党委做出"关于出版《生产战线报》有关问题的决定"，改油印版为铅印版，成立党报委员会。

8 月 1 日，《生产战线报》铅印版出版，师政委冯国柱为纪念"八一"建军节和场报改版，撰写《我们的任务》并在报上发表。《生产战线报》铅印版自1952年8月1日创刊，到1955年7月16日停刊，共出350期。

8月14日，农业部副部长、华东棉垦委员会主任刘瑞龙，苏北区党委副书记万众一，华东军政委员会农林部国营农场管理局局长宋彦人等，率水利、建筑、农业专家、工程师等60余人，到师视察、慰问，并转达陈毅司令员称赞农建四师官兵们是"皇帝的气魄（当家作主），'叫花子'的干法（艰苦奋斗）"。

9月22日，《生产战线报》发表师政委冯国柱、师政治部副主任宋天民签署的《建场第二战役政治动员令》，动员全师指战员投入建场第二战役。

9月25日，师首届功模代表大会召开。建场第一战役共评出模范、功臣1005人。出席会议的代表共100人、来宾10人，宋天民副主任致开幕词，冯国柱政委作《形势与任务》报告，大会于28日结束，宋天民致闭幕词。

10月初，冯国柱、朱建群、陈瑞林、胡正平、蔡秋明、周志超、张竞、朱志荣等八人，参加华东军政委员会农林部组织的由各省农林厅长、农建四师师团和机关领导干部、国营农场场长等75人组成的参观团，赴华北、东北国营农场参观考察，学习建设国营农场经验，至12月27日回师。

10月13日，师司令部发出通令，推广建场第一战役治河一等功臣江希友创造的"江大锹挖土法"。

12月，农业部发出《积极推广农建四师积肥经验》的文件，在广大农村掀起了声势浩大的积肥运动。

12月28日，建场第二战役结束，各团均超额完成了原计划水利、建房任务。

年末，师长艾明山到师部任职。

● **1953年** 1月1日，任加才等五位功模代表应邀参加省人民政府委员会第一次会议。

1月23日，华东军政委员会农林部通报表扬农建四师建场第二战役取得全胜。此役共完成垦荒2.25万亩，试种冬小麦1100亩，建筑房屋560间，开挖水利土方48.7万立方米。

3月3日，师党委决定：在鲈鱼港（今临海农场）试种水稻500亩、棉花250亩。

3月8日，师部派出民运干部，将草滩里分散居住的114户农民集中定居于今五分场南支渠南，在新垦土地上组建成"大口农业生产合作社"（现射阳县临海镇东方红村）。

3月15日，师部发布建场第三战役命令，布置春夏两季生产任务。

3月17日，师部举行建场首届授奖大会。出席大会的代表4000余人。师长艾明山作《继续前进，争取更大胜利》的重要讲话，政治部副主任宋天明代表师党委，宣布授奖单位、个人名单及简要事迹，授予荣誉，给予物质奖励。任加才、陈中元、江希友、丁玉芝荣获特等功臣称号。

4月20日，为庆祝建场一周年，师部召开大会，全师9480余人参加庆祝大会，会上宣读华东军政委员会报经中共中央军事委员会批准的、正式命名该师所建农场为"国营淮海农场"的通知。

5月25日，师政委冯国柱调离农建四师，任建筑工程第五师政委，赴第一汽车制造厂建筑工地。

7月7日，建场第三战役胜利结束。全师转入"循序建场、稳步发展"阶段。

11月3日，新任师政委崔济民到任，师直单位举行欢迎大会。

12月14日，拖拉机修理厂开工兴建。主厂房面积1087平方米，设计能力为年修理100台拖拉机，由苏联农机专家达维多夫设计。

● **1954年** 1月，师党委根据精兵简政要求和生产建设需要，撤处并科，调整干部，加强基层。

3月17日，全国人民慰问解放军代表团第四总团第三分团及红星京剧团、江苏省淮剧团等100多人来师慰问，师直单位2600多名官兵夹道欢迎，并举行欢迎晚会。

4月20日，师部举行建场两周年、"淮海农场"命名一周年纪念大会，师直单位2700多名官兵参加会议。还举办建场两周年成就展览。

5月19日，农业部国营农场管理总局刘培植局长、江苏省农林厅顾复生副厅长率华东军垦农场工作组41人和苏联机务专家达维多夫到场检查指导工作。

5月23日，师党代会召开。正式代表116名，列席代表105名。中共江苏省委组织部部长韦永义代表省委到会祝贺。盐城专署副专员徐方恒参加大会主席团（不久后调任农建四师政治部副主任）。师党委代理书记艾明山致开幕词，党委委员任经伟作《关于转业以来几项主要工作总结及今后方针任务》的报告，会议选举了师党委委员，通过了师党委决议，于5月30日闭幕。

6月6日，师部召开排以上干部大会，刘培植局长做"在党的总路线旗帜下，为进一步办好农场、发展新场，为积极稳步地过渡到企业化和提高机械化而斗争"的报告。

6月12日，12团团长张伯锷率领两个连队400人开赴宝应湖，开发新场。

8月14—18日，8月14日夜，中共江苏省委发来急电，责成农建四师党委、滨海县委与其他单位共同组成滨海县海堤防汛指挥部，立即全力以赴投入海堤防汛工作，并以农建四师党委为主，负责统一指挥。师党委立即连夜召开紧急会议，研究确保海堤安全，并与滨海县委联系，成立"滨海县海堤防汛指挥部"，副师长李桂莲任总指挥，下设5个分指挥部，分别负责北起陈家港、南至射阳河一线的海堤防汛任务。8月18日，台风过境，海堤无恙，农建四师胜利完成了省委交给的保堤任务。

9月23日，师部召开营以上军政干部会议，历时4天，总结第三季度工作，布置第四季度和1955年2月底前任务。

11月26日，师首届政工会议隆重开幕。出席会议的代表150余人。会议于12月8日结束，历时13天。会议由师政治部徐方恒副主任致开幕词，李桂莲副师长讲话，着重强调"政治工作必须贯彻为生产建设服务的方针"。师政治部朱建群副主任做政治工作的总结报告。

12月17日，师部召开军政干部会议，布置今冬明春工作，会期三天。刘鸿书副参谋长布置生产、基建、行政、卫生等工作，政治部徐方恒副主任传达布置政治工作任务，崔济民政委作会议总结。

● **1955年** 2月1日，师首届机务工作会议开幕。各团机耕队和第四期机训班学员计300余人出席会议，李桂莲副师长、刘鸿书副参谋长、朱建群副主任分别主持会议。2月9日会议闭幕，历时9天。

2月4日，根据农业部要求，全师抽调200名指战员支援黑龙江友谊农场建设。

4月20日，农建四师建场三周年纪念日，《生产战线报》发表社论《巩固建场成绩，克服缺点，争取更大胜利》，回顾总结三年工作成就；刘鸿书副参谋长发表纪念文章《用实际行动纪念建场三周年，为进一步办好国营农场而奋斗》。

5月3日，中央新闻纪录电影制片厂来农场摄制生产建设电影纪录片，拍摄从垦荒播种到田里长出茂盛的庄稼，反映官兵用劳动改变大自然，把荒滩变成良田的壮举。5月5日，摄影师在李桂莲副师长的陪同下，去十团二、三营拍摄麦田作业、棉花播种等分镜头。5月6日，摄影师去十一团拍摄垦荒场面。5月9日，胶片由南京航空邮寄到北京编辑，成片编入《新闻简报》在全国上映。

5月中旬，中共中央农村工作部召开全国农村工作会议。崔济民、蔡秋明、胡正平、张竞、顾云如参加会议，并汇报了农建四师面临的难题。会后，农业部廖鲁言部长将有关情况专题报告邓子恢副总理，并报周恩来总理，确定农建四师彻底转业。

5月22日和6月初，师党委两次召开党委扩大会，贯彻中央和省委关于农建四师彻底转业、改行工资制、整编复员和发展新场的指示，崔济民政委做动员报告。

6月17—20日，各团和师直单位分别召开党委扩大会、排以上干部会、党团员支部大会、军人大会，传达师党委《关于彻底转业，改行工资制，整编复员，发展新场的方案》。

6月25日，各团和师直单位4550名同志复员回乡，组成集训团赴盐城集训。各单位分别召开茶话会、座谈会、欢送会，留场和复员、转业人员畅叙友情，相互勉励。

7月上旬，全师清理资产，按国营农场体制组建总场、分场、生产队，调整干部，调配劳力，同时加强秋熟作物田间管理。

是月，宝应湖农场独立建场。

7月26日，"集训团"赴盐城集训结束。根据政策规定，发给复员回乡人员复员费、路费，并按籍贯分布，组织干部统一护送到当地政府安置。

8月3日，师党委根据省委指示，副政委任经纬任淮海农场场长兼党委书记，胡正平任党委副书记，张振华、顾云如任副场长。任经纬任、朱建群参加北京"部办场长训练班"学习100天。

8月5日，师党委向淮海、宝应湖农场新任领导班子办理交接手续，武器弹药、军事档案、机要文件等上缴南京军区。

8月8日，转业干部集中在总场进行肃反学习，至9月中旬结束，陆续分配到地方工作。

8月22日，师文工团全体人员随带全部服装、道具等文艺器材，向盐城专区淮剧团移交。《生产战线报》印刷厂全部人员及资产设备向盐阜印刷厂移交。

9月3日，国防部发布命令，宣布取消农业建设第四师的部队番号，留场人员总数为2020人，其余官兵全部复员或者转业回家。留场人员工资：凡副排级以上干部套改为国家行政级，班以下人员为：战士33元，副班级35元，正班级38元。

11月，农建四师复员转业结束，建制撤销，关防上缴，师长艾明山、政委崔济民、副师长李桂莲、政治部副主任徐方恒、副参谋长刘鸿书、10团团长常飞虎、11团团长张振华（后又回农场）等一大批干部离场去南京，另行分配工作。

12月，省委、省政府为加强国营农场的领导，以农建四师干部为主，筹建江苏省国营农场管理局，任经纬任局长，季汉林、徐方恒任副局长。朱建群被任命为国营淮海农场场长兼党委书记，胡正平任副场长兼党委副书记，张振华、顾云如任副场长。农建四师创建淮海农场的历史任务至此完成。

1956年 1月3日，对全场各类人员粮食、食油的定量供应做出具体规定。

1月28日，召开党委扩大会议，回顾总结1955年的各项工作，分析形势、研究部署1956年工作任务。

2月1日，"淮海农场1956年工作规划"上报省农场管理局，下发全场各单位。

4月6—7日，连续降雨达115.8毫米，小麦田间积水5～15厘米，部分地洼的田块麦苗受淹达4天之久，早播的546亩棉花全部受淹，土面板结，出苗困难。

4月19日，启用"中国共产党国营淮海农场监察委员会"铜质印章。

4月24日，向省农场管理局报告，从5月份起，全场全面推行计件工资制度。

5月7—11日，召开第一次党员代表大会，出席会议的正式代表78人，列席代表18人，听取和审议了第一季度工作和贯彻落实1956年工作任务的报告，选举了农场党委委员15人、候补委员4人和出席省党代会代表1人。

5月13日，三垛作业区第二生产队发生火灾，烧掉房屋77间、门板465块、方桌165张、凳子707条、棉被64条、蚊帐27顶、单棉衣433套等，损失达36139元。

6月20日，向射阳县人民委员会发函，请求对五岸村群众在农场灌溉干渠打坝，致使渠道断水，大批水稻秧苗死亡，派员进行调查处理。

7月11—18日，连续降雨，降水量达169.4毫米，洼地积水30厘米以上，棉花死亡面积3506亩。

8月2—4日，台风猛袭，风力达12级，在田农作物严重受害。

9月2日，下午4小时内，暴雨216.4毫米，为建场以来最高纪录。

9月10日，创办职工子弟小学。

10月25日，印发《关于建立正规的档案及推行文书处理部门立卷的初步打算》，建立档案室，设专职档案员，负责全场的档案工作。

11月12日，农场党委做《关于西汛分场与滨海县新庄农社发生场群纠纷问题的调查处理报告》。

11月25日，启用"中国农林水利工会国营淮海农场委员会"印章。

1957年 1月21日，召开全场干部大会，动员全场干部职工积极行动起来，开展增产节约运动。

2月14—18日，召开二届二次党员代表大会，出席会议的正式代表75人，列席代表4人，审议通过党委书记胡正平做的《1956年党委工作总结报告》、党委副书记张振华做的《1957年工作任务》与《1957年增产节约方案》的报告。

3月18日，召开共青团首届代表大会，与会代表听取了场党委书记胡正平所作的政治报告，审议通过了朱斌所作的场团委工作报告。

4月30日，农产品加工厂开始筹建，计划10月份投产。

6月6日，向盐城地委、滨海县委报送《关于近一个时期与地方群众发生一些问题的专题报告》。

6月28日，分别向盐城地委，射阳、滨海县委，临海、八滩区委发出

《关于 6 月中下旬麦收中与群众发生几个问题的报告》。

7 月 17 日，再次向盐城地委，射阳、滨海县委，临海、八滩区委发出《关于 6 月下旬、7 月上旬发生地方群众到农场境内放牧、割草等问题的报告》。

9 月 23 日，再次向盐城地委，射阳、滨海县委发出《关于 7、8 月份以来地方群众不断到农场区域砍伐树木、庄稼、割草等问题的报告》。

10 月 26 日，制订 10 年远景规划。

12 月 22 日，研究编制 1958 年生产财务计划及远景规划。

● 1958 年 2 月初，上报国营淮海农场农业生产规划初步意见（1958—1960 年）。

2 月 19 日，召开党委扩大会议，传达省农垦局、省高产丰产会议精神及全国农水代表会议精神。

3 月 18 日，颁布农业"三包一奖制"，即包成本、包产量、包面积、超额完成奖励的暂行办法。

4 月 20 日，场党委号召"苦干三个月，实现文化场"。要求各级党组织和工会、共青团积极支持扫盲工作，到 6 月底，全部摘掉文盲帽。

5 月 9—10 日，召开第三届党员代表大会，出席会议的正式代表 71 名，列席代表 13 名，因公因病缺席 8 人。审议通过党委书记胡正平做的工作报告，选举产生了 11 名党委委员，3 名候补委员。

5 月 5—10 日，召开第三届职工代表大会，通过"鼓足干劲，千方百计，为贯彻实现 1958 年生产建设任务而奋斗"的决议。

7 月 3 日，召开全场党员誓师大会。号召坚决贯彻总路线，全力实现 1958 年的奋斗目标。战斗口号是："鼓足干劲，千方百计，确保粮棉加三倍，力争翻五番；促进农、牧、副、林、工业齐跃进，不完成生产计划不甘心。"

8 月 12 日，场党委上报关于整风工作的总结报告。全场整风运动于 1957 年 11 月开始，参加运动的干部有 290 人、职工 1735 人，合计 2025 人。

8 月 24 日，胡正平书记传达省委江渭清书记在全省地市委书记会议上的报告，研究部署大炼钢铁、熟田管理、共产主义社会的远景规划等三项工作。

9 月 15 日，根据省、盐城地委指示，在农场创办的"江苏省淮海农业学校"正式开学，设作物栽培和动物饲养两个专业，共有学员 402 人，教职工 33 人。计划到 1963 年在校生达 1200 人，增设"农业机械""畜牧兽医"专业。

10 月 8 日，美人垛分场 5.32 亩水稻试验田，经脱粒后核实产量，平均亩产 203 公斤，创全场最高纪录。

10 月 25 日，场党委决定创办党内杂志《淮海月刊》，为面向职工群众、面向生产的通俗读物。

12 月底，根据统计，全年全场新调进职工 611 人（其中弶港农场农工 148 名，东台农场季节临工 396 名，分配来场机械、徒工 21 名，农校教员 9 名，射阳荣军农场 37 名），为农场建设增添了新生力量。

● 1959 年　1 月 5 日，制订 1959 年农业生产规划，下发全场各单位，要求继续鼓足干劲，为实现全年生产指标而努力奋斗。

2 月 20 日，投资 6 万元，兴建日产 1.5 吨文化用纸的造纸厂，计划 10 月 1 日正式投产。

2 月 28 日，调整职工粮油供应标准。

3 月 8—12 日，召开第四次党员代表大会，与会代表审议通过党委书记胡正平代表上届党委作的工作报告和场长张振华做的《继续鼓足干劲，力争上游，为争取 1959 年更大的跃进而奋斗》的工做报告。

3 月 31 日，盐城地委农场工作部批复，同意将原农建四师移交的特收款结余资金 12 万元作为农场改建房屋之用。

9 月 5 日，向盐城地委请示，请求批准护场规划及临海分场生产经营规划，建议将灌溉总渠以北、德新河以南、通济干渠以东、海堤以西范围内滨海县振东公社的大部分，八滩、淤尖公社的一部分及射阳县临海公社苇荡大队的一个生产队，共约 10 万亩土地，19000 余人口划归农场管理，从组织上实行统一领导，并将该范围内的集体所有制改为全民所有制。

12 月 20 日，上报"关于大搞群众运动，大搞技术革命，提高劳动生产率的经验"总结材料。在生产竞赛评比活动中，全场涌现出 5 个红旗生产队，31 个红旗组，101 个摘棉、割稻能手。美人垛分场二队职工李志英创日摘棉花 309 斤 * 的最高纪录；三垛分场周林福日割水稻 7.1 亩，获

---

* 斤为非法定计量单位，1 斤＝500 克。——编者注

全场冠军。

● **1960 年** 5 月 23 日，上报《关于接收安置海门移民的请示》。

8 月 2 日，上报 7 月 27—28 日遭受 5 号台风的灾情报告，受害棉花 14853 亩、水稻 18353 亩、玉米 1097 亩、高粱 1254 亩，职工住房 36 幢、畜禽舍 6 幢。

8 月，向盐城地委农场工作部上报《关于请求建立淮海农场内燃机配件厂和投资的报告》。

10 月 10 日，向盐城地委上报《关于请求迅速处理滨海县振东、淤尖等公社侵占农场土地和损坏农作物的情况的报告》。

10 月 20 日，临海分场被批准单独建立"江苏省国营临海农场"，10 月 19 日移交工作全部结束，农场全额拨款 204273.44 元。

12 月 25 日，启用"国营淮海农场建筑工程队"章印。

● **1961 年** 3 月 24 日，出台 1961 年"三包一奖"制度，共七章 43 条。

4 月 1—3 日，召开第五届党员代表大会，出席会议的正式代表 61 人，列席代表 27 人。会议审议通过了党委书记张振华作的题为《高举三面红旗，继续鼓劲赶江南，争取农业大丰收》的工作报告，选举了新一届党委会成员。

4 月 14 日，制订"关于职工病、事、产假工资及生活待遇的规定"。

6 月初，由于气候干旱，灌溉总渠水量不足，场、地之间发生用水矛盾。美人垛分场三队水稻因抽水抗旱保苗，被滨海县淤尖乡干群阻止，致使秧苗枯死 390 亩，年终颗粒无收。当年，农场因缺水造成失收的面积达 1740 亩。

● **1962 年** 1—3 月底，全场降水量仅有 92 毫米，出现了建场近十年来罕有的旱情，严重影响春季农业生产。

4 月 16 日，三垛分场三队与射阳县临海公社五岸、条洋、梁庄大队签订关于公社借用土地的协议，暂借农场放牧地 1023.18 亩。

4 月 20 日，庆祝建场 10 周年，编印 1952—1961 年经济建设统计资料的汇编，总结建场 10 年来的成就。

5 月 1 日，制订 1962 年包定奖生产责任制度（试行草案）。

9 月 3—6 日，召开第六届党员代表大会，出席会议的正式代表 70 人，列席代表 20 人，审议通过党委书记张振华做的工作报告，做出贯彻"以粮为纲，农牧并举，多种经营"的决议，选举产生新一届党委会。

9月6日，省农林厅召开各农场党委书记、场长会议，确定农场安置无锡、盐城知青1000人，新建房屋2700平方米，翻建房屋1800平方米，计划投资13.9万元。

10月16日，与射阳县人民委员会就农场草地管理权限问题达成协议。将夸套河以南（俗称南滩）计27755亩草地交给射阳县人民委员会直接管理，产权仍属农场。

12月11日，制订1963—1967年基本建设规划。

● **1963年** 2月28日，上报1962年工作总结。1962年度完成总产值121.74万元，亏损104万元。

3月13日，做出关于实行三级管理三级核算中的几个具体问题的处理意见。

3月23日，发出《关于签订临时合同工合同书的通知》。

3月24—30日，召开首次职工代表大会，通过关于进一步开展增产节约运动、争取1963年农业丰收的决议。

5月14日，省计委、财政厅、农林厅联合发文，下达农场1963年基本建设计划资金20.65万元。

5月15日，根据统计，1962年全场下放和精简回乡生产的职工计132人。全年调出干部33人、技术工人21人支援兄弟农场。

6月16日，下发《关于贯彻农垦部进一步加强国营农场种子工作指示的通知》。

12月5日，统计上报全年安置无锡下放人员987人，盐城下放工人、学生65人，苏州农校10人，合计安置1062人。

12月24日，省计委、农林厅批复：根据农垦部指示，核定农机修理厂为一类大厂。年修理能力为200个拖拉机标准修理台，主、副厂房共2612平方米，各类修理机床、设备78台（套）。

12月26日，当年经营结果为：总产值194.58万元，比上年增长59.83%；亏损总额43.12万元，比上年减少58.54%。

● **1964年** 1月10日，上报上年统计年报，耕田面积71488亩，其中一熟水田、棉旱田48381亩；造林总面积286.92亩；夏粮播种面积8253亩，收获面积7527亩，实收总产288234公斤；秋粮播种面积18764亩，收获面积

18238 亩，总产 1860395 公斤；棉花播种面积 7863 亩，总产 105987.50 公斤。

2 月 28 日，上报上年财务会计报表，全年预计亏损 326720 元，实际亏损 432515.70 元，比预计多亏 105795.70 元。

4 月 25 日，农产品加工厂与射阳县苇荡大队第六生产队达成调换土地的协议，将原速成小学 66 亩土地调整给六队，该生产队将一支渠中间三角地 37.7 亩调换给加工厂农业组种植。

5 月，江苏函授大学在农场设立函授辅导站，招收学员近 200 人，聘请郭兴泽任站长、王锦香任副站长。

12 月 15 日，省农林厅盐城农垦局发布《关于刘亚山等同志工作变动报告的批复通知》（〔64〕盐垦秘周字 134 号）：刘亚山任修理厂厂长兼政治教导员、场机务科长；杜林森任机务科副科长；王锦香任半农半读农业技术学校副校长兼西汛分场副政治教导员；李以品任美人垛分场副场长。

12 月底，年终财务决算报告，全场粮棉等主要作物产量大幅度增长，畜牧生产情况好于往年，工业、副业、园林生产进一步发展，职工劳动生产率显著提高，扭转了亏损局面。省农林厅核定年度计划亏损 22.72 万元，实际经营利润 21.15 万元，扭亏增盈 43.8 万元，减去各项支出，净上交 1.58 万元。

● **1965 年**　1 月 18—27 日，召开三级干部扩大会议，出席会议的代表 229 人。

2 月 27 日，半农半读农业技术学校开学。教职员 14 人，学生 100 人，设作物栽培专业，管理 1000 亩土地，种植棉花、田菁各 500 亩。有一个附属生产队，有管理人员和工人 121 人。

3 月 22 日，召开第七届党员代表大会，会议正式代表 66 名，缺席 7 名，实到 59 名，列席代表 19 名。会议审议通过党委书记张振华关于《两年来的主要工作总结和当前形势与 1965 年任务》的工作报告，做出了《关于干部参加生产劳动的决议》，选举产生了新一届党委会。

3 月 28—31 日，召开第三届职工代表大会、第五届工会会员代表大会、第五届共青团代表大会，与会的 400 名代表听取了周志超场长作的 1964 年农场工作报告、陈金祥副场长作的两年来工会工作与今后任务的报告、姚旦夫作的 1964 年共青团工作报告和生产科俞德龙副科长关于 1965 年农作物栽培措施的报告、财务科袁敦副科长关于 1965 年经营管理和奖励制度的报告。会议表彰奖励上年度 1 个五好生产队、27 个五好小组、20 名五好干部、441 名五好工人。改选和成立了农场第三届场务管理委员会、第五届工会委员会、第五届共青团委员会。会议结束时，党委书记张振华做了讲话。

4 月 9 日，做出关于配备生产队统计保管员的通知。

5 月 2 日，省农林厅批复（垦殖〔65〕字第 315 号）：同意刘亚山同志任淮海农场副场长。

7 月 5—9 日，召开三级干部会议，周志超场长传达省农林厅、盐城地委会议精神，总结上半年工作，布置下半年工作任务。

9 月 10 日，向省农林厅、盐城地委报告关于广泛深入地开展增产节约运动的情况。

9 月 21 日，向省农林厅上报关于增产节约方案的报告。

● **1966 年** 2 月 18—20 日，党委召开学习毛主席著作积极分子代表大会，出席会议的代表 108 人，其中 22 位代表做了典型发言。

7 月 11 日，工会发出通知，号召全场职工积极投入"文化大革命"运动。

11 月 21 日，工会经请示社教分团党委、场党委批准，换发三垛、头庄、美人垛、西汛港分会委员会印章，新名称分别为红星、红光、红旗、红卫分会委员会。同时新发农校、场部机关工会新印章。

11 月 19 日，召开第八届党员代表大会，会议正式代表 81 人，缺席 5 人，实到 76 人。党委书记张振华作《高举毛泽东思想伟大红旗，把农场办成毛泽东思想大学校》的报告，选举产生了新一届党委会。

● **1967 年** 3 月 8 日，发出"大抓革命，狠促生产，掀起春耕生产新高潮，夺取今年革命生产双胜利"的号召。

3 月 27 日，原农建四师政委崔济民从北京给场领导张振华、周志超、陈金祥等来信，答复原农建四师有关问题。

4 月 16—23 日，召开第四届职工代表大会和生产建设积极分子代表大会，历时 7 天，出席会议代表 325 人。

5 月 2 日，中国人民解放军 6447 部队奉命对农场实行军事管制。成立"中国人民解放军国营淮海农场军事管制委员会"。

● **1968 年** 2 月 29 日，总结农业生产工作，上年度全场粮食总产 264 万公斤，比最高年产量的 1966 年增长 89.7%，棉花总产 18000 担*，比 1966 年增长 10%。

3 月 7 日晚 7 时零 5 分，农产品加工厂皮棉打包车间因电源起火，场内职工、附近群众、驻军部队一千多人，历时 2 小时才将大火扑灭。据统计，火灾烧坏厂房 10 间、电动机和木制打包机各 1 台，烧掉棉花 3000 余斤，计损失 28790 元。

4 月 4 日，国营淮海农场革命委员会成立庆祝大会在场部大会堂举行。场军管会及各群众组织都派代表参加了大会。

4 月 5 日，启用"国营淮海农场革命委员会"印章。

4 月 15 日，场革委会建立"文化革命"小组、政治工作办公室、生产办公室三个办事机构。原政治处、办公室、生产科、财务科、机务科、基建科即日撤销，停止履行职能。实行场革委会一元化领导。

5 月 6 日，修理厂革命委员会、加工厂革命委员会、半农半读农业学校革命委员会、红星分场革命委员会、红卫分场革命委员会、红光分场革命委员会、红旗分场革命委员会等机构经射阳县革命委员会批准成立。

10 月 18 日，场革命委员会发出精简机构、干部下放劳动的通知。

11 月 11 日，场革命委员会启用新设办事机构印章，即"国营淮海农场革命委员会政治工作组""生产指挥部""办公室"三枚新印章，原"政治办公室""生产办公室""文化革命小组"三枚印章予以废除，停止使用。

● **1969 年**　3 月 10 日，接受安置无锡市二中、七中、八中、十中和一女中等学校的初、高中学生 3980 人。其中男生 2252 人，女生 1728 人。此后，徐州、连云港、吴县、常熟等城市的知识青年分配来场。对知青进行形势、思想、阶级、生产、场史五个方面的教育。

3 月 7 日，江苏生产建设兵团派来毛泽东思想宣传队对农场的各方面情况进行调查研究。

5 月 31 日，场领导小组总结红光分场一队在组建连队过程中的做法。

11 月 3 日，经中国人民解放军南京军区批准，"中国人民解放军南京军区江苏生产建设兵团第二师第十团"于 10 月 28 日正式成立，"国营淮海

---

* 担为非法定计量单位，1 担＝100 斤。——编者注

农场"建制撤销。颁发"中国人民解放军南京军区江苏生产建设兵团第二师第十团"和团属司令部、政治处、后勤处公章四枚,原各类印章废除,停止使用。

11月5日,根据兵团和师部统一部署,团部分批开展组建连队工作。

12月27日,团司令部对各营连相继建立后的行政管理政治教育工作提出具体意见,下发各营、连单位。

1970年 1月10日,团司令部总结上年农业生产工作。全年粮食总产346.08万公斤,比1967年264万公斤增长31.1%,比1968年增长33%;棉花总产皮棉26万公斤;生猪年圈存量3100头,比上年增长13%;饲养家禽3136羽。多种经营总产值增长8.5%。

8月1日,启用各营及修理厂、加工厂、医院、小学等单位印章。

12月,全团2800多名干部职工集中在17连开展全团水利大会战,原定5天的任务3天完成,挖土5.8万立方米,人均挖土20立方米,累计挖沟40多条,大中沟3800米,挑土平田2000多亩。

12月31日,团司令部总结1970年的生产工作,全团粮食总产3738.56万公斤,比上年增长6%;棉花总产22.33万公斤。多种经营总产值比上年大幅增长。

1971年 1月13—15日,召开"活学活用毛泽东思想积极分子和首次四好连队五好战士代表大会",参加会议的代表280名。

7月14—17日,召开第一次党代会,会议代表200人,团长刘瑞生主持大会,政委王勇代表团临时党委向大会做工作报告,选举产生了团第一届党委会。

9月19—29日,团部机关开展清查"文革"中重大事件的群众运动,参加人数74人,占机关在位人数89人的83%。基本查清了1967年农场发生的"2·16事件"和"6·12事件""斗批联络站"等重大事件中的基本情况。

1972年 1月7日,团党委做出《关于今冬明春掀起"一打三反"运动新高潮的意见》。

1月14日,团司令部下发《关于农业连队改革现行工资制度的实施办法》。

2月9日,江苏省高等学校下达本团3名招生计划,镇江农机学院、江苏农学院、南京师范学院各 1 名。

4 月 12 日，兵团二师党委批复同意增补张兴全、周志超、李育五为团党委委员，张兴全参加常委会工作。

5 月 22 日，兵团二师政治部批准同意张振华离职休养。

8 月 18 日，兵团发布命令，团政治处主任张建新调任兵团政治部宣传处副处长。

12 月 25 日，全团完成年度征集兵员 90 名，其中普通兵 78 人、特种水兵 10 人、女兵 2 人。

● **1973 年** 1 月 6—11 日，召开农业学大寨经验交流大会，团政委王勇做题为《以路线为纲，深入扎实地开展农业学大寨的群众运动》的工作报告。团、营、连干部和战士代表计 150 余人参加会议。

3 月 12 日，兵团命令：四师二十三团政治处主任王进明任本团政治处主任；二师原独立三营政委邢子玉任本团政治处副主任。

3 月 21 日，兵团命令：本团后勤处处长陈秉兰任二师后勤部财务军需科科长；本团司令部参谋长汪永财任副团长；本团团后勤处副处长贺玉照任后勤处处长。

4 月 17 日，兵团司令部批准架设 35 千伏线路。第一期 29.5 公里 10 千伏线路，核定投资 9.75 万元，35 千伏线路核定投资 6 万元，35 千伏变电所部分核定 10.75 万元。

5 月 16 日，兵团二师通知选派 1～2 名发动机马力试验工去坦桑尼亚工作。

12 月，全团当年农业生产实绩：粮豆播种面积 36350 亩，总产 507.1 万公斤，棉花播种面积 13940 亩，总产 41.4 万公斤。

● **1974 年** 3 月 5 日，兵团二师党委决定，孙立元任本团党委委员、常委、副书记。

3 月 7 日，兵团批准组建变电所，人员编制：所长 1 人、技术员 1 人、会计统计 1 人、工人 17 人。

3 月 13 日，本团司令部调整营连番号，原 3、4 营合并为 3 营，原 5、6 营合并为 4 营，原 7、8 营改为 5 营、6 营，撤销 7、8 营番号。

10 月 8 日，兵团司令部通知接收安置灌东盐场知青 400 人。

● **1975 年** 6 月 5 日，国务院、中央军委批复，同意撤销南京军区江苏生产建设兵团建制。

7月1日，兵团临时党委转发中共江苏省委关于撤销生产建设兵团的通知。

7月30日，本团团长孙立元、政委王勇向农场领导小组周志超、朱斌办理移交手续。

10月17日，场领导小组转发省农垦局筹建小组《关于严肃财经纪律的九项规定》。

12月1日，启用"国营淮海农场"印章，原"中国人民解放军南京军区江苏生产建设兵团第二师第十团"及相关印章作废。

12月26日，向盐城地区粮食局请示解决粮票7.5万公斤，以满足4000多名知青春节返城探亲所需。

● **1976年**　3月5日，盐城地区农垦局下发农场办公室、工副业科、政工科、农林科、财务物资科、中学、医院七枚印章。

4月26日，经省委组织部批准：李志民同志任农场革委会主任、党的核心小组组长；陈忠明、纪明全任农场革委会副主任、党的核心小组副组长；刘亚山、周赤波、叶金珠任农场革委会副主任、党的核心小组成员；王锦香、万锦萍、沈东成任农场党的核心小组成员。

5月2日，省农垦局党组颁发"中国共产党国营淮海农场核心小组"印章，即日启用。

6月11日，盐城地区农垦局颁发"国营淮海农场革命委员会"印章，即日启用，原"国营淮海农场"印章作废。

8月13日，盐城地区农垦局党组发来"关于国营淮海农场革委会、常委会组成人选"批复。

9月18日，射阳县人民武装部颁发"国营淮海农场人民武装部"木质印章，即日启用。

9月20日，盐城地区农垦局颁发农场革命委员会办公室、政工科、农业科、财务科、工副业科、医院、中学木质印章7枚，即日启用，原印章予以作废。

11月18日，盐城地区农垦局党组批复：同意农场党的核心小组上报"关于周永文任射阳县人民法院淮海人民法庭庭长的请示"。

12月21日，射阳县人民法院行文（射法办〔1976〕2号）：经研究报请上级批准，同意在农场建立人民法庭，由省高级人民法院发放塑料印章，印文为"射阳县淮海人民法庭",并于12月25日开始办公并正式启用印章。

12月29日,农场党的核心小组向射阳县委、县革委会、县公安局党委去函,请示批准建立公安派出所。

● **1977年** 7月2日,农场党的核心小组向射阳县委请示召开第八次党代会。

10月15日,场革委会将32连15000余斤早稻遭雨受损的事故通报全场,要求各农业单位吸取教训,搞好"三秋"工作,夺取农业丰收。

● **1978年** 3月3日,省农垦局召开"双学"(农业学大寨、工业学大庆)会议,农场递交确保完成当年各项指标保证书。

3月9日,盐城农垦局通知,从农场抽调200名常熟知青去大中农场工作。

8月12日,将中学附小单列,成立"国营淮海农场场部小学",建立党支部和行政组织,启用章印。中学设立教导处、总务处机构。

11月6日,省农垦局党组通知,省委组织部批复(苏委组复〔1978〕103号),李志民任场党委书记、场长,实行党委领导下的场长负责制;陈忠明、纪明全任场党委副书记、副场长;刘亚山、周赤波、万锦萍任副场长、党委委员;王锦香任党委委员。

12月,成立由7人组成的"平反冤假错案、落实党的政策"工作办公室。

● **1979年** 1月6日,接江苏省革委会通知:即日起启用"江苏省国营淮海农场""中国共产党江苏省国营淮海农场委员会"新印章。原"国营淮海农场革命委员会""中国共产党国营淮海农场核心小组"章印废止。

1月8日,省农垦局党组批复:顾月芳任农场副场长、党委委员。

2月,根据中央文件(中发〔1979〕5号)精神,对地主、富农分子开展摘帽子工作。

3月,下放农场工作的无锡、苏州、徐州、连云港等地的数千名知识青年陆续返城。

6月5日,省农垦局党组批复:王锦香任场党委副书记、邵子良任副场长、党委委员;顾月芳任黄海农场副场长、党委委员,免去农场副场长、党委委员职务。

10月10日,省农垦局党组批复:傅积中任农场副场长、党委委员。

12月18日，国家农垦部表彰农场医院为"全国农垦卫生系统先进集体"。

● **1980年** 2月中旬，为缓解大批知青回城、学校教师紧缺矛盾，通过考核考试共选拔124名高中毕业生充实教师队伍。

3月，农业连队实行奖赔制度方案，开始了农业经营体制的改革。

5月4日，农场被省农垦局评为1979年度先进集体。

6月16日，省农垦局党组通知，李志民调南通农场任党委副书记、场长，免去农场党委书记、场长职务。

12月24日，批复同意三分场筹建的袜厂为连级建制单位。

● **1981年** 1月29日，盐城地区农垦局批复：同意建立"国营淮海农场弹力丝厂""国营淮海袜厂"，为连级建制单位，并启用印章。

7月5日，中央农业广播学校淮海分校开学，全场共有42名通过国家统一考试录取的学员。

8月26日，省农垦局通知，建立"国营淮海农场机务人员培训班"，负责垦区各农场的农机人员培训工作，核定教职员工编制8人，培训班主任由农场分管农机工作的副场长兼任。

10月18日，盐城地区农垦局批复：同意在淮海农业机械修造厂的基础上建立"江苏省国营淮海石油机械厂"，实行两块牌子、一套班子领导。

11月19日，省农垦局批准设立"江苏省国营淮海农场多种经营科"职能部门。

11月19日，省农垦局批复：同意新建东滩分场建制，把发展养殖业与垦荒结合起来，统一经营管理。

● **1982年** 2月3日，启用"江苏省国营淮海农场""中国共产党江苏省国营淮海农场委员会"新印章。

4月20日，召开建场30周年庆祝大会。出席大会的有省农垦局局长关耀庭，处长周志超、杨士钧、周道中，盐城地区农垦局局长王浪，农垦局顾问、原农场党委书记张振华，盐城地区经委主任李涛洪，农场原老领导、老同志以及射阳县、滨海县、友邻乡镇负责同志，农场干部、职工代表800余人。

5月7日，省农垦局党组批复：王书聪、黄广吉、李如俊三人任农场副场长、党委委员。

5月10日，启用"江苏省国营淮海农场工会委员会"印章。

8月31日，省农垦局党组通知，省农委党组批复同意陈忠明任农场场长。

9月28日，省农垦局党组批复：王锦香兼任场工会主席。

● **1983 年** 1月23日，盐城地区农垦局批准，同意增设江苏省国营淮海农场针织内衣厂、江苏省国营淮海磁性材料厂、江苏省国营淮海综合厂、江苏省国营淮海食品厂、江苏省国营淮海服装厂等五个连级建制单位。

8月21日，举办企业整顿骨干培训班，副场长黄广吉做《用改革的精神，加快我场全面整顿工作步伐》的动员报告。

9月1日，职工学校举行开学典礼，省农垦总公司科教处、场部机关有关人员参加，副场长、校务主任黄广吉主持典礼，场党委副书记、场长陈忠明讲话。

12月13日，江苏省委副书记周泽在《江苏农垦简报》对农场粮食专业户曹同山生产16万公斤水稻的事迹批示："粮食专业户曹同山应该表扬鼓励，他的经验应当在农垦范围内推广，争取全公司的粮食生产明年继续有新的进展。"

12月26日，盐城农垦局党组批准：王锦香、邵子良、周赤波离职休养。

● **1984 年** 1月20日，农场被农垦总公司党委表彰为生产建设成绩显著单位。

6月27日，农垦总公司党委批复：王治任场总工程师（副场级）。

6月30日，农垦总公司批准同意成立"江苏省国营淮海农工商联合公司"，在管理上与"国营淮海农场"实行一套班子、两块牌子。

8月21日，农垦总公司党委对场党委班子进行调整，薛元海任党委书记，尤锦华任党委副书记，李如俊、陈忠明、黄广吉、徐开泉任党委委员。

11月26日，东滩分场的奶牛场、渔场、窑厂、玻璃厂成为大队级建制单位。

11月30日，建安公司下属的第一建筑队、第二建筑队、搬运队、建材加工厂成为大队级建制单位。

12月15日，建立"国营淮海畜产品加工厂"，为大队级建制单位，隶属于多种经营公司。

● **1985 年** 2月10日，农垦总公司对农场1984年工农业总产值比1980年翻一番予以表彰，并发奖金 3000 元。

3 月 6—9 日，召开职工代表大会暨 1985 年工作会议，薛元海书记致贺词，李如俊场长作工作报告，表扬奖励了 22 个先进单位、202 名先进工作者和先进生产者。

5 月 5 日，就做好飞机喷药治虫、防止发生意外事故发出通知，在 5 月 10—15 日和 6 月 20—9 月 30 日两个时间段内进行。

5 月 21 日，射阳县公安局、农场在场部大会堂举行派出所成立大会和挂牌仪式，盐城市公安局、射阳县公安局、滨海县公安局及周边乡镇派出所相关人员专程来场祝贺。

6 月 15 日，医院被国家农牧渔业部表彰为"全国农垦卫生系统先进单位"。

12 月 31 日，盐城农垦公司批复同意使用上年度 3％职工工资晋级权，经民主评议、基层推荐，场领导研究决定全场有 44 人晋升一级工资。

1986 年　1 月 4 日，总结上年工作：全场工农业总产值 2367.67 万元，比历史最好水平的 1984 年增长 10.5％；利润总额 200.64 万元；全员劳动生产率 4138.55 元/人；粮食总产 1130 万公斤，完成年计划 838 万公斤的 134.8％；皮棉总产 102.905 万公斤。

1 月 18 日，召开场党委扩大会议，确定 1986 年工作奋斗目标：产值 2500 万～2600 万元，利润总额 300 万元，粮食总产 575 万公斤，棉花 110 万公斤，家禽 10 万～15 万只，鱼 7.5 万～10 万公斤，羊 2000 只，兔子 3000 只，猪 2500 头。

5 月 10 日，对场直单位居民做出按标准面积分配住房的规定：职工及子女每人住房面积基数为 8 平方米，大队级干部增补 10 平方米，科分场级干部增补 20 平方米，场级领导每户 65～70 平方米。

8 月 20 日，制订《七五奋斗目标和主要任务》：1990 年工农业总产值达到 4000 万元，年均递增 10.7％；国民生产总值达到 1845 万元，年均递增 9.1％；全员劳动生产率 7018.78 元/人；劳均收入达 397.58 元，比 1985 年增长 32.7％。

12 月 30 日，总结 1986 年工作：工农业总产值 2810.26 万元，比去年增长 18.6％；利润总额 77.38 万元，其中石油机械厂实现利润 200.55 万元；粮棉油加工厂利润达 45.78 万元；商业公司创利 3.01 万元。全场粮豆总产达 1224.74 万公斤的历史最好水平。

● **1987 年**　3 月 16—18 日，召开工作会议，场长薛元海做《深入改革，广开生产门路，挖掘潜力，争取更大成绩》的工作报告，党委书记周布卿做《旗帜鲜明地坚持四项基本原则，扎扎实实地开展双增双节运动，使我场经济建设迈出新步伐，跨上新台阶》的动员报告，会议表彰了 1986 年度先进集体和先进个人。

3 月 20 日，盐城市职工学校在农场举办在职干部高中文化函授班，有 75 名干部和教师参加学习。

3 月 24 日，制订"关于试行厂长基金"的暂行规定。各场办工厂在当年盈利的奖励基金中，按上年该厂实现的利润总额的 2% 提取厂长基金。

3 月 27 日，制订关于农业大队主要领导干部实行综合经济效益考核的方法和奖赔办法。

4 月 20 日，制订机关各科室（公司）目标管理百分考核条例和年终奖赔办法。

12 月 18 日，年度工作总结，全场实现粮食总产、农业总产值、经济盈余、人平分配四超历史，粮豆总产 1500.65 万公斤，皮棉总产 85 万公斤，农业总产值 1200 万元，农业经济盈余 270 万元。

● **1988 年**　3 月 25 日，盐城农垦公司经理纪明全受江苏农垦总公司委托来场宣布：周布卿任场长，任期三年，至 1990 年底；免去其场党委书记职务。免去薛元海场长职务，另行安排。场党委工作暂由副书记尤锦华主持。农场自即日起实行场长负责制。

4 月 11—13 日，召开 1988 年度工作会议，周布卿场长作《解放思想，大力发展外向型经济；深化改革，推行承包经营责任制》的工作报告并确定 1988 年主要奋斗目标。

4 月 28 日，在石油机械厂会议室召开全场中层以上、石机厂车间主任以上人员大会，周布卿场长宣布：根据场长提名，经盐城农垦公司批准，王书聪、徐美俊、顾家成任副场长，叶秀河任淮海石油机械厂厂长（副场级）；石油机械厂近两年经营利润均超过 200 万元，列全农垦系统场办工厂之首，为调动企业积极性，经盐城农垦公司批准，该厂浮动升级为副场级建制单位；厂长享受副场长待遇，其他人员职级相应上浮半级；省农垦总公司党委决定免去陈忠明顾问职务，离职休养。

5月21日，阿根廷农业科学院首席顾问巴布雷瑟在国家及省、市农垦公司相关人员的陪同下，到场考察拟建肉牛场选址事宜。

5月29—30日，全国政协委员、原国家农垦部副部长吕清在省农垦公司纪委范大器陪同下，来场视察。周布卿场长汇报了基本情况及原农建四师老军工的生产生活情况，并带领导视察了针织总厂、东滩乳牛场等单位。

5月3日，省农垦总公司行文（苏垦农字〔1988〕040号），将原"江苏省农垦局淮海机务人员训练班"更名为"江苏省农垦淮海机务培训学校"。

6月11日，原农建四师干部、江苏省政府办公厅原副秘书长蔡秋明一行，到场视察。9月，乳品厂生产的"群乐"牌豆乳粉被农业部评为优质产品，成为农场的特产。

12月，学校教师首次评定教育系列职称，经上级职称评审委批准，先后有126名教师评定了职称。其中丁家慷、徐鹤山评定为中学高级教师任职资格。

12月，受射阳县教师进修学校委托，"淮海农场教师培训站"负责农场中、小学教师的进修培训工作，先后有9人大专毕业，39人中师（函授）毕业，11人参加高等教育自学考试。

1989年　3月，省农垦农工商联合总公司职称改革领导小组通知，叶崇山、吴勋元、倪集群、薛元海为高级农艺师；毛献周、朱惠忠为副主任医师；王治、王书聪为高级工程师。

5月24日，邀请滨海县政府办公室、公安局、水利局、民政局以及周边的新港乡、二罾乡、振东乡、淤尖乡的政府和派出所负责同志，到场参加搞好场群关系、支持农场建设的专题座谈会，场长周布卿等场领导和派出所及机关有关部门负责同志20多人参加了会议。

9月7—8日，工会第八次代表大会召开，审议工会经费收支情况，选举产生新一届工会委员会。

10月30日，江苏省委党校经济管理专业中专函授淮海班的84名学员获得毕业证书。

12月10日，利用冬闲季节，组织调集各分场机耕队重型机械在东滩分场进行垦荒大会战。

● **1990 年**　2 月 12 日，省农垦总公司通知，张士斌任农场副场长，卢鸿余任总会计师（副场级），总农艺师叶崇山、总工程师王治退休。

3 月 26 日，召开工作会议，场长周布卿作《认真贯彻治理整顿方针，促进农场经济稳步发展》的工作报告，表彰奖励 1989 年度先进单位和先进个人。

7 月 21 日，向省、市农垦公司发出灾情电报：13—20 日连续降雨 421 毫米，18—20 日连降大暴雨 296 毫米，19—20 日 24 小时内降特大暴雨 216 毫米，全场 350 万公斤露天粮囤囤脚下水，棉花、大豆全部受淹，田间积水 30～40 厘米。六分场电排站被地方村民围困，阻止排水。

8 月 31—9 月 1 日，遭受 1990 年第 15 号台风暴雨的侵袭，对在田农作物、农业基础设施造成重大损毁，经济受到重大损失。

10 月 20—23 日，农垦总公司教育目标管理达标验收组来场检查验收教育工作。验收评估结果：教育目标管理达标工作为优秀等级。其中职工教育、幼儿教育、小学教育为优秀等级，中学教育为良好等级。场职工教育委员会和场中心小学奖金各 2000 元。

12 月 19 日，为加强行政监察工作，盐城农垦公司行文（盐垦党字〔1990〕24 号）批复，设立"江苏省国营淮海农场监察室"，为科级建制机构，刊刻塑料圆形章印一枚，即日启用。

● **1991 年**　1 月 30 日，上报上年度工作总结。全年共创社会总产值 5731.79 万元，比 1989 年的 6805.06 万元减少 1073.27 万元，下降 15.77％。下降的主要原因：一是农业遭受特大自然灾害，7—10 月，累计降水量达 1675.6 毫米，超过建场以来历史最高年份 1962 年全年的降水量，尤其是 15 号台风影响很大；二是市场疲软因素的影响；三是消费资金的增长。

3 月 20 日，经市、县有关部门批准，举行土地管理所成立挂牌仪式。射阳县民政局、土地管理局派员到场祝贺。

3 月 22—23 日，召开工作会议，与会人员听取审议了周布卿场长做的题为《全面动员，鼓足干劲，为恢复和发展农场经济而奋斗》的工作报告。

3 月 25 日，经省农垦总公司批准，从淮阴县、沭阳县考核引进 261 名退伍军人来场参加农业生产建设，在场部举行欢迎仪式。

3 月 26—29 日，场部有关部门组织对从淮阴、沭阳引进的退伍军人进行作物栽培、劳动工资、安全生产、场情场史、计划生育等五方面的岗前培训。

4月15日，盐城农垦公司对场长周布卿承包经营任期终结审计做出结论：1988—1990三年工农业总产值承包1.06亿元，完成1.12亿元，完成承包数的105.66%；粮豆总产承包45620吨，完成64806.8吨，完成承包数的142.06%；皮棉承包2340吨，完成1768.3吨，完成承包数的75.57%。

5月16日，在盐城市副市长周侃陪同下，江苏省原副省长陈克天和原农建四师政治部副主任徐方恒一行，到场考察指导，场领导汇报了情况，陪同宾客参观了石机厂、袜厂等单位，并在建场纪念碑前合影留念。

5月18日，由射阳县卫生局牵头，射阳医院、中医院和淮海、新洋、临海、盐场医院负责人参加的射阳县卫生检查团，到场医院检查，认为淮海医院在管理、医务、护理、药剂等方面均达到了相关规定要求。

6月2日，向农垦总公司急电报灾："'三夏'以来，连续阴雨，至今收、种、管无法进行。"

6月5日，农垦总公司农业处王鉴远处长来场了解灾情及抗灾情况。

6月10日，盐城农垦公司副经理杨兆南、办公室副主任戴春红到场了解"三夏"工作情况。

6月13日，农垦总公司副总经理李润福到场察看三夏抗灾情况。

6月18日，向农垦总公司报告："夏收工作18日结束，大麦损失百余万斤，总产约1700万斤，品质尚好。"

6月25日，农垦总公司发来贺电："近日来，你们与灾害抗争，日夜奋战，表现了高度的主人翁精神，特此表示崇高敬意和亲切慰问。现夏收结束，望再接再厉，争取秋熟丰收。"

8月8日，向农垦总公司发出《对三夏期间灾情作灾后反思的专题情况汇报》：农田水利设施标准低，抗灾能力差；晒场仓库严重不足，道路不通；农机具老化，急需更新添置；场与乡关系复杂，急需解决界址纠纷；发放离退休职工工资数额大，负担沉重。

9月8日，省农垦总公司总经理、党委书记周伟森，副总经理李润福、朱林根，政治处处长姜射阳，农业处处长王鉴远，办公室副主任吴国兴及盐城农垦公司经理、党委书记纪明全等到场检查指导工作。场长周布卿向省、市公司领导汇报了农场情况及上半年的工作情况，并陪同参观了新开垦的东滩 3300 亩水稻田。

9月9日，共青团射阳县委在农场召开射阳县北片各乡镇、场团委书记现场办公会。与会人员参观了针织总厂和袜厂两个单位共青团组织活动现场，参会的团县委书记李逸浩对农场共青团工作给予充分肯定。

9月10日，中学中、高考获较好成绩。中考有 2 名考生被无锡机械制造工业学校录取，1 名被盐城中学录取。高考有 13 名考生获统考权，其中 9 名考生达线，1 名达定向本科分数线，1 名达射阳县委托分数线。

10月31日，江苏省人民政府做出关于筹建农建四师纪念碑批复（苏政复〔1991〕22号）："经研究，省政府同意本着'庄重、节俭'的原则，在淮海农场筹建中国人民解放军农业建设第四师纪念碑，建设经费由你们自行筹集，方案设计由省建设委员会组织审定。建碑占用土地要尽可能节省，并依法报批后使用。"

11月29日，由我国著名音乐家时乐蒙、生茂、田歌、晨耕、张丕基、王健、胡玉兰、王利军、王起荣、朱南溪、解华等组成的中国音乐家协会代表团一行 17 人，为创作"献给农垦人的歌"到场体验生活，作曲家们为农场题词："大江南北立下丰功伟业，黄海之滨又写新的篇章。"

● **1992 年** 1月20日，种子公司被评为"全国农垦系统种子工作先进单位"。

3月22日，召开二届三次职代会，会议代表向全场职工发出倡议书：弘扬农垦精神，发扬革命传统，以优异成绩迎接建场 40 周年。

4月7—20日，举行建场 40 周年系列庆祝活动，先后接待来自各地各方面 7 批 467 名来宾。

4月20日8时，举行江苏省人民政府在场部建立的"农建四师纪念碑"揭幕仪式，原农建四师副师长李桂莲，农垦总公司总经理、党委书记周伟森为纪念碑揭幕。上午 9 时在淮海礼堂举行庆祝江苏省国营淮海农场建场 40 周年大会。场党委副书记尤锦华主持，场长周布卿，射阳县县长王家东，盐城市副市长周侃，原农建四师副师长李桂莲、师政治部副主任朱建群，场历任领导代表周志超，省农垦总公司总经理、党委书记周伟森分别在会上发表讲话。参加会议的领导为老军工颁发建场 40 周年荣誉证章，并参观场部有关单位。晚上在场部礼堂观看场庆大型文娱晚会《淮海魂》。

5月16日，为祝贺建场 40 周年和建造中国人民解放军农建四师纪念碑，农垦总公司给予农场补助资金 7 万元。

6 月 25 日，向省农垦总公司报送《关于建立江苏省国营淮海农工商联合公司驻珠海市办事处》的请示。

12 月 25 日，省农垦总公司政治处姜射阳处长代表省农垦总公司，在全场中层以上干部会议上宣布：叶秀河任场长、党委委员；免去周布卿场长、党委委员职务。盐城农垦公司经理纪明全参加会议并讲话。

12 月 27 日，表彰驻徐州商贸公司经济效益显著：只有 9 名人员的单位，先后为淮阴、徐州、盐城、南通和农场销售各类产品 183 个品种、52.6 万件，年销售额 150 万元，人均年创利 1.5 万元。

● **1993 年** 1 月 27 日，盐城市人民政府办公室印发市调查组《关于淮海农场第七分场与射阳县堤防管理所界址争议的调查报告》，明确海堤背水坡的界址应以复堆河为界。

4 月 2 日，场部机关机构设置调整，新建机构：农业中心、商业物资公司、建筑安装公司、建材供销公司、党委组织宣传部、老干部工作科。撤销机构：农业科、农机科、多种经营科、物资运输科、粮食科、建筑工程科、党委组织科、党委宣传科。农业中心下设农业技术服务部、农业机械服务公司、多种经营公司、粮油生资服务公司、种子公司、财务核算部。同日，决定王书聪、张士斌任农业中心主任（兼），同时任免一批中层干部。

6 月 18 日，农垦总公司发文（苏垦政干字〔1993〕54 号），尤锦华任场党委书记。

6 月，投资 200 万元，在场部建音乐喷泉文化广场。

8 月 27 日，农垦总公司政治处发文（苏垦政干字〔1993〕73 号），王书聪任省农垦农机安全监理所总工程师，免去农场副场长、党委委员职务。

10 月 16 日，与淤尖乡人民政府签订协议，同意淤尖乡兴建的淤振公路通过 13 大队 30 号条田两侧，南北长 500 米，宽 13 米，占地 9.8 亩。农场免收征用费 1.47 万元，但土地权属不变。

10 月 19 日，组织工作组进驻袜厂，解决处理该厂相关问题。

12 月 29 日，场二届五次职代会通过《淮海农场住房制度改革实施方案》和《淮海农场医疗制度改革方案》。

12 月下旬，根据射阳县委统一部署，全场开展为期一个月的民主评议党员活动。

● **1994 年**　1月28日，农垦总公司职改领导小组通知：经有关专业技术高级职称评审委员会评审，黄胜亮、刘容舒、陆乐、葛永康具备中学高级教师任职资格，薛春曙具备高级农艺师任职资格。

3月1日，调整机关机构设置。新建机构：生资服务公司、农产品管理科、建设规划办公室、房产管理科、对外经济贸易办公室、计划财务科。撤销机构：粮油生资服务公司、计划财务基建科、建材供销公司。同日，任免一批中层干部。

3月12日，淮海石油机械厂、中学、医院、乳品厂、加工厂、变电所、徐州二贸、8大队、9大队、13大队、19大队、31大队、35大队、39大队、4机队、6机队被盐城农垦公司授予1993年度"双文明单位"称号。

3月20日，石油机械厂、加工厂因年创利超百万元，受农垦总公司通报表彰。

4月16日，召开二届六次职代会，与会人员审议通过叶秀河场长做的《抓住机遇，团结拼搏，促进农场经济全面好转》工作报告，还通过《关于农场1993年财务决算和1994年财务计划的报告》《关于建立模拟股份合作准备金的意见》。

4月18日，省农垦总公司政治处通知，卢鸿余任农场督导员，免去其总会计师职务。

5月19日，根据《中华人民共和国人民检察院组织法》有关规定，射阳县人民检察院党组批准："射阳县人民检察院驻淮海农场检察室"成立并在场部机关举行挂牌成立仪式，射阳县人民检察院党组书记、检察长庄文斌将牌匾和印章授给检察室负责人。

5月23日，陈俊调任农场副场长。

5月26日，盐城农垦公司党委决定，增补张士斌、陈俊二同志为场党委委员。

9月22日，召开三秋动员大会，按照"发展粮食、扩大稻麦、开拓挖潜、提高效益"的思路和实现粮食总产3500万公斤的目标，扩大麦子1万亩，扩大水稻1万亩，确保全场明年增粮500万公斤。

10月4日，领导会办会决定，场部招待所、小车队、水电站等单位，不再视作农场三级建制单位。同日,淮海供电公司成立,为农场二级建制单位。

10月8日,农垦总公司政治处决定:徐开泉任场党委副书记。

12月20—21日,召开工会第九次会员代表大会暨场第三届职工代表大会。听取和审议场长叶秀河做的题为《排除万难夺丰收,奋力拼搏结硕果》的工作报告和徐开泉代表上届工会委员会做的题为《全心全意依靠工人阶级,同心同德上下奋力拼搏,为加快我场改革开放和经济建设步伐而努力奋斗》的工作报告,选举产生新一届工会委员会,徐开泉当选为场工会主席。

12月22日,场长叶秀河在全场各分场、场直各单位、机关各部门中层干部大会上作"1994年工作总结"的报告,预测当年经营利润可达1400万元,比去年同期1044万元增356万元,增长34%。利润总额可达400万元,以绝对值计算,比上年同期亏296万元,扭亏增盈696万元。

1995年　2月16日,组织各分场、大队、农机站等单位主要负责人一行67人,专车前往华西村、三房巷村,进行为期4天的参观学习。

3月,确定实施扩粮工程,大面积改水,由麦、豆、棉轮作,改为稻麦两熟制。调整水系,提高标准,完善配套,增加水资源供给,扩大水稻种植面积,大幅度提高粮食总产量。

4月6日,召开三届二次职代会,场长叶秀河做《深化改革,保持稳定,确保农场经济持续、快速发展》的报告,表彰1994年度41个先进集体,24名种粮、植棉大户,147名先进个人。

5月4日,成立淮海土方工程队,为三级独立核算建制单位,隶属于农机公司。

7月31日,农垦农工商联合总公司行文(苏垦联党〔95〕39号)通知:尤锦华任黄海农场党委副书记,免去场党委书记职务。

8月14日,在射阳县国土局的主持下,与射阳县海堤管理所签订土地权属协议,确定七分场以四丈河中心为界,四丈河中心线以北的内外海堤之间土地由海堤管理所使用;四丈河中心线以南,东至外海堤内堤脚、南至夸套河下游排河北海堤(不含夸套闸500米)、西至内海海堤东脚向东100米一线为农场使用。

8月15日,成立广电通讯管理站,为农场三级单位建制,隶属于场办公室，实行企业化管理。

11月3日，盐城农垦公司党委行文（盐垦党字〔1995〕26号）通知：黄胜亮任场副场长、党委委员。

12月7日，同意场商业物资公司《关于淮海汽车运输队撤销建制的请示》。

● **1996年** 1月28日，在农垦总公司1996年工作会议上，农场被授予江苏农垦"十优企业"称号。

3月24日，对机关部分机构进行调整。新建机构：农林科、生产资料管理科、政策研究办公室、劳动工资科、三产办公室、环卫所、生活服务公司。其中环卫所、生活服务公司为农场大队级建制单位。撤销机构：农业中心、农业技术服务部、生产资料公司、核算部、林管站、机关卫生所。

4月8日，召开三届三次职代会。与会人员听取和审议叶秀河场长《团结拼搏，开拓创新，为农场经济和社会事业持续快速发展而努力奋斗》的工作报告，表彰奖励上年度先进集体、先进个人。

6月，离退休人员养老金参加全省统筹。

6月28日，根据上级党委的统一布置，为纪念中国共产党成立75周年，全场各级党组织开展缴纳"扶贫特别党费"活动，共收缴特别党费6768.70元。

7月25日，农垦集团公司副总经理李润福率各农场分管农业副场长等一行40多人，在农场召开秋熟作物增产流动现场会。参观了17大队、9大队、垦一队、垦二队等单位的秋熟作物现场。

11月6日，农垦集团公司行文（苏垦集党〔1996〕64号）通知：韩绪楼调任农场副场长、党委委员。

● **1997年** 2月28日，撤销淮海牛奶公司、淮海乳牛场建制。

3月28日，召开三届四次职代会，与会人员听取和审议叶秀河场长《围绕两个根本转变，加大改革力度，开创农场两个文明建设新局面》的工作报告，表彰上年度先进单位和个人。

5月26日，遭受特大风暴袭击，输变线电杆损坏300余根，供电、供水瘫痪，房屋受损150余间，囤储场头500余万公斤稻谷覆盖物被卷走。

7月23日，设立食品工业管理办公室，为农场二级单位建制。撤销淮海农场农产品加工厂建制。

11 月 26 日，医院门诊楼举行开业典礼仪式，农垦集团公司朱林根副总经理及科教处等部门领导，射阳、滨海、阜宁等县医院领导专程来场出席开业典礼。

12 月 10 日，全场 6500 多名选民参加射阳县人大代表选举活动。副场长张士斌、种子公司经理余德和被选为射阳县第十一届人大代表。

12 月 13 日，经省农垦集团公司、市档案局组成的档案工作评审组现场评审，农场档案管理达省级标准，省档案局颁发了证书。

● **1998 年**　2 月 9 日，射阳县委、县政府发文（射发〔1998〕2 号）：授予农场"1997 年度综合治理先进单位"称号。

3 月 2 日，省农垦集团公司发文（苏垦集〔1998〕79 号）：授予种子公司"江苏农垦 97 年种子先进企业"称号。

3 月 12 日，省农垦公司发文（苏垦集办〔1998〕92 号）：授予农场"1997 年先进企业"称号。

3 月，国家实施建设淮河入海水道工程，征用农场土地 3000 多亩。

4 月 15 日，召开三届五次职工代表大会，场长叶秀河做《加大调整力度，坚持稳中求进，努力开创淮海农场改革和发展的新局面》的报告，对 1997 年度的 22 个先进单位、118 名先进生产（工作）者和 2 名营销能手进行表彰。

6 月 8 日，射阳县政府、射阳县人民武装部发文（射政发〔1998〕104 号）：授予农场"1997 年度人民武装工作先进单位"称号。

● **1999 年**　1 月 28 日，农垦集团公司行文（苏垦集办〔1999〕32 号）通知，授予农场"1998 年度先进企业"称号。

4 月 8 日，召开三届六次职代会，叶秀河场长做《强化管理，优化结构，努力保持农场经济持续稳定健康的发展》的工作报告，表彰 1998 年度 19 个先进单位和 123 名先进个人。

4 月 27 日，下达各农业单位水稻机插秧任务，大面积推广机械插秧。

5 月 6 日，农垦集团公司发文（苏垦集劳〔1998〕221 号）通知：授予农场"安全生产优秀企业"称号。

6 月 4 日，农垦集团公司党委行文（苏垦集党〔1998〕38 号）通知，朱恩桂调任农场财务总监。

6月，引进洋马、久保田等高速插秧机。

7月29日，成立淮海石油机械厂改制工作领导小组，对该企业实施有限责任公司改制。

8月30日，根据农垦集团公司部署，成立企业改制工作领导小组，决定对米厂、轧花厂、植物油厂进行产权制度改革。

9月3日，农垦集团公司发文（苏垦集办〔1998〕323号），对农场等7个档案工作管理达标升级单位予以表彰。

9月15日，农垦集团公司政治处致函场党委，农场组织编写的《一支英雄的部队》一书，经集团公司党委同意，报请省新闻出版局批准内部准印。此书主要记载了农建四师垦荒建场的经历。

● **2000年**　1月22日，根据省农垦集团公司的部署，对农业机械实行产权制度改革。通过公开竞拍，将全场各农机站农机具转让给个人所有。

2月28日，农垦集团公司行文（苏垦集办〔2000〕40号）决定，授予农场"江苏农垦1999年度先进企业"称号。

2月29日，射阳县工商局批准农场成立工商管理办公室，定编3人。

3月24日，就部分农业单位管理人员实行内部退养做出具体规定。

4月29日，召开四届二次职代会暨2000年工作会议。叶秀河场长做题为《深化改革，团结拼搏，再创新业绩》的工作报告，对1999年度17个先进单位和107名先进个人予以表彰。

5月25日，决定在场部黄海路东侧兴建"淮海农场农贸市场"。

5月27日，场长叶秀河参加中国农垦经济研究会组织的高层管理人员赴法国、德国、荷兰等国考察活动。

5月31日，下发《关于做好第五次全国人口普查的通知》。

10月17日，制订实行会计人员委派制的暂行规定。

10月18日，就各行业物资实行集团比价采购工作做出具体规定。

10月22日，决定对七分场从2001年起实施土地租赁经营，全面实行"三费自理""先交后种"模式。农业职工的单位不再垫付生产、生活费用，承租种植、养殖职工的养老金和医疗保险金全部由承租职工自行缴纳。

● **2001年**　2月16日，组织农林、政研、审计、财务等部门人员组成的专门工作班子，去各农业分场，召开林带租赁拍卖会，对5000多亩林带逐一拍卖。

第一轮租赁拍卖面积 1000 多亩，成交额 100 余万元。3 月 26 日，盐城市委副书记计高成，滨海县委书记唐铁飞，副书记顾正岚、任义才，副县长唐于银、吴翠娥等一行 11 人到农场工作走访，对农场农业生产、小城镇建设给予较高评价，场领导班子全体成员参加接待。

3 月 29 日，农垦集团公司董事长、党委书记徐鸣，副总经理胡兆辉及农业、国资管理等部门负责人到场检查工作，听取场主要领导工作情况汇报。

4 月 29 日，召开四届三次职代会暨 2001 年工作会议，与会人员听取审议叶秀河场长题为《深化改革促调整，锐意创新求发展，为开创淮海农场两个文明建设的新局面而努力奋斗》的工作报告，对 2000 年工作中的 17 个先进单位、101 名先进个人进行表彰。

8 月 31 日，省人大常委会原副主任、副省长凌启鸿在农垦集团公司农业发展部凌励部长等的陪同下，来场视察工作，对场经济社会发展取得的成绩给予肯定。场领导班子全体成员参加接待。

10 月 17 日，农垦集团公司党委行文（苏垦集党〔2001〕82 号）通知：陈俊升任场长，徐开泉任党委书记，叶秀河不再担任场长、党委委员职务。

11 月 13 日，召开石油机械厂中层以上管理人员会议。副场长韩绪楼主持会议，场长陈俊对该厂改制工作提出具体要求。

● **2002 年**　2 月，"淮海大米"在中国优质稻米博览会上荣获"十大金奖大米"称号，同时被评为盐城市最受欢迎产品。

3 月 26 日，召开四届四次职代会暨 2002 年度工作会议，陈俊场长做题为《深化改革，加快发展，努力开创淮海农场创新创业的新局面》的工作报告，表彰了 2001 年度 17 个先进单位和 114 名先进个人。

4 月 2 日，农垦集团公司党委发文（苏垦集党〔2002〕26 号）通知：陈永龙调任场财务总监。

4 月 20 日，在场部大会堂举行建场 50 周年庆祝大会。省农垦集团公司董事长、党委书记、总经理徐鸣，原农建四师老领导朱建群等，射阳县委副书记王克林，滨海县委副书记唐于银，历任场领导代表周志超以及现任场长陈俊、党委书记徐开泉，南京军区盐城副食品基地、高炮靶场，射阳县和滨海县政府、人大、政协，盐城农垦公司，临海、三河、宝应湖、弶港农场等单位领导在主席台就座。出席大会的还有场领导班子全体成员以及临海镇、振东乡、八滩镇等单位嘉宾。全场各单位负责人、机关干部、职工代表等 800 余人参加庆祝典礼。徐开泉主持大会，陈俊讲话，徐鸣代表农垦集团公司发表讲话。

7 月，职工子弟学校整体移交射阳县。

7 月 24 日下午 3 时 25 分至 30 分，农科站和一、六、七分场遭受龙卷风袭击并伴有暴雨，中心风力 12 级以上，降水量 53.6 毫米。农科站为重灾区，房屋倒塌、屋顶掀翻，遍地是砖头瓦砾，损失严重。一、六、七分场也发生房屋损坏、树木折断、输变线杆断倒等。直接损失 300 万元左右。

8 月 28 日，邀请射阳县人民检察院预防职务犯罪科检察员作《积极行动起来，预防职务犯罪》的专题法制讲座，全场各单位、管理人员、机关全体人员共 150 多人参加。

9 月 6 日，召开 2003 年农业单位土地租赁经营动员大会，各分场、大队、场直各单位主要负责人和机关全体工作人员参加会议，场长陈俊做动员报告，副场长张士斌宣读《2003—2007 年度农业单位土地租赁经营实施意见》。

10 月 27 日，射阳县场乡共建工作会议在农场召开，副县长刘加模出席会议，原县人大副主任陈海主持会议，驻射阳县农盐场、射阳港电厂、南京军区高炮靶场、盐城副食品基地的有关负责人到场参加了会议。

2003 年 2 月，医院被批准为地方城镇医保单位。

2 月 9—18 日，历时 10 天，对全场中层管理者 70 人次分两批进行了培训。从提高农场中层管理者的办公自动化水平，掌握现代管理中办公电脑知识和操作的一般知识和技能，以推进农场管理信息化的进程入手。设置了如下课程：电脑和办公自动化的基础知识以及电脑维护常识；一种操作软件——WIN98；两种输入法——五笔字和智能 ABC 输入法；一种公文编辑——WORD 文档；一种制表软件——EXCEL 表格；三种办公设备——传真机、扫描仪、刻录机；现代网络知识——因特网。通过学习和操作，全体人员基本有了理性认识，并由不会到会，大部分同志做到"学了就会、听了就懂、照做能做"。

3 月，场部成立社区管理委员会，为正科级建制单位，下设城东、城南、城西三个居委会，五十多个居民小组。

3月28日，在职教中心召开机关工作人员岗位竞聘大会。场领导班子全体成员，各分场、场直各单位党政领导，机关全体工作人员和竞聘对象近100人参加竞聘大会。在机关定编定岗定责的基础上，实行选聘和竞聘结合。经过为时一天的竞聘，有23名应聘人员竞聘上岗，机关人员的知识结构、专业结构、年龄结构进一步改善。

4月16日，射阳县政府决定在农场场部和原六垛乡政府南边、二垛桥西侧建设化工园区，由此带来的污染将严重影响该区域人员的身心健康，场乡居民呼声强烈，农场先后向射阳县政府、盐城市政府，并向省环保厅、国土厅、农垦集团公司作专题书面报告，表明不宜选址在人口密集区、绿色食品生产区建化工园区、搞化工生产的观点和意见。根据省政府黄莉新副省长的批示，吴沛良副秘书长召开农垦集团公司、盐城市政府、射阳县政府以及省环保厅、国土厅有关负责同志参加的专题会议。议定：调整原化工园区规划设计；严格进园区项目的审批；建设隔离带；共同做好园区及周边道路建设工作。

4月19日召开四届五次职代会暨2003年度工作会议。与会人员听取和审议陈俊场长题为《凝心聚力加快发展，全力开创农场小康建设的新局面》的工作报告。对上年度工作中取得优异成绩的单位和个人进行表彰。

4月22日，社区管理委员会公开招聘城东、城南、城西三名居委会副主任。

4月28日，农场下发通知，全力做好非典型肺炎防治工作。

6月10日，江苏农垦啤麦产销联合体在南京成立，淮海农场成为9个农场成员之一，标志着垦区啤麦生产经营由分散走向联合。

6月13日，六分场顾海坤获得农业部颁发的"全国种粮大户"荣誉称号。

9月15日，根据农垦集团公司改制工作的要求，制定了《2004年农业单位土地资源租赁经营实施意见》，7万余亩耕地全面租赁结束。

10月中旬，省委原常委徐方恒到农场考察工作。

11月28日，农垦集团公司党委发文（苏垦集党〔2003〕77号）通知，陈俊任农场场长、党委副书记。

12月4日，农垦集团公司党委发文（苏垦集党〔2003〕93号）通知，张士斌、黄胜亮二同志不再担任农场副场长、党委委员职务。

12月16日，农垦集团公司行文（苏垦集党〔2003〕102号）通知，王立新任场党委委员、副场长，试用期一年。

● **2004年** 3月11日，建立农业发展中心，原7个分场、34个大队更名为管理区、作业区。农业发展中心和农业管理区均为科级建制单位。保留办公室、计财科、国资科、劳资科、农科所等机构。撤销农业技术推广中心、规划办、监审科等机构。

4月12日，召开四届六次职代会暨2004年工作会议。与会人员听取和审议了陈俊场长作的《深化改革，求真务实，加速推进经济社会全面协调可持续发展》的报告，对全场2003年度16个先进单位和72名先进个人予以表彰。

6月25日，与盐城农垦公司签订合作协议书，联合实施盐城市区海龙北路西侧房产建设项目。由盐城农垦公司以自有土地申报建设项目，农场提供建房资金，底层为商业用房，上层为办公写字楼。房屋建成后，双方按比例分得房屋产权。

8月11日，农场与振东乡合作共建二瞫至二分场十二大队东西走向长13.7公里的水泥公路。

10月21日，经省工商部门注册"江苏省淮海农工商实业有限公司"（原江苏省国营淮海农场，两块牌子、一套班子）。

● **2005年** 1月，农垦集团公司召开工作会议，农场被评为"2004年度先进企业"。

3月，省农垦事业管理办公室批准成立"江苏农垦淮海农场社区管理委员会"。

4月8日，农场工会召开第十一次代表大会暨2005年度工作会议，陈俊场长做《坚持科学发展观，构建和谐社会，努力实现农场经济社会发展新跨越》的报告；徐开泉主席作《实践"三个代表"，履行基本职责，为实现农场经济社会跨越式发展而奋斗》的工会工作报告；选举产生了场工会新一届领导机构；对2004年度7个先进单位和63名先进个人予以表彰。

4月24日晚8时许，遭罕见特大冰雹灾害，一、二、五、六管理区和农科所成片条田夏熟大麦、小麦遭受重大损失。

5月，省发展改革委员会授予农场"江苏省农业产业化重点龙头企业"

称号。

7月4日，场党委部署开展保持共产党员先进性教育活动。

11月，农业部授予农场"无公害农产品示范基地农场"称号。

12月，省精神文明建设委员会授予农场"2003—2004年度江苏省文明单位"称号。

12月，完成水利部节水灌溉五岸灌区改造五期工程，项目总投资1700万元，其中国家财政资金700万元、省财政资金350万元、农场自筹资金650万元。工程建设内容主要包括五、六分场新建防渗渠13.5公里、电灌站3座、水工建筑物280座，完成土方210万方、混凝土15000多方，是农场建场以来一次性投入最多的水利工程项目。

2006年 1月，在农垦集团公司召开的工作会议上，农场被评为"2005年度先进企业"。

3月23日，射阳县人民政府批复（射政复〔2006〕10号），同意农场报送的《淮海农场城镇总体规划》。

3月28日，召开五届三次职代会暨2006年工作会议，陈俊场长做《凝心聚力，奋力拼搏，确保实现十一五发展的良好开局》的工作报告，对2005年度6个先进单位、47名先进个人予以表彰。

11月29日，农场会办研究通过《江苏省国营淮海农场二次创业规划纲要（2007—2009）》。

12月13日，农垦集团公司党委（苏垦集党〔2006〕63号）通知，许峰任农场场长、党委委员、党委副书记；束向红任党委委员、党委书记、纪委书记、工会主席；韩绪楼、余新放任党委委员、副场长；免去陈俊场长、党委副书记、党委委员职务；免去徐开泉党委书记、党委委员、纪委书记、工会主席职务；免去陈永龙、王立新副场长、党委委员职务。

12月19日，农垦集团公司党委（苏垦集党〔2006〕84号）通知，郭世平任场党委委员、副场长。

2007年 3月5日，农场工会举办"迎新春"广场集体舞比赛，全场有10个代表队、200多人参赛，其中年龄最大的70岁、最小的16岁。

3月23日，对场管理机构进行调整。建立场长工作部、党委工作部、计划财务部、国资管理部、劳动保障部、农业技术服务中心、农机水利服务中心、二三产服务中心、建设规划服务中心。撤销办公室、财务科、国有资产管理科、劳动工资科、农业发展中心、农业服务中心、文化中心。

4月12日,召开五届四次职代会暨2007年工作会议,许峰场长做《二次创业快起步,富民强场加速度,全力推进农场经济社会又好又快发展》的工作报告,对2006年度工作中做出显著成绩的5个先进单位、26名先进个人予以表彰。

7月9日,场党委决定:全场开展"二次创业一马当先""党员与职工结对"主题活动。

7月,场党委提出:全场开展创建"传统文化、广场文化、廉政文化、绿色文化"四张文化牌活动,推进二次创业,促进经济社会全面发展。

7月10日,国家防总下达淮河入海水道行洪命令,农场成立行洪指挥部,组织200多人上堤日夜值班,场部机关组织工作人员夜间巡堤查看,确保行洪安全。

7月11日,副省长黄莉新、国家淮委副主任江斌松等一行,经过农场,视察入海水道行洪情况。

8月,农场设置廉政橱窗、廉池、廉石、清风路等有形标志,营造廉政文化氛围,省国资委确定为廉政文化建设试点单位。

10月,国家淮委《关于发送淮河流域2007年灾后重点淮河入海水道水毁工程初步设计审检意见的函》(淮委规计〔2007〕355号),核定农场2007年水毁修复工程费用232万元,其中省以上补助186万元。

● **2008年**

1月,农场社区被江苏省思想政治工作研究会评为"思想政治工作先进单位"。

3月25日,农垦集团公司党委(苏垦集党〔2008〕26号)通知,王进强任农场副场长(试用期一年)、党委委员。

3月25日,《淮海大地》正式出刊。该刊初定为四开四版,每月出刊一至二期。

4月19日,召开五届五次职代会暨2008年工作会议,许峰场长做《深入推进二次创业,加快发展现代农业,为实现国有经济总量三年翻番而奋斗》的工作报告。表彰2007年度5个先进单位、36名先进个人,其中种植标兵3人、养殖标兵3人、创业标兵2人、招商引资标兵1人。

4月27日,苏垦集团工会在农场举办"唱响二次创业,共创和谐垦区主旋律"歌咏大赛。

5月27日，农场干部职工和居民向四川汶川地震灾区捐款，奉献爱心，捐款额18.2万元。

6月18日，射阳县委、县政府《关于促进驻射农盐场加快发展的意见》，支持驻射三个省属农场经济发展。

6月23日，"爱莲苑"20多万株水生花卉运抵北京，装扮奥运场馆。

7月1日，场党委召开"七一"表彰大会，对全场10个先进党支部（党总支）、26名优秀共产党员进行表彰。

7月30日，第四、七管理区部分地段突遭龙卷风袭击，造成部分房屋倒塌，树木被折断，部分农作物受损严重，许多职工居民家庭屋顶被掀翻。

8月1日，农垦事业管理办公室（苏垦事人〔2008〕52号）批复，束向红任场社区主任。

8月2日，全面推进二次创业，促进农场加快发展，场党委部署：全场开展新一轮"解放思想，创新发展"大讨论活动。

8月30日，农垦集团公司董事长、党委书记宣荣率集团公司办公室、资产经营部、投资发展部等部门一行人员来场检查指导工作。场长许峰、党委书记束向红等场领导班子成员接待陪同，宣荣一行参观了水生花卉园区、龙虾养殖场、大棚蔬菜基地、禽类饲养场等地，听取了许峰、束向红对农场今年来各方面工作情况的汇报。

9月26日，部署全面推行农业土地模拟股份制经营。

10月10日，工会在场部文化广场举办第二届广场集体舞比赛，7个农业管理区和部分场直单位组成11个代表队参赛。演出各类形式的节目21个，参演人数120多人。现场评出一等奖2个组合、二等奖4个组合、三等奖5个组合。

11月8日，淮海农贸市场落成开业。菜场共投入资金200万元，经营面积2000多平方米，设有228个摊位，菜场两侧门面房26个。分蔬菜、水果、水产品、豆制品、肉食品、杂货、粮食和农副产品等二十多个区域，经营品种多达上千种。

11月15日，省纪委宣教室副主任许建民及有关人员组成的工作组一行6人，专程来场考察廉政文化建设情况，党委书记束向红接待考察组一行，向其介绍了农场的基本情况，着重介绍了近年来开展廉政建设的主要情况。省纪委工作组通过听汇报、查资料、看现场，对农场廉政文化建设所做的实质性工作、取得的成效予以充分肯定。

12月25日，举办为期一天的全场宣传报道工作培训班，特邀盐阜报业集团副总编张安生主讲新闻报道业务。机关各部门负责人、社区和各单位主要负责人、政工干事、宣传报道骨干、通讯员代表等60多人参加了培训班。

12月，中心幼儿园通过盐城市"优质幼儿园"验收。

● **2009年**　1月10日，场党委举办党员干部冬训班，邀请省干部理论教育讲师团团长双传学、集团公司企划部部长杨义林和场法律顾问张志阳分别做了学习十七届三中全会精神和应对全球金融危机、加强企业文化建设、增强企业法治观念等辅导报告。场领导班子全体成员、各单位党组织负责人和股级以上管理人员、部分老干部代表160多人参加。

2月15日，日本客商、上海申万酿造有限公司远藤普彦董事长、总会计师兼翻译川日一郎和上海粮食交易市场客商代表到场考察米业公司，参观生产加工车间、烘干设备等。

2月24日，组织各农业管理区主任和农业部门负责人一行15人，由副场长王进强率队赴山东寿光、苍山等地参观、考察高效农业发展情况。

3月11日，苏垦集团董事长、党委书记宣荣陪同省国资委主任周建强、副主任黄佩华一行来场参观考察。

3月18日，召开五届六次职工代表大会暨2009年工作会议。会议的主题是：全场动员，全面实现经济总量三年翻番目标。许峰场长做《解放思想、凝心聚力、咬定目标、克难求进，为夺取农场经济社会发展新胜利而努力奋斗》的报告，对2008年度5个先进单位和27名先进个人进行表彰。

3月26日，召开"深入学习实践科学发展观活动"动员大会，场领导班子全体成员、全场各部门副科级以上管理人员参加大会。场长许峰主持会议，党委书记束向红做动员报告。

4月20日，江苏农垦职工文艺汇演巡回演出首场在农场拉开帷幕。淮海、黄海、滨淮、临海、岗埠、新曹农场和正大天晴等单位共有18个文艺节目，节目形式为大型歌舞、打鼓说唱、摇滚快板、男女独唱、曲艺等。

4月27日，中央电视台"中国农垦60年"大型文献纪录片《第一犁》摄制组一行4人，专程到场拍摄毛泽东命令纪念碑、农建四师纪念碑、老办公区、《生产战线报》以及建场初期的老照片等场景和资料。

7月28日，场党委做出部署，决定在全场各基层组织和党员中开展创建党员责任区活动，重点围绕单位的党风民风、文明创建、和谐发展、经营管理、技术创新、安全生产、社会服务等工作开展。

9月3日，在场文化广场举办第三届广场舞展演。共有15个单位、200多名演出人员组成11个代表队，展示演出21个歌舞类文艺节目。农垦集团公司党委宣传部发来贺信，祝贺广场舞展演活动取得圆满成功。

9月30日，农场文化广场举办"庆祝新中国成立60周年爱国歌曲大家唱"活动。各分场、场直各单位、机关、社区和部分驻场单位近20个代表队参加，参演人员近700人，为历年来参演人数之最，其中年纪最大的86岁。

9月，中心幼儿园通过省级"农村合格幼儿园"验收。

10月9日，召开"农建四师暨淮海农场历史陈列馆"建馆事宜筹备会。党委书记束向红主持会议并发表讲话，建安公司、建设规划中心、社区、机关相关部门负责人参加会议。经集团公司党委同意，场党委决定，在原中国人民解放军农业建设第四师师部所在地筹建"农建四师暨淮海农场历史陈列馆"，作为永久的爱国主义教育基地和重要的对外宣传窗口。与此同时，为进一步丰富展馆内容，江苏农垦网发布公告，公开进行陈列馆展品征集活动。

11月26日，举行"农建四师暨淮海农场历史陈列馆"奠基仪式。农垦集团公司纪委书记周作义、办公室主任佟晓庭，场领导班子全体成员，各分场、场直各单位全体管理人员，机关、社区各部门全体工作人员和部分老同志代表共300多人参加奠基仪式。仪式由党委书记束向红主持，周作义、场长许峰分别发表讲话。

12月20日，"渠星"牌啤酒大麦荣获"江苏省名牌产品"称号，实现了农场江苏省名牌产品零的突破。

12月29日，农垦集团公司党委宣传部组织的农建四师暨淮海农场历史陈列馆征集物品交接仪式在农场举行，集团公司党委宣传部部长杨义林发表讲话，场党委书记束向红介绍陈列馆建设情况，并接受了弶港、新洋、临海、宝应湖、岗埠等农场征集的首批 31 件物品。

● **2010 年**　1 月 20 日，江苏农垦二次创业总结表彰大会暨 2010 年工作会议上，农场被评为苏垦集团"2009 年度先进企业"。同时，农场被农垦事业管理办公室授予"农场社区管理先进单位"称号。四分场 35 大队管理员秦建林为"二次创业先进个人"。

3 月 15 日，省文明委活动管理处处长陈信芳、副处长陈仕冲在盐城市文明办副主任高平、副调研员陈中才等人的陪同下，到场考察文明创建工作。场党委书记束向红陪同参观农场城镇建设以及"农建四师暨淮海农场历史陈列馆"、体育广场、农建四师纪念碑、毛泽东命令纪念碑等处。

4 月 22 日，召开工会十二届暨六届一次职工代表大会。选举产生新一届工会委员会、经费审查委员会和女职工委员会。许峰场长做《解放思想，锐意进取，振奋精神，真抓实干，为实现农场新三年经济再翻番而努力奋斗》的工作报告。18 个先进集体、48 名先进个人因 2009 年度成绩优异受表彰奖励。

5 月，投资 400 万元，建成日供水 3000 吨的自来水厂一座。

5 月 7 日，农场举办第四届广场文化节。省国资委纪委副书记陈健、监察室副主任陆元华、农垦集团公司党委宣传部部长杨义林在场领导班子全体成员的陪同下，共同欢度文化节。全场 15 个单位、近 300 名表演人员，献上才艺展示、宣传展览、文化服务等 3 大类 18 个活动项目和 29 个文艺演出节目。

5 月 27 日，农场主办的"全国农垦发展现代农业工作会议"代表专场晚会在射阳县人民大会堂演出。农业部农垦局副局长吴恩熙、农垦集团公司总经理任建新、副总经理胡兆辉及相关部门负责人和农场全体场领导等一同观看了晚会。专场晚会以"在希望的田野上"为主线，突出科学发展观，高举现代农业大旗，演出的 16 个文艺节目形式多样、主题鲜明。

5 月 29 日，土地开发项目通过省国土厅、财政厅、农垦集团公司组织的专项验收。该项目将农场境内的荒草地、盐碱地和坑塘水面开发平整成可利用耕地，总建设规模 656.89 公顷，新增耕地 529.81 公顷，新建改建道路 12.9 公里、防渗渠道 5.45 公里，斗沟、斗渠 9.9 公里，农沟、农渠 141 公里，以及泵站、涵洞、斗门、渡槽 147 座。工程总投资 3228.7 万元。

7 月 24 日，农建四师暨淮海农场历史陈列馆开馆。农垦集团领导宣荣、任建新、周作义、胡兆辉、孙宝成、陈建军及公司机关各部门主要负责人，各农场党政主要负责人，各直属、控参股企业和各市农垦事业办主要负责人，农场全体场领导和全场副科级以上管理人员，机关和社区全体工作人员参加开馆仪式。农垦集团公司党委书记、董事长宣荣，总经理任建新为陈列馆揭牌，集团公司纪委书记周作义发表讲话，场长许峰致辞，党委书记束向红主持开馆仪式。

7 月 25 日，医院通过盐城市卫生部门评审，经市医院复核评审委员会审核，评定为国家二级乙等综合医院。

8 月 15 日，农场被省纪委确定为"江苏省廉政文化示范点单位"，是江苏农垦系统唯一一家示范点单位。

11 月 19 日，省国资委群众工作处处长邹二男一行在农垦集团公司企划部有关负责人的陪同下，专程到场调研指导企业文化建设工作，并参观农建四师暨淮海农场历史陈列馆。

12 月 20 日，农业部对在 2010 年发展粮食生产中做出重大贡献的单位和个人进行表彰，四分场顾洪林获"全国粮食生产大户"称号。

2011 年 1 月 6 日，省总工会副主席王兆喜一行在苏垦集团纪委书记、工会主席周作义，工会副主席解晋等的陪同下，到农场走访慰问困难职工，送上慰问金和大米、油等慰问品。随同慰问的有盐城市人大常委会副主任、市总工会主席陈卫国，盐城市总工会副主席彭勃，射阳县委组织部部长卞长春，射阳县总工会主席茅恩祥等。并参观了农建四师暨淮海农场历史陈列馆。

2 月 5 日，省农垦 2011 年工作会议上，农场获农垦集团"2010 年度先进企业"、社区获农垦集团"社区工作先进单位"的荣誉。七分场垦四队队长胡安成荣获"江苏农垦第二届劳动模范"称号。

3 月 18 日，召开六届二次职代会。许峰场长做《夯实农业发展基础，提升持续增收水平，全力推进农场经济社会又好又快发展》的报告，2010 年度 10 个先进单位 48 名先进个人获表彰。

3 月 28 日《农民日报》主任程鸿飞、记者房宁在农垦集团公司企划部副部长等的陪同下到场采访。党委书记束向红等接待。

5月9日，举行第五届广场文化节，主题为"同享文化成果，共建和谐家园"，有四个大项的活动：一是各类文化作品展览；二是表彰文化工作先进集体和个人并颁奖；三是揭晓"十佳文明新事"评选结果；四是职工文艺表演。近20个单位、300名演员参加演出。苏垦集团党委宣传部发来贺电。

5月9日，农场开展的"十佳文明新事"评选结果正式揭晓，马玉海热心公益、致富不忘家乡；潘长干坚持照顾邻里老人；顾建亮勇救落水女孩；胡学春及时制止违法行为；赵志拾金不昧；单海、王俊列车上救死扶伤；沈学林默默无闻收养残疾孤儿；刘宁长期照顾久病岳父；季益群抚养孤儿成人；徐红数年如一日孝敬公婆。

5月16日，农建四师暨淮海农场历史陈列馆获市文明办"盐城市未成年人社会实践基地"牌匾。

6月1日，省农垦集团公司党委书记、董事长李春江和人力资源部部长佟晓庭等到场指导工作，并召开场领导班子成员会议，宣布苏垦集团党委决定：王进强主持农场工作，许峰不再担任场长、党委副书记职务。

6月28日，农场党委获苏垦集团党委表彰、获江苏农垦"先进基层党组织"称号，同时被评为"江苏农垦2009—2010年度思想政治工作先进单位"。

7月24日，中心幼儿园被省教育评估院确认为"江苏省优质幼儿园"。

7月28日，组队参加省农垦集团第四届职工乒乓球比赛，获得女子团体第一名，女子单打第二名、第四名，男子单打第五名。

8月1日，农场实施危房改造工程，首批危改住房400户。同时，规划新建五星、南苑、西园、神禾路、渠星路等5个点。

9月20日，省国有企业"四好"领导班子考核组一行，在省广播电视信息公司纪委书记史爱棠带领下，到场考察指导工作。农垦集团公司副总经理陈建军等陪同，场领导陪同参观农建四师暨淮海农场历史陈列馆。

9月22日，盐城市授予农场"2010年度文明单位标兵"，是盐城垦区唯一获此荣誉的农场。

10月11日，省属企业档案工作推进会上，农场被表彰为"档案工作先进单位"，是江苏农垦唯一获此殊荣的单位。

10 月 18 日，农业部农垦局巡视员何子阳和农业处处长华国雄、综合处处长路亚洲、宣传文化中心副主任袁燕梅一行在省农垦公司纪委书记周作义、企划部部长杨义林等的陪同下，到场调研，场领导和相关部门负责人接待客人一行。

11 月 23 日，召开党委扩大会，传达农垦集团公司农业资源整合动员大会精神。束向红传达了苏垦集团董事长李春江《积极有序推进农业资源整合，开创江苏农垦跨越发展的新局面》的动员报告和副总经理胡兆辉部署的整合上市的工作安排。

11 月 24 日，全场召开副科级以上管理人员会议。农垦集团公司副总经理胡兆辉等出席会议。胡兆辉讲话指出，根据江苏省委、省政府的战略部署，江苏农垦实施农业资源整合，成立"江苏省农垦农业发展有限公司"，各农场成立分公司，农场的管理体制进行必要的改革和调整。

11 月 30 日，召开六届三次职工代表大会。王进强做《统一思想，理顺关系，规范运作，积极有序推进农业资源整合工作》的工作报告，束向红主持。会议审议通过了王进强关于农业资源整合工作的专题报告、《淮海农场农业资源整合资产、负债划转方案》和《淮海农场农业资源整合人员划转方案》。

12 月 22 日，农场召开干部大会。苏垦集团党委决定调整农场领导班子，纪委书记周作义、人事部黄士鹏等和场领导班子成员出席，束向红主持大会。王进强同志任农场党委书记，李卫东同志任农场党委委员、纪委书记、工会主席。

12 月 24 日，射阳县召开见义勇为基金会成立大会，对全县首批 6 名见义勇为先进个人进行表彰，农场社区居民曹兵获得奖励。

12 月 27 日，省保障性安居工程督查组来场督查指导保障性安居工程建设工作。

11 月 24 日，盐城市文明委命名农建四师暨淮海农场历史陈列馆为"盐城市爱国主义教育基地"，成为江苏省唯一一个以军垦文化为背景的历史陈列馆。

● **2012 年** 　1 月 5 日，农场纪委发布《关于春节期间加强廉洁自律和厉行节约工作的通知》，要求各级管理人员进一步加强党风廉政建设、抵制各种不正之风。

2月5日，射阳县委书记徐超、县长吴本辉到场就"场县区域经济共同繁荣与发展"进行走访调研、慰问干部职工，农场领导王进强、束向红、李卫东等接待。

2月18日，社区被省苏垦集团授予"先进单位"。

2月28日，农场党委组织党员开展"迎接十八大，保持纯洁性"教育实践活动。

3月8日，省委宣传部副部长周琪、苏垦集团纪委书记周作义和宣传部部长杨义林来农场调研文化建设开展情况，参观农建四师暨淮海农场历史陈列馆，王进强、束向红、李卫东等介绍情况并陪同参观。

3月15日，农场召开第六届职工代表大会第四次会议。党委书记王进强，场长束向红，场纪委书记、工会主席李卫东和全场职工代表计150多人参加会议。王进强作《积极开拓进取，加快转型升级，为促进场域经济社会又好又快发展而努力奋斗》的报告，表彰奖励2011年度的19个先进集体和48名先进个人。

3月25日，苏垦集团农资粮食企业清理工作会议在农场召开。集团副总经理、农业发展有限公司总裁胡兆辉主持会议，部分农场党委书记、场长和农垦农业发展有限公司相关部门负责人参加会议。

3月27日，苏垦集团工会副主席解晋等到场调研工会工作，场领导李卫东陪同调研。

4月8日，农场党委提出"在创先争优活动中开展基层组织建设年实施方案"。

4月16日，在农场广泛宣传的基础上，经基层推荐，场部集中筛选，职工投票，评定出"建场60年60件大事和10个人物"。农场举行建场60周年暨第六届广场文化节。苏垦集团纪委书记周作义，射阳县委书记徐超，县委常委、宣传部部长周岚，滨海县副县长高明荣以及射阳、滨海两县有关部委办局负责人，场党委书记王进强，场长束向红，纪委书记、工会主席李卫东等出席。全场各单位、机关和原农建四师老同志等参加。原农建四师政治部副主任徐方恒从南京发来贺信。纪念活动暨广场文化节由束向红主持，周作义、徐超、王进强分别讲话和致辞。其间进行了建场60年大事和人物评选活动。

5月11日，农场和分公司召开职工代表大会。场党委书记、分公司总经理王进强做专题讲话，场长束向红作总结讲话，场纪委书记、工会主席李卫东主持大会。各单位党政负责人等有关人员参加了会议。会议通过了《淮海农场和苏垦农发淮海分公司职工社会保险和住房公积金制度实施方案》。分公司首届一次工会会员代表大会选举产生了工会组织机构，以及出席江苏省农垦农业发展股份有限公司（农发公司）第一届工会代表大会的代表。

5月12日，农场创业路（原机关大院围墙西侧）设置了长约150米、高约2.2米的文化墙。40幅图片反映了农场60年来的沧桑巨变和光辉事迹。

5月15日，江苏省总工会授予农场"江苏省五一劳动奖章"。

5月16日，省委组织部、省国资委党委在南京召开省属企业党建工作暨全省国有企业"四好"领导班子表彰大会。农场获得省"国有企业'四好'领导班子"称号。

5月30日，苏垦集团副总经理、生态公司董事长陈建军出席在农场召开的苏垦生态公司董事会并发表讲话。场领导王进强、束向红等参加会议。

5月31日，省委老干部局农水片会在农场召开。场领导王进强、束向红、李卫东接待了与会人员并介绍了农场情况。

6月7日，农场调整机关机构，设立办公室、组织科、宣传科、财务国资科、劳动社会保障科、规划建设科，撤销场长工作部、党委工作部、计划财务部、国资管理部、劳动保障部、建设规划服务中心、二三产业服务中心。

6月19日，苏垦集团人事部部长佟晓庭到农场调研党务公开试点工作。场领导王进强、束向红、李卫东陪同调研。

6月，农场自来水厂正式投入使用。

7月3日，苏垦集团董事长、党委书记李春江在苏垦集团办公室主任姚准明的陪同下到场检查指导工作。场领导王进强、束向红、李卫东分别汇报工作情况。

7月4日，省委组织部吴建成处长等在苏垦集团人事部部长佟晓庭的陪同下，到农场开展"三解三促"活动。

7月12日，盐城市文明委授予农场"2011年盐城市文明单位"称号。

8月9日，农场职工陈忠林获射阳县"见义勇为先进个人"称号。

9月4日，苏垦集团企划部部长杨义林等到场调研思想政治、品牌和企业文化建设等工作。场长束向红接待并介绍有关情况。

9月11日，农场组织各分场、大队、场直各单位、机关各部门负责人一行80多人，到盐城监狱开展警示教育活动，场领导王进强、束向红、李卫东带队参加了教育活动。

9月18日，淮海医院"医技楼"投入使用。医技楼投资300多万元，占地1800平方米。

9月20日，苏垦集团工会主办、农场承办的"江苏农垦第二届职工广场舞比赛"在场部举行，垦区14个代表队参加比赛。农场三个节目参加表演但不参与比赛。

9月29日，淮海分公司召开职工代表大会，表决通过2013年农业承包经营管理责任制。王进强作专题报告，束向红讲话，李卫东主持大会。各单位、部门职工代表151人出席大会。

11月6日，苏垦集团总经理任建新等到场指导工作。场领导王进强、束向红、李卫东汇报了工作。

11月8日，上海农垦纪委书记张大鸣率上海垦区各单位纪委书记一行15人，到场考察廉政文化建设情况。省农垦集团公司纪委书记周作义、副书记席林及场领导接待，并就经济和社会事业、党建、精神文明、"四张文化牌"创建做了介绍。

11月27日，农垦集团公司纪委在农场召开企业惩防体系建设工作座谈会。集团公司纪委席林，审计监察部马杰、曾勇和新洋、临海、滨淮、黄海农场纪委领导，场领导王进强、束向红、李卫东参加了会议。

12月9日，农场党委部署，结合实际，学习贯彻十八大精神，推进农场经济社会实现新提升，促进各项工作再上新台阶。

12月17日，农场四分场苗木基地引进的第一批10万株苗木栽植完成。

12月26日，淮海米业公司"渠星"牌商标再次荣获盐城市工商行政管理局颁发的"盐城市知名商标"称号。

● **2013年**　1月8日，"江苏省农垦农业发展股份有限公司淮海分公司"（原江苏省农垦农业发展有限公司淮海分公司）正式挂牌。

2月26日，江苏农垦2013年工作会议上，苏垦集团事业管理办公室表彰农场为"社区工作先进单位"。

3月6日，省农垦集团公司副总经理孙宝成到农场就转型发展问题进行调研，现场考察了农场危房改造项目和苗木基地。

3月7日，江苏农垦年度企划宣传工作会议上，农场获得"2012年度江苏农垦宣传工作先进单位"称号和"江苏农垦2012年度十件大事评选优秀组织奖"。

3月13日，江苏省农垦工会第五次代表大会上，苏垦集团工会授予农场工会"江苏省农垦模范职工之家"称号，淮海分公司工会和农场社区工会、供电公司工会分别获得江苏省农垦工会"模范职工小家"称号。农场纪委书记、工会主席李卫东当选为江苏省农垦工会新一届委员。

3月22日，农场召开第六届职工代表大会第六次会议，党委书记王进强作《加快转型升级步伐增强创新发展能力为实现淮海经济社会跨越发展而努力奋斗》的工作报告。会议表彰奖励了2012年度31个先进集体和60名先进个人。

4月8日，农场召开水价调整听证会。射阳县物价局和农场领导以及农场的射阳人大、政协代表，职工、居民、老干部代表等共14人参加了听证会，对农场自来水厂供水价格进行了适当调整。

5月6—10日，省国资委主任周建强、江苏农垦监事会主席王仲治等在省农垦集团公司有关部门负责人的陪同下，到农场开展"三解三促"调研活动。

5月8—9日，苏垦集团党委书记、董事长李春江到农场调研经济、社会发展等方面的情况。

5月13日，垦区党务公开试点工作座谈会在农场召开。苏垦集团党委组织部副部长谈加茄出席会议，农场场长束向红做了经验交流发言，东辛农场、新曹农场、苏舜公司、中山大厦等单位有关负责人参加会议。

5月14日，苏垦集团首届新闻宣传媒体评选在淮海农场举行。该评选由苏垦集团企划部主办，每两年评选一次。本届共有20家媒体参评，农场的《淮海大地报》获评优秀报纸。

5月19日，盐城市杂文学会会长张安生，副会长徐恒足、李秋生、李志勇等一行到农场采风，并高度赞扬农场丰富的文化底蕴和企业文化建设。

5月29日，苏垦集团副总经理、苏垦农发股份公司总裁胡兆辉到淮海检查指导"三夏"工作。

6月18日，省国资委副主任王正宇一行在省农垦集团公司党委副书记、纪委书记周作义等的陪同下，到农场调研党建、思想政治工作、学习型党组织建设和企业文化建设工作。

7月5日，江苏省农垦农业发展股份有限公司在召开秋超现场会期间，组织各分公司的30多位代表到农场五、六生产区现场观摩水稻长势。

7月6日，农场开展第二届文明新事评选活动，通过广泛征集、由下而上推荐、调查核实、群众评选、评委会审定的方法，确定6件第二届"淮海农场文明新事"。

7月23日，江苏农垦2013年经济工作会议上，苏垦集团评为"2011—2012年度江苏农垦思想政治工作先进单位"、农场二分场党总支被评为"2011—2012年度江苏农垦基层思想政治工作先进单位"。

7月23—24日，连云港正大天晴举行的第五届苏垦集团职工乒乓球比赛上，农场代表队发挥团体协作精神，取得了女子团体赛第二名。

7月30日，农场党委召开党的群众路线教育实践活动动员大会。苏垦集团副总经理胡兆辉、纪委副书记席林出席会议。胡兆辉发表重要讲话，农场党委书记王进强作动员报告。

8月10日，苏垦集团党委书记、董事长李春江，总经理任建新，党委副书记、纪委书记周作义，副总经理胡兆辉、孙宝成、陈建军、姚准明，以及集团机关部门主要负责人一行，专程到淮海举办了主题为"继承军垦传统、树牢宗旨观念"的党的群众路线教育实践活动学习会。

8月22日，苏垦集团农业发展股份有限公司工会工作座谈会在农场召开。苏垦集团农发股份公司工会副主席倪志愿主持并讲话。盐城和南通片11家分公司工会负责人及女工主任参加会议。

9月3日，农场召开干部大会，苏垦集团党委副书记、纪委书记周作义出席会议，会议宣布集团党委决定：贺在锐同志任淮海农场党委副书记、场长，农场纪委书记、工会主席李卫东同志兼任江苏农垦淮海农场社区管理委员会主任，免去束向红同志淮海农场党委副书记、场长、社区主任等职务，离岗退养。

9月12日，盐城市旅游局党组书记黄金文等在射阳县旅游局局长吴俊、副局长李云鑫的陪同下，来农场考察农建四师暨淮海农场历史陈列馆。

9月22日，农场文化广场举办"江苏省淮海农场第七届广场文化节"，党委书记王进强在开幕式上讲话，场长贺在锐公布第二届淮海农场文明新事获奖名单，纪委书记、工会主席、社区主任李卫东主持文化节。本届广场文化节共安排了三项内容：一是160人参与的开场舞；二是第二届"淮海农场文明新事"揭晓；三是精彩的文艺节目演出。

9月25日，苏垦集团农业发展部许德华、李秀焕等验收组，对农场2013年河道疏浚项目进行验收，项目顺利通过验收并达到优秀等级。

10月12日，苏垦集团农发淮海分公司与泗洪县太平镇签订了土地租赁合约，首批种植4000多亩。成立了淮海分公司泗洪太平生产区，张跃同志任主任。还配备了大队长、协管等共6人的工作班子进驻泗洪太平生产区。

11月5日，农场党委召开党的群众路线教育实践活动专题民主生活会，苏垦集团纪委副书记席林、审计监察部曾勇全程参加并做指导。

11月6日，苏垦集团副总经理、农发股份公司总裁胡兆辉到农场检查指导"三秋"生产工作。胡兆辉深入田头，仔细查看已播三麦土壤墒情，与农技人员进行亲切交谈。

11月15日，苏垦集团副总经理、苏垦农发股份公司总裁胡兆辉率公司党委班子成员和相关部门负责人，深入淮海分公司泗洪太平生产区现场检查指导工作，看望慰问在农业一线的全体人员。

11月29日，射阳县副县长徐曼在县旅游局局长吴俊的陪同下参观农场，调研国家AA级旅游景区项目、农建四师暨淮海农场历史陈列馆，考察了景区内的标牌标识、游客接待中心、活动中心等。

12月24日，苏垦集团纪委书记章朝阳率纪委副书记席林、审监部部长马杰到淮海调研。章朝阳等参观农建四师暨淮海农场历史陈列馆、淮海职工医院、危房改造工程、花房、苗木基地、高效种植园、苏垦集团米业淮海公司等。

12月25日，苏垦集团工会主席佟晓延到农场调研，并慰问部分困难职工。

12月26日，滨海县代县长钱武华、副县长高明荣率交通、水利、国土等部门负责人到农场督查临海高等级公路环境整治工作，对农场高标准开沟渠平整土地的做法予以肯定。

12月30日，盐城市人民政府授予农场"盐城市生态农场"称号。农建四师暨淮海农场历史陈列馆经盐城市旅游景区等级评定委员会组织评定，被评为"国家 AA 级旅游景区"。

● **2014 年**　1 月 20 日，农场党委召开党的群众路线教育实践活动总结大会，苏垦集团纪委副书记席林出席会议并讲话，农场党委书记王进强做总结讲话。

1 月 22 日，苏垦集团党委授予农场社区管理委员会党总支"党建工作创新工程示范点"称号。

1 月 24 日，农场门户网站正式开通，标志着农场的对外宣传工作有了新的电子平台。

2 月 19 日，苏垦集团 2014 年工作会议上，苏垦集团事业管理办公室表彰农场社区工作，社区被评为"农场社区工作先进单位"。

3 月 6 日，农场召开第六届职工代表大会第七次会议。党委书记王进强作《坚持稳中求进深化改革创新全力推进淮海经济社会持续健康发展》的工作报告。会议表彰奖励 2013 年度的 23 个先进集体和 64 名先进个人。

3 月 24 日，滨海县县长钱武华，县委常委、常务副县长陈大江，副县长姚兆春、高明荣等到农场查看临海高等级公路沿线绿化工作。

3 月 31 日，辽宁省盘锦市农垦管理局副局长潘和远，大洼县委常委、宣传部部长杨晓静一行 6 人，在苏垦集团农业发展部副部长程兆明、办公室主任助理江刘苗的陪同下来农场参观考察。

4 月 2 日，苏垦集团组织专家组，对农场 2 万亩优质棉花生产示范基地项目进行验收，专家组听汇报、查资料、看现场，项目顺利通过验收。

4 月 21 日，农场工会和分公司工会共同举办"与青年员工结对助成长"活动签字仪式，共有 15 对师徒在仪式上进行了结对签字。

4 月 24 日，以农业部科技教育司调研员赵耀辉为组长的专家组一行，到农场检查 2 万亩优质棉田基地项目建设情况。

4 月 25 日，安徽省现代农业研究会会长陈进、副会长孙自铎等在省农垦集团公司程兆明、江刘苗的陪同下到农场调研。

5 月 6 日，农场工会开展以"提倡健康生活方式、促进全民健康水平"为主题的"送健康进社区"活动。此次活动主要通过健康咨询、义诊、健康知识展示、发放保健防病和计划生育宣传单，对社区居民进行集中健康知识传播。同时，医院还对 10 个需要健康扶持的家庭进行结对。共建 60 个健康家庭。

5月12日，滨海县委常委、纪委书记李杰，副县长高明荣等率各乡镇党政负责人在临海高等级公路淮海农场段召开造林绿化现场会，与会人员对临海高等级公路淮海段造林绿化工作给予肯定。

5月13日，苏垦集团组织部部长杨义林等组织黄海、滨淮、淮海、临海、新洋等农场和麦芽公司相关负责人，在淮海召开江苏农垦企业党建创新工程示范点创建座谈会。

5月16日，在苏垦集团副总经理、苏垦农发股份公司总裁胡兆辉的带领下，苏垦农发"三夏"工作会一行100多人观摩了淮海分公司泗洪太平生产区。胡兆辉对太平生产区取得的成绩给予了充分肯定。

5月20日，由苏垦集团农业发展部和中山园林建设有限公司的相关领导和专家组成的垦区林木资源调研组一行到农场，就林业苗木发展及基地建设情况进行调研指导。

5月22日，苏垦集团财务报表制度改革及合并自动化盐城片区培训班在淮海开班，苏垦集团计划财务部谈加茹对培训工作提出要求。

5月27日，苏垦农发股份公司2014年度会计业务片区培训班在淮海开班，苏垦农发股份公司资产财务部总经理陶应美对培训工作提出要求。

5月28日，省国资委副主任王宁生率党建工作处、群工处、老干部处负责人，在省农垦集团公司纪委书记章朝阳、人力资源部部长杨义林的陪同下，来农场考察调研。

6月6日，苏垦集团副总经理、苏农垦发股份公司总裁胡兆辉，率集团公司农业发展部、大华种业及苏垦农发股份公司相关人员到淮海检查指导"三夏"工作。

6月12日，由苏垦集团社会事业部相关人员组成的验收组到农场检查验收社会事业集团补贴项目工程建设情况。

6月13日，江苏省纪委五室主任严华等一行10人，在省农垦集团公司纪委书记张朝阳、审计监察部部长马杰的陪同下，到农场开展"党员活动日"活动。其间，一行人到淮海农场中心幼儿园进行了捐书。

6月26日，苏垦集团工会主席佟晓廷、副主席白冰等到农场调研，并就"江苏农垦首届职工趣味运动会"活动方案和筹备工作与农场领导进行了商讨。

6月27日，苏垦农发股份公司副总裁许峰率领苏垦农发股份公司水稻生产管理现场代表一行40多人到淮海分公司观摩。

7月22日，射阳县安全工作委员会主办"强化红线意识、促进安全发展"专场文艺演出。这次演出是农场2014年"安全生产月"系列活动的重要内容。

8月25日，农场党委召开了以"巩固活动成果、强化群众观念"为主题的专题民主生活会，苏垦集团人力资源部副部长王玉强、科长程军到会指导，农场党委领导班子成员参加了会议。

9月3日，苏垦集团农业发展部和计划财务部组成的专家组对淮海分公司2012年水稻种子基地项目工程进行验收。项目成功通过验收。

9月13日，中国农垦经济发展中心经济研究处处长李红梅等，在农垦米业公司财务总监杨怀忠的陪同下，深入农场调研米业产业化情况。

9月16日，农场与淮阴工学院签订产学研合作协议。双方将在科技、人才交流和培训等领域建立长期的、全面的、深度的产学研合作关系，共同推动淮阴工学院教学科研和农场经济发展。双方还就在农场发展优质特色梨示范园建设项目进行商谈，并签署了合作协议。

9月24日，江苏省国资委第一监事会主席李海洋，监事唐燕萍、何元胜、邵慧聪在苏垦集团副总经理孙宝成、计划财务部部长助理顾宏武的陪同下，到农场考察调研。

9月25日，苏垦集团工会主办、农场承办的江苏农垦首届职工趣味运动会在淮海农场开幕。苏垦集团党委书记、董事长李春江到会并讲话，纪委书记章朝阳主持开幕仪式、工会主席佟晓廷主持闭幕仪式。此次运动会是一场融健身、趣味，竞技于一体的运动盛会，垦区28个代表队、304名运动员参加了6个项目的竞技。农场获得了"迈向未来"项目第一名，并荣获本届运动会的"优秀组织奖"。

10月16日，江苏省水利厅组织的审计小组一行对农场饮水安全工程进行竣工决算审计。

11月3日，苏垦集团总经理、苏垦农发股份公司董事长胡兆辉在苏垦农发股份公司总裁姜建友、苏垦米业集团总经理宗兆勤、大华种业集团总经理江玉明等的陪同下，到农场考察指导"三秋"生产工作。

11月19日，财政部农业司副巡视员凡科军、调研员何利成、江苏省综改办处长许明等，在苏垦集团副总经理陈建军及相关部门负责人的陪同下到农场调研。

12月9日，农场举办"江苏省淮海农场第八届广场文化节"，农场纪委书记、工会主席、社区主任李卫东在开幕式上发表讲话，农场党委委员、淮海分公司副总经理、工会主席王灿明主持文化节。学校百名学生展示的大型团体操《生命之杯》和社区组织的80人的扇子舞《中国美》，拉开了广场文化节的序幕。全场共有17个单位、301名演出人员精心编排了15个文艺节目，一展风采，1000多名干部职工共享文化大餐。

12月16日，农场召开干部大会。苏垦集团纪委书记章朝阳、人力资源部副部长王玉强出席会议，会上宣布了苏垦集团党委决定：李卫东任淮海农场党委副书记、场长，不再担任农场纪委书记、工会主席职务；王灿明任淮海农场纪委书记；孙司正任农场党委委员、副场长（试用期一年）、工会主席；贺在锐不再担任淮海农场场长、党委副书记、党委委员职务；李海峰任淮海农场场长助理。

12月底，农场完成内控制度制定工作，建立了与集团公司管控模式相衔接的内控管理制度，通过了集团公司审核备案，于2015年1月起正式试行。

2015 年　1月1日，苏垦集团工会主席佟晓廷来农场调研慰问困难职工。农场党委书记王进强，场长李卫东，纪委书记王灿明，副场长、工会主席孙司正等人陪同。分别走访慰问了困难职工陈贤芳、李怀兵，送去集团公司党委对困难户的温暖，并鼓励他们乐观面对生活，努力战胜病魔。

1月2日，由苏垦集团人力资源部、资产经营部和社会事业部有关人员组成的联合考核组，对农场2014年度工作进行考核。

1月8日，苏垦集团副总经理陈建军、总经济师刘刚等来农场巡视调研农业综合开发高标准农田示范工程，农场领导陪同调研。

1月26日，苏垦集团总经理胡兆辉在总经济师刘刚、人力资源部部长杨义林的陪同下来农场调研慰问。胡兆辉一行慰问了老党员叶崇山、胡福生，还深入农业生产一线，检查大麦、小麦生长情况，查看苗情长势，详细询问农业生产措施落实情况，赞扬淮海分公司推广新技术力度大，为夏粮丰收奠定了基础。

1月26日，农场举办2014—2015年党员干部冬训会议暨培训班。党委书记王进强作了冬训动员讲话，场长李卫东主持会议，纪委书记王灿明做党风廉政建设专题辅导。

1月28日，农场通过全国农垦农业标准化示范农场创建验收。农业部农垦局标准化农场创建工作验收组一行来场，苏垦集团部门以及农场领导陪同。验收组采取看现场、听汇报、阅材料等方式进行验收。

2月4日，苏垦集团工作会议上，农场评为苏垦集团"江苏农垦先进企业"和农场"社区工作先进单位"。

2月6日，农场工会举办"庆丰收迎新春"职工乒乓球比赛，共进行了42场比赛，孙海明获男单冠军、李月春获女单冠军。

2月16日，农场组织全面完成了2014年度考核工作。考核采取听汇报、看台账、看环境整治、走访职工等方式，对各基层单位2014年度文明创建、班子建设、民主法治、工会社团、安全生产、计划生育、环境治理等项进行测评。

2月28日，中国农垦经济研究会秘书长贾大明来农场考察调研。农场党委书记王进强、场长李卫东等场领导陪同。贾大明一行参观了农建四师暨淮海农场历史陈列馆和危房改造项目，考察了职工医院和淮海米业公司等单位。

3月6日，农场六届职工代表大会第七次会议召开，场党委书记王进强做《坚持稳中求进，深化改革创新，全力推进淮海经济持续健康发展》的工作报告。场长李卫东作总结讲话。会议通过了财务预决算情况的书面报告，表彰先进集体24个、先进工作者40名、先进生产者24名。会后举行了法制知识培训讲座。

3月13日，农场召开领导班子成员述职、述廉大会。集团公司党委组织部部长杨义林出席大会，并就做好领导班子及成员年度考核工作提出要求。农场党委书记王进强主持会议，领导班子和个人做述职述廉报告，场长李卫东作个人述职述廉报告。场领导班子其他成员做了书面述职述廉报告。

3月24号，苏垦集团投资发展部副部长臧旭一行来农场检查高标准农田建设项目。检查组审阅了项目建设的相关材料，对照设计图纸，检查了渠道断面规格、工程质量、进度和建设情况，对项目建设和完成情况予以肯定。该项目完成总投资715万元，建设高标准农田0.5万亩。

3月29日，百威英博啤酒集团来农场考察，农业中心负责人陪同。先后到第五、六生产区，检查啤麦苗情长势和群体质量栽培情况，考察了迟播麦田田间管理的有效措施，对农场运用一系列集成技术措施、促晚麦苗情转化表示肯定。

4月1日，东坝头农场一行30余人来农场走访交流，农场领导陪同并介绍了农场近年来在农业生产发展、经营管理、农业技术和农机标准化创新等方面的做法，就发展现代农业、农业科研方向与客人进行了交流。

4月20日，滨海县长钱武华、副县长王成松率领县交通局等部门负责人来场督查临海高等级公路农场段观景台建设工程。农场场长李卫东、副场长孙司正陪同。

4月22日，淮海分公司举办农业技术培训。副总经理王灿明做动员讲话，农业中心和各生产区协管以上管理人员158人参加培训。分公司农业技术人员分别对机插水稻高产栽培技术规范、育秧技术、插秧应用、科技创新和植保等专题进行技术培训。

5月4日，农场举办职工趣味运动会，16支代表队、160名运动员参加了36个项目的竞技。比赛现场妙趣横生，比出了成绩，赛出了风格。

5月21日，苏垦集团总经理胡兆辉到淮海农场调研。

5月14日，省政协原副主席、省企业联合会企业家协会工业经济联合会会长吴东华一行九人在射阳县政协主席王荣、副县长尤通俊及场领导的陪同下，对农场产业发展情况进行调研。并参观了农建四师暨淮海农场历史陈列馆、农机维保中心、米业淮海公司。

5月26日，省社会保险基金管理中心考核组一行在省苏垦集团社会事业部副部长赵宗选等人的陪同下，到淮海农场检查考核社保工作。

5月28日，盐城市旅游局副局长吴志斌率检查组一行六人在射阳县旅游局相关领导的陪同下，根据盐城市旅游景点服务管理规范，就宣传推广景区形象、旅游服务、内部管理等内容，逐一检查。并参观农建四师暨淮海农场历史陈列馆。场长李卫东汇报了陈列馆建设基本情况和农场打造旅游产品的设想，吴志斌对农场发展旅游业表示支持，希望农场与市县旅游局加深合作交流，利用陈列馆这一交流文化平台，着力打造有历史、有特色、有内涵的旅游景点。

6月11日，苏垦集团总经理胡兆辉来农场检查指导工作。胡兆辉察看了早熟水稻机整地水田，农场领导就三夏工作向胡兆辉进行汇报。

6月15日，射阳县委常委、常务副县长田国举率政府办、国土局和住房局等负责人一行来农场参观调研，农场领导陪同。田国举一行到大华种业淮海分公司进行考察调研，听取了农场党委书记王进强、场长李卫东的情况介绍。同时，参观了农建四师暨淮海农场历史陈列馆。

6月19日，中华全国总工会中国农林水利气象工会副主席王启敏、农业工作部部长黄岩森等人在集团公司工会主席佟晓婷、副主席白斌等人陪同下来农场，就改革发展和工会工作进行调研。同时，对农场工会创优、创新、创特色方面的工作表示了赞同。

6月25日，省国资委党委授予淮海农场社区管理委员会党总支"先进党支部"称号。

7月9日，临海农场来农场开展党建活动，该农场管理人员和各党支部书记一行90多人参观了农建四师暨淮海农场历史陈列馆，开展"三严三实"红色基地专题学习教育活动。农场党委书记贺在锐陪同。

7月14日，泗洪县副县长、开发区党工委书记张敏群一行到淮海分公司太平生产区开展"三严三实"调研。张敏群在详细了解了太平生产区发展情况及长远规划后表示，泗洪县政府将认真践行、切实转变，进一步落实服务太平生产区的各项政策措施，促进太平生产区平稳较快发展。

7月17日，中国农垦经济发展中心副主任孙红军、经责处副处长赵慧卿等，在农垦集团有限公司企划部副部长潘世和的陪同下，对农场经济发展情况进行调研。

7月22日，农场安委会、工会和分公司工会联合举办安全生产知识竞赛和安全警示教育。农场党委书记王进强讲话，场长李卫东对安全工作提出要求，纪委书记王灿明宣读表彰决定，农场领导班子成员及各基层单位负责人和安全生产管理人员70多人参会。64名安全管理员参加安全生产知识竞赛，12名同志分获一、二、三等奖。与会人员还观看了安全生产警示教学片。

7月31日，农场开展文明新事评选活动。围绕建设社会主义核心价值观体系，促进知荣辱、树新风、促和谐文明风尚的形成。表彰常年坚持为社会做贡献，爱农场、爱公益、敬老爱幼、关爱他人、扶贫帮助、见义勇为、拾金不昧、诚实守信、勇于奉献的人和事，以及打造四张"文化牌"活动中内容创新、形式新颖、影响力大、成效显著的典型事迹。

8月5日，农场召开干部大会，传达、学习、贯彻集团公司2015年经济工作会议精神。农场领导班子成员及各单位负责人80多人出席会议。

8月28日，农场公司和淮海分公司工会联合举办以"读书，创业，追梦"为主题的经典朗诵比赛。经过角逐，幼儿园教师曹萍等七人分获一、二、三等奖。

9月2日，农场向1941年8月和1944年6月参加抗战的管常有和陈金煌两位老战士颁发"中国人民抗日战争胜利70周年纪念章"、发放一次性慰问金5000元。

9月8日，省国资委党建处调研员闫军、副处长王鹏等，在苏垦集团党委组织部部长杨义林的陪同下来场就党建工作继承与创新情况进行调研，听取农场情况介绍。

9月14日，苏州农科院院长王红伟考察农场爱莲苑。王红伟表示，要加强双方合作，形成科研成果加基地，扩繁一条龙产业链，尽快培育出一批精品名品水生花卉供应市场。

9月19日，苏垦集团文艺汇演大赛举行，农场七个参赛节目分别获二、三等奖。

10月9日下午，农场举办第九届广场文化节，累计有17个单位、21个文艺节目、377人参加。同时，盐城市旅游局纪委书记刘亚东和市纪委、宣传部等领导一行7人，到农场进行省级廉政文化旅游专线先期检查验收。

10月25日，盐城商业大厦芭比采购部总监曹婕好一行来淮海米业公司调研，参观考察了烘干中心、大米加工现成品库和餐厨、库房等。

11月5日，省苏垦集团总经理、苏垦农发股份公司董事长胡兆辉带领集团公司相关部门负责人和苏垦农发股份公司负责人，到淮海农场就"三秋"工作和农场工作情况进行检查指导。

11月6日，农场成立江苏省淮海农场工会书画摄影协会，会长孙国祥，副会长黄建兵、陆军。并组织首期书法培训，参加人员40多人。同日，滨海县县长钱武华、副县长程熙率领有关部门负责人，到淮海农场察看临海高等级公路淮海农场段沿线环境整治工作。

11月10日，盐城国际自行车赛顺利通过农场，20名运动员来自中国、荷兰、土耳其、捷克、马来西亚等"一带一路"沿线国家和地区。

11月22日，《盐阜大众报》刊登了农场获得2013—2014年度"盐城市文明创建先进集体"称号的报道，农场连续20年蝉联此项荣誉。

12月2日，农场组织党委成员学习国务院《关于进一步推进农垦改革发展的意见》的文件精神。农场党委书记王进强在学习讨论的基础上，对文件的学习和贯彻提出意见。同日，苏垦集团投资发展部李国陵一行来农场，检查危房改造工程建设情况，检查组查看了职工文化活动中心、文广苑2~5号楼、淮海公园和幸福小区维修加固工程。

12月15日，新加坡麦考伊控股有限公司执行总裁迈克、韩国亚太地区执行总裁一行12人在射阳大米协会会长张昌礼等人的陪同下，来淮海米业公司考察。淮海渠星大米作为射阳县大米的优质品牌，代表射阳县的大米企业接待外国客商。

12月21号，农场党委召开以"三严三实"为主题的民主生活会。苏垦集团党委组织部部长杨义林、科长陈军到会指导。王进强代表党委领导班子进行对照检查，根据职工提出的17条意见，深刻检查存在的六点问题，提出整改措施，党委班子成员之间还开展了批评与自我批评。

12月28日，苏垦集团工会工作研讨会在农场召开。17个农场的工会负责人和农机监理所的负责同志观看了淮海农场工会题为"凝聚正能量，彰显新作为"2015年工作回眸专题片并作了交流发言。

12月30日，阿里巴巴、淘宝在农场挂牌，开业当天，100多名农场居民网上下单87笔，付款总金额27800多元。

2016年

1月6日，由苏垦集团人力资源部副部长王玉强、资产经营部副部长顾卫星等人组成的考核组来农场进行年度考核。

1月12日，农场代表队参加苏垦集团业余文化艺术团在白马湖农场的演出，参演"盛世欢歌"等三个节目，获得好评。

1月13日，苏垦集团召开2015年度新闻宣传工作会议。农场获2015年度垦区新闻宣传工作先进单位。两篇稿件分获二、三等好新闻奖。会上农场作《唱响主旋律，打好主动仗，在新闻宣传工作中展示新作为》的经验交流。

1月15日，爱莲苑培育的三个荷花新品种入选登陆国际荷花品种。至今，我国登陆国际荷花品种的仅有七个。

1月18—19日，农场党建及精神文明建设工作考核小组对2015年度党建和精神文明建设工作进行考核。

1月21日，农场召开2015—2016年度党员干部冬训工作会议。场党委书记王进强作动员报告。副股级以上干部180多人参会。会上集中收看中央讲师团成员潘盛洲在江苏省委党的十八届五中全会的专题辅导录像片。

1月25日，苏垦集团副总经理姚准明等一行冒着严寒来场慰问困难职工，并参观了正在建设中的淮海公园、职工文化活动中心。

2月2日，农场工会书画协会举办"江苏省淮海农场首届'迎新春'书法笔会作品展"。同日，农场在机关一楼开展"关爱农场，赞美农场"书画作品展览活动，17名会员的28件作品参展。

2月18日，苏垦集团工作会议上，农场再次被省苏垦集团评为江苏农垦"先进企业"和农场"社区工作先进单位"，农场党委书记王进强做《弘扬军垦文化，践行三严三实，努力实现农场经济社会协调发展》的交流发言。

2月24日，苏垦集团第四片区内控及智能财务分析交流会在淮海农场召开，片区财务总监主持会议，新洋、临海、淮海、滨淮、黄海五家农场党委书记、场长及财务主管和审计人员30多人参加会议。

3月3日，农场召开第六届职工代表大会第八次会议。农场党委书记王进强作工作报告，156名职工代表出席会议，全体机关干部和部分老干部代表列席会议。报告中总结了2015年农场取得的成绩，对先进集体和先进个人进行奖励。

3月8日，苏垦集团投资发展部一行来场验收高标准农田建设审计结余资金增做工程项目。该项目工程建设涉及三个农业大队，土地总面积7300亩，总投资40.71万元。

3月16日，农场工会书画摄影协会举办职工书法培训班（第二期）。特邀讲师、滨海县芦花草堂书法学院院长、中国书协会员左克成进行"隶书入门"培训，参加培训会员30多人。

3月31日，苏垦集团社会事业部部长吴以国一行来农场检查社会事业相关项目建设情况。检查组一行查看了污水处理系统、道路、公园、职工文化中心等部分社会事业建设项目。对农场所列社会事业项目实施情况给予肯定，还就信访工作、企业法律顾问问题传达苏垦集团相关会议精神。

4月7日，射阳县副县长王喜林来农场，就开展垦地科技合作进行考察调研。

4月8—9日，苏垦集团总经理胡兆辉来农场调研指导工作，就农场小城镇建设情况、民生工程及当前三麦田间管理情况进行检查指导。

4月12日，射阳县政法委一行来农场调研政法综合综治工作。县政法委常务副书记周涛对农场群防群治、硬件投入、队伍建设、基层平安创建等方面工作给予充分肯定。

4月19日，农场党委书记王进强会同场级领导班子成员和规划建设科、农机中心负责人，到2016年国家农业综合开发项目区开展项目实施前期调研工作。

4月20日，农场领导王进强、李卫东、孙司正等走访慰问百岁老人王学清家。

4月21日，苏垦农发工会在农场举办"苏垦未来杯"职工乒乓球赛，21个代表队、58名运动员参赛。经过激烈角逐，决出团体奖6名、个人奖12名。四家分公司获优秀组织奖，淮海分公司获精神文明奖。同日，农场代表队20人参加2016年射阳"东都天润杯"广场舞大赛，表演了《欢聚一堂》《扇子舞三德歌》《舞动中国》三个舞蹈节目，获得好评。

5月7日，农场工会、社区联合举办，医院承办"健康教育进社区"活动，免费为社区居民检查身体，提供健康、计生咨询服务，400多名居民参加活动。

5月9日，2016年射阳县"东都天润杯"广场舞大赛，农场社区舞蹈队的《舞动中国》等三个参赛节目参与全县100多个舞蹈队参赛的352个节目、2000多人的角逐，农场队获得一等奖。

5月18日，农场工会举办"走农场，看变化，促发展"职工代表巡视活动。场领导和职工代表44人参巡。农场精心安排了七个巡视点。

5月24日，农场举办电子商务培训班。全场副股级以上管理人员180多人参训。省经信委著名电子商务专家刘光峰应邀做主题讲座，详细解析了农产品电商发展的相关思路和建设情况，还穿插寓教于乐的互动环节。

5月27日，农场召开2016年三夏动员大会，传达苏垦农发"三夏"动员大会精神。副总经理王灿明做了题为《未雨绸缪战三夏，时不我待夺秋超，奋力夺取三夏工作全面胜利》的动员报告，170多名管理人员参会。

6月5日，苏垦集团总经理胡兆辉及办公室副主任江刘苗就"三夏"工作进行检查指导。胡兆辉在检查了农场"三夏"工作后指出：农场三夏工作措施扎实，积极主动，准备充分，保障有力。

6月12日，苏垦农发副总裁姜建友等一行深入农场田间检查"三夏"工作。姜建友对农场三夏工作执行"五保一强化"表示赞赏。

6月13日，盐城市文明办副主任陈中才等六人来农场，实地指导省级文明单位创建工作。

6月27日，农场20个捐助点开展向灾区献爱心捐赠活动，向在6月23日阜宁、射阳等地遭超强龙卷风袭击的群众献爱心。当天收到捐赠款16.69万元。

6月28日，省试听工场影视文化有限公司、北京视听传奇影视文化有限公司营销总监姜云凯一行在射阳县旅游局副局长李云鑫等的陪同下来农场考察。摄制组通过《射阳旅游》纪录片，宣传农场红色旅游景区、军垦历史和水生花卉。

7月1日，农场党委领导班子成员带头深入基层挂钩的党总支、党支部，联系农场实际，为党员讲好"两学一做"专题党课，坚持全场党员干部的理想信念和党性觉悟，使农场形成了浓厚的学习氛围。

7月8日，盐城市2016年"舞动激情，放飞梦想——'射阳名酒杯'，体育舞蹈公开赛"在射阳县体育馆举行，来自射阳县各社区、乡镇、农场63个代表队、400多人参赛。农场"海之韵"代表队16名队员表演的《祖国你好》获一等奖。

7月14日，农场召开精准扶贫推进会，传达苏垦集团《关于十三五期间精准扶贫工作的意见》，提出以"六个坚持"推进精准扶贫工作，突出问题导向，聚焦困难原因，创新精准扶贫路径。

7月19日，中国优质农产品服务协会将"射阳大米"品牌作为研究对象，纳入"国家重大研究项目品牌价值提升工程研究课题"及"农产品品牌价值提升研究子项目"研究计划。"渠星大米"作为"射阳大米"品牌中的佼佼者，被纳入品牌价值提升工程国家重大研究项目。

7月23日，苏垦集团总部的七名大学生来农场参观，接受入职教育。

7月29日，苏垦集团副总经理陈建军率资产经营部、人力资源部负责人来农场召开农场领导职务宣布会议，并调研指导工作。苏垦集团党委决定，李海峰任农场党委委员、副场长，聘任陈海军同志为苏垦农发淮海分公司副总经理。陈建军一行在农场领导班子成员的陪同下，来到建设中的淮海公园、职工文化活动中心、爱莲苑水生花卉园调研指导。

7月31日，骆瀛、骆羽双胞胎姐妹成为中国羽毛球队女子双打主力队员、登上里约热内卢奥运会领奖台的消息，在农场朋友圈中传开。

8月4日，苏垦集团第四片区农垦改革发展讨论会在淮海农场职教中心会议室召开，黄海、滨淮、淮海、临海、新洋农场的党委书记、场长、办公室主任和财务科长参加了会议。会议就社会职能改革进行了讨论。

8月5日，农场召开干部大会，传达贯彻苏垦集团2016年经济工作会议精神，总结分析农场经济运行情况，对当前工作进行部署。

8月6日，射阳县"两学一做"教育督导十二组一行来农场检查学习教育阶段性工作完成情况，场领导参加督导汇报会。

8月23日，盐城市农委绿色食品管理中心主任周日明、副主任刘有兄等一行对农场绿色食品原料标准化生产基地进行检查。

8月25日，农场召开有关单位负责人参加的污水处理环境整治项目协调会，农场领导要求明确分工，各司其职，责任到人，精心筹划，按图施工，跟踪监督，协调矛盾。

8月26—27日，农场组织召开农建四师暨淮海农建场历史陈列馆二期工程的初步评审会，场长李卫东对设计理念进行了点评，相关人员参加会议。

8月29日，百威英博集团亚太区管理人员一行在苏垦农发淮海分公司领导的陪同下考察农场。英博是全球第一大啤酒公司，总部设在比利时，拥有200多个品牌、7万多名员工，业务遍及美洲、欧洲和亚太地区30多个国家。通过洽谈，双方签订了啤麦种植意向书。

8月30日，射阳县政协原主席、县老促会会长魏乃明一行五人来农场，就农场社会经济发展和场地合作共建情况进行考察调研，农场领导陪同。

8月31日，农场月供电量创新高，仅八月份，月用电量就达到319.84万千瓦·时，比上年同期225.68万千瓦·时增加94.16万千瓦·时，增长42%。

9月10日，苏垦集团举办第二届职工趣味运动会，农场代表队获团体二等奖、花样接力两个二等奖及勇往直前项目三等奖。

9月14日，中国农垦宣传文化中心主任、《中国农垦》执行主编成德波一行在苏垦集团企划部副部长潘世和的陪同下来农场调研。农场领导陪同参观了农建四师暨淮海农场历史陈列馆、淮海公园和其他景点。

10月9日，农场举行第十届广场文化节，18个单位、448人参演，1000多名场内外居民观看演出。节目围绕"弘扬军垦精神，展现文化品牌"主题，主题突出，内容新颖。

10月10日，苏垦集团企划部部长解晋等三人来农场，就精神文明建设、企业文化和创新思想政治工作等方面进行调研。解晋部长对农场精神文明建设和企业文化发展等方面的工作给予积极评价。同日，苏垦工会主办"读书、演讲"征文比赛。农场多名选手参赛，并获奖。下午，中国科学院地理科学与资源研究所副研究员王介勇博士等来农场，就农垦土地经营管理制度与全产业链发展等情况进行调研。

10月24日，省精神文明建设指导委员会复评。农场连续20年荣膺"省文明单位"荣誉称号。

10月25日，农场召开贯标工作推进会。场长李卫东，副场长孙司正、李海峰出席会议。场长李卫东要求，对照标准改进提升，严格把关，抓实、做细，高标准、严要求，做好迎接垦区企业信用管理贯标验收的准备工作。

10月26日，苏垦集团副总经理姜建友率农业发展部负责同志来农场调研指导工作。

10月31日，苏垦集团总经理胡兆辉与有关部门负责人在农场召开"三秋"会议，场领导陪同胡兆辉实地检查指导，党委书记王进强汇报了农场经济建设、社会事业民生工程转型升级、文化事业等方面的情况。胡兆辉对农场工作提出四点要求。

11月1日，农场工会书画协会推荐退休职工赵梅生参加射阳县"常熟农商行杯"老年书画竞赛，其行书作品获比赛二等奖。

11月8日，盐城市委组织部干部教育处处长陈志燕一行四人来农场调研"农建四师暨淮海农场历史陈列馆"基本情况。

11月16日，场党委书记王进强专程赴太平生产区检查指导"三秋"农业生产工作。同日，射阳县政府召开推进农场改革发展专题会办会。县委常委常务副县长田国举主持会议。淮海、临海、新洋三场负责人和第四片区财务总监谢翠英以及县有关部门负责人出席会议。会上着重从改革方式、政策问题、资金来源、时间节点，进行了分析和研讨。

11月29日，苏垦集团农业发展部副部长陈兆明一行三人来农场，对2010年河道疏浚增补项目工程进行检查，验收组查现场、看资料，同意项目工程建设通过验收。

12月1日，海峡两岸荷花展览在台湾举行。展览结束后，农场爱莲苑将参展的八个特色品种共40余株荷花馈赠给台湾同胞，台湾同胞传来消息，40余株荷花长势良好，并已正常结出种藕。

12月9日，农场召开选举县人大代表候选人与选民见面会。农场选区县人代候选人李卫东、沈平、胡炳华三位同志向选区内57名选民代表分别介绍了自身情况和当选后的打算。

12月8日，农场召开2017年投资预算工作会议，场长李卫东要求：坚持实事求是的原则，加强投资预算工作管理，坚持严格控制节本增效，提高预算的科学性、准确性、绩效性，建立预算统筹平衡机制，坚持信息公开，提高预算工作的质量和效率。

12月13日，射阳县档案局副局长潘志华、副秘书长吴振球来农场检查档案管理工作。检查组就今后县档案局加强与农场的互动交流。

12月15日，农场举行射阳县人民代表大会换届选举大会。选民们认真了解投票选举有关事项及代表候选人的情况，填写选票，投下庄严神圣的一票。与此同时，各基层单位的选民都在各自的投票点为自己信任的代表候选人投票。此次共登记选民7136名，在农场十个投票点投票。

12月22日，苏垦集团专家验收组对农场2016年社会事业建设项目工程进行检查验收。验收组现场抽样、审阅资料，农场2016年实施的社会事业建设项目通过验收。

12月29日，农场举行消防综合应急和急救培训演练活动。

12月30日，农场荣获国家级"职工书屋"荣誉称号。

● **2017年**　1月5日，苏垦集团工会领导到农场送温暖。分别看望了困难职工李开平、赵玉平，并送上慰问金和新春祝福。

1月10日，苏垦集团考核组孙良和一行来农场考核2016年度工作。场领导及有关部门负责人参加了考核验收。

1月12日，农场工会举办青年员工新春联谊会。

1月12日，苏垦集团总经理胡兆辉来农场慰问，特别走访慰问了92岁的军垦老干部张国裕、职工潘成香，给他们送去了慰问金和新春祝福。胡兆辉询问了农场春节安排，要求做好精准扶贫的工作，多关心、多照顾困难职工。

1月17日，射阳县老龄委主任李世荣、副主任田广志一行来农场，看望慰问百岁老人王学清，并送去节日的慰问和祝福。

1月18日，农场举办2016—2017年年度党员干部冬训。副科级以上管理人员、驻场单位党支部书记、机关全体工作人员参加会议。根据上级部署，本年度党员干部冬训从一月中旬开始、三月底结束。

1月23日，农场开展年末生产大检查。对全场消防单位值班人员落实、安全隐患检查与整改等进行重点检查。

2月15日，苏垦集团工作会议在南京召开，会上农场被授予江苏农垦2016年度"先进企业"称号。

2月21日，省国资委召开省属企业信访维稳工作会议，农场荣获省属企业信访维稳工作先进单位。

2月22日，农场召开2016年度领导班子成员述职述廉会议，苏垦集团考核组成员邓传松、解缙、徐国成等出席会议。农场中层以上管理人员和部分职工代表参加会议。

2月23日，农场召开干部大会，场长李卫东传达2017年工作会议精神，纪委书记王灿明传达了苏垦集团"推进党风廉政建设暨巡察大会"精神。各单位助理级以上人员、驻场单位和二级单位负责人参加会议。

2月28日，农场微信公众号开通上线。

3月1日，苏垦集团工会主席佟晓延等一行到淮海农场协调部署江苏农垦第四届职工广场舞大赛筹备工作。

3月7日，农场召开第六届职工代表大会第九次会议，200多名代表出席会议。农场党委书记王进强作了题为《坚持改革创新，努力提质增效，为推进农场社会经济稳定发展，砥砺奋进》的报告。场长李卫东作总结讲话。会议表彰了22个先进单位和38名先进个人。

3月7日，苏垦集团企业文化宣讲团到淮海农场，开展"中国梦，军垦情"江苏农垦企业文化专场报告会。

3月9日，苏垦集团总经济师刘刚一行来农场，对危房改造和社会事业等工程项目进行协调。

3月10日，农场全民健身站点获得射阳县"优秀健身站点"称号。

3月16日，省企业文化研究会会长赵常林、省政研会副秘书长沈霆等来农场，专题调研垦区企业子文化建设情况。

3月24日，苏垦集团纪委在农场举行"垦区廉洁共建签约仪式"。集团纪委书记章朝阳，盐城市委常委、纪委书记王小红、盐城市纪委副书记刘向阳等出席签字仪式。盐城相关县区纪委书记，苏垦集团在盐企业党政主要负责人、纪委书记参加签约仪式，射阳县委常委纪委书记胡国良、农场党委书记王进强分别做了表态发言。

4月6日，农场工会书画协会举办职工书法培训班（第三期）"楷书书法"培训。农场副场长孙司正作开班讲话，工会副主席王怀锁主持，参加人员25人。

4月19日，扬州大学园艺植保学院院长杨业中率植保专业的18名研究生、党员来农场接受军垦文化教育。

4月20日，农场召开养殖业远程教育培训。全场各单位动物防疫工作负责人和部分养殖户20多人参加了培训。

4月24日，农场爱莲苑发出载有十多种水生花卉品种的物流车到湖北花卉市场。

4月30日，苏垦集团工会举办的第三届月嫂培训班上，农场18名下岗女工经过七天的培训和考试考核，都取得了人社部统一颁发的月嫂证，部分人员还取得了育婴师证。

5月10日，苏垦集团工会主办、农垦工会文化协会协办、农场承办的"江苏农垦第四届职工广场舞比赛"在农场举行。来自垦区的25支代表队、347名选手参赛，淮海分公司代表队参赛的舞蹈《舞动青春》获二等奖。

5月11日，射阳县优秀护士代表参加县卫生局会议厅召开的"国际护士节"表彰大会。农场医院护士徐敏、黄龙英获射阳县"优秀护士"称号。

5月22日，苏垦农发纪委在农场召开廉政文化座谈会，与会人员参观了廉政文化公园、农场职工文化活动中心。

5月27日，垦区企划宣传工作座谈会在农场召开，苏垦集团企划部部长潘世和对苏垦企划宣传工作作《抓思路，打基础，建队伍，树典型，带动全面，彰显效果》的报告。

5月28日，农场召开"政风肃纪"宣讲报告会。特邀射阳县纪委常委王克玉作"党风廉政建设"专题宣讲报告。农场各单位负责人、机关全体人员参加会议。

6月1日，农场增设电子监控设备，实现电子警察上岗系统电子监控全覆盖，构建了一条安全防护"篱笆"。

6月6日，苏垦集团胡兆辉总经理一行到农场检查指导工作，深入"三夏"一线，了解情况，并到农场新建的400吨烘干线现场，了解烘干线的运行情况。

6月14日，农场对场部黄海路和育才路进行改造修建。农场投入资金240多万元，解决了附近职工和村民出行难的问题。

6月23日，农场安委会在文化广场开展安全生产日宣传活动。这是全国第16个安全生产月、江苏省第24个安全生产月。

6月30日，农场党委决定开展"七一"走访慰问活动，场领导代表射阳县委走访慰问了接受过省部级表彰的退休老干部代表，为他们送去了节日的祝福和问候。

7月4日，射阳县总工会主席陈昌奎、副主席董红艳等一行四人来农场，就农场工会工作、职工之家创建和军垦文化情况进行调研。

7月21日，苏垦集团党委书记、董事长李春江到农场调研指导工作，农场领导陪同。李春江一行参观了农建四师暨淮海农场历史陈列馆，详细了解工程建设情况。李春江指出，农建四师陈列馆是展示江苏军垦文化的主阵地，是江苏农垦文化之根，要通过多渠道搜集更多的实物、照片、文献等，要高起点谋划、高标准定位、高效能推进，通过声光电等科技新元素将陈列馆打造成具有特色的爱国主义教育示范基地。

7月21日，苏垦集团纪检监察工作会议在农场召开。集团公司党委书记、董事长李春江出席会议并讲话。集团纪委书记章朝阳总结上半年工作，部署下半年的工作任务。盐城市纪检监察一室主任陈俊应邀做业务知识讲座。

7月30日，苏垦集团经济工作会议上，农场医院护士居家云，淮海米业公司总经理、党支部书记姜国平获江苏省农垦系统第四届"劳动模范"称号；农场振兴小区居民邵广成获苏垦集团"第三届文明标兵"称号。

7月31日，农场工会"第八届职工读书月"朗读比赛在淮海职工文化活动中心举行。

8月8日，农场召开党员干部警示教育大会。农场全体领导班子成员、各党总支书记、科长助理以上管理人员出席会议，与会人员观看了警示教育《朋友》和《菊花清茶》电视片。

8月8日，农场召开干部大会，传达苏垦集团经济工作会议精神。各级负责干部140多人出席会议。场党委书记王进强要求各单位把思想和行动迅速统一到集团公司和农场党委的决策部署上来，紧盯目标不放，细化措施，抓落实，讲政治，有信念，讲规矩，讲纪律，讲道德，有品行，讲奉献，有作为。

8月10日，苏垦集团2017年项目推进工作会议在农场召开。

8月10日，农场职工踊跃义务献血，当日献血总量达13800毫升。

8月17日，省廉政教育示范基地验收组到农场验收创建工作。验收组由省委宣传部宣传教育处调研员薛立成率领，市委宣传部部长张国峰、射阳县纪委常委王克玉等陪同验收。验收组成员通过看听查评等方法，依据《江苏省廉政教育示范基地》创建相关要求，对照验收检查。

8月21日，农场第二次召开危房改造公开选房工作推进会。

8月22日，农场文广苑、西苑小区危房建设86套房售完。

8月23日，原江苏生产建设兵团二师十团《白毛女》原班剧组一行40余位祖籍无锡、徐州的老知青回农场演出。

9月6日，农场召开精准扶贫工作推进会。场党委书记王进强、场长李卫东到会讲话。副场长孙司正介绍了农场精准扶贫工作情况和下一步重点，通过产业扶贫、兜底保障、社会帮扶和结对帮扶使精准扶贫工作取得了成效。

9月11日，农场工会书画摄影协会举办职工书法培训班（第四期）。农场副场长孙司正作开班讲话，工会副主席王淮锁主持，特邀上海绘画培训中心郭林亚画家，滨海县书法家协会副主席左克成书法家等书画界名人授课。参加培训的会员25人。

9月14日，苏垦集团资产经营部副部长顾卫新等一行来农场检查二、三产运行情况。

9月30日，农场举办第11届广场文化节，15个单位、254人参加文艺演出，农场职工和附近居民1000多人观看。

10月19日，苏垦农发淮海分公司举办第13期远程教育培训班。30多名农业科技人员参加培训，中国农业大学博士生导师李通亮主讲。

10月18日，上午九时，农场组织党员干部观看党的十九大开幕式，聆听习近平总书记的工作报告。

10月26日，江苏农垦举办庆祝江苏"建垦65周年，喜迎党的十九大"书画摄影大赛。农场七件优秀作品入选，入选作者：黄建兵、陈必祥、赵梅生、陆军、王秀芳、杜明。

10月28日，由中国企业文化建设峰会组委会主办、江苏省企业文化研究会承办的2017年年度企业文化建设（江苏）峰会在南京召开。会上，农场获全国2017年度企业宣传文化建设先进单位称号。

10月30号，射阳县老龄委来农场，慰问百岁寿星沈志友及其他两位百岁老人，送去重阳节的慰问金及党的温暖和关怀。

11月2日，苏垦集团总经理胡兆辉到农场检查指导工作。

11月7日，苏垦集团工会工作标准编制组一行四人来农场调研访谈。

11月9日，射阳县纪委机关执纪监督工作室、派驻纪检组、巡察机构全体工作人员90多人，开展"不忘初心，牢记使命，奋勇担当"主题党日活动。

11月16日，垦区盐城北片纪检监察工作座谈会在农场召开，江苏省农垦集团公司执纪监督小组和垦区盐城北片的黄海、滨淮、新洋、临海、淮海农场以及苏垦麦芽等纪委书记和纪委副书记共计14人参加会议。

11月23日，盐城市纪委副书记刘向阳、射阳县委常委、纪委书记胡国良等一行人到淮海农场参观农建四师陈列馆。

11月26日，盐城市市级机关调研员、市文明办负责人陈忠才等。在盐城农垦事业办公室副主任徐均的陪同下，来农场指导文明创建工作。

11月27日，盐城市纪委会同泗阳县纪委林临潼来农场参观"农建四师暨淮海农场历史陈列馆"。

11月27—28日，中国共产党江苏省淮海农场第九次代表大会胜利召开。出席代表99人。场长李卫东致开幕词，党委书记王进强作题为《奋力推进科学发展，为"实力淮海，创新淮海，和谐淮海，美丽淮海"而努力奋斗》的报告。大会选举王进强、李卫东、王灿明、孙司正、陈海军为中国共产党第九届委员会委员，林一高、王灿明、黄正海、王淮锁、于广伟为中国共产党江苏省淮海农场第九届纪律检查委员会委员，选举钱伯彬、王进强、李卫东、沈平、周爱国、朱炜亮为中国共产党江苏省农垦集团有限公司第一次代表大会代表。

12月5日，苏垦集团工会主席佟晓延到淮海农场走访慰问困难职工。

12月12—13日，苏垦集团党委书记董事长魏红军到农场宣讲党的十九大精神并调研指导工作。

12月13日，苏垦集团召开的党建工作会议上，农场基层干部姜国平、鲁邦良获"江苏农垦2017年度优秀党员"表彰。

12月14日，苏垦集团召开的2017年度政研会暨思想政治工作会议上，农场获得2017年度江苏农垦思想政治工作和新闻宣传工作双先进单位称号。

12月14日，苏垦集团工会主席佟晓庭来农场慰问困难职工。在慰问季如勤、马兆清等困难职工时，他叮嘱随行的有关部门负责人，要重视关心困难职工，运用多种帮扶办法，确保他们如期脱贫。

12月15日，省委组织部二处副主任科员李湘龙、"两学一做"教育协调小组督导组成员姜凡，在盐城市委组织部张剑峰、洪兴华的陪同下，来农场就江苏省党员干部教育"实境课堂"进行考核验收。

12月25日，农场聘请江苏地势坤注册安全工程师事务所两名签约专家到现场勘查鉴定桥梁涵闸等水利工程安全情况。先后对场内200多座涵闸、桥梁的使用寿命和安全状况进行了拉网式体检。发现安全隐患及时排除，确保水利工程安全运行。

● **2018年**　1月5日，农场工会划拨8.5万元送温暖资金。各基层单位坚持公开、公平、公正、区分轻重缓急的原则，合理确定补助对象和标准，将党的温暖切实送到困难职工的手中。

1月8—9日，农场举行"迎新春"乒乓球比赛。16个单位的60名男女乒乓球爱好者参加比赛。农场学校获男团第一名，五、三分场社区分获第二、第三名。男单蔡立广获第一名，施红斌、田德俊获二等奖，朱怀军获三等奖。女单李月春获一等奖，薛红、蔡虹分获二、三等奖。

1月14日，苏垦集团2017年度政治工作研究会（简称政研会）年会暨思想政治工作会议上，农场获得2017年度江苏农垦思想政治工作和新闻宣传工作双先进单位称号，并有四篇政研文章获得2017年度垦区思想政治工作优秀论文二、三等奖。

1月17日，苏垦集团人力资源部、社会事业部、资产经营部、审计监察部组成的联合考核组对农场2017年度工作进行考评。

1月22日，苏垦集团工会领导到淮海开展走基层送温暖活动。

1月24日，农场召开2017年至2018年党员干部冬训工作会议，党委书记王进强作动员报告，场长李卫东主持会议并提出要求。

1月25日，苏垦集团人力、社会事业、资产经营等部门组成的联合考察组对农场2017年度工作进行考核。

1月26日，盐城工学院工会主席孙琴及30名工会分会主席及委员来农场开展"联手兴家"学习交流会。

1月27日，苏垦集团工会领导来农场送温暖。

1月31日，农场党政工领导慰问张瑞瑞、沈志友两位百岁老人。

2月1日，盐城市电力公司副总经理张文华率滨海供电公司总经理丁贵军、射阳供电公司副总经理祁正华等一行9人到农场调研并指导农网改造和农网体制改革工作。

2月6日，苏垦集团总会计师刘克英等一行来农场走访慰问，分别看望了困难职工钱慧军、老干部杜建华，送去了慰问金和问候。

2月6日，苏垦集团2018年工作会议，农场获得"江苏农垦2017年度社区工作先进单位。"

2月7日，苏垦农发股份公司2018年工作会议，淮海分公司获得2017年度先进企业称号，并获效益主攻奖和拓展基地效益奖。

2月7日，淮海农场工会、书画协会举办"迎新春，赠春联"活动，在农场文化广场书写了200副对联和"福"字，现场赠送。

2月9日，农场传达苏垦集团2018年工会工作会议和廉政建设会议精神。场长李卫东传达、介绍了会议盛况。传达学习苏垦集团党委书记魏红军题为《高起点，开局高标准，超产在攻坚克难中迈出高质量发展的坚实步伐》和集团总经理胡兆辉的工作报告精神，结合农场实际要求围绕目标，任务、改革、管理，切实抓好落实。

2月27日，五粮液集团在农场举办糯米质量培训班。

3月1日，省国资委传来消息，农建四师暨淮海农场历史陈列馆被省委组织部授予党员干部教育"实境课堂"。

3月1日，张瑞瑞老人百岁生日，县民政局侍昌平主任率老龄办来场慰问，送来了寿匾和2000元慰问金。

3月9日，农场召开项目工程推进会，30多人参加会议。

3月14日，苏垦集团验收组一行三人对农场2016年小型农田水利和2017年河道疏浚项目进行检查验收。

3月21日，农场召开第七届职工代表大会第一次会议，党委书记王进强作《焦聚目标任务，深化改革创新，推动农场高质量发展，开好局走好步》的工作报告，场长李卫东作总结讲话。会议表彰了2017年工作成绩显著的37个先进集体和41名先进个人。

3月20日，苏垦集团公司制改革领导组成员集体谈话在农场举行。杨义林代表集团公司党委集中宣布了改革后17家农场有限公司领导的任职决定。

3月22日，辽宁盘锦辽东湾农垦集团一行来农场考察，双方就企业发展情况进行了交流。

3月22日，射阳县国税局三党支部书记来农场过党日。

3月29日，东辛农场各基层党支部书记一行20余人来淮海农场开展"牢记使命担当，聚力改革创新"主题教育学习活动。

4月9日，农场工会举办"走淮海，看变化，促发展"职工代表巡视活动。场领导及各单位负责人和职工代表60人参加巡视。巡视观摩了七个点，这些点集中反映了农场坚持"富民强场，生产发展，生活变化"，代表们在走、看、促、议中受到了鼓舞。

4月10日，㼆港农场社区管理委员会管理人员一行21人来淮海交流居委会职能、考核办法、居民自治经验做法、绿化环境管护等方面的情况。

4月12日，农场召开干部廉政建设专题教育大会，科级以上助理人员、各单位负责人50多人参加会议。党委书记王进强讲话，纪委书记王灿明传达射阳县纪委"关于严禁领导干部大操大办婚丧喜庆"事宜规定的实施细则。会上宣布苏垦集团纪委在党风廉政建设上的两条纪律和三个方面的要求。与会人员集体观看了专题警示片《作风建设永远在路上》。

4月12日，江苏省淮海农场有限公司（以下简称农场）成立。同日，苏垦农发淮海分公司举办插秧机手春季农机维修保养大比武。18 名插秧机手参赛，农机总站选手王华等八名选手分获一、二、三等奖。

4 月 17 日，农场书协举办第五届书法培训班，中国书法家协会会员左克成应邀授课。

4 月 25 日，临海镇太极队来农场切磋拳艺。

4 月 26 日，农场召开意识形态工作研讨会。场党委书记王进强要求全场党员干部，以习近平新时代中国特色社会主义思想为引领，推动落实意识形态工作责任制。

4 月 27 日，农场太极队亮相射阳老年人体育节。同日，农场医院举办义诊活动，8 名主治医师参加，接待居民 300 人次。

5 月 3 日，苏垦集团党委副书记姚准明一行到农场调研指导党建工作。王进强、李卫东等场领导分别就公司党建开展情况、意识形态和人才问题、社区管理、以及"五个一"工作实践、实施零距离服务等方面的情况进行了汇报。

5 月 3 日，江苏农垦各单位工会主席、部分青年员工一行近 200 人，在集团公司党委副书记姚准明和工会主席佟晓延的带领下，到"农建四师暨淮海农场历史陈列馆"参观学习。

5 月 8 日，射阳县政协领导来农场交流地名史话工作。

5 月 11 日，农场召开排灌人员操作安全培训会议，苏垦集团农业机械安全监理所的两位老师前来授课，70 多人参加培训。

5 月 12 日，国际护士节期间，农场工会和医院联合举行急救技能竞赛活动。医院护士解路、冯杰、韩亭玉、张金等分别获得一、二、三等奖。

5 月 23 日，农场召开党建工作促进会暨党务知识培训班，射阳县委组织部科长岳杰就党的知识进行专题辅导。党总支、支部书记、政工干事 70 多人参加会议。

5 月 25 日，射阳县纪委反腐倡廉宣讲活动在农场举行。农场领导出席会议，会议邀请射阳县纪委副书记、县监察副主任、县委巡察办主任韩少东同志做反腐倡廉精神宣讲，农场各党总支、支部书记、大队主要负责人、二三产单位班子成员、机关全体人员等 159 人参加了宣讲活动。

5 月 28 日，农场召开安全生产工作会议。总经理李卫东作总结讲话。总经理助理孙国强宣布 2017 年度安全生产先进集体和先进个人表彰决定，安委办负责人传达苏垦集团安全生产工作会议精神。

5月21日，农场举办法纪知识测试。科级助理以上管理人员、机关所有工作人员、部分老干部代表160人参加测试。

5月31日，农场工会为15名贫困学生颁发学习用品。

6月8日，在射阳县档案工作会议上，淮海农场荣获2017年全县档案工作"先进集体"，档案室主任孙华被评为全县档案工作先进个人。

6月9日，农场召开解放思想大讨论活动动员大会。

6月10日，省国土厅杨新文主任率滨海县国土局有关负责人一行来农场，就农场土地确权工作进行交流。下午，苏垦集团总经理胡兆辉来农场检查指导工作。

6月15日，农场社区一站式服务大厅获省"工人先锋号"称号，并获奖牌和证书。这是继2015年获省妇联颁发的"中国文明窗口"称号后农场获得的又一项殊荣。同日，农场安委会外聘专家专项检查农资安全工作。同日，农场1470多名离退休职工完成生存认证。

6月31日，农场领导班子调整。苏垦集团党委委员、副总经理姜建友出席大会并讲话。集团农业发展部部长朱亚东宣读农场领导班子任职的决定：单祥忠同志任农场党委副书记、董事长、总经理、社区主任；孙国祥同志任农场党委委员、纪委书记、工会主席；李成军同志任苏垦集团第四片区财务总监。

6月30日，省国土厅规划设计院来农场推进土地确权工作。杨新文主任率滨海县国土局副局长唐春霞、射阳县国土局副局长杨军及江苏天下图信息有限公司王志坚主任等一行10人来农场，就农场的土地确权发证工作进行交流。

7月2日，农场成为苏垦集团首批19家企业文化阵地建设合格单位之一。

7月3日，农场2018年度受表彰的优秀党员、社区和机关总支、支部书记、驻场单位负责人以及入党积极分子代表，赴淮安刘老庄82烈士陵园、周恩来纪念馆等地开展以"不忘初心，牢记使命，砥砺前行"为主题的"七一"红色爱国主义教育活动。

7月7日，集团公司党委委员、总经理助理杨义林率总部机关新入职员工深入淮海农场有限公司进行任职前培训教育。

7月11日，黄海农场有限公司项目工程考察组来淮海交流。

7月20日，农场召开精准扶贫工作推进会。党委书记王进强提出要求，纪委书记工会主席孙国祥主持会议。

7月27日，农场传达贯彻苏垦集团经济工作会议精神。农场党委书记王进强主持会议，总经理单祥忠部署当前工作，党委委员王灿明传达苏垦集团2018年经济工作会议精神。分场社区、场直各单位、机关各部门科级助理以上管理人员及驻场单位负责人参加会议。

7月27日，农场全面开展2018年秋季征兵工作，四名适龄青年参加体检。

7月28日，农场召开供水质量提升改造项目规划初步评审会。

7月30日，"江苏农垦第二届文化艺术节书画摄影展"举办，农场工会组织八幅书画作品送展。黄建兵行书书法"苏垦摇篮"，李立成国画"美丽淮海"入选"江苏农垦第二届文化艺术节书画摄影展"纪念册。

7月31日，省总工会举办"学习新思想，走进新时代"省部属企业职工书画摄影大赛，农场工会选送五幅作品，黄建兵的硬笔行书入选。

8月1日，农场社区开展"八一"爱国主义教育活动。活动通过军垦讲光荣史的形式，让青少年感受军人的使命和责任感、感受到如今的幸福来之不易。

8月3日，农场召开纪委委员会会议，传达学习和贯彻苏垦集团2018年上半年纪检监察工作会议精神。农场就下半年纪检监察工作进行部署，全面落实"两个责任，协助党委履行抓好一岗双责"。

8月9日，省体育健康产业研究院长专家一行四人来农场考察指导体育健康特色小镇规划建设工作。专家们认为：农场生态优势明显，具备休闲体育和生态特色小镇建设全要素，形成了自身体系特色和影响力。

8月15日，农场党员干部踊跃参加知识竞赛。400多人参加，合格率100%。学习宣传氛围浓厚。同日,农场医院开展世界母乳喂养周宣传活动。

8月20—21日，澎湃新闻采访组视频记者朱伟辉、视频编辑龙景两人，在射阳县委宣传部副主任科员陈鹏飞、外宣科副科长吴融的陪同下，来农场采访百岁老人张瑞瑞的家庭成员和生活起居情况。

8月23日，农场医院主办县医疗卫生、卫技人员业务技能培训班，资深医师授课。县二院、周边乡镇和农场医院193名医护人员参加培训。

8月29日，农场召开电网改造项目推进会议。国网盐城供电公司滨海分公司副总经理刘建民一行参加会议。

8月30日，上午，苏垦集团党委委员、苏垦农发股份公司总裁苏志富，赴联系点淮海农发分公司开展解放思想大讨论活动专题调研。

9月4日，农场工会举办第九届"职工读书月"系列活动。"阅读新思想，启航新时代"职工经典朗读比赛中，16个单位的参赛选手诵读了16篇耳熟能详的红色经典故事，60多人观看了比赛。选手们通过咏读、吟咏等表现形式，将一篇篇经典诗文演绎得淋漓尽致、激情飞扬。任超龙、栾艳艳、张继兴、于琳琳、朱天翔、辛道红等人分获一、二、三等奖。

9月7日，广东农垦组团来农场考察。广东省农垦集团公司（总局）社会事业管理处处长江英等10人一行，在苏垦集团有关部门领导的陪同下，对农场社区管理和办社会改革等进行考察调研。

9月10日，江苏有线射阳分公司总经理王枫率相关部门负责人一行四人来农场，就农场广电网络整合进行洽谈。

9月11日，河北省塞北管理区领导一行10人在苏垦集团有关部门负责同志的陪同下，来农场考察调研。该区前身为沽原农场，第一任场长是当年从农建四师调任过去的李承恩。宾主双方进行了愉快的交流座谈，客人们向农场赠送了塞北管理区自行生产并具有浓郁乡土气息的世界非物质文化遗产《清明河上图》精美纸画。

9月19—20日，苏垦集团第二届文艺汇演大赛在东辛农场举行。垦区所有单位33个节目参加角逐，农场参赛的情景剧《奋斗的音符》荣获原创作一等奖、语言类表演二等奖，《中国脊梁》获歌舞表演类三等奖。

9月21日，农场召开党风廉政建设推进会。农场领导、分公司机关及基层单位科级助理以上人员、驻场单位负责人等50多人出席会议。农场纪委书记孙国祥与大家一起学习了新修订的《中国共产党纪律处分条例》，传达了农场纪委关于做好2018年中秋、国庆期间廉洁工作的通知，通报了江苏省内外违反八项规定的相关案例。

9月29日，江苏尔目文旅集团董事长杨淇深等一行三人来农场公司，对农建四师暨淮海农场历史陈列馆AAA级旅游景点打造和康养小镇的规划工作进行指导。

10月12日，农场公司五篇征文从苏垦集团应征的87篇征文中脱颖而出，获得优秀作品奖。

10月15日，农场公司组织人员参加射阳县安全培训。场领导带队，分管安全负责人、安全生产管理人员及基层企业领导等70人参加培训。培训为期三天，主要内容有安全理论和登记考试。同日，农场又一批厕所加装感应集水器竣工。该厕所技改项目自去年开始分批实施，项目完成后可年节水量10多万吨，节约水费20多万元。

10月16日，人民数字盐城和部分公益单位一起实地采访拍摄，并慰问了农场退休老兵、九旬抗战老英雄崔继忠、陈付高和董太成三位老人。

10月17日，扬州大学医学院专家义诊团一行16人来农场开展"情系盐阜老区，扬大重阳义诊"活动，300多人参加诊疗活动。

10月18日，农场公司举办第12届广场文化节。18个单位200多人参加演出，1500多居民观看文化盛典。本届文化节共分三部分：一是"书绘金秋"职工书法绘画作品展，二是文艺演出展示，三是抽奖。文艺展示在传统歌舞、太极等节目的基础上增加了小品情景剧。

10月23日，苏垦集团工会主席佟晓庭一行来农场调研。

10月26日，苏垦集团总经理胡兆辉到农场检查指导工作。胡兆辉分别检查了"三秋"粮食入库及场头情况，查看了收获进度与质量，对分公司的"三秋"工作做出具体要求。

10月30日，农场社区召开退伍军人信息登记和权益保障工作培训会。

10月31日，射阳县养老中心领导一行来农场调研。

10月31日，《盐阜大众报》报业集团、《盐城晚报》记者刘春兰等一行五人的农场采访。

11月1日，苏垦集团特色子文化建设评审组来农场检查验收。省企业文化研究会会长赵常林、河海大学教授孙其昂、省政研会副秘书长沈霆等人在苏垦集团有关部门领导的陪同下，对农场军垦传统文化的建设情况进行评审验收。一行人参观了农建四师暨淮海农场历史陈列馆、淮海公园、职工文化活动中心等文化阵地，查看了农场企业文化建设系列台账等，实地了解农场特色文化相关设施平台的建设情况。

11月4日，中央电视台七套节目来农场拍摄现代农业。

11月5日，省委组织部授予农场公司党员教育"实境课堂"称号。

12月1日，苏垦集团工会第六次代表大会上，农场工会获"模范职工之家"称号。农场供电公司分工会和第四生产区分工会获得"模范职工小家"称号。农场党委书记王进强被表彰为"优秀工会之友",王灿明、王淮锁为"优秀工会工作者",张长银、范建华为"优秀工作积极分子",陆军、顾松平为2018年"优秀通讯员"。

12月3日,苏垦集团验收组一行五人,对农场2016—2017年社会事业项目进行验收。项目获得验收通过。

12月13日,中国蔬菜流通协会食品安全委员会主办中国优质大米争霸赛,来自全国200多家优质大米生产企业和商家参赛。经过层层选拔和专家品鉴评审,苏垦米业旗下的"渠星"牌大米脱颖而出,赢得了本届争霸赛一等奖。

12月26日,农场公司召开党风廉政建设工作推进会。会议布置了元旦、春节期间党风廉政工作。同日,农场公司党委召开意识形态工作分析研讨会。

12月29日,农场公司举行"农建四师暨淮海农场历史陈列馆"二期工程开馆仪式。同日,农场社区城东居委会举行"迎新春联欢会",居委会成员、太极队部分队员50多人参加联欢活动。

2019年   1月6日,农场公司音乐协会、农场舞蹈队联合举办第二届"迎新春"联谊会,58名会员参加活动,200多名居民观演。同日,农场"迎新春"乒乓球比赛在职工文化活动中心举办。78名选手分别参加了团体,男女单打项目比赛。

1月9日,苏垦集团考核组一行来农场进行2018年度工作考核。农场领导班子全体成员参加考核工作。考核组就社区工作,组织职工现场打分测评,并对各项工作的考核情况进行了反馈。

1月15日,射阳县企业家协会会长王勇一行在农场领导王进强、单祥忠的陪同下,到苏垦米业淮海米业公司考察。

1月18日,农场公司2018—2019年度党员干部冬训工作会议及骨干培训班拉开了冬训工作序幕。党委书记王进强作动员报告,场长单祥忠主持会议并提出要求。

1月27日,苏垦集团党委委员副总经理仲小兵来农场走访慰问和调研指导工作。同日,农场举办2019年"迎新春"团拜会。农场领导班子成员、老干部代表、副科级以上管理干部、部分青年员工等100多人出席了团拜会。

2月1日,农场公司召开干部大会,传达贯彻苏垦2019年工作会议精神。会议由党委书记王进强主持，就 2019 年度工作提出了具体工作思路目标打算。

2 月 22 号，农场公司召开第七届职工代表大会第二次会议，党委书记王进强作《聚力改革创新增动力，结合存量资源促转型，为谱写新时代淮海高质量发展新篇章不懈努力》的工作报告。单祥忠作总结讲话。会议表彰了先进单位和先进个人。

2 月 26 日，苏垦集团全面从严治党工作会议暨巡察工作动员会上，农场公司新闻宣传工作获表彰为"新闻宣传工作先进单位"。农场军垦文化被授予"江苏农垦特色子文化品牌"，并授予"苏垦集团企业文化阵地建设合格单位"称号。

3 月 6 日，黄海农场有限公司投资发展部、社区等多部门组成的调研组一行 15 人在农场公司董事长、总经理李卫东的陪同下，对廉政公园建设、墓地规划管理、危房改造及项目工程运营情况进行调研。

3 月 7 日，盐城市民政局副局长胡勇在射阳县民政局副局长王华的陪同下，来淮海公司调研社会事业建设发展情况。

3 月 12 号，农场公司召开党建工作会议。党委书记王进强作党建工作报告，总经理单祥忠主持会议并提出要求。纪委书记孙国祥、党委委员王灿明、陈海军分别传达了上级领导的讲话精神。

3 月 13 日，盐城市民政局领导一行来农场调研。党委书记王进强就农场医院改革情况做了介绍，总经理单祥忠就目前"三供一业"企业办社会职能改革等问题向调研组做了汇报。

3 月 18 日，农场公司举办畜牧养殖技术培训班。射阳县畜牧兽医站高级畜牧兽医师薛其荣、钱慧两位专家讲课，分场社区防疫员、畜禽养殖户 30 多人参加培训。

3 月 20 日，省"危房改造项目"验收组一行来农场，对 2011 年、2014 年、2015 年的 686 户"危房改造项目"进行验收。基础台账、审核结算等环节全面准确获得通过。下午，农场开展"危化品"安全隐患排查工作。

3 月 27 日，江苏洪泽湖监狱副政委姜要文等一行 4 人来到淮海调研农建四师暨淮海农场历史陈列馆和现代农业装备的建设情况。

3 月 30 日，射阳县纪委 40 人来农场开展主题党日活动。

4 月 4 日，农场公司召开 2019 年安全生产工作会议，对 2018 年度安全生产工作先进集体和先进个人进行表彰。基层单位负责人与农场领导签订并递交了2019年安全生产责任状和2019年消防安全工作目标责任书。

4月15日，苏垦集团党委巡察组驻场巡察动员会召开。会议传达了中央、省委、苏垦集团党委关于巡察工作的要求和有关会议精神。党委书记王进强主持会议并做表态发言。巡察组组长孙良和出席会议并做动员讲话。农场党委领导班子成员、中层管理人员、下一级单位党政主要负责人、部分退休人员、党员和职工代表参加会议。

4月18日，"青春梦，淮海情"《白毛女》剧组自发组织重返第二故乡，专场演出在农场文化广场举行，56名原江苏生产建设兵团二师十团《白毛女》剧组成员从全国各地赶来农场参加演出，农场职工及附近居民3000多人观看了演出。

4月19日，农场公司机关党总支和淮海分公司农业中心党支部在淮海分公司五楼会议室共同开展了"党员活动日"主题活动。

4月23日，苏垦集团党委委员、纪委书记李旭东，纪委副书记、监察室主任孙良和到淮海农场有限公司调研并指导工作。

4月28日，农场公司团委在"农建四师暨淮海农场历史陈列馆"开展主题团日活动，纪念五四运动100周年。

4月30日，农场公司安全员85人通过射阳县安全考试。

4月30日，农场公司举办"电焊操作技术"培训班，150名学员参加培训。

5月10日，农场公司医院开展健康科普走进社区暨"512"护士节活动。当日近500名农场职工和社区居民接受了健康义诊和科普咨询教育。

5月12日，滨海县举行"第二届马拉松公益跑"，"青春速跑"（10公里）赛事。农场选手30人参赛，三名选手分获第14、17、20名的较好成绩。

5月13号，农场社区居委会召开"扫黑除恶"专项斗争推进会。社区主任单祥忠就扫黑除恶工作提出要求。派出所所长对"扫黑除恶"工作做了部署。各分场社区主任，驻场单位主要负责人，农场机关、社区、部门负责人，各党总支、党支部书记、居委会主任和居民小组长等80人参加会议。

5月14日，"中国农垦改革发展百场行"采访组一行走进农场。活动由中国农垦宣传文化中心主任成德波带队，由新华社、中国农村杂志社、农民日报、新华网江苏频道、中国农垦杂志社、江苏新闻广播等媒体记者组成。采访组一行9人，苏垦集团相关部门负责人陪同。

5月15日，盐城纪委办公室确定农建四师淮海农场历史陈列馆、华中工委纪念馆、射阳县党性教育基地、射阳县廉政教育馆、射阳县廉政文化教育专线被盐城市推荐为东台、大丰、射阳三条廉政文化教育专线。

5月15日，农场公司工会举办为期十天的2019"夏季健步行"，个人健步行同时展开，50名健身爱好者参加。

5月23日，苏垦集团党委调整农场领导班子决定报告会在农场召开。苏垦集团党委副书记姚准明出席农场干部大会并发表讲话。组织部部长杨义林在会上宣读了苏垦集团党委关于农场领导班子调整的决定，王进强同志不再担任淮海农场有限公司党委书记、董事长。单祥忠同志任淮海农场有限公司党委书记，王灿明同志任淮海农场有限公司党委副书记、董事、苏垦农发淮海分公司总经理。

5月24日，江苏正大苏垦猪业有限公司慰问农场贫困户。同日，农业农村部农垦局局长邓庆海到农场调研指导，苏垦集团党委书记、董事长魏红军陪同。一行人深入农业生产现场、田间地头、农建四师暨淮海农场历史陈列馆、社区职工文化活动中心、图书馆、健身房、文体活动室、文化广场等场所，对农场现代农业、军垦文化、改造转型、以及民生改善等工作所取得的成绩给予肯定。

5月27日，苏垦农发青年员工走进农场开展传统教育。

6月4日，农场公司纪委召开全委会议，传达学习苏垦集团纪委三份文件精神。围绕实行"两到位，两提升"的目标任务进行交流。

6月6日，射阳县卫建委副主任宋良高一行，代表县委和县老龄委来农场慰问百岁老人邱维珍，并送上礼金和匾额。

6月14日，农场公司召开"不忘初心，牢记使命"主题教育动员大会。农场党委书记单祥忠做动员报告。苏垦集团第三巡察指导组组长何荣方出席会议并讲话，农场党委副书记王灿明主持会议。

6月24日，农场社区展出44块"防风险，除隐患，遏事故"2019年"安全生产月"主题宣传教育展板。

6月24—28日，农场公司举办"不忘初心，牢记使命"读书班，邀请射阳县委党校4名专家，分别作"习近平新时期中国特色和社会主义思想"

"党章""党规"和党风廉政建设等专题辅导讲座，参加者集中观看了历史文献纪录片《信仰的力量》、周恩来专题片、《两个人的海岛》等。

6月28日，农场公司召开上半年意识形态工作研判会。

7月4日，苏垦集团党委在农场开展红色实境教育活动。苏垦集团党委中心组成员、机关副处级以上干部和驻宁企业领导班子成员专程来到农场，开展"不忘初心，牢记使命"主题教育红色实境教育活动。

7月8日，农场公司召开精准扶贫工作推进会，传达、学习贯彻农场精准扶贫专项资金管理使用办法修订的通知精神。

7月9日，农场社区党总支组织党员和入党积极分子33人赴盐城新四军重建军部旧址、海盐博物馆参观学习，接受党史党性教育。

7月10—11日，苏垦集团党委副书记姚准明到农场调研军垦文化。

7月19日，农场公司党委班子全体成员、各单位、机关各部门主要负责人等，赴盐城新四军重建军部旧址、射阳华中工委纪念馆等地开展"不忘初心，牢记使命"红色实境教育活动。

7月20日，中国农科院信息所、农业监测预警团队首席科学家、农业农村部市场预警专家委员会秘书长许世卫等3名科学家，在苏垦集团计财部和投资发展部相关人员的陪同下来农场调研。

7月23日，农场公司开展第五届"文明新事"评选活动。

7月25日，农场公司"四强化"开展夏季防疫工作。

7月31日，农场公司召开经济工作会议。农场党委书记单祥忠主持会议，并传达苏垦集团2019年集团领导的讲话精神，党委副书记王灿明结合农场实际，着重总结回顾上半年工作，对下半年工作进行了安排和部署。

8月1日，苏垦集团社会事业部部长吴以国一行，率第三方评审机构相关人员来农场调研，指导环境整治及小城镇提升规划工作。

8月5日，农场公司召开安保"梳网清格"大会战部署会。

8月5日，江苏省志愿者协会副会长、盐城市级机关调研员、文明办负责人陈忠才，在盐城市农垦事业办负责人的陪同下，来农场检查指导文明单位创建工作。

8月7日，农场公司召开"不忘初心，牢记使命"主题教育成果交流会。苏垦集团第三巡回指导组组长何荣芳和财务总监李成军出席会议。党委书记单祥忠围绕农场改革发展、加强党的建设、改善民生等方面广泛听取意见。

8月16日，农场公司党委理论学习中心组召开"学习习近平新时代中国特色社会主义思想学习纲要"专题研讨会。农场领导单祥忠、王灿明、孙司正、陈海军、孙国祥分别就纲要学习畅谈了各自的心得体会。

8月22日，农业农村部外经中心主任杨易，在苏垦农发副总裁陈培红的陪同下来农场调研指导。

8月26日，农场公司领导班子成员到射阳县党群服务中心参观学习，接受党史与党性教育。

8月27—28日，江苏农垦盐城北片投资管理系统培训会在农场公司召开。8月28日，农场党委书记单祥忠深入社区上党课。

9月1日，农场公司五名选手参加"盐读十公里精英赛"。

9月8日，淮海米业公司28吨"苏垦牌"有机大米发往上海市场。这是"苏垦牌"有机大米首次入沪。

9月10日，农场公司召开苏垦集团党委巡察组巡察反馈问题整改工作推进会。

9月11日，农场公司召开青年员工座谈会。30余名青年员工代表参加座谈，各分场社区主任、相关部门负责人列席会议。

9月20日，射阳县副县长戴翠芳率县政府办、文广局、旅投公司相关人员到"农建四师暨淮海农场历史陈列馆"参观学习。同日，苏垦米业举办劳动技能竞赛。九个代表队派出30名选手参赛。淮海公司胡娜获一等奖，淮海公司、张家港公司和宝应湖公司选手分获二、三等奖。

9月25日，农场公司党委书记单祥忠与有关部门负责人到新中国成立前参加工作的78名老同志家中，为其颁发并佩戴"庆祝中华人民共和国成立70周年纪念章"。同日，淮海医院开展送健康进社区活动。

9月27日，农场公司举办第13届广场文化节。500名干部、职工群众参加舞蹈、歌伴舞、情景剧、诗朗诵、音乐快板、大合唱等节目演出，2000多人观看文艺演出。同时，揭晓第五届"文明新事"，举办职工书法、绘画、摄影、纸画作品展，充分展示淮海人奋发向上的精神风貌和精湛的才艺。

10月11日，农场公司组织暗管排水技术培训。扬州大学水利与能动学院教授、博导罗纨授课，20 多人参加培训。

10 月 17 日，淮海分公司农机总站播种机革新成功，在同类农机中取得创新成果。当日，40 多名农机操作人员组装 21 台新改进的双轴正反旋新型播种机。农机部门根据农场秋播过程中的技术积累，自主设计在播种时采用正反旋技术，使播种时的土壤更疏松、更平整细碎，即使在土壤含水量较高时，也能保持良好的碎土平整效果，提高了播种质量。

10 月 17 日，农场社区邀请黄海、滨淮农场门球队举行门球友谊赛。

10 月 30 日，社会主义核心价值观文明标识牌 12 块现身农场文化广场。

10 月 31 日，原淮海农场二分场 20 名无锡知青开展"我与国旗同框合影"活动，参观了"农建四师暨淮海农场历史陈列馆"和二分场田间水稻收割。

11 月 5 日，苏垦集团总经理胡兆辉来农场检查指导工作。

11 月 7 日，省文明委表彰农场为 2016 年至 2018 年"江苏省文明单位"，这是农场连续 23 年获此殊荣。

11 月 9 日，农场公司集中收看苏垦集团安全生产专题整治视频会议。

11 月 10 日，苏垦集团召开 2019 年度江苏农垦广播、网络"好新闻"优秀专题片及微视频评选活动会议，农场电视专题片《一支英雄的部队》获得集团专题片一等奖。同日，农场召开安全生产专项整治及消防救援培训会议。农场社区安委会全体成员，各单位负责人、安全员，机关和社区所有人员 120 多人参加会议。下午，农场 250 亩建设用地列入省复垦交易平台。

11 月 15 日，农场公司为职工进行一年一度的第三轮免费体检。

11 月 26—29 日，农场党委副书记王灿明、副总经理孙司正、纪委书记孙国祥、部分党员干部一行 30 人赴革命圣地延安开展红色实境教育。

11 月 27 日，苏垦集团副总经理刘耀武来农场调研指导工作。

11 月 29 日，淮海社区组织 30 余名中老年居民到射阳养老中心参观考察。

12 月 5 日，中国粮食协会公布全国放心粮油工程示范加工企业名单。苏垦米业淮海公司光荣登榜，同时"渠星"商标跻身"长三角名优食品"名单。

12 月 6 日，农场公司召开 2019 年度根治欠薪冬季攻坚行动布置会。对场域内欠薪问题和苗头进行调查摸底。

12 月 15 日，农场社区安委会给 40 多名科级干部颁发了《安全生产应知应会知识选编》，要求其认真研读，在学习的基础上，对机关党员干部进行安全生产应知应会知识题测试，达到了以考促学的目的。

12 月 18 日，农场公司获得盐城市文明委"2017—2018 年度文明单位"。

12 月 26 日，农场公司召开党风廉政建设工作会议。农场党委、纪委领导出席会议，科级助理以上人员、各单位及驻场单位负责人出席会议。同日，射阳县副县长丁红兵来农场走访。

2020 年 1 月 1 日，农场职工踊跃参加盐城市"迎新春"长跑活动。

1 月 8 日，私企老板陆同联慰问困难群体、献爱心。

1 月 11 日，陕西省饮食营养协会年会暨首届团聚产业大会在西安举行，淮海米业获"十大优秀团膳品牌"企业奖。

1 月 14 日，农场公司举办 2019—2020 年党员干部冬训工作会议及骨干培训班。党委书记单祥忠做动员报告。

1 月 15 日，苏垦集团工会主席、党委组织部部长杨义林一行到农场走访慰问离休老干部和困难职工。

1 月 17 日，农场公司举办 2020 年新春联欢会。

1 月 19 日，农场公司开展"迎新春、送春联"活动，200 多名职工居民现场免费领取新春联。

1 月 27 日，农场公司发布新型冠状病毒防控告知书。同日，射阳督导组来农场检查疫情防控工作。

1 月 31 日，农场公司召开疫情防控工作视频会议。农场党委书记单祥忠通过企业微信平台主持召开党委视频会议。

2 月 5 日，二分场社区党员干部为抗击疫情，通过支付宝和腾讯公益献爱心，捐款达 2265 元。

2 月 10 日，农场公司召开疫情防控及复工复产工作推进会。农场党委书记单祥忠，就疫情工作再落实进行部署。党委副书记王灿明对复工复产工作提出要求。纪委书记孙国祥就严明纪律、落实落细防控工作进行具体布置。会议通报了当前疫情在我市及周边县市的发生概况，以及农场春节以来疫情防控排查和居家医学隔离情况。会上，农场党委书记单祥忠与 20 个基层单位负责人签订了疫情防控责任书。

2 月 27 日，射阳县安全生产督导组一行 3 人在组长沈永华的带领下，来农场检查督导安全生产措施落实情况。

3 月 5 日，射阳县融媒体中心电台、电视台、《射阳日报》记者等组成的采访团来农场进行为期一天的采访活动。

3月12日，农场支援湖北新冠肺炎疫情防控的"爱心物流车"上装有20吨大米、4吨面粉、2.4吨食用油和2吨挂面爱心物资支援湖北人民。

3月15日，农场干部职工上下一条心，共克时艰，连续奋战、防控疫情，有效地实现了农场"零疑似"，生产复工"零耽误"的双零目标。复工复产，安全有序。

3月11日，农场公司残疾人杨海燕向疫区捐款500元。

3月17日，农场公司选拔九名年轻干部到基层兼职锻炼。

3月26日，农场公司召开第七届职工代表大会第三次视频会议。农场党委书记单祥忠作《整合资源优势，激发活力动力，奋力谱写新时代淮海高质量发展新篇章》的报告。场长王灿明作《勇于担当，积极作为，全面推进淮海高质量发展》的总结讲话。

4月10日，农场公司实现智能电表全覆盖。系统实现了数码自动采集，职工可在家用手机自动缴费，方便居民，提高了效率。

4月10日，农场公司建立转型发展工作室、推进社会治安工作室、党的建设工作室、推进健康农场工作室四个工作室，引领高质量发展。

4月14日，泗洪县太平镇领导来农场考察，并与农场开展交流探讨，进一步加强合作。

4月25日，农场公司运用微信平台开展中心组学习。农场党委基于疫情防控的实际，创新方式，在农场企业微信平台上建立党委理论学习中心组扩大学习群，47名党员干部经常参与中心组学习群活动。

4月28日，农场公司开展群众性"紧急救护健康知识"普及宣传活动。邀请南京市宣传中心主任、中医健康管理师、救护员培训师、省医学会灾难医学分会会员孙小伟主讲。

4月29日，农场公司开展"迎五一"青年员工"义工行"活动。同日，农场开展"迎五一健步行"活动。

4月30日，农场公司召开全面从严治党工作会议。党委书记单祥忠传达上级领导的讲话精神，并作了题为《驻足新起点，谋划新篇章，以高质量党建工作，推动高质量发展》的党建工作报告。党委副书记王灿明主持会议并提要求。会议观看了警示教育片。

5月6日，盐城市总工会授予淮农供电有限公司"工人先锋号"奖牌，授予农场"盐城市'五一劳动'"奖状。下午，农场召开领导班子和领导人员述职述廉会议。苏垦集团考核组成员王玉强等出席会议并进行了民主测评。同日，苏垦集团资产经营部徐冰彬、河海大学余立冬、项目规划单位兰德公司周林雄一行来农场进行全域土地综合整治项目调研，确定滨海县境内三分场作为项目区。

5月10日，农场公司组织管理人员观看企业家高端对话。

5月19日，农场公司2017年补充耕地土地整治项目通过验收，项目新增耕地30.6856公顷。完成总投资2043.46万元，建成了一批农田水利基本设施。

5月22日，苏垦集团总经理胡兆辉到农场检查指导工作。

5月26日，射阳县安全生产第16督导组一行4人在组长沈永华带领下来农场检查指导安全生产工作。

6月7日，苏垦农发淮海分公司工会开展多项"三夏"劳动竞赛。

6月8日，农场与临海镇签署党组织共驻共建协议。盐城市高纺区、临海镇党工委书记吴俊等一行代表射阳县临海镇党委与农场党委签署党组织共驻共建协议，农场党委班子成员参加签字仪式。

6月10日，农场有序推进医院移交地方工作。农场成立了以党委书记为组长的移交领导小组。

6月22日，举行射阳三家农场医院与射阳县政府签订移交签约仪式。苏垦集团副总经理姜建友、社会事业部部长吴以国、部长助理田林广和射阳县常务副县长田国举、副县长徐加晔共同出席签字仪式。双方协定：农场自办医院的资产、人员等一次性移交给射阳县政府，射阳县政府在农场区域内设卫生院农场分院。

6月24日，农场公司召开医院职工大会，就医院整体移交射阳县有关事项内容，向医院职工阐述。党委书记单祥忠、射阳县卫健委副主任王友东分别讲话，县相关部门负责人出席会议。

7月2日，农场社区安委会在文化广场上开展安全生产宣传板报展览活动。

7月9日，农场公司荣获2019年度苏垦集团优秀政研分会、苏垦集团企业文化建设先进单位称号。同日，农场加油站5名员工通过了国家危险品经营培训考试。

7月10日，渠星大米荣获多项殊荣，先后获得"中国十大金奖大米"、江苏省和盐城市名牌产品、盐城市知名商标、长三角优质品牌大米称号。

7月20日，农场公司核心价值观文化亮相淮海公园。

7月22日，射阳县委书记唐敬来农场指导防汛工作。

7月30日，农场公司召开大学生招聘面试会。

8月6日，苏垦农发党委委员副总裁陈培红等参加淮海农业中心党支部主题党日活动。

8月8日，射阳县"金实银康"在农场开展居家养老活动。

8月15日，淮海分公司农机水利服务总站设计制作的激光平整仪1台和水田作业机具12台（套）投入使用。22台（套）正反旋施肥、播种、开沟、镇压一体机的研发运用，1台宽幅侧方位水稻条播机的研发试验，完成农业科研项目"基于特殊天气作业的正反旋盖土播种机改装设计""农机标准化提升及泵站群智能远程监控管理系统"设计、制作水田平整器改装四台，制作水稻条播机1台等多项技术创新。

8月17日，农场公司召开《摇篮》丛书出版发行座谈会。特邀射阳县委常委、宣传部部长徐学东，苏垦集团党委宣传部部长助理许征等和《摇篮》丛书编委会全体成员、农场领导班子全体成员参加会议。与会者认为"淮海农场有着光荣的革命历史，农场党委把传承红色基因，弘扬军垦文化作为中心任务，全力挖掘军垦文化《摇篮》，丛书内容丰富，史料价值高"。同日，农场举办新闻写作培训班。

8月19日，苏垦集团工会主席杨义林一行到农场送清凉。

8月19日—21日，农场举办党员教育管理培训班。邀请射阳县纪委常委王克玉作"党风廉政建设"专题讲座。

8月25日，农场公司机关食堂要求杜绝餐饮浪费，就餐人员就餐后不留剩余食物，拒绝"舌尖上的浪费"。

8月30日，农场公司工会开展金秋助学慰问活动，切实帮助解决困难职工子女上学难问题。发放助学金11300元，其中受助的小学生每人800元，中学生每人1200元，大学生每人1500元。

9月6日，农场公司组织87名管理人员参加县工贸企业负责人和安全管理人员培训班，参训人员全部通过年度安全培训考试。

9月7日，农场公司召开退休党员组织关系转移工作会议。农场退休党员483人，有三四成退休党员常年居住在外，不利于管理。组织关系转移对接方便了退休党员参加组织生活和其他党组织活动。

9月12日，农场农机大户臧成明的2台联合收割机装车跨区开赴哈尔滨参与当地水稻收割任务。

9月16日—19日，农场组织党员干部赴井冈山开展实境教育。党委中心组成员、各党总支、直属支部书记、机关各部门主要负责人赴井冈山开展弘扬红色文化；传承革命精神实践教育活动。

9月18日，淮海米业公司总经理姜国平荣获江苏省第三届"优秀职业经理人"称号，成为农垦系统第一人。

10月25日，"2020东风悦达起亚盐城马拉松赛"在盐南体育中心鸣枪开跑。农场有限公司50多名选手与来自全国各地的15000多名跑友汇聚盐城，参加了全马、半马和迷你马拉松三项赛事。

9月23日，江苏凤凰传媒纪委来农场开展廉政文化主题教育。江苏凤凰出版传媒集团有限公司一行10人，在集团纪委书记章朝阳、纪委副书记朱华明的带领下，来到淮海农场农建四师陈列馆开展廉政主题和军垦传统文化教育，并就纪检监察工作进行研讨。

9月26日，射阳县杂文学会2020年金秋采风活动在淮海农场进行。射阳县杂文学会会长李志勇等10多名会员，在淮海农场社区主任助理衡爱军和党委工作部相关人员的陪同下，参加了本次活动并座谈交流。

9月28日，农场公司举办第14届广场文化节。射阳县临海镇、滨海县扁担港社区新东村舞蹈队参与文化共建活动。本届文化节共有三项内容：一是两个《纲要》竞赛获奖揭晓；二是两个《纲要》和第七次人口普查宣传展览；三是文艺演出，19个节目用多种形式展示农场文明创建成果，歌颂新时代。

10月11日，第七次人口普查摸底调查工作正式启动，农场采取"农场帮扶＋部门统筹＋在职人员兼职"的方式，选配人口普查员31名，帮扶指导员12名。全体指导员、普查员参与县级业务培训1次、社区业务培训2次，各居委会自行组织开展专题业务培训3次，张贴"七人普"宣传海报50余份，制作印发"致居民的一封信"5000余份。

10月12日，在苏垦集团中山精品酒店友谊厅举行"传承苏垦文化，展示时代风采，创造美好未来"——江苏农垦第二届青年员工论坛在农场举行。

10月18日，盐城市举办"奔跑吧，盐城"2020年滨海港马拉松接力赛，农场 20 名跑步爱好者与省内 1000 多名选手同场比赛。

10 月 21 日，农场社区在社区一楼会议室召开"社会治理创新"工作室成立会议。农场社区主任单祥忠、副主任孙司正、主任助理衡爱军出席会议并讲话，农场社区党总支书记周保兵及"社会治理创新"工作室全体成员参加会议。

10 月 21 日，苏垦农发淮海分公司在农场公司机关四楼大会议室召开2020 年"三秋"工作动员大会。党委书记、董事长、总经理单祥忠主持会议，总经理王灿明作总结讲话，副总经理李文忠作"三秋"动员工作报告，总经理助理贺在利对农机水利安全等工作进行部署。

10 月 29 日，陕西省政协委员侯新民等一行在盐城援疆工作组组长、察布查尔县委副书记高明荣（挂职前任滨海县委常委、副县长）的陪同下来淮海调研。同日，射阳县档案馆副馆长时长云等率领口述史采集组一行 3 人，深入淮海农场部分农建四师老战士家中，寻访军垦第一代，再现农建四师波澜壮阔的发展历程。

11 月 1 日，浙江瓜农将大棚西瓜面积拓展到 10000 亩，2019 年成功试种2200 多亩大棚西瓜，获得较高利润。

11 月 11 日，农场公司 11 名平均年龄在 57 岁的农场"海之韵舞蹈队"阿姨来到职工休闲体育运动广场舞蹈池，在《同唱祖国好》的优美音乐声中，拍摄了广场舞视频，参加射阳县 2020 年首届网络广场舞大赛。

11 月 12 日，集团公司党委委员、纪委书记李旭东到党建联系点淮海农场社区党总支调研指导基层党建工作。

11 月 16 日，第七次人口普查摸底工作正式启动，淮海社区 39 个人口普查小区前期摸底短表登记、企业微信录入审核上报和后期短表正式登记录入上报工作已完成，确保如期完成第七次全国人口普查工作。

11 月 19 日，根据集团公司统一部署，省委宣讲团成员、江苏省国资委主任、党委书记兼省委组织部副部长徐郭平在南京精品酒店三楼友谊厅作党的十九届五中全会精神宣讲报告。农场公司党委中心组成员、农场公司、分公司和社区机关主要负责人和部分单位党组织负责同志共 24人，在农场公司四楼视频会议室分会场参加视频会议。

11 月 27 日，"人民有信仰、国家有力量、民族有希望"及"中国梦"的鲜红字体及图案标识，亮相淮海职工文化广场东侧住宅楼的墙体上，营造出了积极、健康、向上的良好舆论环境。同时，76幅以淮海农场五张文化牌为主题的宣传画亮相在淮海职工休闲体育运动广场四周栅栏上，这些精美主题宣传画面，成为淮海对外展示的"文化名片"，受到了职工居民的广泛好评。

11月29日，2020年第三届盐城市大丰区"风中足迹"半程马拉松赛事在大丰荷兰花海景区顺利落幕，淮海农场有10名选手与来自全国各界的跑步爱好者近3000人共同竞技，并全部顺利完成了比赛。

12月1日，农场与临海镇六垛居委会共同打造的场乡共建"淮海农贸市场"正式开业。淮海农贸市场投资300多万元，对原占地1897平方米的淮海农贸市场危房进行重新修建、加固出新，农贸市场划分为大商铺、小商铺、蔬菜区大摊位、水产区大摊位、水产区小摊位、鲜肉区等6大区域，分设摊位125个，东西2个主出入口，北侧2个副出入口，约400平方米、供零散户摆摊经营的露天摊位，以及停车场。

12月3日，农场公司机关工会率先举行了2021年度"职工大病互助基金"筹集仪式，拉开了农场公司对困难职工进行募捐活动的帷幕。农场公司领导单祥忠、孙国祥、戴学林和机关工会的全体工作人员参加捐款，收到捐款8300元。

12月4—6日，中国农垦经济发展中心主任李尚兰一行来到农场，就农场管理体制机制、社会经济发展和第一批中国农垦农场志《淮海农场志》编纂工作情况进行调研。集团公司党委委员、工会主席杨义林及淮海领导单祥忠、王灿明等陪同调研。

12月10日，农场公司召开2020年下半年全面从严治党工作会议，农场公司党委书记单祥忠作工作报告，党委副书记王灿明主持会议并提要求，农场公司纪委书记孙国祥传达集团公司纪检监察工作会议和集团党委第二十五轮巡察工作动员会精神，党委委员李文忠、戴学林，淮海分公司总经理助理贺在利，社区主任助理衡爱军出席会议。

12月10日，农场公司召开《淮海农场志》编纂工作推进会，农场公司党委书记单祥忠就农场场志的编纂工作提出要求，党委副书记王灿明主持会议。同日，农场公司举办《淮海农场志》编纂业务培训班，在开班仪式上，农场公司党委书记单祥忠主持会议并讲话，纪委书记孙国祥出席会议，场志编纂领导小组成员黄建兵、薛春曙分别为学员授课。农场公司、分公司机关各部门，社区各科室负责人和二三产单位及驻场单位场志编纂骨干人员参加业务培训会议。

12月11日，农场实验幼儿园苇荡分园开展了以"快乐运动，健康成长"为主题的冬季亲子运动会，针对不同年级的孩子精心设计了21个比赛项目。

12月14日，农场公司召开下半年意识形态分析研判会，党委书记、董事长、总经理单祥忠主持会议，党委副书记王灿明传达习近平谈治国理政第三卷《坚持底线思维，着力防范化解重大风险》文章精神。同时，召开农场公司党委理论学习中心组（扩大）会。单祥忠主持会议并讲话，王灿明出席会议，李文忠领学淮农司党〔2020〕74号关于印发《淮海农场有限公司党委中心组党的十九届五中全会精神专题学习计划》的通知，戴学林领学淮农司党〔2020〕75号《关于学习宣传贯彻党的十九届五中全会精神的通知》。

12月15日，苏垦集团社会事业项目验收组和法治考核组一行6人，来到淮海农场有限公司，对近年实施的一批社会事业建设项目的完成情况、质量进度以及法治工作等情况进行考核验收。农场公司党委书记单祥忠、副总经理戴学林、农场社区主任助理衡爱军及部门的负责同志和技术人员陪同参与验收。

12月16日，农场开展消防安全知识培训和火场楼梯及窗口逃生演练活动。农场公司副总经理、工会主席戴学林主持消防安全培训及演练活动。集团公司资产经营部副部长顾卫星等一行和公司领导班子成员、农场三大机关管理人员，及部分职工居民等120多人参加演练。盐城居安消防特级消防教员马竹建应邀培训主讲。

12月24日，苏垦农发淮海分公司工会主办，农场公司工会协办的2021年"庆元旦"职工趣味运动会在淮海职工休闲体育运动广场举行。运动会设立"齐心协力""一跃千里""勇往直前""一鼓作气"和"心心相印"五个比赛项目。12支队伍、百名选手参赛，职工居民500多人观赛。

12月25日，农场公司领导班子成员深入各基层单位党总支、党支部，开展十九届五中全会精神宣讲活动，深刻认识我国进入新发展阶段的重大意义、有利条件和机遇挑战，准确把握2035年远景目标和"十四五"时期我国发展的指导方针、主要目标、重点任务，牢牢把握构建新发展格局的战略构想和重要着力点。

第一编

建场前光辉
历程

中国农具农作物志

第一章　农建四师

第一节　华警九旅

在中国人民志愿军抗美援朝出国作战已经取得决定性胜利之际，我国的国民经济已基本恢复，大规模经济建设即将开始。为了裁减军备，减轻人民负担，继承和发扬人民军队的优良传统，中央军委主席毛泽东于 1952 年 2 月 2 日命令中国人民解放军 31 个师参加祖国经济建设，其中参加农业建设的有 15 个师。华东部队有 9 个师奉命集体转业，其中参加农业建设的有 4 个师。此时，驻守在启东、海门江海防前线的中国人民解放军步兵第一〇二师（下简称一〇二师）奉毛主席命令改编为中国人民解放军农业建设第四师（简称农建四师）。

一、战斗经历

1948—1950 年，中国人民解放军步兵第一〇二师，在抗日战争和解放战争的烽火硝烟中逐步成长起来，参加过举世闻名的淮海战役和黄圩角、陈集、石塘、吴桥、涟淮、益林等战斗，为新中国的诞生建立过重要的历史功勋。

一是益林战役。1948 年 3 月，第五军分区及后上升为中国人民解放军华东警备第九旅（简称华警九旅）的一些地方部队，配合中国人民解放军华东野战第二纵队（华野二纵）发起益林战役，共歼敌 7000 多人，活捉蒋军整编第五十一师一一三旅旅长。此役被载入《毛泽东选集》第四卷和中国人民解放军史册。

二是陈家港战斗。1948 年 9 月，盐警团配合六分区独立旅发起陈家港战斗。独立旅一团担任主攻，盐警团担负阻击可能来自海上的援敌，并防止敌人突围。此战从下午打到次日清晨，即胜利结束，敌盐警大队共 900 余人全部被歼，俘敌大队长殷志人以下 800 多人，缴获重机枪 3 挺、82 炮和 60 炮 6 门及其他武器 20 多件。此战开淮海战役之先声。

三是泾河战斗。1948 年冬，涟城解放后，敌顽由分散而集中，泾北七据点土顽撤回淮城，敌人恐遭歼灭，集中力量企图维持运河交通线。泾河驻敌保安队一个中队及土顽100多人，武器装备较好。淮涟团受命配合独立2、3团攻克泾河，一营担负阻击黄浦可能之援敌，2营作预备队。战斗中，1营顽强地阻击了黄浦增援之敌，迫使其退回原地，并缴获步枪、子弹、电台等许多战利品，有力地配合了淮海战役。

四是挺进淮南。1948年秋冬，为保证淮海战役胜利，农建四师前身部队配合第六军分区，从两淮地区出发，横扫淮南残敌，一直打到安徽桐城。部分部队还直接参加了围歼黄百韬兵团等战斗。

五是两淮追击战。1949年年初，淮涟团配合淮海独立旅发起两淮追击战，从两淮一直打到扬州，先后解放淮阴、淮安、宝应、高邮、江都、扬州6座城市和运河沿线的10多个集镇，歼敌4000多人，缴获大批武器物资，使苏北、苏中连成一片，为渡江作战准备好了中转基地。

1949年2月，华警九旅前身的部分地方部队奉命从阜宁南下，配合兄弟部队，参加解放上海的外围作战，进驻海门、启东、崇明，剿匪肃特，担任江海防和警卫淞沪的任务。

二、历史背景

1949年3月，在我军积极准备"打过长江去，解放全中国"的形势下，华东军区决定以苏北第五军分区（即盐城军分区）为基础，组建中国人民解放军华东警备第九旅（华警九旅），为守卫大城市做准备。于是，苏北第五军分区，除机关留一部分人员外，其部队和主要领导成员全部编入华警九旅。旅长温逢山（原军分区司令员），副政委冯国柱（原军分区副政委），参谋长袁洪辉，政治部主任江大愚。下辖25、26、27三个团，是苏北武装部队的骨干力量。这支部队为了保证渡江作战的胜利，担负着保卫京杭大运河南段的交通安全，保卫苏北首脑机关及扬州、泰州、高邮、宝应、南通等城市警备治安的任务。大军渡江以后，担负着启东、海门、如东、崇明等地的江海防务，策应淞、沪，剿匪肃特。

25团由苏北第五军分区特务团改编而成。团长肖先胜，政委宋天民，副团长宋扬，参谋长王希友，政治处主任朱建群。该团在1946年解放战争爆发后由地方武装组成，曾在淮安、涟东两地对敌作战中经受过严峻的考验，屡建战功，打出威风，逐步发展为淮安、涟东两个县的总队。1948年10月，在涟东境内已无敌踪的情况下，淮安、涟东两总队合编加入淮海战役。淮海战役结束后，其上升为苏北第五军分区特务团。

26 团系苏北第一军分区（即泰州军分区）特务 1 团改编而成。团长杜跃清，副政委赵旭伦，政治处主任胡因。该团由在解放战争中经过艰苦斗争、取得辉煌战果的泰兴、东台、靖江、如皋等地方武装组建而成，其成员主要是区队上升的翻身农民。

27 团系 1949 年 2 月组建，团长易继民、副团长常飞虎、政委任经纬、参谋长张振华、政治处主任严成元。该团 1 营由淮北盐警团划编，经受过抗日战争、解放战争的洗礼，直接参加过淮海战役围歼黄百韬兵团的战斗。编入 27 团后，1 营成为该团的骨干力量。其余兵员主要是盐城、建湖两县的地方武装和翻身农民。

华警九旅组建后，随着全国形势的发展，部队也有一定的变化。1949 年 11 月，由于人民解放军海军部队的组建，26 团（计 1741 人）奉调划归海军建制。1950 年 2 月，苏北军区特务团调编为新 26 团（计 2195 人）。1950 年 11 月 28 日，华警九旅奉命改编为中国人民解放军步兵第一〇二师。原 25、26、27 三个团改编为 304、305、306 三个团。1950 年底，305 团（计 2970 人）又奉调华东军区七十一师。1951 年底，接收南通、淮阴等地抗美援朝运动中参军的新兵 4046 人，重新组建了 305 团，副团长张振华、政委陈瑞林、参谋长雷声、政治处主任顾云如。至 1952 年 4 月，部队改编为中国人民解放军农业建设第四师止，全师总计 9108 人，其中师直 1363 人、304 团 2908 人、305 团 2335 人、306 团 2502 人。

三、部队的主要特点

第一，领导干部坚强。师、团领导成员基本都是战争中成长起来的领导骨干，其中老红军就有 20 多人，如温逢山、艾明山、崔济民、李桂莲、袁洪辉、江大愚、任经纬等。他们久经沙场，具有丰富的治军经验和指挥才能，在战争中做出过杰出的贡献，成为干部战士普遍敬仰的领导者。其营、连、排干部，除新四军、八路军主力转到地方部队的部分成员外，大多数是经过抗日战争、解放战争锻炼，参加过游击战争，在区、乡担任过领导职务，具有一定的领导能力和作战经验的地方骨干。

第二，兵员素质好。苏北解放区是 1946 年开始进行土地改革的，解放战争爆发后，广大翻身农民为了保国保家，纷纷参军参战。除了去主力部队外，当时即使是参加地方武装的，也都是家庭出身好、思想觉悟高、阶级观念强的热血青年，不管在作战勤务、部队训练，还是在地方工作、生产建设中，都能出色地完成各项任务。

第三，武器装备精良。当时，整个部队基本上是美式、日式、苏式装备，除山炮营调去苏北军区外，计有马步枪 3078 支、手枪 228 支、轻重机枪 255 挺、迫击炮 34 门、战防炮4门，以及其他武器装备。

第四，具有丰富的作战经验。这支部队的前身包括组建警备9旅前的地方部队和地方武装力量，不管是在盐阜地区，还是在扬、泰地区，都有过自己出色的战例和辉煌的战果。就盐阜地区而言，这支部队先后参加过黄圩角战斗、陈集战斗、大温庄战斗、石塘战斗、泾口战斗、吴桥战斗、配合主力部队攻克涟水城的战斗等，对巩固苏北根据地、保卫人民民主政权、打击敌人的嚣张气焰、消灭敌人的有生力量、支持主力部队的运动作战，发挥了重要的作用。这支部队英勇善战、攻无不克、战无不胜的英雄气概，不仅使根据地人民看到胜利，鼓舞斗志，提高必胜的信心，而且使得敌人损失惨重、闻风丧胆。

表 1-1　警备九旅团以上干部名单

姓　名	部　别	职　务	级　别
温逢山	旅部	旅长	旅
康　苹	司令部	副旅长	旅
冯国柱	旅部	副政委	旅
袁洪辉	旅部	参谋长	旅
江大愚	政治部	主任	旅
胡正平	政治部	组织科长	准团
葛德尧	政治部	直工科长	准团
李　平	供给处	副处长	团级
胡剑锋	教导大队	大队长	团级
萧先胜	25团	团长	团级
宋　杨	25团	副团长	团级
宋天民	25团	政委	团级
王许友	25团	参谋长	团级
朱建群	25团政治处	主任	团级
杜耀清	26团	团长	团级
江清曾	26团	副团长	准团
赵旭轮	26团	政委	团级
张　春	26团	参谋长	准团
孙郁高	26团政治处	主任	准团
李云龙	26团政治处	副主任	准团
易建明	27团	团长	团级
常飞虎	27团	副团长	团级

（续）

姓　名	部　别	职　务	级　别
任经纬	27 团	政委	团级
张振华	27 团	参谋长	团级
严成元	27 团政治处	主任	团级

表 1-2　一〇二师团以上干部名单

姓名	部别	性别	职务	级别
温逢山	司令部	男	师长	正师
冯国柱	司令部	男	政委	正师
李桂莲	司令部	男	副师长	副师
袁洪辉	司令部	男	参谋长	师级
杨泽清	司令部作战科	男	科长	准团
吴思义	司令部侦察科	男	科长	准团
沈秀方	司令部军训科	男	科长	准团
任经纬	司令部干部管理部	男	副部长	团级
宋天民	政治部	男	主任	准师
胡正平	政治部组织科	男	科长	副团
陈　剑	政治部组织科	女	副科长	准团
张　竞	政治部宣教科	男	科长	准团
李成山	政治部文化科	男	科长	准团
周新甫	政治部保卫科	男	科长	准团
万　忠	政治部军法处	男	副处长	准团
葛德尧	政治处	男	主任	准团
李　平	后勤处	男	副处长	准团
刘文学	后勤处	男	副处长	准团
宋　扬	304 团司令部	男	团长	团级
朱建群	304 团司令部	男	副政委	团级
邓　勃	304 团司令部	男	参谋长	准团
朱育才	304 团政治处	男	代主任	准团
张振华	305 团司令部	男	副团长	副团
陈瑞林	305 团司令部	男	政委	团级
顾云如	305 团政治处	男	主任	准团
常飞虎	306 团司令部	男	团长	团级
严成元	306 团司令部	男	副政委	副团
惠凤宽	306 团政治处	男	副处长	准团
董思亮	306 司令部	男	参谋长	准团

表 1-3　中国人民解放军步兵第一〇二师人员、武器装备情况

人员		武器							爆破类	
类别	数量	类别	名称	数量	类别	名称	数量		名称	数量
队列人员	干部 3543	重武器	美 37 战防炮	4	炮弹	刺刀	807		油甜炸药	707.5（斤）
			82 迫击炮	18		美 37 战防炮弹	120		雷管	1029
	战斗员 5002		60 迫击炮	18		82 迫击炮弹	612		导火索	286.95（丈＊）
		轻武器	掷弹筒	55		60 迫击炮弹	1022		拉火管	209
			79 马克重机枪	56						
	工作人员 894		轻机枪	204	枪弹	手榴弹	10638			
			99 式步枪	9		信号弹	39			
			98 式步枪	70		燃烧弹	21			
	合计 9439		7.62 三〇步枪	73		烟幕弹	2			
			7.7 三〇三步枪	20		掷弹	34			
非队列人员	伤病员 56		7.9 三八式步枪	160		枪榴弹	3			
			7.9 自动步枪	1		演习弹	631			
	待分配人员 7		7.9 仿二四式步枪	594		7.9 步弹	163097		说明：①本师于 1952 年 4 月转业 348 人未列入本表。②本师按补苏北军区淮阴分区兵员 500 人未列入本表。	
			六五步马枪	900		7.9 机弹	129900			
			苏七六二步马枪	16		6.5 步弹	35641			
	家属 37		美七六二步马枪	1039		6.5 机弹	11200			
			旧·七·七步马枪	31		三〇步弹	34430			
	护理人员 19		其他	1077		三〇三机弹	11323			
			手枪	227		九九步弹	707			
	犯人 19		冲锋枪	16						
总计	9577									

第二节　誓师北上

1952 年 2 月 2 日，毛泽东主席发布命令，全国 31 个师从国防战线转入经济建设战线。一〇二师也在改编之列。

一、受命部署

2 月上旬，师长温逢山、政委冯国柱到苏北军区接受任务。之后，师党委在海门县三厂镇召开党委扩大会议，传达毛主席命令、华东军区的决定和苏北军区会议精神，研究决定部队改编的一系列重大问题。除师长温逢山仍在扬州治疗疾病未能到会外，出席会议的

＊　丈为非法定计量单位，1 丈≈3.33 米。——编者注

有：师政委冯国柱、副师长李桂莲、司令部参谋长袁洪辉、政治部副主任宋天民、干部部部长任经纬、后勤处副处长李平、师直副政委左如桂、304 团团长宋扬、副政委朱建群、305 团副团长张振华、政委陈瑞林、306 团团长常飞虎、副政委严成元以及机关科、团干部蔡秋明等同志。

会上，首先由政委冯国柱作报告。他从分析国内外政治、军事、经济形势谈起，着重传达毛主席命令和苏北军区会议精神，阐明批准一〇二师改编为农业建设第四师，生产待命，建设农场，在农业集体化中发挥示范作用和保卫海防的重要作用，并根据华东军政委员会、苏北区党委指示，提出了在苏北沿海开垦 50 万亩荒地种植粮棉的设想。李桂莲副师长与袁洪辉参谋长分别就场址选择在大丰、滨海草滩、部队进军、布防等问题提出了几个方案进行讨论。宋天民副主任对部队改编可能出现的"当国防军光荣、生产军不光荣"等思想问题发表了意见。会议经过认真讨论，统一认识，确定：①坚决拥护、坚决执行中央军委毛主席的命令；②袁洪辉、任经纬率各团参谋长和作战股长组成考察组，赴大丰、射阳、滨海等地，会同地方领导干部，实地勘察建场场址；③司、政、后机关和各团党委也相继召开有关会议，传达师党委扩大会议精神，按照部署安排政治思想教育内容和部队训练科目。

这是一个重大的转变，一切准备工作都在绝对保守军事秘密的情况下紧张而又秩序地进行。

二、三厂誓师

1952 年 4 月 20 日，一〇二师全副武装，奉命撤出阵地，上午八点到达海门县三厂镇（师部所在地）广场结集，举行誓师大会。各团和师直部队分别组成团方队，轻重机枪、迫击炮排列在方队前，整齐划一。师值勤指挥员 304 团团长宋扬一声"全体立正"，向主席台报告了全师各团、师直各单位实到人数。师政委冯国柱主持誓师大会，宣布大会开始。苏北军区副司令员常玉清，在师首长陪同下，检阅了部队后，代表人民革命军事委员会向全师指战员宣布毛泽东主席命令，副师长李桂莲代表全师指战员接受毛主席命令，并表决心："坚决服从，坚决执行，作好准备，向生产战线进军。"苏北行署、南通专署的领导分别讲话。师政治部副主任宋天民作动员报告，师政委冯国柱做总结讲话，号召全师指战员"在新的战斗岗位上，以实际行动，作出优异成绩，向党、向政府、向人民汇报"。11 点，大会在《解放军进行曲》声中结束。

三、挥师北上

1952 年 4 月 22 日凌晨，一〇二师全体将士，全副武装，挥戈北上，踏上新的征程。每一个战士身上携带一支步枪、50 发子弹、4 枚手榴弹、一只背包、一个水壶、一个挎包、一袋干粮，负重在 20 公斤左右。三厂镇公路两旁，彩旗林立，数千工人、农民夹道送行。公路上欢送一〇二师指战员开赴生产战线的横幅一道又一道。

305 团是向生产战线进军的前卫部队。八一军旗在晨风中招展，团长、政委走在部队的前列，向送行的党政领导——敬礼、握手，向两旁的群众时而敬礼，时而挥手，依依惜别。师部机关继 305 团前进，304 团尾随师部，306 团殿后。三路纵队延绵 20 余里*。冯国柱、李桂莲率先头部队提前出发，宋天民带领大部队行动。行军第一天，夜宿南通市郊公路沿线的机关、学校、村落。经如皋、东台、盐城北上，行军半月，披星戴月，冒雨逐风，行程千里。5 月 9 日，全师部队顺利抵达滨海县的蔡桥、五汛，射阳县的鲍家墩一带休整，为进入垦区进行战前准备。在察看地形、走访群众、分析资料、讨论会商的情况下，正式确定了建场区域。1952 年 5 月 17 日，农建四师的全体指战员，在师首长的统率下，浩浩荡荡进入南至射阳河、西至通济河、北至废黄河、东至黄海边，100 余平方公里范围的生产建设阵地。

1952—1955 年，农建四师涌现出众多的建设功臣。名录如下：

通报时间：1953 年 3 月 17 日

特等功臣（4 人）：任加才、陈中元、江希友、丁玉芝

一等功臣（3 人）：申宝珊、王德传、贾万宝

二等功臣（2 人）：曹善读、唐昌政

通报时间：1953 年 11 月 13 日

一等功臣（30 人）

王彭年	周明苟	吴帮贵	丁树康	殷 飞	任加才	赵仁德	张铁山	王兆虎
施 信	宋德明	张希贤	周士军	王永生	陈富安	陆士达	季松林	王兆佐
潘维新	陈付富	徐 英	徐在明	王川祥	陈品高	王金成	丁元相	陆宝岐
林 飞	施柳英	施庆祥						

二等功臣（96 人）

---

* 里为非法定计量单位，1 里＝500 米。——编者注

冯祖同	杨 华	沙兆其	张万元	包承恩	陈殿如	刘希金	陈学文	曹锦林
顾如相	梁锡泉	顾善元	施兴连	童加德	蒋志秀	路维才	张极龙	周国贵
马维林	曹征奎	昌仲贤	周发德	周信良	蔡益丰	陆士高	俞前金	张道生
张学仁	王金成	袁如福	李仲平	李国顺	周学礼	陈德喜	沙健全	张仲良
王长发	葛正龙	周金成	郭锦成	赵永福	蒋学明	顾锦泉	郁海林	韩道甫
仇 泉	吴文富	苏允堂	王春道	庞友贤	常俊树	杨昌武	赵宝银	乐万成
张林生	李友松	詹长元	袁学成	袁家禄	周连华	陆松岩	刘汉明	陆志新
杨金富	张振山	匡保祥	徐长友	徐耀先	田克华	陈国华	胡恒宽	樊志明
施石新	沈锡康	沈 全	陆凤岩	吴友明	阮学良	周荣新	龚进财	林元郎
袁正明	陈昌祝	赵维江	施学贵	郭正和	胡林再	杨 斌	朱益志	陈再清
王 行	卢耀武	李后生	唐于桐	王永涛	王 森			

通报时间：1954 年 4 月 10 日

一等功臣（23 人）

孙金城	刘成道	沈炳西	张铁山	张道生	陈仲元	蒋清林	范育田	蒋学明
卢国萍	骆士英	张希贤	江宝富	沈志富	钮根郎	陈庭佑	张振山	丁其动
季永泉	倪振祥	徐月清	陈再清	顾友才				

二等功臣（98 人）

刘维松	吴士新	曾树林	葛义钢	张瑞荣	葛正龙	王永涛	周金城	顾 锦
徐洪万	戴海山	冯锦凤	周国贵	周福高	张恒龙	田启壁	路春芳	于永发
孙洪流	袁如福	蔡叶丰	陆士高	赵仁德	吴昌明	仲海龙	王金城	徐德清
季福明	丁树康	江荣彩	王兆虎	郭 滨	陈德喜	唐昌正	衡如壁	张胜云
瞿观顺	庄金文	顾金泉	孙宝权	仇 泉	韩道甫	苏元堂	陈文选	孙如庆
胥德义	顾汉成	贺礼金	梅 蔡	乐万成	杨祥然	唐福明	李友松	卞锦和
樊祥生	周玉富	杨志才	陈 磐	闵宝芝	郭同田	顾伍郎	匡保祥	葛义高
丁友富	阴章树	王全元	唐学福	樊志明	陈品高	吴秀良	施炳文	赵贵成
倪顶文	丁元相	杨 鑫	卞福全	黄龙才	陆宝岐	杨田山	施学贵	蒋仁汉
朱献扬	孙锡家	黄振松	陆才郎	刘同波	朱文喜	韦登高	沈昌明	陈 沂
袁学成	朱振田	冯善远	顾福生	钱志义	张凤兰	顾友才	蔡本华	

通报时间：1954 年 9 月 22 日

一等功臣（26 人）

刘国干	周金城	周国贵	孙书平	张铁山	张道生	袁如福	任道明	查永和

| 张祖和 | 宋德明 | 韩道甫 | 周家云 | 何 建 | 李顺清 | 曹廷元 | 樊祥生 | 周玉付 |
| 张希贤 | 孙如庆 | 顾武郎 | 蔡仁和 | 杨金富 | 季永泉 | 姜六斤 | 孙国志 | |

二等功臣（119人）

胥学海	曾树林	许国本	俞玉田	葛天元	朱松涛	刘 飞	葛正龙	陈伏佩
田启璧	许忠章	李良才	黄丕兴	潘太淦	许堂高	金忠顺	冯井凤	周发池
倪育成	刘成道	陆士高	钱志友	吴迪先	赵仁德	吴昌明	俞前全	石庆如
钱芳昆	王发银	黄长法	吴广田	钱允冲	牛渚金	朱乃桂	陆宝琪	王成忠
任凤漂	沈金大	王学梅	唐裕德	黄国良	周文远	李步生	李学芳	许加明
黄长法	宋序华	袁如福	胡锦泉	张高英	姜郁言	薛维高	徐兆才	杨加俊
王连法	俞前全	陈志荣	蒋学明	张胜云	陈康健	卢国萍	钱有贵	钱恩友
许松银	陈广志	王启忠	李兆明	左金喜	汤士明	王春道	陈志道	陈文选
曹洪杰	王永生	乐万成	张林玉	唐福明	李友松	张广寿	孙文远	尹小展
黄志明	张士明	赵松茂	仇富坤	陆丕泉	张启先	曾少明	丁友富	徐 英
王金元	潘维新	王凡全	李洪元	张德寿	宋忠清	钱树珍	陈锡康	陈品高
马树清	沈锡康	杨泌通	吴秀良	苗章生	沈维善	张益文	江汉清	顾献远
林何牛	严洪希	黄友郎	邱维祥	袁康郎	倪顶文	吴友明	唐学福	沈 萍
陈茂华	许正芝							

通报时间：1956年3月1日

一等功臣（3人）

| 杨金福 | 石林俊 | 周锦成 |

二等功臣（28人）

沙兆其	何文忠	董太成	潘维新	丁元相	袁文奎	许正芝	倪正祥	吴连恒
姜六斤	季学祥	李友松	唐福明	蒋学明	钱学先	金银贵	丁佐维	季佐均
季友明	张道生	钱方灿	黄昶昌	杨发荣	陆宝琪	张小汉	顾本墀	郭元禄
韩福俊								

第三节　建场"三大战役"

　　部队开进草滩后，除师、团机关围绕一些小村落驻扎外，其余大部队都在野外安营扎寨，开始了所谓"五岸、六垛黄海边，荒凉无人烟；青天盖芦花，一望无人家；嘴干想喝茶，咸水难靠牙；走路不小心，还会踩上地皮蛇"的生活。各部队在自己的布防区域内，按照上级指定的地点，铲开一块块野草，每人一张半芦席，一个班两捆芦柴，扎柴把做梁柱，芦席一圈当住所。战士们编成快板诗唱起来："一把大锹一杆枪，一张半芦席作营房，喝咸水、睡地床，这是我们的新战场。"为解决部队生根立足的问题，为秋后试耕、试种做好准备，师党委向全师发布建场第一战役的命令。1952年5月22日，发起建场第一战役，广大指战员立即投入开河、引淡、排涝、抢盖营房的战斗中。

经过连续的突击工作，6月27日，第一战役胜利结束。在36天中（实际劳动29天），突击开挖支河排水渠43.03万方。挖通从八大家（现射阳县临海镇）向北一条3849米长的引水支渠，使二垛、三垛一带村民吃上了淡水。支河以西的草滩上，开挖了农田排沟48条，基本解决了灌溉总渠以南的万余亩土地水利问题。三垛和五岸、六垛以北，灌溉总渠以南，出现了一排排整齐的芭墙草顶新房。师部机关办公室、宿舍、12团营房、军医院、干部速成小学、军马场、机具库基本建成，累计抢盖营房799间。

建场第一战役打了大胜仗。华东军区陈毅司令员接到农建四师报告后，赞誉农业建设第四师是"皇帝的气魄（当家作主），'叫花子'的干法（艰苦奋斗）"。华东军政委员会农林部专门发来电报给予农建四师通报表扬。

第一战役结束后，在总结经验教训的基础上，师党委发布《建场第二战役政治动员令》，决定自1952年9月26日起发起建场第二战役，任务为：垦荒6万亩，试种小麦1000亩，盖房子639间，挖条沟36.3万标准方。第二战役时间定为100天，分为三个阶段：第一、二阶段各一个月，第三阶段40天。第二战役任务的艰巨与困难远远超过第一战役。全师指战员在师党委统一领导下，不分机关与部队、前线与后方，不管困难再大，军令已下，就要人尽其才，物尽其用，百日大战，分秒必争，艰苦奋斗，战胜困难，到12月28日胜利结束，圆满完成了预定的各项任务。对此，华东军政委员会农林部于1953年1月23日通报表扬全师指战员战胜困难、发扬解放军艰苦奋斗的优良传统，在建场第一战役胜利后获得了再度超额完成建场任务新胜利。

1953年3月15日，以师长艾明山、政委冯国柱、副师长李桂莲、代参谋长任经纬、政治部副主任宋天民的名义，发布了《中国人民解放军农业建设第四师命令》，决定发起建场第三战役。时间为108天，1953年7月7日结束。其任务为：建筑营房14177.22平方米，烧砖头338万块、瓦21万块，开挖沟河550676标准方，垦荒38500亩，种植棉花12250亩、水稻500亩、土麻150亩、防护林250亩、苗圃150亩、青饲料160亩，收获小麦1156亩。第三战役是一场硬仗，部队面临的困难仍然很大，基建、生产两条战线同时展开，部队兵力相对分散，工地向边沿扩展，运输战线相应拉长。在师党委的领导下，全师广大指战员万众一心，团结奋战，不怕困难，英勇顽强，敢打敢拼，1953 年 7 月 7 日，各团和师直部队都胜利完成了自己的任务，第三战役胜利结束。

"三大战役"是在特定的时间、特定的条件下，边规划、边设计、边开垦、边生产、边建设，非此难以生根立足。第三战役结束后，大面积生产开始，农建四师不再用战役的方式组织生产，而是根据"因陋就简、勤俭起家、少花钱、多办事、投资少、收效快"的建场方针，转入"循序建场、稳步发展"的阶段。

表 1-4　农建四师三年主要建设成就

类　别	序　号	项　目	计量单位	数量
农业生产	1	开垦荒地	万亩	30.2562
	2	生产粮食	万公斤	96.3300
	3	生产棉花	万公斤	15.0213
	4	植树造林	亩	1214
畜牧业生产	5	生猪	头	1422
	6	牛	头	211
	7	羊	头	498
	8	家禽	只	2330
	9	蜜蜂	箱	631
工业生产	10	兴办工业企业	个	3
	11	建农机修理厂	个	1
	12	建筑企业	个	1
	13	运输企业	个	1
	14	商店	个	6
农机装备	15	拖拉机	台	27
	16	联合收割机	台	3
	17	农机具	台（套）	124
基础设施	18	房屋	平方米	72502
	19	道路	公里	37.2
	20	桥梁	座	12
	21	土方	万方	372.85
	22	建筑物	座	2463
卫生保健	23	建医院	所	1
	24	门诊所	所	17
	25	休息室	所	3
引进人才	26	培训人员	人次	2101
	27	支援新场和地方	人	640
	28	提升各级干部	人	981

（续）

类　别	序　号	项　目	计量单位	数量
完成投资	29	国家基建投资	万元	432.4
	30	形成固定资产	万元	338.68

表 1-5　农建四师建场"三大战役"基本情况

	名　称		第一战役	第二战役	第三战役	合　计
	起止时间		1952年5月22日至 6月27日	1952年9月26日至 12月28日	1953年3月22日至 7月7日	
水　利　工　程		标准方	193299.0	500447.3	521865.5	1215611.9
房屋建筑	瓦房	间		49		49
	草房	间	793	544	588	1925
垦　荒	马拉犁	亩		3375.16		3375.16
	机耕	亩		28677.561	14184.870	42862.431
生　产	小麦	亩		1156.3		
	棉花	亩			8370	8370
	水稻	亩			500	500
	大豆	亩			293	293

第四节　农场诞生

1953年4月20日，是中国人民解放军步兵第一〇二师奉命改编为中国人民解放军农业建设第四师，并在海门县三厂镇举行誓师大会一周年的日子，师党委决定，正式把这一天定为"建场纪念日"。

1953年4月20日上午，总场隆重举行建场一周年和淮海农场命名大会。全师到会指战员9480余人。会场设在总场办公区前路西广场上，主席台中央悬挂着国旗和毛主席、朱总司令画像，两旁树立着"保持荣誉，继续前进，保卫祖国建设；巩固成绩，扩大胜利，办好淮海农场"的巨幅标语。师长艾明山外出开会，为大会题写了"巩固胜利，争取更大胜利"。副师长李桂莲主持大会，首先宣布，农场经中央军委批准，命名为"国营淮海农场"，同时，阐述了淮海农场的命名和纪念建场一周年的重要意义。师政治部副主任宋天民全面总结了一年来，全师指战员用自己辛勤的汗水、心血和聪明才智，在一块荒凉的草原上，建成了初具雏形的大型农场的主要工作。师政委冯国柱强调："建场一年来获得的胜利，只是'万里长征走完第一步'，全师指战员，要发扬荣誉，扩大胜利，为把'国营淮海农场'建设成为新中国第一流的国营机械化农场而努力奋斗。"

农场前身部队建制演变

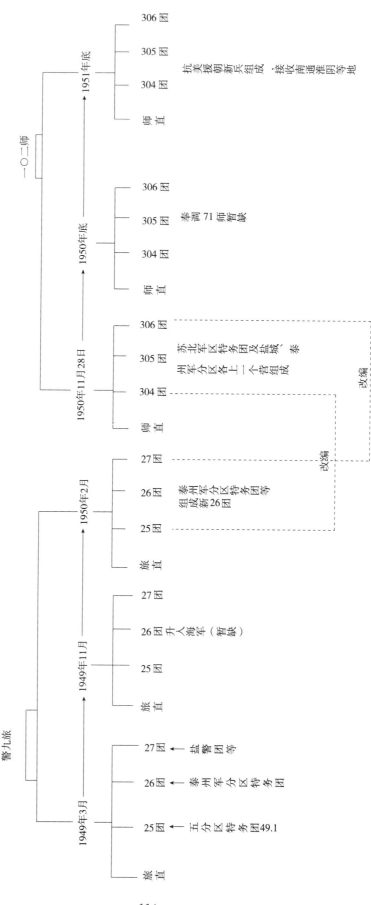

图1-1　农场前身部队建制演变

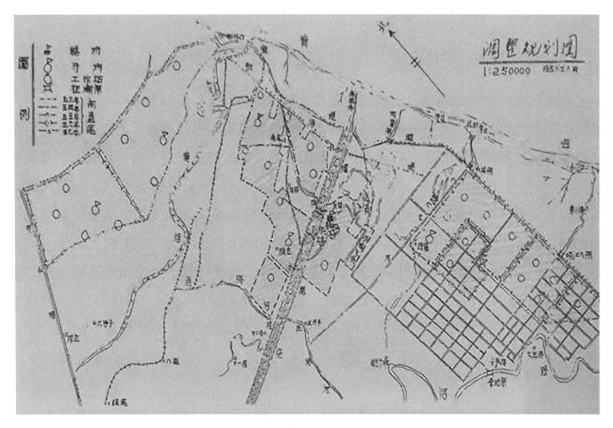

图 1-2　农场调整规划地图

第五节　防洪抗灾

淮海农场地处黄海之滨，威胁最大的是自然灾害。建场后的几年中，农建四师的全体指战员同"风（台风）、雨（暴雨）、潮（海潮）、虫（虫害）"进行了顽强地搏斗，经受了严峻的考验。

一、暴雨成灾，排涝救苗

1954 年是江苏历史上的"大水"年头，7、8、9 月长江、淮河汛情连连告急。1954 年 7 月 6 日夜，一场暴雨陡降雨水 115 毫米，灌溉总渠两岸夏秋作物一片汪洋，部分单位营房、食堂进水，粮囤也泡在水中。师部召开紧急会议，动员部队，全力以赴，外堵客水，内降洪水，集中水车、水桶、面盆，展开排水防涝、保苗保产的人民战争。经过三昼夜激战，在田棉花、大豆基本出水，减少了损失，夺取了抗灾斗争的胜利。华东农林水利部来电嘉勉全师干部战士和水患作斗争的忘我精神。

二、防汛护堤，保民安全

排涝抗灾的硬仗刚结束，农建四师又接江苏省委急电：全力以赴投入海堤防汛工作，以战斗姿态，百倍警惕随台风而来的暴雨、海潮，确保海堤不崩溃、不决口。全师指战员紧急动员，把海堤防汛任务作为压倒一切的中心任务，各团迅速进入指定的防区，各人随带大锹、扁担、柳筐、床单（准备包泥堵缺），抢修海堤险段，外筑破浪堆。经过三天两夜的激战，据不完全统计，11 团、12 团在海堤外构筑破浪堆 428 个，海堤上堆集备用土 161 堆，抢建挡浪堤 302 米，双洋闸口 200 米海堤险段，平均加高 40 厘米。师直、10 团抢修险段 11 处，填补大小缺口 500 多个。台风过境，海堤无恙，农建四师胜利完成了省委交给的防汛保堤任务，取得了防汛抗台斗争的完全胜利。

三、群策群力，战胜虫害

1953 年春，农建四师试种的 1000 亩越冬小麦遭受严重的麦黏虫危害。药械药剂严重不足，师党委动员全体人员进行人工捉虫。连续突击四天，利用有利捕捉时间，取得了比较好的效果，成为农建四师战胜虫害史上的一大奇闻。

第六节　政治工作

人民解放军的光荣传统之一就是坚强有力的思想政治工作。农建四师转入生产战线以后，不断总结与积累经验，不仅保持了这一传统，而且不断发扬光大，创造了新形势下的思想政治工作的新方法，保证了"生产待命、建设农场"任务的胜利完成。

一、加强党的领导，重视组织建设

1954 年 6 月，师、团二级党委先后召开了党员代表会议，健全党委领导班子，将加强党的建设，特别是营党委和连队党支部在生产建设中的作用问题，作为重要课题进行调查研究、总结交流，以利于更充分地发挥基层党组织的领导核心与战斗堡垒作用。在此基础上，严密党的正常生活，强化组织性、纪律性，开展批评与自我批评。积极慎重地发展新党员，为党组织输入新鲜血液。党的组织建设抓好了，为部队完成生产建设、保卫海防的任务，创造了有利的条件。

二、强化思想教育工作

在部队转入生产战线以后，利用雨季、冬季集中整训，组织干部学习马列主义理论，对战士进行政治、爱国主义、社会主义教育。同时，结合党在过渡时期的总路线、《宪法》、国民经济第"一五"计划，系统、深入地进行党的路线、方针、政策教育，不断提高广大指战员的思想觉悟，统一认识，自觉为保卫祖国、建设祖国而无私奉献。部队转入生产战线，在大草滩上建设大规模的军垦国营农场，困难无疑是巨大的，但是经过教育，战士们豪迈地说："困难像弹簧，看你强不强；你强它就软，你软它就强；敢于打大仗，敢于保国防；海边办农场，吓死老龙王。"

三、开展"爱国生产竞赛、立功创模"活动

从部队进入垦区之后，师党委就把此项工作摆上重要议事日程，发布动员令，制订奖励办法，召开功模代表大会，交流先进经验，推广先进工作方法，尤其是表彰先进集体和个人，给在生产劳动中做出突出贡献的人员授予荣誉称号，颁发功臣奖章、奖状，给予物质奖励，以推动各项工作。据不完全统计，建场初期三年多时间里，全师涌现出 91 个先进集体、2705 名先进个人。功臣模范数占全师总人数的 27%。

四、开展宣传鼓动，活跃部队生活

1952 年 8 月，师党委创办《生产战线报》，丰富部队精神食粮。师文工队、电影队深入连队，师、团篮球队等体育组织经常开展活动。据 1954 年的不完全统计，师、团专业和业余文工队到工地演唱 21708 次，举办晚会 1367 次，放映电影 62 部 508 场。师、团普遍办好俱乐部，建立图书室，根据生产建设任务需要，广泛传播科学文化知识。这些对于鼓舞指战员的劳动热情，激励斗志，发挥了应有的效能，起到了其他教育形式无法替代的作用。

五、干部培训成效突出

建场初期，师党委注重培训干部，不断训练政工、生产、机务、财务人员，提高其业务能力水平。培训的方式有长训，有短训，有送出去深造，也有请专家来场面授，形式多种多样。各行各业，三年多时间累计培训 3000 多人次。

第七节 守卫海防

革命战争时期，一○二师保卫部门在教育部队提高革命警惕性，加强敌情观念，防范和打击特务、间谍、反革命分子的破坏活动，保卫首脑机关、要害部门以及重大活动的安全，审查人员，纯洁组织，巩固部队，提高部队战斗力等方面做了大量工作，对每一次战斗和战役的完全胜利，起到了重要保证作用。改编为农建四师、执行"屯垦戍边"的任务后，一○二师为保证经济建设的顺利进行，为保卫祖国黄海沿线的边防安全，做了大量工作，做出了应有的贡献。

根据农场区域范围广阔、海岸线长、内外皆有群众居住以及海匪和武装特务活动猖獗的特点，农建四师加强保卫、侦察、治安工作，把同武装特务、反革命分子的破坏活动作斗争放在首位，不断对全体指战员进行敌情教育，提高革命警惕性，做好防范工作，打击敌人的阴谋破坏活动，依靠和发动群众，同刑事犯罪分子作斗争。加强对首脑机关、科研试验场、动力发电场所、重要仓库以及贵重的农机具、仪器等要害部位的重点保卫工作。增强战备观念，保持高度警惕，匪特在防区沿海登陆袭扰，被全部歼灭，保证了海防安全和经济建设的顺利进行。

第八节 医疗保障

农建四师时期医疗卫生体系为军队建制，组织网络较健全，师部机关设置卫生处，下设医疗科、保防科、军药科。师军医院下设门诊部、内科、外科、传染病科、五官科、妇产科等十多个科室，各团后勤卫生股下属营均设门诊室。师军医院拥有 200 张床位和当时苏北唯一的进口 X 光机。除了担负全师指战员疾病医治、预防、指导卫生工作，保证身体健康外，还为周边地区的老百姓提供医疗服务，是当时苏北地区医疗设备、技术水平最好的、比较有影响的医院之一。

第九节　农业机械

建场初期，师党委指导思想即明确为搞农业机械化，为发展农业起火车头作用。1952年6月28日，农业部国营农场管理总局从北京调运第一批4台大型拖拉机——斯大林80号（80匹马力）和配套农具及随车驾驶员到农场，支援农建四师开荒。师首长十分重视，迅速组建了第一个机耕队，下设4个机车组，每台机车配9人。农建四师修械所，以修枪、修炮人员为骨干，组成农机修理组。7月15日早晨，4台斯大林80号拖拉机同时发动，拖拉机手驾驶着机车驶向草滩，把一人高的芦苇耕翻入土。每天三班倒，人息机不息，实际工作20小时，每台拖拉机每天完成180亩开荒任务，9天开垦荒地5300亩。解放军用铁牛开垦荒地，成为附近农民中流传的特大新闻，他们不惜长途跋涉，扶老携幼，一睹为快。

第十节　基础设施

农建四师屯垦期间，一手抓生产，一手抓基建，在开荒试种和基本建设中，都取得了出色的成绩。部队进入垦区，海边一望无际的大草滩，没有道路、桥梁，在基建任务规划、测量放样的基础上，农建四师先后建设道路37.2公里，建设大小桥梁12座，建水工建筑物2463座，建设房屋72502平方米，挖水利土方372.85万方。三年多时间内，农建四师不仅基本建设初具规模，农业生产打开局面，而且以拖拉机修配厂为龙头的一些厂、场基本建成，以供应站为基地的商业网点初步形成，国营机械化农场初具规模。

第十一节　培养人才

农建四师从主要进行武装斗争转到农业战线进行生产建设，突出的矛盾就是缺乏生产、财务、机务等方面的专业人才。师党委为了适应建设现代化国营农场的需要，着重从五个方面解决这一矛盾。

一、选拔技术人才

建场一开始，在全师范围内普遍进行排队、摸底、登记，凡学习过农业、水利、畜牧和其他学科的人员均造表上报，师、团根据其知识范围，把这些人员抽调出来，派到各个急需的岗位上去。如学农的派去参与规划设计和建场生产指挥，学土木工程的派去建造营房和管理基建，学过财经的派去计划财务和保障供给的岗位，学过畜牧的派去筹备饲养场队，做过铁工、木工、石工、瓦工、缝纫工的战士和能工巧匠集中起来，派去各自熟练的工种和单位。

二、引进技术人才

建设大型军垦农场，组织大规模的生产建设，是一场艰苦的攻坚战，必须有一批有真知灼见的专家参与决策和指挥。根据师党委的请求，江苏及华东局陆续派出大批科技文化专业人才，支援农场建设。同时，各类高校毕业生，也相继分配来场，据不完全统计，总人数在 200 人以上。

三、培训各类人才

部队进入垦区以后，即把各类人才培训摆上重要议事日程，有计划、有步骤，分期分批地进行。一方面抓在职技术学习，能者为师，请已进场的技术干部和部队懂得某项科学技术的同志任教，硬性规定排以上干部都要到师、团机关主办的技术夜校学习。另一方面，举办各类训练班，有农业的，有农机的，有水利的，有测量的，有畜牧的，有经营的，有财会的，有医务的，有政工的，有文化的；有短期的，也有长期的。军垦三年多时间内，全师培训各类专业干部 1679 人，政治教育等累计 3000 多人次。

四、选派深造人才

根据农场生产建设和社会发展的需要，既要各类干部门类行当齐全，又要有高、中、初各个层次的知识配套，能够担负高层次的管理。因此，师党委抽调一批文化水平较低的军政干部去扬州速成中学学习文化，选派一批（30 多人）具有初中文化的营、连、排干部赴华东农业干校学习，选派具有高中文化的团、营、连干部赴北京大专院校学习，选派一部分同志赴苏北医学院学习。这些外出学习的干部，毕业后在各自的岗位上，都发挥了重要的作用。

五、人才交流互动

1952 年 10 月，华东农林部组织华东六省农林厅，农场主管单位，农建二、三、四、五师和部分农场，共 19 个单位 75 人，去东北、华北有关农场参观学习。农建四师有 8 位同志参加。这些同志回师后，吸取东北、华北国营农场的建设经验，结合农建四师的实际情况，分别撰写了专题论文，对农场生产建设发挥了重要指导作用。

第十二节　农工副业

农建四师进入垦区第一战役后，为适应生产建设和部队生活的需要，在师直单位中，撤销有关附设单位，先后建立了有关服务生产建设和生活需要的厂、场。①1952 年 5 月筹建木铁工厂，生产木器桌椅、竹凳、扁担、大锹和基建工地需要的铁件。②1952 年 5 月筹建砖瓦厂，以 10 团一个营为主，全师抽调会烧砖瓦的同志组成，先后建起新窑七座，生产砖瓦供应建场需要。③1952 年，第一战役期间筹建种畜场，主要繁育良种畜禽，当年引进约克夏良种种猪 10 头、澳洲黑良种鸡 105 只，引进荷兰良种奶公牛与本地黄牛杂交试验，培育杂交乳牛。在第一战役期间还筹建了畜牧场，饲养耕牛、马匹、绵羊等食草牲畜。为开展副业生产，解决部队本身需要，还购进近万只苗鸭在草滩放牧饲养。④1953 年 1 月 25 日，在工程队、运输队的基础上，正式成立建筑大队，下设建筑中队、木工中队、运输中队，统一负责全师各部队的基建工程。此间，还明确专人负责筹建拖拉机修配厂。农建四师当时发展副业生产，主要是为了满足部队本身的油、盐、蔬菜、铁木竹用具及砖瓦等需求。随着农业不断发展的需要，还逐步兴办各类工业企业，如碾米、磨面、榨油等农产品加工业，并利用糠麸养殖、棉籽饼做肥料等。

第十三节　开发新场

1952 年 5 月，农建四师党委发起建场第一战役，抢建房屋，兴修水利。11 团 3 营 700 余名官兵奔赴鲈鱼港（今临海农场前身），开荒建点。1953 年 3 月试种水稻 500 亩、棉花

250亩。1954年初，根据上级确定的"循序建场、稳步发展"指示方针，农建四师决定办好老场，开发新场。副师长李桂莲、10团团长常飞虎分别带领干部、工程技术人员赴宝应湖和大丰、东台沿海草滩勘察，规划开发新场。第一期治淮工程入江水道完成后，处于洪泽湖西南的高宝湖150万亩湖滩，不再是淮水滞留的场所，适合建场。经华东农林部、江苏省委同意，农建四师除集中主要力量建设淮海农场外，决定抽调部分力量开发宝应湖农场。1954年6月2日，12团团长张伯锷率领两个连及部分干部，共400多人，奔赴宝应湖，开发国土资源，建立国营农场。10团团长常飞虎会同省农林厅农机科科长孙叶，在大丰、东台沿海草滩勘察后，得到东台县委、县政府的大力支持，规划20万亩荒地，拟建"大东农场"（今弶港农场）。

农建四师万余名指战员"一人一把大锹一杆枪，一张半芦席一双手"开发国土资源，扩大耕地，先后创建了淮海、临海、宝应湖、弶港、三河等五个农场，并使之成为江苏农垦的重要粮食、副食品生产基地和盈利大户。

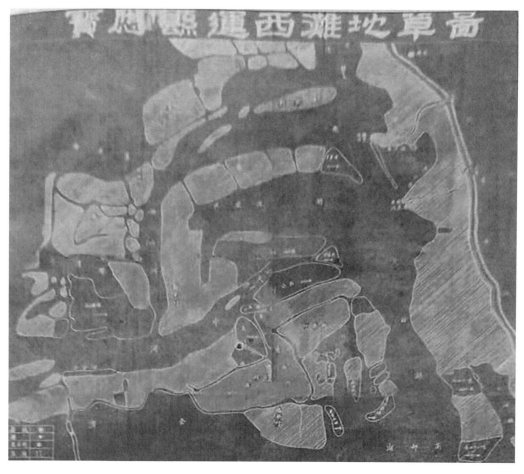

图1-3　宝应湖运西滩地草图

第十四节　转业整编

1952年4月，农建四师由国防前线集体转入生产战线，执行建设国营机械化农场的任务。1955年5月，淮海农场建设初具规模，基本定型。随着国际、国内形势的发展，国家军事制度实行重大变革（实行义务兵役制），国营农场将实行企业化管理。为从根本上解决人多地少、生产组织与部队组织、供给制度与企业化管理等矛盾，根据农业部1955年5月军垦师座谈会议关于部队彻底转业，实行工资制及整编复员、发展新场和江苏省委的指示精神，农建四师党委于1955年5月27日拟定"关于部队彻底转业，改行工资制、整编复员"的工作方案。

1955年6月17—20日，各团和师直单位分别召开党委扩大会议、排以上干部会，传达中央关于农建四师彻底转业的决定和师党委转业整编工作方案。讨论彻底转业、整编复员与改行工资制的重大意义，统一思想认识。接着，各营、连召开党、团员骨干会议、军人大会，向全体干部战士进行传达教育，提高认识，端正态度。并根据师党委统一布置，提出五条去向：一，继续留场参加农场建设；二，开发新场，参加新场建设；三，复员回乡，参加家乡建设；四，转业到地方，参加地方建设；五，服从组织分配，听从组织安排。

经过整编复员转业教育，提高认识，自报互评，组织批准，正式确定走留名单。同时，由李桂莲副师长和朱建群副主任挂帅，成立复员转业"集训团"，各团和师直分别成立集训大队、中队。1955年6月25、26日，各单位分别举行茶话会、欢送会、座谈会。留场和复员转业人员，畅叙友情，相互鼓励，留则安心，走则愉快。

1955年6月26日，各团和师直留场人员，欢送4550余名复员回乡的同志赴盐城集训，集中学习党在过渡时期的总路线、总任务和"一化三改造"的方针政策，教育复员回乡的同志，谦虚谨慎，服从政府领导，尊重地方干部，积极参加家乡建设，关心国家大事，搞好勤俭持家，保持人民解放军艰苦奋斗的优良传统，努力克服复员回乡后可能遇到的困难。至1955年7月26日，集训结束，集训团根据政策规定，发给复员回乡人员的复员费、路费，并根据原籍分布，统一组织干部护送其到当地政府安置。

此时，全师实有指战员8639人（有些调出建设新场），其中师级5人、团级25人、营级129人、连级313人、排级792人、班级1609人，共计班以上干部2873人、战士5766人、共产党员2354人、团员3985人。原定留农场3235人，其中师级1人、团级6人、营级51人、连级87人、排级105人、战士2914人。确定转业的干部627人，其中师级 4 人、团级 19 人、营级 26 人、连级 111 人、排级 262 人、班级 205 人。盐城集训后复员的 4550 人，其中营干 2 人、连干 77 人、排干 381 人、班干 1290 人、战士 2800 人。至 1955 年底，留农场人员 2739 人，均按转业处理，班以下人员至 1956 年又补办了复员手续。

第二编

建制和自然
地理

中国农垦农场志

第二章　建制区划

第一节　建制沿革

江苏省淮海农场的前身是中国人民解放军步兵第一〇二师，1952年2月，奉中共中央军委主席毛泽东的命令，改编为中国人民解放军农业建设第四师。1952年4月20日，该师在海门县三厂镇举行改编誓师大会，随后师首长率部万人，进驻黄海之滨苏北灌溉总渠两岸沿海草滩，开垦荒地，生产待命，建设农场。下辖的304、305、306团，改编为农建四师10团、11团、12团。

1952年12月，经华东军政委员会报请中央军委批准，农建四师创建的农场被命名为国营淮海农场，隶属苏北军区领导。1953年4月20日，在一〇二师奉命改编为农建四师一周年之际，师党委决定，正式把4月20日定为建场纪念日。

1955年9月，中华人民共和国国防部发布命令，取消中国人民解放军农建四师番号，农建四师彻底转业。淮海农场隶属省农场管理局领导。

1967年5月，中国人民解放军6447部队奉命对淮海农场进行军事管制，成立"中国人民解放军淮海农场军事管制委员会"。

1968年4月，经盐城专区革命委员会批准，成立"国营淮海农场革命委员会"，隶属于盐城市革委会。

1969年10月，经中国人民解放军南京军区批准，"中国人民解放军江苏生产建设兵团二师十团"正式成立，撤销淮海农场建制，隶属江苏生产建设兵团。

1975年8月，撤销江苏生产建设兵团二师十团，恢复国营淮海农场建制，隶属江苏省农垦局。

1976年4月，成立国营淮海农场革命委员会。

1978年11月，国营淮海农场革命委员会撤销。

1984年6月，经江苏省农垦总公司批复，成立"江苏省国营淮海农工商联合总公司"，在管理上与淮海农场实行一套班子、两块牌子。

2004年11月，江苏省国营淮海农场在盐城市射阳工商局注册法人营业执照，登记名称为"江苏省淮海实业有限公司"。

2011年11月，根据《江苏省农垦集团有限公司关于实施农业资源整合方案的决定》，对淮海农场现有的种植业及相应的资产负债、人员实施整合，设立"江苏省农垦农业发展有限公司淮海分公司"，在淮海农场党委的统一领导下，淮海分公司和整合后的存续农场分开运行。

2018年1月31日，中共江苏省农垦集团有限公司，苏垦集党〔2018〕66号文《关于组建中共江苏省淮海农场有限公司委员会的通知》撤销中共江苏省淮海农场委员会，组建中共江苏省淮海农场有限公司委员会。王进强同志任书记，李卫东同志任副书记、总经理，孙司正等3人为党委委员，王灿明同志任纪委书记。原江苏省淮海农场领导班子成员的职务自行免除。2018年4月8日，启用"中国共产党江苏省淮海农场有限公司委员会"印章。

2018年1月31日，江苏省农垦集团有限公司，苏垦集人〔2018〕110号文《关于江苏省淮海农场有限公司董事会、监事会人员任职的通知》，任命江苏省淮海农场有限公司

农建四师组织序列
（1952年4月20日）

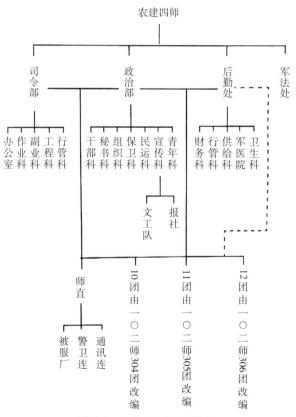

图2-1　农建四师组织序列

董事会董事李卫东、王进强、孙司正、陈海军及职工董事 1 名，共 5 人，董事长为李卫东。任命江苏省淮海农场有限公司监事会监事为徐均、王灿明，另职工监事一名，共 3 人。监事会主席人选为徐均，由监事会选举产生。

2018 年 6 月 24 日，苏垦事人〔2018〕16 号文，单祥忠同志任江苏省淮海农场社区管理委员会主任职务。免去李卫东同志江苏省淮海农场社区管理委员会主任职务。

2018 年 6 月 24 日，苏垦集人〔2018〕231 号文，单祥忠同志任江苏省淮海农场有限公司董事、董事长。免去李卫东同志江苏省淮海农场有限公司董事、董事长职务。

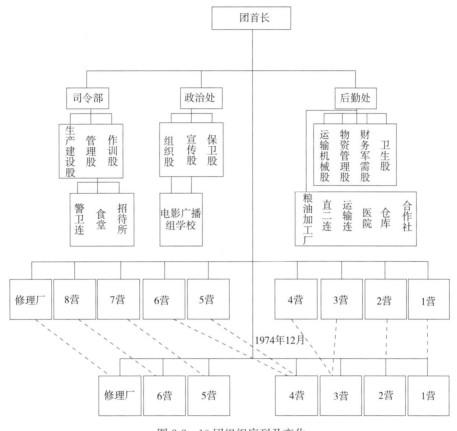

图 2-2 10 团组织序列及变化

第二节 区划调整

淮海农场地处苏北灌溉总渠下游南北两岸，跨滨海、射阳两县。根据华东军政委员会和苏北军区党委决定，在沿海草滩规划 50 万亩，建设大型农场。农建四师彻底转业前，已规划拥有土地总面积 33 万余亩（实际开垦耕地 17 余万亩，其中滨海域内 9.3 万亩，射阳域内 7.8 万亩，包括 4 万亩草滩）。

1952 年 5 月，农建四师 12 团驻扎在灌溉总渠南，新建渠南分场、场部和场直属单位。10 团、11 团驻扎在渠北等地，新建渠北分场。11 月，11 团 3 营 4 个连 700 多人，开赴临海，负责建立鲈鱼港工作站（临海农场前身），开荒种植。

1953 年 3 月，师派出民运干部，对三垛作业区进行区划调整，将区域内的 114 户分散农民安置到五分场场南新垦的土地上，组建"大口农业合作社"（今射阳县临海镇东方红村），安置当地村民 4380 人，土地 2180 亩。

1954 年 4 月，接江苏省委通知，撤销江苏省棉作试验场，将该场工作人员、土地财产划入淮海农场。

1954 年 6 月，12 团团长张伯锷率领 2 个连共 400 人开赴宝应湖，开发新农场。1955 年 7 月，宝应湖新农场从淮海农场划出，单独建场。

1955 年 11 月，农建四师建制撤销，关防上缴。同时，农建四师有关人员部门和物资移交地方。

1956 年 11 月，农业单位进行区划调整，作业区改为分场，设头庄、美人垛、西汛、三垛、临海五个分场（临海分场 6 月成立，属计划单列式分场）。每个分场下设四个生产队、一个机耕队、一个养猪队。全场耕地面积 30 多万亩，人口 4120 人，职工 2739 人。

1960 年 3 月，盐城地委决定，临海分场从淮海农场划出，单独建立临海农场，共划出土地 16.6 万亩，其中耕地 8742.5 亩，其余为草滩。共划出人口 1258 人，资产 58 万多元。

1960 年 11 月至 1962 年 9 月，省、地委为解决周边群众缺少土地、烧草等困难，下达文件，划借出农场土地 22580 亩、草滩 27755 亩（部分土地已被实际占用）。其中划借给滨海县振东公社 13990 亩、淤尖公社 7200 亩（实际为 8654 亩）、八滩公社 1390 亩。划借给射阳县的南夹滩草滩 27755 亩，其中 15000 亩于 1967 年 2 月划给 6445 部队、3000 亩划给射阳海堤管理所作护堤荒地。农场范围内的驻军累计向农场借用土地 2475 亩。附近县、社和驻军部队先后通过省市共向我场借用、占用土地 55925 亩，占全场土地总面积 17.3 万亩的 32.3%。

1966 年 10 月，社教运动期间，头庄分场改为红光分场、美人垛分场改为红旗分场、西汛分场改为红卫分场、三垛分场改为红星分场，全场共有 16 个生产队、4 个机耕队、3 个农牧队、1 个良种队。土地总面积 17.23 万亩，耕地面积 78891 亩，人口 9367 人，职工 4801 人。

1969 年 10 月，成立兵团时，分场大队改为营连番号，共设 8 个营、33 个农业连、6 个机耕排。

1975 年 8 月恢复农场建制后，改营为分场，连队建制保持到 1983 年撤销，改为大队。

1981 年 11 月，为进一步扩大发展东滩养殖业，经省局党组批准，成立东滩分场，主要以养鱼和养奶牛为主。1982 年底，全场有 7 个分场、34 个农业大队。

1989 年至 1993 年，组织全场大型农业机械分三个阶段对东滩进行垦荒开发，新增耕地 6000 亩，组建了东滩分场垦殖一队、二队。

2004 年 1 月，七个农业分场改称七个农业管理区，33 个大队改称为 33 个作业区。

2009 年 9 月，恢复农业分场建制，序列和区划未变。

2011 年 12 月，江苏农垦组建江苏省农垦农业发展有限公司，淮海分公司开始运作，7 个分场的种植业划归分公司，称为生产区。存续农场对下仍称分场、大队。

2013 年 5 月 13 日，射阳县人民政府，射政复〔2013〕16 号文，射阳县人民政府《关于同意江苏省临海农场、国营新洋农场和淮海农场设立镇南等十五个社区居委会的批复》淮海农场设立十个社区居委会，隶属淮海农场社区管理委员会管理，分别是：

设立城东社区居民委员会：将场部渠星小区、群乐小区合并为城东居民委员会。东至临六路，南至淮海路，西至振兴路，北至灌溉总渠大堤，区域面积 1.0 平方公里。现有住户 595 户、人口 1526 人。

设立城南社区居民委员会，将场部朝阳小区、育才小区合并为城南居民委员会。东至黄海路、南至六垛居民委员会分界河，西至健康路，北至淮海路，区域面积 0.9 平方公里。现有住户 610 户、人口 1619 人。

设立城西社区居民委员会：将场部振兴小区、幸福小区合并为城西居民委员会。东至振兴路，南至淮海路，西至水厂，北至一支渠，区域面积 0.9 平方公里。现有住户 607 户、人口 1420 人。

设立头庄社区居民委员会：将一分场 1 大队、2 大队、3 大队、4 大队、5 大队合并为头庄居民委员会。东至滨海港镇滨兴村分界河，南至淮河入海道，西至八滩镇新胜村分界河，北至中八滩河，区域面积 11.1 平方公里。现有住户 326 户、人口 789 人。

设立龙潭港社区居民委员会：将二分场 8 大队、9 大队、10 大队、11 大队、12 大队合并为龙潭港居民委员会。东至滨海港龙潭港分界河，南至一支渠，西至通济干渠堤，北至二支渠，区域面积 8.2 平方公里。现有住户 149 户、人口 354 人。

设立美人垛社区居民委员会：将三分场 13 大队、14 大队、16 大队、17 大队、19 大队、20 大队、21 大队、22 大队合并为美人垛居民委员会。东至滨海港镇振东村，南至丰棉路，西至滨海港镇羊口村，北至北八滩渠，区域面积 14.5 平方公里。现有人口 342 户、832 人。

设立西汜社区居民委员会：将四分场 28 大队、29 大队、30 大队、31 大队、34 大队、

35 大队、36 大队合并为西汛居民委员会。东至滨海港镇二曾村，南至淮河入海道，西至滨海港镇滨东村，北至中八滩河，区域面积 16.5 平方公里。现有住户 367 户、人口 881 人。

设立三垛社区居民委员会：将五分场 37 大队、38 大队、39 大队、40 大队合并为三垛居民委员会。东至临海镇星辰村，南至夸套南支河，西至五岸干渠，北至夸套北支河，区域面积 9.9 平方公里。现有住户 217 户、人口 527 人。

设立梁庄社区居民委员会：将六分场 42 大队、43 大队、44 大队、45 大队、46 大队合并为梁庄居民委员会。东至五岸干渠，南至临海镇夸套南支河，西至临海渠西村分界河，北至夸套北支河，区域面积 12.4 平方公里。现有住户 206 人，人口 475 人。

设立东滩社区居民委员会：将七分场垦殖 1 队、垦殖 2 队、垦殖 3 队合并为东滩居民委员会。西至内海堤滩分界处，北至四丈河，区域面积 9.6 平方公里，现有住房 135 户，人口 326 人。

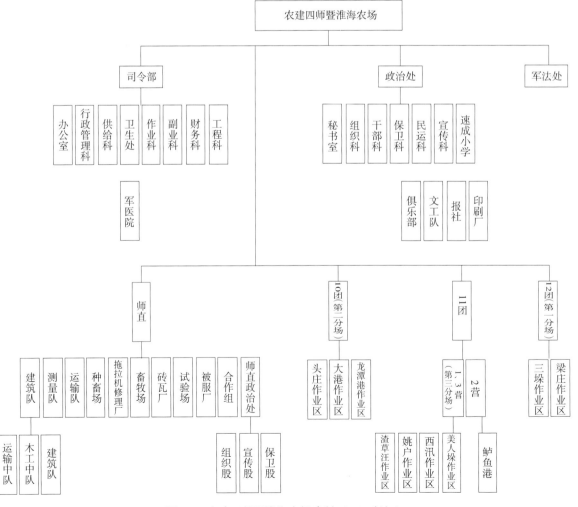

图 2-3　农建四师暨淮海农场建制（1954 年初）

第三节　机构设置

1952 年 4 月，农建四师师直机关下设司令部、政治部、后勤处、军法处。司令部下设办公室、作业科、副业科、工程科、行政科；政治部下设干部科、秘书科、组织科、保卫科、民运科、青年科、宣传科；后勤处下设财务科、行管科、供给科、卫生科、军医院。

农建四师下辖 10 团、11 团、12 团和师直直属单位。直属单位有被服厂、通讯连、警卫连、枪械修理所（后为拖拉机修理厂）。

1952 年 8 月，师部机关调整机构，司令部成立生产建设总指挥部，下设生产处、基建处、财务管理处、农产品加工筹备处、供应处、卫生处。师直属单位有铁木工厂、砖瓦厂、拖拉机修理厂、种畜场、畜牧场、文化速成小学和工程运输大队。

1954 年 1 月，农建四师机构整编，撤处并科，撤销后勤处。司令部下设办公室、行政管理科、供给科、卫生处（军医院）、作业科、副业科、财务科、工程科。政治处下设秘书室、组织科、干部科、保卫科、民运科、速成小学、宣传科。

农建四师下辖 10 团（第二分场）、11 团（第三分场）、12 团（第一分场）。第一分场下辖三垛作业区、梁庄作业区；第二分场下辖头庄作业区、龙潭港作业区、大港作业区；第三分场下辖渣草汪作业区、美人垛作业区、姚户作业区、西汛作业区、鲈鱼港作业区。10 个作业区下辖 19 个生产队、5 个机耕小队、5 个养猪队。

师直属单位有：建筑大队、测量队、运输队、种畜场、畜牧场、拖拉机修理厂、砖瓦厂、试验场、被服厂、铁木工厂、合作社和师直政治处。

1955 年 11 月，农建四师彻底转业，原建制全部撤销，农场机构重新设置。成立"中国农业水利工会国营淮海农场委员会"，场部机关设场长办公室、人事科、监察室、生产科、财务科、基建科、党委办公室、团工委、审干办公室。场直单位增设了机训班，速成小学改为职工子弟学校。

1956 年 3 月，成立场团委。5 月，原机耕小队称为机耕队。

1957 年 5 月，成立淮海农场职工业余学校（主要是干部培训和提高职工文化水平）。

1958 年 9 月，成立江苏省淮海农业学校，提供全日制中等专业教育，设作物栽培、动物饲养两个专业，当年招生 402 人。

1960 年 7 月，成立淮海农场电教队。12 月成立淮海农场建筑工程队。

1963 年 7 月，经省农垦局批准，成立江苏省国营淮海农场机务人员培训班，在农垦系统内招收学员。

1965 年 2 月，江苏省国营淮海农场半农半读农业技术学校开学，学制四年，招收学员 100 名。1966 年春又招 97 名学员。

1967 年 3 月，机关机构调整，设场长办公室、政治处、工会、人武部、生产科、机务科、财务科、基建科。场直单位有：良种队、畜牧队、农校、农产品加工厂、农机修理厂、职工子弟小学、医院。

1968 年 4 月，淮海农场成立革命委员会，建立新的办公机构，撤销政治处、生产科、财务科、基建科。建立"文化革命"小组、政治工作办公室、生产办公室。10 月，撤销上述部门，成立政治工作组、生产指挥组、办公室。4 个分场同时设立革命委员会。场直设：农产品加工厂、农机修造厂、半农半读农业技术学校和医院四个革命委员会。

1969 年 10 月，兵团成立，原淮海农场建制撤销。成立新的机构。十团下设：司令部、政治处、后勤处。司令部下设作训股、军务股、生产建设股、管理股。政治处下设组织股、宣传股、保卫股。后勤处下设运输机（军）械股、物资管理股、财务军需股、卫生股。基层按营连编制。营按 1～8 序列排列，连队序列按 1～33 连自然数排列，计 157 个排、595 个班，直 2 连、运输连、警卫连和 9 个独立排。工业方面主要有农机修造厂、粮棉油加工厂。卫生方面有 1 所医院、7 个卫生所、36 个卫生室。教育方面有 1 所完全中学、7 所初中、11 所小学。

1974 年 3 月，调整营连番号，原 3、4 营合并为 3 营，5、6 营合并为 4 营，7、8 营改为五、六营，连队序列重新排列，一营 1～5 连；二营 8～12 连；三营 13～22 连（缺 18 连）；四营 27～36 连；五营 37～40 连；六营 43～46 连，计 37 个连队。成立淮海农场变电所。机关机构进行调整，成立办公室、工业科、政工科、农业科、财务科、物资科、中学。

1975 年 8 月，成立淮海农场人武部。

1976 年 5 月，淮海农场粮棉油加工厂更名为淮海农场农产品加工厂。9 月，成立淮海农场供应站。12 月，成立射阳县淮海人民法庭。

1977 年 6 月，成立淮海农场农机管理科。12 月，成立淮海石灰窑厂。

1978 年 8 月，附小从中学划出来，成立淮海农场小学。12 月，机关机构调整，工副业科改为工业科，其他科室不变。

1979 年 2 月，场电影管理组为大队级建制。3 月，撤销 6、15、27、32、36、39 计 6 个大队级建制。同月，成立淮海农场磁性材料厂。

1980年3月，机关成立劳动工资科，成立淮海农场袜厂（三分场境内）、淮海农场食品加工厂。

1981年1月，成立江苏省国营淮海农场弹力丝厂、淮海农场兽医站。8月，机关机构调整，成立多种经营科、保卫科、教育卫生科，其余科室不变。场直单位有：副业连、直二连、弹力丝厂、农产品加工厂、运输队、磁性材料厂、小学、中学、医院、供应站、农科站、修造厂。9月，分场更名，头庄分场为一分场，1～5连、8～12连为二分场（龙潭港），美人垛分场为三分场，13～22连、西汛分场为四分场，27～36连、三垛分场为五分场，37～40连、三垛三队43～46连为六分场（梁庄）。

1982年2月，成立东滩分场和多种经营科，成立淮海农场纪律检查委员会。5月，成立计划生育办公室。6月，成立淮海乳品厂。10月，机关机构调整，撤销政工科，成立组织宣传科，农产品加工厂升格为科级建制。

1983年1月，成立江苏省国营淮海农场供销经理部，科级建制。成立淮海农场针织内衣厂（四分场）、淮海综合厂（一分场）、淮海服装厂（一分场二八点）。8月，成立淮海农场职工教育委员会。11月，机关机构调整，撤销组织宣传科、工业科，设组织科、宣传科、工商科，其余科室不变。

1984年2月，撤销农机科、多种经营科、工商科、物资基建科，分别成立淮海工业公司、淮海多种经营公司、淮海物资运输公司、淮海建筑安装公司、淮海商业公司、淮海机电公司等6个公司。9月，成立二分场窑厂。成立建筑安装公司下属的第一、第二建筑队、搬运队、建材厂，大队级建制。11月，成立东滩奶牛场、渔场、玻璃厂、窑厂，大队级建制。12月，国营淮海农场针织总厂升格为科级建制，多种经营公司更名为淮海开发贸易公司，江苏农垦淮海石油机械厂更名为江苏省国营淮海石油机械厂，成立淮海畜产品加工厂（场址在一分场部队营房）。

1985年3月，撤销组织科、宣传科，合并为组织宣传科。成立射阳县淮海农场交通管理科，隶属物资运输公司。成立五分场编织厂、淮海灯具塑料厂（六分场办在上海）、淮海精密铸造厂（二分场办在一分场部队营房）。撤销运输大队建制，成立淮海汽车运输队、淮海船舶运输队。

1985年5月，撤销淮海农场保卫科、教育卫生科建制，成立教卫科、射阳县公安局淮海农场派出所。

1986年1月，机关机构调整，撤销组织宣传科、工业公司、机电公司、开发贸易公司、物资运输公司、建筑安装公司，成立组织科、宣传科、工业科、多种经营科、机电科、基建科、物资运输科。3月，成立淮海农场机电配件库，隶属农机科。10月，成立淮海第二商贸公司（徐州二贸）。

1987 年 5 月，江苏省国营淮海弹力丝厂更名为江苏省国营淮海袜厂，升格为浮动科级建制。成立淮海水泥预制品厂，隶属基建科。

1988 年 1 月，成立淮海农场种子公司。2 月，江苏农垦淮海机务人员培训班更名为江苏农垦淮海机务培训学校。4 月，经盐城市农垦公司批准，淮海石油机械厂升格为浮动副场级建制。

1988 年 6 月，江苏省国营淮海商业公司更名为江苏农垦国营淮海商业公司。10 月，江苏省国营淮海农产品加工厂更名为江苏农垦国营淮海农产品加工厂。12 月，多种经营管理科下设 3 个大队级建制单位：饲料加工厂、畜产品加工厂、畜禽良种场。撤销原淮海农场种畜场、淮海农场兽医站建制。保留东滩分场建制，下设渔场、奶牛场、垦殖队大队级建制。

1989 年 3 月，机关机构调整：撤销组织宣传科、教育卫生科、基建科、财务科、妇联、商业公司、工业科。保留场长办公室、农业科、农机科、多种经营科、计划生育办公室、物资运输科、种子公司、徐州二贸。新建机构：党委办公室、计划基建财务科、审计科、教育科、卫生科、粮食管理科、工商管理科。设机关生活服务部。

1989 年 7 月，农垦总公司批准成立江苏省清江合成纤维厂淮海分厂，1993 年停业整顿。

1990 年 2 月，成立东滩分场机耕队。党委办公室改称为组宣科，基建科改称为建筑工程科。12 月，盐城农垦公司党委批复，设立淮海农场监察室，与场纪委合署办公。

1991 年 1 月，成立农业服务中心。3 月，成立江苏农垦国营淮海农场纸箱厂。成立土地管理所。撤销工商科，设立工业科。

1993 年 2 月新建 15 大队、39 大队、东滩垦殖 2 队建制。4 月，机关机构调整：新建农业中心，副场级建制；新建商业物资公司、建筑安装公司、建材供销公司、党委组织宣传部、老干部工作科。撤销机构：农业科、农机科、多种经营科、物资运输科、粮食科、建筑安装科、组织宣传科。农业中心下设：农业技术服务部、农业机械服务公司、多种经营公司、粮油生资服务公司、种子公司、财务核算部。原淮海畜禽养殖场更名为江苏农垦淮海冷冻厂。6 月，成立综合治理办公室。8 月，成立江苏农垦国营淮海农场第二商业物资公司。10 月，纸箱厂更名为射阳县淮海纸箱厂。

1994 年 2 月，新建 27、36 两个大队建制。3 月，机关调整机构，新建生资服务公司、农产品管理科、建设规划科、房产管理科、对外经济贸易办公室、计划财务科。撤销机构：粮油生资服务公司、计划财务基建科、建材供销公司。4 月，撤销淮海商业物资公司，成立淮海商业物资总公司。8月，场中心小学成立无线电元件装配厂。10月，撤销场招待所、小车队、水电站。成立淮海农场供电公司。成立林业管理站，隶属农业中心。房屋管理科改名为淮海农场房屋管理所。11月，淮海农产品加工厂更名为江苏省国营淮海农场粮棉油加工总厂。

1995年5月，成立淮海土方工程队，隶属农机科。撤销36大队建制，作为场教育学农基地。渔场、奶牛场从东滩分场划出，隶属多种经营公司。撤销淮海冷冻厂建制，成立国营淮海大维公司，隶属人武部，为民兵以劳养武基地。8月，成立淮海农场广电通讯管理站，隶属场办公室。12月，撤销商业物资总公司下辖的淮海汽车运输队。成立淮海牛奶公司，副科级建制，下辖淮海奶牛场、淮海乳品厂。

1996年3月，机关机构调整：新建农林科、生产资料管理科、政策研究办公室、劳动工资科、二三产办公室。新建环卫所、生活服务公司，大队级建制。撤销农业中心、农业技术服务部、生产资料服务公司、核算部、林管站、卫生所。淮海石油机械厂成立农机分厂和阀门分厂。5月，成立淮海农场生活服务部，撤销生活服务公司，撤销淮海袜厂、淮海食品厂、淮海四分场内衣厂建制。12月，恢复36大队建制，撤销学农基地。

1997年2月，撤销淮海牛奶公司、淮海奶牛场建制。建立6大队、42大队、垦殖三队、垦殖四队建制。4月，机关成立债权债务清理办公室、淮海农场城镇管理办公室。7月，成立淮海农场食品工业管理办公室，撤销淮海农产品加工厂建制。成立淮海农场米厂、植物油厂、面粉厂、轧花厂4个大队级建制单位。9月，成立档案管理办公室，隶属场长办公室。12月，成立淮海农场国有资产管理科。

1998年4月，场中心小学升格为副科级建制。5月，撤销环卫所并入生活服务部管理。8月，成立淮海农场职工子弟学校，科级建制。撤销教育科、淮海农场中学、淮海农场中心小学和1～4分场小学建制。11月，注册成立射阳县淮农农业服务中心。

1999年4月，撤销场中心幼儿园建制。10月，撤销淮海人民法庭建制。

2000年3月，成立淮海米业有限公司和淮海农场工商管理办公室，大队级建制。4月，撤销6、12、15、33、36、39等6个大队建制。5月，撤销1～7分场农机站建制。9月，撤销债权债务清理办公室、生产资料管理科建制，成立市场信息部。

2001年2月、3月，撤销第二商业物资公司；7月，淮海米业公司更名为射阳淮海米业有限责任公司。

2002年4月，机关机构调整，新建农业中心，撤销农林科、农机公司、多种经营公司。成立花木中心。新建15、36大队，撤销16大队。撤销食品工业管理办公室建制，有关工作并入淮海米业有限公司管理。5月，成立水政监察站。9月，成立淮海农场农业服务中心，科级建制。

2003年3月，机关机构调整，新建国资科、监察审计科、农业技术推广中心、社区管理委员会。撤销农业中心、审计科、监察室、政研室、市场信息部、农产品管理科。保留机构：办公室、组织宣传科、劳资科、规划办、计财科。另工商办、人武部、房管所、土管所并入社区管理。计生办与工业办公室合署办公。成立淮海农场农科所，副科级建制，撤销农科站。4月，恢复场中心幼儿园建制。11月，成立淮海农场环卫所。12月农垦总公司深化人事改革，核定全场管理人员编制为87人。机关机构设置为：办公室、组织宣传科、计财科、劳资科、国资科、规划办、农业技术推广中心、监察审计科、工会、社区管理委员会。农业技术推广中心包括：农业、农机、多种经营、林业四部门。其他机构全部撤销。

2004年3月，场管理体制由原来的三级管理两级核算，改为两级管理一级核算。撤销分场大队建制。成立7个农业管理区、33个作业区。机关机构设置为：办公室、党委办公室、国有资产管理科、计划财务科、劳动工资科、农业发展中心（下辖农科所）、社区管理委员会、文化中心（副科级建制，下辖广电站），撤销农业技术推广中心、规划办、监审科。成立机关服务部，大队级建制。成立农业机械监理所，副科级建制，隶属农业发展中心。8月，淮海米厂经过改制，进入江苏农垦米业集团，更名为江苏农垦米业集团淮海有限公司，与农业服务中心合署办公。

2005年11月成立农业中心、农机水利中心（简称农水中心）、动物疫病防治中心，副科级建制。

2006年9月，社区机构设置，成立办公室、市政管理科、民政社保科，副科级建制。社区管理委员会下设场部居委会、1~7分场社区办事处。原社区3个居委会同时撤销。

2007年2月，机关机构调整。相关机构设置和职责范围：场长工作部，负责机关行政管理、综合协调、文秘文印、档案管理、网络管理、比价采购；党委工作部，负责组织人事、纪检监察、宣传、精神文明建设、企业文化建设；计划财务部，负责计划管理、财务管理、财务预决算、会计核算、综合统计；国资管理部，负责国有资产管理、债权债务清理、政策研究与监督、合同管理、企业改制、审计；劳动保障部，负责劳动工资、职工养老保险、医疗保险、安全生产、环境保护；农业技术服务中心，负责农业技术研究、推广与服务、农业标准化生产、高效农业、林业管理、动物防疫、水产、农业管理区道路管护；农机水利服务中心，负责农机管理与服务、农田水利及基础设施管理、土方施工；二三产业服务中心，负责招商引资、二三产业发展管理、协调与服务、投资项目论证；建设规划服务中心，负责建筑工程预算与质量监督、农田水利建设规划与质量管理、工程招投标、场部小城镇及农业分场定居点的建设规划。撤销机构：办公室、党委办公室、计划财务科、国有资产管理科、劳动工资科、农业发展中心、农业服务中心、文化中心。

2008 年 4 月，社区机构调整，设社会行政管理科、社会事业管理科、社会服务管理科、场部居民委员会，为副科级建制，撤销办公室、市政管理科、民政社保科。5 月，成立淮海农场养殖服务中心。

2009 年 9 月，农业管理区改名为分场，作业区更名为大队，原排列序号不变。

2011 年 12 月，注册成立了江苏农垦农业发展有限公司淮海分公司，撤销农业技术服务中心、农科所建制。分公司成立办公室、财务部、人力资源部、农技服务部、农机水利部、供应贸易中心，科级建制。成立农科所，大队级建制。

2012 年 5 月，农场恢复农业技术服务中心、农机水利服务中心建制。6 月，调整机关机构设置，设办公室、组织科、宣传科、财务国资科、劳动社会保障科、规划建设科。原机构全部撤销。成立绿化管理所、环卫管理所。12 月，成立监察室。

2012 年 3 月，淮海分公司成立 39 大队、垦二、垦三 3 个大队级建制。4 月，成立 1～7 生产区建制，与原分场实行一套人马、两块牌子、双重管理，下辖 35 个大队，158 名管理人员。5 月，经江苏农垦农业发展有限公司批复，成立淮海分公司工会委员会。10 月，成立淮海分公司高效农业园建制，隶属农业中心。12 月，成立土方工程队，隶属农机水利中心。分公司机构名称调整，原财务部、农技服务部、农机水利部、供应贸易中心，分别改称为资产财务部、农业中心、农机水利中心、供应贸易部。办公室、人力资源部不变。

2013 年 10 月 14 日，淮海农发〔2013〕58 号《关于成立淮海分公司太平生产区及谢嘴大队的通知》，淮海分公司在泗洪县太平镇租赁耕地，开展农业生产经营活动，因经营管理需要决定成立淮海分公司泗洪太平生产区、泗洪太平生产区谢嘴大队。

2013 年 10 月 15 日，淮海农发〔2013〕24 号文《关于成立江苏省淮海农场一分场社区等单位建制的决定》，根据农场管理和社会事业发展的需要决定成立江苏省淮海农场一至七分场社区，为农场科级单位建制，同时撤销一至七分场单位建制，原单位管理人员随建制撤销而免职。2014 年 12 月 30 日，淮农发〔2014〕24 号《关于成立淮海资源开发管理中心的通知》，为了加强对农场综合资源的开发利用和管理，加快农场转型发展，成立资源开发管理中心，为副科级单位，自主经营、独立核算。

2015 年 1 月，成立农机水利服务总站，下设水利工程队，农机管理站和维护保养中心，对淮海分公司内部土方工程进行施工，并负责农业机械、电灌站进行施工和维修，保障农业生产。

2013 年 9 月，为适应农场管理和社会事业发展的需要，加快农场转型升级和城镇化建设，决定调整机构：

建立机构：江苏省淮海农场林业苗木管理所、江苏省淮海农场环卫绿化管理所、江苏省农场动物防疫管理所，均为股级单位隶属于社区管理委员会。

撤销机构：江苏省淮海农场绿化管理所、江苏省淮海农场环卫管理所。

2018 年 1 月 24 日，淮农发〔2018〕2 号文件，《关于调整机构设置的通知》，建立江苏省淮海农场审计监察科（正科级建制），同时撤销江苏省淮海农场监察室。

2018 年 10 月 8 日，根据集团公司《关于加强垦区农场有限公司（社区管理委员会）机构设置和人员编制管理工作的意见（试行）（苏垦集人〔2018〕276 号）》通知精神，结合单位实际，经农场公司党委研究决定，制定淮海农场有限公司（社区管理委员会）机构设置、人员编制及部门职能方案，原农场和社区的机构设置、人员编制及部门职能自行撤销。

农场有限公司设置 6 个管理部门，人员编制 34 人：办公室（法务部）编制 10 人，设主任 1 人、副主任 1 人、其他 2 人；计划财务部编制 6 人，设经理 1 人、副经理 1 人、其他 4 人；资源经营部（投资项目部、产业发展部）编制 4 人，设经理 1 人、副经理 1 人、其他 2 人；党委工作部（人力资源部、企划宣传部）编制 7 人，设部长 1 人、副部长 2 人、其他 4 人；工会办公室（团委）编制 3 人，设工会副主席兼主任 1 人、副主任 1 人、其他 1 人；审计监察部（纪委）编制 4 人，设经理 1 人、副经理 1 人、其他 2 人。

农场社区管理委员会设置 3 个职能科室，人员编制 25 人：综合管理科编制 8 人，设科长 1 人、副科长 2 人、其他 5 人；社会管理科编制 6 人，设科长 1 人、副科长 2 人、其他 3 人；公共服务科，编制 11 人，设科长 1 人、副科长 2 人、其他 8 人。

淮海分公司设立办公室、人力资源部、农业中心、农机水利中心（辖农机总站、仓储服务中心等机构），编制 35 人，其中经理主任职数 8 人，副经理主任职数 5 人，主管大队职数 17 人，副主管（副大队、队长助理职数 7 人，农机总站 19 人。）

淮海分公司下辖一至七生产区和泗洪太平生产区管理人员总人数为 159 人，其中经理、主任职数 7 人，副经理、副主任职数 8 人。主管（大队长职数 71 人），副主管（副大队、队长助理职数 31 人），主办（办事员、协管员）职数 40 人。

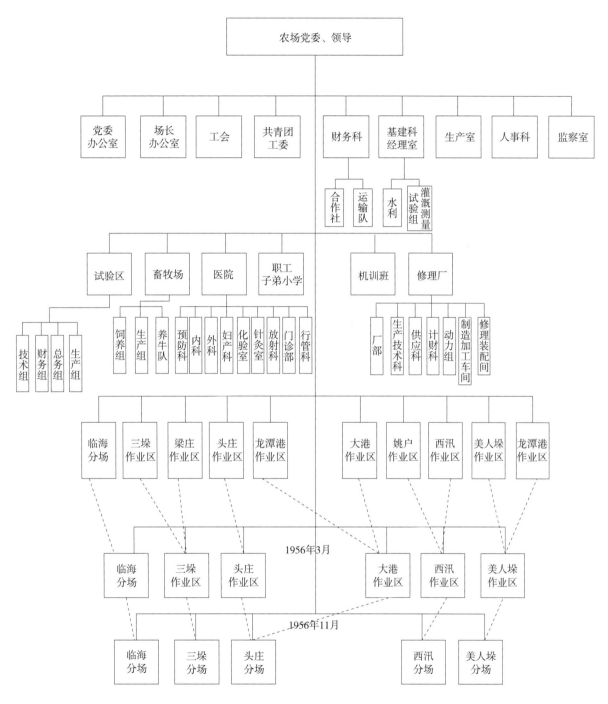

图 2-4　农场组织机构及变化

第四节　农业分场

淮海农场下辖 7 个农业分场、一个农科所。其中一、二、三、四分场在苏北灌溉总渠北的滨海县境内，位于淮河入海水道以北、北八滩河以南、通济干渠以东、海堤堆以西。

区域内有一支渠、南八滩河、中八滩河、三支渠等东西向的进排水河道平行而列。有黄海公路、临海高等级公路、老陈李路、坎振路、入海水道堆堤等硬质路面，沟通南北与东西。四个分场的位置，分布分散，互不相连，与原振东乡、二罾乡、新港乡、八滩镇、淤尖乡相互插花为邻。现地方撤乡并镇，只与滨海港镇和八滩两镇为邻。2012 年，四个分场土地总面积 5020 公顷，占全场面积的 62%，其中耕地 3198.99 公顷，占全场的 60.5%；林地 244.1 公顷，占全场的 68%。

渠南农业分场为五、六、七分场，分布在射阳县境内，位于苏北灌溉总渠以南、夸套南支河以北、新海堤以西、汛鲍干渠以东，与临海镇插花相邻。区域内有一支渠、夸套南支河、夸套北支河，自西向东平行而列，五岸干渠从五、六分场中间南北纵贯。老陈李线、临海高等级公路、328 省道等公路，沟通南北与东西。三个分场之间，五、六分场土地相连，七分场则独立在新老海堤之间。2012 年，土地总面积 3082 公顷，占全场面积的 38%，其中耕地面积 2091.52 公顷，占全场 39.5%；林地面积 111.1 公顷，占全场 31.3%。

一、一分场

一分场位于淮河入海道以北、中八滩河以南、老陈李线以西，与滨海县滨海港镇（原振东乡）前港村、头庄村、锅底洲村接壤，距离场部 8 公里。地面真高 0.98～1.36 米，土质为粉沙壤土。2012 年末，土地总面积 1100 公顷，其中耕地面积 729.56 公顷、林地面积 53.24 公顷。常住人口 789 人，326 户，在职职工 283 人，其中淮海分公司职工 128 人、退休职工 289 人。一分场场部原址在一大队居民区中北。

2009 年，为改善办公条件，一分场投资 60 多万元，在原一分场小学前、一机站西，新建一幢 500 多平方米的办公楼，办公设备齐全。2012 年，一分场共有 21 名管理人员，其中在编 10 名，协管员 11 名。下设 1～5 共 5 个大队，分场实行统一管理，统一核算。1952 年农建四师时，一分场下设头庄和大港两个作业区。1956 年 11 月，一分场称为头庄分场，下设头庄一、二队，一个养猪队、一个机耕队，后来增加三、四队。1966 年，一分场称红光分场，下设红光 1～4 共 4 个生产队、一个机耕队。1969 年 10 月，组建兵团后，一分场称一营，下设 1～4 共 4 个连队、一个机耕排。1975 年 7 月，兵团撤销后，称为一分场，下设 1～5 共 5 个连队、一个农机站。1983 年撤销连队，改称为大队，下设单位不变。2004 年 1 月，一分场称第一管理区，撤销大队、农机站建制，下设 1～5 共 5 个作业区，管理人员 7 人。2009 年 9 月，取消第一管理区，又改称为一分场。2012 年 4 月淮海分公司称一分场为一生产区，存续农场仍称一分场。

一分场以农业为主，一直实行稻麦轮作，主产优质水稻、啤酒大麦、小麦及良种。2012年，一分场拥有水泥晒场66847平方米、防渗渠2170米，境内水泥道路8.9公里。区域内实行匡圩封闭，进排水自如，抗御自然灾害能力较强。共有电排灌站10座，拥有大中型农机具37台、102套，总动力2450千瓦，农业机械化程度95％以上。2012年，一分场共生产啤酒大麦2918099公斤、小麦1122229公斤、水稻6292926公斤，粮食总产10333254公斤，平均亩产944公斤，平均亩利润540.35元。

一分场境内还有两个畜禽养殖项目。一个是公建民营养鸡场，建在原头庄部队营房内，年养殖蛋鸡3万多羽，年产销鸡蛋40多万斤，出售商品鸡1.5万多羽。另一个是江苏农垦与泰国正大集团合资的苏垦正大猪业有限公司，新建一座现代化的祖代种猪场，在一分场三大队境内，占地460多亩，建筑面积3.1万平方米，总投资7000多万元。

2013—2020年，一分场基础建设不断投入更新、生产效益稳步增长。2020年末，分场土地总面积1175.63公顷，其中耕地面积768.21公顷、林地面积53.24公顷。常住人口54人，34户，在职职工74人，退休职工270人。拥有水泥晒场79734平方米，防渗渠8550米，区内水泥道路14.4公里。建电排灌站11座，拥有大中型农机具49台、64套，总动力5120千瓦，农业机械化程度98％以上。2020年，生产啤酒大麦1095406公斤、小麦4323411公斤、水稻6337667公斤，粮食总产11756484公斤，平均亩产1082.5公斤，平均亩利润479.32元。

二、二分场

二分场位于一支渠以北、二支渠以南、龙潭港村分界河以西、通济干渠以东，与滨海港镇龙潭港村和八滩镇新北村、新胜村、六顷村接壤，距离场部13公里。地面真高1.06～1.32米，土质为粉沙壤土。2012年，土地总面积825公顷，其中耕地面积566.77公顷、林地面积42.64公顷。常住人口354人，149户。在职职工244人，其中淮海分公司职工102人；退休职工218人。分场部位于九大队东侧。2009年，为改善办公条件，二分场投资50多万元，新建一幢450多平方米的办公楼，办公设备齐全。二分场共有16名管理人员，其中在编8名、协管员8名。二分场下设8～12共5个大队。分场实行统一管理，统一核算。

1952年，农建四师时，二分场称龙潭港作业区。1956年11月，属头庄分场。1966年，头庄分场改称红光分场，二分场是红光分场的两个生产队。1969年10月，组建兵团后，二分场称二营，下设5～8共4个连队、一个机耕排。1975年7月，兵团撤销后，称为二分场，下设 8～12 共 5 个连队、一个农机站。1983 年 11 月，撤销连队，改称大队，下设单位不变。2004 年 1 月，二分场称为第二管理区，撤销大队、农机站建制，下设 8～11 共 4 个作业区，管理人员 6 名。2009 年 9 月，撤销第二管理区，又改称为二分场。2012 年，淮海分公司称二分场为二生产区，存续农场仍称二分场。

二分场以农业为主，一直实行稻麦轮作，主产优质水稻、啤酒大麦、小麦及良种。2012 年，二分场拥有水泥晒场 54283 平方米、防渗渠 3270 米，分场境内水泥道路 7 公里。区域内实行匡圩封闭，进排水自如，生产条件较好，抗御自然灾害能力较强。现有电排灌站 7 座，拥有大中型农机具 38 台、74 套，总动力 2285 千瓦，农业机械化程度 95％以上。2012 年，二分场共生产啤酒大麦 2106902 公斤，小麦 1361523 公斤，水稻 5354240 公斤，粮食总产 8822665 公斤，平均亩产 1037.87 公斤，平均亩利润 710.49 元。

2013—2020 年，二分场基础建设不断投入更新、生产效益平稳增长。2020 年末，分场土地总面积 864.85 公顷，其中耕地面积 568.42 公顷、林地面积 32.4 公顷。常住人口 69 人，38 户，在职职工 50 人，退休职工 186 人。拥有水泥晒场 44883 平方米、防渗渠 7400 米，区内水泥道路 11.8 公里。建电排灌站 8 座，拥有大中型农机具 33 台、71 套，总动力 3539 千瓦，农业机械化程度 98％以上。2020 年，生产啤酒大麦 799384 公斤、小麦 3605101 公斤、水稻 5348787 公斤，粮食总产 9753272 公斤，平均亩产 1147.35 公斤，平均亩利润 604.6 元。

三、三分场

三分场位于中八滩河北侧、北八滩河以南、振东村以西、羊口桥以东，与滨海港镇的振东村、合兴村、干河村、羊口村、南庄村、沿渠村相邻。地面真高 0.89～1.48 米，土质为粉沙壤土。2012 年，土地总面积 1447 公顷，其中耕地面积 888.53 公顷、林地面积 63.92 公顷。常住人口 832 人，342 户。在职职工 350 人，其中淮海分公司职工 153 人，退休职工 415 人。三分场部在 21 大队和机耕队之间。分场共有 27 名管理人员，其中在编管理员 16 名、协管员 11 名。三分场下设 13、14、16、17、19、20、21、22 共 8 个大队。分场实行统一核算，统一管理。

1952 年，农建四师时，三分场有渣草汪和美人垛两个作业区。1956 年 11 月，三分场称美人垛分场，下设两个生产队、一个养猪队、一个机耕队。后来增加 3 队、4 队、良种队、农牧队。1966 年三分场称红旗分场，下设 4 个生产队、一个农牧队、一个良种队、一个机耕队。1969 年 10 月，组建兵团后，三分场称三营和四营。三营在中八滩河以北，下设 9～13 共 5 个连、一个机耕排，四营在北八滩河以南，下设 14～17 共 4 个连、一个机耕排。1974 年 3 月，十团司令部调整营连番号，三、四营合并，称为三营，下设 13、14、16、17、19、20、21、22 共 8 个连队，一个农机站。1975 年 7 月，兵团撤销，称为三分场，下设连队不变。1983 年 11 月，撤销连队，改称为大队。2004 年 10 月，三分场称为第三管理区，撤销大队、农机站建制，下设 13、14、17、19、20、21、22 共 7 个作业区，管理人员 11 名。2009 年 9 月，撤销第三管理区，又改称为三分场。2012 年淮海分公司称三分场为三生产区，存续农场仍称三分场。

三分场以农业为主，一直实行稻麦轮作，主产优质水稻、啤酒大麦、小麦及良种。2012 年，三分场拥有水泥晒场 79035 平方米、防渗渠 4070 米，分场境内水泥道路 13.75 公里。区域内实行匡圩封闭，进排水自如，抗御自然灾害能力较强。共有电排灌站 19 座，拥有大中型农机具 57 台、103 套，总动力 5312 千瓦。农业机械化程度 95％ 以上。2012 年，三分场共生产啤酒大麦 4315837 公斤，小麦 1417811 公斤，水稻 7661155 公斤，粮食总产 13394803 公斤，平均亩产 984.54 公斤，平均亩利润 608.46 元。

2013—2020 年，三分场基础建设更新投入，生产效益不断增长。2020 年末，分场土地总面积 1524.6 公顷，其中耕地面积 888.73 公顷、林地面积 32.49 公顷。常住人口 144 人，70 户，在职职工 199 人，退休职工 456 人。拥有水泥晒场 70903 平方米，防渗渠 12188 米，区内水泥道路 15.2 公里。建电排灌站 17 座，拥有大中型农机具 38 台、62 套，总动力 3142 千瓦，农业机械化程度 98％ 以上。2020 年，生产啤酒大麦 1320145 公斤、小麦 4207786 公斤、水稻 6358551 公斤，粮食总产 11886482 公斤，平均亩产 1053.61 公斤，平均亩利润 437.67 元。

四、四分场

四分场位于淮河入海水道以北、南八滩河两侧，东临海堤堆，西靠新东村，与滨海县滨海港镇新东村、滨东村、二臺村接壤，距离场部 7 公里，地面真高 0.81～1.56 米，土质为粉沙壤土。2012 年末，土地总面积 1648 公顷，其中耕地面积 1014.58 公顷、林地面积 165.84 公顷。常住人口 881 人，367 户。在职职工 381 人，其中淮海分公司职工 200 人；退休职工 217 人。四分场部在 30 大队东侧、振淮路北面。2008 年，为改善办公条件，四分场投资百万元，新建一幢 600 多平方米的办公楼，配备附属设施和办公用品。2012 年，四分场共有 25 名管理人员，其中在编 14 名、协管员 11 名。四分场下设 28、29、30、31、34、35、36 共 7 个大队，分场实行统一管理，统一核算。

1952 年，农建四师时，四分场下设姚户和西汛两个作业区。1956 年 11 月，四分场称西汛分场，下设西讯一队、二队，后增加三、四、五队，一个机耕队和一个农牧队。1966 年四分场改称为红卫分场，下设 1～4 共 4 个生产队、一个农牧队、一个机耕队。1969 年 10 月，组建兵团后，四分场称为 5 营、6 营，5 营在南八滩河北、下设 18～21 共 4 个连，6 营在南八滩河以南、下设 22～25 共 4 个连。1974 年 3 月，10 团司令部调整营连番号，四分场称为四营，下设 27～35 共 9 个连队、一个机耕排。1975 年 7 月，兵团撤销后，称为四分场，下设 28～35 共 8 个连、一个农机站。1983 年 11 月，撤销连队，改称大队。2004 年 1 月，四分场称为第四管理区，撤销大队、农机站建制，下设 28、29、30、31、34、35、36 计 7 个作业区，管理人员 11 名。2009 年 9 月，撤销第四管理区，又改称为四分场。2012 年，淮海分公司称四分场为四生产区，存续农场仍称四分场。

四分场以农业为主，实行稻麦轮作，主产优质水稻、啤酒大麦、小麦及良种。2012 年，拥有水泥晒场 98594 平方米，防渗渠 8200 米，分场境内水泥道路 10.25 公里。区域内实行匡圩封闭，进排水自如，抗御自然灾害能力较强。共有电排灌站 16 座，拥有大中型农机具 48 台、145 套，总动力 4656 千瓦，农业机械化程度 95％以上。2012 年，四分场共生产啤酒大麦 4810085 公斤、小麦 1566811 公斤、水稻 8181189 公斤，粮食总产 14558085 公斤，平均亩产 956.59 公斤，平均亩利润 556.35 元。

在四分场 34 大队境内，由江苏农垦与泰国正大集团合资的苏垦猪业有限公司，新建了一座现代化的曾祖代种猪场，占地 168 亩，建筑面积 1.4 万平方米，投资 4000 多万元。在四分场原 32 大队境内，2008 年，农场投资百万元，新建高效设施农业示范园，占地 680 亩，现有日光大棚 59 座、连栋大棚一座，主产韭菜和茄果类特色蔬菜。

2013—2020 年，四分场基础建设不断投入更新、生产效益平稳增长。2020 年末，分场土地总面积 1862.78 公顷，其中耕地面积 1096.25 公顷、林地面积 165.9 公顷。常住人口 113 人，58 户，在职职工 118 人，退休职工 481 人。拥有水泥晒场 98594 平方米，防渗渠 3293 米，区内水泥道路 15.5 公里。建电排灌站 15 座，拥有大中型农机具 75 台、50 套，总动力 8189 千瓦，农业机械化程度 98％以上。2020 年，生产啤酒大麦 1639737 公斤、小麦 7496107 公斤、水稻 9204620 公斤，粮食总产 18340464 公斤，平均亩产 1122.89 公斤，平均亩利润 561.49 元。

五、五分场

五分场位于夸套南支河以北、夸套北支河以南、老陈李公路以西、五岸干渠以东，与临海镇六垛、五岸、星晨居委会和盐城市纺织染整工业园区接壤，距离场部 4 公里。地面真高 1.05～1.38 米，土质为粉沙壤土。2012 年末，土地总面积 937 公顷，其中耕地面积 694.96 公顷、林地面积 41.64 公顷。常住人口 527 人，217 户。在职职工 432 人，其中淮海分公司职工 161 人；退休职工 366 人。分场部在 37 大队与 38 大队之间。2009 年，为改善分场办公条件，五分场投资 70 多万元，在分场部的原址上新建一幢 570 多平方米的办公楼，配备了办公用品和附属设施，场农科所也在五分场新办公楼办公。五分场共有 22 名管理人员，其中在编 11 名、协管员 11 名。五分场下设 37、38、39、40 共 4 个大队，分场实行统一管理，统一核算。

1952 年，农建四师时，五分场有三垛和梁庄两个作业区。1956 年 11 月，五分场称为三垛分场，下设三垛一队、二队、一个养猪场、一个机耕队共 4 个单位，后来增加三、四队。1966 年 10 月，五分场称红星分场，下设红星 1～4 队、一个农牧队、一个机耕队。1969 年 10 月，组建兵团后，五分场称七营，下设 26～29 共 4 个连队、一个机耕排。1974 年 3 月，十团司令部调整营连番号，七营改称为五营，下设 37、38、39、40 共 4 个连队和一个农机站。1983 年 11 月，撤销连队，改称为大队，下设单位不变。2004 年 1 月，五分场称第五管理区，撤销大队、农机站建制，下设 37、38、40 共 3 个作业区，管理人员 5 名。2009 年 9 月，撤销第五管理区，又改称为五分场。2012 年，淮海分公司称五分场为五生产区，存续农场仍称五分场。

五分场以农业为主，一直实行稻麦轮作，主产优质水稻、啤酒大麦、小麦及良种。2012 年，拥有水泥晒场 482116 平方米、防渗渠 5950 米，分场境内水泥道路 5.5 公里。区域内实行匡圩封闭，进排水自如，生产条件较好，抗御自然灾害能力较强。共有电排灌站 13 座，拥有大中型农机具 56 台、116 套，总动力 1929 千瓦，农业机械化程度达 95%。2012 年，五分场共生产啤酒大麦 3109133 公斤，小麦 731793 公斤，水稻 6313813 公斤，粮食总产 10154739 公斤，年平均亩产 973.5 公斤，平均亩效益 596.62 元。

2008 年之前，五分场耕地面积 568.05 公顷，推行股份制经营时，根据生产需要，将位于四分场境内的淮河入海水道滩地 91.33 公顷和原农科站 34.67 公顷一并划归五分场经营管理。

在五分场 40 大队境内，有一个占地 70 多亩的水生花卉园，注册名称为"爱莲苑"，主要生产荷花、碗莲、睡莲等几十个品种，年生产销售 500 多万株。

由于离场部较近，交通方便，淮海农场农科所、淮海农场气象站、淮海农场植保站、淮海农场公墓都在五分场境内。

2013—2020 年，五分场基础建设不断投入更新、生产效益平稳增长。2020 年末，分场土地总面积 944.53 公顷，其中耕地面积 581.52 公顷、林地面积 59.43 公顷。常住人口 54 人，31 户，在职职工 82 人，退休职工 286 人。拥有水泥晒场 52000 平方米、防渗渠 6000 米，区内水泥道路 7.5 公里。建电排灌站 8 座，拥有大中型农机具 29 台、35 套，总动力 2761 千瓦，农业机械化程度 98% 以上。2020 年，生产啤酒大麦 702379 公斤、小麦 3541081 公斤、水稻 5119106 公斤，粮食总产 9362566 公斤，平均亩产 1073.34 公斤，平均亩利润 612.2 元。

六、六分场

六分场位于夸套南支河以北、夸套北支河以南、五岸干渠以西、渠西分界河以东，与射阳县临海镇五垛居委会、渠西村、后涧村接壤，距离场部 9 公里。地面真高 1.15～1.60 米，土质为粉沙壤土。2012 年，土地总面积 1247 公顷，其中耕地面积 818.1 公顷，林地面积 61.33 公顷。常住人口 475 人，206 户。在职职工 351 人，其中淮海分公司职工 143 人；退休职工 227 人。分场部位于 44 大队。六分场共有 22 名管理人员，其中在编 11 名、协管员 11 名。六分场下设 42～46 共 5 个大队，分场实行统一管理，统一核算。

1952 年，农建四师时，六分场称梁庄作业区。1956 年 11 月，六分场称三垛分场，是三垛分场的两个生产队。1966 年 10 月，六分场称为红星分场，是红星分场的三队、四队。1969 年组建兵团后，六分场称八营，下设 43～46 共 4 个连。1974 年 3 月，十团司令部调整营连番号，六分场称六营，下设 43～46 共 4 个连、1 个机耕排。1975 年 7 月，兵团撤销时，称为六分场，下设连队不变。1983 年 11 月，撤销连队，改称大队。2004 年 10 月，六分场称为第六管理区，撤销大队、农机站建制，下设 42～46 共 5 个作业区，管理人员 7 名。2009 年 9 月，撤销第六管理区，又改称为六分场。2012 年 4 月，淮海分公司称六分场为六生产区，存续农场仍称六分场。

六分场以农业为主，一直实行稻麦轮作，主产优质水稻、啤酒大麦、小麦及良种。2012 年，拥有水泥晒场 60005 平方米、防渗渠 7100 米，分场境内水泥道路 8.6 公里。区域内实行匡圩封闭，进排水自如，抗御自然灾害能力较强。共有电排灌站 9 座，拥有大中型农机具 58 台、109 套，总动力 3832 千瓦，农业机械化程度 95% 以上。2012 年，六分场共生产啤酒大麦 4090416 公斤，小麦 354213 公斤，水稻 7222790 公斤，粮食总产 11667419 公斤，平均亩产 950.77 公斤，平均亩利润 525.74 元。

2013—2020 年，六分场基础建设不断投入更新、生产效益平稳增长。2020 年末，分场土地总面积 1240.7 公顷，其中耕地面积 818.1 公顷、林地面积 61.33 公顷。常住人口

20 人，10 户，在职职工 82 人，退休职工 127 人。拥有水泥晒场 65000 平方米、防渗渠 6600 米，区内水泥道路 12 公里。建电排灌站 8 座，拥有大中型农机具 41 台、37 套，总动力 6541 千瓦，农业机械化程度 98％以上。2020 年，生产啤酒大麦 1007257 公斤、小麦 5230641 公斤、水稻 7632711 公斤，粮食总产 13870609 公斤，平均亩产 1130.31 公斤，平均亩利润 660 元。

七、七分场

七分场位于夸套闸下游入海口以北、苏北灌溉总渠入海口以南、新老海堤之间，东临黄海，西与临海镇的曙东村、盐店村相邻，南与南京军区盐城副食品基地、高炮靶场相望，距离场部 11 公里，地面真高 1.29～1.77 米，土质为粉沙壤土，是海滩围垦形成的土地，土壤含盐量较高，前期达 3‰。由于紧邻黄海，具有明显的海洋性气候特点。2012 年末，土地总面积 898 公顷，其中耕地面积 578.46 公顷、林地面积 8.4 公顷、鱼塘 13.33 公顷。常住人口 326 人，135 户。在职职工 96 人，其中淮海分公司职工 67 人；退休职工 77 人。七分场部 1981～1988 年在扁担港部队营房，现位于垦一队西、老海堤东。有管理人员 16 人，其中在编 8 名、协管员 8 名。下设垦殖一队至垦殖四队共 4 个大队。分场实行统一管理，统一核算。

建场初期，七分场称北夹滩，20 世纪 60 年代称畜牧场，兵团时期称副业排，主要是看管草滩、耕牛放牧和收割牛草，是一片坑坑洼洼、杂草丛生的荒地。随着国家和农场对荒地开发的不断重视，20 世纪 80 年代，开始对七分场荒滩进行整体规划和不断开发。1980 年，筹建东滩分场。当年由江苏省农垦局投资，引进 53 头奶牛，组建奶牛场。1981 年 11 月，经江苏省农垦局批复，同意成立东滩分场，科级建制。同时，开挖精养鱼塘 204 亩、鱼种塘 76 亩、滩养鱼 320 亩，成立了养鱼场。新建排灌站，开挖进排水主河道，实现通水、通电、通路。1984 年，总场同意东滩分场设奶牛场、渔场、玻璃厂、窑厂共 4 个大队级建制。1988 年，东滩分场第一次在开垦的荒地上种植水稻 320 亩，亩产 400 公斤，成立垦殖队、机耕队。1989 年，农场加大对东滩分场的开发力度，集中大型机械，共分三个阶段，投资 300 多万元，进行大面积垦荒，到 1993 年共形成耕地 6000 多亩。1995 年以后，为改良土壤，对已开垦的条田进行匡圩养殖，精养加滩养，面积 5000 多亩，主要养殖异育银鲫、河蟹、河虾，是江苏省无公害淡水鱼养殖基地。2004 年 10 月，东滩分场改称为第七管理区，下设垦一、垦二两个作业区，在编管理人员 4 人。2009 年 9 月，撤销第七管理区，改称为七分场。2012 年，淮海分公司称七分场为七生产区，存续农场仍称七分场。

七分场在 2000 年之前是多种经营单位，以养殖业为主、种植为辅。2004 年之后，以种植业为主、养殖业为辅。2008 年，全部实行稻麦两季，主产啤酒大麦、水稻和少量小麦。2012 年有水泥晒场 35493 平方米、防渗渠 1300 米，分场境内水泥道路 6.2 公里。区域内实行匡圩封闭，进排水自如，土壤含盐量逐年减少，抗御自然灾害的能力逐年增强。共有电排灌站 6 座，拥有大中型农机具 23 台、61 套，总动力 1680 千瓦。2012 年，七分场共生产啤酒大麦 2762753 公斤，小麦 235426 公斤，水稻 4578053 公斤，粮食总产 7576232 公斤，平均亩产 873.15 公斤，平均亩利润 722.72 元。

2013—2020 年，七分场基础建设投入更新、生产效益平稳增长。2020 年末，分场土地总面积 898.01 公顷，其中耕地面积 570.45 公顷、林地面积 11.8 公顷。常住人口 24 人，11 户，在职职工 63 人，退休职工 60 人。拥有水泥晒场 37000 平方米、防渗渠 2600 米，区内水泥道路 8 公里。建电排灌站 7 座，拥有大中型农机具 33 台、41 套，总动力 2865 千瓦，农业机械化程度达 98%。2020 年，生产啤酒大麦 733433 公斤、小麦 4016651 公斤、水稻 5196589 公斤，粮食总产 9946673 公斤，平均亩产 1162.43 公斤，平均亩利润 683.69 元。

2009 年，农场通过招商引资，民营企业在七分场原奶牛场处投资建设一座万头猪场，正常生产经营。2018 年 2 月，猪场区域因属国家自然保护区缓护区域而关闭。

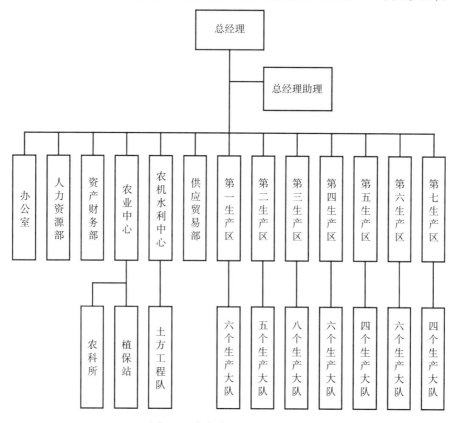

图 2-5　淮海分公司组织结构图

第五节　驻场单位

一、射阳县公安局淮海派出所

1954 年 6 月，射阳县公安局在六垛设立边防派出所，列入公安军建制管理。1959 年 4 月，经上级批准，本场明确 2 人常驻六垛派出所为正式民警编制，在该所统一领导下，负责本场域内防特、防盗、防火安全保卫工作。

1969 年，兵团时期，团政治处内设保卫股，业务受兵团二师政治部保卫科领导，负责全团治安保卫工作。

1976 年，兵团二师 10 团撤销后，场政工科设保卫干事专人。1984 年 5 月，成立保卫科建制，编制 4 人，其中科长 1 人、内勤 1 人、外勤 2 人，业务受射阳县公安局领导，负责场域内治安保卫工作。

1985 年 5 月，经盐城地区专员公署批准并报江苏省公安厅备案，成立"射阳县公安局淮海农场派出所"，定员干警编制 7 人。其中副科级副所长 1 人、副股级指导员 1 人、民警 5 人，业务受射阳县公安局领导，行政管理受场党委领导，行使地方公安派出机构的各项职能，执行国家的法律法规，打击扰乱社会治安的犯罪分子，依法查处辖区刑事、治安案件，维护本场和职工的合法权益。办公地点设在原场办公区内。主要交通工具是一部边三轮摩托车。

1988 年 8 月，场党委决定，派出所升格为科级建制，全所干警编制 7 人，配副科级所长、指导员各 1 人。在场党委、射阳县公安局的双重领导下，针对辖区治安状况的特点，开展打黑除恶、扫黄打非、禁毒、禁赌、禁娼等严打整治专项斗争。1998 年 9 月，组建了场党委领导和派出所直接负责的专职治安联防队，在场乡交界处设卡，伏击守候，长年巡逻于场部居民小区。组织防范和打击盗窃农用物资、哄抢农作物行为，保护财产安全，保障农业生产顺利进行。围绕破大案、挖团伙、治乱点、追逃犯的工作部署，在市、县公安机关指导下，连续组织开展春、夏、秋、冬四季"严打"斗争，破获场域内发生的刑事案件，查处各类治安案件，打击处理违法犯罪人员，追缴赃款赃物，全场治安形势明显好转。随着法制建设力度的加大，派出所先后配置对讲机、程控交换机等通信设备，配备"金杯"牌警车 1 辆，改善了办公和交通条件。

2002 年 1 月，依照江苏省政府办公厅苏政办发〔2000〕34 号文件精神，淮海农场派出所从本场剥离，地方政府收编后予以授衔，人员以及房屋、固定资产使用权划归射阳县公安局,全称为"射阳县公安局淮海派出所"。2012年末,该所共有所长1人、指导员1人、民警2人、专职联防队员13人。购置电脑等办公设备,配置治安巡逻车、现场勘察器材、信息采集、照相器材等警用设备。

2020年末,淮海派出所配备警员4人,其中所长1人、指导员1人、民警2人、专职联防队员8人。资产总额180.55万元,其中固定资产170万元。2013—2020年,按照射阳县公安局的统一部署和场党委的工作要求,查处各类刑事案件和治安案件,开展"创建平安淮海,建设最安全地区"活动,负责淮海农场辖区内治安防范、消防安全、道路交通以及户籍管理等方面的工作,履行服务经济、保一方平安的职责。

二、射阳县淮海农场学校

1956年9月,在场部创办第一所职工子弟小学,开设一、二年级复式班,共有学生30余人。1960年9月,随着人口和生源的不断增加,龙潭港、头庄、大港、梁庄、西汊、美人垛等作业区陆续办起了小学。据统计,当时全场初级小学有20个班级,在校学生600余名;10个幼儿园,在园幼儿300余名。1968年8月,根据经济、社会发展的实际情况,研究决定,在场部创办初级中学。当年招收新生46人,开设一个班级,9月1日正式开学,其教学、行政事务隶属场部学校代管。1969年春季,全场各分场的小学普遍开设初中班,学制两年。当时全场共有7所小学"戴帽子"初中班,开始普及初中教育。1971年2月,在场部学校增设高中部,招收106名高一新生,开设2个班级,场部有了住宿生。此后,教育规模不断扩大,三分场、四分场也开设了高中班。1979年2月,无锡等地城市知识青年陆续回城,担任学校教师工作的也大多随之离场。为解决教师匮乏的问题,本场边从场内职工子女中选拔,边从地方学校选聘,充实教师队伍。为提高师资水平,组织老教师"传帮带",举办教学业务讲座、函授、脱产培训,以保证教学质量。1994年8月,淮海农场中学高中部不再招收高一新生,应届初中毕业生参加中考,各科目考试成绩达到地方学校中考录取分数线的,场中帮助推荐到市、县、乡中学,在经济上给予达线者适当补贴。

为集中人力物力,合理地利用教育资源,提高教育质量,本场实行教育体制改革,调整教学布局,收缩规模,集中办学。1995年秋,分布在各分场的学校和各教学点先后撤并,学生集中到场部学校就读。学校实行全方位管理,配备生活老师和校医,对低年级学生进行全天候护理。淮海农场中学成为全场唯一的普通完全中学。

2002年7月,根据江苏省政府办公厅《关于省农垦企业分离办学职能的实施意见》

（苏政办发〔2001〕38 号）文件精神，本场教育职能剥离，淮海农场职工子弟学校划归射阳县，在职教学、管理及后勤人员及办学用地、校舍、设施全部划归地方，隶属射阳县教育局管理，淮海农场职工子弟学校更名为射阳县淮海农场学校。

淮海农场学校占地面积 42.5 亩，建筑面积 5800 平方米。该校有教学楼两幢、学生宿舍楼 1 幢、学生食堂 1 座。2012 年 9 月，有 9 个年级 18 个教学班，在校学生 620 多人，教职工 68 人。2020 年教职工人数 72 人，其中女性 28 人；有 7 个年级 14 个教学班，在校学生 580 多人，教育支出 144 万元，工资性支出 25.8 万元，资产总计 834.6 万元。

学校的组织管理实行校长负责制，设正、副校长。校长室下辖教务处、政教处、总务处，每处设正、副主任，分管教学、共青团、少先队、后勤等事宜。学校的教学管理由教务处具体负责，每学科设教研组。教务主任、教研组长相互配合，制订教学计划，安排班级课程，指导教师工作。校园内建有公寓式学生宿舍和食堂，配备专职宿舍管理员。校园内商店、医务室一应俱全，服务优良。

三、中国农业银行射阳县支行淮海农场分理处

1958 年春，中国人民银行射阳县支行在本场设立信贷服务组，代办场域内存贷业务。随着本场生产建设和发展规模的不断扩大，1961 年由信贷服务组升格为中国人民银行射阳县支行淮海农场分理处。1979 年 10 月，国家设立中国农业银行，本场的金融信贷业务均由中国农业银行办理。中国人民银行射阳县支行淮海农场分理处更名为中国农业银行射阳县支行淮海农场分理处。2012—2020 年，人员编制为主任 1 人、员工 6 人，年收入 258 万元，工资费用 51 万元。

淮海农场分理处在上级行的领导下，始终坚持以服务本场经济发展为己任，遵循诚信为本、稳健经营的宗旨，坚持与客户同忧乐的理念办理存贷业务，多年来在筹集资金、防范风险、执行金融法规、支持本场经济发展等方面，做出了积极的贡献。淮海农场分理处担负本场全体在职职工和离退休人员的工资、养老金、生活费、福利费等发放筹措工作，多年如一日，确保按时足额兑现。

中国农业银行射阳县支行淮海农场分理处在服务本场经济发展的同时，不断加大科技投入力度，业务功能日臻完善，服务能力不断加强。1994 年，投资改造成电脑办公。2000 年，开设办理汇兑全国联网的信用卡业务。2010 年投资安装全功能 ATM 机一台，开通网上银行不仅方便了本场职工和居民办理现金业务，也保障了客户资金的安全。

四、射阳农村商业银行淮海农场分理处

2001年3月，射阳县农村信用合作联社为了拓宽业务、扩大服务范围、搞好对淮海农场经济建设的服务工作，在淮海农场开设了射阳县农村信用合作联社淮海农场信用社。2008年9月，射阳县农村信用合作联社组建为江苏射阳农村商业银行，射阳县农村信用合作联社淮海农场信用社同时更名为江苏射阳农村商业银行淮海农场分理处。2012年末，该单位有主任1人、员工7人。2018年末，员工8人，其中主任1人，经营收入180万元，工资费用40.3万元。

射阳县农村信用合作联社淮海农场信用社成立之初，为了支持本场务农职工承租土地对资金的需求，为场内务农职工发放贷款3000余万元，为服务本场经济建设做出了贡献。射阳农村商业银行淮海农场分理处坚持客户至上、以市场为导向、以经济增加值为核心的经营理念，致力于为客户提供热情、真诚、准确、高效的服务，不断完善服务体系，提高服务质量，拓展业务范围。员工的服务素质和业务水平得到极大提高。现射阳农村商业银行淮海农场分理处提供为辖区农户、承包土地职工、个体工商户、运输专业户办理储蓄、存款、贷款、结算等各类业务。同时，在场部设立了24小时便于操作的自动取款机，极大地方便了广大客户，受到了客户的认可和好评。

五、射阳县邮政局六垛邮政支局

1958年2月，射阳县邮电局设立六垛邮电支局，行政业务隶属射阳县邮电局领导。1997年7月，邮政、电信分开办公。2012—2020年，六垛邮政支局有局长1人、营业员2人、投递员3人，年经营收入120万元，工资费用24万元。

六垛邮政支局在上级局的领导下，积极策应邮政体制改革后出现的新情况、新问题，围绕邮政连着你我他、文明服务千万家的宗旨，按照规范化、制度化的要求，2009年投入资金对邮政营业场所进行装修改造，邮政窗口对外服务形象得到有效提升，邮政设施不断改善和提高，缺报少刊、投递不到位等现象以及客户的投诉明显减少，服务质量、邮政知名度和社会认可度不断提高。六垛邮政支局经营的业务种类由传统的信函、集邮、包裹、邮购、汇兑、邮政储蓄、报刊征订发行、特快专递等，拓展到了商业广告信函、礼仪业务、代收代发等业务。

六、射阳电信局六垛支局

六垛电信支局是中国电信射阳分公司在淮海农场、六垛区域内设立的分支机构，统一使用"中国电信"服务商标，为本场提供通信保障和多种电信业务服务。2012—2020 年，六垛电信支局有局长 1 人、营业员 4 人、外线维护员 3 人，年经营收入 102 万元，工资费用 65 万元。

射阳电信局六垛支局经营固定电话、电信网络、通信设备销售业务，承担光缆、电缆架设工作。近年来，该局业务范围还涵盖了国际国内长途电话、本地网市话、移动电话、互联网接入等多种信息服务。2012—2020 年，六垛电信支局通过投资大规模建设，建成覆盖全区域的四通八达的通信网，网络通信能力有了进一步提升，电话业务发展迅速，互联网业务得到较快发展，因特网业务普及率达 100%，网上办公、销售、炒股等逐步被职工及居民接受和使用。该局员工综合素质、业务管理水平以及客户满意度不断提高。

第三章　自然环境

第一节　地理位置

淮海农场位于江苏中部沿海地区，地处苏北灌溉总渠和淮河入海水道尾闸两岸，东临黄海。场部地理坐标为北纬 34°04′、东经 120°13′。场区跨滨海、射阳两县，分布在新北八滩河以南，夸套南支河以北，通济、汛鲍干渠以东，海堤以西地区。东西直线距离 24.5 公里，南北 21.5 公里，全场分为八块。场域总面积 12.99 万亩，耕地面积 7.83 万亩，全场 70% 的土地处于苏北灌溉总渠以北地区。

农场以淮河入海水道和苏北灌溉总渠为界，分为渠南、渠北两个自然区域，分属淮南、淮北两大气候区。渠南的五、六、七分场及场部，地处淮南地区；渠北的一、二、三、四分场，属于淮北地区。场区分散，与滨海、射阳两县的滨海港、八滩、临海、五汛等镇的 20 多个村相互交错。农场场部距离最远的三分场场部 12 公里，距滨海、射阳县城分别为 50 公里和 38 公里，距盐城市区 90 公里，距沿海高速公路和临海高等级公路分别为 25 公里和 6 公里。

第二节　地形地貌

场区内地势平坦，由黄河、淮河的泥沙冲击成陆，成陆较晚，属海湾潟湖相沉积的废黄河三角洲平原。宋建炎三年（1129 年），黄河夺淮，直至清咸丰五年（1855 年），黄河改道山东蓟县入海，700 多年间，历史上有记录的黄河决口累计达 280 次。起初洪水夺淮入海，混浊的黄河水夹带了大量的泥沙，堵塞了古淮河位于原涟水古云梯关（现响水县黄圩镇境内）的入海通道。后转向范公堤（今 204 国道）以东的浅海，泥沙在海流的搬运下，使滨海平原东扩速度加快。据盐城市海盐博物馆资料，宋朝时盐城海岸线位于今 204 国道，明朝时东扩至距盐城东 9 公里的南洋，清朝后期又东扩至现在的新洋港一带。由于成陆过程中受到河流冲击和海潮涤荡及外力堆积的作用，形成了高低起伏、总体呈北高南低的地势。北部的三分场靠近废黄河沿线的高滩地区，地面真高达 1.3～1.7 米；中部的

图 3-1　农建四师暨淮海农场分布图

一、二、四分场为渠北黄泛坡地区，地面真高为 1.0～1.5 米；渠南为水网地区，地面真高 0.8～1.5 米。农业分场以长方形地块为主，按长 1000 米左右、宽 50 米左右的标准设置条田，沟渠纵横，道路通畅。场部地形为不规则的长条形，沿苏北灌溉总渠南堤和六垛闸的上下游一线分布工厂、学校、医院和场部机关。

　　场区内地层发育齐全，沉积了一套浅海相、滨海相及陆相物质，质地构造主要是由一系列东北向褶皱、断裂，以及配套的横张或张扭性断裂组成的滨海断褶带。

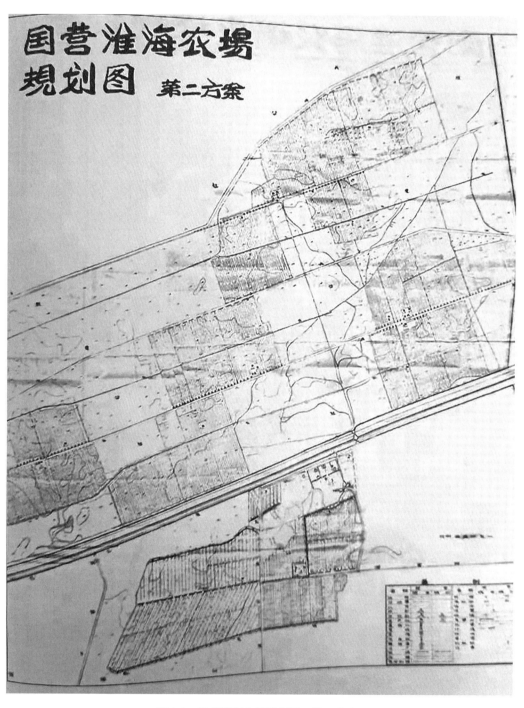

图 3-2　国营淮海农场规划图（第二方案）

第三节　土　　壤

一、成土母质和自然植被

农场的土壤为黄、淮河流泛滥冲击和海相沉积成陆，成土的变化随着地形的起伏而有差异，经黄、淮河流的多次冲刷、涤荡，静态和动态沉积，形成轻、中壤土上下穿夹，走向为自东向西、由南至北，物理性黏粒逐渐增加。整个土体构型质地为壤土，由于成陆仅数百年，土壤年轻，层次不分明。成土母质系冲击和沉积物，在海水长期侵蚀下，尤其是1939年潮汛冲破海堤，海水倒灌，淹没土地，更加重了整个土层和地下水的可溶性盐分的含量。盐分的基本组成盐与海水一致，以氯化钠为主，约占全量的60%。据历史资料分析，全场土壤植被演变过程是：含盐量极重的不毛之地，经淋盐后土壤在微生物和藻类的作用下，高等耐盐植物的先锋盐蒿开始生长，随后獐毛草、茅草和大小五花头等相继生长或混杂伴生，低洼地则芦苇生长良好。随着土壤的逐步脱盐，自然植被也相互更替发展，促进土壤进一步脱盐。土壤脱盐与植被演变关系如下：光板地—盐蒿—獐毛草—小芦苇（低湿地区）—大芦苇（长期积水区）—茅草或小五花头—茅草或大五花头；对应植被的土壤盐分分别为：0.73%—0.45%—0.42%—0.38%—0.25%—0.36%—0.22%。

二、土壤分类

2000年土壤复查资料显示，轻盐土在全场仍占有一定比例，主要分布在四、七分场等单位。轻盐土的形成大体上可分为两类：一是稳定的轻盐土，原始草色比较好，如六分场的部分轻盐土；二是原来的脱盐土因烂耕烂耙和灌溉不当，排水不畅通，抬高了地下水位，土壤盐分上升，致退化成轻盐土，如七分场为大部分轻盐土。中盐土主要分布在一、三、四、七分场，其中新开垦的七分场占有较大比例，经近几年来种稻洗盐，面积减少，但在三、四分场仍有少量分布。2000年调查中盐土的剖面形态，耕作层0～19厘米，土色灰棕色，团粒状结构，石灰反应强，该类土经过种植改良后，土壤结构发生了变化，由无结构的松散状态变为团粒结构。这类土要保持良好的通透状态，需注意排水降渍。

三、理化性状

经过多年的改良和利用，土壤耕层的物理性状已有好转，1990年与1980年相比，耕层容重下降，这主要是由于秸秆还田改善了土壤的物理性状。但是旱改水以后，土壤的物理性状发生了复杂的变化，亚耕层的容重增加，孔隙度下降，其原因是土壤浸水以后，一些细小的颗粒、砂粒、粉粒逐渐沉降，亚耕层土壤孔隙被渐渐淤塞。同时又形成了明显的犁底层，长期的大型农业机械作业，使得亚耕层逐渐坚实，田间持水量和毛管增加，必须继续坚持秸秆还田，以增加土壤的通透性能，改善土壤的物理性状，提高土壤的保肥保水能力。从土壤的化学检测资料可以看出，全场土壤的平均盐分含量呈下降趋势，2000年比1980年下降的幅度更大，轻度盐化土和脱盐土已是目前土壤的主要类型。由于引进淡水种植水稻，地下水的矿化度大幅度下降，水质改善，土壤的化学性状已经有了较大改变。耕层的有机质增加，全氮和全磷上升幅度较大，速效钾稍有下降，pH8.0～8.4（2000年资料）。

四、土壤养分

农场主要种植作物为稻麦。水稻亩产600公斤左右，大小麦亩产450公斤左右，全年稻麦总产0.75亿公斤左右。据2000年测定：土壤含有机质为16.3克/公斤，全氮含量平均为1.08克/公斤，碱解氮含量87.2毫克/千克，速效磷含量为22.48毫克/千克，速效钾含量142.3毫克/千克，土壤微量元素速效硼含量0.66毫克/千克，有效锌含量1.33毫克/千克，交换态锰含量4.88毫克/千克，有效硅含量94.7毫克/千克，为缺硅、缺锌、缺硼土壤。

第四节　气　候

农场地处亚热带与暖温带的过渡地区，季风环流支配着主要气候要素变化。冬季受极地大陆气团控制，夏季受海洋气候影响。在热带气流北上势力增强的情况下，具有明显的海洋性气候特征。经常处于冷暖空气交汇之处。该区域总的气候特点是夏季炎热、冬季寒冷、四季分明、日照充足、热量丰富、雨水充沛、霜期较短，有利于多种农作物生长。根据观测降雨资料统计，年降水量1012毫米左右，全年平均气温13.93℃，平均无霜期

208～218 天，年平均日照为 2012.9 小时，平均蒸发量 1240 毫米。

一、气温

全场年平均气温 13.93℃。极端年份，月平均最高气温 38.8℃，出现在 1966 年 8 月；月平均最低气温为－13.6℃，发生在 1956 年 1 月。日平均大于 30℃的年平均日数为 6～8 天，大于 33℃的平均日数为 3～5 天。日最低气温小于 3℃以下的天数为 79～98 天，低于－10℃的年平均日数为 0～5 天。

二、地温

年平均地温为 15～17.3℃。极端年份，月平均最高地温为 63℃，发生在 1966 年 8 月；月平均最低地温为－11℃，发生在 1956 年 1 月。

三、日照

年平均日照时数为 2012.9 小时，平均日照百分率为 25.83％。最多年日照时数为 2581 小时，发生在 1966 年；最少年日照时数为 1421 小时，发生在 1993 年。

四、降水

年平均降水为 1012 毫米。最多的是 1990 年，年降水量 1720.6 毫米；最少的是 1978 年，年降水量为 536 毫米。70％～80％的年份会出现日降水量超过 100 毫米的大暴雨，1 日最大降水量为 178.3 毫米，发生在 1983 年 7 月 22 日。最长连阴雨为 13 天，发生在 1985 年 8 月。最长无降雨日为 83 天，发生在 1973 年 5～7 月。年平均降霜日为 56 天，降霜最早时间为 1981 年 10 月 24 日，最迟为 1984 年 11 月 23 日；终霜最早时间为 1981 年 3 月 22 日，终霜最迟时间为 1987 年 4 月 27 日。年平均初雪日期出现在 12 月中旬，终雪日期为 2 月下旬，年平均降雪日数为 6～9 日，1954 年 12 月 22 日至 1955 年 1 月 2 日曾出现连续 11 天的降雪日，给人们的生产和生活带来不便。

五、蒸发量

年平均蒸发量为 1240 毫米，月平均蒸发量最大在 5 月，为 168.8 毫米。年际间变化较大，在 987 毫米至 1778.6 毫米之间。季节分布上有差异，以夏季最大，春、秋季次之，冬季最少。

六、风

年平均风速为 3.3 米/秒。风向随季节变化而呈现出有规律的变换，夏季以东北风为主，冬季西北风较多。沿海地区的气压差大、再加上沿海地区地势平坦、气流畅通，风力和风速显著增强，愈到海边风力愈强，场区内蕴藏着丰富的风能资源。

七、灾害性天气

冬季常受西伯利亚多变性寒潮控制，干冷与冻害经常发生；夏季受海洋性季风控制，炎热多雨，旱涝交替。春秋两季多处于南北季风交替期，虽然日照条件好，但光温分布不均匀，加之又处于南北气候过渡地带，东临黄海，灾害性天气和程度相对较高。近 60 年内曾发生多次大暴雨和连阴雨，给农业生产造成了较大损失。大涝年分别发生在 1956、1962、1990、2003、2005 年，年发生频率为 8%；偏涝年为 1954、1963、1965、1970、1985、1987、1991、1998、2000 年，年发生频率为 18.33%；大旱年为 1953、1976、1977、1978、1994、1995、2001、2002、2004、2008、2009 年，年发生频率为 18.33%；偏旱年份为 1955、1961、1966、1967、1976、1981、1988、1996、1997 年，年发生频率为 15%。

春涝年发生频率为 15.8%，渍害严重，主要影响三麦的根系发育和营养吸收，造成春发不足、群体瘦小、生长不良。夏涝的发生频率为 26.3%，主要发生在 6 至 7 月份的梅雨季节和 8 月份的台风影响时期，因降水量过大而形成洪涝灾害。根据农业生产实践和气象资料分析，月降水量达到 400 毫米，或两旬的总降水量达到 300 毫米，或旬降水量达到 250 毫米均为夏涝年份。夏涝对棉花、玉米等旱作物的生长影响较大，会造成僵苗不发，花、蕾、铃脱落增加，生育期推迟。水稻长期淹水，造成根系发育不良，有效分蘖减少，严重的还会造成死苗。秋涝与夏涝的标准相同，主要由台风影响造成，发生频率为

15.8%，会造成秋熟作物倒伏，棉花脱落增多，推迟成熟，水稻结实率下降，产量损失较大。

自然灾害对全场农业生产的影响较大，尤其是洪涝灾害。由于农场濒临黄海，冬季受极地大陆气候控制，夏季受海洋性气候影响，又在热带暖湿气流控制之下，经常处于冷暖空气交汇之处，加上季风的早迟和强弱的变化，洪、涝、渍灾害经常发生，为江苏沿海地区的"暴雨窝"和"洪水走廊"，上有客水压境、下受海潮顶托，防汛形势十分严峻。

1954年7月，累计降水364.6毫米，建成不久的苏北灌溉总渠行洪每秒达800立方米，西部大柴港的南堤出现8个漏洞，农建四师组织1000多官兵和附近村民奋力抢救才脱险，但仍有1500多亩大豆和棉花受淹。

1956年7月，连降大雨438.5毫米，汛期总降水量达1094.8毫米，外河水位高出田面30厘米，受淹面积36000亩，农作物减产七成以上，粮食损失1058吨，经济损失243万元。

1962年大涝，汛期的6、7、8、9四个月总降水量达1272毫米，其中9月份降雨538.2毫米，全场一片汪洋，2.1万亩棉花、大豆和2.5万亩水稻全部被水淹没，水深达0.5～1.0米。8月上旬又遭受12号台风的正面袭击，最大风力达12级，全场倒塌房屋计2840间，因灾死亡1人、受伤7人，损失粮食3080吨，经济损失434.53万元，全场职工靠吃救济粮和救济款为生。

1983年6月下旬至8月上旬，降雨512.5毫米，全场7万多亩水稻、棉花受淹，受灾面积43500亩，损失粮食1525吨，经济损失200多万元。

1986年7月中旬，降雨519.2毫米，3750亩粮食、棉花受淹，经济损失25.1万元。

1990年5月中旬开始入梅，连降大雨150.7毫米。7至9月降水量达1183.7毫米。7月14日六垛闸开闸泄洪，受淹棉花、水稻7万多亩，经济损失500多万元。

2003年汛期，淮河流域发生特大洪水，汛期累计降水量达761.7毫米，全场2万多亩水稻、大豆受灾，淮河入海水道建成后首次行洪，滩地2000多亩水稻受淹绝收，粮食损失1000多吨，经济损失258万元（其中国家赔偿94.2万元）。

由于地势低洼，水源丰富，所以干旱对全场农业生产的影响相对较小，尤其是旱作物还表现出旱丰涝欠的特点。例如1978年为新中国成立后旱象最严重之年，4—5月仅降水24.5毫米，梅雨无雨，汛期无汛，春旱接夏旱，夏季100天无雨，年降水量仅为535毫米，当年棉花大丰收，但大豆、水稻有部分损失。1953年5月上旬起，连续47天无雨，沟渠水位低落，水稻缺水栽插，受影响面积3万多亩。

连阴雨是农场常见的气象灾害，一年四季都有发生，给春播、夏收和秋收、秋播带来困难，会造成烂耕烂种、土壤板结和僵苗不发。有时还会造成烂麦场、烂稻场、棉花烂铃降级，同时还会导致病、虫、草害大发生。凡连续降雨4日以上，或在一个长时间的阴雨期内仅出现2个无雨日，为前后两次的阴雨过程。据统计，春季出现1~2次连阴雨的频率为30.2％，平均为1.4次，4.9天。如1985年、1990年都因为出现连阴雨天气造成棉花苗病大发生和水稻烂秧等严重损失。夏季连阴雨主要是在夏收期间的连续阴雨，日照不足，温度较低，影响夏熟作物的生长发育和田间管理，给夏收带来不良影响，往往造成麦子穗上发芽和烂麦场的局面。夏收期间出现连阴雨的频率达50％左右，一次最多降水量达278.3毫米，1985年曾出现阴雨日14天的情况。1989年6月4日至6月15日，连续降雨11天，降水量达330毫米，使夏粮生产受到严重影响。秋季连阴雨主要出现在9、10月份的秋收秋种季节，会引起棉花烂铃、烂稻场、稻粒发芽霉变，危害严重，为10年一遇，如1960年、1970年、1991年、1992年、2007年。中等危害约为5年一遇，如1961年、1971年、1975年、1996年、2005年，都出现了秋雨连绵的天气，影响秋收和秋播工作。为了抗灾，农场采取建设水泥晒场和烘干设施、购置场膜、更新农业机械、增强收种能力、调整作物布局、缩减棉花面积等措施，提高抗灾能力。

冰雹危害带有局部性。如2005年4月24日，冰雹从农场的西北部扫过，二分场损失较重，省农垦集团总公司发放救灾款20多万元。一般旱年发生冰雹的机会较多，涝年较少。降雹时间性较强，一般出现在每日的下午至上半夜，以傍晚前后为多，因为此时段冷热空气对流比较旺盛，容易形成强对流天气。近年来，县气象部门加强对冰雹的测报工作，联合向冰雹云发射高炮和土火箭等，减弱雹云的发展，减少雹灾的发生。

低温冷害，一般发生在早春和晚秋，称为倒春寒或寒露风、晚霜或早霜、寒潮、寒流等。春季低温称为倒春寒天气，一般在4月下旬进入春播季节后，连续三天出现低于12℃的气温，不仅会使水稻、棉花等春播作物的出苗率降低、出苗推迟、病害严重，还会使夏熟作物尤其是大麦的抽穗、扬花和受精受到影响，造成结实率和粒重下降。如1987年4月27日，仍出现霜冻；1991年4月中旬，仍出现-5℃的天气，使农业生产受到严重影响。预防春季低温的措施是：推迟大、小麦的播种期，水稻采用薄膜育秧，棉花采用地膜覆盖、育苗移栽等增温措施，防止低温僵苗和病害烂种死苗。秋季低温冷害和寒潮、早霜使水稻的抽穗、扬花、灌浆受到影响，降低水稻产量。迟熟中稻安全齐穗期，即日平均气温22℃、80％保证率的日期应在9月4日之前。农场连续3天低于20℃的最早日期为1986年10月9日；降霜最早的日期为1981年10月2日，常使迟栽水稻发生包颈、青枯、粒重下降等不良影响。秋季低温冷害的防御措施有：合理安排茬口布局、品种搭配、提前播种、灌水调温、喷施调节剂等，减轻危害，降低损失。冬季的低温冷害在农业生产中常以越冬作物对低温的影响程度来评判，提出了冷冬、暖冬的气象概念。根据农场几十年三麦越冬与冻害程度分析，当越冬气温比常年（年平均气温）偏高 2℃以上时，称为暖冬年。近 10 年来也有专家提出以大、小麦越冬阶段的生长量来确定是否为冷、暖冬。凡越冬期，大小麦主茎能出生 2 张以上叶片的称为暖冬年。近 20 多年来，由于受地球温室效应的影响，气候带北移，农场的大部分年份为暖冬年，有利大、小麦的越冬生长。当冬季温度比常年低 2℃时称为冷冬年，20 世纪 50 年代到 90 年代多见，约 6 年一遇。近 10 年来约为 10 年一遇，使越冬作物，尤其是大麦形成严重冻害，例如，2008 年 12 月 22 日至 23 日分别出现－9.8℃和－8℃的低温，2009 年分别出现－7.2℃、－8.3℃、－5.2℃的低温，部分早播麦田形成严重冻害。

龙卷风是雷雨云中伸向地表的一种范围较小、风速极大、时间较短，但破坏力很大的空气涡旋。1997 年 5 月 26 日下午 3 时，七分场遭到龙卷风袭击，损失严重，影响区域内天昏地暗、飞瓦走石、风吼发狂。在灾害性天气中，雷击现象也有发生，有时造成人畜伤亡。

第五节　水　　系

一、水系概况

农场位于淮河下游，隶属淮河水系，有关的区域性河道有 8 条，即苏北灌溉总渠、淮河入海水道、射阳河、南八滩河、中八滩河、北八滩河和夸套南支河、夸套北支河。苏北灌溉总渠为主要灌溉水源，其中三分场由于地势较高，隶属盐城市的废黄河灌区，由大套翻水站抽取通榆河的引江水源济淮（黄），进入中山河再放入北八滩河，经提水进入各分支河道灌溉。渠北地区的一、二、四分场由通济干渠和南、中、北 3 条八滩渠引苏北灌溉总渠的水源，分别再由沿线的电灌站提水进入各分支渠灌溉。渠南地区的五、六分场通过五岸干渠引苏北灌溉总渠的水源，再由设在渠首的各灌站抽水进入各分支渠灌溉。七分场主要提取复堆河的回归水灌溉。滨海县的南、中、北 3 条八滩河和射阳县的夸套南、北支河是农场两个区域独立机排水的入海骨干河道。根据场区内地势低洼、外围骨干河道的常年水位高出地面 20～30 厘米的状况，采取封闭排水的治水办法，平时预降，汛期抢排，取得了良好的防涝降渍效果。

二、主要河道

1. **苏北灌溉总渠**　苏北灌溉总渠是一条排洪、灌溉、航运、发电综合利用的人工河道，于 1951 年 11 月开挖、1952 年 3 月竣工。总渠西起洪泽湖边高良涧，向东流经淮安、楚州、阜宁、滨海、射阳至扁担港入海，其中横贯射阳县和农场境内 9376 米，渠底宽 60～110 米，渠底高程－2.6 米，外坡 1∶3，内坡 1∶5，青坎 20 米。农场场部与六垛闸紧邻。1954 年盐城专员公署组织射阳民工 1 万多人对农场境内的南堤进行帮戗（堆堤加固），长度达 7000 多米。1960 年 7 月排洪时，阜宁腰闸最大洪峰过闸流量 993 立方米/秒，六垛闸达到 898 立方米/秒。1991 年行洪时达到 800 立方米/秒，六垛闸上出现漂浮物，闸下出现渗水等险情，农场派出人员协助抢险和值班防守。

2. **淮河入海水道**　淮河入海水道为新中国成立后全国十大水利工程之一。1998 年开工建设，2003 年竣工，当年即投入使用，承担淮河行洪任务。淮海入海水道位于江苏省淮安、盐城市境内，西起洪泽湖二河闸，东至滨海县扁担港入海，全长 163.5 公里，下游宽 400～620 米，其中滩面 200～350 米，中间为南泓（排污）和北泓（灌溉），采用漫滩束水行洪，是淮河下游的主要行洪通道，经过农场境内 7.6 公里。

三、供排水系

1. **苏北灌溉总渠以南的五、六分场和场部**　以苏北灌溉总渠为主要水源，引入五岸干渠，由设在支渠的电灌站抽取干渠水源进入各支、分渠灌溉，干旱时由千秋翻水站抽取射阳河水补给。该区域涝水主要由 10 多条斗沟机排入夸套河入海。

2. **苏北灌溉总渠以北地区**　渠北地区有一、二、三、四分场，约占全场面积的三分之二，主要灌溉水源为苏北灌溉总渠向通济干渠和南、中、北 3 条八滩渠供水，再由沿线的电灌站提水灌溉。其中三分场地势较高，主要水源来自废黄河灌区，由盐城市大套翻水站抽取通榆河的引江水源，进入中山河再放入北八滩河，进入沿线的各支河电灌站提水灌溉。该区域的涝水主要由各圩区的排站抽排入 3 条八滩河入海。

3. **新老海堤夹堆之间的七分场**　该区域为新老海堤之间的狭长地带，南北长 7.5 公里，东西宽 2～3 公里，灌溉水源主要抽取复堆河的回归水源，涝水主要由区内中心河自排入海。

第六节　海　堤

一、避潮墩

过去无海堤，每当飓风潮骤涌时，海边常有煎丁渔民樵夫奔避不及，被席卷葬海。明嘉靖十七年（1538 年），盐运使郑漳在团诸社创设避潮墩，渔民在海潮上涨时，登高以避危害，时人称为救命墩，亦称"皇墩"。墩多建于平均高潮线与秋季大潮高潮线之间，一般高 3～10 米，顶部面积半亩左右，种植榆、柳等树加固墩土。明代境内潮通港、新坍灶等地已有建立。清雍正十年（1733 年）于大塌子、新锅子、米鱼港、陷肉港，乾隆十一年（1746 年）于三岔港（长荡乡境内）、下川子（新洋港乡境内），光绪八年（1882 年）于长生港灶（下老湖下游），翌年于丫头港、鲈鱼港、海神庙（大兴乡境内）、团洼等地均筑有避潮墩。

二、扁担港至射阳河海堤

1949 年 12 月 1 日至 1950 年 1 月 2 日，由盐城专区治水兴垦指挥部统一指挥，射阳、建湖、阜宁、盐城四县 10.9 万民工聚集施工，北段自废黄河南王庄至射阳河边下环洋，南段自新洋巷咸水洞经五孔闸至斗龙港下明闸的海堤，全长 83.2 公里，完成土方 267 万立方。其中扁担港至下环洋长 37 公里、咸水洞至中路港 10.9 公里、扁担港至双洋闸 15.4 公里为新筑退建海堤（今夸套北框、南框内海堤）。1952 年 4 月 10 日至 5 月 5 日，由在苏北灌溉总渠施工结束的射阳、滨海、大丰三县 6.26 万民工对前新建的海堤进行加固，完成土方 175.9 万方，工程标准北段堤高 5 米、顶宽 11 米，南段顶高 6 米，顶宽 9 米，两段边坡相同，外坡 1∶5，内坡 1∶3。

三、夸套北框外海堤

1963 年春至 1964 年冬修筑，完成土方 120 万立方米。海堤自夸套闸沿北港堤抵老夸套闸向西北至扁担港，全长 9 公里，工程标准与主海堤相同，今为当家海堤（主海堤），框内土地总面积 1.296 万亩。

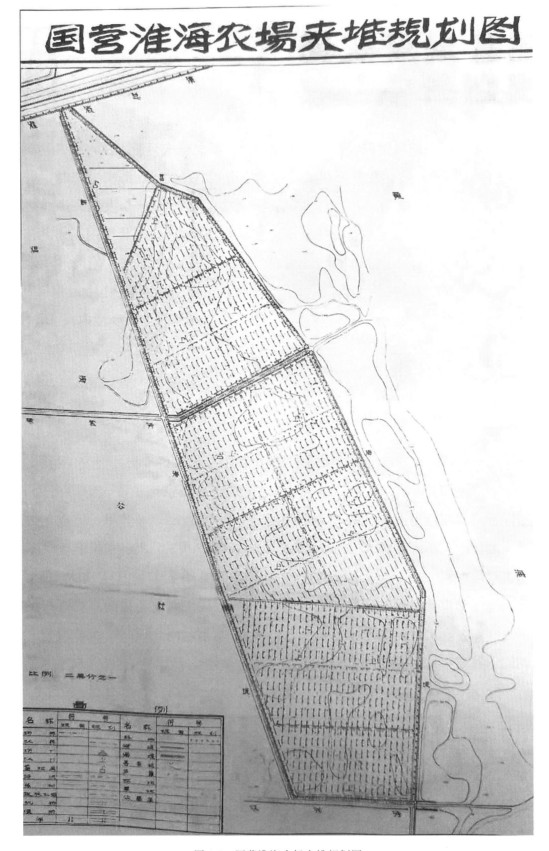

图 3-3　国营淮海农场夹堆规划图

第七节　水　资　源

农场年平均降水量为1012毫米，其中80％的年份降水量在800毫米以上，7、8、9三个月降水量平均为540.8毫米，占全年总量的53.4％，有利于满足农作物生长季节的需水量。降水的年际变化较大，年变化率达19％。据射阳县水利站观测，棉花需水550毫米/年、水稻需水500毫米/年、三麦需水400毫米/年，场区内常年降水均能满足农作物生长的需要。

全场水资源总量及可利用量。根据水资源的条件和状况，以及水利措施、自然条件和农业生产、气象等因素综合分析，农场水资源比较丰富。正常年份并不缺水，常年水资源供应总量达到12794万吨，其中地表水610万吨、地下水8万吨、客水12150万吨、其他水源26吨，可供水能力达到6310万吨。

全场用水总量常年为6210万吨，其中农业用水6114万吨、工业用水27万吨、生活用水38万吨、生态与环境用水31万吨，农业用水占总用水量的98.45％，工业用水占0.43％，生活用水占0.61％，生态与环境用水占0.5％。生活用水大部分取自于地下水，2011年前年均开采量为30万吨左右。

第八节　动物、植物

全场有各类动物160多种（低等无脊椎动物未统计），有植物400多种（藻类、菌类未完全统计）。

一、动物

1. 脊椎动物

①鱼类：青鱼、鲤鱼、草鱼、白鲢、鳙鱼（花鲢）、白条鱼、鲫鱼、乌鳢（黑鱼）、鲶鱼、鳗鲡、泥鳅、黄鳝、针鱼、异育银鲫、团头鲂、鳊鱼、武昌鱼、红鳍鲌、翘嘴红鲌、鳜鱼、沙鳢（虎头鲨）、餐鱼、银飘、麦穗、棒花、长颌鲚、刺鳅、圆尾斗鱼、表鲚鱼、银鱼、黄颡鱼等。

②两栖类：青蛙、蟾蜍等。

③爬行类：乌龟、鳖、壁虎、蜥蜴、蛇类（蝮蛇、金环蛇、银环蛇、水蛇）等。

④鸟类：丹顶鹤（国家一级保护动物）、白天鹅（国家一级保护动物）、大雁（国家二级保护动物）、灰鹤（国家二级保护动物）、鹭鸶、鸬鹚（鱼鹰）、喜鹊、布谷、麻雀、山喜鹊、海喜鹊、啄木鸟、翠鸟、鹬（咯崩）、鹌鹑、鸱鸺（猫头鹰）、海燕、海鸥、家燕、野鸭、野鸡、芦雉、白头翁、信天翁、百灵、蓝衣水鸟、鸽、鹧鸪、大山雀、伯劳、小黄雀、黑鹤、凫雁、灰鹰、画眉、黄莺、黄姑鸟、乌鸦、斑鸟、八哥、大杜鹃、鸡、鸭、鹅等。

⑤哺乳类：狗獾、狼、旱獭、狐狸、獐、刺猬、水獭、水鼠、田鼠、家鼠、野兔、黄鼠狼、水牛、羊、狗、猫、兔、猪等。随着荒草地的不断开发，前四种动物逐渐消失。鼠类又多了褐家鼠、黑大鼠、黑线姬鼠、小灰鼠等。

2. 无脊椎动物

①软体动物：河蚌、海蚌、螺蛳、田螺、海螺、蜗牛、蛏、蛤蜊、蚬、贝、蚶、蛞蝓等。

②环节类：蚂蟥、蚯蚓等。

③节肢动物

甲壳纲：虾、河蟹、海蟹、黄蟹、毛脚蟹等。

蛛形纲：蜘蛛、蝉蟧、蝉等。

昆虫纲：场区除了苍蝇、蚊子、蟑螂、蚂蚁、臭虫、跳蚤等常见昆虫外，还有地鳖虫、蜜蜂、桑蚕、七星瓢虫、异色瓢虫、螳螂、蜻蜓、小黑园蛛蛸、三花突蛛、步甲、虎甲、距蜂、赤眼蜂、金小蜂、绒茧蜂、猎蝽、食蚜蝇等。地下害虫有蝼蛄、蛴螬、金针虫、地老虎、蟋蟀、麦根蝽象。水稻害虫有二化螟、三化螟、大螟、稻象甲、稻蓟马、稻苞虫、稻小潜叶蝇、中华稻蝗、蔗蝗、稻飞虱、瘿蚊、螟铃、稻纵卷叶螟、稻水蝇、稻摇蚊、鳃蚯蚓、灰飞虱、黏虫、稻叶蝉、浮尘子、食根金花虫等。三麦害虫有黏虫、麦蚜虫、麦叶蜂、灰飞虱、麦蜘蛛等。棉花害虫有造桥虫、叶蜂、斜纹夜蛾、棉铃虫、棉尖象甲、红铃虫、红蜘蛛、盲蝽象、棉卷叶虫、负蝗、尖头蚱蜢、稀斑实蛾、金刚钻、黑绒金龟子、菜青虫、甜菜夜蛾等。大豆害虫有豆天蛾、大豆食心虫、豆荚螟、造桥虫等。仓储害虫有米象、谷象、锯谷盗、赤拟谷盗、麦蛾、蚕豆象等。其他昆虫有刺蛾、斑蝥、螽斯、东亚飞蝗、金龟子、白蚁、白蜡虫、蝽象、28星瓢虫、草铃、天牛、菜粉蝶、牛虻、蜗牛、广大腿小蜂、蝴蝶、萤火虫等。

多足纲：蜈蚣、花蚰蜒等。

二、植物

1. 藻类　水绵、小球藻、绿球藻、念珠藻、棱形藻等。

2. **菌类**　平菇、蘑菇、草菇、木耳、毛霉、根霉、曲霉、酵母菌等。

3. **蕨类**　贤蕨、满江红、卷柏、节节草、四叶萍等。

4. **苔藓类**　地钱、葫芦藓等。

5. **裸子植物**

①松科：雪松、五针松、黑松等。

②杉科：圆柏、侧柏、刺柏、龙柏、桧柏、铅笔柏、洒金柏、河南桧等。

③苏铁科：苏铁、银杏。

6. **被子植物**

①单子叶植物：茅草、猪茅草、芦苇、獐茅草、蚊子草、水草、芦苇、獐毛草、含盐草、水稻、小（大）麦、玉米、高粱、水烛（香蒲科）、马来眼子菜、苴草（眼子菜科）、泽泻、野慈姑、水鳖、柔枝碱茅、硬草、雀麦、小画眉草、獐尾、千金子、芦苇、鹅冠草、竖立鹅冠草、多花黑麦草、牛筋草、虎尾草、光稃香草、拂子芽、长芒棒头草、棒头草、假稻、狗牙根、稗、旱稗、双穗雀稗、马塘、大狗尾草、狗尾草、金狗尾草、狼尾草、荻、白茅、束尾草、荩草、扁秆蔗草、水葱、萤蔺、牛毛毡、圆果荸荠、长穗飘拂草、高秆莎草、香附了、扁穗莎草、聚穗莎草、异形莎草、水莎草、光鳞水蜈蚣、糙叶苔草、蒲草、紫萍、稗叶萍、绿萍、槐叶萍、鸭舌草、凤眼莲、细灯芯草、石刁柏、绶草、泽漆。

②双子叶：葎草、扁蓄、酸模叶蓼、齿果酸模、荞麦、扛板归、柳叶酸蓼、盐角草、灰绿藜、藜、小藜、市藜、地肤、灰绿碱蓬、盐地碱蓬、反枝苋、皱果苋、牛膝、空心莲子草、马齿苋、拟漆姑、蚤缀、簇生卷耳、茵茵蒜、芥、播娘蒿、北美独行菜、独行菜、荠、草木樨、紫苜蓿、天蓝苜蓿、野大豆、大巢菜、长柔毛豌豆、酢浆草、铁苋菜、苘麻、紫花地丁、水苋菜、野胡萝卜、中华补血草、罗布麻、萝摩、鹅绒藤、菟丝子、打碗花、小旋花、附地菜、麦加公、益母草、地笋、龙葵、苦芷、紫花曼陀罗、枸杞、阿拉伯婆婆纳、婆婆纳、猪殃殃、金叶鸡儿肠、钻形紫苑、竹叶菊、马兰、小白酒草、野塘蒿、窄叶草旋复花、苍耳、醴肠、鬼针草、茵陈蒿、猪毛蒿、野艾蒿刺儿菜、泥糊菜、滨鸦葱、蒲公英、匍茗苦菜、苦苣菜、山苦荬、红小豆、绿豆、蚕豆、豌豆、山芋、黄豆等。

③花卉：万年青、君子兰、兰花、美人蕉、蝴蝶兰、一串红、夜来香、天竺葵、鸡冠花、石竹、茉莉、金银花、菊花、大丽菊、百丽菊、旱金莲、金莲花、文竹、龟背竹、茶花、月季、仙人掌、玫瑰、紫薇、碧桃、悬铃木、青桐、海桐、龙爪槐、石楠、迎春花、牡丹、芍药、水仙、虞美人、鸡冠花、蔷薇、白蜡黄、木槿等。

7. 农场现在和曾经种过的作物

①粮食作物：啤酒大麦、饲料大麦、小麦、水稻（粳稻、籼稻、杂交稻、糯稻、杂交稻制种）、玉米、高粱、谷子、荞麦、蚕豆、绿豆、豌豆等。

②经济作物：棉花、麻类等。

③油料作物：大豆、油菜、花生、芝麻、向日葵、籽粒苋等。

④瓜果蔬菜类：西瓜、酥瓜、香瓜、葡萄、草莓、癞葡萄、葱、蒜、生姜、洋葱、金针菜、韭菜、山药、甜菜、菠菜、白菜、青菜、黑菜、盐芥、包头菜、花菜、大头菜、雪里蕻、萝卜、扁豆、四季豆、豇豆、菱角、鸡头菱、茄子、芹菜、芫荽、胡萝卜、马铃薯、辣椒、番茄、莴苣、茼蒿、荷藕、慈菇、荸荠、榨菜、南瓜、黄瓜、丝瓜、冬瓜、菜瓜、白瓜、苦瓜、瓠子、葫芦、茭白、水芹、旱藕等。

⑤中草药：太子参、丹参、玄参、白沙参、白芷、白术、桔梗、菊花、红花、黄芪、薏苡仁、天南星、牛膝、荆芥、防风、乌骨子、柴胡、漫荇了、商陆、半夏、川芎、大力子、药牡丹、金银花、栝楼、板蓝根、蜀葵、藿香等。

⑥绿化树种：雪松、柳杉、杉木、银杏、垂柳、枫树、侧柏、意杨、刺槐、垂槐、悬铃木、榆树、臭椿、榆树等。

⑦水生饲料：水浮莲、水花生、绿萍、浮萍、水葫芦等。

⑧绿肥：苕子、盐城多花、黑麦草、紫花苜蓿、箭舌豌豆、田青、法斯克草等。

⑨香料：薄荷、留兰香等。

⑩其他作物：茴香、烟草、大麻、棉花、香豆子、何首乌、聚合草、苏丹草等。

第九节　生态环境

党的十八大以后，农场坚持"绿水青山"就是"金山银山"的发展理念，农场将生态文明建设列入重要议事日程，尊重自然、顺应自然，保护生态环境，坚持生态优先，努力打造人与自然和谐相处的良好局面。

农场大力推广绿色栽培技术，植树造林、秸秆还田、配方施肥，综合防治病虫草害，加强环境保护，治理水环境、生活垃圾、黑臭水体、畜牧养殖污染等。经市、县环保部门考核验收，农场在 2013 年 12 月 30 日被授予盐城市生态农场称号。为全面推进农场区域内环境保护工作，2016 年 5 月，农场成立环境监管网络化工作小组，由农场场长李卫东任组长、两位副场领导任副组长、各部门负责人为成员，建立了环境保护长效管理机制。还与七分场社区签订《江苏省淮海农场射阳县盐城自然保护区管理工作目标责任状》，进一步提高区域内的建设和管理水平，落实自然保护区工作责任，保护生态环境。2016 年 3 月，农场成立环境保护委员会，并与射阳县政府签订《射阳县生态文明建设和环境保护目标责任状》，采取有效措施，提高环境质量。

2015 年 7 月 14 日，为落实环保部、省环保厅对盐城市珍禽自然保护区存在的突出问题提出整改要求，将农场境内东丰畜牧有限公司列为环境问题整改项目，要求拆除恢复原状。为了保护生态环境，农场顾全大局，将地方政府和环保部门的整改措施落实到位。农场委托第三方盐城中博华资产评估公司对东丰畜牧有限公司的资产进行评估。累计拆除猪舍 8865 平方米、配套用房 1293 平方米，停止 3000 头生猪的养殖项目，将该项目占地 46 亩恢复原状。2018 年 3 月 2 日，农场与盐城东丰畜牧有限公司签订解除《租赁合同》协议书。双方自愿解除原 2009 年 11 月 9 日签订的租期为 20 年的合同。合同解除后当日，农场收回原属农场的全部租赁物及设施，盐城东丰畜牧有限公司在原租赁场地上自行投资建设的全部建筑物及其附属设施全归农场所有，农场一次性付给盐城东丰畜牧有限公司补偿款人民币 460 万元。

农场将建设"绿色家园""美丽淮海"当作系统工程抓紧、抓实，让居住环境更美、居住条件更优、生活更加美好。农场整治黑臭水体，一体化清障，将地下污水管网接入污水处理池，实现雨污分开，整治沟河，清淤疏浚，实现石块驳岸，水畅景美。还进行了公共厕所升级改造、道路硬化、沿街花园建设，使农场社区移步成景，特色景观亮点纷呈，交通道路绿树成荫，农田林网星罗棋布，自然风光优美，生态环境优越。

2012—2020 年，农场高水平社会小康指标监测，八年能源消费总量分别是：4887.7 万吨、5514.21 万吨、4167.28 万吨、5653.2 万吨、5343.6 万吨、5310 万吨、7792.4 万吨、6649.8 万吨、6420 万吨标准煤。单位 GDP 能耗均小于 0.5 吨标煤分别为：0.23 吨标准煤/万元、0.26 吨标准煤/万元、0.19 吨标准煤/万元、0.21 吨标准煤/万元、0.18 吨标准煤/万元、0.18 吨标准煤/万元、0.23 吨标准煤/万元、0.2 吨标准煤/万元、0.18 吨标准煤/万元。农场生活垃圾无害化处理率和环境整治，达标率分别从 2012 年的 90%、91.24%，达到 2020 年的 96% 和 99%。人民群众对基本实现现代化建设成果的满意度、幸福感逐年提高，从 2012 年的 88% 提高到 2020 年的 99%，满意度大于 70% 标准度。

2017 年 7 月，农场成立全面推行河长制工作领导小组和河长制办公室，加强全场河道管护工作，加快构建责任明确、监管严格、保护有力的河道长效管护机制。共设立县级河长 1 名、镇级河长 19 名、村级河长 50 名，其中射阳县境内 25 名、滨海县境内 25 名。建立了河长制工作督查及考核制度，并建立工作信息报送和信息共享制度，切实保证河畅水清、岸绿景美。

　　为了提升环境质量，营造良好的生态环境，省环保厅对盐城市纺织染整产业园区总体规划环境影响报告书审查意见要求，需在园区北侧与农场绿色食品生产基地之间建设一条宽 200 米以上的绿化隔离带。农场在充分考虑场县区域合作的前提下，经请示苏垦集团同意建设隔离带，将 512 亩水田调整为林地，2017 年秋收后核减淮海分公司耕地承包面积 417 亩。2017 年 11 月 17 日，农场与盐城市纺织产业园管委会签订了协议书，将五分场社区场南宽 141 米、长 2414 米的狭长地带全部栽上景观树，盐城市纺织染整产业园管委会给予农场 220 万元的一次性建设经费补偿，用于水系、道路、电站重新规划建设及林地整理等。

第三编

社会生活

中国农垦农场志

第四章 人　　口

第一节 概　　述

淮海农场自初创之日起就有了人口的记载。

一、人口总量：1952 年，全场总人口有 10000 余人。20 世纪 70 年代，人流量最多的年份，全场总人口有 14800 余人。1980 年以后，全场人口稳定在 8000 人左右。1991 年，全场总人口 8814 人，其中男 4508 人、女 4306 人。2001 年，全场总人口 9045 人，其中男 4590 人、女 4455 人。2020 年全场人口总量下降，年末全场户籍总人口 7143 人，其中男 3540 人、女 3603 人，与 2010 年第六次全国人口普查登记数据相比，十年减少 1257 人，下降 14.97％。农场平均人口密度 82.5 人/平方千米。

二、家庭总户：2020 年全场人口总量下降，全场户籍总户数 3011 户，与 2010 年第六次全国人口普查相比，十年减少 571 户，下降 15.94％，人口自然增长率从 2001 年开始，逐年呈负增长，2020 年自然增长率为－3.2‰（表 4-1）。人口和家庭户的减少，主要是由于生育水平不断下降、年轻人婚后独立居住和迁移增加等。

表 4-1　2010—2020 年人口自然增长率

年份	年末人口数（人）	其　中		出生人数（人）	死亡人数（人）	男性比（％）	自然增长率（‰）
		男（人）	女（人）				
2010	8400	4182	4218	74	89	49.79	－1.13
2011	8281	4121	4160	26	93	49.76	－2.21
2012	8186	4094	4092	44	86	50.01	－1.65
2013	8085	4030	4055	48	75	49.85	－1.56
2014	7979	3990	3989	43	74	50.01	－1.69
2015	7852	3915	3937	54	96	49.86	－2.12
2016	7787	3885	3902	63	64	49.89	－0.84
2017	7656	3818	3838	56	89	49.87	－2.11
2018	7507	3734	3773	39	87	49.74	－2.57
2019	7321	3633	3688	26	76	49.62	－3.14
2020	7143	3540	3603	27	83	49.56	－3.20

三、民族构成：农场人口来自全国各地，据 2020 年全国第七次人口普查资料，农场以汉民族为主，汉族人口 7130 人。农场少数民族有傈僳、黎、回、壮四个少数民族，其

中傈僳族 1 人、黎族 3 人、回族 8 人、壮族 1 人。人员籍贯以江苏籍为绝大多数。

第二节　人口变动

农场人口的增长取决于两个要素，即自然增长和机械增长。自然增长为出生人数与死亡人数之差，机械增长为迁入人数与迁出人数之差。1952—1980 年，农场人口变动频繁。1952 年建场时，有人口 1 万多人。1955 年，农建四师建制撤销，4550 名指战员复员、退伍、转业，全场人口锐减。

1958 年，农场根据中共盐城地委农场工作部的统一安排，接收安置东台农场季节性临工 396 人、弶港农场农工 148 人、荣军农场 37 人、机械修理学徒工 31 人。

1960 年春，为解决农场农业劳动力不足的问题，中共盐城地委决定淮海农场接收安置南通专区海门县移民 273 户计 1243 人。两年后减少 304 人，其中自动返回原籍的 254 人，迁出 13 人，死亡 37 人；增加 24 人，其中迁来 7 人，出生 17 人。实有移民 210 户，967 人，其中男 538 人，女 429 人，劳动力 462 人。

20 世纪 60 年代，迁入一批与农场土地交界的滨海县、射阳县乡镇村民入场务农。20 世纪 70 年代后，农场还接收安置了一些与职工或职工子女结婚进场的婚姻半家户来场就业。农场籍退伍军人退伍回场后都安排工作。同时还根据上级安排，20 世纪 70 年代初期，接收一批阜宁籍退伍军人来场工作。20 世纪 80 年代，对在场从事农业生产的、承包时间满一年以上、劳动态度好、责任心强、有一定农业生产技术、取得一定经济效益的外包户，转招进场。

1962—1977 年，先后从南京、无锡、苏州、吴县、常熟、连云港、徐州、盐城、射阳、阜宁、灌东盐场共接收安置 11 个市、县、区知识青年 6438 人，1978 年年末人口统计达 13259 人。1979 年，大批知青返回原籍，全场人口又大幅度减少，总人口9563 人。

1982 年，全国第三次人口普查，农场总人口 9570 人，其中男性人口 5742 人，女性3842 人。全场总户数 2393 户，其中家庭户 2365 户，集体户 28 户。

1990 年，全国第四次人口普查显示，以当年 7 月 1 日零时为调查标准时点，农场总人口 8756 人，其中男性 5254 人，女性 3502 人。全场总户数 2189 户，其中家庭户 2163户，集体户 26 户。

1991 年 1 月，农场从淮阴市沭阳、淮阴等县招收 261 名退伍军人充实农业生产第一线。这批人员中有中共党员 143 名，年龄在 25 周岁以下的 211 人，26 至 30 岁的 46 人，

30 岁以上的 4 人。缓解了农场人少地多、种植业劳动力缺乏等突出问题。

2000 年第五次全国人口普查的标准时点为 2000 年 7 月 1 日零时。普查显示，农场总人口 9139 人，其中男性 4639 人，女性 4500 人。全场总户数 3699 户，其中家庭户 3663 户，集体户 36 户。当年出生 60 人，死亡 55 人。

2010 年第六次全国人口普查的标准时点为 2010 年 11 月 1 日零时。普查显示，农场总人口 8400 人，其中男性 4182 人，女性 4218 人。全场总户数 3582 户，其中家庭户 3550 户，集体户 32 户。当年出生 74 人，死亡 89 人。

2020 年第七次全国人口普查的标准时点为 2020 年 11 月 1 日零时。普查显示，农场总人口 7143 人，其中男性 3540 人，女性 3603 人。全场总户数 3011 户，其中家庭户 3968 户，集体户 43 户。当年出生 27 人，死亡 83 人。

第三节　人口结构

一、性别构成

根据第七次全国人口普查结果显示，2020 年，农场男性人口占 49.56%，女性人口占 50.44%，总人口性别比由 2010 年第六次全国人口普查的男性占比 49.79% 微降 0.23%。2010—2020 年，人口性别构成资料见表 4-2。

表 4-2　2000—2020 年人口性别构成

年份	总人口	男性		女性	
		人数	占总人口比例（%）	人数	占总人口比例（%）
2000 年	9139	4639	50.76	4500	49.24
2010 年	8400	4182	49.79	4218	50.21
2011 年	8281	4112	49.66	4169	50.34
2012 年	8186	4084	49.89	4102	50.11
2013 年	8085	4030	49.85	4055	50.15
2014 年	7979	3990	50.01	3989	49.99
2015 年	7852	3915	49.86	3937	50.14
2016 年	7787	3885	49.89	3902	50.11
2017 年	7656	3818	49.87	3838	50.13
2018 年	7507	3734	49.74	3773	50.26
2019 年	7321	3633	49.62	3688	50.38
2020 年	7143	3540	49.56	3603	50.44

二、年龄构成

2020年，第七次全国人口普查数据显示：农场总人口7143人中，0~18岁的有558人，占总人口的7.81％；18~60岁有4040人，占总人口的56.56％；60周岁以上有2545人，占总人口的35.63％。

60周岁以上人口中，80岁以上人口975人，占总人口的13.65％，占60岁以上人口38.31％。其中男性364人、女性611人，男性比为59.58（以女性为100）。90岁以上人口113人，男性81人、女性32人，男性比为153.13（以女性为100）。人口寿命持续增延，老龄化呈上升趋势。受教育程度不断提高，计划生育工作起步早，成效显著。

三、人均寿命

2020年，根据《江苏农垦高水平全面小康指标监测统计报告》显示，农场人口平均预期寿命明显提高，反映出人口素质良好的发展态势，表明人民医疗水平和生活水平持续、明显的改善。2010—2020年监测值分别为69.01、73.48、76.49、79.17、79.20、79.67、79.72、79.16、82.49、82.47，年平均递增1.48％。2015年、2019年，农场预期寿命分别比国新办发布的"十三五"卫生健康改革发展有关情况中中国人均预期寿命2015年的76.34岁高出2.86岁、2019年高出5.19岁。2020年人均预期寿命82.47岁，其中男性（59人）平均寿命为84.89岁、女性（42人）平均寿命为76.5岁。

经济收入提高，居民的人均收入有较大增长，人均预期寿命增加（表4-3）。重大疾病则是消极因素，如癌症、心脏病等恶性疾病，会影响人们的预期寿命。

表4-3　2000—2020年人口年龄构成

年份	总人口	0~17周岁		18~59周岁		60岁以上	
		人数	占总人口比例	人数	占总人口比例	人数	占总人口比例
2000年	9139	920	10.07％	6207	67.92％	2012	22.02％
2010年	8400	912	10.86％	5452	64.90％	2036	24.24％
2011年	8281	808	9.76％	5432	65.60％	2041	24.65％
2012年	8186	743	9.08％	5425	66.27％	2018	24.65％
2013年	8085	705	8.72％	5372	66.44％	2007	24.84％
2014年	7979	658	8.25％	5298	66.40％	2023	25.35％
2015年	7852	647	8.24％	5157	65.68％	2048	26.08％
2016年	7787	650	8.35％	4998	64.18％	2139	27.47％

（续）

年份	总人口	0~17周岁		18~59周岁		60岁以上	
		人数	占总人口比例	人数	占总人口比例	人数	占总人口比例
2017年	7656	642	8.39%	4708	61.49%	2306	30.12%
2018年	7507	618	8.23%	4474	59.60%	2415	32.17%
2019年	7321	585	7.99%	4259	58.18%	2480	33.83%
2020年	7143	558	7.81%	4040	56.56%	2545	35.63%

随着经济、社会快速发展和人民生活质量的不断提高，我国的人口预期寿命不断延长。2020年全国人口普查登记显示，农场百岁老人3人，均出生于1920年，均为女性，登记名为丁吉女、张瑞瑞、邱维珍，居住在农场城东、城西社区。

四、文化程度

根据全国人口普查资料，2010年，15岁以上受教育程度情况为：农场总人口8400人，其中未上过学人口967人、学前教育文化程度人口215人、小学文化程度人口1633人、初中文化程度人口3001人、高中文化程度人口1871人、大学专科学历人口586人、大学本科学历人口125人、硕士研究生学历人口2人。

2020年，第七次全国人口普查，15岁以上受教育程度情况为：农场总人口7143人，其中未上过学人口432人、学前教育文化程度人口126人、小学文化程度人口1249人、初中文化程度人口2871人、高中文化程度人口1444人、大学专科学历人口703人、大学本科学历人口308人、硕士研究生学历人口9人、博士研究生学历人口1人（图表4-4）。

统计比较，全场大专以上文化程度2020年比2010增长43.2%，未上过学的人口下降55.33%，学前教育文化程度人口下降41.4%，小学文化程度人口下降23.52%，初中文化程度人口下降4.33%，高中文化程度人口下降22.82%，大学专科学历人口增长19.97%，大学本科学历人口增长146.4%，硕士研究生学历人口增长350%。全场平均文化程度逐年提高，高中及以下文化程度人数明显下降。各种受教育程度人口和文盲率的变化，反映了国家普及九年制义务教育、大力发展高等教育以及扫除青壮年文盲等措施取得了积极成效（表4-4）。

表4-4　2000—2020年人口文化程度构成

	2020年（人）	2010年（人）	2020年比2010年增减数（±）	2020年比2010年增长率（%）
总合计	7143	8400		-14.96
识字	6355	7463	-1108	-14.85

（续）

	2020 年（人）	2010 年（人）	2020 年比 2010 年增减数（±）	2020 年比 2010 年增长率（%）
未识字	788	937	−149	−15.90
总计中：	7143	8400		
未上过学	432	967	−535	−55.33
学前教育文化程度	126	215	−89	−41.40
小学文化程度	1249	1633	−384	−23.52
初中文化程度	2871	3001	−130	−4.33
高中文化程度	1444	1871	−427	−22.82
大学专科学历	703	586	117	19.97
大学本科学历	308	125	183	146.40
硕士研究生学历	9	2	7	350.00
博士研究生学历	1		1	100.00
其中：大学以上学历	1021	713	308	43.20

第四节　姓　　氏

据 2020 年第七次全国人口普查汇总统计，淮海农场共有 244 个姓氏。其中前 60 个姓氏、人数及排名见表 4-5。

表 4-5　2020 年淮海农场姓氏排名表

排名	姓氏	人口数（人）	排名	姓氏	人口数（人）	排名	姓氏	人口数（人）
1	张	493	21	胡	84	41	许	40
2	王	445	22	施	74	42	林	39
3	陈	426	23	潘	72	43	葛	39
4	李	339	24	马	70	44	江	38
5	徐	285	25	冯	68	45	戴	38
6	朱	283	26	钱	64	46	邵	38
7	周	258	27	袁	64	47	杜	36
8	刘	247	28	蔡	61	48	蒋	34
9	陆	171	29	丁	59	49	宋	34
10	孙	159	30	唐	58	50	田	33
11	吴	157	31	梁	53	51	金	30
12	顾	153	32	倪	52	52	谢	30
13	杨	140	33	董	50	53	夏	29
14	曹	134	34	严	46	54	汤	29
15	黄	116	35	韩	44	55	吉	29
16	沈	98	36	范	44	56	史	28
17	姚	96	37	郭	43	57	毛	27
18	赵	94	38	于	43	58	孟	25
19	姜	91	39	薛	42	59	殷	25
20	高	89	40	叶	40	60	辛	24

第五节　计划生育

一、机构与队伍

20 世纪 50 年代，淮海农场男婚女嫁与生育状况无专门的机构管理。

20 世纪 60 年代后期，该项工作由政治工作部门兼管，医院负责宣传指导，开展避孕知识和节育意义的宣传教育，推行新的接生法。

20 世纪 70 年代，根据中共中央（中发〔1974〕32 号）、国务院（国发〔1971〕5 号）文件精神，计划生育工作列上各级党委的议事日程，农场成立了计划生育工作领导小组，由一名场领导任组长。按照上级计划生育管理部门的要求，制定晚婚和计划生育规定，统一下达各单位人口出生数指标、发放生育卡。

20 世纪 80 年代中后期，根据《中共中央关于控制我国人口增长问题致全体共产党员、共青团员的公开信》精神，机关配专职计划生育干事 1 人，具体负责全场计划生育和办理结婚登记等工作。

20 世纪 90 年代，计划生育管理机构与队伍趋于完善，场计划生育工作领导小组更名为计划生育委员会，由场级领导兼任主任，场部机关单独设立计划生育办公室，为科级建制。各分场级单位均成立了计划生育工作领导小组，明确专人分管本单位人口管理与控制工作。

20 世纪末，农场计划生育工作始终坚持单位一把手负总责的目标管理责任制。总场、分场、基层单位逐步健全计划生育工作网络，逐步完善了三支队伍，即领导队伍，总场由一名场级领导分管，分场及基层单位均明确专人负责；工作队伍，总场由计划生育办公室负责，分场级单位由分管领导和卫生所具体负责；技术队伍，由医院负责，分场级单位由卫生所医生协助。

二、政策与措施

20 世纪 60 年代，农场对计划生育工作侧重于宣传教育。

20 世纪 70 年代初，农场宣传中共中央（中发〔1974〕32 号）文件提出的"晚、稀、少"，提倡生育子女最好 1 个，最多 2 个，不生小三子，一胎与二胎间隔时间 4 年。到了后期，计划生育工作掀起高潮，农场采取了以下几方面工作措施：一是落实绝育措施；二是落实节育措施，对不符合绝育条件的育龄妇女，采取上环、服用避孕药等，避孕措施落实到人；三是运用广播、幻灯、黑板报、宣传画等形式宣传"计划生育利国利民""只生一个孩子好"；四是由总场统一下达各单位人口出生指标，发放生育卡；五是适当延长晚婚晚育青年的婚假、产假。1979年底，全场有数百对育龄夫妇领取了《独生子女光荣证》。

20世纪80年代，根据中共中央、国务院和省、市、县一系列文件精神，农场先后制定了《关于计划生育工作中若干问题的暂行规定》《淮海农场计划生育管理工作的有关规定》，要求党员干部和广大职工必须做到"一对夫妇只生一个孩子"，自觉执行晚婚晚育。对育龄夫妇普遍开展上环、结扎等避孕措施，免费提供避孕药具服务。对违反计划生育的夫妇，取消工资一级，影响调资一次，征收夫妇双方全年工资百分之十的超生子女费。超生夫妇双方均在工商、文教、卫生等非农单位工作的，一律作留用察看处理。农场还规定，在评比先进单位、先进个人时，将计划生育工作列为一项重要评比内容。考核干部时，把计划生育工作列为一票否决制度。完不成计划生育工作的单位、不执行计划生育的个人，当年一律不得评为先进单位和先进个人；对计划生育工作做得好、完成总场下达的目标任务的先进单位和个人，给予精神和物质奖励。

1990年，为纪念中共中央《关于控制我国人口增长问题致全体共产党员和共青团员的公开信》发表10周年，农场召开党、团员代表和计划生育先进个人会议，对全场计划生育工作进行全面总结表彰。1991年后，农场深入宣传《江苏省计划生育条例》，计划生育工作开始层层实行目标管理责任制，各单位党政一把手亲自抓、负总责。针对人口流动较大的情况，及时制定流动人口计划生育管理办法，建立了流动人口档案，规范完善计划生育台账，使流动人口的计划生育工作措施得到有效落实。各单位建立健全计划生育工作制度与组织管理网络，多数单位还建立了育龄妇女计划生育档案卡与台账等。

2000年以后，为进一步加强人口与计划生育管理工作，稳定低生育水平，提高出生人口素质，实现人口与经济、社会、环境、资源的协调发展，根据《中华人民共和国人口与计划生育法》《江苏省人口与计划生育管理条例》以及省、市、县各级政府相关文件规定，结合农场实际情况，制定了《淮海农场关于人口与计划生育工作的若干规定》，为农场经济、社会可持续发展提供良好的人口环境，总场每年同各单位一把手签订计划生育目标管理责任书，对各项计划生育指标进行达标评比。全场上下形成了"党政一把手总负责、亲自抓，分管领导侧重抓，党政其他领导主动抓，计生工作人员具体抓"的领导体制和工作机制。

20世纪末，农场进一步细化计生管理考核目标，不断提高计生人员的综合素质。

计划生育工作由管理型向服务型转变，将原实行的"双月查"制度变为"双月服务"制度，定期对广大育龄妇女健康状况进行普查。进行基础人口计生系统信息化建设，按照新时期计划生育管理台账要求，将计划生育档案输入计算机管理，建立数据信息库，确保信息表册"全、准、活、清"，及时、准确地反馈信息。定期接受上级计生委组织的业务抽查和目标管理考核，基本实现了计划生育数据和台账动态化、科学化、正规化、常效化管理。

2007年，根据人口计生委、财政部关于印发《全国独生子女伤残死亡家庭扶助制度试点方案》的通知（国人口发〔2007〕78号）精神，从2007年起，全省建立并实施独生子女伤残死亡家庭扶助制度，解决独生子女家庭特殊困难。2020年底，农场共有独生子女死亡家庭7户，独生子女父母12人、年龄均在60周岁以上，县财政按每月800元的标准发放独生子女特殊家庭奖励金；独生子女伤残（三级以上含三级）家庭11户，独生子女父母17人，年龄满60周岁按每月700元、未满60周岁者按每月500元的发放标准发放特殊家庭奖励金。2020年12月对我场计划生育特殊家庭父母共29人发放《特扶证》。

2012年以后，计生部门根据省政府《关于对持有独生子女父母光荣证退休的企业职工实行一次性奖励的实施意见》和盐城市人民政府《关于对持有独生子女父母光荣证退休的企业职工实行一次性奖励的实施意见》（盐政发〔2008〕175号）的文件精神，农场决定，对持有《独生子女父母光荣证》或《独生子女证》退休的职工进行信息登记、申报、审核。2013—2020年，累计发放1279人次，发放金额306.96万元。

2014年3月28日，江苏省第十二届人民代表大会常务委员会第九次会议修改通过的《江苏省人口与计划生育条例》中"一方为独生子女，只有一个孩子的"可生育两个孩子的政策精神（即单独两孩政策），射阳县人口计生委拟定单独两孩政策再生育审批程序。

2016年3月30日，江苏省第十二届人民代表大会常务委员会第二十二次会议《关于修改（江苏省人口与计划生育条例）的决定》第三次修改，提倡一对夫妻生育两个子女，实行全面两孩政策。女方在享受国家规定产假的基础上，延长产假三十天，男方享受护理假十五天；前两款规定的假期视为出勤，在规定假期内照发工资，不影响福利待遇，国家法定休假日不计入前两款规定的假期。

第六节　知青安置

1955年，毛泽东同志指出："一切可以到农村中去工作的这样的知识分子，应当高兴地到那里去。农村是一个广阔的天地,在那里是可以大有作为的。"1968 年 12 月 22 日,毛泽东同志又指出:"知识青年到农村去,接受贫下中农再教育,很有必要。要动员城里的干部和其他人,把自己的初中、高中毕业的子女送到乡下去,来一个动员。各地农村的同志应当欢迎他们去。"全国掀起了浩大的知识青年上山下乡运动。农场 1962—1977 年先后接收安置上海、南京、无锡、徐州、连云港、苏州、吴县、常熟、盐城、阜宁、射阳、灌东盐场等地大批知识青年。

一、基本情况

1962 年 8 月,无锡市纺织工业学校、无锡市医专等首批青年学生 86 人来场,其中男性 33 人、女性 53 人,共青团员 37 人,年龄在 16~26 岁。1963 年,农场接收安置了无锡市第二批知青及社会青年 913 人。1964 年、1965 年又分别接收安置了第三批 101 人、第四批 262 人。每批人员到场后,各相关单位都组织职工像迎接新兵一样欢迎他们,帮助拎行李,做向导,送茶水,安排新居,召开新老职工联欢会。总场根据情况,将所来青年分别编成新队或插入老队工作。当时全场单独建队的有西汛分场四队、五队,头庄分场四队,三垛分场三队,计有青年 400 人左右。其余人员分别插入全场的 9 个生产队中工作,每队一般在 40~80 人,单独编成生产小组,每组 15~25 人,配备一名熟悉生产业务、具有一定领导经验的老军工任组长,在知青中选出 1 至 2 人担任副组长。在生产劳动上,本着"由近到远、由轻到重、由简到繁、由低到高"的原则,每日参加劳动 4~6 小时,实行星期休息制,农忙季节实行十日休息制。在生活安排上,为搞好伙食,按照人数每人划定 0.15 亩的蔬菜地,由生产队食堂统一种植,一般每人每天可供应蔬菜 2 斤左右。荤食品的调剂,主要品种是本地的自然资源,如鱼、蟹、蚬子等,有时自捕自食。重大节日供应一些猪肉、鸡蛋等。对于生病的同志,生产队食堂单独做病号饭。当时每人每月伙食费 7~8 元。在生活日用品供应上,他们与老职工相同。青年来场后,少数人缺乏棉衣、棉被与蚊帐,总场统一帮助解决了他们的布证、棉花、蚊帐。在文化生活方面,各分场、生产队均征订了《新华日报》《中国青年报》《江苏青年报》等报纸,不少同志还自费订阅《无锡日报》和其他报纸杂志。各生产队组织读报小组,办起阅报栏,有条件的单位还办了图书室、乒乓室和篮球场、排球场,经常组织开展文体活动。各分场还成立了业余演出队,每逢节日均自编自排自演文艺节目,举行文娱演出。农场定期出刊墙报、黑板报,青年每月能正常看到场工会统一安排的露天放映电影 2~3 场,活跃文化娱乐生活。

1969 年 3 月,农场又大批接收无锡市二中、七中、八中、十中、工读、五七和一女中的初、高中毕业生计3980人，其中男性2252人、女性1728人。与此同时，徐州、连云港、吴县、常熟、灌东盐场以及盐城地区的射阳县、阜宁县的知识青年，也源源不断地来到淮海农场，接受再教育，参加屯垦戍边建设。1972年6月20日《知识青年统计表》显示，全场各单位知识青年总数达5243人，占当年职工总数14803人的35.4%，一度成为农业劳动力的主力。据各类资料不完全统计，1962—1977年淮海农场共接收安置各地城市知青达6444人。

大批知识青年来到农场，经过几年的学习、劳动锻炼后，有的通过推荐上了中专、大学，有的通过招工、参军的形式离开了农场，有的因生病或家庭特殊困难调回原籍。江苏生产建设兵团成立后，组建纺织厂、化纤厂、化肥厂、制药厂、减速机厂等工业企业，从知青中选调了一批人员到上述各单位。1971年兵团成立采煤团，又抽调了一批知青到徐州沛县工作。

1978—1979年初，工作、生活在农场的各地城市知青大批返回原籍。据统计，到2012年底，留在农场的各地城市知青人数不足100人。

二、知青的成长

1962年8月，首批无锡知青到达农场后，为加强对知青工作的领导和管理，农场明确一名场领导负责其思想教育、生活卫生、房屋安排等方面的工作，对知青的学习、生活、生产、劳动给予关心和帮助。1964年4月，农场推选了五名优秀知青代表参加江苏省知识青年农业劳动积极分子代表大会。1969年大批知青来场后，为切实加强对知青工作的领导，在兵团十团政治处明确专人负责知青工作。1976年，兵团撤销后，为做好知青工作，农场成立了知青工作领导小组，农场政工科专设知青工作办公室具体负责知青工作。1977年4月，为更好地发挥广大知识青年在生产建设中的作用，农场召开了知青工作专题座谈会，交流发挥知青作用的经验和体会，分析知青工作中存在的问题，讨论研究进一步加强知青工作的意义，会议强调必须"做好知青工作，加强教育，从政治上、思想上、劳动上、生活上关心他们的成长"，并表彰了一大批对经济建设做出较大贡献的知识青年。

江苏省和无锡市有关方面领导非常关注知青的生活与工作情况。1963年初，江苏省农林厅派专人到场看望知青，同年10月，无锡市委、市政府组织参观慰问团到农场探望知识青年，了解情况，协助做好知青的稳定工作。1964年秋，无锡市教育局、团市委访问团到农场访问知青。1965年1月，无锡市政协慰问团又到农场慰问知青。1966年10

月，场党委组织各方面人员参加的慰问团赴无锡，向广大家长汇报知青在农场的工作、学习和生活情况。

绝大部分知青在农场从事农业生产工作。在各级领导的关心和培养下，在老职工的指导和帮助下，知青从不懂农业生产知识的城市学生，成长为掌握劳动技术、增强独立生活的能力、锤炼坚强的意志和努力奋进的毅力的有作为的青年，并把他们掌握的科学文化知识运用到各业生产中去，逐步成长为熟练掌握农作物种植、管理、收割、晾晒、进仓等各种农活的农业工人。兵团时期，每个连队成立了一个以知青为主的科研班，运用科学知识，进行科学种田试验，粮棉产量得到提高。美人垛三队的知青科研班所种的棉花试验田运用科学知识指导棉花生产，平均亩产皮棉 120 多斤，引起了广泛关注。3 营 16 连科研班种植的水稻，平均亩产比其他单位产量高出 50％。他们曾在团部、师部召开的大会上做介绍交流经验和做法，多家单位来人参观学习。

随着经济建设的发展，农产品加工厂、农机修配厂等单位生产任务重、人员缺乏，农场从知青中选调了一部分人到场办工厂工作。在工厂技术人员和老工人师傅的指导下，他们很快掌握了车、钳、刨、浇铸、修理、粮棉加工等技术，并和专业技术人员一起开展技术革新，先后试制出了水稻插秧机、棉田喷雾器、开沟犁等农业机械。农场还从知青中选拔拖拉机手，他们经过系统培训，在老拖拉机手的指导下，很快掌握了农机驾驶、保养、修理等技术，成为各农业机耕队熟练的拖拉机驾驶员和修理工，还进行各种小型农机具的技改和革新。

随着教育事业的不断发展，农场先后选拔了 148 名知青担任中学、小学的各学科教师。知青们从城市学校老师和担任老师的亲友处借来教育理论书籍，勤奋自学，刻苦钻研，很快胜任了教学岗位，成为各学科合格的教师，教学水平、教育质量不断提高，许多人被农场和教育主管部门评为爱岗敬业、教书育人的优秀教师。知青担任教师后，农场职工子弟学习到新的理念和科学文化知识，很多人逐步成长为农场各条战线的管理者和技术骨干。

在卫生方面，由于农场卫生工作的需要，选拔了一批知青到场、团部医院从事医疗和护理工作，还有的被安排在营（分场）部卫生所、连（大队）卫生室，担任基层赤脚医生和卫生员。那个时期，各单位基本上做到小病在连队卫生室解决，一般疾病在营部卫生所医治，大病或外科手术才到团部医院住院治疗。

在党组织和各级领导的关心和培养下，广大知青迅速成长起来，不少知青成了行业的骨干。据统计，1969—1973 年（兵团期间），知青中有 2 人担任团职干部，6 人担任营职干部，43 人担任连职干部，92 人担任排职干部，38 人担任财务会计，22 人担任食堂事务长。12 人被推荐上大学，12 人被推荐上中等师范，92 人被推荐上无锡卫生学校，10 人被推荐上南京电力学校，20 人被推荐上连云港、常州财会学校。据 1978 年 7 月 16 日统计表反映，全场尚有无锡知青 1984 人、常熟知青 28 人、徐州知青 50 人、连云港知青 21 人、吴县知青 336 人、阜宁知青 160 人、盐城知青 107 人、射阳知青 51 人、其他地区 29 人、知青总数达 2766 人。

三、知青的贡献

大批城市知识青年来到农场，在二三十年的职工及"兵团战士"生涯中，同贫下中农和各行各业职工一起，在劳动和工作中不怕苦、不怕难、不怕脏、不怕累，刻苦磨炼，矢志奉献，学会了用锹挖土、修水利、拿锄头除杂草、握镰刀割庄稼、开机器种粮食、背药水治害虫、顶寒风采棉桃，把辛劳的汗水洒在了淮海大地上。大批城市知青来到农场，虽然农场生活单调、劳作艰苦，但他们终于闯过了思想、劳动和生活三大关，以及城乡差异的"十六关"，即荒凉寂寞关、恋城想家关、无电摸黑关、渴饮咸水关、蚊虫吸血关、饥肠辘辘关、无水洗澡关、赤脚下田关、蚂蟥叮咬关、腰酸背痛关、粪便恶臭关、农药伤害关乃至劳动纪律关、政治运动关、恋爱成家关、出路前途关。知青们在场工作期间，带来了江南先进的思想理念、文明的生活习惯，改变了农场老职工的传统观念、生活习俗和文化知识结构，丰富了文化生活，给农场注入了青春的活力，为促进农场的经济建设和文化、教育、卫生等社会事业发展发挥了积极作用，做出了突出贡献。比较显著的有以下几方面：

1. **基本建设方面**　20 世纪 60—70 年代，知青占全场劳动力的半数以上，他们以单薄的体质和娇嫩的肩膀，多次参加团、营、连组织的农田冬春水利大会战，依靠最简单的工具，锹挖、人抬、肩挑，疏浚排河、条田沟，新建节制闸、电力排灌站，开挖了多条进、排水沟渠，有些沟渠至今仍在发挥作用。在遇到台风、暴雨、大海潮汛情时，为了确保海堤不崩溃、不决口，安度汛期，广大知青与老职工们多次上海堤参加防汛工作，住在简易的"人"字形工棚中，在炎热的夏季，白天头顶烈日进行海堤加固，晚上忍受着蚊虫叮咬，确保完成海堤安全防汛任务。

2. **文化体育方面**　知青在场期间，农场组建了业余文艺宣传队，编排的文艺节目，都以知青为主演出，新颖的灯光布景、音乐造型给职工带来新的艺术享受。1969 年兵团组建后，团部成立文工团，排演的大型革命现代京剧《白毛女》《沙家浜》等文艺节目，都是以知青中的文艺爱好者为主要班底，多次被盐城市、射阳县、滨海县调演。五营十九连以知青为主体排演的《智取威虎山》和自编自导自演的话剧、相声等节目，曾被选送参加团部、师部举办的文艺汇演。各营、连单位以知青为主，也创作演出了大量的文艺节目。知青在排演文艺节目过程中，为农场培养了一大批会吹拉弹唱的老职工子女，给农场后来文艺水平的发展提高和普及打下了较好的基础。

农场的体育活动自知青来场后不断兴起。男子篮球队参加射阳县、盐城市组织的篮球比赛多次进入前3名。乒乓球在县、市比赛中多次获团体和个人冠、亚军。知青担任教师后，各学校的田径、球类等体育活动正规化地发展起来，吸引了大批中、小学生参加篮球、排球、乒乓球等体育项目活动，达到了普及的程度，增强了学生的体质，培养出一大批高水平的运动员并代表农场在县、市级体育项目比赛中多次获奖。

3. **城市文明的生活习俗**　知青来场后，在生活习惯方面，对老职工及其子女影响很大。一是良好的个人卫生习惯，如早晚刷牙、睡前洗脚、饭前洗手、饭后漱口；二是文明举止，如不随地吐痰、不随地大小便、谈吐文雅、说话不带脏字、不骂人；三是居室卫生，在当时艰苦的条件下，居室搭起简易的护棚，墙壁用报纸糊起来，以保持床上和墙面的清洁卫生；四是穿戴方面，注意上下衣服颜色的搭配，苏南款式的服装开始在农场流行，职工子女穿着开始变得"洋气"；五是饮食方面，开始注意主副食的搭配，注意烹调方法的改进。

2020年统计显示，1962—1979年农场接收"上山下乡"知识青年累计6444人，其中男性3561人、女性2883人（表4-6）。2020年底尚有留场知识青年32人，男性13人、女性19人（表4-7）。

表4-6　1962—1979年淮海农场接收上山下乡知识青年统计表

年份	地　区	总人数（人）	其中	
			男（人）	女（人）
1962	盐　城	7	4	3
	无　锡	86	33	53
	南　京	13	10	3
1963	无　锡	913	554	359
1964	无　锡	101	50	51
1965	无　锡	262	104	158
	阜　宁	56	30	26
	射　阳	45	21	24
1966	阜　宁	35	26	9
1969	无　锡	3980	2252	1728
1970	连云港	59	22	37
	徐　州	108	28	80

（续）

年份	地 区	总人数（人）	其中	
			男（人）	女（人）
1971	吴 县	350	178	172
	常 熟	228	152	76
1975	灌东盐场	147	72	75
1977	阜 宁	54	25	29
1979		127	80	47
合 计		6444	3561	2883

表 4-7 2020 年淮海农场留场知识青年统计表

年份	地 区	总人数	其中	
			男（人）	女（人）
2020		32	13	19

第五章　城镇建设

第一节　概　　述

1953年，农建四师时期，师部建成司、政、后机关办公区，并以此为中轴线，在西侧建成拖拉机修配厂、军医院；东侧建成畜牧队、农产品加工厂、速成小学；北侧的中堆和沿苏北灌溉总渠两岸建成码头、物资仓库等。住宅区呈营房式南北向布置。办公区、生产区、住宅区依次排列，还有大片的蔬菜地、饲料地，呈东西2公里、南北1公里长方形分布。彻底转业后，由于拖拉机修配厂、粮油棉加工厂不断扩大，副业用地缩小。场部仍按营房式布局，中间穿插栽植部分花草。20世纪60年代初、中期，受自然灾害和"文化大革命"的影响，场部小城镇建设停滞，供水、供电处于低水平状态。

1969年10月，兵团成立后，随着社会、经济的发展，场部小城镇建设重新启动。农场租用部队营房作为团部首长住宅区，扩建了宿舍区，增加绿地林木。兵团后期还新建了弹力丝厂、团部小学、修理厂热处理车间、医院门诊部等较大的建筑物，场部小城镇雏形初步形成。但由于缺乏整体规划，场部建设布局仍然混乱，功能不配套。兵团撤销后，农场按照"合理布局、设施齐全、功能配套、环境优美"的要求，制订发展规划。

1992年4月，建成了新的办公大楼。1998年医院建成门诊部，开通了淮海路。机关办公区、商业服务区、住宅区、学校区均按规划建设，水、电、路、环保、排水、绿化、美化等各项基础设施逐步配套。

1994年起，填平废沟，拓宽淮海路，建成长900米、宽18米的砂石路。东段由明河排水改为管道暗排。

1997年淮海路改为现有的沥青路，并在西端向北修建了12米宽的健康路（水泥路面）。新建了宾馆（职教中心）、文化广场，沿街建成小游园、雕塑、亭台楼阁等景点20多处。2010年新建成"农建四师暨淮海农场历史陈列馆"，2011年经批准成为盐城市爱国主义教育基地。

2012 年，场部小城镇规划区总面积达 167.1 公顷，居住人口 0.75 万人，全场城镇化率达 75.74%。

2019 年围绕全面建设小康指标，实时进行改革与调整农场发展目标。

1. 坚持民生优先、共建共享，职工福祉不断增进　新建了场界标牌、广场雕塑、门球场等。实施完成创业路公厕改造、路边公园改造，以及场部沿街亮化工程，职工群众人居环境持续改善。

2. 用创新的思维和方法调整策略、拓展思路、寻求突破，解决淮海农场高质量发展中的矛盾和问题

2020 年，《江苏省淮海农场高水平全面小康社会指标监测报告》显示，农场城镇化水平 95.2%。农场居民生活水平日益提高，居民人均收入 33375.1 元/年，家庭住房成套比例 86.35%，社会保障均达 100%，农场人均拥有公共文化体育设施面积 5.63 平方米。人民群众对基本现代化建设成果满意度达 95%。农场和谐社区建设达标率、公众安全感、法治建设满意度、党风廉政建设满意度均达 95% 以上。生态环境良好，城镇绿化覆盖率达 41.89%。农场生活垃圾无害化处理率、环境整治达标率达 95% 以上。农场着实成为一个"实力、和谐、美丽、创新"的淮海生态农场（表 5-1）。

表 5-1　2015—2020 年全面建设小康社会主要指标统计监测

年份	2015 年	2016 年	2017 年	2018 年	2019 年	2020 年
得分	77.22	79.38	80.39	82.08	84.18	84.57
农场城镇化水平（%）	86.60	86.97	99.66	99.85	92.88	95.20
垦区职工人均收入（元）	43207.0	47460.0	52203.0	53840.0	61491.5	64761.4
农场居民人均纯收入（元）	23806.0	26085.5	28804.0	30860.0	32403.0	33375.1
居民收入达标人口比例（%）	49.0	49.0	52.0	53.0	54.6	56.0
农场家庭住房成套比例（%）	68.69	78.72	76.02	80.75	85.00	86.35
人均预期寿命（岁）	79.20	79.67	79.72	79.16	82.49	82.47
农场基本养老保险覆盖率（%）	97.61	99.95	98.98	100.00	100.00	100.00
农场基本医疗保险覆盖率（%）	97.59	100.00	100.00	100.00	100.00	100.00
农场失业保险覆盖率（%）	98.51	99.86	100.00	100.00	100.00	100.00
农场和谐社区建设达标率（%）	96.00	96.00	96.00	96.00	96.00	96.00
人均拥有公共文化体育设施面积（平方米）	5.10	6.17	5.87	5.88	6.76	5.63
党风廉政建设满意度（%）	92.00	92.00	96.00	96.00	96.00	96.00
法治建设满意度（%）	92.00	92.00	96.00	96.00	96.00	96.00

（续）

年份	2015 年	2016 年	2017 年	2018 年	2019 年	2020 年
公众安全感（%）	96.00	92.00	96.00	96.00	96.00	96.00
林木覆盖率（%）	4.31	4.31	4.31	4.31	4.59	4.59
城镇绿化覆盖率（%）	41.80	41.80	41.80	150.00	41.80	41.89
满意度（%）	89.00	90.00	90.00	95.00	95.00	95.00

2013—2020 年，农场扎实开展小城镇环境综合整治，全力推进人居环境质量提升，推进美丽淮海建设，着力进行黑臭水体整治、"厕所革命"、生活污水和生活垃圾治理、老旧小区和危房改造等多项工程。2013 年至 2017 年的 5 年中，新建楼房 436 套，维修加固危旧房 252 套，铺设"三纵一横"路面，实施完成淮海路、黄海路、育才路和部分分场小区道路改造。淮海路两侧、花池及人行道升级改造和场部给水工程改造，提升城镇化服务功能，为美丽淮海增色添彩。建成了职工文化活动中心、淮海公园、千古园公墓，宜居环境不断优化，实施完成了总投资 630 万元的河道、河塘疏浚及新建场部和三、五分场驳岸护坡项目，黑臭水环境状况改善，河畅水清，岸绿景美，水绿生态成为农场靓丽的名片。投资 910 万元建成污水处理厂和垃圾中转站，新购置了垃圾车、吸污车和扫路车，污染水达标排放，雨污分开，节约水资源。开展环境卫生持续整治系列活动，并对场部道路两边、居民小区进行了提档升级活动，形成了自然风光优美、生态环境优越、人居环境温馨和谐、镇区绿化移步成景、特色景观亮点纷呈、交通道路绿树成荫、沿街公园四季有花、农田林网星罗棋布的良好生态环境，天蓝地绿，空气清新，康美宜居，农场因此被盐城市政府授予"盐城市生态农场"称号。

2019 年，农场继续坚持民生优先、共建共享。新建了场界标牌、广场雕塑、门球场和分场公厕，完成创业路公厕改造、路边公园改造以及场部沿街亮化工程、创业路南段改造和职教中心雨篷改造等项目，对场部 17 座公厕进行节能节水改造，还给场部所有路灯增设了太阳能板补充照明。

第二节　城镇规划

农场小城镇规划始于 1986 年 7 月。

根据全国农垦工作会议精神，为逐步将农场场部建设成"城乡结合、经济繁荣、文化发达、方便生活、整洁卫生、环境优美"的新型社会主义小城镇，农场初步拟定了 10 年的建设规划。当时按总人口 6600 人规划，其中六垛乡群众 3500 人、农场职工 3100 人。

场内规划面积 1200 亩，其中工业区 135 亩，文化及医疗卫生区 30 亩，场部办公及生活服务区、商业区 114 亩，街道 45 亩，道路 248 亩，住宅区 210 亩，绿化面积 215 亩，待用地 203 亩。规划拟建设淮海路东延与黄海路交会，新建中心幼儿园、文化活动中心、医院门诊楼、总场招待所和一些生产、生活设施等。由于该项规划标准偏低，再加上财力不足，在建设实施过程中多有改动。

20 世纪 90 年代，随着经济社会不断发展，小城镇规划和建设迫在眉睫。90 年代中期以后，场领导班子决定挤出资金，进行场部城镇规划建设，先填平主干道河沟，改明沟排水为管道暗排，分批建设直径为 1 米的主下水道 4500 多米，同时拓宽淮海路，增建绿化带、小游园等绿化景观设施。按照美化、绿化、文明、富庶的要求，场部小城镇建设标准提高、规模扩大、投入增加。

21 世纪，为适应经济一体化和产业结构调整的需要，合理利用区域的土地资源，优化结构，完善功能，科学发展，促进区域经济的转型升级，农场委托盐城规划市政设计院编制《淮海农场城镇总体规划（2005—2020）》。该规划的总体目标是：根据农场经济社会发展的需要及资源条件，对农场域经济、社会等方面的发展进行综合部署，在地域和空间上进行统筹安排；通过统一规划，达到合理布局、提高效益、保护环境、协调发展的目的；力争在规划期内将农场建设成为经济繁荣、环境优美、设施配套、文明富庶的现代化小城镇。规划范围为整个场域，面积 88.4 平方公里，城镇规划用地 167.1 公顷，南至夸套北支河北，北至一支渠，西至西场界河，东到黄海公路（陈李支线）。场部城镇规划建设用地 146.3 公顷。城镇居住人口 8000 人，远期 1.2 万人，全场城镇化率达到 90% 以上，人均建设用地 119.6 平方米。

规划围绕合理利用原有的基础设施，结合老小区改造和危房改造项目，集中成片发展，一城二片。中心镇区和加工业区的布局结构：以淮海路为基础，主要向西，适度向东。道路格局为二横五纵，横向为神禾路、淮海路，纵为振兴路、黄海路、群乐路、创业路、健康路的一至三级道路。一级道路红线宽 24 米至 30 米，二级道路红线宽 18 米至 24 米。小区道路为场部的支路，沿街小路及一些老街道，红线宽度为 12 至 14 米。沿街、沿路按照建设现代化居住区的要求，建成多层公寓式住宅，严格控制低楼层、低密度、独立式住宅的建设比例。工业区向东、西两侧发展，商业区以淮海路为中心，向西侧拓展，打通六淮路，和渠星路与黄海路呈十字交叉，并与射阳县临海镇五垛村、六垛村连接，场乡共建，扩展镇区范围。该规划于 2005 年 9 月经射阳县政府组织专家进行论证和评审，形成了评审意见并对规划进行了修改，于 2005 年底按法定程序报请射阳县人民政府批准实施。以后几年，基本按规划建设，取得了良好的效果。

2010 年，根据《城乡规划法》和《江苏省城乡规划条例》，结合江苏农垦的有关要求，按照"产业集聚、人口集中、土地集约"的小城镇建设原则，融入地方政府规划序列的要求，对小城镇规划进行重新修编，着重完善空间布局和功能配套、调整居民点设置，提高环境设施水平。"十二五"期间，场部的总人口达到 8000 人，城镇化率达 90% 以上。

2013 年以来，农场党委按照"规划先行、合理布局、节约用地"的原则，以提升居民居住环境质量和民生需求为着力点，以危旧房改造为抓手，先后在农场小城镇的东西南北中等不同区域规划建设了渠星小区、南苑小区、学苑小区、西园小区、五星小区和文广苑小区等 10 个小区，由专业房屋研究设计院设计，经招投标确定施工单位，在建筑布局上形成各自的品位和风格。农场还聘请专业设计单位和施工单位来场设计施工的占地 18000 平方米的淮海公园、占地 10000 平方米的休闲体育运动广场及农建四师暨淮海农场历史陈列馆二期工程，这些重大城镇建设项目设计新颖、规划合理、施工精良，将军垦传统文化、全员廉政文化、生态绿色文化、社区广场文化、健康体育文化融入美丽城镇建设中，使农场小城镇的形象既有设施又有载体，既有故事又有灵气。2018 年开始，又将康养体育小镇建设纳入城镇设计规划，增强居民的幸福感、获得感和安全感，提高了居民对城镇规划的满意度。

2015 年，农场加强规划引领，修编农场小城镇 2016—2030 年总体规划，注重新型城镇建设与产业发展相结合，推进产城融合发展，并纳入射阳县城镇总体规划范围，形成主动融入区域发展的新格局。

农场的小城镇规划还和附近乡村的新农村建设和乡村振兴规划对接、资源共享、发展共商、社区共治。临海镇六垛居委会也借势发展，在农场周边建成了 40 幢 4 层以上的新型标准楼，新建成五岸新村，并将淮海路向东延伸 500 米，扩大街区范围，增加了商业网点。形成了农场和农村融合发展、相互促进、繁荣昌盛的良好局面，形成了企地融洽的新型协作共建关系，激发了联手共建的活力，并联手做好环境整治，共同做好街区卫生和农贸市场的管理工作，开启了高水平推进美丽城镇建设的新征程，让美丽小城镇建设在高水平的发展中，既有了人气聚集的效应，又有持久的发展动力（图 5-1）。

第三节 住宅规划

1952 年建场初期，按照"因陋就简、循序渐进"的原则，农场发展缓慢，除机关用房、仓库为砖瓦结构外，职工住房均为笆墙草顶，共建房屋面积 7.5 万平方米，建筑使用

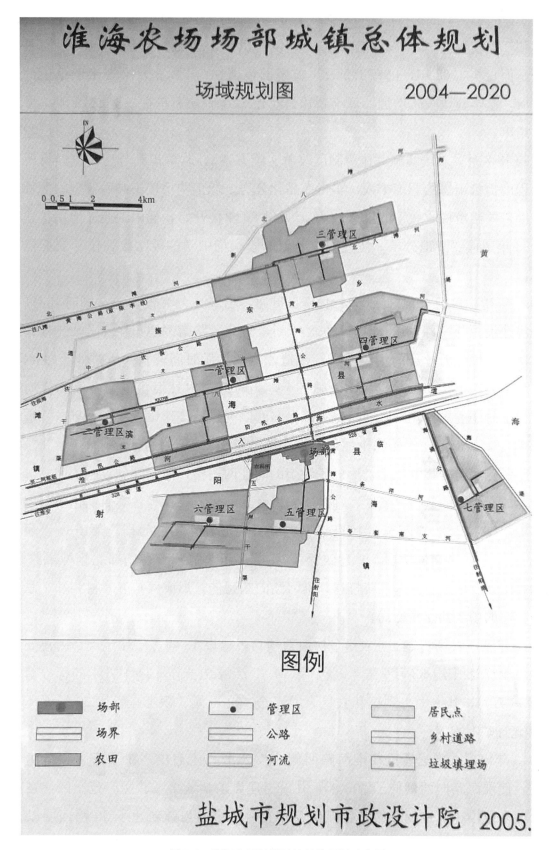

图 5-1　淮海农场场部城镇总体规划示意图

年限为10年。1962年8月，受台风影响，旧草房成危房。20世纪60年代中期，利用灾后重建和知青安置资金，农场翻建和修建建筑面积2.2万平方米，新建4.319万平方米职工住房。但直至1968年，仍有1.5万平方米旧笆墙住房、3.3万平方米旧草屋危房。兵团成立后，基本建设投入增加，每年新建、改建1万平方米左右，至1976年，草危房改造基本结束。

1993年7月，农场实施《住房制度改革实施方案》，改革福利分房制度，将所有住房按新旧程度折价出售给职工个人，实行商品化分房。职工购房按工龄、职务、职称给予一次性补助，并给予税收政策的优惠。从20世纪80年代开始，征用副业连地块扩建职工宿舍，1985年建成"知识分子"住宅楼、老干部楼和场中学的教学楼，拉开农场楼房建设的序幕。

1992年初，建场40周年前夕，淮海路贯通，场部办公大楼建成，同时乳品厂拆除，沿街楼房建设拉开序幕。1997年至1998年间，沿淮海路南侧建设了1号、5号和7号三栋商住楼。对原弹力丝厂的主车间进行改造，改建装潢时间较长，历时3年多，于2001年8月竣工的宾馆楼，标准较高，设施齐全，当时系统内外很多重要会议和活动在此举办，增强了总场的接待能力，同时也为淮海路两侧的住宅楼建设奠定了基础。

21世纪，场部的住宅楼建设加快，淮海路北侧的2、6号楼，路南的3、9号楼，以及黄海路两侧的楼房相继施工，形成了沿街的商住两用楼，加上基础设施的完善，商业街面逐渐形成，沿街的超市、餐饮、金融、农机修理、建筑材料等各类商铺达100多家，从业人员1500多人。2007年至2010年，又建成了学苑小区1～4号楼，菜场1、2号楼和淮海路17～21号楼等9栋楼房，总建筑面积达4.53万平方米。在场部北侧神禾路建设74幢别墅共13098平方米。六淮路打通，淮海路向东延伸，形成西与五岸村相邻、东与六垛居委会相通的场乡共建新格局。

2011年秋，农场实施江苏农垦危房改造项目，建设13幢多层住宅楼，新建6个居住小区，总建筑面积4.052万平方米，包括294套70平方米至100平方米的标准套房。总投资5439万元，其中中央预算和农垦自筹资金600万元、职工自筹4839万元。项目于2012年3月基本竣工。

2013年以后，农场着重在淮海路两侧建设公寓式住宅楼，在淮海南侧新建了3栋住宅楼，使淮海路向西延伸了300米，并沿街建设了学苑小区、文广苑小区，在渠星路加工厂向东建设了3栋商住楼，并在南苑、五星等小区累计新建了30幢四层以上的住宅楼，全部是由盐城市建筑设计研究院设计的100～130平方米的标准户型，厨房、卫生间、客厅等房间设计科学合理，宽敞明亮，采光好，节能环保，活动空间大，居住舒适。在依河傍水的一支渠畔，新建了 70 多套别墅，淮海路、振兴路沿街两侧高楼林立，超市、门市、银行、商铺鳞次栉比，绿树成荫，呈现出市场繁荣兴旺、繁华美丽的新街景。

农场在渠星小区和幸福小区分别对 250 套危旧房进行维修改造，对其供水、供电、道路、绿化、排水、垃圾处理等基础设施进行了改造升级。2020 年底，农场住房面积累计达 39.5487 万平方米，平均人均住房面积 55.36 平方米，职工成套住户占总户数的 83%，职工的住房条件不断改善，城镇基础设施日臻完善，民生福祉不断增强。

第四节　居民区划

农建四师时期，农场按部队建制在六垛设立师部和师直单位；分别在三垛、头庄、美人垛设立 3 个团部和 9 个工作站。淮海农场建制后，设置了 5 个分场（含临海分场）、29 个居民点。1960 年临海分场改为独立建制，居民点减少为 27 个。1969 年改为兵团建制，进一步增加居民点建设，新建了 46、45、22、12、36、28、27 等 8 个居民点（连队），场部还租用部队营房为住宅区。20 世纪 80 年代初，42 连由排扩建为连，七分场（东滩养殖场）在原独立排的基础上，先后扩建了垦 1 队、垦 2 队和牛场、渔场。1980 年以后，七分场正式组建东滩养殖分场，建设渔场和奶牛场两个居民点，以后又扩建垦 3 队、垦 4 队、机耕队和分场部居民点。至 2012 年底，全场累计有 42 个居民点，其中有 7 个分场居住点，34 个大队级居住点。

2002 年以后，农场实施了道路通达工程，建造水泥路，与各居民点相通并与国道、省道等交通干道相连。2008—2011 年，相继建成了 4、1、2、5 分场的办公楼，所属大队干部集中到分场办公，改善办公和居住条件，提高了服务功能。但是分场和大队居民点仍然零散分布，设施老化，标准低下，房屋年久失修，破旧不堪，亟须改造重建，以适应生活和生产的需求。为此，农场从 2011 年开始实施危房改造工程项目，进一步加快老小区、居民点改造撤并和整治，推进小城镇建设，改善场容场貌。

2013 年以后，随着改革的深化，场部小城镇建设快速发展，产业向场部集聚，人口向场部小城镇集中。随着社会经济的发展，职工收入增加，再加上农场采取优惠购房政策，职工纷纷到场部购买商品房，改善了居住条件，全场的居民点减少为 10 个。分场社区、大队大量的危旧房闲置。为了盘活存量土地资源，优化资源配置，农场分批拆除危旧房，退宅还田，新增耕地面积 483.8 亩，通过占补平衡项目，挂牌出让，获得经济补偿。

第五节 公共设施

一、园林绿化

1986年，仅有淮海路两侧和机关、学校、医院工厂的庭院内栽有少量法桐、水杉、槐树等绿化树种。至20世纪90年代中期，场部大面积规划沿街绿化带，引进合欢、黄杨等树木，栽种花草，改善环境。场部小城镇绿化面积达80多公顷，栽植行道树3600多棵、草坪14公顷、花圃7公顷。2002年，修建了6000多平方米的音乐喷泉广场。场区栽植云松、黄杨、针叶松等常绿品种和紫藤、小叶红波、紫叶李、盆栽黄芪等，各类花草树木达80多个品种。路边小游园、亭台楼阁、小桥流水、碑石雕塑合理搭配，花草树木，葱绿苍翠，万紫千红，争奇斗艳。

2003年12月，农场被盐城市评为"园林式小城镇"，林木覆盖率达42%，获评射阳县绿化庭院式达标单位。

2010年春，主干道淮海路两侧行道树升级，栽植了香樟，补植各类景观树。

2013年以后，农场以"绿化、美化、香化"为目标，突出自然生态，注重打造精品，将场部绿化建设作为提高职工居住质量、改善农场生态环境、促进农场可持续发展的重要措施。

2015—2020年，农场累计栽植各类绿化苗木33700株。品种主要有女贞、栾树、红叶石楠、海桐、大叶黄杨、瓜子黄杨、合欢、垂柳、紫荆、意杨等。由于场部周围部分景观树林出现老化、枯化、病虫害频发等现象，影响了农场形象和居民生活质量，农场分别对农建四师暨淮海农场历史陈列馆、社区、菜市场、污水处理厂、水厂、淮海公园等地实施绿化升级改造工程，淘汰枯死、有污染、过时的绿化品种。委托园林设计研究院规划设计图纸，经招投标确定专业团队施工。坚持造绿与造景相结合、绿化与观赏相结合，努力打造精品，沿街花园，移步成景，行道两侧绿树成荫、葱绿苍翠、绿树红花，气派靓丽，风景如画。

二、亮化工程

农场的路灯建设始于20世纪80年代末期，沿路的工厂、学校和住宅区的主要路口安装了白炽照明灯。1991年，安装了51盏路灯。1994年至1995年，在主干道淮海路两侧暗埋地缆，改建成双臂式高压钠灯，造型别致、新颖。2007年，农场投资20多万元，新增路灯40盏，其他道路及小区路口增设了单臂路灯，改变了场部夜间出行摸黑的状况。

2009 年春，在完成主干道路灯改造的基础上，累计投资近 20 万元，继续实施亮化工程，由江苏伯乐达光电科技有限公司设计施工，对淮海路两侧商住楼体实施了亮化工程。该项工程累计安装星光灯、泛光灯、投光灯、高杆灯等各类灯具 20 多盏，采用 LED 新型节能光源，于 2009 年国庆节前投入使用。

2019 年 8 月，场部实施亮化工程，对淮海路、创业路上的 21 栋楼房进行亮化街景设计。该项工程总投资 61.15 万元，委托南通溢德行工业科技有限公司设计，经招投标由江苏宏都建设工程有限公司施工。

该项工程坚持高起点规划、高标准设计、高规格制作，努力创造靓丽多姿、流光溢彩、优美和谐的场部小城镇夜景，表现庄严宏伟、大气壮观的现代设计，应用多点灯光控制手段，点线面结合，营造出现代灯光色彩，并带着柔和视觉概念和城市灯彩的吸引力，累计安装点光源、LED 投光灯、泛光灯、轮廓灯、洗墙灯 3565 套，分别为 8W 点光源 256 套、投光灯 112 套、壁灯 13 套、12W 轮廓灯 1361 套、4~6W 轮廓灯 548 套、洗墙灯 1261 套。耗材为各类电缆线 7359 米、PVC 管 4762 米、安装开关 16 台、控制器 12 台。

该工程打造了一批品位高、质量好、与农场形象相适应的光环境场景，彰显了军垦文化元素，较好地烘托城镇庄重、亲切、优雅的格调，具有很强的时代感，充分表现出军垦文化信息和现代建筑美学。项目还对场部所有路灯增设了太阳能板，节能环保，方便居民们夜间出行，改善了人居环境，受到了居民们的欢迎。

三、环境治理

1985 年，场部的环卫工作由一名勤杂工负责，仅负责场部办公区的卫生清扫。1994 年，建立了由 10 多人组成的环卫所。2003 年，环卫工作隶属于社区管理委员会，负责场部辖区垃圾处理和场区道路、街道绿化和场部环境卫生管理工作。

2000 年前后，农场投资 100 多万元，完成了公厕的改水工程，将 20 多座公共厕所改建成水冲式厕所，并进行无害化处理。铺设下水道 5500 多米、驳岸 2900 多米，对场区河塘进行整治，清除杂草，冲淤疏浚，清洁水源。2010 年，农场加大民生投入，改善居住环境，着力提升城镇化功能，添置了垃圾箱 130 多个、垃圾处理车 1 辆，日处理垃圾 10 吨以上，并结合老旧小区改造，进行综合整治，进一步治理脏、乱、差，完善配套，提高标准，营造良好的人居环境。

2015 年，农场新建日处理 500 吨污水处理厂 1 座，位于场部南侧的 40 大队，铺设污水网管 9000 多米，实现雨污分开，生活污水达标排放，提高了环境质量。还新建 10 吨垃坂中转站 1 座。新购置 10 吨垃圾转运车 1 辆、吸污车和扫路车各 1 辆，当年环卫建设总投资达 1170 万元。

2015—2019 年，新建、改建公共厕所 13 座，总投资达 282.61 万元，全部为农场自筹资金。

2019 年对场部小城镇中 17 座水冲式公厕进行了节能节水改造。

农场成立了绿化环卫所，现有员工和临时工 43 人，负责场部小城镇街区、住宅区、道路广场的清扫和日常保洁工作。为做好日常道路清扫和垃圾清收清运工作，场区累计放置垃圾桶 145 个，要求及时清理投放桶周围残留垃圾，杜绝二次污染，主要路面保持整洁卫生，不留死角，道路、广场专人清扫，公共设施、器材及时维护保养。2019 年 1 月开始，生活垃圾全部实行外包转运，直接运至临海镇星晨中转站集中处理，确保日产、日清。5 月份对原有露天垃圾场地进行了回填土全覆盖，对后续产生的垃圾进行集中处理，确保不污染周围环境。开展垃圾分类处理试点，引导居民养成良好的环保习惯。

农场开展环境清理整治活动，切实治理脏、乱、差。以主干道为重点，深入各居民小区，治理街道，做好场邻结合部、集贸市场以及住宅小区房前屋后等卫生，配合各居委会严格落实"门前三包"责任制，每年集中整治 2～3 次，做到无死角，为居民提供整洁舒适的良好生活环境。

四、设施文化

农建四师时期，农场建成可容纳 800 多人的大礼堂一座。起初，礼堂仅以开大会及文艺演出、放映为主，也常为县、市剧团的慰问演出提供场所。1982 年、1992 年、2002 年，先后进行了几次维修改造，扩建了舞台，增设了演员化妆间、休息室，更新了座椅，现能容纳 1000 人以上。礼堂从最初的砖墙草顶变为现在的砖墙瓦顶，且具有了良好的舞台演出音响效果。

农建四师时期，总场和工作站均设有篮球场、健身场等文体设施。

1998 年，投资 120 多万元，在办公大楼对面、淮海路的南侧建设了占地 6000 多平方米的音乐喷泉广场，由大理石贴面砖的花园环绕，作为文娱演出、休闲散步、运动健身的主要场所。其中有一直径为 60 米的圆形场地，位置偏向南侧，中心所建的地下水池内设有音乐喷泉、圆环形彩灯，随着音乐的旋律，喷出的高低水柱在水下彩灯的映射下，呈现出多姿多彩的水景画面。在文化广场上，农场已举办过六届广场文化艺术节，江苏农垦也在这里举办过两届职工广场舞比赛。

2010 年，随着经济社会的快速发展和物质生活水平的不断提高，人们对文体健身活动的需求日益增加，因此，农场投资 180 多万元，在办公大楼的西侧建设了 1 座占地 1.12 万平方米的中型文化运动广场，成为职工群众们健身、休闲、娱乐的良好场所。广场外围是 330 米长、宽 10 米的红色塑胶跑道，南侧有 30 多套健身器材，中段有灯光球场、舞场等休闲娱乐场所，每天早晚进入运动广场休闲、健身的人数近 2000 人，提高了场部居民的生活质量。

2011—2020 年，农场加大对城镇化发展、职工生活改善、生态环境综合治理等项目的投入，进一步满足职工的生活和文化需要。

2015 年，农场建成和投入使用的职工文化活动中心占地 1800 平方米，累计投资 459.09 万元，其中财政补贴 233 万元、农场自筹 226.09 万元，内设有音乐室、舞厅、健身房、图书馆、阅览室、书画室、多功能大厅等综合文体设施，成为职工、居民休闲、娱乐的好去处。

2016 年 7 月，淮海公园建成开放，这是一座将军垦文化、廉政文化和公园景点融为一体的袖珍公园，占地 18000 平方米，总投资 222.08 万元，其中上级补助 112.5 万元。园内树木郁郁葱葱，鲜花绽放，小桥流水，曲径通幽，景色迷人。公园以和谐、清风为主题，长廊、横梁上配有 22 块反映廉政文化的名家牌匾、对联、格言等，还有反映军垦文化的浮雕，栩栩如生的画面反映了农建四师那段激情燃烧的岁月，使人们在游园和休闲娱乐中接受心灵的洗礼和艰苦奋斗的革命传统教育。

2010—2017 年，农场累计投入资金 620 万元，分两期建成农建四师暨淮海农场历史陈列馆，展现军垦文化历史和淮海农场 60 多年发展的沧桑巨变，让后代永远铭记创业者的历史足迹，保持光荣革命传统，弘扬"艰苦奋斗、不怕困难、无私奉献"的军垦精神。现已成为国家 AA 级旅游景区，被江苏省委组织部列入党员、干部教育的实境课堂，已有"盐城市爱国主义教育基地"等五个基地在陈列馆挂牌，已接待参观者 5 万多人次。

2018 年，农场投资 250 万元对 10000 平方米的休闲体育运动广场进行维修改造，铺设塑胶跑道 4900 平方米，改造圆柱，建水冲式厕所等。2019 年，新建标准门球场 2 个、共 1100 平方米，成为职工和居民们健身、跳舞、休闲的良好场所。每天早晚来广场健身的人络绎不绝，提高了居民的生活质量。

陈列馆、纪念碑、广场、公园、生产基地、文化活动中心等一批标志性文化景点和文化设施，使农场文化活动丰富多彩。农场努力打造"军垦传统文化、社区广场文化、全员廉政文化、生态绿色文化、健康体育文化"，使农场小城镇形象有设施、有载体、有故事、有灵气，构建出清新亮丽、和谐发展的新型农场小城镇。

第六章　基本建设

第一节　概　述

淮海农场的基本建设始于农建四师时期。建场三大战役，农场在草滩上立足生根，初具雏形。经过 10 多年的艰苦奋战，农场建成了一大批农田水利基础设施。由于各方面的条件限制，基础设施标准偏低，影响了经济的发展。20 世纪 60 年代中期，全场基本建设投入不足，尤其是农田水利等基础设施薄弱，农业生产条件差，自然灾害严重，农业生产仍然处于低产亏损状态。再加上受"文革"和极"左"路线的干扰，全场的基本建设一度处于停滞状态。

兵团时期，农场实行半军事化的管理，采取了积极的生产建设措施，开展"农业学大寨"运动，大搞农田水利基本建设，增加投入，实施"匡圩封闭"工程，全场建成了桥涵闸站和房屋、道路、输变电、水泥晒场等一大批基础工程设施。还通过组织大会战，大搞农田水利土方工程，不但提高了农田标准，而且改善了农业生产条件，为全场经济发展奠定了基础。

党的十一届三中全会以后，按照建设高产稳产农田的要求，农场继续坚持"匡圩封闭"的治水技术思路，提高标准，完善配套，不断增加基本建设投入。先后建成了农田水利、晒场仓储、交通道路、输变电等一大批基础设施，保证了全场经济的持续稳定发展。特别是 20 世纪 90 年代，农场利用国家农业综合开发、淮河入海水道、渠北排灌、农网改造等项目资金，进行开荒整地、改造中低产田，扩大耕地面积，提高农田标准，促进了全场经济的快速发展。进入 21 世纪，农场先后实施了水利部五岸灌区改造五期工程、土地复垦项目和河塘整治及"村村通"公路建设项目，实现了渠道防渗化、道路硬质化、农田林网化，全场农田水利达到了省内先进水平。同时还建设了绿色仓储、谷物烘干、设施栽培、供水供电、物流服务等高标准基础设施，加快了现代化建设的步伐。

2016—2018 年，国家二批土地整治、农田水利项目以及小农水基础项目获批准在农场投资。农场利用农业开发政策，实行精准开发、生态开发和效益开发，推动农场农业基础再上新台阶。2013—2020 年，八年投入资金 2.01495 亿元，其中各级财政资金 1.2925

亿元。建设高标准农田1万亩，土地平整2.5万亩，河道防渗渠18.6千米，田间公路（砼面、砂石面）27.63千米，河道、沟渠、河塘疏浚土方工程480多万方，各类农田水利项目11项，仓库28栋、共5664平方米，农田配套设施1211座。粮食增产75万公斤，亩增产100公斤，亩成本减少51.6元，新增利润140.8万元，亩增58.16元。

2013—2020年，农场累计投资2.78148亿元，其中财政投资1.3120亿元、自筹1.46948亿元。年投入资金平均2000多万元。水田林路土地平整、土壤肥沃、集中连片，设施完善，农业基本设施配套，旱涝保收，高产稳产，绿色生态，农业增效，职工增收，大大提升了农场耕地质量和土地产能，提高了粮食产能和农业综合生产能力，促进农场可持续发展。

第二节　农田水利

一、水利建设

1952年5月至7月，农建四师发起建场三大战役，开挖沟渠，抢盖房屋，筑路架桥，建成了一大批基础设施，机械化国营农场已具雏形。农建四师彻底转业后，在基础条件薄弱的情况下，农场边生产、边垦荒、边建设，曲折前行。由于受到极"左"路线的制约和三年严重困难的影响，建设投入不足，严重制约了经济的发展。1962年8月，遭受14号台风袭击后，场内的7万多平方米笆墙草顶简易房屋成为危房，农田水利设施毁坏。国家拨入了一批灾后重建资金和知青安置资金，增加了基础设施投入。尽管受到"文革"的影响，但是部分住房得到修建，增建了部分农田水利设施。兵团期间，采取了积极的生产建设措施，增加资金投入，兵团7年累计基本建设投资达到396.16万元，尤其是"匡圩封闭，治水改土"技术的推广应用，改善了农业生产条件，成为后来农场和江苏农垦改良盐碱土技术的重大突破，成为垦区水利建设之本。全团开展以治水改土为中心的水利大会战，深挖沟渠，高筑圩堤，挑土平田，筑路架桥。同时，在房屋建设、机电设备、供水供电等基础设施方面的投入显著增加，逐步改善了生产和生活条件。

党的十一届三中全会以后，在历次中央1号文件的指引下，农场不断增加基础设施的投入，按照建设"高产稳产农田"的要求，坚持"匡圩封闭"的治水技术思路，完善配套，提高标准。1979年3月以后，实施六分场内匡圩河开挖，增开南片中心灌渠，五分场中心河疏浚等多项大中型工程。各分场均提高了内部积水沟的标准，实行连片治理，自成系统。随着国家水资源配置计划的调整，大量淮水调往徐淮连地区。虽然国家后来又实施"引江济淮"工程，但是进入苏北灌溉总渠，尤其是进入下游的水源减少。1978年大旱以后，自流灌溉无法实施，提水灌溉工程受到重视。1979—1982年，先后将15座单排站技改为排灌两用站。通过改进闸门、控制水流方向，引水进入渠道灌溉。还新建设了10座排灌两用站，在地势较高的渠北分场扩种水稻，实行水旱轮作。1981年，三分场投资20多万元，开挖了1条长3500米、宽20米的中型引水河，并配套了桥涵闸站，使北八滩河以北的5个连队都种上了水稻。20世纪80年代中后期，农场实行水旱轮作，大面积平整土地，推广机械化施工，取得了较好的效果。

20世纪90年代初期，农场利用国家农业综合开发项目和自筹资金，开垦荒地，配套农田水利设施。还和地方政府合作整治骨干河道，疏浚入海河道海口段，清淤保港，加快排水。1990年4月，建成红卫双机组排水站，为四分场34、36大队荒地的开发利用创造条件，也解决了四分场南片的排水问题。各分场相继对泵站进行技改和扩建，利用部分回归水，提高排灌能力。1990—1991年，实施国家黄淮海开发一期工程东滩荒地开垦项目，累计开垦荒地4961亩，形成耕地3085亩，累计投入资金136.9758万元，主要农田水利工程有扩建电站1座、新建渡槽1座、新建涵洞41座，拉开了进一步开发利用荒地的序幕。

20世纪90年代中期，全场实施扩粮工程，扩粮压棉，大面积旱改水，实行稻麦两熟制，取得了显著的效果。建设了电灌站11座、水工建筑物320多座，推广圩内取水技术，对四、五、六、七分场进行大规模水系改造，缩短高水位送水距离，提高输水效率。还推广防渗渠道、湿润灌溉等节水灌溉技术，提高了水资源利用效率。20世纪90年代后期至21世纪初，农场实施大规模农业开发，主要有淮河入海水道征地拆迁、渠北排灌工程和干支渠改造工程。进入21世纪，农场先后实施了水利部门立项的五岸灌区节水改造五期工程项目和土地平整开发项目，资金投入大，建设标准高，推进了水利现代化建设的步伐。2009—2011年实施省河塘整治工程，累计完成土方工程137万方，疏浚整治大中沟137条，整治河塘132处。2012年，全场水利固定资产总额达到1.21亿元，是1993年的4倍多。全场累计有排灌站75座，固定装机容量6790千瓦，闸站配套，实现了渠道防渗化、道路硬质化、农田林网化，排涝模数达到万亩耕地4至5个流量的先进指标，全场沟系配套，灌得上、排得出、降得下，百日无雨保灌溉，稻麦年亩产达到吨粮以上水平，农田水利已基本达到了现代化的标准。

2013—2020年，农场的农田水利基本建设按照建设高标准农田的要求，继续完善配套、提高标准，建设水田林路，进行综合治理，努力提高农业综合生产能力，促进可持续发展。强化粮食产能建设，大力发展现代农业，促进农业增效、职工增收，建设土地平整、土壤肥沃、集中连片、设施完善、旱涝保收、高产稳产、生态良好的高标准农田，树立绿色发展理念，同步推进农艺和工程措施。改善水环境，加强资源节约和环境保护，提升耕地质量和土地产能，强化粮食产能建设。

2013—2020年，全场农田水利基本建设累计投入资金1.81亿元，其中农场自筹5174.07万元，上级补助和争取财政项目资金1.2925亿元，累计建设和改造电站16座，防渗渠18.6公里，中小沟级建筑物947座，驳岸1.9公里，桥梁15座，水泥道路23.63公里，机耕路4公里，仓库28栋、共5664平方米。新建、改建水泥晒场14.93万平方米。完成河道、沟渠、河塘疏浚土方工程480多万方。土地平整2.5万亩，完成各类农田水利项目11项，这些农田基础设施的建成和投入运营改善了农业生产条件，提高了农田标准和粮食产能，促进了可持续发展。

二、重点水利工程建设

（一）圩区建设

20世纪60年代中期，江苏省沿海地区基本上实现了梯级河网排水。但是由于农场地势低洼，又处于入海河道下游，为兼顾中上游广大地区用水，骨干排河的设计水位（常年水位）达1.1米，比农场地面高程1米左右还要高出10厘米，形成了上有客水压境、下受海潮顶托的严峻局面。不仅涝水排不出，而且地下水位高，渍害严重，致使土壤底层盐分随毛管水上升，在土壤表层积聚，形成盐斑，使大片农田出现"雨天水汪汪，晴天白茫茫"，汛期洪涝成灾的贫瘠景象，经济长期处于低产亏损状态。

为了根治"涝、渍、盐"三害，走出困境，清代就有本地居民在射阳河沿线匡圩，称为"滩田圩"，民国时期沿海圩田面积不断扩大。农场水利技术干部邱维明同志根据前人的治水经验，结合农场情况，建议改变建场初期单纯按平原地区治水的技术思路，采用圩区治理，提出了"封闭排水"的设计，受到了场领导的重视和支持。

20世纪70年代，全场按地理位置及地势高低，分别设立27个圩区，实行设圩筑堤、建站设闸、灌排分开、平时预降、汛期抢排、内外分开、抽盐补淡、防涝降渍、改良土壤。经过多年不断完善配套，提高标准，全场形成了完整的灌排技术体系，抗灾和增产效果明显，并在江苏农垦和附近农村大面积推广。

（二）淮河入海水道工程

淮河入海水道位于江苏省淮安、盐城市境内，西起洪泽湖二河闸，东至滨海县扁担港入海口，全长163.5公里，是淮河下游的主要行洪通道，途经农场7.6公里。工程自1999

年开始全面实施。农场先后完成了 1999 年度、2001 年度征地拆迁安置工程和 2003 年、2007 年抗御淮河流域特大洪水及灾后重建、滩地生产恢复等各项工程任务，累计拆迁职工 23 户、安置居民 63 人，红线外调动安置职工 240 多人，拆迁各类房屋 6146.9 平方米。工程累计占用土地 6009.3 亩，其中永久性征地 3217.3 亩，临时占用耕地 2792 亩。工程涉及 2 个分场、6 个大队，搬迁商物公司下属的农药库、油料库、加油站和码头、砂石场等单位。

淮河入海水道淮海农场段沿苏北灌溉总渠北侧呈带状分布。西段一分场区域宽 420 米，长 3560 米，与滨海县八滩镇新胜村交接，东临振东乡五丈河村，距六垛闸 3.79 公里，桩号为 146＋640 至 151＋180。东段四分场区域长 4005 米，宽 620 米，东西分别与滨海县新东村、扁担港村接壤，距海口闸 1.5 公里，桩号为 156＋500 至 160＋250。

农场境内累计拆迁排灌站 3 座（4 个机组，功率 320 千瓦，6 个流量的排水能力），涵闸、地笼 5 座，桥梁 3 座，小型水工建筑物 23 座，树木 6953 棵，10 千伏高压线路 24.32 公里。还拆迁了商物公司下属油库、加油站、码头、化肥农药仓库、农资门市部等，房屋 6146.9 平方米，供电线路 30.5 公里，水泥晒场 6488.3 平方米，码头 3 个，油罐基础 13 个，拆除围墙 629.1 米，工程先后于 2000 年和 2002 年秋季完成。

淮河入海水道工程挖废了渠北地区通向原排水河的主要灌排河道泵站、圩口闸等水利设施，切断了该区域的水路，打乱了原有的排灌水系，因此必须对影响区域内的排灌工程进行复建，并且还要提高标准，以保证沿线经济的快速发展。该项目由江苏省水利工程设计研究院设计，经国家淮委批准实施。

农场渠北排灌影响处理工程累计建设 131 座建筑物，其中生产桥 4 座、排灌站 8 座、泵站技改 5 座。建设排水闸 1 座、穿一支渠地笼 2 座、小沟级建筑物 113 座、防汛道路 3 公里，开挖调度河及引水河 15.6 公里，滩地生产恢复 2719 亩。项目累计总投资 601.68 万元，其中中央、省财政资金 495.18 万元，农场自筹资金 105.5 万元。工程自 2000 年 3 月开工，至 2005 年 4 月完工，历时 5 年。

2007 年 8 月，淮河入海水道行洪，农场滩地农田水利工程水毁严重，中隔堤倒塌，涵闸、排灌站塌损。经省水利厅上报国家淮委批准（淮委规计〔2007〕355 号文），核定水利工程项目总投资 232 万元，其中：省以上财政资金补助 186 万元、农场自筹 46 万元。修复中隔堤 4.05 公里，打桩 10000 根，袋装土 2.3 万立方，修复水工建筑物 10 余座。项目于 2008 年 9 月开工，2009 年 10 月通过省级验收。

（三）夸套河整治工程

该项工程被列入盐城市 1995 年水利建设重点工程，由淮海农场、射阳县六垛乡、射阳县财政局共同筹资建设。工程总投资 186 万元，其中农场承担 62 万元、六垛乡承担 72 万元、县财政支持 52 万元。累计完成水力冲淤 60 万方，疏浚河道 15 公里，新建穿五岸干渠大型地笼 100 米，2004 年又补充完成了夸套河入海闸（夸套闸）维修工程。项目投入运营后，改善了苏北灌溉总渠南部地区五、六分场的排灌条件，提高了抗灾能力。

（四）五岸灌区改造五期工程

该项目由国家水利部水利科学设计研究院设计，射阳县水利局编制《水利部节能灌溉项目五岸灌区改造五期工程初步设计》，报经水利部审核批准在农场境内五、六分场区域实施。项目总投资 1700 万元，其中中央财政资金 700 万元、省财政资金 350 万元、农场配套资金 350 万元。主要建设内容有：新建防渗渠道 13.5 公里、电灌站 3 座、电站技改 2 座、渠首工程 2 座、中小型建筑物 280 多座，累计完成土方 210 多万立方米、石方 2500 多立方米、混凝土 15000 多立方米，是建场以来农田水利单项工程投入最多的项目。

（五）河道疏浚工程

2008—2010 年，农场的部分农田水利土方工程被列入省河塘、河道疏浚整治工程，项目由省农垦集团公司申报立项、统一部署和管理。按照省农垦集团公司《关于做好 2008 至 2010 年河塘、河道疏浚整治规划工作的通知》要求，编制申报了《淮海农场河塘、河道疏浚整治规划书》，并得以批准实施。项目累计总投资 403 万元，其中省级财政资金 213 万元、农场自筹资金 190 万元。累计完成土方 137 万立方米，疏浚河道 82 条、大沟 55 条，整治河塘 132 个，改善灌溉面积 7 万多亩，改善降涝面积 8 万多亩，新增灌溉面积 0.6 万亩，年增利润 150 万元。项目的生态效益显著，改善了环境卫生状况，宅区围河原来淤塞、排水不畅、污水发黑、臭气熏人，整治后水中养鱼、岸边植树、水清景秀、环境优美、文明整洁，促进了社会主义新农垦建设。

（六）高标准农田建设

2014—2016 年，先后实施了两期高效农田建设，项目区设在一、二生产区的 8 个大队，建设高标准农田 10000 亩，总投资 1590 万元，其中国家财政投资 1400 万元、农场自筹 190 万元。主要建设工程项目有：新建和技改电站 7 座，新建水泥晒场 16500 平方米，新建仓库 4 栋、800 平方米，新建和维修防渗渠 7.64 公里，新建桥梁 1 座、水泥路 7.8 公里，河道疏浚 5.585 万方，新建小沟级建筑物 307 座，架设输变电线路及配套工程 8.37 公里，土地改良 1 万亩。项目投入运营后，提高了粮食产能，年增产粮食 310 万公斤，项目区年新增利润 120.32 万元。

（七）土地整治项目

2017—2019 年，经苏垦集团批准实施两期土地整治项目，总建设规模达 4638.807

亩，新增耕地 2032.5 亩，土壤改良 2032.5 亩。项目总投资 3208.84 万元。主要建设内容有：土地平整土方工程 12.06 万立方米。新建和疏浚计斗渠 31.9062 公里，新建电站 1 座、中小沟级建筑物 126 座、桥梁 1 座，新建改建水泥路 15.7346 公里。项目分别于 2018 年 11 月和 2020 年 11 月通过省级验收。

（八）优质稻米基地项目

2014 年，实施淮海分公司优质稻米基地项目，项目区设在七分场，总投资 562.78 万元，其中财政资金 300 万元、农场自筹 262.78 万元，项目建设规模 1.3 万亩，主要建设工程有：新建防渗渠 3.5 公里、涵闸洞等中小型水利建筑物 70 座，电站技改 4 座，新建 3.5 米宽水泥路 1 公里，新建水泥晒场 4000 平方米、斗渠机耕桥 4 座、电站看护房 1 处 50 平方米。

（九）小农水专项工程

2016—2018 年，农场实施小型农田水利专项工程项目。三年累计投入资金 1351.8 万元，其中争取国家财政资金 884 万元，农场自筹资金 467.8 万元。项目区设在 1～7 分场。主要建设工程项目有：新建电站 7 座、防渗渠 7.46 公里，配套中小型水利建筑 211 座、中沟疏浚 105 万方、输变电工程 7 公里。

第三节　土地开发

一、农业综合开发

1988—2005 年，农场累计实施 6 期农业综合开发项目，累计总投资 2151.068 万元，开垦荒地 1.03 万亩，改造中低产田 5.21 万亩。项目以加强农田水利基本建设为中心，改造中低产田，配套推广渠道防渗、节能水泵、节水灌溉、装配式施工等农田水利新技术和农业新品种、新技术。项目设计以实现水利现代化为目标，提高科技含量，坚持高标准、高起点、高质量施工，全面提升项目区的综合生产能力，促进经济增长方式的转化。全场先后在 3、4、5、6、7 分场规划设计了 12 个项目区，累计建设排灌站 19 座、技改 9 座、建设桥梁 20 座、涵闸等中沟级建筑物 66 座、小沟级建筑物 653 座、新建烘干线 1 条、仓库 4230 平方米、机耕路 5.5 公里，架设输变电线路 12.3 公里，疏浚沟渠 111.5 公里，完成土方 101.9 万方，平整土地 1.4 万亩，对水田林路进行综合治理，改善农业生产条件，推广绿色栽培和多项新品种、新技术，促进农业增收，并采取工程措施和农艺措施相结合的治理改造技术，使大面积的中低产田改良成为旱涝保收的吨粮田。

2014年农场实施国家农业综合开发江苏省淮海农场高标准农田建设项目。项目区位于一分场3、4、6三个大队，2015年5月竣工。项目总投资715万元，累计建设高标准农田0.5万亩。主要建设工程有：维修电站3座，新建防渗渠3.57公里，维修防渗渠1.34公里，新建渠系建筑物182座、种子仓库480平方米、种子晒场7603.9平方米、混凝土路4.714公里、砂石路4.13公里，疏浚河道5.585万方，改造输变电线路4.37公里。

项目投产后，项目区基础设施标准和生产能力提高，年可增产粮食50万公斤，稻麦亩产均可增产50公斤，每亩节省成本51.6元，累计可增加利润62.16万元。

2016年度国家农业综合开发高标准农田建设项目位于二分场8、9、10、11、12大队，2016年5月开工建设，2017年5月竣工。项目总投资885万元，其中：财政资金750万元，农场自筹资金135万元。累计建设高标准农田0.5万亩。建设内容主要有：新建排涝站1座，拆建排溉站1座，新建矩形防渗溧2.739公里，过路涵洞3座、农渠排水洞29座、斗渠放水洞出水口调节池29座，新建3.5米宽混凝土（有路基）1.37公里、3.5米宽混凝土路（无路基）5.69公里、3.5米砂石路2.38公里、仓库2幢（建筑面积累计480平方米）、水泥晒场3000平方米，拆建水泥晒场5000平方米。通过项目工程实施，建设了高标准农田，改善了项目区的农业生产条件，增强了抗灾能力，提高了经济效益，促进了农业增效、职工增收。2017年项目投入运营后年增产粮食75万公斤，水稻亩增产100公斤，亩减少成本51.6元，新增利润140.8万元，小麦亩增产50公斤，每亩节省成本6.32元，新增利润58.16万元。

二、土地复垦

2006年10月，江苏省财政厅、国土资源厅《关于下达2006年第一批省异地补充耕地项目预算的通知》（苏财农〔2006〕84号）批准土地复垦项目实施。项目总投资3228.7万元，其中工程施工费2706.39万元、设备购置费176.12万元，前期工作费100.13万元，不可预见费63.3万元。项目开垦荒草地、盐碱地、坑塘等未利用土地656.89公顷，新增耕地529.81公顷。项目于2008年12月竣工，完成了省国土资源厅下达的设计任务。主要的工程项目有：新建、改建道路12.9公里，防渗渠道6.68公里，斗沟、斗渠17.054公里，农沟、农渠149.214公里；新建、改建泵站19座；完成土地平整工程土方量240.8万方，其中水力冲淤23.2万方、远距离运土47.8万方。项目建成后新增耕地7947亩，增加了粮食种植面积，为省内大型建设项目的耕地占补平衡做出了贡献。2008年全场粮食总产量较上年增加10.4％，增利320万元。

土地复垦增补项目属于 2006 年第一批省异地调剂补充耕地替换项目。由于部分农场未能完成省下达的第一批省异地调剂补充耕地项目的设计任务，经省财政厅、国土资源厅批准，由淮海农场替换完成。按照省国土资源厅、财政厅《关于 2006 年第一批省异地调剂补充耕地替换项目预算的批复》（苏财农〔2009〕42 号）批准实施。下达工程总预算654.89 万元，其中工程施工费 516.97 万元。总建设规模 130.47 公顷，新增耕地 104.36公顷。主要建设内容有：新建和技改泵站 4 座，新建流动泵站 1 座，配套建设涵闸、桥梁等水工建筑物 59 座，开挖沟渠 23.65 公里，整修沟渠 10.69 公里，新建防渗渠道 1.11 公里、田间道路 3.83 公里。2009 年 7 月开工建设，2010 年 2 月竣工。

第四节　交通运输

一、道路桥梁

农场的道路、桥梁工程随着经济社会的发展而逐步建设配套并提高标准。20 世纪 50年代，场内交通以泥土路为主。由于地势低洼，场区内河流纵横，水路运输占较大比重。1953 年 9 月，修建总场至渣草汪（三分场）一线公路主干道（土路），路面宽 8 米，全长8 公里多，称黄海公路，以后渠北各分场筑支路与其相连。20 世纪 70 年代以后，又修筑了场部至五、六分场的主干路 7.5 公里。

1999 年 5 月调查显示：全场 25 座桥梁中，20 世纪 60 年代建造的有 5 座，占 20%；70 年代建造的有 11 座，占 44%；80 年代 3 座，占 12%；90 年代 6 座，占 24%，大部分桥梁已经安全使用了 20～30 年，部分已成危桥。建场初期境内桥梁以木桥为主，经过石砌、砼拱桥的过渡期，直至目前已有的筋砼桥为主体的交通桥。2008—2010 年，有 3 座桥梁被列入省危桥改造项目，分别是七分场中心河桥（跨度 20 米、宽 8 米，为三孔平板桥）、四分场南八滩河桥（长 60 米、宽 8 米，为三跨灌注桥墩）、五分场五岸干渠桥（长50 米、宽 8 米，结构同四分场桥）。

场内桥梁多为石砌混凝土结构，20 世纪 60—70 年代建造的桥梁采用汽 10 标准设计，大部分为双曲拱形桥。21 世纪以后，均按交通部现行《公路桥涵施工技术规范》(JTJ 041—2000)执行，汽车荷载等级设计为公路-Ⅱ级，上部分结构形式为预应力砼（先张）简支空心板，下部结构为钻孔灌注桩基础，工艺讲究，施工规范。

20 世纪 90 年代初期，农场利用国家农业综合开发资金修筑砂石路。1992 年，修筑13 大队至三分场部的砂石路 3 公里，与省道陈李线接通。1994 年至 1995 年，修通了场部至六分场的砂石路，此后又修筑了四分场至一、二分场的砂石路，场部至各分场的道路实现了砂石化。

进入21世纪，农场加大道路建设投入力度，积极申报省交通部门的硬质道路村村通工程项目，先后投入资金1500多万元，修建多条场内公路，改善了交通道路条件。截至2012年底，累计建设四级水泥道路30条，其中乡道6条、村道24条，全长65公里。从省道、国道至农场，场部至各分场、大队，全部通上了硬质道路，交通便利。

2013—2020年，利用国家财政和农场自筹资金建设桥梁15座，总投资688.88万元，其中利用上级财政资金318.9万元、农场自筹资金369.98万元，对部分危桥进行重建，其中6米×8米主排河桥2座、30米×8米支渠桥1座、跨度10米×18米的农用桥12座，桥梁结构为预应力钢筋混凝土空心桥板。设计单位为盐城交通规划设计院，监理单位为江苏建业建设有限公司，工程项目经招投标确定的施工单位有江苏创盛建设有限公司、江苏文青建设工程有限公司、江苏龙帆建设工程有限公司。

桥梁建设工程项目的实施改善了交通条件，完善了交通网，提高了场内交通的承载能力，方便职工安全出行。

2013—2020年，新建道路8条，总长度22.59公里，总投资676.49万元。施工单位主要有射阳县路桥工程养护有限公司、滨海县路桥建设工程有限公司、江苏雄峰建设工程有限公司，监理单位为江苏建业建设工程有限公司。场部道路改造22.51万平方米，主要有振兴路、群乐路、创业清风路改造，淮海路沥青改造铺设，黄海路、育才路、渠星路改造等。4条建于2010年前的老旧小区道路和灯光亮化工程主要建设单位有江苏后羿工程建设有限公司、江苏双城建设工程有限公司，监理单位为江苏建业建设工程有限公司。

桥梁、道路和亮化工程的实施，改善了场内交通条件和面貌，使场部小城镇配套功能更加完善，提升了小城镇建设的品位，全面构建安全、便捷、绿色、高效、现代化的场内综合交通网，增强了职工、居民的幸福感、获得感、安全感。

二、水陆运输

农场的交通运输业始于建场初期，以水运为主，汽车、马车为辅。至1962年，全场有载重汽车4辆15个吨位、拖车9辆27个吨位、马车40辆、60马力小火轮1艘。兵团时期运输能力扩大，1970年2月建立了运输连，有汽车8辆；1973年5月建立了船队，总吨位达到550多吨，年运力达到5万多吨。

1985年1月，经盐城地区农垦局批准，成立"江苏省淮海物资运输公司"。所辖车队和船队有解放牌汽车 15 辆，1000 吨船队 1 个，水路年运量达 7.197 万吨，陆路年运输能力达 1.1 万吨以上。1985 年 5 月，经射阳县交通局批准成立"射阳县淮海农场交通管理所"，享有船舶签证和管理权。

农场水陆交通便利，通江达海，内河水路可沿苏北灌溉总渠西上，经京杭大运河等内河与长江贯通。海运可经射阳港、连云港出海。陆路运输畅通，省道 328、226 及黄海公路在场内交汇，农场距沿海高速公路出口仅 30 分钟车程。临海高等级公路穿过三、四、七分场，距离场部 5 公里左右，与沿海的五大港口连通。陆路经淮阴、盐城、连云港市区与新长铁路、陇海铁路中转连运，通往全国各大省区。空运便捷，农场距盐城机场仅 1 小时车程。

20 世纪 90 年代，随着改革的深化，农场的运输企业先后实行了承包经营和租赁经营。由于社会运力的增加，按照"国退民进"的指导思想，20 世纪 90 年代中期以后，车辆和船队拍卖给个人经营。2001 年 3 月，农场成立了配载部，为商物公司的下属单位，负责运力调配和配载服务，在运输个体户与企业之间架起了桥梁。2012 年农场社会车辆有 300 多辆，水运能力达万吨以上，完全能够满足场内社会、经济发展对运力的需求。

2013 年以后，由于陆路条件的改善，途径农场的省道 329、沿海高等级公路、陈李线等主干道纷纷升级改造成水泥路和沥青路面，陆路交通快捷、方便。所以农场大宗物资全部以陆路运输为主，民营快递、物流业也应运而生。2020 年，场内运输单位 3 个，从业人员 54 人，年末固定资产总额 420 万元。载重汽车 26 辆、230 吨，年货运量 9.2 万吨，货运周转量 15 万吨/公里，年消耗汽油 10 吨、柴油 300 吨，总产值 1980 万元，营业总收入 1780 万元，利润总额 142.5 万元，纳税 12 万元。农场陆路运输通过铁路连运、陆海连运，距离盐连铁路射阳站仅 60 公里，距离海运滨海港、射阳港仅 30 公里，交通便捷。

第五节　供电供水

一、供电

20 世纪 60 年代初，全场有发电机组 2 台共 115 千瓦，输电线 3 公里，变压器 3 台，主要为场部工副业生产提供电力、为场部和五分场提供照明用电。

兵团时期，农场加强电力等基础设施建设。1973 年 4 月，建成了 1 座 35 千伏变电所，分别安装了 1800 千伏安和 2000 千伏安的两台主变压器，并联运行，由滨海县供电局安排供电，3 路 10 千伏出线，对场域境内实行了供电，初步解决了农田排灌和场办工业及职工照明用电问题。随着工农业生产的发展，用电量不断增加。1987 年 4 月，农场投资 10

多万元，对变电所进行技术改造，改 3 路出线为 8 路出线，安装了 2 台大容量主变压器，总容量提高到 3800 千伏安，工农业用电、动力用电和照明用电分开输变，便于计划调度、科学用电和节约用电。由于场部用电负荷大，故采用专线送电，提高了送电质量，还更换了 25 台设备，新变电所的 1 号、2 号主变压器于 1987 年 8 月 3 日投入运行。1988 年 1 月，经省计委批准，戴帽下达增量供电负荷 2000 千瓦，除了满足场域内工农业生产需要外，还为附近的二罾、淤尖、振东、新港、六垛等乡镇的 42 座电力排灌站和 50 家企业供电，促进了区域经济发展。

1994 年成立淮海农场供电公司（科级建制），负责全场供电和统一组织调度国家电网供电。2000 年 7 月至 2003 年，利用国家农网改造资金 1200 多万元，改造变电所，扩充主变压器容量，更换高能变压器，更新改造高低压线路，全场用电质量有了彻底改变，线损、变损大幅度降低，工农业生产和居民用电质量得到充分保证。2012 年，全年购电量达到 1820 万千瓦时，同比增长 7.1%。

2013—2020 年，农场供电公司努力抓好规范管理和标准化建设，以优质服务为宗旨，"围绕中心，服务大局""护电保水、保供保质保安全"，确保供电线路和各项电力设施的安全运行，为农场社会经济的高质量发展提供优质的水电资源。全场的供电量从 2013 年的 1919.21 万千瓦时，提高到 2019 年的 2543.54 万千瓦时，增加了 624.33 万千瓦时，增长 32.53%。2018 年经营收入达 1255.43 万元，比 2013 年增加 142.7 万元，增长 12.82%。本着"优质、方便、高效、规范、真诚"的服务方针，农场供电公司完善各项管理制度，认真为用户服务，调控和监管供电质量，供足、用足电量，精心编制错峰预案，科学灵活调度，保证居民供电和工农业生产两不误。结合农电双改精神，精心管理、节能降耗、提高供电质量、降低损耗，低压线损从 9% 降到 7% 以下，高压线损降到 5% 以下，宅户供电可靠率 100%，综合电压合格率 9%。堵塞跑、冒、滴、漏，对用户计量进行定期检查，定期做好检验、抄表、核定、收费工作。电费收缴率达 100%，客户满意度达 100%。

"发展经济，水电先行"，供电公司在保证供电、供水和日常设备安全运行的前提下，积极做好技术改造和场内外配电工程的安装、技改等各项电力设施和项目工程施工，努力创收，提高经济效益。

2013 年，完成场内水利工程配套和配水工程，投入资金 102.1 万元。完成沿海高等公路和苏垦正大猪业种猪场供电供水项目，投入资金 60 万元，完成苏州市网改项目 20500 米架线和竖杆 1000 多根的工程任务。

2014 年，完成场内电气维修改造项目和种子公司配电、自来水改造项目，投入资金

311万元。

2015年，完成高压站改造工程，投入资金110万元，完成场内配电器改造工程，投入资金110万元。

2016年，完成场内农田水利附属电气工程、新建居民小区接电工程和自来水改造工程，投入资金各计90.8万元。

2017年完成文广苑水电、路灯安装，污水处理厂、南苑小区电气配套等9项工程，累计收入336.2万元。

2018年，投资45万元对变电所的二次测控柜进行改造，并完成了前期"三供一业"的移交协议和资产评估。

2019年，完成《淮海农场2018年配网改造项目》10项工程，累计投资5628.3万元。完成《淮海农场2018年农网改造项目》3项工程，累计投资1515.69万元。完成《淮海农场2019年农网改造项目》2项工程，累计投资1237.16万元。

2020年，完成场内配电工程225.11万元。完成农场2018年、2019年农网改造扫尾工程。

2018年2月1日，盐城市电力公司、滨海供电局、射阳供电局领导一行9人，到农场调研并指导农网改造和农网体制改革工作。2018年8月29日，国网盐城供电公司会同滨海分公司负责人来农场举行电网改造项目推进会。2020年12月21日，国网江苏电力与江苏省集体在南京签署了合作框架协议，标志着江苏农垦供电系统改革与农网改造项目正式启动。

2020年12月30日，江苏省东辛农场有限公司召开了江苏省凯惠电力工程有限公司重组成立大会。

二、供水

20世纪80年代以前，农场职工全部饮用地表水，各食堂建立简易水池，利用沙层过滤或用明矾沉淀后，供人畜饮用。随着工农业生产的发展，施用农药、化肥量增多，地表水污染日益加重。1986年6月，场部打成一口300米深的深水井，铺设管道10多公里，采用塔式供水，供应场部及直属单位2000多人的生活用水。1993年以后，分场、大队全部进行水改，先后打深水井10眼，日供水量达到300多吨，由各分场对境内全体居民统一供水。1994年，场部主供水管道进行技术改造，主供水管道达4000多米，支供水管道达20公里，采用塔式和压力供水相结合的方式，水厂统一进行加氯消毒和净化，场部饮用水质经射阳县卫生防疫站检验检测，其重金属元素和大肠杆菌等有害微生物指标均符合国家卫生标准。2005年，建成日产80吨深水井3眼、40吨深水井8眼，铺设自来水管道80多公里。2009年12月，省农垦集团公司下达《关于淮海农场饮水安全工程初步设计的批复》，核定项目总投资372.49万元，其中省级补助204万元、农场自筹168.49万元，建设地面水厂1座，设计日供水量3000吨，配套取水和净水处理工程DN3000管网0.4公里、输水管道2公里和水质检验室1个，项目于2010年6月开工，2012年6月竣工投入运营。

2013—2020年，农场供电供水实行水电一体化管理，"护电保水"，确保场域内水网管道输送运行设备安全运行，保证供水优质可靠，同时，加快水网改造和供水设施改造提档升级步伐。

水厂建成后，技术创新效益显著，配套建设的各个居民小区的配水管网不断优化，雨污分开、节约用水。分步铺设新小区配水管道，对部分运行时间长、老化严重的管道不断进行更新改造，实现配水管道环状布局，水量均匀调配，提高管网水供给效率，减少漏出率，年供水量达25万～26万吨，在保证居民用水价每吨2.5元未做调整的情况下，2014年，水厂扭亏为盈，实现利润8.2万元，2015年减亏10万元，较好地完成了各项财务指标。

2016年1月，最低气温达零下12℃，连续低温冰冻天气，全场50%的用户水表和部分供水设施损坏，水站职工不辞劳苦，积极联系外购水表给配件，冒着天寒地冻的不利天气，连续奋战几昼夜，在短时间内完成供水设施抢修任务，保证居民用水。累计更换水表210块、水表玻璃960块，维修收入4.5万元。当年还完成了一至七分场自来水管网改造工程并通过了验收。

2018年10月8日，农场社区管委会作为甲方与射阳县农业水利投资开发集团有限公司签订《江苏省淮海农场有限公司职工家属区"三供一业"供水分离移交改造项目协议书》。双方就改造移交范围、改造移交原则及内容、维修改造费用、资产移交、人员安置等有关方面的问题达成协议。2018年农场社区与滨海县水务公司签订了《江苏省淮海有限公司职工家属区"三供一业"供水分离移交改造项目框架协议书》。

2020年4月29日，农场社区管委会（甲方）与射阳县农业水利投资开发集团有限公司（乙方）签订《江苏省农垦淮海农场社区管理委员会职工家属区"三供一业"供水分离移交协议》。经核实，双方确认甲方所辖农场城镇范围内供水相关资产无偿移交乙方。现有固定资产原值315.76万元，净值180.47万元。新增固定资产原值765.62万元，涉及设备、管网两项，资产不包括土地。资产无偿划转基准日为2020年5月1日，原则上当日农场区域供水改造项目主管道并入射阳县供水主管网。甲方现有5名人员，移交后原农场职工身份不变（表6-1）。

表 6-1 2013—2020 年供水供电情况统计表

年份	购电量（万千瓦）	经营收入（万元）	低压线损（%）	高压线损（%）	场内工程（万元）	场外工程（万元）	实现利润（万元）	售水（万吨）
2013	1919.2	1112.2	7.0	4.0	120.0	60.0	—	—
2014	1854.0	1358.5	6.5	2.9	311.0	—	61.7	20.0
2015	1933.0	1070.0	7.8	3.1	84.0	26.0	35.8	20.0
2016	2190.0	1103.3	9.0	5.0	114.0	—	62.3	35.2
2017	2379.0	1436.3	9.0	5.0	326.2	10.0	63.0	26.0
2018	2532.0	1255.4	7.5	3.6	109.5	5.0	67.0	25.8
2019	2543.5	1240.0	7.6	2.8	61.7	7.0	70.1	25.8
2020	2201.8	1083.8	7.2	2.4	225.0	—	80.0	30.0

注：移交前水价为 2.4 元/吨（长期未变），移交后为 2.95 元/吨。

第六节 广播电视

1986 年以前，农场仅有 1 台 50 千瓦的广播电视发射机，覆盖场部范围。1986 年秋，建设 1 座 50 米高的发射塔，覆盖范围扩大到全场及周边地区，丰富了职工和附近乡村的文化生活。

农场有线电视起步于 1992 年，当年建立了 1 个小前端，可以收看 8 套节目，有 300 多用户。1994 年，场部重新建立了小前端，覆盖范围扩大到整个场部，用户发展到 1200 多户，可以收看 25 套节目。1998 年，各分场相继建立了小前端，节目信号覆盖到各个大队和分场，大队用户也可以收看十几套有线电视节目。

2003 年 6 月，农场与射阳县电视台实现光缆联网，前端信号由县电视信号提供并传送到各分场、大队，实现有线电视联网全覆盖，用户增加到 1900 户，收视质量大大提高。

2008 年 9 月，农场在全县率先实现了模拟电视转为数字电视系统工程。射阳县电视台提供信号源，与农场电视网络联网，信号质量和收视质量显著提高，用户可以收看到 100 多套电视节目，丰富了职工文化生活。

2018 年 9 月，农场领导与江苏有线射阳分公司就农场广电网整改进行洽谈。双方携手农场公司广电部门抓好基础网络建设，提升网络运营环境质量，致力于打造一个绿色安全网络，适应职工居民对广电网络和智慧城市服务质量的更高要求。广电网络移交地方运营管理是苏垦集团的一项政策性的要求，是农场深化改革、剥离社会办企业职能的重要举措。将网络管理移交地方，采取专业化团队管理，可以大幅度地提升广电网络服务质量和智慧城市的应用水平。网络整合后降低了农场的运营成本，提升了广电网络业务的专业化程度和资源配置效率，居民享受到良好的广电网络和智慧城市服务。

2018 年以后，农场居民的电视、电脑、手机接入数字电视网，采用中国电信、移动光纤网。农场的电子商务、政务、党建、党员教育分别上线运行。

第七节 移动通信

一、固定和移动电话

1995 年以前，农场采用磁式电话机，总场设立 100 门数字式交换机，各分场设立 20～30 门，架设 8 号、12 号镀锌铁丝线路 60 公里。1995 年 3 月，建立微波电子通信，一点多址、全方位传输，设立 7 个分终端。1996 年 10 月，场部机关、各分场和正科级中层干部及部分老干部家庭安装了程控电话。之后接入通信网络，总场成立虚拟总机。进入 21 世纪，无线通信手机、移动电话信号纷纷进入场内，提供各类电讯服务。

二、企业信息化

1991 年 12 月，农场农业开发项目配备第一台电脑，在农场农业科用于土壤化验的资料整理与分析。1992 年 10 月，总场文印室配备电脑 1 台，主要用于文件打印。1997 年 11 月，场劳资科配备 1 台电脑，用于人力资源和劳动工资信息管理。1999 年 6 月，场财务科应用江苏省农垦集团财务统计数据分析管理系统，投资 50 多万元，购置电脑 17 台，接入集团财务 VPN 网络，场内形成局域网和网站，安装省农垦 SSLVPN 接入程序，实现了会计统计电算化。

2003 年，新建办公自动化局域网。①建立 30 个工作站。②整合现有会计电算化局域网络，升级已建的 10 个工作站和 16 个通过程控交换的工作站。全场全部单位实行计算机替代手工记账，使用电子账簿，由核算型向管理型转化。③新建农场医疗收费局域网络，建站 25 个。④集建经营集团网络，以宽带连接场内工商建运服企业、单位至网络中心。⑤集建社区服务网络，以宽带连接农场职工和用户的散户至网络中心。为实现农场内一张网的整体功能，使整个网络起到数据传递、信息共享等应有的作用。

2004—2010 年，完善各网系和定位整合，提升信息化的深度和广度、集成度，提高淮海农场企业信息化的数字化水平。农场建设了农场门户网站、数字中心、智能化社区、多媒体公众信息平台、电子邮件系统、视频点播系统、电子商务，成为高度信息化和高度网络化的现代化农场。

三、办公自动化

2003 年 6 月，农场出台政策，采取自购公助的形式，鼓励机关干部购买电脑。一次购进了 55 台方正电脑，按标准配置电脑和部分网络硬件设备。同时，接入射阳县电信宽带网，场内设立办公楼、农业中心、财务、9 号楼等四个区域。场部设中心服务器 1 台、交换机 7 台，机房配备 UPS，共有近 100 个终端用户。2004 年 3 月，江苏农垦信息网开通，农场设立信息员，负责采编、撰写、发送信息，反映工作动态和重要活动、重要事件，成为对外宣传的窗口。2006 年 6 月，射阳县电信局免费为农场开通标准型商务领航，建立农场网站，设立首页加 8 页骨干分页面，加强对农场和产品有关信息的宣传。2012 年全场共有电脑 1440 多台。

2013 年以后，固定电话逐步由手机替代。开始以小灵通为主，随着数字产业的发展，电信技术更新换代，智能手机大量进入农场。青年人人手一部，老年人以老年机为主。手机银行、生活缴费、气象预报、远程教育、网络影视、电子商务、网络购物等成了人们工作、生活的必需品，全场手机拥有量达 3800 台。场部科室、单位尚保留固定电话 800 多部，工作电脑 228 台。采用中国电信、中国移动、中国联通三家网络商户。农场设立 1 个门户网站，米业公司设 1 个网站。农场采用互联网技术，建立电子商务、企业管理、财务核算、远程教育、线上线下综合等平台，提高农场智能化、数字化管理水平。

第八节　粮食烘干

农场粮食（种子）烘干开始于 1992 年 3 月。1992 年农场投资 100 多万元，在种子公司建设 1 条粮食、种子烘干线，采用白桦粮食清选机械厂的设备和技术，为 5H2-8 型，以煤炭为燃料，每小时烘干粮食 15 吨、种子 8 吨，配套清选、提升、输送、冷却等成套设备。由于该设备用工较多，劳动强度大，生产率达不到设计水平，1998 年，经技改后，设备迁入针织总厂内，但仍达不到理想的生产能力，能耗较高，故停止使用。

2001 年 6 月，种子公司利用国家种子产业化项目资金 180 多万元，建设 1 条种子烘干线，采用日本金子烘干技术，购置无锡金子粮机有限公司的设备，日烘干量达 100 吨。并配置 10 台（套）种子精选机，烘干、精选一次完成。自建成后，每年烘干水稻、大小麦良种 7000 多吨，累计烘干各类良种达 10 万多吨，使用效果较好。

1999 年 4 月，米厂与深圳万友丰粮油工贸有限公司进行股份合作经营，投资 80 多万元建设上海产三久烘干线 2 条（小型），一次烘干容量 50 吨，烘干速度较慢，效率较低，2006 年后停止使用。为了提高农产品的质量安全水平，增强发展现代化的谷物后处理技术，农场于 2006 年在农业综合开发财政资金的支持下，投资 260 多万元，建设日烘干能力 300 吨的烘干线 1 条，选用台湾三久公司的设备和技术，热效率高，控温合理，采用稻壳为燃料，生产成本低，烘干质量优良，使用效果好，试产以后一直使用。

2009 年春，商物公司投资 210 多万元建成 1 条日处理 300 吨的谷物烘干线。采用溧阳正昌干燥设备有限公司的设备和技术，安装 ZLRL 塔式谷物干燥机、热煤热风炉、双筒清筛、热风机等 19 台设备，技术先进，热效率高，使用效果良好。

2012 年底，农场拥有 3 条大型烘干线，日处理粮食、种子达 700 多吨，显著提高了农产品的后处理能力和质量安全水平，减少霉变损失，提高了抗灾能力。

2014 年种子公司投资 300 万元，新建 1 条日烘干良种 120 吨的"三久"箱式低温循环加工线 1 条。2015 年投资 500 万元，建成 10 吨/小时种子加工线 1 条，投产后种子公司可日烘干各类稻麦良种 300 多吨，提高了种子加工能力和良种质量，使良种繁育、收获、烘干、加工和包装形成一条龙生产体系，促进了企业品牌建设和持续发展。

2016—2017 年，江苏省农垦米业集团有限公司在四分场社区投资 845 万元，新建 1 条日烘干 400 吨粮食烘干线。该项目占地 14.37 亩，新建烘干厂房 1 幢、烘干线 1 条、灰尘沉降室三道和一站式服务中心、2 座湿谷仓、1 座稻壳仓，以及配电房、泵房、消防水池、门卫室、厕所等。该项目委托南京丰源建筑设计有限公司设计，由江苏建业建设集团有限公司监理，工程招投标由江苏宏远建设集团有限公司中标施工，采用上海机械有限公司提供的机械设备。

2020 年，全场累计有 9 条"三久"烘干线投入运营，日烘干粮食、种子达到 900 多吨，农产品后处理能力强，提高了农产品质量安全水平和抗灾能力。

第九节　绿色仓储

2005 年之前，农场建有砖混结构的散装粮仓 1.84 万平方米，分散在各个大队之间，大多数建于 20 世纪 70—90 年代，建设标准低，破旧漏雨，仓容严重不足。大部分粮食露天囤储，雨淋霉变，堆焐发热，损失时有发生，同时储藏成本高，影响农产品的质量和售价。

2006 年 10 月，农场利用国家农业综合开发和产业化经营项目的部分资金，并配套了 70％的自筹资金，累计总投资 420 万元，建设 3 栋标准平仓 4320 平方米，规格 24 米×60

米×8 米。

2007 年 11 月商物总公司建设两栋分别为 90 米×24 米、60 米×24 米的标准粮仓，总建筑面积 3600 平方米，总投资 496.04 万元。

2009 年，米业公司投资 400 万元新建 2 栋 60 米×24 米×8 米的标准粮仓，建筑面积 2880 平方米。

2010 年，投入资金 400 多万元在米业公司内建设 2 栋标准粮仓 2880 平方米。

2007—2012 年，按照国储粮库的标准和技术，建设平仓 9 栋 13680 平方米，累计总投资 1620 万元，总库容量 5 万多吨，可以放开收购场内和周边地区的优质粮源。

农场的标准粮仓具有自动出仓、机械通风、保温控湿和自动粮情监测管理系统，采用自然通风，使仓内保持低温、干燥的状态和适宜的温湿度，达到绿色安全、提高品质的标准，并与烘干技术配套，形成了完整的粮食后处理技术体系，为发展现代粮食物流服务业打下坚实的基础。全场的粮食储存已达到仓储性能多样化、仓储作业机械化、粮食流通四散化、设备技术综合化、粮食仓储智能化的"五化"要求，重点推广应用了机械通风、环流熏蒸、电脑监控、低温储藏等技术，使绿色仓储技术和绿色栽培技术相互配套，粮食的安全质量水平和农业标准化水平显著提高。

2016 年 9 月至 2017 年 4 月，苏垦米业集团淮海有限公司新建成万吨粮库 1 栋，占地面积 2019.5 平方米，总建筑面积 1805 平方米，长 75 米、宽 24 米，新增库容量 1 万吨。采用屋顶斜流风机通风设备、自动化卸粮机、登高输送机、智能化空调、液压补仓机、熏蒸装置智能化测温等先进的辅助设施。项目总投资 545 万元，其中争取国家财政资金 388 万元、自筹资金 157 万元。同时，对 10 幢苏式国家标准储备库进行信息可视化、粮库信息化系统提档升级。现代化保温钢板仓 8 幢建成，增加了仓容量和粮食储备能力。

大华种业集团有限公司淮海分公司根据生产经营发展的需要，在 2014—2020 年，先后投资 600 多万元，建成 4 幢 500 吨钢板筒包，并对原有仓储设施进行技术改造，该公司的仓储面积已达 5000 多平方米，仓容量达 4000 多吨。

2013—2020 年，农场投资 607 万元分别在 1～7 分场新建仓库 23 幢 5664 平方米，2020 年底，全场仓库总面积达 38270 平方米，其中农用仓库面积 13868 平方米，仓容量达 5 万吨。

第十节　水泥晒场

水泥晒场建设始于建场初期，主要用于良种摊晒，数量较少。1969 年，全场共有水泥晒场 6220 平方米。兵团期间，累计建设 20 块水泥晒场，1.52 万平方米，兵团撤销时全场共有水泥晒场 2.542 万平方米。20 世纪 70—80 年代，农场加快了水泥晒场的建设步伐。1970—1975 年，全场新建水泥晒场 6.9 万平方米。到 1980 年全场水泥晒场总面积为 12.4 万平方米，仍不能满足全场粮食后处理的需要。大量的粮食登场后在泥场摊晒，降水速度慢，遭受雨淋后，形成烂麦场、烂稻场，产生大量脚稻、泥稻和堆焐发热霉变粮。20 世纪 90 年代以后，农场利用农业开发和淮河入海水道征地项目资金，建设水泥晒场。1999 年，全场共拥有水泥晒场 18.45 万平方米，平均每亩耕地 2.46 平方米，仍然不能适应粮食生产发展的要求，各单位还保留较大的泥晒场面积。2005 年以后，农场利用自有资金，增加水泥晒场投入，6 年间，累计建设水泥晒场 17.15 万平方米。至 2012 年全场共有水泥晒场 42.67 万平方米，每亩耕地拥有水泥晒场 5.33 平方米，可以保证粮食登场处理的需要。同时新建水泥晒场的质量标准提高，采用 C25 的混凝土面层，底层素土压实，8 厘米碎石垫层，12 厘米混凝土浇筑，周边厚度达 20 厘米，并有边沟，每幅场面 50 平方米左右，双幅对分，中间高，呈 2% 坡度，便于排水，并采用场膜覆盖，减轻雨淋损失，提高农产品的质量安全水平。

2013—2020 年，全场新建水泥晒场 14.35 万平方米，其中改建 3 万平方米。至 2020 年底，全场累计有水泥晒场 51.0308 万平方米。泥场已全部改建成水泥晒场，平均每亩耕地有水泥晒场 6.3 平方米。采用自然摊晒粮和粮食烘干相结合的措施，节能降耗、绿色环保。粮食登场后自然摊晒，降低含水率，达到安全含水率，水稻降低到 18% 以下，小麦降到 16% 以下，再进行烘干，热效率高，不仅可加速晒场周转，而且可以提高烘干效率和粮食品质，增强抗灾能力。

第七章 体制改革

第一节 概 述

党的十一届三中全会以后，随着改革开放的不断深入，社会主义计划经济逐步向市场经济过渡，一系列改革措施不断深化。农场先后实行了财务包干，农工商综合经营，兴办职工家庭农场，划小核算单位、班组包干、核定基数、利润分成、奖赔兑现，改革所有制结构，深化劳动、人事、财务等内部三项制度改革，实行场（厂）长负责制，转换经营机制，企业改制，深化产权制度改革，职工身份置换，发展民营经济，土地租赁，模拟股份制，承包生产经营责任制等多项改革改制措施，促进了社会经济的持续稳定发展。

为了进一步加快现代农业的发展，促进经济转型升级，实现跨越发展的战略目标，2011 年 11 月，根据江苏农垦的统一部署，农场对农业种植业资源进行整合，改制上市，通过资产证券化、经营产业化、管理现代化，优化配置资源，实现国有资产保值增值，转变经营方式，推进资本运营，使产业经营和资本运营有机融合，取得更多的发展资金，加大研发投入，促进科技创新，拓展发展空间，实现区域经济又好又快发展。2012 年，继续完善农业生产经营体制，健全考核激励机制，不断规范财务管理制度，适应在新体制下农场和分公司规范化运营机制的转换和对接。

2013 年以后，农业承包由联合承包制向集体承包制转换。

2015 年 11 月 27 日，中共中央、国务院印发《关于进一步推进农垦改革发展的意见》，农垦改革全面深化和完善。

2020 年，农场进行公司制改革，完善了法人治理结构。同时，完成了"三供一业"和幼儿园、医院社会职能的剥离。

第二节 转换机制

1979 年，根据江苏农垦的统一部署，农场改革管理制度，转换经营机制，实行了财务包干制度。以后，逐步建立了各业经济承包责任制，核定承包指标（亦称大包干），定额上交包干使用，实行"多盈不多交、少盈不少交、多亏不多补、少亏不少补"的奖赔制度。还采取了划小核算单位、班组承包、核定基数、利润分成的办法。1979年，实行财务包干的第一年，就摘掉了长期亏损的帽子，当年全场实现利润32.9万元。1980年，农场制订农业连队奖赔制度试行方案。1981年，制定了农业生产责任制和各业奖赔制度。1983年，制定了各业经济责任制，初步改变了职工捧铁饭碗、企业吃国家大锅饭的现象。

一、进一步完善生产责任制

使职工由单纯的生产者转变为生产经营者，适应逐步变化的市场经济形势，应对深化改革措施的挑战。全场35个农、副业核算单位全部实行了"三联承包"（联产、联酬、联利润）。1983年，累计签订各类经济承包合同2208份，项项有措施，人人都承包，经济核算到位，严格责任制度。1984年，全面实行"大包干"，农业单位实行统一经营、包干到户、分户核算、定额上交、超盈不多交、减盈不少交、全奖全赔的大包干经济责任制，使改革措施不断深化，并取得了单位增利、职工增收的显著效果。

二、切实搞好领导班子整顿

通过思想整顿"四学四查"，从总结工作着手，采取各级领导班子开门整顿的办法。各单位制订了"小立法"，端正党风党纪，坚定了各级干部带领群众建设"四化"的决心。同时，加强干部队伍建设，根据"干部四化"的要求，新提拔了20名科分场级干部，14名科分场级以上的老同志退居二线并做了妥善安排。选拔了年富力强的同志作为场级第三梯队，科分场和大队级单位都有了后备干部人选。调整了场级领导班子，退职休养3名，退居二线1名，新提拔了3名中青年同志进入场级领导班子。通过组织整顿，分场级干部平均年龄由原来的47.9岁下降为43.6岁，学历为初中以上文化程度的由原来的78.5％上升为92％；大队级干部的平均年龄由原来的44.8岁下降为39.2岁，学历为初中以上文化程度的由原来的44.8％上升到59％，一批知识分子和科技人员被提拔到总场和科分场级领导岗位上来，提高了干部队伍的素质。整顿中还进行了场部机构改革，按照精简效能的原则，场部机关科室由17个减少为14个，人员编制由73人减为68人。

三、健全财经、物资管理制度

对全场 59 个核算单位进行了清仓查库和账目清查，自查、互查、重点查、专业查，账账核清，全面过堂。开展公物还公、归还公款活动，发现问题，追查到底，查处一例经济案件，退赔现金 500 元，回收代销款 30 多万元，扣发了虚报利润的奖金，加强了财经纪律，强化了"三级管理、两级核算"的管理体制。

四、整顿劳动纪律

贯彻、落实《职工守则》和《企业职工奖惩条例》，开展"三查三看"活动，即查组织纪律、劳动态度、遵守规章制度，看规章制度、生产效率、劳动纪律的执行情况，树立学先进、争先进的良好风气，并在此基础上搞好定员、定编，核定分场部管理人员 9~12 人，大队 10~12 人，压缩管理人员 108 人充实到生产第一线。

五、加强精神文明建设

从整治环境和治理"脏乱差"着手，开展创建文明单位活动。通过学习和推广先进单位的经验，各单位做到"六统一"，草堆、家禽、道路、锅屋、垃圾、蔬菜地等各项环卫、生活设施统一管理，规范设置。还开展"五好评优"活动，全场共选出"五好家庭"61 户、"五好职工"161 人，建立学雷锋小组 118 个，改变了职工精神面貌，促进了经济发展。

1984 年 3 月，由省农垦总公司会同盐城农垦公司组织的企业整顿验收组对盐城农垦第二批开展企业整顿的 5 个农场进行检查验收，农场以总分 888 分的成绩位居第一。

为了改变单一经营农业和以生产原料为初级产品的状况，进一步转换经营机制，农垦系统遵照党中央、国务院的决定，兴办农工商联合企业。江苏省农垦农工商联合总公司于 1984 年 6 月下发了《关于同意成立江苏省国营淮海农工商联合公司的批复》（苏垦联政字〔84〕238 号）的文件，要求该公司与国营淮海农场一套机构、两块牌子。从此大力兴办农工商企业，发展综合经营，先后组建了商物总公司、建筑安装公司、供电公司、种子公司和米业公司等，同时发展商业物流、多种经营、农机服务等为主的二、三产业，促进了国营农场从单一经营向农工商综合经营发展。

第三节 农业体制

一、"定包奖"制度

1955 年，农场出台以"三包四定"为主要内容的农业责任制。"三包"为包产量、包质量、包成本；"四定"为定人员、定资产（主要指劳动工具）、定作业效率、定作业质量，视完成情况给予适当奖励。1957 年，在对生产队实行"定包奖"的基础上，对职工实行"工分制"，以全体劳动者的工资为基础，实质上是"上死下活、互相拔毛"的工资发放形式。1961 年，逐步演变为"定包奖超利分成"。"文革"中对物质刺激、工分挂帅进行了错误批判。兵团和改革开放初期，农业职工恢复了等级工资制度，大锅饭、平均主义导致生产力下降，亏损不断增加。

二、双层经营体制

1983 年，在实行财务大包干和联产承包、改革分配制度的基础上，农业单位兴办职工家庭农场。农业职工取消了工资概念，实行年底按承包合同兑现进行分配的办法，建立了统分结合的双层经营体制，形成了大农场套小农场的新格局，职工家庭农场成为主要承包单位和基层经济组织形式。据 1983 年统计资料，全场试办家庭农场 277 户，其中粮食承包 74 户、棉花承包 80 户、多种经营承包 117 户，收入超万元的有 14 户；当年户产皮棉 2500 公斤的有 44 户、5000 公斤以上的有 3 户，生产粮食达到 2.5 万公斤的家庭农场有 43 户、5 万公斤以上的有 10 户，其中 43 大队曹同山 1 户 5 个劳力承包 470 亩水稻，总产量达 16.05 万公斤，达省内先进水平。《江苏农垦简报》上做专题介绍，当时的省委副书记周泽在介绍事迹的简报上做"粮食专业户曹同山应该表扬鼓励，他的经验应当在农垦范围内推广，争取全公司的粮食生产明年有新的进展"的批示。

20 世纪 80 年代中后期，继续巩固和完善大农场套小农场的双层经营体制，不断增强家庭农场生产、生活资金的积累能力。至 1988 年，全场 920 多个家庭农场在单位的自补资金达 106 万元，增强了农场的经济实力。至 20 世纪 90 年代初，全场已经形成了完整、规范的农业单位承包经营责任制和配套的家庭农场经济核算体系，按照"利润包干、确保上交、超收全留、歉收自补"的原则，层层分解，逐级承包，签订合同，明确职责。还要求增强"统"的功能，90 年代中期以后演变为产品销售、作物布局、机械作业、农业措施、农资供应、质量标准的"六统一",例如对麦类作物,由于机械化程度较高,可实行大队承包、责任到人、比例分成。对农业单位的主要干部采取了综合经济效益考核和奖赔方法,确定了 10 多项考核指标,综合评分,由总场组成考核班子,逐人、逐项考核,确定基数和分配系数,使干部的收入与单位的经营情况、精神文明建设情况等各个方面挂钩,调动了农业干部的积极性。

三、"先交后种"土地租赁

20 世纪 90 年代至 21 世纪初,农业面临国际、国内两个市场新的挑战,农产品市场竞争加剧,价格低迷,农业的效益下降。随着家庭农场、联产承包体制的发展和二三产企业改革的不断深入,进一步深化农业改革的条件和外部环境已经形成。将家庭农场推向市场,使其成为市场的主体,是农业改革的方向。根据省农垦集团公司的统一部署,农业改制的思路和目标是:借鉴农村改革成功的经验,全面实行"二田制"(租赁田和补偿田)的土地租赁模式,租赁经营,先缴后种,三费自理。结合具体情况,2001—2002 年,农场先后在生产条件较差和农业亏损户较多的一、七分场先行试点,在取得成功经验的基础上,2003 年,全场全面推行土地租赁的改革改制。当年土地发租率 100%,平均每亩地租金 298 元,1592 人签订了土地租赁合同。参与租赁种植。承租职工中 1414 人为原农业职工,占 93.78%,部分二三产业的转岗职工也参加了租赁种田。2003 年收回总租金2105.18 万元,政策性减免优惠 91.6 万元和"两保费"290.8 万元,收回租金到位率达100%。由于对土地实行明码标价、公开拍租,通过土地使用的市场化流转,优化了资源配置,增强了承租人的风险意识与责任意识,有力地冲击了职工吃企业大锅饭的传统观念,使农业经营体制改革向前推进了一大步。全面推广土地租赁经营的 2003 年,全场无一亏损,承租户亩盈利 300 元以上,比承租前增加 1 倍以上,部分种田能手和租赁大户年收入达 30 多万元。此后随着市场行情的变化和国家支农惠农政策的落实,农业的效益迅速提高,职工租赁土地的积极性高涨,耕地供求不足的矛盾突出。由于改制初期耕地难以发租,不得不采取鼓励各级干部承租多余土地和 5 年租赁期的办法。当职工看到土地租赁有利可图后,纷纷要求租田种植。为了处理好干群关系,2004—2005 年,农场缩减部分管理人员的租赁规模,使部分无田户承租到了土地。2007 年 3 月,根据省农垦集团公司关于清查管理人员承包土地的通知精神,对全场各级管理人员的土地承包情况进行清查、核实、审查,100 多名承租土地的管理人员追加收缴租金 46 万多元。

实践证明,实行土地租赁"先交后种"的改革改制,经不断完善后虽对调动职工的生产积极性起到了促进作用，对农场走出经济困境也起到了帮助作用，但"先交后种"实质上属于传统农业范畴，削弱了组织化和"统"的功能，不适应现代农业的发展要求，不利于充分发挥优势和提高农产品质量安全，阻碍了农业产业化经营水平的提高。

四、模拟股份制承包

为了适应农业产业化经营和现代农业发展的需要，根据省农垦集团公司的统一部署，农场对土地租赁经营不断进行调整和完善，逐步形成了大宗作物的生产经营新机制，即模拟股份制种植经营。在广泛征求意见和组织近千人次参加的大讨论基础上，确定 2009 年新一轮土地发租时，采取"一场两制"的改革，即在统一提高土地租金的情况下，根据职工意愿，选择土地散户承租经营和集体模拟股份制经营，结果全场耕地的 60％为承包经营责任制、40％为模拟股份制经营。

模拟股份制经营由农场控股，干部、职工参股，量化配股，按每亩 1200 元为一股，原则上每人限额 25 股。入股职工每人管理规模为 75 至 100 亩，由管理区（分场）作业区（大队）负责人牵头，对生产经营活动全权负责，实行规模化种植、标准化生产、产业化经营、股份制运作，用农场控股、职工参股、先交后种、统一管理、利益共享、风险共担的方式经营管理农业土地资源。既有以劳代资、劳务收益的活劳动投入，也有资本运作、集中统一科技投入、进行农机作业和投入品集中供应的现代化农业的资本运营，较大幅度地提高了农业的组织化程度和"统"的功能。

模拟股份制承包经营较好地体现了农业生产经营的主体原则。农场的土地资源为国有，由省政府授权省农垦集团公司使用所属农场的国有土地，农场为农业生产经营的主体。按照有偿使用的原则，由农场制订土地承包费的收取办法，实行"先交后种"，以确保农场正常收支运转，杜绝管理漏洞，兼顾农场、经营者、务农职工三者的利益，统筹兼顾，富民强场，有利于调动经营者和务农职工双方的积极性。每亩耕地的租金由土地租赁期的 350 元左右，提高到 550 元左右（含农业承包经营），全场年增加收入 2500 多万元，经济实力显著增强。

农业的模拟股份制改革推行速度快，2008 年秋播开始全面运营，两年时间即全面平稳过渡。由于充分听取民意，平衡各方利益，既避免了"倒包转租"现象的发生，又保证以地谋生的职工有田种，运行效果良好，单位增利，农业增效，职工增收。2009 年、2010 年职工种植的股份田，亩平纯收益分别达到 330 元和 480 元，参股职工的平均年收入达到 3 万元以上。

五、联合承包管理

模拟股份制承包生产经营是集团化企业的内部运作方法，但不能适应上市公司的严格要求，省农垦集团公司按照整合资源、改制上市、建立现代企业管理制度的战略目标，从2011年秋季开始，在总结土地租赁、模拟股份制和承包经营责任制取得的成功经验的基础上，按照建立现代企业制度和上市公司规范运作的要求，继续深化农业经营责任制的改革、改制和创新。从2011年起，全场的农业经营制度统一调整为农业生产联合承包管理责任制。

为了加快现代农业的发展，实现江苏农垦"十二五"跨越发展战略目标，2011年11月，省农垦集团公司对垦区农业种植业资源进行整合，并在整合的基础上准备改制上市，使垦区真正成为省内最大的现代农业集团。2012年，为了使江苏省农垦农业发展有限公司淮海分公司在新体制下规范运营，农场改革和完善集体联合承包经营，强化以大队为基本单元、联产承包、职工投劳、利益共享、风险共担的运作形式，提高了干部、职工的生产积极性。

农场农业资源整合工作自2011年7月开始，2011年11月24日正式注册登记"江苏省农垦农业发展有限公司淮海分公司"，并完成了人员、资产负债划转工作，新公司正式投入规范运营。

（一）人员划转方案

2011年11月23日职代会讨论通过人员划转方案。根据省农垦集团公司的统一部署和具体要求，农业资源整合需要划转的人员主要有：签订种植业承包协议的农业承包职工、集体种植的农业管理人员、种植业分公司机关管理人员以及与种植业相关的单位的职工和管理人员。种植业分公司机关设置5个部门、1个中心，即办公室、资产财务部、人力资源部、农技服务部、农机水利部和供应贸易中心（核算单位）。管理人员的人数设定在25人以内。根据需要和签订承包协议的情况，合计转入种植业公司的总人数初定为1044人，其中农业承包种植职工和管理人员979人、供应贸易中心32人、机关23人、农水中心下属单位职工10人。从2011年7月开始，受省农垦集团公司委托，上海锦天城律师事务所等中介机构对需要划转的管理人员任职资格、职工名单、劳动合同等进行审核。此次需要划转入种植业分公司的人员将依照上海锦天城律师事务所审核并报省农垦集团公司批准后的方案实施。

（二）资产划转方案

2011 年 7 月开始，受省农垦集团委托，浙江天健会计师事务所等中介机构对相关资产进行了调查摸底，并依据相关规定，出具资产划转清单。资产划转可行性报告和资产划转方案已提交券商审核，并提交省农垦集团公司董事会审议，已初步确定农场账面资产划转情况为：①资产总额：划转前审定数为 3.97 亿元，划转入种植分公司 2.24 亿元，存续农场 1.73 亿元。其中：流动资产，划转前审定数为 2.23 亿元，划转入种植分公司 1.47 亿元，存续农场 0.76 亿元；非流动资产，划转前审定数为 1.74 亿元，划转入种植分公司 0.77 亿元，存续农场 0.97 亿元。②负债合计：划转前审定数为 2.49 亿元，划转入种植分公司 1.39 亿元，存续农场 1.10 亿元。其中：流动负债，划转前审定数为 2.43 亿元，划转入种植分公司 1.38 亿元，存续农场 1.05 亿元；非流动负债，划转前审定数为 657.88 万元，转入种植分公司 85.43 万元，存续农场 572.45 万元。③所有者权益：划转前审定数为 1.48 亿元，划转入种植分公司 8512.85 万元，存续农场 6294.44 万元。

第四节　场办企业

1994 年，全场共有各类二、三产企业 54 户，固定资产总额 2408.5 万元，职工总数 2104 人。其中工业企业 15 户、商业物资 8 户、交通运输 2 户、建筑业 2 户。1994 年以前亏损企业 7 户，其中：商业物资 1 户，亏损额 26 万元；工业企业 6 户，亏损额 137.8 万元。当时，场办企业全面实行了厂长（经理）负责制（聘用制）、工资总额包干、奖励提成等三项制度改革，使二、三产业有了新的发展。

1993 年，场办企业的产权制度改革。在市场竞争激烈、国家宏观经济趋紧和人员工资、能源价格上涨的严峻形势下，农场先后对亏损严重、扭亏无望的淮海乳品厂、淮海农场面粉厂、徐州商贸公司、淮海第二商物公司、淮海纸箱厂实行关停并转。出售了淮海货运公司（船队、车队）、淮海印刷厂、淮海建材厂，此后又关闭了淮海针织总厂和淮海袜厂。1994 年 3 月，将冷冻厂租赁给淮阴农垦商物总公司经营。当年，场办企业产权制度改革的有 5 家，其中兼并的 2 家（石灰厂并入建筑安装公司、运输队并入商物公司），停产和破产的 3 家。通过初步调整，达到了调高、调优的要求，止住了"出血点"，遏制了负增长的势头，集中力量办好骨干企业，效果显著。1995 年淮海石油机械厂、淮海农产品加工厂分别实现利润 150 万元和 129.3 万元，完成了下达的经济指标。

"九五"期间，随着市场经济的快速发展，场办企业的改革改制工作不断深入，除了对亏损微利企业采取关停并转的措施外，还实行"抓大放小"，按照"能买不股、能股不

租、能租不包"的要求，因企施策，一企一策，加大力度，推进改制。至 2002 年底，28
个场办企业中，改制后国有或国有控股企业仍有 9 家，民营的有 4 家，租赁的 2 家，合并
的 2 家，关闭的 6 家，出售的 5 家。"十五"期间，根据省农垦集团公司的统一部署，对
场办企业开展了新一轮的改革改制，结构性调整取得新的突破。新一轮场办企业改制中，
国有资本全部退出的有 5 家。其中：2002 年 4 月，石油机械厂以 745.76 万元资金转让给
丁添仁等经营；轧花厂、油厂、建材厂、配件库等国有资本全部退出。企业关闭的 9 家为
印刷厂、第二商物公司、运输队等（其中 6 家已于 1994 年前关闭），场办企业改制面达
到 100%。

经过兼并和改制后，资产重组整合，经济结构进一步优化，国有及国有控参股企业经
济运作情况良好，生产经营状况好转，资产偿债能力较强，国有资产不断增值。至 2007
年底，国有及国有控股的二、三企业 7 个，其中 1 个国有、5 个控股、1 个参股，资产总
额为 1.97 亿元，净资产 1.081 亿元。2007 年上半年，实现利润 748.84 万元。

至 1998 年底，全场共安置改制企业转岗职工 1052 人，其中转岗从事农业的 178 人、
转入三产的 86 人、自谋职业的 28 人、内部退养的 106 人。农场采取优惠政策鼓励改制企
业的职工转岗从事农业，给予每人 2000 元的一次性务农补助金。凡自谋职业的除个人承
担缴纳两保金外，免缴其他费用。对于年老体弱者，给予内部退养或提前退休和其他的社
会救助措施。通过多种措施，使改制企业的职工得到妥善安置，维护了社会和谐稳定。

第五节　农机产权

随着土地承包方式的调整和农机服务市场化运作的变化，原有的国有农机管理体制和
机制已不能完全适应市场经济发展的要求。2000 年以后，农场对农机的产权制度和经营
方式进行了改革，推行农机民营化，农机作业市场化运作，全面、有序地开放。

2000 年 2 月，经省农垦集团公司批准，清产核资的基础。将 7 个农机站的 452 台
（套）农业机械、农机具和设备净资产 640 万元，以产权竞价拍卖的形式一次性转让给职
工。现场拍卖会连续 7 天，每个分场拍卖 1 天，明码标价，公开拍卖，举牌竞价，以价高
者中标。竞拍现场气氛热烈，参加拍卖会的多为原机驾人员，熟悉农机情况，技术先进的
康拜因、大马力轮式拖拉机，都经过多轮竞价后才能中标。原定 640 万元的总标底价，拍
到了总成交价 1109 万元，国有资产增值 469 万元，增率达 73.28%。累计拍卖大型自走式
联合收割机 38 台（套）、履带式拖拉机 35 台、轮式拖拉机 97 台、各类农机具 320 台
（套），全场 200 多名机驾人员成为民营农机户。

农机产权制度改革成效显著，改制后农机人员的工作积极性提高，服务态度明显改善，作业质量提高，价格合理，农业机械拥有量不断增加。农场加强农机监理和作业市场管理，各分场设立了农机干事，负责农机作业计划制订、机车调度、农机安全管理、机驾人员培训、机车技术状态检查、农机三证审核、作业质量检查等各项技术和业务工作。总场成立了农机监理所，依法管理辖区内的农机作业，规范作业市场，完善农机作业经营服务体系。农场和地方财政每年投入 100 多万元资金，支持农业机械装备更新、推广，引进了技术先进的大马力拖拉机，全场农机实力显著增强，技术装备水平不断提高。

第六节 场（厂）长负责制

1987 年，场长负责制从新一任场长任职时开始，将场长推到企业经营活动的中心地位。这一重大改革，初步改变了以前名义上由集体负责、但实际上无人负责的状况，提高了决策效率，改善了内部管理，明确了经营责任。随着场长负责制的推行，1988 年 3 月，在场内的农工商建交各企业单位，全面推行分场场长、工厂厂长、公司经理承包经营负责制，明确分场场长、厂长、经理的中心位置。总场当时建立两套班子，分别负责干部考核、推荐企业承包责任人和财务审计、确定承包指标、制订奖励政策、层层承包，奖赔兑现。场长分别与 7 个农业分场场长和 4 个骨干工厂的厂长签订了承包责任合同书，43 个农业大队分别与各分场场长签订了承包合同书。对 4 个小型微利企业采取资金自筹、确保上交、超收自留、歉收自补、自主经营、自负盈亏的经营方式，增强了企业领导的责任感和办好企业的紧迫感。同时改革企业内部的分配制度，对 1987 年度人均创利 3000 元的石油机械厂等 6 个单位，浮动提高了工资起点线，拉开了分配收入的差距。农业单位完成上交，确保争取利润指标三个档次的，承包责任人分别享受单位职工平均奖金的 1.5 倍、2 倍和 3 倍奖金。对贡献较大的企业经营者予以重奖。石油机械厂当年实现利润 200 万元，奖励 4000 元，当年该厂厂长年收入超万元，并浮动享受副场职待遇。

在实行场（厂）长负责制的基础上，深入改革干部人事制度，将竞争机制和激励机制引入干部队伍，分场级单位负责人和中层干部由场长提名，场党委组织考核讨论通过，由场长聘任。全场各级行政干部实行聘任制，一级聘一级。正职行政干部的聘用期即为经营承包期，可连聘连任，打破了干部终身制和能上不能下的传统观念。此后，逐步形成了场（厂）长负责制与目标管理及财务包干指标相结合的场长、厂长任期目标责任制。将企业盈亏、发展后劲、上缴利税等多种生产经营和管理指标列入经营者的年度和任期考核目标。按照合同，逐年考核，实施奖惩，使经营者在任期内的责权利完全统一起来。国家、企业和职工的利益统一起来，充分调动了生产者和经营者的积极性，促进了农场经济的发展。

第七节　人事制度

党的十一届三中全会以后，农场深化内部人事、劳动、分配等三项制度改革，充分调动企业和职工积极性，增强企业市场竞争力。1987 年，职工月均工资从 1978 年的 30 多元，增加到 65.6 元。为了使场内的分配制度与其他改革措施、经营机制的转变相适应，1984 年开始，农场兴办职工家庭农场，农业职工取消了工资概念，农业职工的标准工资成为档案工资，实际收入年底按经营承包合同兑现，使农业职工的劳动所得与各人的劳动成果紧密地结合起来。1987 年，场办企业实行"五定一奖"的生产责任制，即定产量、定质量、定成本、定劳动生产率、定利润指标，完成"五定"指标的提取利润的 20％奖励给职工，此后推广到工建交商各类企业。采取工资浮动和核定奖金系数、定额上交、同比例奖赔的办法，使职工不再捧企业的"铁饭碗"，企业不再吃国家的"大锅饭"。对供销人员还采取了按成交额提取个人收入的捆绑式工资加奖励办法，有效地调动了供销人员的积极性，扩大了销售渠道，减少了产品积压，对提高企业的经济效益起到了较好的积极作用。

20 世纪 90 年代以后，按照现代企业制度的要求，农场继续实行以农业生产经营责任制为主的改革，场办企业建立了以岗位工资为主的基本工资制度。在一线工人中，岗位工资以计件工资或定额计酬形式发放，还采用了计时工资、吨位工资、工时工资等多种工资形式。在管理技术人员中，则按照岗位职责、贡献大小、技术状况，确定岗位工资，平时预发，年终兑现，工效挂钩。1992 年以后，还实行工资总额包干制度，核定包干基数，完成利润基数可按比例提取增长工资。机关及各级干部仍然执行六类地区工资标准，随着奖金部分的增多，奖金部分逐步由等级制过渡到按行政级别评定等级计发。1987 年开始，对 7 个农业分场和 38 个大队的主要领导干部实行综合经济效益考核的方法和奖赔办法，确定农业单位 19 项考核指标，逐项评分，按总分计奖。1992 年，对农业分场、大队干部实行奖赔考核的办法，分别按职均分配数、职务系数、岗位承包指标考核得分计算，公式为：单位承包者年终分配所得＝职均分配水平×职务系数×岗位承包指标考核得分率。该项考核办法使干部收入与职工收入和干部业绩、贡献、承担的责任较好地结合起来，进一步理顺了管理关系，横包到边，纵包到底，责、权、利有效结合。此后，经过完善配套，逐步过渡到干部的年薪制，并较长时间使用。

1998 年开始，农垦总公司对场级领导实行年薪制，确定基础年薪，制定包括利润指标、资产增值指标等多项综合考核指标，决定提取增值年薪和奖励年薪。对科技人员和各级干部，则以岗位、职务、业绩相结合的考核分配办法，拉开了收入分配上的差距，调动了各方面的积极性。

20 世纪 90 年代后期，加大对农业分场、大队干部分配收入的改革力度，将其工资分成岗位工资和效益工资两部分。分场、大队主管负责人月岗位工资：分场面积万亩以上的 630 元，万亩以下的 600 元；大队主管负责人，面积 1500 亩以下的 500 元，1500～2500 亩的 520 元，2500 亩以上的 540 元。分场主管人：正职、副职、工作人员、勤杂人员之比为 1∶0.95∶0.9∶0.7∶0.55，增加了效益工资比例，并结合综合考核和评分，使干部的年收入有所增加。在非农单位继续实行效益工资、工效挂钩，核定指标，超额分成，并实行工资总额包干，供销人员实行包销售定额、费用和货款回笼情况，提取奖励资金，合理地拉开了工资收入差距。2003 年，实行土地租赁后，全场各级干部全部实行了年薪制，部分非农单位还增加了按股分红的分配形式。2007 年开始，分场、大队、机关和场办企业的干部交纳上岗保证金，将个人的利益和风险与企业经济效益更加紧密地联系在一起。实行年薪制，部分实行了按资分配，干部、职工的年收入有所增加，收入分配制度的改革与经营体制机制的转换更加紧密地配套和完善。

1987 年实行场长负责制以后，全场逐步改革企业管理人员选拔任用方式，改变传统的干部配置和管理办法，探索建立适应现代企业制度要求的选人用人新机制，将组织考核推荐引入市场竞争机制。公开招聘、竞争上岗、组织考核与民主推荐选举相结合，使党委管理干部、依法选举经营者以及经营者依法行使用人权结合起来。2003 年 3 月，场部机关通过定员定编、竞争上岗、择优录用，精简机构，压缩编制，机关人员从前的 50 多人减少为 17 人。2007 年，进一步深化干部人事制度改革，拓宽选人用人渠道，坚持德才兼备、任人唯贤的原则，公开竞聘管理区主任 7 名、场办企业负责人 4 名、场部机关和社区负责人 10 多名，对于副职也采用竞聘上岗的办法，打破了干部职务终身制，形成能上能下、能进能出、工效挂钩、待遇能高能低的运作机制，增强了干部的危机意识和拼搏意识，确立了目标考核、数字说话、有为有位、优胜劣汰、争先创优的用人思路和选聘方法，公开、公正、公平，群众满意，效果良好。

1996 年 6 月开始，实行全员劳动合同制度，场长先后与 4600 多名职工签订了劳动合同，其中各级干部 537 名、农业职工 1414 名、非农单位职工 1619 名，取消了内部"计划外""固定工""临时工"的身份界限。使用劳动力都由场长与劳动者按照平等、自愿、双向选择、协商一致的原则，签订劳动合同，依法确定劳动关系，并按时足额交纳各类社会保险费。同时，还建立健全劳动合同管理制度，完善管理体系，依法做好劳动合同变更、续订、终止、解除等项工作。与员工签订的劳动合同条款全部符合国家的法律、法规，明确双方当事人的权利和义务，并经县劳动部门鉴证，建立和完善企业内部劳动争议调解制度，理顺劳动关系，使劳动力资源进一步优化配置，减少劳动力资源的浪费。2004年，成立劳务市场管理站，至2006年底，先后分流二、三产企业职工1100多人转岗农业，确保劳动者的流动渠道畅通，切实保障劳动者的权益，规范劳动用工管理，完善制度，理顺关系，严明纪律，增强法制意识，进一步提高了农场在市场经济中的竞争能力，不断提高经济效益。

第八节　住房制度

1984年底，农场住房制度改革，出台了《关于房屋折价出售给职工的规定》（淮农字〔1984〕62号）文件，根据房屋的建设年限、结构、质量等统一折算价格，全部出售给职工。对老军工、独生子户、离休老干部分别采取了优惠措施，折价后平房每平方米售价为10～15元、厨房5～8元，以原居住房主作为业主，优惠售房，每户仅折价500～800元，折价交款时间为三年（第一年交40%，第二年交30%，第三年交30%），按期全部交清者，在规定价格上减免20%。全场累计出售平房58294平方米，收到售房款68.681万元。以后，农业大队的干部住房也陆续以优惠价格出售给个人。场部和场办企业的房改工作从1994年1月启动，职工称为"福利售房"。

1993年12月31日，第二届职工代表大会第五次会议审议通过《淮海农场住房制度改革实施方法》，改变几十年来职工住房一直包下来的现象。福利分房的做法建立了企业与个人相结合的住房新机制，并实行连队和总场两级住房基金制度。这次房改的基本原则是：①加快实现住房商品化，冻结房屋调整和维修，各单位所有职工住房产权全部移交总场，纳入房改；②改革住房低租金制度，逐步达到成本租金；③所有干部和职工购买原自住房，各类人员按规定标准申购原自住房。实施方案和优惠政策主要有：①职工购买、租住公房面积标准为每人口8平方米，在聘初级职称（或大队级干部）、中级职称（或科分场级）、高级职称（或场级）可分别增加住房面积10平方米、20平方米、30平方米；②老军工每户增加10平方米；老职工工龄满30年，身边无子女，无其他增住条件和独生子女户，都增加8平方米；离休老干部按省农垦总公司规定执行；③地产权归单位，宅基地服从土管、城建部门管理；④售房价格根据建设年限、新旧程度、结构等折价，优惠出售给职工，按时交纳房款的给予20%的优惠，没有厨房的补贴300元（在主房售价内抵扣)。本次房改累计售出住房 244 幢，建筑面积 42414.7 平方米，折算价 2624534 元，优惠后售价 1725877 元。810 户职工拥有了私有住房。

为了进一步改善职工居住条件，缓解场部地区住房紧张的矛盾，1998 年 7 月，农场出台职工集资建设住宅楼（商品楼）的政策。职工在场部地区购买集资楼，退出原有住房的，享受民建公助补贴。标准为：①在规划区内建房一次性补贴 2500 元；②聘任初级职称（或大队级干部）每年补贴 60 元、中级职称（或科级干部）每年补贴 200 元、高级职称（或场级干部）每年补贴 300 元；③工龄补贴每年 30 元；④一户中符合补贴条件的成员可累计计算，一户只能享受一次建房补贴。职工集资住宅楼设计底层为门面房，二层以上为标准套房，水卫厨厅齐全，布局合理，功能配套。第一幢住宅楼于 1997 年 7 月交付使用，至 2011 年底，已建成职工集资住宅楼 22 栋 71569.12 平方米、别墅 13238 平方米，800 多户职工住上了宽敞、舒适、经济、适用的标准套房和别墅。2012 年，实施危房改造工程，符合条件的职工分别享受场房改和财政危房改造补助，以较低的价格购得标准住房，累计新建 400 套 40526 平方米，总投资 5439 万元，改善了职工的居住条件，提高了居民的幸福指数，加快了城镇化建设进程。

随着企业改革改制的深化，为适应农业资源整合入市的变化，从 2012 年开始，实行职工住房公积金制度。经职代会审议通过，按单位与职工各缴存其年收入 5% 的比例执行，并暂缓执行新职工住房补贴，为职工购置商品房筹集更多的资金，使农场职工的住房制度改革与地方接轨。

第九节　土地承包

一、联合承包

2012 年开始，农业土地实行联合承包制，为进一步完善农业生产经营体制，加快推进农业产业化进程，规范执行公司内控制度，实现企业增效、职工增收的目标，农业土地实行联合生产承包管理的制度改革。对大宗粮食生产实行联合生产承包经营管理，高效农业实行集体统一经营管理。大宗粮食生产实行"五统一"经营管理，即统一作物和品种布局、统一良种和农资供应、统一农业生产措施、统一农机作业、统一农产品销售。分公司授权生产区负责所辖区域农业生产经营管理，获得收益。采取核定基数，定额上缴，绩效考核，超利收益，个人承包收益＝总收入－总成本－土地总面积×每亩基础收益×分配比例。大小麦以大队为单位实行集中种植、集中管理；水稻实行责任到人（户），分户种植管理。参与联合生产承包的农业职工按照每亩 1200 元的标准缴纳履约保证金。

分公司实行"三级管理、两级核算"的农业经营管理体制，即分公司、生产区和大队三级管理，分公司和大队两级核算，大队核算账务设在生产区。

采取超产奖励的激励机制，实现稻麦产量稳步增长，设定职工超产奖励制度和管理人员麦稻生产激励制度，以麦稻年亩产 1950 斤为基数，进行累进奖励。

淮海分公司对生产区、大队管理人员实行百分考核的办法，综合得分，评定绩效，以产量、成本费用控制、亩效益和附加 10 项指标为考核内容，绩效考核作为生产区、大队管理人员年收入的主要依据。

二、集体承包

2018 年开始，按照省农垦农发公司的要求，农场深化一体化经营战略，强化统的功能，在不影响职工利益的前提下，农业土地承包由联合生产承包经营向集体承包经营转变。麦稻生产根据管理方式的不同，分别采取了单位统一管理和分别管理模式，实现职工增收、公司增效的双赢目标。

以生产区和大队为单位对分公司实行集体承包，根据省农垦农发公司的管理模式，仍以亩效益、亩成本、亩产、总产为考核重点，核定基数，超产奖励，百分考核，突出薪酬与绩效紧密挂钩、晋升与业绩高效关联，推动各级管理人员增强责任意识、大幅提升经营管理成效，努力提高农业的产量和质量，使农业管理办法不断创新，强化财务管理，实现了"两级管理、一级核算"，采取了财务集中核算的办法，严格内控管理，按照"流程、权限、标准、留痕"的要求，强化内控制度在各业务流程、管理层级执行，并贯穿到农业生产管理工作的各个领域、各个环节，促进了农业生产的提质增效和现代化农业的快速发展。

第十节　特殊工时

2015 年 3 月，淮海分公司根据农业生产农活集中，季节性、突击性强，特别是高效经济作物种植、农活随季节性周期性突击作业，标准工作时间不能适应农业生产需要的特点，提出特殊工时工作制的改革。

实行特殊工时工作制的基本原则是以人为本，在确保职工身体健康的前提下，在依法维护职工的休息休假权利的基础上，结合种植业生产的实际情况，相关岗位依法申报实行特殊工时工作制。主要是分公司机关管理人员 25 人、农业生产区的管理人员 159 人、为农业生产提供服务的工作人员 159 人，实行综合计算工时工作制。直接从事农业生产人员 697 人，实行不定时工作制。综合计算工时以年为周期综合计算，年度工作日不超过 250 天，总工作时间不超过 2000 小时。在综合计算周期内，日连续工作时间超过 8 小时的，中间安排 1 小时休息，但每日连续工作时间最长不超过 11 小时。职工在综合计算周期内总工作时间超过总法定工作时间部分，视为延长工作时间。严格执行《江苏省工资支付条例》，按规定给付加班工资和法定假日，执行劳动保护和安全卫生条件措施。特殊工时制实施方案经职代会代表协商，并经省劳动行政部门批准。

江苏省人力资源和社会保障厅（苏人社函〔2014〕141 号文）《关于同意江苏省农垦农业发展股份有限公司、临海分公司等 18 个分公司工作岗位实行特殊工时工作制的批复》，同意分公司部分岗位实行综合计算工时工作制或不定时工作制。

实行特殊工时制后，采取集中工作、集中休息、轮休调休、弹性工作时间等适当的工作和休息方式，确保职工休息、休假权利和生产工作任务完成，有利于生产单位根据农业生产实际机动安排，农忙季节取消节假日，以年为周期综合计算工作时间的综合工时工作制改革，创新了管理机制，有利于调动干部职工的劳动生产积极性，有利于农业的增产增效和职工增收，受到了干部、职工的欢迎。

第十一节　深化改革

党的十八大以后，中央做出农垦全面深化改革的决定，农场改革进入全面深化和进一步完善阶段。2015 年 11 月 27 日，中共中央、国务院印发《关于进一步推进农垦改革发展的意见》，2016 年 7 月 7 日，省委、省政府出台了实施意见，对农垦的改革发展做出了全面部署，为农场加快现代农业建设，推进社会事业发展提供了强有力的支撑和保障。

为了推进农场转型发展，盘活存量资产、资源，优化资源配置，首先对农场进行了公司化改制。2018 年 1 月，将原淮海农场改制为江苏省淮海农场有限公司，完善法人治理结构，逐步健全、理顺股东大会、董事会、监事会和高级管理层的"三会一层"关系，严格按照重大事项决策、重要干部任免、重要项目安排、大额资金使用的"三重一大"决策制度，规范议事规程。党委会、董事会、总经理办公会实行表单表决制，完善管理制度，出台了农场社区人员任用办法和薪酬管理办法，风险管控效能得到提高。2019 年，细化修改"企业微信平台"的办公平台表单，使实时审批更具有可操作性、可控性，充分发挥纪委、财务、主管三条线的风险管控作用，及时识别，处置"风控"事项，严格比价采购、加强工程项目审计，仅 2019 年就节约资金 760 万元；严格三项法律审核制度，当年审核合同 118 份，出具法律意见 38 份。

农场办社会职能改革稳步推进，医院、幼儿园改革主动与地方政府对接，落实到位，国有职工家属小区供水、供电、供热（供气）及物业管理"三供一业"移交，完成竣工验收，坚持内部分开、管办分离、委托授权、购买服务。2019 年农场社区管理经费纳入属地政府预算，全年共争取到社会职能项目财政补贴资金 208.49 万元。

2017 年成立了资源开发管理中心，优化资本配置，聚焦提质增效，挖掘存量潜能，加快转型发展。积极发展果木产业、林业经营、发展苗木生产基地 900 多亩，建设 140 多亩标准果园。农场根据资源禀赋、产业发展特点，科学合理规划生产、生活空间，统筹高标准农田和城乡建设用地挂钩、耕地占补平衡项目，有序推进土地资源资产化、资本化，积极推进土地综合整治，着力盘活存量土地资源，推动农场产业振兴。土地确权登记在完成农用地不动产证办理的基础上，又办理了建设用地不动产证 10 本，为农场转型发展提供了基础条件。

第八章　社会生活

第一节　职工收入

农建四师期间，干部、战士实行供给制，按职务和级别具体确定物质待遇和津贴。服装、被褥、伙食和洗漱等生活日用品由部队后勤部门按规定统一配发供给，同时发放少量津贴。1954年5月，部队的月津贴标准为：战士7.3元、副班级8.05元、正班级10.12元、副排级13.12元、正排级18.16元、副连级21.38元、正连级23.22元、副营级26.44元、正营级28.22元。

1955年9月3日，国防部发布命令，宣布取消农业建设第四师的部队番号，留场人员总数为2739人，其余官兵全部复员或者转业回家。1955年6月4日，《中华人民共和国农业部关于农业建设师彻底转业与实行工资制的报告》中明确，各类人员的月工资标准为：战士33元、副班级35元、班级38元。其中军龄5年以上的老战士执行副班级待遇。老军工们的工资高于地方，比省内其他农场的同类人员的工资也高出许多。鉴于当时农场初建，省级财政困难，无力承担老军工们较高工资差额部分，经农业部批准，老军工们的35元月工资中，由中央财政平均每人每月补贴10元、农场承担25元，补贴期限为2年，每年补贴35万元，累计补贴70万元，1956年、1957年作为过渡期。

1957年9月7日，国务院颁发《关于集体转业部队人员补办复员或转业手续的通知》中规定，凡集体转业部队中班以下人员补办复员手续，发给生产资助金、复员金和复员证；对副排级以上干部补发转业补助金、转业金和转业军人证明书。复员转业金根据本人参军入伍的战略阶段和级别计算：中华人民共和国成立后入伍的增发3个月津贴，解放战争期间入伍的增发6个月津贴，抗日战争期间入伍的增发了9个月津贴，第二次革命战争期间入伍的增发12个月津贴。生产资助金以40元为基数，再按军龄（月）和战略阶段的标准增发：1945年9月3日以后入伍的每月增发2元，1937年7月7日至1945年9月2日期间入伍的每月增发4元，副班级以上干部按上述标准增加0.5倍，满5年军龄的老战士按副班级标准发放，凡立功者增发12个月。解放战争期间立功的增发24元生产资助金，抗日战争期间立功的增发 48 元（农建四师期间立功的不增发）。

通过补办复员手续，大部分老军工补发了复员转业金和生产资助金 140 多元。由于自 1958 年后，中央财政不再对农场实行补助政策，省财政也无力对老军工们工资的差额部分实行补贴，经当时的省农场管理局报国家农垦部批准，老军工们的月工资从 1958 年 1 月 1 日起统一调整为 28.5 元，1963 年增加到 29.9 元，少数原正班级的组长和优秀者则增加到 34 元。

1959 年 3 月，经场党委请示盐城地委农场工作部批准，将一部分有劳动能力的嫡系亲属和来场劳动时间较长、符合规定条件的非嫡系亲属吸收为季节工。季节工的工资标准为：女季节工按 14、15、16 三个等级，男季节工按 15、16、17 三个等级发放工资。1963 年以后，统一调整为新农工 1、2、3 三个等级，分别为 19、21、23 元。1960—1962 年三年自然灾害期间，由于职工有稳定的工资收入，农垦还争取到了吃国家定销粮的政策，地方政府调进了大量的返销粮，使职工的基本生活得到保证。再加上农场的土地资源丰富，每个职工家庭都能利用家前屋后的室边隙地和宅区周围的零星地种植蔬菜和粮食，生产队的食堂副业也得到重视，为全场职工平稳地度过灾荒提供了有利的条件和保障。

1963—1966 年，职均年收入为 253～266 元，月均工资为 22 元。1966—1967 年，部分分场、生产队棉花获得丰收，按当时"三定一奖"制度规定，部分单位获得超产奖励，部分人员获奖 20～30 元，形成了职工和单位之间收入上的差距。

1967—1971 年，大批知青来场，他们的平均月工资仅为 15 元，大部分知青需要家庭予以部分补贴，生活困难，全场年职均收入下降到 226 元，月均工资仅为 18.8 元。当时老军工家庭的月均收入大多数为 47.9 元，要承担平均 4 个小孩、一家 6 口人的生活开销，极其困难。兵团时期，为解决职工的生活问题，采取了 4 项措施：一是发放生活补贴费，1971 年 1 月起，每个兵团战士每月发放 3 元；二是各个连队都组建了副业排，划给一定的土地种植蔬菜和粮食，以及饲养猪供应食堂改善伙食，兵团时期的部分亏损也由此而形成，生产性支出转化为生活福利开支；三是办好食堂，在严格的军事管理和农副业生产的支撑下，连队食堂办得红火，各连队的炊事班都挑选身体健康、思想进步、责任心强、工作积极的同志加入，还由 1 名副连长分管食堂和内务管理工作；四是提高了粮食供应标准，由于兵团时期采取了积极的生产建设措施，加大农田水利投入，改善了农业生产条件，经过几年的艰苦奋斗，至 1973 年，全场粮食总产量突破了 500 万公斤大关，基本上解决了吃饭问题，结束了吃返销粮的历史。兵团战士的口粮标准从每月成品粮 15 公斤提高到 20 公斤，同时每年还根据作物种植面积拨给一定的机动补助粮，保证了农业生产和有效供给。从 1972 年开始，国家落实知青政策，提高知青们的工资，1966 年底以前来场的老知青们的月工资从 19～23 元提高到 26.2 元，1967 年以后来场的知青月工资从 15 元提高到 23 元。1973 年以后，老职工及其家属（季节工）的工资也有了相应的增加。至 1978 年，全场职均年收入达到 406.89 元，职均月工资达到 33.9 元，干部和农机人员的增资幅度高于农业职工。1979—1991 年，全场先后进行了 8 次调资，职工收入逐年增加。尤其是中共十一届三中全会以后，各行各业实行经济承包责任制，核定基数、利润分成、多盈多奖、不盈不奖、奖赔兑现，促进了经济发展，职工收入相应增加。1987 年，职均年收入达到 1612 元、月均收入达到 134.33 元，约是 1978 年的 4 倍，当时干部的收入超过了地方政府机关。老军工的工资标准为农工 8 级，月工资 116 元，相当于行政 17 级科分场的干部标准。1988 年，全场获得丰收，职均年收入达到 2122 元，约是 1978 年的 5.2 倍。

1984 年，全场实行了"大包干"的联产承包责任制，兴办职工家庭农场，形成了统分结合、定额上缴、分户核算、自负盈亏的大农场套小农场的双层经营体制，较好地解决了职工吃企业"大锅饭"的问题，农业职工以家庭为单位从事农业生产和经营，拥有一定的生产自主权。并改革分配制度，逐步取消固定工资，鼓励勤劳致富，拉开了职工和家庭收入上的差距，鼓励一部分职工先富起来。1989 年，全场职均年收入达到 1931 元，月平均收入达到 160.92 元，其中，46 大队和 38 大队的职均年收入达到 2196 元，大部分大队干部的年收入达到 3500 元。场部机关干部除工资外年平均奖金达到 800 多元，职工生活明显改善。1990—1992 年，由于出现了连续三年自然灾害，棉花受灾减产，部分农业单位出现了亏损，职工收入有所降低。3 年职均年收入分别为 1793 元、1699 元和 1777 元，分别比 1989 年下降了 7.14%、12.01% 和 7.98%。

随着改革的深化，固定工资制度取消，当年农建四师老军工们的生产、生活问题比较突出。据当时江苏省农垦集团总公司劳经处 1986 年 7 月 22 日调查，农场老军工 880 名，其中在场办工业企业和机关的 204 人，因病不能工作、领取 25 元生活费的 26 人，仍承包大田的 357 人。1985 年，不能拿回原工资的 191 人，人均年收入不足 700 元，比档案工资的 1158 元低 400 多元，比全场职工的平均收入 1058 元低 300 多元。根据省农垦总公司党委意见，淮海农场党委于 1986 年作出解决老军工问题的决定：①对年满 50 周岁的老军工，经医院证明和劳动鉴定委员会确认，完全丧失劳动能力的可以提前办理退休手续；②对于 1949 年 9 月底以前参军的老军工，如目前身体状况一般，但尚未达到退休年龄，继续动员他们承包大田，在上缴费用上予以适当照顾，减少上缴利费指标的 40%，每人为 480 元；③对 1949 年 10 月以后入伍的老军工，身体状况一般还能承包大田的，每人每月补助 20 元，全场每年累计增加支出 8.57 万元。通过采取上述优惠政策和对老军工的子女就业、招工进厂等多项优惠措施，基本上稳定了老军工的情绪。至 1990 年前后，老军工大部分退休养老，未达退休年龄的也作了适当安排，稳定了改革大局，使农业经营体制改革得以顺利进行。

1993 年，为了走出困境，调整作物布局，实施"扩粮工程"，效果较好，农业的整体效益显著提高，职工收入迅速增加。1996—1997 年，年职均收入突破 5000 元大关，分别达到 5618 元、5729 元。2000—2001 年，由于夏粮受连续阴雨的不利天气和市场粮价波动的影响，再加上安置部分改制场办企业的富余职工，年职均收入曾一度下降，部分农业职工出现亏损倒挂。2002 年以后，农场继续深化农业经营体制改革，根据集团总公司的统一布置，实行土地租赁经营，采取先交后种、两费自理、自主经营的经营管理制度，扩大了农业职工的经营自主权，将农业职工全面推向市场，进一步调动了农业职工的生产积极性，再加上国家采取了一系列支农惠农政策，粮价提高，农业职工的收入迅速增加。2005 年，农场年职均收入达到 8698 元，其中农业租赁土地的职工年收入达到 3 万元以上。随着改革的深化，职工的收入逐年增加，2007 年全场年职均收入达到 11171 元，2010 年达到 17020 元，2012 年达到 33518 元，分别是中共十一届三中全会前 1978 年的 27.45 倍、41.83 倍和 72.38 倍。

2012 年，全场离退休职工累计 2786 名，其中离休干部 26 名，享受县处级干部待遇的 7 名，中华人民共和国成立前参加工作的退休职工 97 名。年发放离退休金总额 5974.1 万元。2003 年，垦区离退休金列入省统筹后，财政拨入差额部分逐年增多，2012 年达到 4031.81 万元，保证了离退休金的按时足额发放。2006 年以后，退休职工的养老金以每年 10% 的速度递增，至 2012 年底，退休职工的平均月养老金达到 1725 元，是 2006 年的 1 倍多，离休职工的平均月养老金达到 4200 多元的较高水平，离休干部的年养老金达到 6 万～8 万元的高水平，均比 5 年前有了较大增长，实现了老有所养、老有所依，使他们过上了丰衣足食、幸福富裕的晚年生活。

2009 年 3 月，农场职工纳入射阳地方医疗保险。2012 年，农场职工工伤、生育及失业保险纳入地方社会保险，同时参加射阳住房公积金缴存。

2020 年，农场在职职工年均收入 64761.4 元，比 2015 年的 42364 元增加 22397.4 元，增长 52.87%。当年，农场居民人均纯收入 33375.1 元，比 2015 年的 23806 元增加 9596.1 元，增长 40.2%，高于所在县城平均水平，按省定高水平小康社会标准，居民收入达标比例达 56%。

2020 年，农场离退休职工 3447 人。离退休工资连续 17 年递增，平均月工资达 3188 元，农场保证按时足额发放，保证他们安享晚年，实现了老有所养的目标（见图 8-1）。

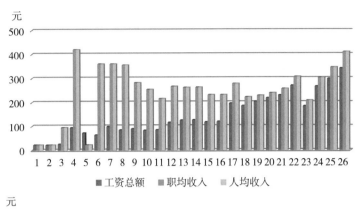

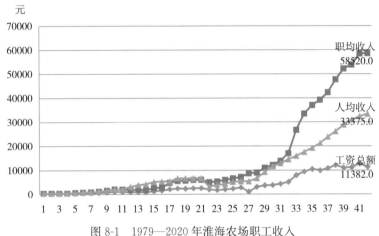

图 8-1　1979—2020 年淮海农场职工收入

第二节　职工生活

一、穿戴

衣：农建四师时期，战士着无口袋的黄军装，营、连、排干部着 4 个口袋的黄军装，团以上干部着呢制军服。20 世纪 50 年代后期，男女都穿中山装、学生装、列宁装。"文化大革命"时期，青年人穿黄军装的较多。改革开放以后，职工穿西装和夹克衫的日渐增多，年轻人对牛仔裤、喇叭裤、劳动装、滑雪衫、运动衫、春秋衫、T 恤衫、太子裤、老板裤等服装很感兴趣。各式各样的羊毛衫，既当内衣穿，也当外衣穿；多种多样的女性短裙、连衣裙、一步裙，青年学生穿，工作人员穿，职工也穿。

帽：农建四师时戴军帽，20 世纪 50—60 年代流行鸭舌帽、解放帽。妇女扎头巾或戴毛线包头帽。小孩帽子花样多，有装有各种玉饰或绣品的兔帽、虎头帽，有猫耳朵绣花风帽。20 世纪 80 年代起，草帽、礼帽、三片瓦帽、马虎帽陆续出现，外地又传来太阳帽、旅游帽、鸭舌帽，以及各式各样的绒线帽。小孩的帽子有布的、皮的、呢绒的、羊毛的、化纤的、塑料的、人造革的，应有尽有，品种多样。

鞋：农建四师时期，战士发解放鞋和黄皮鞋，干部发解放鞋和黑皮鞋。20 世纪 50 年代穿布底鞋，纳鞋底是妇女们的重要女红，用破布糊成底骨和鞋衬。少数人春天穿蒲鞋，夏天穿草鞋，冬天穿毛窝。20 世纪 60 年代，用胶底和塑料底鞋替代布底鞋。20 世纪 80 年代以后，随着职工的收入增加，妇女们基本不做鞋，大量购买市场上各种皮鞋、塑料鞋、人造革鞋、胶底布鞋、凉鞋、拖鞋等。

袜：20 世纪 60—70 年代，以穿纱袜为主，缝上布袜底延长穿着时间。20 世纪 70 年代至今，以穿丝袜和尼龙袜等化纤袜为主。

镯、环、项圈：20 世纪 60 年代，不少妇女和小孩手上戴镯，有玉的、银的和镀金的。有的小孩还戴脚镯，系铃铛，戴银质项圈，大多数是外婆家送的。不少妇女穿耳洞，戴耳环和耳坠。现代人戴项链、玉镯、金戒指、玉耳坠等饰物。

发型：20 世纪 60 年代，女同志以短发为主，青年妇女流行梳两条长辫子，老年妇女梳髻，女童留羊角头。男同志以平顶为主，老年男子大都剃和尚头。20 世纪 80 年代至今，烫发、染发等先进技术传来，发型多样化。

二、饮食菜肴

农建四师时采取供给制，实行集体伙食，以连为单位设立食堂和炊事班，统一开伙，机关按级别就餐，分为大、中、小灶，团以上干部吃小灶，连、营干部吃中灶，排以下干部和战士吃大灶。早餐为粥和馒头为主，中午和晚上以干饭为主。

计划经济年代，粮食实行定量供应，实行早、晚两稀，中午吃干饭，农忙下午增加一顿接晌。1956 年开始，粮食供应执行地方标准。中共盐城地委财贸部《关于召开国营农场粮食供应工作会议情况的报告》中指出，在考虑农场粮食供应问题时，既要考虑到社会各阶层用粮的一般标准，也要承认农场用粮的特殊情况，既保证供应，又要节约用粮，保证吃饱，经过讨论确定的用粮标准为：①部队转业人员每人每月 22.75 公斤（均为成品粮）；②从事工业和其他劳动生产的按每人每月 22.75 公斤、24 公斤、25 公斤供应，其中东台、淮海农场工人 22.75 公斤，各场场员 24 公斤；③轻体力劳动者，每人每月 16～17 公斤，供应站、驾驶员及测量工人每人每月 21 公斤；④勤杂人员、室内工作者（场部干部、医师、护士、行政管理人员及大队室内干部），每人每月 15 公斤，所有病员亦同此标准，室外工作人员每人每月 17 公斤；⑤干部家属及保姆按室内机关干部标准供应每人每月 15 公斤，淮海、东台农场家属亦同此标准，场员家属每人每月 14 公斤；⑥10 周岁以上儿童按成人标准供应，6～10周岁儿童每月10公斤，3～6周岁儿童每月7公斤，3周岁以下儿童每月4公斤。

20世纪50年代，根据《关于召开国营农场粮食供应工作会议情况的报告》规定，农场职工粮供应纳入国家定销粮的统一计划。虽然当时农场生产的粮食不足以满足居民的口粮供应，但地方政府千方百计调进返销粮，解决了全场居民的口粮供应问题。三年自然灾害时期，职工的口粮标准随着国家粮食的紧缺而逐步下降。1958年5月开始，农业职工的月口粮标准下降为18公斤。1961年3月，下调为13公斤。在职工工资偏低和粮食低标准的情况下，农场坚决贯彻省、地委大抓"瓜菜代"和加强食堂管理的要求，瓜菜粮混吃，保持每人每天瓜菜供应0.75公斤，蔬菜自给有余。经请示盐城地委领导同意，分给职工自留地，按每户人口分别划给0.5～1.0亩的室边隙地种植蔬菜、瓜果、山芋、玉米、大豆和萝卜等。为了保证生产，在"三夏""三秋"大忙季节，职工工作时间长，劳动强度大，食堂为每位职工供应一顿免费接响，以面粉和玉米面为原料蒸成馒头，很受职工欢迎。食堂里的早、晚粥也采取自用粮补贴的措施，改善职工生活，想方设法度过饥荒。但是在低标准时期，职工仍然忍饥挨饿、营养缺乏。据1961年8月31日调查，当时职工中有19.29%的人员患有浮肿病、肝炎、妇女病、贫血等疾病。采取了药物、营养、休息三结合的方法，使大多数人恢复了健康。

1967年，粮食获得了较好收成，农场粮食总产达到26396吨，完成3000吨的省控指标，实现了粮食自给。1967年6月开始，农业职工和工厂工人每月口粮供应标准从14公斤提高到19～20公斤，高于地方城镇和农村。兵团时期，初步改善了农业生产条件。1971年，全场的粮食总产达到59396吨，实现了粮食自给有余，不仅提高了口粮供应标准，还增拨了机动粮，农忙时可以多吃。同时口粮不再供应杂粮，而以大米、面粉为主。1990年，粮油计划供应取消，改为市场化供应。

农场职工副食以蔬菜和豆制品为主，自产蔬菜有白菜、韭菜、菠菜、萝卜、茄子、南瓜、丝瓜、黄瓜、黄花菜等。"文革"前后及兵团时期，以食堂和副业排集中种植蔬菜分配给职工为主，职工自己也种植部分蔬菜。冬季以大白菜为主，初冬每户可分到几十至一百多公斤，作窖藏可解决冬季吃蔬菜问题。春、夏、秋以叶菜类为主，搭配食用豆类、瓜果等。20世纪70年代后，又增加了番茄、洋葱、四季豆等。豆制品有豆腐、豆腐干、腐竹、粉丝等。当时职工有腌制萝卜干的生活习惯，在初冬季节采收新鲜的红萝卜或白萝卜去叶和须，洗净切片，抢晴天晾晒至七成干，上盐打卤，再晾晒至半干后，加上花椒、五香、八角等佐料，入坛密封半月后可食用，香鲜酥脆，可吃上一年。21世纪初，随着设施栽培和高效农业的发展，本地和外地的反季蔬菜也逐步进入了餐桌，丰富了职工的菜篮子。

荤菜以鸡、鱼等肉类为主。20世纪60年代以前，沿海地区食蟹、河鳗很普遍，烹调方法以煮、煎、炒、蒸为主，很少冷食。20世纪60年代以后，多用炒、蒸法，并常做冷菜吃。本地特产有海鲜和龙虾等各种水产品。场域内地势低洼，坑塘沟渠、河流水面野生鱼类多，资源丰富。20世纪70年代，沟渠中的鱼、虾、蟹随处可见，捕捞容易，老军工及其子女们都是捕捞能手。每年秋季，都要捕捞几十斤至上百公斤晒干或腌制成咸鱼和鱼干，作菜食用。近年来，由于环境污染，野生水产资源日渐减少，职工主要到市场上购买，本地农民水产养殖量大，货源充足，鱼市闻名，再加上职工富裕以后，营养、保健意识增强，鱼类和各种水产品成为职工菜篮子的特色。

1985年以前，职工很少吃到水果，自产的梨、苹果、桃、李因气候、品种关系，品质较差。1985年以后，外地水果大量进入。职工在市场上多选购山东的红富士苹果和南方的香蕉、橘子等各式各样的外地水果。

2000年以前，牛奶仅为缺奶婴儿、病人及孕妇、产妇的营养品。农场虽然也饲养奶牛，但消耗的鲜奶数量很少，大部分鲜奶用于加工成豆乳粉和乳制品。2000年以后，虽然不产鲜奶，但是由于交通物流条件的改善，外地的产奶企业纷纷抢滩场内市场，一般离退休老人、小孩及职工家庭普遍饮用经消毒加工的新鲜牛奶，并从超市购买各种奶制品食用。

三、酒俗

20世纪60年代，除喜庆节日外，职工很少饮酒。节日多供应山芋干酒（俗称大头昏）。20世纪80年代，多饮农垦自产的双洋酒、中山河酒，或八滩酒厂生产的五醍浆酒。目前职工饮用酒以今世缘和洋河系列为主，招待用酒根据来客身份选用不同档次酒类。20世纪80年代中期以后开始饮用啤酒。招待来客无酒不成席，一般先敬首席，接着敬长辈，然后再敬同辈、晚辈。敬酒要站起来敬，举酒最高不超过眉毛。受到别人敬酒后，还要依辈分、桌序逐一回敬。席间主人要敬酒。婚宴新郎、新娘都要敬酒。

四、茶水

一般饮茶者只在自家饮用，职工干活时，连队食堂送开水到作业田间供其饮用，到机关和办公室办事都要倒茶一杯。现在职工在田间劳动时自带桶装纯净水，可供多人同时饮用。年轻人和小孩喜欢喝饮料，机关干部和老年人多饮茶水。

五、房屋

农建四师时期，各居住点房屋都是草顶、泥巴墙、圆木梁，8 间为 1 栋，南北向排列，2 栋房子中间留道路，厨房出于防火考虑都分布在宅区四周的围河边，都为简易锅棚。20 世纪 60 年代后至兵团时期，逐步改造成砖混结构的瓦房，主屋后带披子做厨房。20 世纪 80 年代后，厨房大部分都建在主屋前面，并建起了围墙，各户自成天井。现在职工在场部集中居住，购置水卫厨俱全的商品房。

六、器具

20 世纪 50 年代，家具以箱、柜为主，民间有一顺口溜："一箱一柜，到老不受罪"。20 世纪 70 年代，知青带来了苏南地区的家具风格，五斗橱、大橱、床头柜、睡椅逐步增多。20 世纪 80 年代后，家具的档次不断提高，装饰橱、高低橱、写字台、电视橱、壁橱、挂衣橱、被橱等进入职工家庭。

七、炊具及餐具

20 世纪 60 年代，职工家庭自建小锅屋，砌烧草灶，灶台为两案锅。20 世纪 70 年代，供应煤炭逐步增多，部分职工开始以煤炭为主要燃料。20 世纪 90 年代后，开始使用电炉、电饭煲、煤气灶。

碗方面，20 世纪 70 年代以前，职工多用瓷碗，一般用小口二红碗，称为二碗，也有用小碗的。专门盛菜用的叫海碗，大多数白底蓝花、绘有人物花卉，炒菜用盘子。儿童用的有木碗、竹碗、搪瓷碗等。

瓢、舀、勺方面，20 世纪 80 年代以前打水一般用瓢和木水舀，盛粥饭用铜勺。圆木柄铜勺称为汤勺，椭圆头铜柄的称为饭勺。现在瓢和木水舀已被塑料、铝和不锈钢制品所替代。

八、家用电器

20 世纪 90 年代以后，家用电器逐步进入职工家庭，除了厨具外，电风扇、空调、电视机、电话、手机、电熨斗、电动自行车、电疗器、电冰箱等已经普遍使用。

九、生活消费

农建四师时期实行供给制，依照级别和职务配发日用消费品，除此以外还发津贴，大多数人都寄给亲友，部分用于个人购买烟酒、卫生纸、洗漱用品等。1956年，部队转业后实行工资制，职工的工资较低，但就业率高，一般家属和年满18岁的子女都有工可做，有一份固定工资。20世纪50—60年代，老职工和知青们的家庭经济困难，由于发展副业大种蔬菜，自给自足，在福利配给和计划保障的前提下，使职工在低消费生活水平的情况下，安排好生活，保持温饱。20世纪70年代初，干部、职工普遍增加了工资，同时老职工子女纷纷就业，生活状况好转。20世纪70年代末至80年代初，由于贯彻中共十一届三中全会精神，改革不断深入，经济不断发展，职工的收入逐年增加，生活消费水平稳步提高，生活状况得到进一步改善。20世纪70年代末至80年代中期的统计资料显示，当时一般中等收入的职工家庭年均消费支出为2098.5元，其中伙食费用支出630.99元，占30.07%；衣着类支出286元，占13.63%；家具及耐用消费品支出258.67元，占12.33%；房租、水电费支出55.68元，占2.65%；给子女528.45元，占25.18%。年均收入2254.5元，每年可结余156.1元。

20世纪50年代至90年代中期，职工年消费水平有了较大提高。据统计，户年均消费达到15005元，其中支持子女5285.45元，占35.22%；伙食费支出3898.95元，占25.98%；衣着类支出901.32元，占6.01%；家具及耐用消费品支出2089.6元，占13.93%；水电、电话费支出476.1元，占3.17%。

进入21世纪，随着职工收入的增加和物价的上涨，消费水平有了较大幅度的提高。据测算，一般家庭年均支出2万元左右，其中：伙食费用支出1万元，占50%；水电、电话费0.12万元，占6%；医疗费0.1万元，占5%；衣着类0.2万元，占10%；支持子女0.3万元，占15%；其他支出0.28万元，占14%。按职均年收入1.4万元计算，每2个职工年收入2.8万元，每年每户尚可节余0.8万元。

随着职工收入的逐步增加，生活水平和生活质量不断提高。农场坚持以人为本，努力改善民生，民生保障体系不断健全，职工生活质量显著提高。出台了《困难职工救助基金筹集及使用办法》，开展爱心捐助活动，强化困难职工精准帮扶，2013—2018年，共发放帮扶助困资金200多万元。全面落实职工"五险一金"政策。对持有《独生子女光荣证》的退休职工发放了一次性奖励金，为80岁以上的老人发放尊老金，为在职职工和离退休人员启动健康体检，完成了符合危房改造条件的居民新建标准套间楼房436套，维修加固危旧房250套，铺设和改造场部、分场道路，改造淮海路两边花池及人行道，完成场部、分场给水改造工程。新建职工文化活动中心、淮海公园、千古园公墓，宜居生态环境不断优化。新购垃圾车、收污车和扫路车。强化社会管理，社会治安状况良好，电子警察全覆盖。加强一站式服务大厅、居民活动中心、居民养老服务、居委会等平台建设，增强居民的幸福感、获得感、安全感和满意度。

农场党委将抓民生、强保障、促发展提上日程，让发展成果更惠人。坚持人性化管理，更加关注民生，确保场内职工收入稳步增长、生活质量不断提高。大力加强文化、环境、卫生、交通等社会事业建设，满足职工不断增长的物质文化需求。

2020年，民生保障日臻完善，全年累计发放帮扶资金61.5万元。积极落实就业帮扶、兜底帮扶等措施，促进共同富裕。积极探索社区智慧化服务试点建设，在体育广场内建立了智慧健康小屋，为职工提供免费健康服务。

民生福祉持续发展，社会保障水平显著提高，住房条件不断改善，城镇基础设施日臻完善，水电服务质量上乘，医疗卫生水平不断提升，包容的淮海人家庭和美、尊老爱幼、民风淳朴，居民形容现在的生活住房舒畅、宜居康养、穿衣时尚、吃得营养、电商消费、升级提档、品味高尚、生活幸福、和谐安康。

根据农场住户调查资料显示，在农场住户消费支出中，其中食品类支出占35.66%（即恩格尔系数），衣着类支出占9.1%，家庭设备及服务类支出占3.26%，医疗保健支出占2.59%，教育文化娱乐支出占20.41%，财产性支出占14.2%，转移支出占10.61%。

第三节　全面小康

2012年，江苏确定基本实现现代化的进程，计划到2020年全省总体上达到世界中等发达国家水平，在全国率先基本实现现代化。苏南等有条件的地区，在"十二五"时期率先基本实现现代化；苏中地区巩固发展全面小康建设成果，不失时机向基本实现现代化迈进，至2020年基本实现现代化；苏北地区加快全面小康建设步伐，为基本实现现代化打好基础，2020年以后逐步基本实现现代化。

2017年，江苏农垦纳入监测范围的有36个，其中农场17个，直属企业19个。这一年全垦区呈现4个特征：一是经济运行总体平稳；二是运行质量稳中向好；三是社会事业持续发展；四是重点工作稳中有进。监测显示，2017年垦区实现值为94.72分，比2016年提高1.86分。在17个农场中，淮海农场名列第15位。

2020年，农场按照省农垦集团公司的决策部署，紧扣年初工作会议确定的目标任务，同心同德谋发展，倾心注力惠民生，凝心聚力增动力，农场经济运行态势良好，各项社会事业稳步协调发展。农场综合评分为84.72分，比2019年的81.39分提高了3.33分。在6类22序项的30个指标中，17项指标已达到目标值，7项指标到2020年实现，6项指标难以达到。

一、17项指标已达到目标值

这17项指标为服务业增加值占GDP比重、农场城镇化水平、自主品牌企业增加值占GDP比重、居民收入达标人口比例、人均预期寿命、基本养老保险、医疗保险、失业保险、农场和谐社区建设达标率、农场人均拥有公共文化体育设施面积、党风廉政建设满意度、法治建设满意度、公众安全感、单位GDP能耗、农场生活垃圾无害化处理率、农场环境整治达标率、城镇绿化覆盖率。7项指标到2020年实现，这7项指标为工业全员劳动生产率、现代农业发展水平、职均收入、人均纯收入、农场家庭住房成套比例、每万劳动力中研发人员数、高技能人员数。

6项指标值难以完成目标值，这6项指标为人均生产总值、研发经费支出占GDP比重、高新技术产业产值占规模以上工业产值比重、万人发明专利拥有量、农场每千名老人拥有机构养老床位数、林木覆盖率。其中高新技术产业产值占规模以上工业产值比重、万人发明专利拥有量、农场每千名老人拥有机构养老床位数均为"0"值。

二、2020年，围绕全面建成小康社会指标，及时进行改革，调整农场发展目标

1. **农场改革稳步实施** "三供一业"资产移交、农网改造工作紧锣密鼓地实施。与射阳县、滨海县签订了供水移交改造协议。社区职能改革不断推进，农场社区部分工作经费补贴纳入县2019年财政预算，并保证农场居民享受射阳县乡镇同等待遇。2018年，农场共收到已列入政府预算的社会职能项目财政资金220.6万元。与射阳县政府签订了学前教育正式移交协议。进行土地确权登记，全部完成了农用地、未利用地的土地发证工作，共领取不动产证10本。

2. **内控管理加快推进优化** 全场试用企业微信办公平台，实时办理出差、用车、用印、请购、就餐、合同等审批事宜，大大提高了办事效率。严格比价采购和招投标程序，全年通过比价采购，节约成本200多万元；通过招投标节约资金337万元，平均下浮率为24.3%。创新工作方法，改变以往坐在办公室等着解决矛盾的工作方法，采取请进来、走出去、定跟踪的多位一体模式化解各类具体矛盾。注重加强日常工作服务，争取使居民只进一道门、只找一个人、办好全部事。

3. **人居环境不断改善** 实施淮海路北侧及清风路绿化提档升级工程，完成场部渠星

路、分场道路、塑胶广场跑道、文化广场喷泉、场部二座抢排站等的新建、改造。实施千古园公墓二期工程，增位扩建 200 座公墓，并完善了道路和绿化。对居民小区、街道、场邻结合部、集贸市场的卫生死角进行整治。清理小区管网、河堤驳岸工程建筑工程垃圾，拆除河岸障碍物和违章建筑。对原有露天垃圾场进行回土填埋处理，并栽种树木 350 多棵。新添置了垃圾车和扫路车各 1 台，生活垃圾日产日清。新建 2 座水冲式公厕，并对全场 9 个水冲式公厕进行新型节水节电改造，节水率达 80%。完善帮扶体系，提高民生保障水平。2018 年，脱贫 17 户（含 2 户死亡），脱贫率达 32%。

4. 社会环境安全稳定 安全生产在原四级垂直管理网格的基础上，全面关口前移、责任下移，提出"二级表"的安管网。加大安全投入，开展培训，购置消防器材，在交通要道安装慢行警示黄灯及交通反光镜等。添置巡逻电瓶车，正常开展"警灯闪烁"巡逻。

5. 精神文明建设不断加强 严肃党内政治生活，不断营造良好政治生态。注重由灌输教育向按需施教转变，做好组织生活目标化和动态管理，提高各级管理人员的政治站位。组织部分党员干部到上海一大会址、嘉兴南湖红船、淮安刘老庄八十二烈士陵园、周恩来纪念馆等地开展党性教育，强化党员理想信念教育。细化综合评价激励、预警和退出机制，人才培养常态化。鼓励老干部积极为农场经济社会发展发挥余热。投资 360 万元的陈列馆二期工程竣工开馆，传承和弘扬军垦精神。开展"读书月"活动，积极打造"书香企业"。举办淮海农场第十二届文化广场节，节目丰富多彩。

虽然农场经济社会发展成效显著，但是仍然也存在一些问题。农场城镇建设规模小，经济发展与职工生活还不相适应。小城镇建设还有死角，公共设施还不完善，农场亮点还不能完全显现。农场在集团公司的正确领导下，深入贯彻党的十九大精神，以基本实现现代化为目标，把握农场特点，进一步拓宽思路，整合利用存量资源，提升产业发展质效，不断提高管理和服务水平，加快农场转型步伐。

第一，提升资源产业质效。突出抓林业资源，建立特色化林业，立足市场，注重产销结合，降低成本，提高效益。加强果园建设，建立标准化果园，走"互联网＋果品销售"的路子。挖掘农场旅游资源，将农场的规模农业、高效种植园、生态环境、项目建设和产业规划等资源结合自身军垦文化特色，积极探索发展红色旅游、休闲观光旅游。

第二，统筹社会事业发展，提高社区管理服务水平。按照集团公司社会职能改革"十六字"工作方针要求，有序推进农场改革发展。以社区"四大工程"建设为抓手，提高社区管理服务水平。积极争取相关政策，完善帮扶救助机制，对生活确有困难的家庭加大帮扶力度。以创建平安社区为抓手，进一步完善信息预警机制，认真落实社会治安防控措施，促进农场社会和谐稳定发展。不断改善职工居民生活条件，实实在在提升职工居民生活质量（表 8-1）。

表8-1　江苏省淮海农场高水平全面小康社会指标达标值与评分表

类别	序号	指标名称	单位	目标值	权重	2010年实际	2011年实际	2012年实际	2013年实际	2014年实际	2015年实际	2016年实际	2017年实际	2018年实际	2019年实际	2020年实际
		综合得分	分		100	63.12	64.44	66.95	68.76	64.71	77.22	79.38	80.39	82.08	84.18	84.57
经济发展	1	人均生产总值	元	130000	8	24068.85	25011.32	25485.57	26561.70	27426.29	33410.43	37027.37	49248.82	54787.37	57274.91	67825.82
	2	服务业增加值占GDP比重	%	30	4	46.75	38.13	38.49	42.45	42.30	41.14	39.19	38.08	38.33	42.37	41.36
	3	工业全员劳动生产率	万元/人	45	3	4.13	4.17	5.78	27.38	32.82	33.92	32.74	28.40	40.50	40.75	55.27
	4	农场城镇化水平	%	72	4	71.43	73.06	75.74	84.11	85.22	86.60	86.97	99.66	99.85	92.88	95.20
	5	现代农业发展水平	分	95	6	80.89	82.34	79.24	76.72	73.48	84.15	85.01	90.13	90.40	90.39	91.00
	6	研发经费支出占GDP比重	%	4.5	4	1.56	1.57	0.34	0.28	0.26	1.61	1.38	1.42	1.35	2.17	1.11
	7	高新技术产业产值占规模以上工业产值比重	%	45	3											
	8	自主品牌企业增加值占GDP比重	%	25	3	37.45	44.14	40.21	48.91	50.10	43.84	49.53	48.12	46.09	44.72	48.95
	9	万人发明专利拥有量	件	12	2											
人民生活	10	居民收入水平　农场居民人均纯收入	元	70000	9	21700.00	26712.07	33517.92	44054.40	39227.00	43207.00	47460.00	52203.00	53840.00	61491.50	64761.40
		居民人均收入	元	32000		14470.00	15917.00	17510.00	19261.00	21187.00	23806.00	26085.50	28804.00	30860.00	32403.00	33375.10
		达标人口比例	%	>50		21.05	20.83	20.95	21.15	21.15	49.00	49.00	52.00	53.00	54.64	56.00
	11	农场家庭住房成套比例	%	85	5	35.62	41.34	51.62	54.51	21.15	68.69	78.72	76.02	80.75	85.00	86.35
	12	人均预期寿命	岁	78	4	71.19	69.01	73.48	76.49	79.17	79.20	79.67	79.72	79.16	82.49	82.47
社会发展	13	人力资源水平　每万劳动力中研发人员数	人年	100	5	35.64	39.66	41.30	50.32	63.11	109.70	118.67	220.36	271.13	318.76	381.86
		每万劳动力中高技能人员数	人年	600		71.29	74.66	82.60	125.81	157.78	219.39	205.70	379.02	451.88	546.45	620.53
	14	基本社会保障　农场基本养老保险覆盖率	%	98	6	100.00	100.00	100.00	92.71	96.81	97.61	99.95	98.98	100.00	100.00	100.00
		农场基本医疗保险覆盖率	%	98		100.00	100.00	100.00	90.86	93.04	97.59	100.00	100.00	100.00	100.00	100.00
		农场失业保险覆盖率	%	98		0.00	0.00	100.00	95.75	94.99	98.51	99.86	100.00	100.00	100.00	100.00
		农场每千名老人拥有机构养老床位数	张	40						0.00	0.00					

（续）

类别	序号	指标名称		单位	目标值	权重	2010年实际	2011年实际	2012年实际	2013年实际	2014年实际	2015年实际	2016年实际	2017年实际	2018年实际	2019年实际	2020年实际
社会发展	15	农场和谐社区建设达标率		%	95	5	87.21	88.35	88.89	95.10	95.90	96.00	96.00	96.00	96.00	96.00	96.00
	16	农场人均拥有公共文化体育设施面积		平方米	2.8	4	2.38	2.42	4.89	4.95	5.02	5.10	6.17	5.87	5.88	6.76	5.63
民主法治	17	党风廉政建设满意度		%	80	3	80.00	80.00	82.35	85.00	90.50	92.00	92.00	96.00	96.00	96.00	96.00
	18	法治建设满意度		%	90	3	85.10	87.12	87.20	90.15	90.50	92.00	92.00	96.00	96.00	96.00	96.00
	19	公众安全感		%	90	3	85.20	89.00	89.73	95.30	95.80	96.00	92.00	96.00	96.00	96.00	96.00
生态环境	20	单位GDP能耗		吨标煤/万元	<0.5	4	0.21	0.24	0.23	0.26	0.19	0.21	0.18	0.18	0.23	0.20	0.18
	21	环境质量	农场生活垃圾无害化处理率	%	95	3	90.00	90.00	90.12	95.00	96.00	96.00	96.00	96.00	96.00	96.00	96.00
			农场环境整治达标率	%	99	5	87.21	88.35	88.89	96.13	96.50	97.00	99.00	99.00	99.00	99.00	99.00
	22	农场绿化水平	林木覆盖率	%	24	4	20.25	20.42	20.42	20.42	4.31	4.31	4.31	4.31	4.31	4.59	4.59
			城镇绿化覆盖率	%	41.5		40.34	40.34	40.34	40.34	40.34	41.80	41.80	41.80	150.00	41.80	41.89
评判指标	23	人民群众对基本现代化建设成果满意度		%	>70	—	80.00	80.00	81.32	88.00	89.00	89.00	90.00	90.00	95.00	95.00	95.00

第四节　生活习俗

农场的风俗习惯大体上与市、县、区相似，受军垦和知青的影响，陈规陋习不断摒弃，文明程度逐步提高。随着经济发展，社会进步，移风易俗，具有农垦特色的新风尚正在树立。

（一）婚嫁习俗

1. **订婚**　男女双方经过自由恋爱或经人介绍，经过相互了解确定恋爱关系后，拍摄订婚照，双方家长互访，加深了解后，经双方商定，选好日子在男方家办订婚酒，双方父母、亲朋好友、介绍人等欢聚一堂，双方家长分别给热恋中的男女见面礼。一般由女方家长先给男方，男方家长给女方时应增加一些。

2. **结婚**　男女双方经法定程序和手续领取结婚证，即法定意义上的结婚。旧时由男方家庭选择良辰吉日，将准备好的衣服、首饰等彩礼先送到女方家，称为"送日子"。结婚前天为"催妆"，男方家庭还要挑选 1 名父母和兄弟姐妹健在的全福小男孩，陪新郎官"压床"，床上和被褥里摆放枣、大糕、桂圆、钱币等，取早生贵子、高中官员、步步高升之意。结婚这天为"正日"，新郎要随迎亲队伍到新娘家吃午宴，并在太阳落山前将新娘迎到家。迎娶新娘旧时坐彩轿或花船，现时改用鲜花装饰的小轿车，女方的嫁妆随娘家送亲队伍送入新郎家。新娘进入婆家要走一段芦柴铺的路，喻为带进财气。进主屋时跨火盆，喻为避邪。当晚举行婚宴，行拜堂仪式，然后入洞房和闹洞房。入睡前吃暖房酒，捣窗户纸，说吉利话。翌日清晨，新娘要早起扫地煮饭，拜见亲友长辈，长辈给新人见面礼。早晨梳妆时，新娘用线纹面，也叫"开脸"。婚后 3 日或满月，新郎要备礼偕同新娘回娘家，称为"回娘家"。

3. **喜宴**　青年男女结婚双方家庭均要办喜宴，宴请亲朋好友，来宾出礼称为"出人情"。随着社会、经济的发展，文化习俗有了较大改变，婚嫁仪式简办，一般领结婚证即可同居，择日举办喜宴，由宾馆、饭店承办，邀请专业婚礼主持人担任司仪，举行文明、健康、喜庆、欢乐的婚礼仪式和喜宴。

（二）喜庆习俗

1. **生日满月**　小孩从出生之日起，年年过生日。生儿育女也举办一些庆贺活动。男孩起名多带兵、军、淮、海字，如小兵、小军、小淮、大海等。女孩起名多带秀、英、兰、红字，如秀英、大秀、小兰、小红等。现在大多数由长辈中有文化的人为小孩起名，也有人花钱请专业人士起名。周岁生日这天小孩抓周，桌上摆着纸、墨、笔、算盘、钞票、鸡蛋、糕点、胭脂、花粉等让小孩抓,抓什么可以预测前程,增添喜气。逢十过整生日,亲友都要前往祝贺,举行生日喜宴。妇女生孩子称为"坐月子",生男孩发红蛋报喜,生女孩则发喜糖。婴儿出生1个月,称为"满月",亲友送"月子礼",主家办满月酒招待亲友。小孩1周岁为"头生日",亲友备礼庆贺。近年来,职工及子女过生日,程序从简,喜宴由饭店承办,主家先发请柬,喜宴开始时放鞭炮,全家团聚,主持人致辞,相互敬酒,欢歌笑语,祝贺健康长寿。

2. **建房乔迁** 长期以来,职工实行福利分房,基本没有旧习俗,但房屋上梁时,由所在分场或大队买些鞭炮至施工现场燃放,以示庆贺。当天中午,建设单位准备简单的便餐招待施工人员,也简称跑梁。附近乡村和友邻单位的办公楼和重要建筑物落成或开业时,向农场发出邀请,一般由场领导或有关单位带少量礼金前往祝贺。房改后,职工搬进新建的商品房,也称为乔迁,一般在日出前在新房内外放鞭炮。搬家时,亲友到现场燃放鞭炮,房主们一般在饭店办上几桌酒席招待亲友和单位领导,以示答谢和庆贺。近年来,职工购进小汽车、卡车、拖拉机和其他大型农业机械,亲友们一般都要前往燃放鞭炮祝贺,车主们也要在饭店摆上几桌酒席招待宾客,增添喜气,以示答谢。

(三) 殡葬礼

农场场内丧葬礼仪简单、文明,医院太平间设有水晶棺和吊唁大厅,供丧户停放遗体,设立灵堂,摆放花圈,并提供部分丧葬服务。离休老干部由场组织部门组织吊唁活动,一般人员由所在单位协助丧户办理后事。遗体一般停放3日,由子女和晚辈轮流守灵尽孝,亲属和同事好友戴白袖,以示哀悼。吊唁者向遗体三鞠躬,然后绕水晶棺一周。在吊唁大厅召开追悼会,由死者单位领导致悼词,遗体由单位领导和亲友护送至射阳或滨海县火葬场火化。骨灰由长子捧回,安放于场公墓。从死者去世之日起,每七天为"一七",亲属都要组织祭奠,称为"烧七"。"六七"为重要纪念日,儿女和重要亲属都要前往公墓祭奠。以后每逢冬至、清明节、七月半、除夕等重要节日,都要前往公墓祭奠亡灵。

第五节　方言俗语

农场区域内流传的方言、俗语,大部分为盐阜地区、南通一带的方言和土语。

一、方言俗语

老爹：爷爷。

晚老子：继父。

晚妈妈：继母。

小老爹：对小孩的称呼。

你老、你侬：晚辈对长辈的尊称。

婆娘：指妻子。

小家伙：指儿子。

大娘、二娘：大儿媳妇、二儿媳妇。

双手人：指孕妇。

二斤半鸭子三斤半嘴：说得多、做得少。

红干巧学帮：班组开会，总结工作，便于记忆。

耍软皮：工作不负责任，吊儿郎当，出工不出力。

不刁不马：忠厚老实。

日不聊生：几乎一日都无法生存。

哭声呜啦：说话带哭腔。

恶声古怪：说话粗声大气，态度恶劣。

武二八鬼：鬼头鬼脑。

老干皮味：老气横秋。

人物真真：装腔作势摆架子，耍威风。

鸦里不倾：言行轻佻，行动迟缓。

散不拉渣：一片散碎，难以聚拢的样子。

悬浪轿兮：人的行动或物体放置不稳，令人胆寒。

癫么窟差：残缺而不规范的样子。

半里不顿：气量狭小，优柔寡断。

拗不溜秋：流里流气。

麻里木足：狂妄，不安分。

阴而不阳：半死不活的样子。

瘟里不神：病态，没有精神。

死公张气：有意见，但又不便说。

没娘掉气：颓丧的样子。

神骨溜精：神气十足的样子。

四腿拉巴：四肢胡乱摆放，举止粗俗。

愣头不机：言行粗鲁，不讲分寸。

狗脸歹毛：说翻脸就翻脸。

昏头碌充：头脑发昏，打瞌睡。

耳聋扯拔：耳朵听不清楚，说话东扯西拉。

痴公若喉：鼻涕堵塞，呼吸不畅，说话受阻。

谦公小巧：十分谦虚，讲礼貌。

倒浪磕叽：步履不稳，喻物体的部件即将脱落的样子。

滴流大挂：物体千丝万缕地挂下来。

窄窄农农：处所狭小简陋，办事放不开手脚，穷应付。

烂不睁眼：闭着眼睛胡乱来。

冒不投空：突然行动或突然出现。

灰么撂苟：色彩灰色陈旧不好看。

二不囵吞：办事不果断，不痛快，事情没有办完。

对头指子：死对头。

甩大袖子：摆臭架子不睬人。

挖小锹子：暗中整人挖墙脚。

做锅铲子：跟随别人去吃饭。

不上道子：不讲道理，满口胡言。

不归泓子：到处乱跑，忘了回家。

没得胡数：很多很多。

没得底子：很多。

打离身拳：避责任。

磕穷拼撒：一个劲地叫苦哭穷。

如意大谈：瞎说、胡闹。

没得过身：难以恕罪，过不了关。

拉大口坛子：说大话，乱许诺。

推干净身子：推卸责任。

拿别脚票子：抓住把柄要挟人。

捣膀节弯子：捣鬼，走后门。

钻牛角尖子：追究无价值的话题或事物的根源。

穿紧脚鞋子：紧逼着完成某项任务。

充大头虾子：制造假象抬高身份。

还是他兑他：还是原来的样子。

鬼拣熟的迷：熟人骗熟人。

锅投笼不投：办事不顺利。

乖乖隆地咚：叹词，相当于好家伙。

一去呜嘟嘟：一去就再也不见踪影。

一团玩意账：一副玩世不恭的样子。

替驴挣口袋：拼死命挣来的东西却被别人拿走了。

跌倒抓把泥：形容非常爱占便宜。

一跳三个圈子：撒野、耍泼、连跳带骂的样子。

见毛就是鸭子：意近听风就是雨。

石头往山上背：谓无效劳动。

现砍草，现烧窑：做事缺乏准备。

七个和尚八样腔：各念各经，步调不一。

嘴打锣，舌打鼓：废话太多。

不会睡觉怪床歪：谓无端强调客观条件。

丢下摊耙弄扫帚：形容没有闲着的时候，十分忙碌。

撂棍砸不到人：场所空旷，十室九空。

纸糊灯笼肚里明：外表虽然脆弱，头脑却很清楚。

栽秧撞见割稻的：谓不识时务。

婆婆嘴碎，媳妇耳滑：说教过多等于白说。

三指头推，两指头拉：虽留客人，但不是真心挽留。

半夜上扬州，天亮还在锅门口：办事没有决心，不行动。

太太死了踩破街，老爷死了没人抬：谓世态炎凉。

伸头渥颈：形容伸长脖子探寻目标的神态。

萎头耷颈：情绪低落，没有精神。

缩头夹颈：恐惧或怕冷的样子。

点头搁脑：摇头晃脑。

随头惯脑：撒娇相。

瞎头闭眼：不问青红皂白。

嘴翻舌变：诡辩、食言。

嘴尖毛长：好说闲话，议论别人的长短。

憨皮厚脸：脸皮厚，不知羞耻。

心齐力横：人心齐，力量大。

跌胆掉魂：非常害怕。

迷痴木钝：迷糊、迟钝。

嚼蛆道鬼：说话啰唆。

倒霉瞌充：因运气不好而垂头丧气。

随皮调歪：不守纪律，不听指挥，想干什么就干什么。

狗里肮脏：心术不正，言行不一。

撩鸡斗狗：无事生非，找麻烦。

细来小去：小来小往，无甚差异。

索东拐西：言行把握不住分寸。

根牢底实：根底实在，值得信赖。

三花两绕：办事动作迅速，干净利落。

二、农谚

春雨贵如油，下多也发愁。

三月清明不做慌，二月清明下早秧。

春争日，夏争时，万事宜早不宜迟。

春打六九头，农户不用愁。

春雪虫多，腊雪粮多。

春种早一天，秋收早十天。

二月雨水足，稀麦变稠麦。

清明杨柳向北拜，一年还去十年债。

芒种无雷是丰年，黄梅无雨难种田。

五月金，六月银，错过光阴没处寻。

莳时雨、家家有，莳里风、家家空。

要得萝卜大，不过六月夏。

大暑前，小暑后，两暑之间种绿豆。

拦秋一场雨，遍地出黄金。

山芋不怕羞，一直栽到秋。

人怕老苦，稻怕秋干。

八月初一雁门开，孤雁头上带霜来。

重阳下雨望十三，十三下雨过寒干。

白露身不露。

小麦种到冬，看用什么工。

大麦种到年，看种什么田。

麦盖三层被，头枕馒头睡。

稻上场，麦进仓，黄豆扛在肩膀上。

黄秧搁一搁，到老不发作。

干不死大麦，饿不死和尚。

宁种隔夜地，不栽隔宿秧苗。

先高后低，先远后近，先难后易，分区灌溉。

三、责任制谚语

拨大草堆：奖励工资制度，按各生产单位的经营情况，拨出一定数额的奖励工资。

上工如拉纤，收工似放箭：工作没有责任心，出工不出力。

定额管理，联产计酬：改革开放初期，按定额面积进行田间管理，按照产量计算报酬。

大农场套小农场：大农场即为具有法人主体地位的国营农场，小农场即为职工家庭农场。

定额上交，见利分成，多盈多分，少盈少分：改革开放初期的农业生产经营责任制。

土地租赁，先交后种，两费自理：2002年以后实行的农业生产经营责任制度。

种股份田，量化配股，按股分红：2008年以后实行的农业生产经营责任制度。

第九章　合作共建

第一节　外经合作

2008年10月28日，由泰国正大集团和江苏省农垦集团共同出资成立中外合资企业——江苏正大苏垦猪业有限公司。注册地址为滨海县振东乡境内（淮海农场第一管理区），首期注册资本1160万美元，工商登记的中外方出资比例为4∶6。具体出资比例为：江苏农垦集团有限公司20％、淮海农场10％、黄海农场10％、正大畜牧投资（北京）有限公司50％的货币、正大畜牧投资（北京）有限公司10％的技术股。2014年8月，江苏省农垦集团撤资，公司变成正大独资企业。注册资本为2186.95万美元。

首期项目中600＋6000头曾祖代种猪场和2400＋14300头祖代种猪场分别于2009年12月、2010年3月开工，2011年年底竣工。2010年6月开始，陆续购进纯种猪饲养。600＋6000头曾祖代种猪场位于四分场34大队，占地面积168亩，建筑面积1.4万平方米，固定资产总投资约4000万元。2400＋14300头祖代种猪场位于一分场3大队，占地面积460亩，建筑面积3.1万平方米，固定资产总投资7000万元。种猪场按比例建设了后备舍、后备配种舍、分娩舍、公猪舍、隔离舍、保育舍、育肥舍等生产用房和办公洗消房、宿舍、餐厅、锅炉房、沼气发电房等附属用房。种猪场配备了具有国际先进水平的全自动的饲养设备，包括猪栏、喂料、饮水、自动温控、电气、供暖、通风、监控计八大系统。

公司聘请泰国养猪专家担任公司的中高级管理人员。2020年末，拥有员工120人，其中各类技术人员78人，姜波为董事长，总经理为王直夫。公司现有存栏母猪6000头，年提供优质新美系大长二元、长大二元种母猪40000头，商品猪80000头（含仔猪），不仅是正大集团中国区重要的种源基地之一，优质种猪也外售给省内外许多知名集团，如山东环山集团、江苏立华集团、淮安牧蓝集团、滨海温氏畜牧有限公司等，得到客户的广泛认可。

公司不断加强自身的建设和管理，积极开拓创新，2016年，被农业部评为生猪标准化示范场；2018年，成功创建农业部"猪伪狂犬病净化创建场"，并授牌；2019年，通过江苏省动物疫病净化示范场的现场评审；2018—2019 年，被评为市级龙头企业；2020 年，通过国家"非洲猪瘟无疫小区"现场评审。

第二节　外事活动

1953 年 12 月，农建四师兴建拖拉机修理厂，由苏联专家达维多夫负责设计工作，设计能力为年修理 100 标准台拖拉机。达维多夫还向全师各团首长、机关干部、全体机务人员、技术人员 1000 余人作了《农业机械问题》的专题报告。

1987 年 6 月 2 日，坦桑尼亚农机客商来场参观，先后参观了石油机械厂、针织总厂、三机站、四机站等单位。

1987 年 9 月 2 日，澳大利亚客商来场参观。

1988 年 5 月 21 日，阿根廷农业科学院首席顾问巴布雷瑟在国家、省、市农垦部门负责同志的陪同下，为选定联合国国际援助项目（肉牛场）在华地点来场考察。

1987 年 9 月 22 日，坦桑尼亚姆巴拉利农场区经理马利撒一行 3 人，在中国农牧渔业国际合作公司、省农垦局、省农林厅领导的陪同下，来场考察参观。

1992 年 4 月，西班牙客商拿西文一行与针织总厂洽谈业务。

2009 年 2 月，上海申万酿造有限公司董事长远藤善彦、总会计师兼翻译川日一郎和上海粮食交易市场客商代表等一行来淮海米业公司考察，并参观了生产加工车间、烘干设备等，双方还洽谈了糯稻和粳稻原料收购等相关合作事宜。

2010 年 12 月 10 日，德国农业协会霍斯特·邦基博士和豪特坎普·洛德佛一行，在省农机局、省贸易促进会有关部门和苏垦集团农业发展部等领导的陪同下，来场考察农业机械化建设情况，并参观苏垦猪业公司和淮海米业公司。

2012 年 7 月 10 日，日本井关农机株式会社服务部部长森重来农场考察插秧机使用情况。

2015 年 12 月 15 日，新加坡麦考伊控股有限公司执行总裁迈克、韩国亚太区执行总裁一行 12 人，在射阳大米协会会长张昌礼、开发区书记韩步阳等陪同下考察淮海米业公司，就射阳县开发区与韩国 KBP 关于食饭整厂设备生产及制造技术项目进行实地考察。农场场长李卫东、副场长孙司正、场长助理李海峰及淮海米业公司负责人等陪同考察。

2016 年 8 月 29 日，百威英博集团亚太区管理人员一行，在苏垦麦芽公司总工程师张明的陪同下，来淮海分公司观摩和考察，淮海分公司有关领导和农业中心负责人陪同考察。

1978—2009 年，农场派出工作人员援助坦桑尼亚、孟加拉国、斯里兰卡等国农场建设，具体见表 9-1。

表 9-1　1978—2009 年援外人员名录

姓名	国内单位及职务	被援助国及单位	出国、回国年月	国外职务
周妙其	淮海修配厂副场长	坦桑尼亚姆巴拉利农场	1968.10—1971.10	省援外办专家组 考察规划后调入省援外办
许松银 张　寿	淮海修配厂队长、班长	坦桑尼亚姆巴拉利农场	1970.11—1973.3	农机修理
祁国瑞	原 10 团 2 连政治指导员	坦桑尼亚姆巴拉利农场	1970.11—1973.3	农机组组长 总支部
潘妙其 赵品千	原 10 团 8 营机耕队队长 1 营机耕队驾驶员	坦桑尼亚姆巴拉利农场	1971.3—1973.3	农机驾驶
王海山	原 10 团 31 连政治指导员	坦桑尼亚姆巴拉利农场	1970.1—1973.4 1976.6—1979.4 1988.3—1990.1	农机管理
周清文	淮海修理厂车间主任	坦桑尼亚姆巴拉利农场	1975.6—1977.10	农机修理
沈既才	淮海修理厂车间主任	坦桑尼亚姆巴拉利农场	1973.6—1975.10	农机修理
王书聪	10 团后勤处运输股份副股长 淮海农场副场长	坦桑尼亚姆巴拉利农场	1975.1—1977.1 1983.3—1986.12	农机组长 专家组副组长
王书聪	淮海农场副场长	孟加拉国 （联合国拖拉机训练班）	1979.4—1979.10	讲课
袁风久	原 10 团供应站站长	坦桑尼亚姆巴拉利农场	1975.11—1977.9	后勤
段万明	原 1 营 3 连政治指导员	坦桑尼亚姆巴拉利农场	1975.11—1977.9	农业
张定顺	原修理厂技术员	坦桑尼亚姆巴拉利农场	1975.7—1977.9	电器
郁志英	原农场康拜因手	坦桑尼亚姆巴拉利农场	1968.8—1981.10 1982.5—1984.7	康拜因手
冯　平	原磁材厂副厂长	坦桑尼亚姆巴拉利农场	1983.3—1986.12	农机驾驶
沈家琪	原修理厂修理组组长	坦桑尼亚姆巴拉利农场	1982.2—1983.10 1984.1—1988.6	农机修理
尚　平	原修理厂班长、车间副主任	坦桑尼亚姆巴拉利农场	1975.12—1982.11 1990.2—1992.3	农机修理技师
徐美俊	原修理厂技术员	坦桑尼亚姆巴拉利农场	1979.10—1981.11	农机修理
孙源华	原淮海农场农机科技术员	斯里兰卡农业专家组	1984.5—1985.5	农机组组长
薛仕凤	二分场副场长	坦桑尼亚姆巴拉利农场	1988.4—1990.8	机械师
江仁良	淮海农场农机科副科长	坦桑尼亚姆巴拉利农场	1990.2—1994.2	农机修理技师

第三节　场乡共建

农场地处射阳、滨海两县结合部，历史上曾经与射阳县临海镇、六垛乡和滨海县北坍乡、新港乡、八滩镇、二罾乡、振东乡、淤尖乡等 8 个乡镇 30 多个村插花相邻。20 世纪

90 年代撤乡并镇后，与射阳县临海镇和滨海县八滩镇、滨海港镇的 20 多个行政村、居委会交叉相连。

农场历来十分重视搞好周边关系，尽可能照顾群众利益，支持地方经济建设。每年岁末农场和相关的分场单位都礼节性邀请邻近的乡、镇、村干部来场座谈，互通情况，交流信息，协调解决一些实际问题，通力协作，共同搞好场、镇的物质文明、精神文明建设，场乡关系总体比较融洽。

1952 年 4 月，农建四师万余名指战员进入苏北沿海射阳五岸、六垛一带草滩，开垦荒地，建设农场。射阳、滨海地方政府和广大农民群众，推着小车，赶着牛车，像支援淮海战役一样，为农建四师运来建场物资、生活给养，支援农建四师搞生产建设、创办农场。部队统一规划开垦，涉及许多零星散户搬迁，农民抵触情绪很强烈。农建四师党委考虑到群众利益，研究制定了"当家作主，艰苦奋斗，循序渐进，稳步发展，以场带社，不与民争地"的建场方针。部队派拖拉机把荒地开好，水利搞好，再将居住分散的群众迁居到新垦的土地上，创办农业生产合作社，走集体化的道路。1953 年 3 月 8 日，农建四师将 114 户零星散户农民迁到三垛以南（现淮海农场五分场部南）一片新开垦的土地上，建立江苏最早的大口农业生产合作社，即现射阳县临海镇东方红村。1954 年 3 月 8 日，大口农业生产合作社建社 1 周年纪念日，合作社干部赵长盆、吴潮松、万志斌及全体社员致信农建四师崔济民政委、艾明山师长、李桂莲副师长及全师指战员，情真意切地感谢农建四师帮助他们走上了"组织起来"的道路，师首长派拖拉机将合作社田耕得又深又匀，种棉花，种玉米，棉花长起来治虫、打老叶，并及时给予技术指导，完全改变了听任自然的小农经济生产方式。收获季节，棉花、玉米的产量比附近单干户高一倍。

垦区附近的合作社农民自大口农业生产合作社学部队翻身以后，一到农忙季节，就自发地到农场田里转转，有的当面请教，有的暗暗偷学，部队播种他播种，部队治虫他治虫，部队干什么，他们就干什么，无形中把科学种田的农业技术措施传到了民间。农民群众充满了对国营农场的信任，充满了对农业机械化和科学种田的向往，农场真正成为发展农业生产的火车头。

为推进场乡共建物质文明和精神文明的进程，根据江苏省老区开发促进会和江苏省农垦总公司共同倡导"场乡共建两个文明"的精神，1990 年 11 月，射阳县老区开发促进会、淮海农场、六垛乡、临海镇在农场场部召开场乡共建两个文明座谈会，射阳县老区开发促进会会长、副会长、秘书长以及淮海农场、六垛乡、临海镇的相关领导参加会议。与会人员认为，淮海农场、六垛、临海地处沿海，紧密相连，各有优势，相辅相成，场乡应本着精诚团结、相互支持、互惠互利、共兴共荣的原则，双方合心合力，改变场乡经济环境，改善场乡关系；应当充分利用本地区的资源，发挥各自的优势，共同开发和建设，不断壮大场乡的经济实力，提高职工和群众的生活水平，促进本地区经济的繁荣发展和社会的文明进步。在统一思想认识的基础上，为使场乡共建工作有效、有序、有力开展，成立了由农场、六垛乡、临海镇等7名相关领导组成的场乡共建工作领导小组。其中，农场分管场群关系工作的副场长担任组长，六垛乡、临海镇各有一名乡镇领导担任副组长。领导小组主要负责共建方面的联系、组织和协调工作，每个季度举行一次共建专题会议，进行联谊活动。明确场乡共建工作的重点着重在配合在职领导解决一些实际问题，如经济发展基础设施的统筹规划、场乡优势互补、开展横向联合、处理边界利益矛盾以及稳定社会治安等。场乡共建工作座谈会议加强了对共建工作意义的认识，明确了开展共建工作的思路，研究了落实措施，场乡从礼节性的友好往来步入实质性共建共荣阶段。

自场乡共建活动开展以来，场乡本着互惠互利、共建共荣的原则，场地之间保持互助合作的良好氛围，对促进场乡区域经济和社会共同发展发挥了积极作用。具体包括以下几方面做法。

第一，推广先进生产技术。农场充分发挥种子、农机、技术、人才等方面的优势，帮助地方政府培植农业示范户，农业科技人员为农民群众讲课培训，传授管理经验，推广普及高产栽培、植保、化除等农业新技术，如大小麦浸种催芽播种、水稻钵形毯状育苗、无纺布覆盖育苗、25厘米行距机插、水田窄形胶轮等成熟适用新技术，还有水稻钵苗摆栽、水田机械条播等，免费提供技术咨询、上门指导、田头会诊服务。农场农业技术部门发出的病虫害预测预报通过广播直接发到周边乡村，使农技服务更加贴近农民，深受农民群众喜爱。一些乡镇经常组织种地大户、种田能手、乡村干部到农场参观学习。

第二，优惠提供优质良种。春耕秋播季节，农场为周边乡村农民提供良种和大型农机。每年夏、秋季节收获前，邀请市、县、乡种子部门领导和科技人员来场看田选种，价格比供应外地的优惠5%～15%。周边有的村、组遭受自然灾害后，农场无偿供应良种，帮助村民生产自救。20世纪90年代中期，帮助滨海县五汛镇建起1000亩连片种植的优质啤麦良种高产基地，单产超千斤，农场以保护价收购，效益十分可观。

第三，出资共建交通水利。农场多次出钱，乡镇出劳力，共同修建公路，方便场乡交通。为促进场乡经济的发展，1998年2月，农场出资100万元，射阳县临海镇、六垛乡负责路基土方工程，从场部接通连接六垛闸口至射阳县城的一段二级沥青道路，大大改善了场乡对外交通环境。2004年8月，本着为民造福、互助双赢的宗旨，为改变农场、滨海县振东乡部分道路路况差、场乡交通不便的状况，在省拨乡村道路建设资金基础上，农场出资50万元，与振东乡共建二暑至二分场水泥混凝土公路。工程竣工后，为体现双方合作共建精神，此条路命名为振淮公路。陈李线滨海县原振东乡至八滩镇其中一段3.8公里长的道路，地势低洼，年久失修，严重影响区间机车通行，场乡本着互惠互利、共建共享的原则，2011年1月，农场出资20万元，滨海县滨海港镇出劳力负责路基垫土，共同修复了连接滨海县城主干道的黑色路面。

为保障农田灌溉用水，多年来，农场投入大量资金，与射阳县临海镇、六垛乡等乡镇共同兴修相关的场外水利设施。1999年、2004年，农场先后出资20万元、25万元，沿线乡镇出劳力，共同疏浚一支渠、夸套河、条洋河，使六垛乡、临海镇、农场农田灌溉用水和防洪排涝得到了有效保障。

第四，共建场部小城镇。农场场部是政治、经济、文化和商业中心。20世纪90年代以来，按照布局合理、设施完备、整洁优美的原则，在场部城镇化建设过程中，将与场部紧密相邻的临海镇的2个村、居委会的生活用水、用电、排水等作为城镇整体建设规划的一部分。20多年来，农场在场部小城镇道路硬化、环境绿化、花圃香化、夜间亮化和卫生净化等方面投入了较多的人力、物力和数千万元资金。近年来，五岸村村委会根据农场人口多、场部小城镇占地面积小的实际，开发建设商住楼10多万平方米，其中大部分卖给农场职工和居民，扩大了农场现代化小城镇规模。为搞好场部城镇管理，维护城镇秩序，还经常与临海镇的工商、公安、城管等执法部门联手对在场部集镇上乱摆摊点、占道经营、季节性经营摊位进行集中专项整治，处置违法违规行为，综合整治场部环境，场容场貌得到较大改观。多年来，农场职工、居民、周边村民依托场部小城镇，开店铺、做生意，腰包鼓了，日子越过越滋润。

近年来，完成符合危房改造条件的新建楼房436套，维修加固危旧平房250套。铺设场部"三纵一横"路面，实施完成淮海路、黄海路、育才路和部分分场、小区道路改建，以及淮海路两边花池及人行道升级改造。实施了场部和分场给水改造工程，建成了职工文化活动中心、淮海公园和千古园公墓。完成场部渠星路、分场道路、桥梁、广场塑胶跑道、文化广场喷泉建设。实施完成了投资630万元的河道、河塘疏浚及新建场部和三、五分场驳岸护坡项目，建成了投资910万元的污水处理厂和垃圾中转站，新购了垃圾车、吸污车和扫路车。新建2座水冲式公厕，并对全场9个水冲式公厕进行新型节水节电改造，节水率达80％。加大环境绿化改造，建设美丽农场，对场部道路两边、居民小区进行了绿化提档，并开展了环境卫生持续整治系列活动，城镇基础设施日臻完善。农场被盐城市人民政府授予"盐城市生态农场"称号。

第五，共建精神文明。20 世纪 80 年代初，农场在场部建立 45 米高、50 千瓦的接收发射信号覆盖半径 15 公里的电视差转发射塔，使周边乡村农民都能清晰地收到中央和省、市电视台播出的农业科技、市场信息、文艺体育以及农场自办的节目。场部小城镇的音乐喷泉广场、健身运动广场、灯光篮球场、露天舞场等公共文化设施，极大地丰富了场乡居民业余文化娱乐生活。自 2007 年起，连年举办广场文化节，形式多样，精彩纷呈，职工群众广泛参与，场乡居民欢聚一堂，共享文化大餐。农场创办的幼儿园、中小学校师资力量、教学设备相对优于周边乡镇，对农民子女与场内职工一视同仁地就近接纳入园入学，农场补贴农村住校学生食宿费。农场医院自建场后就正常为周边农民提供医疗服务。20 世纪 90 年代以来，农场投资数千万元，先后新建了门诊楼、病房楼、医技楼，购进一大批国内外先进的医疗设备，加之具有治疗骨外科疾病的专长、服务态度好以及农民来场治病与职工同等收费，滨海、射阳两县相邻的乡镇群众患病纷纷来场就医。

农场与邻乡在互利合作基础上开展共建活动，场乡（镇）关系密切，友好协作，相互支持，对促进场乡（镇）区域经济共同发展，帮助和带动农民共同走向富裕，发挥了积极作用，取得了丰硕成果。省、市、县老区促进会领导多次来场调研考察，称赞农场的共建工作。

2017 年 5 月，在苏垦集团纪委和盐城市纪委的共同支持和推动下，射阳县纪委与驻射阳 4 单位纪委联合印发《关于加强射阳县纪委与驻射农垦单位廉洁共建工作的实施意见》（射纪发〔2017〕16 号），开启企地共建工作。2017 年 5 月，农建四师暨淮海农场历史陈列馆被列为射阳县纪委列为县纪检监察干部教育基地，利用这一宣传教育阵地进一步加强对企地党员干部的廉政教育。

企地共建工作开展以来，农场公司纪委加强与中共射阳县纪委的沟通联系，按照因地制宜、灵活多样、资源共享的原则，进一步完善细化企地廉洁共建工作内容，扎实有效做好"四个对接"，共同构建反腐倡廉工作机制，持续深入推进企地共建工作。

2018 年 1 月，农建四师暨淮海农场历史陈列馆被列为中共江苏省委组织部党员教育实境课堂示范点。

2020 年，农场邀请县纪委常委王克玉来场开展党风廉政专题辅导和反腐倡廉警示教育，集中观看发生在县内的违纪案件警示片《不该失守的底线》。

农场坚持企地廉政资源共享，打造军垦廉政文化品牌。参加省国资委和省社科院组织的廉洁文化建设实践探索展示活动，制作《传承红色基因，弘扬军垦廉洁文化》视频在省国资系统展播。

农建四师暨淮海农场历史陈列馆被盐城市纪委列为廉政文化教育专线。盐城市"510"警示教育活动期间，在县纪委的统一协调下，农场公司纪委共接待来自垦区外 2000 多名党员干部接受军垦廉政文化教育，扩大了军垦廉政文化的影响力。

第四编

经　济

第十章 种植业

第一节 概　述

农建四师时期，1953年农场试种棉花、小麦获得成功，种植业走上了循序渐进、稳步发展的道路。

三年特别困难时期，由于农业投入不足，农田水利标准低，农业生产严重受挫。1962年8月，受14号台风影响，灾情加重。以后随着国家调整、巩固、充实、提高"八字方针"的贯彻和落实，按照《农业发展纲要40条》中"八字宪法"的要求，农场抓紧灾后重建。20世纪60年代中期，农业生产有了恢复性的发展。

兵团时期，虽然仍受极"左"思潮影响，但是由于实行了半军事化的行政管理和积极的生产建设措施，全场的生产、生活秩序稳定。根据农场的实际情况，扎扎实实开展"农业学大寨"运动。总结和推广"匡圩封闭"的治水经验，通过连续打持久战和攻坚战，深挖沟渠、高筑圩堤、建站设闸、封闭排水，为后来农业生产的恢复和发展，尤其是1978年以后农业生产的快速发展，打下了基础。党的十一届三中全会以后，中共中央和各级政府制定了一系列支农、惠农政策，提高了粮棉和农副产品收购价格。农场抓住机遇，调整作物布局，继续增加投入，开展科技兴农活动，不断加强农业的基础地位，农业生产呈现出一派生机。

20世纪80年代，农场加强农田水利基本建设，不断改善农业生产条件，依靠政策和科学，解决农业生产上的突出问题，推进农业的持续、稳定发展，农业生产驶上了快车道。1983年全场粮食总产1000万公斤，1986年粮食总产1500万公斤，1989年达到2413万公斤，年平均递增13.95%。

农场不断完善农业技术服务体系，推进农业技术进步，全面提高农业科学种田水平，先后推广应用袁隆平同志的杂交稻及其栽培技术，运用模式化栽培、化学调控、飞机治虫、化学除草、微肥应用等10多项农业新技术，种植了一大批稻、麦、棉、豆新品种，使农业生产有了新的发展。1983—1988年，全场棉花连年获得较好收成，最高年总产达1000吨。粮食生产快速发展，鼓舞人心，催人奋进。1979年小麦亩产172.9公斤，1985年小麦亩产194.8公斤，此后较长时间稳定在225公斤的产量水平。1985年，农场开始与盐城地区农科所合作，联合开发优质啤酒大麦生产，经过几年的努力，逐步掌握了品种利用、栽培模式、机械作业等方面的配套技术，并和市场进行了良好的对接，形成了优势和特色。20 世纪 80 年代中期，逐步压缩了绿肥面积，调整作物布局，增加粮食种植面积，提高复种指数，为全场的夏粮生产布局优化创造了条件，并不断扩大规模、提高产品质量和科技水平，改变了全场农业生产发展的格局。

1990—1992 年，由于连续遭受台风、暴雨、洪涝等自然灾害，棉花等旱作物受灾减产，虽然粮食生产有所发展，但是部分分场、大队仍然出现了亏损，农业生产陷入了低谷。面对严峻的经济形势，农场根据地势低洼、水资源丰富的优势，改"粮棉并举"的经营方针为"以粮为主"，在全垦区较早地提出了"扩粮压棉"的作物布局结构调整思路，全场上下形成共识，实施"扩粮工程"，发展稻麦两熟制。20 世纪 90 年代后期，全场水稻面积占秋熟作物的 95％以上，总面积达到 7 万多亩，比 90 年代初增加了 1 倍以上，粮食总产从 1000 万公斤增加到 5000 万公斤，比实施扩粮前增产 5 倍以上，成了当时垦区的粮食生产大场。1994 年，结束了连续 2 年亏损，实现扭亏为盈，当年创利达 302.8 万元。1995 年，创利达 1318.6 万元，进入垦区企业的先进行列。啤酒大麦、稻谷、大豆、大米等四个农产品，通过了国家绿色食品发展中心的认证和批准，获得绿色食品标志使用权，除大豆外，已连续 15 年使用，增强了农产品的市场竞争力。

20 世纪 90 年代后期，农场着力发展现代农业，大力推进农业开发和项目建设，提高农业的综合生产能力，继续增加投入，提高标准，夯实基础，强势推进，全面提升农业产业化经营水平，农业生产有了新的发展。夏粮总产从 2500 万公斤先后增加到 3000 万公斤和 3500 万公斤，全年粮食总产从 7000 万公斤增加到 8000 万公斤。

2001—2012 年，国家政策扶持，农场利用农业项目资金，增加农业基础设施的投入，10 年间总投入超亿元，完成疏浚沟渠、河塘整治、修筑圩堤、新建水泥道路、桥梁、标准粮仓等项工程，购进大中型拖拉机、农机具、进口挖掘机和具有国际先进水平的高性能联合收割机凯斯 7088 型，建成设施栽培面积 550 多亩，加快了现代农业的建设步伐，为推进转变经济发展方式和产业升级创造了条件。农场着力推进绿色淮海建设，采用绿色、安全的栽培技术，推行农业标准化，保护生态环境，提高农产品的质量安全水平，全场 8 万多亩耕地被列入国家标准化农业示范区，规范农业投入品的无公害化管理。2005 年，农场成为"全国无公害农产品示范基地农场"和"江苏省农业产业化重点龙头企业"。

进入 21 世纪，农场总结多年实行土地承包经营责任制的经验，继续深化改革措施，先后推行了土地租赁经营责任制、模拟股份制、联合承包。2011 年实行农业资源整合，筹备上市，进一步推进现代农业企业制度建设，大力开创现代农业发展的新局面。2012

年全场实现农业销售收入 2 亿多元，利润总额 3800 多万元，平均亩利润 576 元。

2013—2020 年是全场农业生产持续增产、稳步高产的 8 年，是砥砺奋进、创新发展、成果丰硕的 8 年。粮食总产从 2013 年的 7644.3 万公斤上升到 2019 年的 8951.7 万公斤，增产 28.8%，年递增率达 6.3%。在 7.83 万亩耕地上，连续 8 年达到或超过吨粮水平，其中 2019 年（按耕地面积计算）平均亩产达 1258.5 公斤，比 2013 年增加 37.1%。夏粮小大麦平均年亩产超过 520 公斤，水稻平均亩达到 663.3 公斤，比 2013 年的 520.7 公斤增加 142.6 公斤。

农业的高质量发展夯实了农场振兴的基础，为农场社会、经济的稳定提供了强有力的支撑。2012 年党的十八大以来，农场聚集现代农业生产要素，推进农业供给侧改革，实现农业可持续发展。随着社会经济的快速发展、改革措施的不断深化，劳动力市场发生了较大变化，农村中的富余劳动力纷纷涌向城市打工。传统的依靠人力插秧和大量雇请民工农作已成为历史。农场因时应变，转变农业的发展方式，调整经营策略，对水稻的种植方式作了大幅度调整，改水育秧为工厂化塑盘育秧，改人工栽插为机械插秧。2014 年开始，实行扩大机插、直播为辅、取消人插的种植方式，节约化经营、节本降耗，大幅提高劳动生产率，缓解了劳动力紧缺的矛盾。2015 年开始，推行联合承包、集体种植农业经营制度的改革，完善激励机制，适应种植方式调整、农业产业化经营与高度机械化种植"六统一"要求。2016 年开始，根据市场行情变化，夏粮生产实行调减大麦，扩大小麦，种植业结构和种植方式不断调整优化，促进农业生产提档升级。

农场创新农业科技，增强潜能，2013 年以后，进一步实施病虫草害综合防治技术，发展绿色栽培，保护生态环境。2018 年，农场被农业农村部确定为绿色食品示范基地农场。强化绿色导向、标准引领、质量安全监督，推广绿色无公害栽培技术，建立了新时期农业生产质量控制新体系和农产品质量安全可追溯体系，实现了农业增产、职工增收、农场增效的目标。

农场强化科技引领、创新，集聚资源要素，充分发挥优势，积极组织科技人员联合攻关，促进科技成果转化。开展高产竞赛活动，加快现代农业新技术的集成应用和推广。大面积以机械插秧替代人工插秧以后，首先在工厂化育秧技术上有新突破，应用基质育秧、精量播种、无纺布覆盖、钵苗移栽、毯状育苗、适当延长秧龄、喷施旱秧绿等 10 多项新技术，综合组装配套，集成应用形成了成套的工厂化育秧技术体系，提高秧苗素质，为提高机插质量创造了极为有利的基础条件。还推广应用了旱整水栽、缩行增苗、水田窄形胶轮喷药施肥等多项农业科技创新成果。夏粮生产大力推广浸种催芽、精量匀播、双轴反旋复式播种施肥开沟、无人机作业科学施肥等晚麦夺高产技术。形成了农艺农机融合发展的现代农业技术体系，大力推广农业现代应用技术，将北斗导航、信息技术、现代农学、先进农机、农业工程集成运用于稻麦生产的播栽、施肥、喷药、灌溉、收获等生产管理的全过程，实现精准管理。2020年，全场农业科技贡献率达90％。

完善农业基础设施，增加投入，不断夯实农业高产稳产基础。2013—2020年八年中，农业累计投入22072.3万元，主要用于农田水利基本建设，完成水泥晒场、仓库、防渗渠、河道疏浚、泵站节能改造、设施农业等多项工程，改善了农业生产条件。积极争取国家惠农政策支持，用足用好国家财政项目资金。组织实施了2014年、2016年两期国家农业综合开发高标准农田建设项目，分别完成总投资715万元和885万元。2017年，五岸灌区节水灌溉第九期项目中，新建防渗渠、涵闸、桥梁等九项工程，累计投入资金1900万元。2019年申报苏垦集团自主投资项目，新增耕地1548.75亩，补充耕地土地整治项目1603.26亩（表10-1）。

表10-1　1953—2020年农场主要粮食生产统计表

年份	粮食总产			大 麦			小 麦			水 稻		
	收获面积（亩）	总产量（吨）	亩产量（公斤）	面积（亩）	总产量（吨）	亩产（公斤）	面积（亩）	总产量（吨）	亩产（公斤）	面积（亩）	总产量（吨）	亩产（公斤）
1953	1108	569	514	—	—	—	1108	569	51.4	—	—	—
1954	5587	3130	560	—	—	—	5235	2747	52.5	352	383	108.7
1955	19189	7175	374	100	12	12.0	15714	5448	34.7	3375	1716	50.8
1956	18605	7028	378	1259	353	28.0	13050	2457	18.8	4296	4218	98.2
1957	17066	10729	629	2325	1246	53.6	8892	5190	58.4	5849	4294	73.4
1958	20375	16373	804	1339	545	40.7	6031	1307	21.7	13005	14522	111.7
1959	24549	17858	727	1721	1115	64.8	2252	1606	71.3	20576	15138	73.6
1960	24646	18181	738	2909	1287	44.2	3099	1595	51.5	18638	15299	82.1
1961	26944	21571	801	4237	2008	47.4	3235	1562	48.3	19472	18001	92.4
1962	24589	9545	388	—	—	—	9189	3349	36.4	15400	6196	40.2
1963	29587	26304	889	4237	5676	134.0	8250	2883	34.9	17100	17745	103.8
1964	22728	25328	1114	—	—	—	6000	1341	22.4	16728	23987	143.4
1965	17209	22933	1333	—	—	—	2070	1051	50.8	15139	21882	144.5
1966	16270	18243	1121	—	—	—	1099	668	60.8	15171	17575	115.8
1967	20381	26396	1295	—	—	—	10810	7462	69.0	9571	18934	197.8
1968	25582	23615	923	—	—	—	12580	7550	60.0	13002	16065	123.6
1969	29369	28475	970	—	—	—	11280	7625	67.6	18089	20850	115.3
1970	36000	34608	961	—	—	—	12400	7128	57.5	23600	27480	116.4
1971	36712	59396	1618	—	—	—	12260	8276	67.5	24452	51120	209.1
1972	31880	48005	1506	—	—	—	10850	7555	69.6	21030	40450	192.3
1973	31880	47795	1499	—	—	—	10850	7555	69.6	21030	40240	191.3
1974	32500	51700	1591	—	—	—	11000	9825	89.3	21500	41875	194.8
1975	31500	47442	1506	—	—	—	15000	15444	103.0	16500	31998	193.9

（续）

年份	粮食总产			大 麦			小 麦			水 稻		
	收获面积（亩）	总产量（吨）	亩产量（公斤）	面积（亩）	总产量（吨）	亩产（公斤）	面积（亩）	总产量（吨）	亩产（公斤）	面积（亩）	总产量（吨）	亩产（公斤）
1976	36060	42593	1181	—	—	—	17560	13542	77.1	18500	29051	157.0
1977	29570	35093	1187	—	—	—	13000	10617	81.7	16570	24476	147.7
1978	31000	55925	1804	—	—	—	15000	16410	109.4	16000	39515	247.0
1979	31000	5675	183	5000	785	157.0	8000	1384	172.9	18000	3507	194.8
1980	30400	6610	217	6559	859	131.0	7841	1226	156.3	16000	4525	282.8
1981	31478	6894	219	5755	844	146.6	10057	1853	184.2	15666	4198	267.9
1982	34200	7894	231	4943	779	157.6	13257	2437	183.8	16000	4678	292.4
1983	35440	9033	255	1500	196	130.4	14940	2804	187.7	19000	6034	317.6
1984	35561	9927	279	1184	115	97.1	15316	3037	198.3	19061	6775	355.4
1985	34747	10229	294	747	69	92.4	14000	3027	216.2	20000	7133	356.7
1986	36000	10672	296	250	60	240.0	14750	3188	216.1	21000	7424	353.5
1987	35420	12213	345	7500	2495	332.7	10920	2890	264.7	17000	6828	401.6
1988	53000	17188	324	16000	4283	267.7	15000	3999	266.6	22000	8906	404.8
1989	67000	22667	338	10000	2960	296.0	26000	5882	226.2	31000	13825	446.0
1990	67200	21064	313	19000	5791	304.8	12000	3511	292.6	36200	11762	324.9
1991	69828	23091	331	20838	6677	320.4	6600	2263	342.9	42390	14150	333.8
1992	65501	22790	348	18501	6113	330.4	11000	4053	368.5	36000	12624	350.7
1993	85912	25756	300	22509	7169	318.5	10491	3395	323.6	52912	15192	287.1
1994	67305	28022	416	25005	7247	289.8	7995	2926	366.0	34305	17849	520.3
1995	97800	47346	484	34005	13357	392.8	10995	3724	338.7	52800	30265	573.2
1996	118005	55100	467	36570	13327	364.4	14430	5012	347.3	67005	36761	548.6
1997	103500	54370	525	27000	8970	332.2	9000	3697	410.8	67500	41703	617.8
1998	118665	59157	499	33795	7262	214.9	11790	3963	336.1	73080	47932	655.9
1999	126765	66943	528	42000	18886	449.7	14760	6593	446.7	70005	41464	592.3
2000	139560	56402	404	48960	13649	278.8	16185	5279	326.2	74415	37474	503.6
2001	113700	58688	516	40005	14070	351.7	6000	2775	462.5	67695	41843	618.1
2002	112995	60000	531	40995	16800	409.8	7005	3200	456.8	64995	40000	615.4
2003	103005	52400	509	40995	17215	419.9	7005	3185	454.7	55005	32000	581.8
2004	100830	54981	545	41100	18939	460.8	4530	1993	440.0	55200	34049	616.8
2005	139980	60275	431	57990	22833	393.7	7995	1872	234.1	73995	35570	480.7
2006	150990	63250	419	66705	23347	350.0	5295	2383	450.0	78990	37520	475.0
2007	150195	67118	447	64485	29018	450.0	8775	4100	467.2	76935	34000	441.9
2008	145650	70385	483	63360	29514	465.8	5775	2613	452.5	76515	38258	500.0
2009	152505	72598	476	70485	30788	436.8	3015	1410	467.7	79005	40400	511.4
2010	152280	72793	478	62595	23980	383.1	13695	6613	482.9	75990	42200	555.3
2011	152490	73000	479	40995	17000	414.7	34995	14000	400.1	76500	42000	549.0

（续）

年份	粮食总产			大麦			小麦			水稻		
	收获面积（亩）	总产量（吨）	亩产量（公斤）	面积（亩）	总产量（吨）	亩产（公斤）	面积（亩）	总产量（吨）	亩产（公斤）	面积（亩）	总产量（吨）	亩产（公斤）
2012	158055	76423	484	64155	24138	376.2	14865	6746	453.8	79035	45540	576.2
2013	159045	76443	481	44895	16737	372.8	34545	14665	424.5	79605	45041	565.8
2014	156810	81801	522	30450	15733	516.7	47955	25214	525.8	78405	40854	521.1
2015	163365	94078	576	29850	12538	420.0	51855	26677	514.5	81660	54863	671.8
2016	163365	87151	533	16245	6830	420.4	65460	31139	475.7	81660	49182	602.3
2017	163348	92490	566	6105	2971	486.7	75585	41360	547.2	81658	48159	589.8
2018	162213	88198	544	4598	2354	511.9	75940	40397	532.0	81674	45447	556.4
2019	162566	98504	606	1535	836	544.8	79769	43763	548.6	81263	53905	663.3
2020	155705	87364	561	13418	7509	559.6	62635	32763	523.1	79651	47091	591.2

第二节　耕作制度

原华东军政委员会下达给农场"一五"期间农业生产的任务是：以小麦为主，棉花、大豆、水稻均要试种；以建设为主，创造生产经验。20世纪50—60年代初，根据国家需要，农场在荒地上边规划、边开垦、边种植，继续平整土地，兴修水利，利用荒地基础肥力，发展种植业，生产规模小，单产水平低。20世纪50年代，利用土壤的自然肥力，进行农业种植，由于尚不完全具备排灌条件，主要种植旱作物棉花、大豆、小麦、绿肥等农作物，属于土壤改良、养用结合为中心的旱作农业形成期。随着水利条件的改善，水稻面积逐步扩大，1959年全场种植水稻1.696万亩，同时种植棉花1.62万亩、大豆1.9万亩和大小麦、玉米等旱作物0.68万亩，以一年一熟制为主，以养地为主，产量水平很低，水稻亩产量89.25公斤，棉花亩产量为31.43公斤。引进苏联的农业机械和技术，采用大型农业机械如斯大林80号耕地，一个时期曾不适当推行深耕，影响了土壤改良，20世纪50年代中后期被纠正。为了改良土壤，降低含盐量，消灭杂草，培养地力，农场要求新垦区需年前开垦，次年种植，当年新开垦的土地均作为养垦休闲地。新垦地要求进行复耕，实行耕耙联作，并进行冬耕和种植前的耕耙，需进行四耕四耙或四耕三耙，使土壤熟化后再进行耕种。耕深茅草地16厘米、芦苇地22厘米，冬耕茅草地20厘米、芦苇地22厘米、二次复耕茅草地16厘米、芦苇地18厘米，浅耕均为12~18厘米，复耕茅草地耕深20厘米、芦苇地22厘米，浅耕12~15厘米。由于在实际操作中耕翻较深，对土壤改良也产生了一些负面影响。为加速土壤脱盐熟化，除兴修水利、开沟挖渠、平整土地外，多以耕耙连作、秋耕晒垡、冬耕冻土、复耕淋盐的措施改良土壤。

20世纪50年代后期，农场要求不断改进耕作制度，培肥地力，养用结合，改良土壤，合理利用。根据不同土质情况，采取不同的种植模式和耕作方式。土质较好的，则充分利用，养用结合；土质较差的，则以养为主，适当利用，积极改良；土质一般的，则养用并重，同时还要求种稻洗盐改良和种植绿肥改良。

"二五"期间，由于各方面的情况发生变化，并为解决三年特别困难时期粮食紧缺的状况，采取了以粮为纲、适量植棉、农牧结合、多种经营的种植方针，1962年，水稻种植面积已上升到46%，三麦为26%，棉花下降到28%以下。由于采取了多种多样的种植模式，因地制宜，宜棉则棉，宜粮则粮，种养结合，边种边养，农业生产在困难的条件下，探索前进。

20世纪60年代，除继续坚持上述种植模式外，农场扩大了绿肥种植面积，达到总面积的25%～50%，并加强对重点地区的培肥，逐步建立了合理的轮作制度，取得了一定的培肥效果。1967年，全场粮食总产达到了302万公斤，完成了省控指标，第一年实现粮食供应自给，大幅度地减少亏损，当年全场经营结果接近平衡。

兵团时期，种植模式执行粮棉并举的方针，采取了水旱轮作和粮棉、棉绿、粮绿轮作换茬，减少了白田下种的面积，再加上部分水利设施的配套，治水改土，培肥地力，产量水平有一定提高。另外大批知青来场，劳动力增加，排灌设施投入不断增加，农业生产条件有了一定的改善，全场种植面积不断扩大，尤其粮食面积扩大较多。1970年，总种植面积达到5.5万多亩，其中水稻2.35万亩、大小麦1.24万亩、棉花1.28万亩、大豆0.243万亩、玉米0.197万亩、饲料0.19万亩，分别占总种植面积的比例为42.73%、22.55%、23.17%、4.12%、3.58%、3.45%，粮棉比例为76.83：23.27。粮食和水稻种植面积的扩大，不仅解决了当时近万人的吃饭问题，而且为建立科学合理的轮作制度创造了条件。"种稻洗盐、改良土壤"和"种植绿肥、培肥地力"逐步被干部、职工所认识。水稻后茬一般都要种植绿肥，要求"一亩稻、一亩苕"。鉴于当时物质、技术投入仍然不足，直播水稻占据一定的面积，粮、棉产量较低。兵团中后期推广和实施封闭排水技术。1973年全面铺开，兵团后期形成了分区设圩、设站排水的农田水利系统框架，洪、涝、渍害初步得到控制，全场的种植面积逐步增加。兵团撤销后的1988年到1989年，全场总种植面积突破了10万亩。按照决不放松粮食生产、积极发展多种经营的指导思想，粮棉比例达到78：22，绿肥面积达到总种植面积的39%，不仅扩大了绿肥种植面积，而且建立了合理的轮作制度。1982年，三分场将北八滩河的水源引进圩内，水稻面积进一步扩大，并形成了"水旱轮作制"，农田水利基础设施逐步配套，复种指数提高。

1990 年，停止种植耕翻绿肥，主要通过水旱轮作、秸秆还田的措施进行培肥地力、改良土壤。

党的十一届三中全会以后，知青回城，劳动力减少，由于实行了联产承包责任制，各项管理制度逐步建立，推动了农业生产的发展。按照粮棉并举的要求，扩种水稻，稳定棉花，主攻夏粮，还推广夹套种技术，棉花和大麦套种，棉田夹种大豆、玉米等，提高了复种指数和粮棉产量。

20 世纪 90 年代中期，农场调整作物布局，实施扩粮工程，全面实行稻麦两熟制，水稻全部雇请民工栽插，逐步由本地民工过渡到以安徽民工为主。

进入 21 世纪，农场的耕作制度不断优化，并向提高生产力的方向过渡。采用大马力拖拉机耕作，以旋代耕、以旋代耙、秸秆粉碎、机械开沟、水旱田机械平整等，提高了农机作业质量和机械化程度。全场 8 万多亩耕地达到吨粮指标。实行以粮为主、确保粮食安全的指导思想，扩大种植面积，提高总产量，种植结构优化，效益转好。高效农业不断发展，劳动生产率和亩效益、亩产出都有了较大幅度提升。在加快现代农业建设步伐的同时，还十分注重农业生态环境的保护，坚持秸秆还田、植树造林、配方施肥、综合防治病虫草害，严格控制投入品等绿色栽培技术和保护性耕作，农产品质量安全水平提高，打好"绿色文化牌"已经成为农场发展现代农业的必然选择。2008 年，省农垦集团公司实施"二次创业"战略，高效设施栽培不断发展，还试种了中药材、水生花卉等特种经济作物，农业耕作制度和种植模式不断创新，推动农业生产跨越式发展。

2013 年，农场根据市场行情及劳动力市场的变化。在稳定稻麦两熟制的前提下，不断调整品种布局和种植方式。耕作制度不断创新，保证了稻麦两熟的稳产高产和绿色持续增产。

随着改革的深化和社会经济的快速发展，农村中的富余劳动力涌进城市打工，劳动力市场发生了根本性的变化，农场以前依靠外雇农民工插秧的状况已不可能再有，必须调整种植方式，发展机械化种植。2014 年，全场人工移栽水稻面积为 1146.24 亩，仅占水稻总面积的 1.5%。2017 年，基本不再人工移栽，而采用机械插秧和直播稻，实现了水稻机械化，当年机插面积 55318 亩，占 70.8%，直播稻面积 22298 亩，占全场 28.8%，水稻种植方式转为以机插为主、以直播稻为辅的新种植模式。为了适应种植方式的转变，农业科技人员会同全场的农机人员和农业职工联合攻关，先后在硬盘育秧（工厂化育秧）、土地平整、机械栽播、化学除草、绿色栽培、品种改良、新品种推广、新技术、新工艺应用等多方面取得了新的突破，优化技术，精确栽培，使机插和直播稻达到并超过改制前人工移栽的产量水平（表 10-2）。

表 10-2　2017 年水稻不同种植方式、品种产量统计表

种植方式		面积（亩）	平均亩产（公斤）	增减产（公斤）
机插	25CM	36662	596.75	—13.4
	30CK	13069	610.15	
	合计/平均	19731	599.4	19.5
直播	水直播	12820	597.15	39
	旱直播	11794	558.15	—
	合计/平均	27930	579.9	—

品种	种植方式	面积（亩）	亩产量（公斤）	亩产值（元）
苏绣 867	机插	15660	618.9	1769.48
	直播	23492	585.4	1674.24
	合计/平均	39152	598.8	1712.57
淮稻 5 号	机插	15726	570.25	1596.7
南粳 9108	机插	6527	618.9	1801.35
华粳 5 号	直播	4438	575.55	1588.52
皖垦糯 1 号	机插	3738	588.55	1777.42
连糯 1 号	机插	2538	592.9	1790.56
武育粳 3 号	机插	2101	604.66	1850.23
糯稻 99-25	机插	1446	548.55	1650.58

根据市场行情变化，秋播布局作了适当调整，主要是调整大、小麦的种植比例。大、小麦种植比例从 2013 年的 56.45%：43.54%，调整到 2019 年的 2%：98%，主要原因是全国啤酒行业不景气和进口啤麦的冲击，啤麦市场价格波动大，种植啤酒大麦的亩效益不稳定，且低于小麦。农场在小大麦品种布局和选择上做了较大调整，晚播麦改啤酒大麦为春小麦。2018 年，小麦主体品种为宁麦 13，占小麦总面积的 76%，示范种植扬麦 23，订单繁育小麦良种镇麦 168、镇麦 10 号、宁麦 24、杨麦 25、扬麦 35 等。全场啤酒大麦全部种植扬农啤 7 号（表 10-3）。

表 10-3　2018 年小麦不同品种产量结构统计

品种	面积（亩）	有效穗（万穗/亩）	每穗粒数（粒）	千粒重（克）	亩产（公斤）
宁麦 13	50667	39.3	35.4	40.3	569.5
镇麦 168	13287	37.5	31.1	45.4	509.5
镇麦 10 号	4751	33.5	33	45.3	497
华麦 5 号	1470	36.9	32.5	13.5	506
华麦 7 号	1385	38.5	32.6	43.5	543
扬麦 23	825	38.4	34.2	41.8	548

种植方式重大调整，农场的机械化耕作制度在保证稻麦高产的前提下相应做了改进和创新。

稻茬麦的耕作程序主要是：前茬水稻收割，秸秆粉碎，均匀撒于田中，全部翻压还田，耕翻深 20 厘米，重交切、开沟、反旋带状播种（双轴带状播种）、开沟、化除（带种肥，竖沟深 20 厘米）适墒镇压，开横沟（沟深 25 厘米）。2017 年，推广播种、施肥、开沟一次完成。2019 年，推广双轴反旋盖种复式作业，提高了播种质量和效率。

麦茬稻的耕作程序主要是：前茬大小麦收割低留茬高度，秸秆全部切碎均匀撒布田中，耕翻，重交切耙地（视田块平整度采用降或交切耙）、打埂、上水、泡田，抛施基肥，埋茬起浆平整复式作业、排水、导航播种，机械化学除草、开丰产沟。2015 年开始，机插秧推广水田旱整机插技术。比传统的稻田耕翻水整作业，提前 2～3 天栽插，还能改善土壤通透性，促进水稻根系发育，提高水稻产量和效益。其耕作程序主要是：耕翻机械整平（平整度达不到的也要在上水后机械刮平）上水机插，简化作业程序，有利于实现全年增产增效。

第三节　综合开发

一、农业综合开发

2014 年，实施国家农业综合开发江苏省淮海农场高标准农田建设项目。项目区位于一分场 3、4、6 三个大队，2015 年 5 月竣工。项目总投资 715 万元，累计建设高标准农田 0.5 万亩。主要建设工程有：维修电站 3 座，新建防渗渠 3.57 公里，维修防渗渠 1.34 公里，新建渠系建筑物 182 座、种子仓库 480 平方米、种子晒场 7603.9 平方米、混凝土路 4.72 公里，砂石路 4.13 公里、疏浚河道 5.59 万方、输变电线路改造 4.37 公里。

项目投产后，提高了项目区基础设施标准和生产能力，年可增产粮食 50 万公斤，稻麦亩产均可增产 50 公斤，每亩节省成本 51.6 元，累计可增加利润 62.16 万元。

2016 年，国家农业综合开发高标准农田建设项目位于二分场 8、9、10、11、12 大队，2016 年 5 月开工建设，2017 年 5 月竣工。项目总投资 885 万元，其中财政资金 750 万元、农场自筹资金 135 万元。累计建设高标准农田 0.5 万亩。建设内容主要有：新建排涝站 1 座，拆建排灌站 1 座，新建矩形防渗渠 2.739 公里、过路涵洞 3 座、农渠排水洞 29 座、斗渠放水洞出水口调节池 29 座，新建 3.5 米宽混凝土（有路基）路 1.37 公里、3.5 米宽混凝土路（无路基）5.69 公里、3.5 米砂石路 2.38 公里、仓库 2 幢（建筑面积累计 480 平方米）、水泥晒场 3000 平方米，拆建水泥晒场 5000 平方米。通过项目工程实施，建设高标准农田，改善了项目区的农业生产条件，提高了抗灾能力，提高了经济效益，促进了农业增效、职工增收。2017 年项目投入运营后年增产粮食 75 万公斤，水稻亩增产

100 公斤，亩减少成本 51.6 元，新增利润 140.8 万元，小麦亩增产 50 公斤，每亩节省成本 6.32 元，新增利润 58.16 万元。

二、土地整治

2017—2019 年，农场分别实施补充耕地土地整治项目，新增耕地 135.5 公顷，其中 2017 年项目新增耕地 32.25 公顷，2019 年项目新增耕地 103.25 公顷。具体包括：

（一）2017 年补充耕地土地整治项目

2017 年，江苏省淮海农场补充耕地土地整治项目由《省农垦集团公司关于 2017 年淮海农场土地整治（补充耕地）项目立项的批复》（苏垦集资〔2017〕377 号文件）批复备案。项目位于淮海农场五、六分场社区境内。

项目总建设规模为 202.3071 公顷，新增耕地 32.25 公顷，总投资 2126.13 万元，建设工期一年，主要建设内容有：土地平整挖沟、平田总土方量 7.1783 万立方米，新建斗渠 2.2575 公里、农渠 16.7383 公里、斗渠 0.1685 公里、农沟 12.4292 公里、护坡 0.16 公里、排涝泵站 1 座、水闸 5 座、涵闸 4 座、进水涵闸 26 座、退水涵闸 51 座、退水闸 10 座、渡槽 1 座、农桥 1 座、水泥路 2.263 公里、围墙 227 米，改建水泥路 4.8756 公里，土壤改良 32.25 公顷。

（二）2019 年补充耕地土地整治项目

2019 年，江苏省淮海农场补充耕地土地整治项目由江苏省自然资源厅下发的《江苏省自然资源厅关于同意省农垦集团有限公司利用自筹资金开展补充耕地工作的函》（苏自然资函〔2019〕462 号）文件批准立项。项目位于淮海农场场部和一至七分场社区境内。

项目批复总建设规模为 106.8837 公顷，新增耕地 103.25 公顷。总投资 1082.71 万元，建设工期为 2019 年 9 月至 2020 年 3 月。主要建设内容：土地平整土方量 498 立方米，土地耕翻和土壤改良 103.25 公顷，新建退水涵 40 座，改建水泥路 8.596 公里，种植高秆女贞 2732 株。

第四节　作物栽培

一、大麦

1985 年以后，农场与江苏省沿海地区农科所大麦室协作，联合开发优质啤酒大麦生产。以该所副所长朱风台为首的专家组，经常深入农场的田间地头开展技术咨询、讲课辅导、苗情会诊、现场指导等多种形式的科技活动，实现科、工、农、贸相结合，全场的大麦生产进入快速发展期。1987年，全场种植优质啤酒大麦7500亩，同时选用的良种苏啤1号，千粒重达42克，高居全省之首，蛋白质含量12％、浸出率达80％、发芽率达98％，色泽鲜亮，籽粒均匀，制麦和酿造品质好，受到了制麦和啤酒厂家的好评，被认为可与进口啤麦原料媲美。

20世纪80—90年代，农场长期与江苏省沿海地区农科所合作，致力于优质啤酒大麦新品种及其配套栽培技术的研究开发和推广，先后繁育和推广了苏啤1号（早熟3号），苏引麦2号，港啤1号，91单2，冈-35，鉴-75，扬农啤1、2、3号等优质、高产啤麦良种。还承担了盐城市、江苏省啤酒大麦品种比较试验、新品种展示和生产试验、江苏省种子公司下达的品种和新材料鉴定及多项栽培试验、集团公司农业处布置的肥料和播期试验，并提供了可靠的参考数据和资料，为江苏省啤酒大麦产业的发展做了很多基础性的技术工作，为江苏省沿海地区啤酒大生产的发展作出了贡献。

1990年5月11日，出席全国啤酒大麦和麦芽生产技术座谈会议的70多名国内著名专家、学者和企业家，专程来场实地考察大面积优质啤酒大麦和良种生产情况。江苏省沿海地区农科所还介绍了科农结合、相互协作，与淮海农场共同开发啤酒大麦生产、建立基地、加速科研成果转化的经验。会议代表们通过现场参观，给予农场的啤酒大麦生产一致好评。

进入21世纪，农场的啤酒大麦生产按照优质化、标准化、品牌化、产业化、特色化的发展要求，努力做大做强。2010"渠星牌"啤酒大麦获得省级名牌产品称号，成为该类产品全省唯一一个名牌。在国内啤麦产业低迷、大量依赖进口的情况下，农场的啤麦产业能够提升档次，打造名牌，形成特色，兴旺发达，主要是因为发挥了生态、技术、管理、质量控制等产业化发展措施的优势。

二、小麦

1952年，建场初期小麦试种植，当年收获试种1156亩，收获56759公斤。20世纪50年代，按照以粮为纲的种植方针，小麦年种植面积稳定在8000亩左右。由于土壤盐分重、涝渍灾害重，播种面积与收获面积相差20％左右，亩产量低而不稳，在50公斤左右徘徊。1959年，按收获面积计算，全场平均亩产仅为71.29公斤。种植的主要品种有碧玛一号、丽英3号、华东6号、南大2419、矮粒多等。

20 世纪 60 年代，农场逐步加强农田水利基本建设，全场小麦种植面积扩大，1967 年种植面积达 10910 亩，总产 74.62 万公斤，平均亩产 68 公斤。兵团时期至 70 年代中后期，全场小麦面积稳定在万亩左右，产量仍然低而不稳，小麦品种主要有华东 6 号、徐州 8 号、徐州 14 号、泰山 1 号、泰山 8 号、扬麦 3 号、阿夫、泗阳 936 等。

兵团撤销、恢复农场建制后，农场贯彻执行总公司关于秋播工作的五大制度，即科学种田制、技术标准制、岗位责任制、检查验收制、竞赛评比奖惩制。尤其是推广秋播基肥"三个一百"，即 100 斤氮肥、100 斤磷肥、100 斤饼肥作基肥，增加肥料投入，小麦生产水平迅速提升。1978 年，全场 8000 多亩小麦平均亩产突破了 100 公斤大关，还出现了一大批高产单位和高产田块，为今后小麦夺高产、创高效积累了经验。

20 世纪 80 年代，全场小麦面积稳定在 1 万～1.5 万亩之间。由于推广模式化栽培、群体质量栽培、化学调控，采用大化肥，施用基种肥等项先进的栽培技术，实施小麦百亩方、千亩片、高产片等丰收计划，推动小麦生产迅速发展。1979 年全场小麦平均亩产突破 150 公斤大关，1984 年突破 200 公斤大关。20 世纪 90 年代，由于省内在小麦育种技术上有所突破，一批高产、抗逆性强、穗型大、粒重高的小麦新品种在生产上推广应用，促进了小麦生产的发展，全场小麦亩产先后超过 300 公斤和 400 公斤。这期间推广的小麦良种主要有徐州 21、22、319，淮阴 894，扬麦 158、5 号、6 号、10 号，冀麦 845418 等。

进入 21 世纪，全面推广群体质量栽培技术，应用配方施肥、化学调控、综合防治病虫草害等栽培技术，全场小麦亩产量突破了 500 公斤。2011 年全场种植小麦 3.8 万亩，平均亩产 479.5 公斤，总产 1820.2 万公斤。农场以生产优质小麦良种为主，逐步向商品优质化过渡。其品质指标按国家强筋小麦标准：容重≥776 克/升，水分＜12.5％，不完善粒＜6％，粗蛋白≤15％，湿面筋含量≥35％，面团稳定时间≥10 分钟，降落数值 300 秒，熔焙品质评分值≥80。主要选用的品种有淮麦 18、20、25、26，郑麦 9023，镇麦 168 等。

主要栽培技术：

1. 适期适量基本苗　掌握在 11 月 5 日前播种结束，以早期收割的中稻茬口为宜，播种量 12.5 公斤/亩～17.5 公斤/亩。不同播期播量掌握以 10 月 20 日每亩 20 万基本苗为基数，以后每推迟 1 天，每亩增加 0.5 万基本苗，严格掌握。

2. 肥料运筹　配方施肥，平衡施肥，基追结合，氮肥后移，控氮稳磷，补钾配微；重施基肥，早施蘖肥，巧施返青肥，施足拔节肥，施准倒二叶肥。亩施纯氮 20 公斤左右，五氧化二磷 7 公斤，氯化钾 4 公斤。具体掌握 45％作基肥，分蘖肥 10％～15％，25％拔节穗肥，15％倒二叶肥。

3. 提高群体质量　迟播稻茬麦越冬期应掌握叶龄达到 3～5 张，单株分蘖 1～3 个，次生根要 3～5 条，群体总茎蘖数每亩 50 万～60 万条，高峰苗每亩 80 万～100 万条，每亩成穗 40 万个，成穗率 50％，每穗粒数 35 粒左右，千粒重 40～42 克。

三、水稻

农场的主要粮食作物是水稻，淮海农场是江苏农垦种稻较早、面积较大、经验和技术丰富的农场，有"水稻大场"之称。1953 年，农建四师在"鲈鱼港"（临海农场）试种直播水稻 550 亩，由于发生海水倒灌，亩产量仅有 15 公斤。1954 年，又在试验区域试种直播水稻 306 亩，平均产量 125 公斤，获得成功。1958 年，全场种植水稻 10145 亩，占总种植面积的 29.8％，其中水直播占 60％，平均亩产 118 公斤。直播稻产量比人工移栽稻低 20％，但是，部分田块由于做好了全苗和田间管理措施，也创造了亩产 307.3 公斤的高产纪录。1959 年，全场 1.9 万亩水稻，平均亩产 130 公斤，其中直播 4244 亩，占 22.33％；水直播 9074 亩，占 47.75％。

20 世纪 60 年代初期，由于直播面积较大，水稻生产仍然处于低产亏损状态。1963 年，种植水稻 16250 亩，平均亩产 104 公斤，总产量 172.15 万公斤，当年直播稻面积占 40.3％。由于投入不足，土壤盐分重，直播稻立苗困难，成穗数不足，产量低，成了"拖腿田"。当时采用的水稻品种多为小穗形，熟期早、生产力较低，主要有南特号，南京 1、2、5、6 号，顶芒籼，燕子口（糯稻），金六谷，银坊，拾禾田，白金，水源 300 粒，白壳早，黄壳早，20 世纪 60 年代中后期大面积推广农垦 57、58 号等。

1964 年，扩大了人工栽插面积，抓住季节，合理密植，均匀配置，拉绳插秧，提高栽插质量，推广陈永康同志"三黑三黄"的施肥技术和落谷稀的育秧经验，推动了水稻生产的发展。同时还加强水稻科研工作，建立了水稻良种队和试验组，进行水稻品种比较试验和栽培试验，重视水稻科研工作。

兵团时期，通过深入开展"农业学大寨"运动，增加了有效灌溉面积，扩种水稻。兵团化肥厂投产后，还增加了小化肥的供应量，改善了农业生产条件。按照以粮为纲、全面发展的种植方针，稳步扩大水稻面积，并压缩直播水稻的面积。1973 年，全场水稻种植面积 21030 亩，实现粮食供应自给有余。兵团后期水稻亩产量仍然在 150 公斤左右徘徊，原因主要是机插秧面积较大，占 40％左右，管理比较粗放，生产水平仍然低下。

1978—1979 年，全场 2 万多亩水稻平均亩产突破了 200 公斤大关，其中 1978 年全场 1.017 万亩水稻平均亩产达到 247 公斤的较好水平，实现了原全国农业发展纲要规定的指标，比兵团时期增产 57 公斤以上。其主要增产原因是大批知青回城后劳动力减少，可以雇请民工，插秧期间大量民工进场插秧，缩短了夏插周期，水稻移栽期提前了 10 天左右，为夏管工作争得了主动权。同时推广应用了杂交稻及其栽培技术，使用选择性强的酰胺类除草剂，如丁草胺、农得时、快杀稗等，除草活性好，解决了草荒问题。

20 世纪 80 年代，由于推广了平铺塑料薄膜育秧，提高了秧苗素质，并全面运用叶龄模式栽培，选用杂交水稻等优良品种，压缩了直播水稻和机插秧，优化栽培技术，使水稻生产有了新的发展。1984 年，全场种植水稻 69061 亩，总产 670 万公斤，平均亩产 352 公斤。亩产从 300 公斤登上 350 公斤新台阶，仅用了 3 年时间。

20 世纪 90 年代初，引进优质高产水稻新品种武育粳 3 号（原名 816922）以后，推广了偏迟熟中粳水稻北移技术，将水稻生产上的大穗和粒重、穗数及稻米品质等要素指标协调起来，使水稻生产进入了新的发展时期。这一集优质、高产、稳产于一体的水稻良种，在此后的 20 多年中一直是农场的当家品种。进入 21 世纪后，农场仍与该品种的主要培育者——武进区农科所农业推广研究员、著名水稻育种家江祺祥同志合作，进行提纯复壮、繁殖原种。2011 年，该品种的种植面积占全场水稻总面积的 60％。经过多年的研究和实践，形成了优质、高产栽培技术，全场的水稻总产量从改革开放初期的 2100 多万公斤上升到 4550 万公斤，面积增加了 1 倍多，1998 年，全场 8 万多亩水稻，总产 4850 万公斤，亩产达 600 公斤，在全省"扩粳压籼"和稻米优质化的潮流中，起到了较好的引领、示范和带动作用，获得农业部"水稻丰收计划奖"、省农垦科技成果奖，"渠星牌"稻谷、大米连续 26 年获得绿色食品标志使用权。

进入 21 世纪，农场着力转变农业发展方式，加快现代农业的建设步伐，推广绿色、安全、无公害的水稻栽培技术，全面提升农产品的质量安全水平。2005 年，成为全国农垦无公害示范基地农场、江苏省农业产业化重点龙头企业。2007 年，全场 8 万亩水稻列入"国家农业标准化示范区"。农场十分重视农业物质和技术装备的投入，先后从美国和日本进口具有世界先进技术水平的大型联合收割机 10 多台（套）、日立牌挖掘机 4 台、高速插秧机 26 台。同时还重视农产品后处理技术水平的提升，水稻登场后及时进行晒、烘、扬、储、运、加工和销售。

主要栽培技术：

1. 采用优良品种　20 世纪 60 年代，主要采用农垦 57、58，珍珠矮，二九矮，金坛糯。20 世纪 70 年代，主要种植的水稻品种有农垦 57，南优二号，籼优 63，盐粳 2 号，南京 5、6 号等。20 世纪 80 年代，主要种植的水稻品种有农垦 57（7001），籼优 63，盐粳 2 号，徐稻 3、4 号，双城糯，苏玉糯等。20 世纪 90 年代，主要推广的水稻品种有武育粳 3 号、徐稻 4 号、香粳 111、镇稻 88 等。进入 21 世纪，大面积推广应用的水稻品种主要有武育粳 3 号、华粳 6 号、淮稻 5、镇稻 99、连粳 7 号、徐稻 3 号、糯 99-25、武运粳 21 号。

2. **培育壮秧** 20 世纪 50—60 年代，推广陈永康同志的落谷稀和做合式秧田的经验，以水育秧为主，秧苗素质差，成秧率 60% 左右。20 世纪 70 年代，推广应用塑膜覆盖和通气秧田技术，此后一直被采用。

20 世纪 80 年代，采用半旱育秧技术，旱整水做，肥床旱育，浇浆落谷，盖草塌谷，谷不见天，平铺薄膜，以后保持晴天满沟水、阴天半沟水，日灌夜排，湿润灌溉，立针后揭膜保持浅水层。秧田要求施足基肥，氮磷结合，并施好壮苗肥和出嫁肥，抓好清除杂草、防治病虫害、管好水层、施好壮秧剂等作业措施，精心培育壮秧，控制秧龄。人工栽插大秧 30 天左右，机插小苗 20 天左右，力求不插超龄秧。进入 21 世纪以后，机插秧采用日本和东北的塑盘育秧及塑膜覆盖露地旱育技术，后来主要推广应用塑盘工厂化育秧技术。

3. **移植** 亩密度 2 万穴，每穴 4～5 苗，秧龄不超过 35 天。

4. **水层管理** 浅水插秧，寸水活棵、湿润分蘖，足苗搁田，前水不接后水，灌水次次清，穗期保持水层，后期干湿交替。

四、棉花

1953 年，机播种植棉花 7776 亩，加上田头地边人工播种的面积累计 8256 亩，为第一年试种。当年干旱（降水量仅为常年的 60%），加上重视田间管理，亩产皮棉获得了 26 公斤的较好收成。以后棉花种植面积逐年扩大，1956 年和 1957 年种植面积扩大到 2.5 万亩。由于土壤盐分重，农田水利标准低，涝渍灾害影响，出苗和保苗率低，亩产量低而不稳。

20 世纪 60 年代初，棉花年种植面积缩小至 1 万亩左右。随着大批知青来场，劳动力增加，以及灾后农田水利基本建设投入的增加，垦荒面积逐年扩大，棉花种植面积也随之增加。20 世纪 60 年代中期，年种植面积扩大到 2 万亩左右。1966 年植棉面积 1.9268 万亩，亩产皮棉达到 43.1 公斤的较好水平。兵团时期为解决吃粮问题，棉花年种植面积缩小到 1.3 万亩。1976 年，全场植棉 1.2 万亩，平均亩产 37.7 公斤。

进入 20 世纪 80 年代，由于棉花价格提高，出于经济效益的考虑，种植面积有所扩大，年种植面积 2 万亩左右。当时拾花主要雇用附近的农民工采拾，工源充足，但是管理仍然较为粗放，棉花产量和效益年际之间波动较大，常年皮棉亩产 50 公斤左右。1983 年，由于气候偏旱，全场 2.15 万亩露地直播棉平均亩产量达到 60.5 公斤的较高产量水平，并取得了较好的经济效益。20 世纪 90 年代，虽然推广了地膜棉和化学调控技术，肥料投入也有所增加，但是由于自然灾害的影响，减产幅度较大，经济效益下降。1994 年以后，扩粮压棉。1996 年，全场棉花面积压缩到 3500 亩左右，亩产量 50 公斤左右。1997—2002 年，农场基本停止植棉。2003—2006 年，由于棉价上扬和实行土地租赁等原因，部分农业单位恢复了植棉。2006 年，七管理区植棉面积达到 2200 多亩，移栽杂交棉，采用苏杂 16、鲁棉研 15 号等棉花良种，平均亩产量达到 75 公斤，取得较好的经济效益。2008 年以后，由于棉价波动不稳和人工拾花工资上涨等，全场停止了植棉。

主要栽培技术：

1. **露地棉** 4 月中旬后期至 4 月底播种，各年按气温回升情况具体确定，播种深度 2.5～3 厘米，棉苗 2～4 叶期定苗。行距 40 厘米、80 厘米大小行配置或 30 厘米、90 厘米，三组六行，密度每亩 4000～6000 株，根据地力情况确定。用肥量每亩施纯氮 10～15 公斤，视地力、管理水平和气候而异，40％为基肥与前期肥、60％为花铃肥。氮磷比为 1∶0.4。要求苗期早发，蕾期稳长，花期不脱力，开花时株高 50 厘米，视长势化控。8 月 20 日左右封行，立秋打顶，8 月 10 日结束，10 月中旬视气温下降情况，喷施乙烯利催熟。

2. **地膜棉** 4 月 15～20 日足墒播种，播种深度为 2.5 厘米，播种后严密覆膜，一般采用机械播种覆膜一次完成。棉芽顶土出苗时及时破膜放苗，如遇高温天气（谷雨前后至 4 月底，高温天气常达 28～30℃），上午需要抢破膜放苗，通风降温，防止烧苗。一般 5 月上旬中后期破膜结束，放苗洞口用土封严，保持膜面清洁。地膜棉用肥与露地棉相比，应掌握前轻后重，防止后期早衰，前期更需要做好化控和整枝工作。

3. **麦后棉** 前茬采用早熟的大麦品种，在土壤墒情不很充足、气温较高、蒸发量大的情况下，尤其要注意保墒播种，争取原墒出苗。白天收麦，随即施肥，夜间耕整，清晨抢播，催芽播种，镇压保墒。总施肥量为常规棉的八成。按 40 厘米的等行距配置，高密度，早打顶，每亩 6 万台果枝时打顶，枝到不等时，时到不等枝。化控视密度和长势而定，高度以 50 厘米为宜，中后期推广高浓度喷肥，掌握在傍晚前后或上午喷施。

4. **移栽棉** 做好苗床，及早整地施肥、制钵，熟化苗床土壤。按规定配制苗钵营养土，提早准备，促进土肥融合。忌现配土、制钵，现播种，影响出苗。标准苗床长 22 米、宽 1.4 米，可移栽 1 亩地。播前浇足底水，3 月底至 4 月初，选冷尾暖头播种，争取播前有 3～4 个晴天，一天内抢早播种，播后排钵、盖种，化除后盖膜，双膜育苗，暖床过夜。出苗前膜内保持高温、高湿，齐苗后晒床 2～3 天，结合打抗生素防病。以后随气温变化通风调温，如无不良天气，掌握在移栽前不盖膜练苗 3 天，5 月 10 日左右，视气温上升情况开始移栽。移栽棉根系浅，可分次培土增强抗倒能力。每亩密度常规棉 3500～4000 株，杂交棉 1500～2000 株。花铃肥掌握在初花期和盛花期两次施用，根据地力情况，每亩施尿素 15～17.5 公斤，总用肥量大于直播棉。化控时间迟于直播棉，更迟于地膜棉，重点在初花后采用轻控、勤控的措施，打顶后喷施缩节胺 3～3.5 克。乙烯利催熟于 10 月 25 日，亩喷施 25％乙烯利 250 克。

五、大豆

20 世纪 50—60 年代，农场主要为夏大豆、麦后豆。采用农家品种，如八月白、海白花、半夏豆，此后大量采用从灌云县引进的良种 58161 等。20 世纪 70 年代，主要种植徐豆 1、2 号，淮豆 4 号，72-27 等。20 世纪 80 年代，主要种植科丰 34，淮豆 2、5 号、6 号，聚丰等。

主要栽培技术：麦收后迅速耕翻播种，由于气温较高、蒸发量大，所以要求保墒、抢墒播种，力争原墒出苗。播种前施基肥，搞好封闭化除，播种深度 3 厘米，行距采用 40 厘米～80 厘米大、小行配置，也可采用 60 厘米等行距。每畦 6 行、每亩密度 2 万～2.5 万株，株距 10 厘米。豆苗 4～6 叶期亩施尿素 5～6 公斤作苗肥，促苗早发。开花期亩施尿素 7.5 公斤作花荚肥。大豆四叶期进行化学除草，每亩施用虎威 35 毫升，加上稳杀得 40～50 毫升，可防除大部分单、双子叶杂草。注意防治好豆荚螟、豆天蛾和蝶蛾科类虫害。为了协调个体和群体生长之间的矛盾，塑造高产的长势长相，可在大豆开花后 5～10 天内进行合理化控。及时收获，降低割茬高度，防止炸荚，损失控制在 2％以内。选择结荚高度较高的品种。收割机需装有粉碎秸秆装置，均匀切碎散草，便于下茬耕种。豆粒登场后及时风扬摊晒。

六、其他作物

1. **玉米** 1955 年农场试种玉米 20 亩，管理粗放，亩产量仅为 44 公斤。20 世纪 60 年代，按照以粮为纲的种植方针，为解决饲料用粮，年种植玉米 1000 亩左右，亩产量 100 公斤左右。1967 年，种植面积达到 2848 亩，亩产量 110 公斤，总产量 80.19 万公斤。兵团时期，养殖业有所发展，实行夹套种的种植方式，玉米种植面积扩大，面积达 5000～6000 亩。1970 年，种植面积达 6092 亩，总产量 12.99 万公斤，平均亩产 49.16 公斤。20 世纪 70 年代，由于夹套种面积扩大和水旱轮作换茬的需要，全场的玉米种植面积扩大到万亩以上。1983年，全场种植面积达到10628亩，总产量87.91万公斤。90年代，由于实行大面积旱改水，扩种水稻，玉米、大豆等旱作物压缩，逐步停止种植。

主要栽培技术：

①20世纪70年代，由种植春玉米改为夏玉米，20世纪80年代，由麦茬玉米逐步改为间套种。播种期掌握在6月10日前后，机械耕、整、播种，保墒、抢墒播种，争取原墒出苗。人工间、定苗，留苗均匀，不留双株，种植密度5000～6000株/亩。生产上推广应用的主要玉米品种有大驴牙，丹玉6号，苏玉1、2号，掖单2号，中单2号，登海8、12号等。

②夏玉米一生总施肥量纯氮20公斤、五氧化二磷5.5公斤。基种肥亩施磷酸二铵10公斤加尿素10公斤。苗期亩施尿素10公斤作苗肥，喇叭口时亩施尿素10公斤作穗肥。拔节初期喷施玉米健壮素每亩20毫升，防止倒伏。

③开好田间一套沟。玉米生育期处于多雨季节，开好田间一套沟十分重要。横沟深30厘米、竖沟深25厘米，横竖沟相通，涝能排，旱能灌，雨止田干。

④清除杂草，防治虫害。苗期采用人工除草，中期采用机畜力中耕。20世纪90年代，采用化学除草技术，每亩采用100克阿特拉津加100克杜耳，于玉米出苗前进行土壤封闭处理，对禾本科杂草的防效达到94.8%，宽叶杂草的防效达到95.6%。苗期采用多效磷防治红蜘蛛、蓟蚂。21世纪以后，采用乐斯本50毫升/亩喷雾防治。拔节孕穗期，采用杀虫双，每亩3两拌细土灌心，具有较好的防效。

⑤及时收获。籽粒蜡熟末期进行人工采收，20世纪90年代后期，采用机械采收，登场后用机械分离籽粒，及时晒干扬净。

2. 制种水稻　1976年，五分场38大队承担杂交稻制种任务60亩，品种为南优2号，当年制种稻亩产量达30公斤，获得成功。1977年，由当时场革委会副主任季明全、农业科副科长李如俊带队前往海南南繁制种，解决了1978年全场杂交稻大田用种不足的困难。由于隔离条件好，面积大，适宜连片种植，20世纪80年代，盐城、贵州等地的种子企业，来场租地制种，配制籼优、V优等杂交稻种。但因为外地人不熟悉农场情况，加上劳动力不足、管理不善等原因，产量不高。1996年以后，随着粳稻品种的不断更新和全省"扩粳压籼"的潮流影响，杂交稻种植和制种面积逐步减少。

主要栽培技术：严格掌握父母本的播差期，以叶龄差与时间差相结合，确保花期相遇。正确掌握父母本的行比，由复式行比改为单式行比，即由2：（12～14）改为1：（12～14）。合理肥水运筹，搭好丰产架子。抓好花期调整和预测，避免父母本花期不遇。通过施用偏肥、喷施调节剂920减少包茎、提高异交结实率和搁田等措施，确保花期相遇。割去父母本上层叶片，减少授粉阻隔，无风时采用绳子拉花，增加授粉概率。清除田间杂株，提高制种纯度。及时收割，减轻损失。

3. 油菜 兵团时期，为解决生活用油，油菜保持一定的直播种植面积，每年种植2000亩左右，总产7.2万公斤，平均亩产36公斤。兵团撤销后，由于知青返城后人员减少，种植面积下降，亩产量有所提高。1983年，种植853亩，平均亩产达到80.8公斤，总产量6.89吨。20世纪80年代中期，推广杂交油菜秦油2号，亩产量提高100公斤。1989年，种植油菜664亩，总产6.6吨，平均亩产99.4公斤。此后职工食油供应市场化运作，不再安排油菜种植计划，农业职工主要在零星隙地和林地上小面积种植，以移栽为主，一般亩产量达150公斤。

主要栽培技术：

①品种选用，大面积推广种植的品种主要有胜利油菜、淮油6号和杂交油菜秦油2号等，均以甘蓝型油菜为主。

②大面积以直播油菜为主，多为水稻茬，机械耕耙整地，施肥播种。每亩用种量0.5公斤，拌和泥土进入条播机播种。行距为大、小行，40厘米、80厘米配置，三组六行，密度每亩2万株左右。

③施肥：基肥尿素10公斤、磷肥25公斤。苗肥亩施尿素7.5公斤，春后施用花苔肥每亩尿素7.5公斤，后期喷施锌肥和叶面肥增油灵提高结实率。

④病虫害防治：重点防治小球菌核病，发病田块每亩用多菌灵250克兑水喷雾。蚜虫采用乐斯本、蚍虫啉兑水喷雾防治。

⑤及时收割：蜡熟末期及时抢晴天收割，防止炸荚损失，可采用专用收割机收割，减轻损失。籽粒登场后烘干，防止阴雨天堆焐和发热霉变损失。

4. 制种甜菜 20世纪80年代有少量种植，主要由种子公司为新疆维吾尔自治区和黑龙江省等地区种子部门代繁。年种植面积1000亩，亩产量50公斤。1987年，种植900亩，亩产量为55.5公斤。配置的主要品种组合为双丰1号、双丰305等。1980年，为滨海县糖厂种植1000亩糖甜菜，由于当年干旱，灌溉后仅出苗500多亩，此后不再种植。

主要栽培技术：

①制种甜菜采用育苗移植，茬口多选用麦茬和大豆茬（移栽本田），播种期为9月初，播种量0.5～0.75公斤/亩。多倍体制种甜菜的父母本行比为1∶3。应抢墒播种，争取原墒出苗，出苗后移苗补缺，因为沙壤土，一般不宜灌溉。

②大田整地施基肥，要求土地平整，制种二倍体糖甜菜每畦6行，多倍体每畦8行，净畦面宽4.6米左右。直播田和苗床田亩施基肥纯氮5～6公斤，五氧化二磷6～8公斤作

基种肥。

③移栽。一般苗床与移栽大田的比例为 1∶4～1∶5，苗龄 30 天（6～10 叶）期移栽。

④培土与扒土。无论移栽田还是直播田，越冬前都要进行培土，覆盖好块根和心叶。春季气温回升后逐次扒土挖心，以利发苗，并结合搞好中耕除草。

⑤施肥。2 月底前重施返青肥，亩施尿素 15 公斤、磷酸二胺 30 公斤。花期喷施磷酸二氢钾为主的叶面肥 2～3 次。后期喷施硼肥增加粒重。

⑥打顶和收获。抽薹时进行人工打顶或挖心，以塑造丰产株型。全田有 1/5～1/4 种球茎呈杏黄色，即为收获适期。收割后晾晒 2～3 天脱粒，严禁掴种或用碾子压打。

5. 薄荷 薄荷种植始于 20 世纪 70 年代中期的兵团时期，由于当时劳动力较多，扩种经济作物能增加收入，减少亏损。从新曹农场引进优质、出油率高的薄荷品种 78-4，年种植面积达 2000 亩左右。当时有"淮海农场要翻身、全靠薄荷根"之说。1978 年，全场薄荷种植面积达 1900 亩，薄荷油总产 10.9 吨。还试验成功薄荷机械化吊油技术，自行设计安装一套大型机械化吊油装置，日吊油 300 公斤，比常规人工吊油提高工效 5～6 倍，省煤 50%，出油率增加 5%～10%。20 世纪 80 年代中期，由于劳动力不足、市场、气候等原因，种植面积逐步减少。

主要栽培技术：

①薄荷为二年生越冬作物，头年秋播可采用水稻茬耕翻，施足基肥，机械开沟、人工撒播切碎的薄荷根、行距 30 厘米，春季出苗后要达到每米 6 棵苗，并进行查苗补缺和除草松土。每亩施用苗肥 7.5 公斤。

②头刀薄荷掌握在苗高 20 厘米左右，初花时采用人工割取茎叶，摊凉后吊油。

③头刀薄荷采收后及时灭茬松土、施肥，促进后茬早出苗、早发苗，提高二刀产量。收割时间应掌握在中午 12～14 时高温时段，产油量高。

④病虫害防治：苗期防治小地老虎，早春采用糠醋诱杀，也可采用 42% 毒死蜱每亩 7 两喷雾，或用菊酯类农药喷施 2～3 次；薄荷锈病、斑枯病，发病初期用 15% 三唑酮可湿性粉剂 1000 倍药液喷雾防治，或用 50% 粉锈灵乳油 800 倍液喷施，收割前 20 天停止施药。

⑤收获和吊油。茎叶收获后摊开阴干或晒干，晒时需轻轻翻动，防止雨淋，夜露掴热。采用土制设备蒸馏法，蒸馏出的薄荷油，冷却后析出结晶，再经过分离精制，便可获得薄荷脑。

6. 高粱 农场种植高粱始于 20 世纪 50 年代，当时经营酒厂，需要高粱作为酿酒原料，有一定种植面积。1959 年，全场种植高粱 2638 亩，至 20 世纪 60 年代初，种植面积仍达 2000 亩左右，平均亩产量 50 公斤左右。以后随着小酒厂的关闭，全场高粱面积逐步减少，20 世纪 60 年代中期以后基本停止种植。

7. **绿肥** 主要种植的绿肥品种有夏绿肥、田菁（劳豆）、紫花苜蓿等，冬绿肥主要有苕子、蚕豌豆等。建场初期，绿肥主要用于改良土壤、培肥地力，当时要求"消灭白田下种"。采取绿麦或绿稻轮作，或棉绿套种的措施，达到"一亩稻、一亩苕"的要求。1965年，全场种植面积达 4.934 万亩，其中夏绿肥 1.35 万亩。兵团时期年种植面积仍达 4 万亩以上。直至兵团撤销后的 1977 年，仍要求种好、种足绿肥，有利季季增产、年年丰收。

种植方式及管理：

①水稻田套种苕子。于水稻生长后期的最后一次灌水时，将苕子种拌和泥土及种肥一齐撒到稻田中，排水时要彻底落干，低洼处清干积水，否则不能齐苗。水稻收割时留高茬，苕子加适量大麦作支架，幼苗随稻桩缠绕。苗期施用适量磷肥，每亩 25 公斤，增加鲜草产量，可达到以磷增氮的效果。

②棉田套种。将大麦和苕子种随最后一次中耕撒入棉田作冬绿肥，越冬不拔棉秆，留作支架。春季也可在棉田大行中套播田菁，以后中耕翻压作花铃肥。

③翻压。一般掌握在绿肥盛花期，鲜草量最高时进行耕田翻压，要求覆盖良好、深浅一致、地面平整，耕地深达 18～20 厘米。翻压前还要采取割肥补瘦的措施，使鲜草量分布均匀，有利于改良土壤。后茬种植水稻的田块翻压后及时筑埂上水。如鲜草量较高可先采用重耙交切，切碎后再翻压，提高耕作质量。

8. **山芋** 20 世纪 50—60 年代，为解决职工吃粮问题，补充口粮供应的不足，各连队和食堂都根据人数多少确定一定山芋种植面积。20 世纪 90 年代后期，随着粮食供应充足和市场化运作，逐步停止种植，职工家庭在零星隙地上仍有小面积种植。主要种植品种有大红袍、胜利百号、徐薯 8 号等。山芋苗大部分为自育，在清明前采用拱架支撑、塑料薄膜覆盖育苗。也有部分薯苗在附近农贸市场上购买。立夏后，在麦茬地上用机械耕翻筑垄，人工栽插，施足基肥，干旱时采取抗旱造墒的措施，可保证移植成活率。

七、麦茬机插水稻栽培技术

2013 年，农发分公司大面积推广机械插秧以后，人工栽稻面积逐步减少，以机插秧为主的种植模式占水稻种植面积的 70%～80%。在栽培技术上主要围绕优质、高效、控本、高产的要求和产品质量安全、资源节约、环境友好的生产理念，实现水稻种植全程机械化。

2015 年以后，农发分公司机稻水稻栽培技术经过农业、农机技术人员的联合攻关，重点在五个方面取得突破和创新：一是培育 26～30 天长秧龄壮秧，争早发、促大穗；二是扩大 25 厘米行距机插面积，增加密度争足穗；三是改进肥料运筹方式，提高肥料利用率；四是在平整土地上下功夫；五是加强栽后肥水管理，缩短缓苗期，提高成活率，重点推广水稻旱整机插技术、钵苗毯壮秧技术、基质育秧技术等优质高产配套技术。

1. **适期适量播种，培育壮秧，早栽早发** 根据前茬作物收割期和机插的栽插进度，确定详细的插栽进度。播量 7 寸盘不超过 2400 苗，9 寸不超过 2800 苗。早栽秧田采用旱整技术，控水旱育，秧苗分布均。秧块带泥厚度 2.0～2.5 厘米，苗高 14～16 厘米，秧龄 26～30 天、叶龄 4.5～5 叶，秧根盘节好，呈毯状。秧田、大田比例 1∶60，采取旱整精做秧板，净秧板 1.5 米，秧沟宽 20～30 厘米，深 20 厘米。秧苗前期采用工厂化育秧、机械播种，覆盖堆闷，在盖土时喷施旱秧绿。再进行暗化处理，待秧盘齐苗后，搬入秧田摆盘，覆盖无纺布，并进水泡足田块后排水。

2. **机械插秧** 栽插深度 2～3 厘米，亩栽 2.4 万穴，每穴 4～6 亩，亩有效基本苗 7 万～12 万株。

3. **机插田化学除草** 采取"两封一杀"技术，保水封闭，保证化除效果。

4. **移栽后加强水层管理** 湿润灌溉，薄水养苗，足苗搁田。

5. **肥料运筹** 施足基肥，早施蘖肥，控制中期施肥，适量施用穗肥，总用氮量控制在 12.5 公斤。后期喷施叶面肥防早衰。

八、稻茬麦高产栽培技术

1. **目标产量** 小麦亩产 550 公斤，大麦亩产 500 公斤。围绕"三高一控"的目标，以"足穗防倒"为核心，农业农机结合，合成优化栽培技术。力争"早、齐、匀、壮、健"五苗，建立高光效群体。

2. **抢早播争取适期适量苗** 力争在 11 月 10 日前结束播种，争取冬前有较多的有效积温壮苗越冬。全面推广"浸种催芽技术"，晚中争早，一播全苗，以密补晚，以肥补晚。晚播麦坚持独秆栽培技术，争足穗、攻大穗、增粒重。

3. **采用双轴反旋盖种播种技术** 在原有复式播种机上进行改造升级，将双圆盘开沟器改装为排种管、分土板，直接将种子播在 3～5 厘米的条带畦面上经反旋抛出的碎土覆盖在整个播种畦面上，播深可通过改变分土板角度或高度、排种管与播种畦面距离决定。该技术结构简单，播后出苗一致性较好。

4. **控制高峰苗** 每亩最高茎蘖数春性品种不超过 75 万，半冬性品种不超过 70 万，冬性品种茎蘖数 80 万，啤酒大麦冬前苗达预期穗数值，拔节期不超过预穗期穗数的 1.8 倍≤110 万。

5. **提高机械作业质量** 坚持标准化作业。耕翻、耙地、开沟按标准进行，达到预定深度和碎土要求，推广大马力拖拉机覆式作业，节能降耗，提高效率。

6. **科学肥料运筹** 遵循减氮、稳磷、补钾的原则，小麦一生用纯氮每亩 23 公斤，大麦每亩施用纯氮总量控制在每亩 17.5 公斤。小、大麦基肥均亩施磷酸二铵 12.5～15 公斤。后期均要喷施硫酸钾加 883 丰产灵加尿素混合叶面肥，可以提高粒重，防早衰。

表 10-4　农田灌溉用水水质分析结果

采样日期		2003 年 9 月 26 日—27 日			
编　号		1	2	3	
采样地点		北八滩河	南八滩河	苏并灌溉总渠	pH 计法
监测结果	pH	7.18	7.42	7.67	
	汞（毫克/升）	＜0.00005	＜0.00005	＜0.00005	冷原子吸收法
	镁（毫克/升）	＜0.00002	＜0.00002	＜0.00002	GFAAS 法
	铅（毫克/升）	＜0.002	＜0.002	＜0.002	GFAAS 法
	砷（毫克/升）	＜0.0055	＜0.0090	＜0.0040	DOC-AG 法
	铬（毫克/升）	＜0.0060	＜0.0035	＜0.0038	GFAAS 法
	氟化物（毫克/升）	＜0.55	＜0.70	＜0.58	氟离子电极法
	氯化物（毫克/升）				

表 10-5　大气分析结果

采样日期			2003 年 9 月 26 日—27 日			
编号	采样地点	采样时间	二氧化硫	氮氧化物	总悬浮物	氟
1	四分场	一次范围值、9 月 26 日均值、9 月 27 日均值	0.003—	0.002—	0.046	0.00027
			0.016	0.015	0.234	0.00067
			0.005	0.013	0.133	0.00037
			0.009	0.009	0.106	0.00056
			盐酸	盐酸萘	重量法	氟离子电极法
			副玫瑰	乙二胺		
			苯氨比色法	比色法		

第五节　高效农业

进入 21 世纪，在建设现代农业的同时，省农垦提出发展高效农业的要求。2000 年 1 月，省农垦集团公司《关于下达农业三项工程项目计划的通知》（苏垦集计［2000］280

号），要求各农场组织实施农业三项工程，即 111 高效农业设施工程、551 高效精准农业工程和高效农业示范工程。下达农场特色蔬菜设施栽培和 200 亩稻田立体养殖两个示范项目。经过 21 世纪初期几年的实施和建设，基本完成了项目的设计任务，并通过了集团公司的项目验收。三分场十九大队稻田立体养殖 240 亩，取得了亩效益 1595 元的较好成绩。

2003 年以后，在总结以往发展蔬菜、中药材和特种经济作物等高效农业的基础上，农场从本地的资源和条件出发，坚持以市场为导向，运用现代科学技术，不断探索高效农业发展的新路子，加快现代农业建设的步伐。坚持设施农业与常规农业相结合、生态农业与现代农业相结合，以引领、示范、带动和创业、创优、创新为目标，不断加大推进力度，促进农业结构调整，转变农业发展方式，促进农产品转型升级。2007 年，通过政策扶持、行政和组织措施、资金和技术支持，全场初步建成高效农业示范园区 8 个，高效种养面积达 1.5 万亩，占农场耕地总面积的 20% 左右，其中养殖业面积 3000 多亩、高效种植业面积 1.5 万亩。还试种了中药材 150 亩，主要品种有白术、何首乌、丹参等，其中白术亩效益达 4000 元以上。并在四分场建成了以设施栽培为主的高效农业种植园区，五分场建成了水生花卉种植园。

一、设施蔬菜

2008 年，由农业中心牵头，在四分场建设设施蔬菜栽培高效种植园区，依靠政策扶持，农场加大资金投入力度，高起点、高标准、高质量施工，建成钢架塑料大棚 60 多个，占地 91.8 亩，累计投资 60 多万元，每个钢架大棚补助 3000 多元。2011 年，又投资 300 多万元建成长 72 米、宽 44 米、高 3.5 米的 9 连栋大型智能温室 3168 平方米，建成防虫网温室 22 栋。这些高性能的日光能温室增温快、保温好、光能利用率高、绿色环保、节能保温、抗风防倒、结构安全。新建水泥道路、防渗渠道、电灌站、涵闸等供排水设施 50 多座，水电路和蔬菜交易场所等基础设施配套，形成年产各类蔬菜瓜果 9278 吨的生产能力。2010 年，全场高效农业总收入达到 760.07 万元，利润达到 233.18 万元。

2013 年以后，高效农业本着以市场为导向，以经济效益为中心，根据市场行情与效益情况调整种植品种与面积的原则发展。体制上，保留公有制部分；只要有利于职工增收、农场增效，继续扩大私有制种植部分。公有制高效农业仍然由农场投资，农场安排人员管理，农场核算，收入归农场：私有制高效农业，采取农场配套自来水、供电、道路等生活设施，出租耕地、硬拿租金的办法，由承租人员自行投资、自行向农场一次性交纳租金、自行管理，产生的利润全部归自己。通过这种灵活的方法，高效农业迅速发展，尤其是私有高效农业面积大幅增加。至 2020 年，高效农业面积已经发展到 2214.33 亩，其中公有制高效农业位于四分场的高效农业种植园区面积 110.5 亩，占全部高效农业面积的 5%。私有制高效农业面积 2103.83 亩，占全部高效农业面积 95%，其中位于五分场的爱莲水生花卉种植园面积 70.7 亩，位于三分场的西瓜种植田块面积 2033.13 亩。在 2214.33 亩高效农业面积中，设施高效农业（简称设施高效）面积 2143.63 亩，约占全部高效农业面积的 96.8%。露地高效农业（简称露地高效）面积 70.7 亩，为位于五分场的爱莲水生花卉种植园，约占全部高效农业面积的 3.2%。设施高效发展得较快。

（一）公有制高效设施

2013 年开始，按照市场需求，农场瞄准经济效益目标，不断调整种植品种与面积，淘汰了市场销路不稳定、容易滞销的中药材白术、丹参、何首乌等，种植市场销路好的韭菜、青椒、甜玉米、葡萄、西瓜等新鲜蔬菜、水果。2016 年开始种植葡萄，种植面积 5 亩，亩产量 1250 多公斤，亩效益 8000 多元；2017 年开始种植西瓜，种植面积 20 亩，亩产量 4500 多公斤，亩效益 5000 多元。2018 年开始种植韭菜，种植面积 61 亩，亩产量 2000 多公斤，亩效益 3000 多元。2019 年开始种植甜玉米 20 亩，亩产量 1250 多公斤，亩效益 1000 多元。2020 年开始种植青椒 25 亩，亩产量 2000 多公斤，亩效益 5000 多元。至 2020 年，累计种植蜜木南瓜、西兰花、芦笋等各类时令新鲜蔬菜、水果 10 多个品种。高效设施不断完善。2018 年，农场投资 30 多万元，为园区配套了喷滴灌设备，提高了防灾抗旱能力，节约了水资源。

（二）私有制高效设施

2019 年，浙江玉环人鲍建广等 30 多户西瓜种植户到农场洽谈承租农场耕地种植西瓜事宜。农场考虑到耕地已种植多年稻麦，应当轮作换茬，水改旱对土壤进行改良，将三分场 15、16 大队的 2033.16 亩土地租赁给鲍建广等浙江农户种植西瓜，租金 2300 元/亩。农场投资 20 多万元，水、电通到种植西瓜的田头。2019 年秋播，农场将耕地交付给鲍建广等。2020 年，西瓜种植户带着从云南、贵州等山区雇请来的 100 多位农民工来农场开始搭西瓜棚、育西瓜苗，种植美都、甘美 4K、美秀 3 个西瓜品种。2020 年 5 月，首批西瓜成熟采摘，销往广东、浙江省，2020 年国庆，西瓜销售结束，共采摘三季，亩产量 4500 多公斤，亩效益 6000 多元。2020 年秋季，出租合同重新签订耕地增至 10344.88 亩，比 2019 年增签了 8311.75 亩。

2020 年初秋，农场与鲍建广等人续签出租耕地 10314.85 亩的新合同，租赁期 1 年，租金比 2019 年提高 200 元/亩，为 2500 元/亩，在签订合同之前由鲍建广等承租户一次性向农场缴清。2020 年秋播，农场将 10344.88 亩耕地交给鲍建广等人用于种植设施西瓜。

二、水生花卉

1999 年，退休干部李吉厚牵头创办"爱莲苑"水生花卉植物园，从 20 多个盆钵在家前屋后试种开始起步，逐步扩大。2006 年，租用耕地 150 亩，主要生产荷花、睡莲的种茎、种苗。苑内有各类大型荷花 150 多种、莲花 130 多种和千屈菜、花叶水葱、黄菖蒲、棱鱼草、花叶芦竹等 300 多种水景、观赏植物。其中，通过杂交自育的荷花新品种白马王子、红艳三重白、红楼梦、梁山伯与祝英台等，获中国荷花节一、二等奖，在国内荷花界拥有较高的知名度。该苑还与国内外的大型公园、植物园以及国内的高校、科研院所建立了科研、生产协作关系，以科研单位为技术依托，开展水生花卉的育种、生产和销售工作。2007 年以后，该苑扩大生产规模，农场在五分场划出两个条田 200 多亩土地作为生产基地，投资 30 多万元，建设防渗渠道 850 多米、水工建筑物 10 多座、道路 1000 多米、开挖沟渠 2000 米、平整土地 200 多亩，形成了 20 多个水生花卉种植小区。扩大规模后，该苑年产种茎、种苗 100 多万枝，产品销往上海、黑龙江、山东、江苏、浙江、新疆、内蒙古、香港（特别行政区）等 20 多个省、市、自治区，还出口到韩国、日本、德国等国家，年销售收入 150 多万元。苑区成了农场对外窗口，以荷会友，促进交流，年接待客户和来宾 1200 多人。

2013 年，盐城市爱莲苑水生花卉有限公司（简称"爱莲苑"）加强与科研院所协作培育新品种，以"人无我有，人有我优，人优我特"的产品优势，继续在全国性评比中获得大奖，受邀去台湾地区参展、参加江苏农业国际展览，被冠名参加体育赛事。出口依然保持强劲的势头，产品在国内多个省、自治区、直辖市及雄安新区畅销。多家媒体记者前来采访报道。爱莲苑被授予"江苏质量诚信·优质生态种植示范单位"称号，被命名为"江苏省质量服务信誉 AAA 级先进单位"。

2013 年以后，爱莲苑累计一千多万株荷花、睡莲、水葱、花叶芦竹、黄菖蒲、再力花等销往广西、云南、河北、重庆、四川、山东等省、自治区与直辖市以及新设立的雄安新区，用于当地的水景布置。2013 年 5 月，爱莲苑 100 多万株再力花销往广西壮族自治区。2013 年 6 月，爱莲苑 100 多万株水葱、花叶芦竹、菖蒲等水生花卉销往河北省。2016 年 9 月、11 月，爱莲苑先后两次向山东省销售近 50 万株再力花、花叶芦竹、黄菖蒲等水生花卉。2017 年 4 月上旬，"爱莲苑" 3 万支荷花种藕销往雄安新区。2018 年 3 月，爱莲苑 10 多万株花叶芦竹、黄菖蒲、再力花销往重庆市与四川省。

2014 年，生产的荷花新品种"粉球"在第 28 届全国荷花展荷花评比活动中荣获一等奖，另一个荷花新品种"白兔"荣获了二等奖。2015年，其生产的荷花新品种"罗兰紫"在第29届全国荷花展荷花评比活动中荣获二等奖。省内多家媒体来爱莲苑采访报道。2013年春，江苏省电视台城市频道来爱莲苑采访。2013年7月13日，《盐阜大众报》记者来爱莲苑采访主要负责人李静，并写出通讯《痴花女的别样情》刊登在7月15日《盐阜大众报》上。2013年7月25日，盐城电视台记者来爱莲苑采访主要负责人李静及苏垦农发淮海分公司农业中心农艺师顾松平等人，制作成电视节目在7月28日盐城电视一台"新闻深一度"栏目中播出。2014年6月中旬，射阳电视台记者来爱莲苑采访录制爱莲苑主要负责人李静创业创新的经历。

爱莲苑2015年与苏州市农业科学院、2016年与武汉园林科学研究所开展协作，帮助两个科研院所繁育水生花卉新品种，共繁育了10多个新品种200余万株。2016年1月，爱莲苑3个莲属荷花新品种参加荷花品种国际登录。2017年4月，爱莲苑负责人应邀赴大丰区荷兰花海参观学习，与荷兰花海开展科技协作。2018年3月，爱莲苑主要负责人李静被录入中国花卉协会荷花分会专家人才库。

2015年，爱莲苑选送了"紫重阳""雪涛""黄帅""粉球""红艳三百重""红楼梦""罗兰紫""太空飞天"8个品种40余株荷花赴台湾地区参加海峡两岸荷花展览，展览结束后，8个品种40余株荷花被当作友好使者赠送给台湾同胞。2014年9月26至28日，第十六届（2014）江苏农业国际合作洽谈会在盐城国际会展中心隆重举办，美国、俄罗斯、德国、法国、韩国等48个国家和地区的500多位客商到现场考察洽谈，爱莲苑的荷花新品种"紫重阳"等7个品种现场展示展销。

2015年1月，爱莲苑生产的3万支睡莲根茎出口韩国、英国、荷兰和澳大利亚。2016年春季，"一带一路"沿线国家泰国从爱莲苑进口5000余支荷花种藕。2016年12月，6万支荷花种藕出口到美国、德国、法国、日本、荷兰和比利时。2018年，爱莲苑荷花出口美国数量6万多株，比2017年增加了一成。

第六节　土壤改良

一、土壤普查

建场以后，农场共进行了5次土壤普查工作。第一次是1951—1952年，在省农林厅的直接领导下，农建四师组织科技、测量人员和战士，组建了土壤普查队，以查清土壤盐分和草色分布及土壤养分为主，并绘制了规划图，为制订垦荒建场计划做了前期的调查研究工作。

第二次土壤普查是在 1961 年冬，由农业科技人员和工人组成土壤普查专业队，重点查清全场土壤盐分含量及分布情况。全场除东滩外共取样 9100 多点，平均每 10 亩 1 个钻点，化验 27300 余点，绘制了盐分分布图。

第三次土壤普查从 1978 年 11 月起，1979 年 9 月止。根据国务院（79）111 号文件精神和省人民政府（79）150 号文件的要求，以及省农垦局关于开展全国第二次土壤普查工作的部署，组织了以农业技术人员为骨干的专业队伍，分别进行了野外调查、布点取样、化验分析、整理资料、绘制图书、专题总结等各项工作，前后历时 1 年多。这次土壤普查以查清土壤盐分、养分为主，测量了土类面积，化验土样，调查土壤养分分布情况，钻点 3817 个，其中地区局部定点 136 个，累计取土样 11451 个，所有样点都进行了含盐量的化验。地区局部定点上还化验了各项养分、按级抽查了八大离子等项目。

第四次土壤普查是在 1980 年进行的，由盐城地区农垦局组成土壤普查专业队，在 1978 年全国第二次土壤普查的基础上做了进一步补充和完善，完成了"五图一书"的编绘和资料汇总工作，基本上查明和搞清了土壤理化、肥力和利用状况，为今后土壤利用和改良提供了科学依据。

第五次土壤普查是由江苏省农垦集团总公司农业处统一组织的土壤复查，采取集中培训、分散操作、统一取样、分片化验、分区验收、数据集中处理、资料集中汇总的方法，先后进行了野外调查、室内化验、资料编汇、编写报告等程序。农场土壤复查于 1999 年 10 月开始，历时 1 年多时间，共调查耕地 68500 亩、辅助剖面 9 个、采集分析样品 34 个、水样 4 个、容重 156 个、农化点 178 个，还化验分析了有机质、全氮、全磷、全钾、碱解氮、速效磷、速效钾、pH 酸碱度、阳离子交换量、微量元素及八大离子等，基本上摸清了全场的土壤类型、结构性能和肥力状况。

二、土壤改良

建场初期，农场以施氮肥为主，改良土壤以种植绿肥为主。20 世纪 70 年代，在总结盐土改良利用成果和经验的基础上，提出改良盐碱土必须从加强排水淋盐着手，巩固土壤脱盐要从因地制宜、合理种植、养用结合、培肥地力等四个方面着手的理论。根据 1978 年土壤普查结果，当时全场脱盐土面积达 63.5%，虽然比 1964 年增加了 9.02%，但是中、重盐土的面积还分别达到 23.1% 和 13.1%，土壤含盐量仍然较重。盐碱地面积大，仍为当时制约农业生产发展的突出问题。土壤养分含量低且极不平衡，耕层中全氮含量仅为 0.075％、速效氮含量为 37.9PPM、速效磷含量为 3.66PPM、速效钾含量达到 300PPM，土壤中有机质含量仅为 1.07％。针对上述严峻情况，提出改良土壤主要应抓好排水和种植绿肥、种稻洗盐等关键措施。

（一）21 世纪前土壤改良措施

1. **完善圈圩封闭，坚持预降腾空，降低地下水位**　采取匡圩封闭的排水措施，改善灌排状况。通过建设排灌站，配套农田水利工程建设，封死、预降，达到外挡客水、内排积水、下除渍水，降低地下水位至 1.5 米以下，抬高地面，抑制返盐，达到改良土壤理化状况的效果。

2. **引淡灌溉，种稻洗盐**　通过建设良好的排灌系统，引进优质淡水，种稻洗盐，会加速土壤脱盐和改良盐碱地。例如四分场 32、33 大队于 20 世纪 60 年代初期，曾采取多种旱改措施，效果不佳，致使返盐严重，形成光板地。20 世纪 70 年代中期，采用种稻洗盐的办法，仅用两年时间即已基本脱盐。

3. **种植绿肥，秸秆还田**　采取引种绿肥和秸秆还田的改良措施，增加了有机肥料的来源和有机质的积累，有效地改善土壤的理化状况，培肥地力，解决土壤冷、板、瘦的问题。坚持养用结合、以养保用、以用促养，是提高土壤肥力的有效途径。

4. **建立合理的轮作制度**　坚持用地和养地相结合的原则，以分场和大队为单位建立合理的轮作制度，分区种植，粮棉轮作，粮绿和棉绿轮作。水旱轮作，种稻洗盐，改良土壤，立足长远，统筹兼顾，严禁水包旱、旱包水，水旱分开，提高耕作质量。发展绿肥，秸秆还田，增施有机肥，培肥地力，增加有机质的积累。将种植绿肥列入轮作计划，兵团时期要求每年应有不少于二分之一的面积种植绿肥，种足、种好，亩鲜草产量达到 1500 公斤。

5. **合理使用化肥**　农场土壤碱性强，pH 达到 8 以上，磷极易与钙结合，从而降低钙镁磷肥的有效性和利用率。20 世纪 60 年代后期，采取多施用过磷酸钙等偏酸性磷肥的措施，在施用方法上坚持集中条施，并提倡施用在前茬绿肥上，以小肥换大肥，还可利用绿肥的有机酸提高磷肥的有效性和利用率。

6. **综合治理，提高标准**　巩固土壤改良的成果，采取综合措施，以水肥土为中心，植树造林、农业机械、作物栽培、农田水利全面配套，综合治理，建设高产高效的农田生态系统，促进经济快速发展。

20 世纪 90 年代，经过 40 多年的土壤改良利用，通过工程措施和农艺措施相结合，土壤肥力水平有了显著提高。尤其是通过稻麦轮作、秸秆还田、培肥地力、养用结合和提高农田水利标准，土壤脱盐速度加快，效果良好。全场 82％的土地属于脱盐土，仅在土壤改良利用时间较短的四、七分场仍然零星分布少量的盐碱地。同时土壤养分状况也发生了很大的变化，全场土壤平均有机质含量达到 1.63%、全氮含量平均达到 0.84 克/公斤、碱解氮含量 87.2 毫克/公斤、速效磷含量 22.48 毫克/公斤，分别比 20 年前的 1980 年提高了 45%、40.9%、66.34%。但全场的速效钾呈较大幅度的下降趋势，2000 年全场平均速效钾含量为 143.2 毫克/公斤，比 1980 年下降了 59.5 毫克/公斤。土壤微量元素中有效硼含量为 0.66 毫克/公斤，施用硼肥仍有一定的效果。其他如有效锌、交换态锰的含量均有所增加，且达到临界水平，大部分田块施用效果不明显。

（二）进入 21 世纪，土壤改良的主要措施

1. **降潜治渍**　农场地势低洼，地下水位高，大部分田块存在潜层渍害问题，主要是指 1 米以内的潜育层、中下部土层较长时期以来被稳定的地下水浸泡，通气透水的纹斑层发育很慢，土壤剖面存在着下层潜害、上层渍害，即"上渍下潜"的状况。

2. **解决好耕层浅薄及土壤板结问题**　2000 年，土壤复查，全场耕作层平均厚度为 18.5 厘米，而犁底层厚度达到 7.8 厘米，厚而紧实，容重较高，严重影响了土壤理化性状的改善和肥力水平的进一步提高。为了改善土壤结构和建设良好的农田生态系统，农场适当减少机械重复作业和碾压，采用大马力拖拉机复式作业和深松，打破犁底层，或水旱轮作，使土体干湿交替，促进土壤微团粒聚体胶结和土壤理化性状进一步改善。

3. **增施有机肥，加速土壤熟化**　有机肥料是培肥地力、熟化土壤的物质基础。进入 21 世纪，农场主要采取秸秆还田的措施，增加有机物质的来源，平均每亩耕地年翻压的秸秆量达到 1000 公斤左右，同时收割机械上都安装了秸秆切碎和散草装置，翻压效果较好，促进了土壤的理化性状的改善和结构优化。养用结合，优化布局，合理轮作换茬，优化耕作制度，平衡地力，充分利用土壤中的营养物质，使人与自然之间和谐相处，有利于生态文明建设。

4. **改善机械性能，提高作业效果**　随着稻麦连续种植，重型机械作业频繁，土壤受重力作用，亚耕层板结，容重增加，孔隙度下降，必须提高作业性能。2002 年，开始较大面积使用旋耕技术，以旋代耕，疏松土壤，减少了机械碾压次数。后来农业、农机部门还积极探索少免耕及其高产栽培技术。

三、配方施肥

2005 年以后，农业部决定在全国大力推广应用测土配方施肥技术。2007 年至 2009

年，场农业中心采集了 416 个土壤样品和 135 个植株样品，进行了化验分析和对比试验，确定稻麦对养分需要的定量分析和精确施肥，再进行基础肥力试验和"3414"专项试验等 166 项，并进行了配方校正，初步确定主要农作物配方施肥的方案

（一）主要农作物配方施肥方案

1. **水稻** 获得水稻亩产 671.6 公斤的亩施肥量 氮肥 20.45 公斤、五氧化二磷 5.96 公斤、钾肥 0.697 公斤；经济亩施肥量为：氮肥 19.46 公斤、五氧化二磷 5.1 公斤、氧化钾 0.76 公斤，可获得亩产 650 公斤。

2. **啤酒大麦亩产 450 公斤，亩施肥量** 氮肥 13.5 公斤、磷肥 3.5 公斤。钾肥效果不明显，可以不施用钾肥。

3. **弱筋小麦亩产 500 公斤，亩施肥量** 氮肥 20 公斤、五氧化二磷 4.5 公斤、二氧化钾 0.7 公斤。

根据各单位的具体情况和土壤养分的实际含量，2007—2011 年，该施肥方案累计在稻麦上推广应用了 5 万多亩，水稻净收益达 200 多万元，小麦净收益达 150 多万元。该项技术取得了降低施肥量、提高肥料利用率和节能降耗、保护环境的效果。

（二）土壤检测分析

2019 年，分公司继续实施测土配方施肥项目，对所属区域内的土壤肥力和理化状况进行检验监测，按照"节肥、增效、环保"的理念，以强化配方施肥和提高肥料资源利用率为重点，着力提升科学施肥技术水平，促进粮食增产、农业增效、职工增收和节能减排。

2019 年共取土样 80 个，其中本部 77 个，基地 3 个，分别进行了有机质、全氮、有效磷、速效钾和 pH 等五项常规指标和重金属进行检测。

1. 土壤养分

①有机质：土壤耕层 0～20 厘米有机质含量范围为 15.4～34.3 克/公斤，平均为 25.9 克/公斤，按国家分级标准达 3 级，占 75.32%，比 1990 年提高了 0.96 个百分点，增 58.8%。

②全氮：耕层（0～20 厘米）含量范围为 1.33～27.1 克/公斤，平均为 2.02 克/公斤，比 1990 年的 0.84 克/公斤，提高了 140.4%，按国家分级标准主要达 1 级和 2 级，占 93.5%。

③有效磷：耕层（0～20 厘米）有效磷含量为 15.6～82.1 毫克/公斤，平均为 37.8 毫克/公斤，比 1990 年增加 15.32 毫克/公斤，增 68.4%，按国家分级标准为主要达 1 级和 2 级，占 96.11%。

④速效钾：耕层（0～20厘米），速效钾含量范围为113～406毫克/公斤，平均为265.7毫克/公斤，比1990年增加122.5毫克/公斤，增加85.54％，按国家分级标准主要为2级和3级，占94.8％。速效钾有较大幅度增加主要与2013年以来配方施肥中补钾肥有关。

2. pH 耕层（0～20厘米）pH 6.97～8.27，平均为7.79，偏碱性，其中所占比例按国家分级标准，主要为2级，占80.52％。

3. **土壤中重金属含量** （见表10-6）

表10-6 土壤分析结果

采样时间			2003年9月26日		
土壤类型			脱盐土		
采样深度			0～20厘米		
编 号		1	2	3	
采样地点		二分场	四分场	七分场	
监 测 结 果	pH	8.18	8.13	8.22	pH计法
	汞（毫克/公斤）	0.019	0.02	0.009	冷原子吸收法
	镉（毫克/公斤）	0.094	0.1	0.108	GFAAS法
	铅（毫克/公斤）	6.15	12.1	6.16	GFAAS法
	砷（毫克/公斤）	7.79	8.34	7.28	DDC-Ag法
	铬（毫克/公斤）	40.57	38.04	44.62	GFAAS法
	铜（毫克/公斤）	11.94	23.99	19.95	铜试剂法

检 验 内 容				
检验项目	单位	现行标准	实测结果	是否合格
水分	％	≤13.0	12	合格
蛋白质（以绝干计）	％	9.0～13.0	12.4	合格
砷（以As计，以原粮计）	毫克/公斤	≤0.7	0.078	合格
汞（以Hh计，以成品粮计）	毫克/公斤	≤0.02	0.0096	合格
黄曲霉毒素B₁（以成品粮计）	微克/公斤	≤10	<5	合格
六六六（以成品粮计）	毫克/公斤	≤0.3	0.02	合格
滴滴涕（以成品粮计）	毫克/公斤	≤0.2	<0.004	合格
马拉硫磷（以原粮计）	毫克/公斤	≤8	<0.01	合格

各个指标均未超出国家标准，符合绿色食品产地环境质量要求。

综上，分公司土壤养分和重金属含量符合种植业环境要求，因分公司地处沿海地区，土壤类型属盐土类，壤性潮盐土，pH偏高，呈碱性，需继续通过种植水稻等方式洗盐来改良盐土；条田土壤全氮水平高，3级只有6.5％，其他均在2级以上。对于土壤有机质，可继续通过秸秆还田等方式进行培肥，提高有机质含量，根据不同条田的养分状况，在施肥时可适当增加磷钾肥的投入。采取控氮、稳磷、补钾的施肥方案，继续采取匡圩封闭排水、平时预降、汛期抢排的水利措施，继续完善和提高农田水利设施，提高农田标准，保证农业高产、高效、优质和持续增产。

第七节 植物保护

植物保护是夺取农业丰收的重要保证，安全有效地防治病虫草害可以减轻损失，提高经济效益。

一、植物保护队伍和网络

20世纪60年代初期，农场配备专职植保干部，负责全场的病虫害测报和防治工作。1962年，设立水稻病虫害测报点，1965年增加为2名专业测报人员（其中1名知青）。1965年，进行棉花病虫害测报工作。此后全场分别设立了水稻测报点（设在三垛分场）、棉花测报点（设在淮海农场半农半续农业学校）。全场有专业测报人员5名，其中2名为大专院校毕业的植保技术人员、3名为知青，业务上隶属于场农业科领导。1969年，建立兵团后，团司令部生产股设立专职植保技术干部，下辖五营水稻病虫害测报站、三营棉花病虫害测报站，有3名植保技术人员，分别负责水稻、棉花和大、小麦的病虫害预测预报工作，并进行化学除草、农药试验等科研工作，向各连队印发测报资料，进行对外交流，指导全团主要农作物病虫草害的防治工作。兵团期间，各连队均配备了植保员，业务上隶属于各分场技术员领导，指导各单位农作物病虫草害的调查和防治，实行"两查两定"，全团形成了健全的植保技术网络。

兵团撤销后，随着改革开放的不断深入和科学种田水平的提高，植保队伍得到加强。农业科设立了植保站，并列入了场行政编制，场农业科有一名副科长和一名专职植保干部，植保站配备了3名植保技术人员，各大队都配备了1名植保员，形成了总场、分场、大队三级植保技术服务网络。1988年，农场制定了《国营淮海农场植保工作经济责任制》，要求各级负责农业生产的干部必须熟悉植保工作，努力学习植保技术，及时掌握本单位农田病虫草害的发生情况，正确指导防治。1989年，该项责任制在盐城垦区的10个农场推广应用。

20世纪90年代，随着农业科技在农业生产中份额的进一步提高，植物保护工作被提到农业生产的重要议事日程上来，召开农业生产会议、进行农业生产检查和农业科研活动，植保工作都被列为重要内容。植保技术人员的地位显著提高，许多基层植保技术人员被提拔到各级管理岗位上来。据不完全统计，提拔到大队级岗位上的有40多名，提拔到科分场级岗位上的有9名，有1名还担任了农场场长。有100多名基层植保人员被授予农业技术职称，其中，被授予中级技术职称的有11名。

进入21世纪，随着农业改革改制的深入，农场精简机构，压缩管理人员编制。但是植保队伍仍然不散，网络不破，服务功能不减。场植保站和农业中心配备2名植保技术人员，农业中心有1名副主任分管植保工作。在几十年的植物保护工作中，积累了大量的数据资料，总结出一系列病虫草害的防治经验，并能够预测预报、指导防治，还参加了省农垦和地方的多项研究课题和协作攻关，多次获奖，取得了一定的成绩。

2012年开始，农场不断完善植物保体系，建立了分公司农业中心、生产区二级植保网络。选聘一批本科农业院校的毕业生充实到植保技术队伍中。场农业中心设两名植保专业技术人员，一名副主任兼管植保工作。下设病虫情报，组织技术培训。指导各大队准确施药，设计绿色防治的技术方案和农药配方，对使用时间和方法、防治策略进行具体指导。据2013年统计，当年发布病虫草情报预测、预报10期，技术资料1万多份，培训职工1500人次。

2015年以后，随着区域经济的发展，附近农村中的青壮劳动力进城打工，劳动力市场行情发生重大变化，人工移栽规模因雇不到民工而逐步缩小，农场进行了种植方式的大幅度调整，以机插秧、植播稻替代人工移栽。为了适应这一变革，植物保护技术也根据病虫草害发生情况的变化进行了相应的调整和创新，引进了一批新农药和新的施药机械，提高病虫草防治的机械化程度，为农业的高产、稳产提供了可靠的保障。10多年来，尽管农场农业经营体制几经变化，改革措施不断深化，但植保队伍和体系建设也在改革和发展中不断加强，不断充实新生的技术力量，保证植物保护和试验、研发经费的投入和使用。还添置了技术先进的仪器设备和各种农业用品。并按照植保工作"六化"的要求，贯彻"科学植保、公共植保"的理念，努力建立现代植物保护技术体和网络。

2019年以后，苏垦集团、苏垦农发要求垦区创建全国绿色食品原料标准化生产基地，对植保工作提出了更高的要求，绿色植保技术必须应用多元化的理念和系统化的思维方式，推广绿色防控技术和谋划植物保护。采用现代工业化、智能化的诊断、检测、预警、防控和机械设备，将无害化的农业投入品和绿色无害化的防治病虫草害防治技术措施应用于植物保护。以生态、生物、物理工程性植保措施指导防治，控制农作物病虫草害的发生和危害。力求在保证病虫害防治效果的条件下，将农药对人类、对食品和环境的污染降到最低，确保农产品质量安全，使优质高产的目标得以实现。据2017年和2019年统计，小麦农药成本为34.89元。水稻农药成本为118.3~147.4元，2019年比2017年农药亩成本下降29.1元，下降19.75%。

二、农作物主要病虫害

1. 大麦、小麦主要病虫害

（1）小麦病害。20 世纪 80 年代以前，小麦病害以锈病为主，秆锈病对产量影响最大。20 世纪 60 年代前期，曾有发病田经药剂防治而得到控制。兵团时期原 5 营 38 连盲目从山东引进种植欧柔小麦 10 多亩，秆锈、叶锈病都很严重，为避免扩散传播而全部耕翻。20 世纪 70 年代后，主要通过引进抗病品种，尤其是 20 世纪 80 年代中后期，引进和推广应用的扬麦系列，具有较好的抗病性能，锈病基本上不再流行。随着施肥水平和产量水平的提高，小麦赤霉病和白粉病逐步加重。1969 年、1973 年、1985 年、1989 年、1990 年、2010 年小麦赤霉病严重发生，虽突击防治，但部分田块发病仍然较重，形成了较多的红粒病麦，降低了产量和品质，造成损失。21 世纪初期，小麦赤霉病发生程度仍然较重，尤其是白皮小麦更容易感病。经过连续防治，基本上控制病害流行。

（2）大麦病害。主要有黄化叶病、条纹病、坚黑穗病、散黑穗病、赤霉病，主要在迟播麦田中发生。由于引进和推广应用抗病品种和药剂拌种，并采取水旱轮作等措施，使大麦的种传和土传病害均得到了有效控制。

（3）大麦、小麦虫害。主要为黏虫和蚜虫。1953 年 5 月中旬，农场发现麦田中有大量黏虫危害，不得不采用人工捉虫。1965 年到 20 世纪 70 年代的兵团时期，也曾经严重发生黏虫危害。1976 年秋季还曾发生过局部水稻田黏虫回迁危害。

2. 水稻主要病虫害

（1）水稻病害。恶苗病、烂秧、稻瘟病、小粒翘穗头（线虫病）、条纹叶枯病、粒黑粉病、紫杆病、稻曲病、胡麻叶斑病、纹枯病、白叶枯病等。20 世纪 70 年代以前，主要是水稻烂秧，此后随着水稻产量水平的提高，水稻纹枯病逐步加重发生，在农垦 57、58 等矮秆品种上偏重发生。稻瘟病在 20 世纪 80 年代以后发生加重，21 世纪成为主要病害，被列为穗期的防治重点。21 世纪初期部分田块的穗颈瘟曾造成严重危害。水稻翘穗头从 20 世纪末期开始为害并逐步加重，尤其是在当家品种武育粳 3 号上偏重发生。2006 年以后，经过垦区的科技人员研究，明确为线虫为害，确定为线虫病，主要通过药剂浸种的方法予以控制。进入 21 世纪以来，随着耕作制度的改革，以及多暖冬天气的出现，本地稻飞虱虫源增多，且带毒率高，为害水稻形成条纹叶枯病逐年加重，并成为水稻的主要病害，一般田块损失产量 5％～10％，严重田块损失 30％～50％。

（2）水稻虫害。纵卷叶螟、稻苞虫、白背虱、稻飞虱、二化螟、三化螟、大螟、稻蓟马。各个时期各类虫害的发生情况有所不同。20世纪50年代建场初期，以食叶性害虫纵卷叶螟和稻苞虫为主，曾有"叶子白一白，产量减一百"之说，至20世纪60年代仍然严重发生。20世纪60—70年代的主要虫害为水稻螟虫。1962年，受台风暴雨的影响，防治失时，稻田中白穗率高达30％左右，当年全场1.54万亩水稻平均亩产仅为40.2公斤。20世纪80年代以后，随着中粳稻和杂交稻的推广，螟虫为害逐步减轻，三种稻飞虱为害逐步加重，一年发生四代，以外地迁入为主，伴随着风雨和气流迁入。1970年8月，受台风影响，大量的褐飞虱和白背飞虱迁入，为害正在灌浆充实的水稻，吸食叶汁，形成倒伏和冒穿，产量损失较重。20世纪70年代以后，稻飞虱成为水稻生产上的主要虫害。

3. 棉花主要病虫害

（1）棉花病害。主要有立枯病、炭疽病、根腐病、枯萎病、黄萎病。发病率和死苗率年际之间有所不同，一般纯作棉田出苗后遇到多雨低温天气时苗病发生严重。如1991年四分场的32、33大队的部分田块死苗率达70％，不得不毁种，全场发病田块达到4500亩，部分田地改种大豆，损失较大。棉花枯萎病主要在蕾期发生，1965年首先在二分场11大队零星发生，此后迅速蔓延扩大，至1976年，全场枯萎病的发病面积达到5600多亩，占棉田面积的80％以上。此后老棉区改种抗病棉，再加上实行水旱轮作等措施，棉花枯萎病才得以控制。棉花铃期的主要病害有红腐病、红粉病，如遇秋季连阴雨，则会造成危害，形成烂铃和僵瓣等。如1992年秋季连阴雨达40多天，烂铃率达30％，棉花产量损失严重。

（2）棉花虫害。主要有蓟蚂、小地老虎、黄地老虎、蚜虫、棉铃虫、红铃虫、玉米螟、盲蝽象、银纹夜蛾等。1967年以前，棉铃虫危害重。1967年，植保技术人员薛元海等人分析了11年棉铃虫的发生和各代幼虫的发育进度，并结合国内棉铃虫虫龄分期发育进度和期距，提出了棉铃虫幼虫分龄预测法，能超前对棉铃虫的发生趋势作出预测预报，结果准确，效果良好，后来推广应用到盐城地区各县和农场的主要测报站。1978年以后，盲蝽象、蚜虫危害加重，甜菜夜蛾局部间隙危害。

4. 大豆主要病虫害

（1）大豆病害。主要有根腐病、霜霉病、根结虫病等。

（2）大豆虫害。主要有豆秆蝇、豆天蛾、大豆毒蛾、造桥虫、大豆卷叶螟、豆荚螟、豆芫菁等。20世纪90年代，大豆毒蛾偏重发生。

三、农作物病虫害防治

1. 大麦、小麦主要病虫害的防治 白粉病发生在4月中下旬，当病株率达到20％左右时，用三唑酮喷雾防治。赤霉病坚持"预防为主、主动出击、肥药混喷"策略，在小麦抽穗扬花期用多菌灵系列预防两遍，感病品种和连阴雨高湿天气需加强防治力度。大麦种传病害用立克秀、卫福拌种，做到拌匀拌透，提高效果。大麦黄化叶病通过与小麦轮茬和选用抗病品种解决。大麦网斑病在齐穗后期喷施三唑酮预防。麦圆蜘蛛在3月中上旬为害时，用毒死蜱防治兼治蚜虫，5月上旬黏虫一、二龄期用辛宝或毒死蜱防治。

大麦主要病虫害有黏虫、黄化叶病。大麦黏虫一般年份发生较轻，其中2015—2017年年中发生。2017年5月上旬，调查田间虫量达1.2万～3.2万头/亩。防治药剂48%乐斯本30～40毫升/亩或25%辛氯20～80毫升/亩。黄化叶病2015年零星发生主要采取选用抗病品种。大麦赤霉病一般年份发病较轻。大麦条纹病、黑穗病等多种传病害主要采用种子处理，方法是100斤种子加25%味鲜胺100毫升＋6%立克锈15毫升播种堆闷24小时。

小麦主要病虫害有小麦赤霉病、白粉病、蚜虫、麦黏虫。其中小麦赤霉病2014年、2015年、2017年、2019年偏重发生，白粉病2019年为偏重发生年份。

防治麦黏虫主要用48%乐斯本30～35毫升/亩，防治白粉病在3月底4月初以30%醚菌酯20～30毫升/亩，或20%三唑酮30～50毫升/亩，加足水量喷雾。防治小麦赤霉病主要掌握在小麦始穗至齐穗期采取一喷三防的措施。常规小麦田第一遍用40%多菌灵120毫升/亩＋43%戊唑醇15～20毫升/亩；第二遍用25%氰烯菌酯100毫升/亩＋43%戊唑醇15～20毫升/亩；第三遍用25%氰烯菌酯100毫升/亩（视情备防）。小麦种子田防治要求更严格，三遍药配方为：第一遍40%多菌灵120毫升/亩＋43%戊唑醇15～20毫升/亩；第二遍用50%多菌灵120毫升/亩＋43%戊唑醇15～20毫升/亩；第三遍用40%多菌灵120毫升/亩（视情防治）。感病小麦田第一遍用40%多菌灵120毫升/亩＋43%戊唑醇15～20毫升/亩；第二遍用40%丙硫菌50毫升/亩（单用）；第三遍用40%多菌灵120毫升/亩（视情备用）。

2. 水稻主要病虫害的综合防治　种传病害通过晒种、泥水选种，用浸丰2号、咪鲜胺药剂浸种预防水稻恶苗病、小粒翘穗等其他病害的发生。纹枯病在水稻搁田复水后开始用井冈霉素防治。条纹叶枯病主要应用抗病品种及对感病品种加强保护，即防治灰飞虱介体，加强麦田防治、秧田防治、水稻移栽后直到拔节前防治等手段，最终控制病毒的危害。水稻穗颈瘟掌握孕穗末期到破口初期开始，用三环唑预防，每隔5～6天防治一次，共2～3次。水稻后期综合性病害用爱苗药剂起到预防和调节生长作用。

3. 水稻主要虫害防治　7～9月份二、三、四代纵卷叶螟危害，掌握一、二龄期用有机磷与氟铃脲或甲维盐、阿维菌素等混用防治，二化螟、三化螟用三唑磷在卵孵初期防治。大螟用杀虫双、杀虫单防治，三、四代白背飞虱、褐飞虱用扑虱灵、吡虫啉防治。水稻前期一、二代灰飞虱及抽穗后期五代灰飞虱用扑虱灵、吡虫啉、吡蚜酮、氯噻啉、锐劲特、敌敌畏等药剂防治。

水稻病害主要有立枯病、褐条病、青枯病、纹枯病、稻瘟病、基腐病、胡麻叶斑病、灰飞虱和条纹叶病。其中，灰飞虱传染条纹叶枯病已连续多年发病较轻。主要原因是耕作制度调整，一代灰飞虱种群下降，带毒率下降，栽插期偏迟导致食物链阻断，同时抗病品种面积扩大不利病虫害发生。稻瘟病 2013 年、2016 年、2017 年重发生。2013 年、2014 年赤枯病重发生。

防治方法：①药剂浸种 12.5％戊氟丹 6 克加水 6 公斤搅拌均匀配成 1∶1000 信溶液，浸 4～4.5 公斤稻种主要防治苗期病害和小稻头。②立枯病（真菌性病害）50％立枯净 1000 信液喷雾。③褐条病（细菌性病害）20％噻唑酮 100 毫升/亩。④青枯病（生理性病害）50％立枯净 1000 信液喷雾，碧护 6～8 克/亩。⑤纹枯病，为常发性病害，高产栽培条件下有利该病发生。于水稻分蘖末期（7 月中旬开始），水稻拔节始期第二遍用药。防治药剂 24％赛呋酰胺 20～25 毫升/亩，或 40％嘧菌酯 20 毫升/亩，12％井冈、丙烯醇 50 克/亩。

2013—2020 年，水稻虫害主要有二化螟、大螟、纵卷叶螟、褐飞虱、叶蝉、稻等。

（1）二化螟。2013 年开始，2014 年、2015 年、2016 年均呈较重发生态势。防治方法：尽量减少大田用药面积，集中秧田用药。6 月 15 日前移栽的大田是防治重点。在二化螟卵孵化盛期时用药。防治药剂为 40％毒死蝉 60～80 毫升/亩＋3.2％阿维菌素 50 毫升/亩，错过防治适期及重发田可用 24％甲胺虫酰肼 30 毫升/亩，可与防治灰飞虱兼治。

（2）大螟。呈逐年加重趋势，主要在田边发生。2013 年、2018 年、2019 年偏重发生。防治药剂为 40％毒死虫蝉 80～100 毫升/亩扫边，也可用无人机扫边。

（3）纵卷叶螟。2013 年以后，均呈二、三代轻，四代重发的势态。其中 2015 年、2017 年、2019 年份偏重发生。防治方法：治早、治小、争主动，选择对路的药剂配方，速效与持效结合，在卵孵化高峰期用药。药剂配方为：24％甲氧虫酰肼 30 毫升/亩＋885 助剂 15 毫升/亩，或 40％毒死蝉 80 毫升/亩＋3.2％阿维菌素 50 毫升/亩＋助剂（大龄幼虫扫残田配方），或 30％茚虫威 8～10 克/亩，或 35％优福宽水分散粒剂 6 克/亩，或 1.8％猛清 80～100 毫升/亩，或 20％甲维、茚虫威悬浮剂 10 毫升/亩。

（4）褐飞虱。主要采取防治压二代控三代的方法，防治适期掌握低龄若虫高峰期用药。防治药剂为 40％毒死蝉 100 毫升/亩＋25％蚍虫蚜 20 克/亩，禁用菊酯类农药。

（5）叶蝉。2014 年、2016 年、2017 年发生较重，2013 年、2014 年、2015 年、2019

年四代重发生，其余年份轻发生。叶蝉具有刺吸植株和传播水稻条黑矮宿病双重危害，导致稻壳霉黑、品质下降。2014年来，发生程度逐年加重、危害面积逐年扩大。防治适期掌握在8月中下旬低龄若虫期。防治药剂为40%毒死蜱100毫升/亩＋25%蚍蚜酮20克，或10%醚虫菊酯100毫升/亩。

（6）稻蓟马。2015年、2016年、2017年、2019年偏重发生。稻蓟马具有明显的趋嫩性和向心性，一般秧田是全年发生高峰期，尤以秧田和机插秧田受害重。防治药剂为10%吡虫啉50克/亩，20%烯啶虫胺20毫升/亩，或35%丁硫克百威30克/亩。

4. 棉花主要病虫害的防治　棉花苗期病害用卫福或拌种包衣或拌种。棉花苗期棉蓟马、蚜虫用吡虫啉防治。小地老虎用敌杀死、功夫等菊酯类防治。盲蝽象用氰戊菊酯、硫丹、锐劲特防治。二、三四代棉铃虫在卵初孵期用有机磷与菊酯农药混用防治。甜菜夜蛾用茚虫威、灭幼脲等防治。红蜘蛛用克螨特、双甲脒等防治。

5. 大豆病虫害的防治　根腐病用卫福拌种。菟丝子用地乐胺土壤封闭减轻为害，田间发生点片期人工拔除或用地乐胺茎叶处理。豆天蛾、豆毒蛾用菊酯类药剂喷雾。

四、农药施用

20世纪50—60年代，施用的农药主要为有机氯制剂，如223乳剂、六六粉等。有机磷农药为1605、1059。杀菌剂为西力生、赛力散等有机汞制剂。20世纪70年代，田间施用的农药逐步换成乐果、氧化乐果、马拉松、三氯杀螨醇等，杀菌剂用西力生、赛力散和退菌特、抗生素401等。20世纪80年代，杀虫剂用223乳剂、六六粉、毒杀芬、1605、乐果、久效磷、甲胺磷、亚胺硫磷、胺敌膦、杀虫双、西维因、混灭威、敌杀死、氟氰菊酯、速灭杀丁、氧脒合剂、来福灵、扑虱灵，杀菌剂用富士1号、三环唑、粉锈宁、抗生素402等。20世纪90年代，杀虫剂用氧化乐果、甲胺磷、久效磷、辛硫磷、三唑磷、乙敌粉、双甲脒、杀虫双、马拉松、敌杀死、功夫、噻嗪酮。1993年开始禁用杀虫脒。1996年开始用康福多、吡虫啉，杀菌剂用三环唑、井冈霉素、防霉宝、多菌灵、三唑酮。1994—1995年小麦用纹霉净，大麦用卫福或拌种双拌种、或浸种灵浸种。1999年，用立克秀（戊唑醇）拌种。21世纪初，杀虫剂用乐斯本（毒死蜱）、克螟劲、稻螟清、三唑磷、辛宝、敌敌畏、杀虫双、噻嗪酮、吡虫啉、吡蚜酮、氯噻啉、赛丹、金好年、氟铃脲、甲维盐、锐劲特、安打。2007年1月1日起，禁止甲胺磷、对硫磷（1605）、甲基对硫磷（甲基1605）、久效磷和磷胺5种高毒有机磷农药在农业上使用，除上述品种及复配成分外，凡高毒农药及复配成分（如氧化乐果、3911等）高、长残留农药均不得使用。

杀菌剂有三环唑、井冈霉素、多菌灵、三唑酮。稻种用施保克（使百克）、恶线清、浸种灵、浸丰2号、立枯净浸种。2006年开始推广使用爱苗。2007年，大麦上推广使用戊福。

五、航空作业

1967年，农场开始使用民航飞机防治大、小麦黏虫，以后逐步扩展到防治水稻、棉花、大豆等作物。简易机场建在一分场五大队7号田，占地90多亩，并建设了食堂、仓库、油库、办公室、飞行员宿舍等空勤和地勤设施。修理厂会同机组人员根据飞机航空作业的特点，研制成功自动加药设备，由人工加药改为机械自动加药、加水，通过动力机带动高压水泵与管道连接，可将地面药箱中的药水抽取提升到7米多高的飞机上，加1次药仅需1.5~3分钟，工效比人工加药提高10倍以上，缩短了飞机的非空勤作业时间，不仅安全、轻便、快捷，而且经济、环保，当年在全国民航系统中推广应用，21世纪仍然在用。1968年、1982年省民航系统两次在农场召开了省农垦和公安系统飞机治虫工作座谈会议。

1967—1978年，累计飞机治虫面积107.25万亩。1969—1975年，兵团期继续使用航空作业。

1970年，江苏生产建设兵团二师司令部与省民航局决定，十团与十一团合用一架飞机。恢复农场建制后继续使用。1988年，因农场与附近农村插花土地较多，考虑到场群关系复杂，再加上新型的植保机械应用，治虫效率提高，所以停止了航空作业。1967—1987年，全场累计采用飞机航空作业328.03万亩。

六、化学除草

草害曾给农场农业生产造成严重损失。由于农场土壤属于沙壤土，表层土壤透气性好，在雨水较多和干湿交替的情况下，恶性杂草不仅萌发率高，而且繁殖和生长速度快，常常造成草荒。20世纪50—70年代，农场经常动员全场职工战草荒，大量的劳动力用于除草作业，影响了其他正常的田间管理，而采用传统的除草和耕作方法，很难完全控制农田杂草危害。20世纪60年代，农田虽然采取了稻田移栽前水耕灭草、压低基数、人工耘稻、畜力中耕、人工拔草的措施，棉田采取了机畜力中耕、人工除草，部分实现了机械化除草，但是传统的人工除草作业的间隔时间跟不上杂草的发生和生长的速度，每年仍然形成了大面积草荒，常年损失农作物产量20%~30%，严重田块损失产量40%~50%，农田杂草对农业生产形成了较大的威胁。20世纪60年代中后期，农场在全省率先进行了化学除草的试验示范。20世纪70年代后期,主要应用的药剂有二苯醚类和笨氧羧酸类。由于大批知青返城,劳动力锐减,对农田化学除草的要求更为迫切,农业科技人员不断引进和应用大量新型高效除草剂,如磺酰脲类(农得时)、酰胺类、二硝基苯胺类、取代脲类等。1978年以后,应用了轻型栽培稻田的配套化除草技术体系。1983—1985年,完成了江苏农垦的杂草普查课题,基本上查清了农场区域内农田杂草的种类和群落分布,制作了杂草标本。对进口和国产除草剂进行了田间试验,通过示范,大面积推广应用了一批除草活性高、安全、高效、选择性强和技术先进的除草剂,如国产的丁草胺、乙草胺、苄嘧磺隆、莠支净等,进口的农得时、骠马、扫弗特、使它隆、稳杀得、禾草克、盖草能等。科研人员还主持和参加了总公司组织的《主要杂草生物学特性的研究》和《江苏农垦农田化学除草技术的研究和推广》《稻田扁秆藨草的发生与防治》等课题,分别获得国家科技成果奖和省政府科技进步奖、省政府开发苏北优秀成果奖等多项奖励,在农业生产中发挥了较好的引领和示范作用。具体包括:

1. **大麦、小麦化学除草** 阔叶杂草如猪殃殃、牛繁缕、芥菜、油菜等,主要在春后采用使它隆加二甲四氯兑水喷雾防治。21世纪,多采用瑞飞特与异丙隆混用。单子叶杂草如硬草等,一般在麦苗齐苗后,叶龄二叶期以上,硬草一叶心期采用50%乙草胺60~80毫升机械喷雾,二叶期以上的硬草,草龄偏大,每亩用50%异丙隆加50%乙草胺喷雾防治。

麦田主要杂草害有硬草、猪殃殃。2019年主要是硬草发生严重。防治药剂主要有50%乙草胺,掌握在播后麦苗1.5叶期机械、或无人机喷雾连封带杀防治硬草。防治猪殃殃用20%使它隆或13%二甲四氯钠盐+20%氯氟吡氧乙酸50毫升/亩春后在部分地段使用。

2. **水稻化学除草** 20世纪70年代中期以前,采用除草醚土壤封闭处理和敌稗乳油加二甲四氯茎叶处理,防治扁秆藨草等莎草科杂草。20世纪70年代后期,曾使用过杀草丹、苯达松等除草剂。20世纪80年代后,主要使用丁草胺、农得时、禾大壮、快杀稗等。进入21世纪以后,大面积推广应用千金、稻杰、农得时等。直播和机插秧稻田多采用一封二杀技术。

稻田杂草主要有莎草科扁秆藨草,异型莎草和禾本科杂草稗草、千金子外又增加了萤蔺(水葱)马唐、耳叶水苋、虮子草、双浮草、变异千金子等10种难以化除的杂草。防治方法根据不同杂草型确定。

机插秧采用二封一杀或三封一杀。栽前一封选用60%丁草胺100毫升/亩+50%丙草胺70毫升/亩+10%苄嘧磺隆20~25克/亩,全田机械喷雾或用无人机飞防。栽后一封节于栽后 8～10 天选用 50％丙草胺 70 毫升/亩＋10％苄嘧磺隆 20～25 克均匀喷雾。栽后一杀，栽后 18～20 天，选用 10％氟氰草酯 150～180 毫升/亩喷雾防治。栽后二封，栽后25～28 天，选用 50％丙草胺 70 毫升/亩＋10％苄嘧磺隆挑治或普治。

水直播田化除主要采取二封一杀、三封一杀或二封一补。选用药剂和施药方法同机插秧。对于大龄稗草，近年来选用神锄（二氯喹啉酸）代替稻杰，飞防不得选用粉剂参与。

3. **棉田化学除草** 20 世纪 80 年代，多采用氟乐灵封闭化除。后来为解决棉田中后期杂草，逐步推广应用稳杀得、高效盖草能。如植株高大，也可采用克无踪或草甘膦定向喷雾。

4. **其他作物化学除草** 大豆田杂草在 20 世纪 80 年代采用虎威加盖草能喷雾。玉米田采用阿特拉津封闭处理。

5. **2013 年以后化学除草** 麦田主要草害有硬草、猪殃殃。2019 年主要是硬草害严重。防治药剂主要有 50％的乙草胺。防治猪殃殃，用 20％使它隆。稻田杂草主要有禾本科杂草、异型莎草和稗草、千金子、耳叶水苋、水葱等。防治方法根据不同的杂草类型确定。直播稻田化除主要采取二封一杀，或者三封一杀和二封一补，选用药剂和施药方法同机械插秧，对于大龄被草，近年来选用二氯喹啉酸，不得选用粉剂参与。

6. **航空植保** 2019 年，推广无人机施药作业，人工遥控，指令速度快，效率高，成本低。飞防化除主要杂草，对象是碧草千金纸、莎草。在大型机械化无法下田或者机械力量不足、不能及时作业的情况下，采用无人机。处理方式是在水稻栽后 15～18 天，茎叶处理或播前封闭处理，没有出现明显的药害，茎叶处理效果有待进一步提高和改进。

2019 年，飞防面积合计 13678 亩，其中场内 6028.8 亩，化除 1063.66 亩，防治虫害3139.55 亩，防治病害 7654 亩。外拓基地飞防面积 7654 亩，其中化除 2200 亩。飞防治虫的主要对象是水稻纵麦叶螟防病的主要对象是纹枯病、稻田病、稻瘟病，防效较好。

七、病虫灾害

1953 年，小麦黏虫严重发生，农建四师组织人员突击捉虫，每米麦行有虫 20～30条，3 天累计捉虫 475 公斤。

1954 年 6 月 11 日，部分条田发现蝗蝻，农建四师召开紧急会议，布置灭蝗，经过喷粉，消灭了蝗蝻，控制了其蔓延和危害。

1958 年，稻苞虫和纵卷叶螟危害猖獗，7 月中旬普遍发生，百株虫量达 200 多条，虫龄较大的田块采用稻梳梳虫后再施药进行连续突击防治。三垛分场还改装了船行喷雾器进行防治。

20 世纪 50 年代末 60 年代初，水稻螟虫害严重，农场损失较大。1962 年，受台风影响，1.3 万亩稻田白穗率平均达 20%～50%，最严重的田块达 95%，当年全场水稻平均亩产仅为 47.5 公斤。

1959 年，小麦抽穗扬花期，麦蚜虫害大量发生，密集于穗部危害，部分麦穗发黑，经及时采取连续防治措施，控制了其蔓延和危害。

1960 年，夸套南滩发生蝗虫危害，农场派出机车和人员突击防治，当时的生产科科长张本同志现场指挥，不幸失事身亡，以身殉职。

1966 年、1967 年、1969 年棉蚜虫害严重发生。1966 年四代棉铃虫害严重，1967 年三代、四代棉铃虫害严重。

1963 年，小地老虎害暴发，6 月中旬大部分田块虫株率达 95% 以上，百株虫量达 40～50 头，经人工捉虫、毒饵诱杀后，仍造成了较大面积危害。

1972 年和 1978 年，棉铃虫害大发生，1978 年百株卵量达 3000～5000 粒，百株幼虫量达 500 多条，经人、机突击防治后，百株虫量仍然达 10 条左右，造成了一定的危害。

1970 年，四代褐飞虱随着台风和暴雨大量迁飞进入境内，危害正在灌浆充实的水稻，平均每株有虫 20 多头，危害严重的田块水稻茎秆枯黄倒伏、粒重减轻，产量损失严重。

1975 年，水稻纵卷叶螟虫害暴发，三代百穴卵量达 3000～5000 粒，幼虫高达 100～300 头，经过飞机和人工突击防治，仍然有部分田块遭受严重危害，当时有"稻叶白一白、产量减一百"之说。

1980 年，棉花枯萎病发病面积占当年棉花面积的 21.63%，其中重病田 631.1 亩、轻病田 1450.8 亩。

1984 年，受高温高湿天气影响，稻瘟病大发生，尤其是盐粳 2 号发病率达 20%～100%，严重度达 15%～54%。发生穗颈稻瘟病 2110 亩，有 160 亩稻田白穗率达 60%，发病严重田块减产 50% 以上。

1989 年至 1990 年，小麦赤霉病严重发生，防治失时和施药质量较差的田块，麦穗呈现出一片红褐色，红穗占 20%～30%，收获后成为红麦子，无食用价值。再加上收获期遇连绵阴雨，农场将部分红麦分售给职工家庭作为饲料用粮。

1989 年，麦黏虫暴发，亩幼虫量一般 10 万～20 万头，严重田块达 40 多万头，经过突击防治避免了虫灾。1997 年 6 月份，受高温干旱影响，二、三代稻蓟马在水稻上加重危害，有虫株率达 46%～70%，百株成若虫 135～201 头，卷叶率达 5%～18.9%，造成水稻僵苗，分蘖抑制。危害较重面积 5700 多亩，后经增施肥料和连续防治，水稻生长还是受到很大影响。

1999年，三代稻螟蛉首次暴发，田间蛾量270～1830头/亩，卵量65～180粒/百穴，幼虫2～5头/百穴，造成稻叶大量被吃，光合作用减少，穗型偏小，产量损失达2.5～7.5公斤/亩。

2000年，六分场四十三大队，首次发生了因灰飞虱传毒引发的水稻条纹叶枯病。后连续十多年成为水稻上的主要防治病害。发病最严重的年份在2003～2008年，每年发病面积上万亩。灰飞虱越冬主要寄主麦田，亩虫量达上百万头，稻田灰飞虱百穴虫量达20000多头，病穴率达25%～92%，病株率达3%～11.4%，产量损失达25～150公斤/亩。此后通过种植抗病品种，筛选高效对路药剂吡蚜酮及其复配剂防治，发生面积和发生程度均呈现下降趋势。

2001—2002年，连续两年发生了水稻三化螟危害，主要危害代次为三、四代。田间出现较多的枯心塘，大麦茬2～5塘/亩，小麦茬3～5塘/亩，机插秧4～15塘/亩，每个枯心塘面积2～3平方米，产量损失5～25公斤/亩。

2002—2004年，由于使用浸种灵进行种子处理药剂效果不理想，连续三年在大麦上发生了严重的条纹、网斑病。上部三张功能叶的病叶率达42.3%～100%，病级达9级，港啤品种重于单二。部分田块叶片全部枯死，造成大麦千粒重大幅度下降。

2003年5月上中旬，受低温阴雨、气温陡高及田间排水不畅的影响，小麦灌浆期发生严重的叶枯病，叶片从上到下发枯，发病面积达3000亩以上。淮麦系统较感病，发病前喷代森锰锌防治，效果仍不理想，产量损失30～50公斤/亩。

1997—2003年，由于多年使用咪鲜胺药剂浸种，水稻成熟期发生了严重的小穗头现象（线虫病），每年发病面积万亩以上。成熟的稻穗比正常稻穗小1/3，千粒重降低3～5克，颖壳开裂，米质发黑。通过几年的试验摸索，2004年应用浸丰Ⅱ号浸种，基本上克服了这种水稻种传病害。

2006年、2010年，受冬春连续低温影响（冻伤严重有利于病菌侵入），小麦茎基腐病大面积发生。2010年重于2006年，特别是土质差、碱性重的田块发病更重。病株率在5.5%～35%之间。经10%井冈霉素150毫升加20%粉锈宁40～45毫升/亩防治，发病较重的田块仍不能正常抽穗，死株率1%～3%。

2007年，受低温冷害、台风等气候影响，水稻青枯病、基腐病大发生。该病属于细菌性病害，8月底到9月初始见，9月5日到10日开始大量表现，各品种均有发病，严重田块病穴率达10%～25%，一般病穴率1%～3%。发病面积近万亩，产量损失达50～100公斤/亩。防治上主要是在8月上旬和破口期用药2次，防治药剂主要为20%噻菌茂龙克菌 100 毫升/亩，以及低温来临前上水护苗。

表 10-7　1959—1962 年螟虫危害情况

年份	一般白穗率（%）	最低白穗率（%）	最高白穗率（%）	备注
1959 年		0	10 左右	
1960 年	3.1～8.5	0～0.6	13.8～50.2	盐城市资料
1961 年	9～4.78	0.4	45.8	
1962 年	2～50	0.5	95	

2007—2010 年，由于基本苗不足，形成苗缺肥补，水稻长期淹水、温湿适宜，加上防治时期不当，造成水稻纹枯病连续多年大发生，并且有逐年加重趋势。一般田块病穴率 17%～35%，严重田块病穴率达 80%～90%。田边和机插秧发病相对较重。全场每年发病面积达 3 万多亩。发病重的植株，上部功能叶全部枯白，粒重减轻，产量损失达 15～25 公斤/亩。

2008 年，受气候和管理等不利因素的影响，胡麻叶斑病严重发生，发病面积上万亩，造成叶片早衰，千粒重降低，影响产量和米质。该病 8 月中下旬开始普遍上升，9 月上中旬达到发病高峰，土质越差，发病越重。在水稻破口前 5～7 天施用 30% 爱苗 20 毫升/亩，隔 7～10 天再用一次，可明显防治和减轻胡麻叶斑病。

2008—2010 年，连续 3 年大麦散黑穗病发生较重，总体上单二品种发病明显重于港啤，病株率一般为 0.073%～0.105%，影响啤麦的品质和产量。通过近年来使用 5.5% 浸丰 II 号（55 克）＋6% 立克秀 100 毫升兑水 20～25 公斤稀释后，拌 650 斤麦种，进行种子处理，该病得到了有效控制。

2009 年，水稻孕穗到抽穗期受高温高湿影响，稻曲病发病较重，一般品种病穗率达 3.3%～6.2%，部分感病品种病穗率为 7.4%～11.9%，造成品质下降，粒重减轻，产量损失达 7.5～12.5 公斤/亩。

2009—2010 年，大麦黄化病在部分田块，特别是土质差、碱性重的田块大发生，每年发病，部分田块死苗和分蘖停止，减产 5%～10% 左右。

2010 年，伴随 7 月 10 日大雨，二代白背飞虱大量迁入，迁入量 200～2800 头/百穴，是近 10 年来最多的一年。采取压二控三、主治二代成虫的策略，防治药剂为 40% 毒死蜱 100 毫升/亩＋25% 吡蚜酮 20 克/亩＋10% 烯丁虫胺 30 毫升/亩，较好地控制其危害。

2010 年小麦抽穗扬花期，连续阴雨，小麦赤霉病大流行。虽经主动防治，但防治不及时和施药质量差的田块地段，病穗率达 3.2%～13.6%，病级达 5～7 级，产量损失达 10～25 公斤/亩。

第八节 种子生产

农场作物良种是夺取农业丰产丰收的基础及内因条件，又是农业生产中提高科技含量和附加值的载体。商品种子生产的迅速发展，是现代农业建设的特色和优势，也是重要的引领和示范。因此，农场对农作物良种的引进和试验、示范、科研、繁育和加工、经营工作十分重视。

一、良种繁育

建场初期，荒地初垦，农建四师成立试验区（即江苏省棉作试验场），主要筛选耐盐作物，并从事农作物新品种的引进、鉴定和试验推广应用工作。1954 年至 1955 年，先后引进和试种的小麦良种有碧码 1 号、南大 2419、骊英 3 号、徐州 438 等。还推广应用种子处理技术，根据种子的不同状况，分别进行机选、风选和药剂拌种、温汤浸种等多种处理技术，提高了种子质量和抗病虫害的能力。

20 世纪 50 年代末期，农场引进和种植的水稻良种主要由市、县的良种场调进，场内留种主要采取片选和穗选的方法。按照当时国家农业发展纲要的四十条要求，大力推广农作物良种，繁殖良种执行"四自一辅"的种子工作方针，自繁、自育、自留、自用，辅以场外调种。

2013—2020 年，先后引进和推广的优质高产水稻品种有华粳 5 号、华粳 9 号、南粳 9108、南粳 5718、南粳 2728、淮稻 5 号、泗稻 16、连粳 13、连糯 1 号等，小麦品种有淮麦系列、扬麦系列、扬辐麦系列、镇麦系列、华麦系列、隆麦系列、宁麦系列、宁麦资系列等 40 多个品种。不断推广应用种子处理技术，严格实行种子分级制度，分别进行风筛选、比重选、药剂拌种或薄膜种衣剂包衣等多种处理技术，种子的增产效果和抗病虫害能力得到显著提升。

淮海分公司长期为科研院所进行原、良种繁育，并为大型种业公司代繁优质品种，繁稻麦良种达 3 万亩以上，销售 2000 万公斤以上；主要品种为华粳 5 号、华粳 9 号、镇麦 10 号、扬麦 29 等。依托江苏省国营淮海农场"旱涝保收"的优质耕地资源和丰富的自繁品种，以生产"大华"牌常规稻、麦种子为特色，年繁殖良种 2 万多亩。

随着生产经营管理网络现代化，质量安全意识普遍提高。2016 年，根据大华要求，试点建立并推广了农产品质量安全全程可追溯系统，应用于种子的生产、加工、销售等全过程，保证农产品质量安全，确保向消费者提供安全、放心、优质的服务，促进了企业品牌建设和可持续发展。多年来分公司本着"质量为本、诚信经营、优势互补、合作双赢"的经营理念、凭借"大华种子、放心种子"的良好口碑，种子质量获得广大客户好评，多次获得市、县工商和质量技术监督部门颁发的"重合同守信用企业"和"质量诚信企业"的荣誉称号。

二、种子生产

20 世纪 60 年代初，农场加强了种子生产和科研投入，认真贯彻执行关于《国营农场建立良种繁育制度》的有关规定，初步健全良种繁育体系，不断加强种子生产基地建设，提高种子生产水平。1962 年 9 月，分别成立了水稻良种试验站（设在试验区）和棉花良种试验站（设在三分场 16 生产队），三垛分场设立了水稻良种组，三麦由头庄分场负责，绿肥由西汜分场负责，并要求各分场都要采取穗选和片选的方法进行选纯，建立基地，提高质量，3～4 年更换一次大田用种的需要。

水稻良种站配备了两名农业技术人员，有试验田 500 多亩，设立了专用水泥晒场和种子仓库、烤种室、温室等种子科研和生产设施。棉花良种站除了人员保证外，还配备了仓库、晒场、办公室、小型剥绒机、种子箱、烘干箱等主要科研生产设施。"文革"期间，良种生产和繁育体系受到了干扰和破坏，农作物种子又陷入了多、乱、杂的局面。兵团时期逐步恢复种子生产。1975 年省革委会召开了全省种子工作会议，会后江苏生产建设兵团司令部下发了《关于贯彻省种子工作会议精神及今后兵团种子工作的意见》，要求继续贯彻中央关于种子工作"四自一辅"的方针，建立健全良种繁育体系和繁育制度，农场恢复了良种连队和特约良种繁殖单位制度，实行良种预约生产和计划生产。

20 世纪 70 年代初期，加快主要农作物良种生产体系建设，增加投入，完善体系，加快农作物种子纯良化的步伐，目标明确，措施扎实，种子质量不断提高。兵团撤销后，根据国家农垦部和省农垦局的统一部署，抓好种子工作的整顿和提高，加强领导，引进人才，建设基地，健全组织，培训队伍，认真贯彻农业部关于在新的历史时期实现"种子工作四化一供"的新要求。建立了以良种科研为主的农科站，承担全场各类农作物良种的提纯复壮和引进、试验、示范等科研任务。各分场都建立了良种生产连队，完善了良种繁育的体系和制度。1979 年，江苏省农垦局投资 1.3 万元，农场配套部分资金，累计投资 5 万多元，在农科站建设棉花种子仓库 100 平方米、挂藏室 60 平方米、加工车间 40 平方米、水泥晒场 500 平方米、保种车间 80 平方米，配套 10 多台（套）科研仪器等良种生产设施，从此全场的种子生产进入了快速发展的轨道。

1981年，全场生产各类农作物良种83.5万公斤，三圃面积417亩，特约良繁队11个，面积6600亩，场农科站获利3万元，对外经营良种4.75万公斤。1984年，世界银行中国种子项目立项，根据省农垦的统一部署，农场学习国外种子工作的先进经验，使用世行农业灌溉项目贷款8万美元，购进了美国产卡特挖掘机1台，为农田水利机械化施工创造了条件，促进了商品化种子生产。至1988年，全场累计生产各类农作物良种200多万公斤，其中对外销售125万公斤、场内供应良种75万公斤，良种推广面积21.5万亩，外销获利17.5万元。省农垦局于1988年1月11日发文批准《关于建立江苏省淮海农场种子公司的批复》（苏垦联政字〔88〕025号文），农场成立种子公司，明确新建成的淮海农场种子公司为全民所有制科级单位，经济上实行独立核算、自负盈亏。20世纪90年代以后，种子工作按照产业化的要求，逐步做大做强。1991年，种子公司被农业部农垦司授予"七五"期间全国农垦系统种子工作生产先进单位，1992年被评为"江苏农垦科技兴农先进集体"和"种子标准化单位"。1995年，良种基地建设被列入国家种子项目，先后投入资金350多万元，建成种子烘干线一条、仓库1500平方米和加工车间、种子加工线等基础设施。种子公司以科研单位为技术支撑，与省内的科研院所、大专院校开展多种形式的合作和交流，引进科研成果，加快推广应用，取得了良好的经济效益和社会效益。

1996年，种子公司成为江苏农垦的龙头企业大华种子集团的分公司，后来又整体包装上市，进入全国种子10强企业行列，商品种子生产有了长足的发展。

20世纪90年代后期，不断拓展农作物种子生产、加工和销售业务，并且加大良种生产基地建设的投入，扩大生产能力，全场良种基地面积达到10000多亩，形成了年产1000万公斤良种的生产能力。2000年，省农垦大华种子集团参加组建中国农垦农业资源开发股份有限公司，按现代企业制度运作。经过资源整合后，于2000年12月在上交所成功发行股票，2001年1月19日正式上市，开辟了农场种子产业化发展的新局面。江苏省大华种业集团有限公司淮海分公司设有生产、经营、质检、加工、仓储等部门，2012年有员工40多名，固定资产总额520多万元，年生产销售各类农作物良种500多万公斤，经营利润130万元，当年良种推广应用面积达到55万亩。

2013年之后，农场利用统一规范良种繁育体系的优势，按照优化结构、主攻单产、改善品质、节本增效的思路，以提高稻麦良种统供率、商品率和规模化、标准化生产水平为核心，以优质化、专业化、市场化为导向，以示范、推广为手段，以稳定提高粮食综合生产能力、增加全场效益为宗旨，采取良种良法与高产优质技术相结合的方法，使全场稻麦良种生产逐步走上规模化种植、标准化生产和产业化经营的轨道。

三、种子加工

20 世纪 50—60 年代，主要采取"四自一辅"的种子生产方针，自繁、自选、自留、自用，辅之以场外调种。总场下达提纯复壮和留种作物，主要进行穗选和片选。选种和加工方法主要是在冬季农闲季节进行手选、过筛、风选，泥水及盐水等比重式选种、摊晒、清扬等原始选种和加工方法。但是棉花保种、加工方法和环节较多，技术复杂。20 世纪 60 年代初期，建立了棉花良种队（三分场十六大队），设立 2～3 名专职技术人员，并建设了专用仓库、晒场、烤种室、小型轧花机和仪器设备，进行棉花良种的扩繁工作。总场每年下达棉花留种任务，将 3 级以上的早期花作为留种棉，专包、专车送入加工厂，专库储存，单独加工，专库储种。凡施用过乙稀利的棉花不作为留种棉。加工厂按农业部门的种植计划，发种到各个农业单位，实行全场统一供种。1984 年，利用农垦局下达的科研项目经费，加上农场配套资金，累计投入 20 多万元建设了棉花保种加工车间，购置了两台小型锯齿机专门加工留种棉花。20 世纪 90 年代中、后期，由于场内棉花面积减少和推广应用杂交棉等因素，棉花良种繁育工作终止，主要以外购杂交棉种为主。

1995 年，种子公司利用国家种子项目资金 300 多万元，建设日烘干能力 100 吨的种子烘干线 1 条，配套种子精选机 1 台、种子仓库 2880 平方米、晒场 2.5 万平方米（种子生产基地）和种子检验、检测设备 20 多台（套），形成了年精选、加工、包装稻麦良种 1000 万公斤的经营、加工、销售能力，使农场的种子在附近县、市打开了市场，形成了规模和特色。农场被列为省、市常规种子生产基地。

种子生产加工的质量标准为《中华人民共和国种子法》业内称其为"新国标"。良种生产程序按国家种子法规定。新品种引进步骤为：育种家种子—原种—良种—大田用种。内繁步骤为：基础种—（二圃制或三圃制）—原种—良种—大田用种。提纯复壮步骤为：穗选—良繁（去杂、去劣）—原种—良种—大田用种。

2014 年，投资 300 万元新建一条日烘干种子 120 吨的"三久"厢式低温循环烘干线；2015 年，先后投资 500 余万元建成一条每小时 10 吨的种子加工线、4 座 500 吨钢板筒仓、580 多平方米加工厂房及相关附属工程；2017 年之后，先后投资 360 多万元用于仓库改造和晒场建设。通过不断增加投入、完善基础设施建设，进一步提高种子质量，把种子工作提高到一个新水平。

不断与省内外科研院所、大专院校开展多种形式的合作和交流，以此为技术支撑，引进科研成果，实施稻麦良种的统繁统供，加快新品种推广步伐和品种的更新换代，促进粮食生产持续稳定发展，有利于种子区域化布局、专业化生产、市场化供应、规模化种植，有利于良种的更新、提纯复杂、加工、包装、供应和科学的品种布局，有利于提高稻麦品种的内在品质和商品性，充分发挥良种的增产潜力。有力地促使稻麦生产上台阶、上档次，有效地解决了大田品种多、乱、杂，生产方式小、低、差的局面，大大提高了优质稻麦商品率，提高了规模效益。

2020年，农场累计生产稻麦良种1.2亿公斤，场内供种2400万公斤，外销获利3200余万元。使用经过提纯复壮的种子或者更新换代的新品种，一般可以亩增产8%～20%。因此，实施稻麦良种的统繁统供，是加快新品种推广步伐和稻麦品种更新换代、促进粮食生产持续稳定发展、提高粮食综合生产能力的有效途径，是确保粮食安全、不断为农场提质增效的重要举措。

四、良种经营

建场初期，农场的种子生产以自繁自用为主，执行"四自一辅"的种子工作方针。以全场的总需种量为目标，分解下达到各生产单位，很多是以粮代种。20世纪80年代后期，随着市场经济的快速发展，种子经营也逐步进入市场，尤其是1988年种子公司成立后，全场种子对外销售逐年增加，由计划调节逐步走向市场化运作。1990年，对外销售各类良种185万公斤，其中大麦占50%。当时农场与江苏省沿海地区农科所合作，由科研部门提供优质原种，农场繁殖一、二代良种，大量对外销售，科、农结合，在地方种子市场打开了局面。

1990年，农场小麦种子对外销售，与扬州农科所合作繁殖扬麦158，麦种市场走俏，大批麦种销售到盐城、淮安、扬州的20多个市、县。粳稻良种品种主要有苏协粳、中国91、徐稻2号（5027）。

2001年，与武进稻麦原种场的育种家合作，大面积扩繁武育粳3号原种，取得了良好的市场销售效果，为武育粳3号的持续利用作出了贡献。

2016年"新种子法"实施，种子市场的管理日趋严格。随着农业经济结构调整，国家鼓励农村土地适度、规模流转，种子市场的客户群体逐渐由零散农户向种田大户、合作（家庭）农场转变。而以家庭农场为首的种田大户自留种现象的出现，稻虾养殖、稻鱼养殖等高效农业的兴起，以及水稻轮作休耕的试行推广，使近几年稻麦种子市场容量出现了一定程度的萎缩，加之新品种数量呈井喷式增长，品种同质化竞争趋于白热化，稻麦种子市场竞争更是异常激烈。

种子公司营业收入和利润虽逐年上升。但 2013 年以后经营业绩一度有所下降，主要是因为：①种子市场容量萎缩，销量减少；②种子市场低价竞争，单位生产、用工、管理成本增加，导致利润空间缩小；③2019 年之前的几年，粮价低迷，转商处于亏损状态；④2020 年，受新冠疫情的影响，粮价回升，粮食转商止损；加之销售逐渐好转，利润有所上升。

种子公司加强省内外合作，与合肥丰乐种业股份有限公司、山东登海种业股份有限公司、中国种子集团有限公司江苏分公司、江苏中江种业股份有限公司、江苏明天种业科技有限公司、江苏天丰种业有限公司、江苏金土地种业有限公司、江苏瑞华农业科技有限公司、江苏高科种业科技有限公司、江苏润扬种业有限公司、扬州市扬子江种业有限公司等单位建立了长期合作关系。

种子公司良种销售网络为：江苏大华种业市场部—淮海分公司—销售科—业务员。外部销售网络中，省级公司包括江苏中江种业、南京红太阳、南京沃丰种业、南京苏科种业等，市级公司包括扬州金土地种业、扬州扬子种业、淮安天丰种业、盐城明天种业、盐城市第二种子公司、泰州苏中种业等。

第九节　农业服务

随着农业生产不断发展，全场农业服务体系不断变化，按照保证生产、方便职工、优质高效的要求，农场建立与农业生产和行政管理相适应的农业服务体系，进入 21 世纪后，随着商品经济快速发展和农业经营体制改革的深化，农业服务体系建设不断加强和完善，按照发展农业产业化的要求，为职工提供产前、产中、产后全程服务。

一、采购供应

计划经济时期，由物资科根据种植计划和国家下达的标准，统一采购农用物资，再由农业科按计划种植面积分配到各个基层农业单位。物资科在原中堆分别设立肥料库、农药库和小农工具库。种子以自留为主，物资科按计划核减单位的上缴商品粮。小农工具由各分场上报计划，分管领导批准，交物资科统一采购、供应、分发到各农业单位。20 世纪 80 年代后期，农用物资供应和农产品营销逐步由计划经济过渡到双轨制（计划经济和商品经济体制），以后又逐步过渡到以商品经济为主的市场化运作模式。1985 年，物资科改制为淮海农场商物公司，农业生产资料的采购、供应，按照市场化运作的原则统一经营。2007年，按照省农垦深化农用物资服务体系改革的要求，进一步增强统的功能，全面实行集团化采购和供应。农资服务体系建设显著增强，经营量扩大。2011年，全场农业投入品的统供率达到95％以上。除依托省农垦巴士物流公司集团采购供应外，还不断优选其他农用物资生产厂家和客商，增加供货渠道，保证生产需要。

2013年以后，继续执行省农垦对农用物资统的政策，实行集团化采购和供应。2020年，农场农业投入品的统供率接近100％，除依托省农垦巴士物流公司集团采购供应外，还通过优选其他农用物资生产厂家和客商进行补充调剂，以满足生产急需。2018年8月，江苏农垦农业服务有限公司成立淮海分公司，从江苏省农垦农业发展股份有限公司淮海分公司抽调5人，进一步强化对场内农资的统一供应、开展社会化服务管理与财务核算。2019年8月，从44大队抽调1名副大队长强化农资供应技术服务，2020年9月，招聘一名农场公司职工子女进入财务，增强农资统供财务力量。苏垦农服淮海分公司成立后，农资供应能力不断提升，2018年向农场公司内部与社会销售化肥、农药等农用物资2400余吨，销售额570余万元；2020年，向农场公司内部与社会销售化肥、农药等农用物资3800余吨，销售额1580多万元，销售数量增长近1.6倍，销售额增长近2.8倍。

二、良种供应

农场对各类农作物的良种管理、供应和服务，是根据各个不同历史时期，分别采取计划供应和市场化运作的模式，制订出一系列的良种管理、供应、服务和技术服务制度，取得了很好的效果。

改革开放以后，农场实行商品种子市场化运作机制，农场良种由江苏淮海大华种业有限公司统一经营和良种推送，严格执行《中华人民共和国种子法》规定标准，对企业提供优质的良种产、供、销、售后服务，为农场农业高产、优质、高效奠定了坚实的基础。

三、粮种检测

为了做好种子鉴定工作，农业部门会同种子公司，认真做好田间种子纯度检测和收晒、贮藏过程中的发芽率、发芽势和水分杂质的测定。苏垦农发淮海分公司供应贸易部和江苏省农垦米业集团淮海有限公司的粮食检测人员一起参加省级培训，接受江南大学粮食加工系专业技术培训。实行持证上岗，种子公司收购人员和技术人员都要参加全国统一资质考试。分别在苏垦米业淮海公司和大华种业淮海分公司、苏垦农发淮海分公司农业中心供应贸易部设立粮食质量检验室、种子质量检验室和江苏农垦啤酒大麦质量检测检验中心，负责全场粮食、种子和啤酒大麦质量检测检验服务，提高了基层单位粮食、种子管理水平和农产品质量安全水平。

四、技术服务

计划经济时期，农业技术服务以行政科室服务为主，农业科技人员，以执行种植计划、掌握农情进度、催收催种为主，农业科技服务的投入和人员不足，体系不健全。党的十一届三中全会和全国科学大会以后，科技是第一生产力的思想逐步深入人心，为农业技术服务注入了强劲的活力。

计划经济时期，科室之间各自为政，农业、农机、农资部门之间沟通不多，力量分散。1993 年 4 月，农场合并成立农业技术服务中心，将原来的农业科、多种经营科、农机科、物资科合并，成立农业中心，由主管农业的副场长兼任农业中心主任，农业科科长为副主任，下设农业、农机、多种经营、农资、财务等科室和种子公司、农科站、兽医站、挖掘队等单位，实行自主经营、独立核算，农业科技服务延伸到农业生产产、供、销的各个方面，覆盖产前、产中、产后的全过程、全角度。1998 年 4 月以后，农业中心不再进行独立核算，全面行使技术服务的行政科室职能，农资和农产品经营业务划归商物总公司。

2002 年 10 月以后，农场实行土地租赁经营体制，继续完善和加强农业技术服务体系建设，采取了有效的"绿箱保护"政策，做到"网不破、线不断、人不散"，按照"精简、效能、服务、协调"的原则，撤销了原农业、农机、多种经营等职能科室，合并成立了农业技术推广中心，下设农科所（为副科级单位），辖良种站、植保站、气象站、水产站和啤酒大麦检测中心。原来从事农业技术工作的同志除部分留机关外，其余人员进入农科所，从事研发和农业技术服务工作。对从事植保工作的农校毕业生采取补贴政策，鼓励他们在基层从事农业技术工作，为农业职工提供技术培训、病虫草害防治、发布信息、现场技术指导、印发技术资料和新品种、新技术引进等多种形式的农业技术服务，有效地推进了经济的持续发展。

2011 年 11 月，种植业从农场剥离，江苏省农垦农业发展有限公司成立淮海分公司，2012 年 12 月，改制为江苏省农垦农业发展股份有限公司淮海分公司，健全了农业服务机构，下设办公室、人力资源部、资产财务部、农业中心、农机水利中心、供应贸易部以及本部1~7分场，拓展基地太平生产区1个生产区的41个大队。农业中心为农业职工提供技术培训、发布病虫草害测报、到基层农业单位进行现场技术指导、印发技术资料和推广新品种、新技术、新的种植模式。随着江苏省农垦农业发展有限公司与江苏省农垦农业发展股份有限公司的成立，原淮海农场农科所同步改制为"江苏省农垦农业发展有限公司淮海分公司农科所"与"江苏省农垦农业发展股份有限公司淮海分公司农科所"，隶属于淮海分公司农业中心，由农业中心主任兼任农科所所长，仍然从事农业研发和农业技术服务工作。2020年3月，苏垦农发淮海分公司划拨给苏垦农发现代农业研究院，改名为"江苏省农垦农业发展股份有限公司现代农业研究院淮海试验站"，原苏垦农发淮海分公司农科所1名科研人员及从苏垦农发淮海分公司第三生产区抽调的1名技术员进入淮海试验站。

五、气象服务

气象与农业生产的关系十分密切。在气象服务上，农场主要做了天气预报、灾害性天气防范、资料服务等方面的工作。

1. **天气预报服务**　气象站根据射阳县气象台天气预报，结合本地气象观测数据及时做出本地天气预报，再通过电话、网络通知各农业单位，及时采取防范措施。尤其是在三夏、三秋季节和汛期，气象人员紧密注意天气变化，及时提供气象信息。

2. **灾害性天气预报及防范**　气象站与射阳县气象局和气象台建立了协作服务关系，加入射阳县气象台雷达监测天气预报系统，除定时预报以外，还对灾害性天气进行及时预报并提出防范措施，提供天气咨询服务，在关键天气变化中，如暴雨、冰雹、干旱、低温、高温、霜冻、降雪等，加强灾害性天气预报，做到防患于未然，减轻灾害损失。射阳县气象台还提供中长期天气预报服务，对农业生产具有较好的指导作用。

第十节　绿色无公害

一、无公害基地

1995年3月，经中国绿色食品发展中心批准，农场的稻米、啤酒大麦、稻谷、小麦、大豆等5个农产品在全省首批获得绿色食品标志使用权。绿色食品是经过国家绿色食品发展中心论证、按照国家绿色食品标准和规范组织生产的安全无污染的营养类食品。

（一）农场环境要素监测

南京大学环境科学系根据农场生产基地的自然环境及社会、经济发展状况，布点监测了农场区域的主要环境要素。经监测评价，得出如下结论：

1. 生产基地的灌溉水源进入农田的水质　均符合《绿色食品产地环境技术条件》（NY/T 391—2000）中的有关标准，各监测断面（点）水质质量清洁，符合绿色食品（水稻、麦、豆类）的灌溉水质要求。

2. 该地区及其周边无大气污染源，亦无污染工业　大气环境质量评价结果符合《绿色食品产地环境技术条件》（NY/T 391—2000）中的有关规定，各监测点的大气清洁完全符合绿色食品生产环境要求。

3. 生产基地土壤　主要是脱盐土，经布点监测，对照《绿色食品产地环境技术条件》（NY/T 393—2000）及该区域（江苏省）土壤背景状况，各点的质量指数均小于1，符合绿色食品生产要求。

生产基地的自然环境、社会、经济状况以及水、大气、土壤等主要环境要素均符合绿色食品开发要求，生态环境质量良好，具备开发绿色食品的优越条件。同时，农场的稻麦、大米、啤酒经抽样，送农业部食品质量监测试验中心（上海）检测重金属、农药残留等有害物质30多项，均符合规定标准，产品质量检测结论为合格。国家绿色食品发展中心根据农场的环境质量和农产品质量以及其他申报材料，组织专家论证，批准农场啤酒大麦、稻米、稻谷、小麦、大豆等5个农产品为绿色食品。

（二）农场按规范采取措施

按照国家《绿色食品生产规范》的要求，农场采取了一系列措施。

1. 保护生态环境，坚持可持续发展　农场和环保部门联合对环境质量进行监测，成立了环境保护工作领导小组，由场领导任组长，负责协调各方面事务，做好人、财、物保障，认真贯彻落实环境保护政策、法律、法规，制定目标和责任制，坚持绿色发展战略，创造一个"蓝天、绿地、碧水、景秀"的优美生态环境。

基地的农业灌溉水源主要来自淮河和长江水系。各项环保措施的落实、环保意识的增强，使区域内的环境质量继续保持良好的状态。同时，省委、省政府十分重视对沿海地区生态环境的保护，严格控制上游的污染源。如春季干旱缺水时，农场及时关闭部分闸门，抽取苏北浇灌总渠中的优质水源浇灌。2005—2012年，农场投入资金1000多万元，用于改变水路，灌排分开，充分利用优质水源。虽然增加了成本，但有效地提高了产品质量。

农场严格控制大气污染，规定工厂不得排放烟尘和粉尘。加强对燃煤、烟尘、工业粉尘和地面扬尘的治理，场区内使用的锅炉必须配备消烟除尘设施，使用清洁燃料，使烟尘排放达到国家标准。场区内95％的职工家庭使用太阳能热水器和液化气，减轻了烟尘对空气的污染。场部职工已经全部拆除了小锅灶，使用上干净清洁的液化气。场部栽花、种树、植草皮，美化环境，减轻污染。经监测，大气中的悬浮物年平均值控制在0.20毫克/立方米以下，大气中二氧化二硫年平均值控制在0.06毫克/立方米以下。

2. 规范农药使用 禁用高毒、高残留和"三致"农药。场农业部门加强病虫害预测预报，及时发布《病虫测报简报》，适当放宽药物标准，减少农药使用量。重视啤麦和稻谷收获后的药物熏蒸处理。

2000年8月，鉴于种植业结构调整，大豆、小麦、豆乳粉上停止使用绿色食品标志，在水稻、啤酒大麦、大米等三个农产品上继续使用绿色食品标志。2004年11月继续申报使用绿色食品标志的稻谷的审批面积扩大到7.3万亩，啤酒大麦面积也扩大到7.3万亩。

2003年12月，经江苏省海洋渔业局批准，农场的水产品2660亩祥裕牌异育银鲫获得《无公害农产品基地生产认定证书》。

2004年11月5日，全场5万亩水稻、啤酒大麦，经江苏省农林厅审核，符合无公害农产品产地的标准和要求。

2002年8月，农场95亩有机稻，经过OFDC的有机论证，获得《有机农场证书》。2004年8月，国家环保总局有机论证（OFDC）批准农场继续使用《有机农场证书》；2006年，因市场和其他因素，停止使用《有机农场证书》。

2005年11月，经国家农垦总局论证批准，农场被授予"全国农垦无公害农产品示范基地农场"。

二、绿色食品

绿色食品是产自优良生态环境、按照绿色食品标准化生产的安全、优质、营养类食品。1995年，农场农产品获得国家绿色食品发展中心授权，在水稻等5种农作物使用绿色食品标志。由于作物布局调整和市场行情变化，经申请停止使用大豆绿标。截至2020年，水稻、大米、小麦等农作物已连续25年获得"绿标"使用权。

2019年，苏垦集团农农公司要求垦区创建全国绿色食品原料标准化生产基地，采取更严格的管理和质量控制体系，打造高标准的绿色全产业链。2017年7月，农场成功申请并通过了农业部绿色食品办公室（简称绿办）牵头组织的绿色食品基地申请和验收。2017年9月进入创建期，经监察符合基地建设条件的总面积为78868.5亩（编号SKN-HH-01-07），分布在7个生产区42个大队。

（一）基地环境建设

农业农村部农产品质量安全监督检测中心（南京）对农场土壤灌溉水进行检测、评价，确定农场土壤、灌溉水符合NY-2013《绿色食品产地环境质量》。射阳县生态环境局来农场实地考察，确定农场所在地方圆5公里范围内没有污染源，企业空气等环境质量符合绿色食品标准化生产基地建设的要求；绿色食品基地范围内，无散养鸡、鸭、鹅等家禽养殖单元。苏垦集团与正大合资的大型养殖场，建设标准高，畜禽养殖粪水经过无害化处理、沼气化；基地的七个生产区所用的农家肥都经过高温发酵；基地内生活区清洁，水质优良，田园联片，路、桥、涵、站设置合理，基础建设配套齐全，绿树成荫，鸟语花香，林木覆盖率达30％，环境整洁卫生，生态条件良好。投入农资规范标准，综合防治病虫害采用绿色植保技术，测土配方施肥，平衡施肥。农家肥高温发酵率达100％，均符合创建绿色食品和生产基地建设的要求。

（二）严格基地管理

根据绿办的要求，农场建立组织管理、生产管理、基础设施管理、投入品管理、技术服务管理、监督管理六大管理体系。农场绿色食品生产沿着标准化、专业化、规模化路线进行，严格按照绿色食品原料生产相关技术标准和要求，统一制订、发放符合生产实际的技术操作规范，实施"六个统一"，即统一生产管理制度、统一作物布局、统一生产资料供应、统一农艺栽培措施、统一机械作业、统一病虫害防治、统一产品购销。为优质高产提供了有效的制度保证。

2020年，农场完成绿色食品组织管理体系的建立，成立了基地建设领导小组、基地技术指导小组和推广专家小组的基地三级技术小组。引进推广实用新技术，加快科研成果转化，建立增产增效的长效机制，更新了基地生产单元编号，列明基地单元名称、规模、职工人数，以及基地单元负责人的明确责任。一级抓一级，层层传导管理压力，更新基地单元职工档案、职工姓名、生产单位编号、面积、种植品种等信息。

严格生产管理。制定绿色食品知识和宣传手册，为基地的小麦、水稻生产执行绿色食品生产标准提供理论和技术支持。明确基地的投入品按照"国家绿色食品发展中心"颁布的NY/T 393—2013绿色食品农药使用准则和NY/T 3994—2013绿色食品肥料使用准则投入使用。在生产区、大队的主要干道、厂区、晒场、仓库宅区等职工聚集地张贴绿色食品宣传画、标语、技术操作规程等，营造浓厚的绿色食品生产氛围。

完善绿色食品基地基础设施建设，提高农田标准和耕地质量，2020年累计新建水泥路5.8公里，桥梁两座，防渗渠技改2.2公里，维修加固涵闸94座，翻新改造水泥晒场17420平方米，场面加高12020平方米。有效的投入，改变了基地农业生产条件，提高了农业生产水平和抗灾能力。尤其是水泥晒场的翻新和改造，投入较大，成效显著，加快了粮食摊晒周转速度和收种进度，为提高绿色食品安全生产和产品质量提供了可靠的保障。

建全绿色食品基地环境保障制度。加强土、水、林、田、路的综合治理，改善"田容地貌"。作物秸秆全部还田。推广绿色栽培技术，不断改善基地的生产条件。提高环境质量，严格防止工业"三废"污染。加强监测，保证基地的空气、灌溉水、土壤符合《绿色食品产地环境质量》要求。

规范绿色食品基地农业投入品使用，建立市场准入制度，根据绿色食品相关技术标准和要求，分公司定期公布基地允许使用、禁止、限用的农业投入品目录，制订允许使用的农药清单及肥料使用准则。实行农业投入品封闭管理，由分公司领导、分公司职能部门、商物公司和相关植保技术人员按照苏垦农发审定，统一组织采购和统一供应基地的农业投入品，严把投入品准入关。分公司生产区联动开展专题试验，筛选高效低毒、低残留的新型农药和生物药肥，推广应用农业防治、生物防治、物理防治等生态防控技术措施，推广优质高产多抗良种和高效低毒低残留新型药肥和生物药肥。实行基地投入品允许使用公告报告制度，广泛宣传，扩大影响，加强监督，建立监督检查制度。分公司定期组织人员到基地的各生产区指导投入品使用，在农作物生长季节每月巡查一次，并将巡查结果及整改措施报告给基地领导。

建立绿色食品原料标准化生产基地建设交流平台，加强与各生产区种植户的信息交流。2013年，基地大力推广农业信息化建设，搭建了自己的群。分公司农业中心牵头，建立了QQ和微信"淮海农业群"，定期进行信息发布，通过分类指导等形式，指导农业生产和生产单元信息交流和反馈。

（三） 建立农产品质量追溯体系

2018年全国农业工作会议上明确提出建设农产品质量安全追溯体系，与农业项目和品牌认定挂钩，保障广大消费者舌尖上的安全。首先将"三品一标"产品纳入追溯管理，这是落实习近平总书记指示和党中央国务院工作部署的重要举措，是农产品质量安全监管的重要创新。强化经营主体责任，提高基地的示范效应，进一步提升消费者的安全感、获得感和幸福感。农场按照绿色食品基地的创新要求，详细记录基地田间生产管理中的各项措施，投入品的选用从生产田块、种植户姓名，产品质量检测等，从种植到生产，加工等详细生产信息，并在大米包装上印制二维码，消费者可以灵活使用手机 App 追溯产品质量安全信息。

农场建立了两家农产品质量安全检测室，七个生产区，41 个生产大队，形成"三位一体"的农业服务中心体系。农业服务中心建成"农产品质量安全快速检测室"，成功完成了追溯体系，绘制了网络图，为农产品质量安全提供可靠保障。淮海米业公司、农业中心将电脑与各追溯主体平台对接，由专业技术人员进行日常维护和管理，及时掌握基地各生产区主体经营状况及农产品质量安全信息，发现不规范问题，及时追查整改，责任明晰，分工明确，管理精细，全面实现了生产区大队种植户加工企业产业链的农产品质量控制和追溯。贴上标签和可追溯的二维码，可以随时查阅农产品的身份信息，保证消费者舌尖上的安全。渠星牌大米已经成为"著名品牌""江苏省优质名牌""中国十大金奖大米""长三角优质品牌大米"，其推行全程可追溯的质量安全控制体系，原粮生产实行"六统一"管理措施，大米生产实施流向明确，原料质量的绿色安全无污染，责任追溯到产品、商家店铺、消费者。扫描产品身份标签二维码，即可追踪所有质量信息。

（四）制订绿色防控技术方案

推广绿色植保技术，扎实做好病虫草害的防灾减灾工作，持续有效地控制病虫草害，最大限度地减轻损失，保障农业生产安全和生态环保农产品安全优质。以科学发展观为指导，深入贯彻"公共植保"和"绿色植保"，以防灾减损、提质增效、保障安全为目标，确保病虫草害危害损失率在 5% 以下，高效低毒友好对路农药使用面积 30% 以上，利用杀虫灯诱杀害虫防控面积 100%，农药用量减少 10% 以上。

（五）农场推广绿色植保新技术

（1）稻田耕沤治螟技术。冬种田，收获后及时耕翻，降低螟基数，具有一定的治螟效果。

（2）选用优良抗病品种。早中稻主要选择抗稻瘟病、稻曲病的优良品种。

（3）打捞菌核。纹枯病发生面积大，病害后期形成的菌核掉落在稻田里会成为下一年或者下一季的菌源。推广打捞菌核是传统技术，但可以减少菌核数量，减轻纹枯病的发生。夏耕沤田时，打捞浮于水面上的浮浪渣集中烧毁。

（4）物理、生物等防控技术。推广稻田送嫁药、秧田带药下田，预防水稻前期病虫害。水稻破口抽穗期混合用药保穗技术。

（5）选择高效低毒对路农药。

（6）种子消毒处理。坚持种子带药下田，预防苗期病虫害。

（7）清除田埂杂草，清洁田园减轻虫害寄生。

（8）强化病虫害监测预警。完善监测预警设施、定田系统调查及大面积普查，及时发布病虫害情（警）报，并结合天气预报、农作物生长阶段等因素综合分析，科学、合理地制定防治措施，使中长期预报准确率达 85％以上，短期预报准确率达 95％以上。

（9）加大植保技术宣传力度，推广绿色植保技术和专业化统防统治。充分利用电视、广播、报纸、短信和网络信息平台等现代媒体，结合标语、条幅、宣传画、植保专栏、广告牌等宣传方式，多样化宣传，提高知晓率。

第十一节　拓展基地

2013 年 9 月 23 日，江苏省农垦农业发展股份有限公司（简称苏垦农发）与宿迁市泗洪县人民政府签署了《农业战略合作协议》（简称《协议》）。协议签署后，苏垦农发淮海分公司（简称淮海分公司）领导多次深入泗洪县实地考察，经与太平镇政府几轮磋商，双方达成了加强现代农业战略性合作、共同推进太平镇首期农业土地规模化种植项目的共识，于 10 月 12 日签订了《土地承包合同》，由太平镇政府将项目区内的 3600 多亩土地流转给淮海分公司种植，双方合作期限至 2025 年 12 月 31 日。

2013 年 10 月 13 日，淮海分公司研究制定去太平镇项目区流转土地种植的前期准备工作，设立"苏垦农发淮海分公司泗洪太平生产区"（简称"太平生产区"）新的二级建制，在太平生产区设立"谢咀大队"一个三级建制，并决定从淮海分公司本部抽调 6 名人员组成太平生产区管理团队。

2013 年 10 月 15 日，太平生产区管理人员和淮海分公司本部农业、农水、规划等部门人员开赴太平生产区现场，开展规划设计，进行秋播准备，累计投资 200 多万元，动用 17 台推土机、2 台挖掘机平整土地 113 个条田，开挖 100 多条沟渠，建电站 5 座、道路 6.5 公里、防渗渠 3200 多米、涵洞 100 多座、宿舍 400 多平方米、仓库 200 多平方米、晒场 11000 多平方米，迁坟 350 座，累计完成土方量 100 多万方。

2013 年 11 月 30 日，从淮安市流转土地给农场，即总面积 3600 多亩的太平生产区，共平整出耕地 3203 亩，种植镇麦 168 小麦。历时一个月，太平生产区的土地整体开发完成，实现了"当年人员进驻、当年土地整理、当年播种小麦""平整一块，播种一块"的计划目标，经过一个冬春的管理。2014 年 6 月 5 日—6 月 18 日收割，小麦亩产量达到 435 公斤。

2020年，经过优化品种布局、配方施肥等措施，小麦亩产量逐年递增，小麦亩产量上升到475公斤，接近千斤产量水平。

2014年6月，第1季小麦收割后，开始平田种植水稻，共调用5台轮式拖拉机、5台旋耕机、2台开沟机、1台筑耕机、3台直播机，筑埂500多条，平整出3154亩水田，全部种植旱直播水稻，11月5日至11月21日收割，亩产量达450公斤。

2017年夏季，为了发展机插稻与水直播稻，对田块平整度提出更高的要求，太平生产区对3154亩稻田再度进行平整，动用了2台大型激光平整机、18台普通型平整机、4台小型挖掘机、1台筑埂机、8台插秧机、3台水直播机，筑埂500多条。种植机插稻1200亩，水直播稻1954亩，由于田块平整度高，保水性能改善，当年水稻亩产量达到500公斤。2020年，水稻亩产量达到535公斤。

2013—2020年，泗洪县委副书记、代县长王晓东等10多人，泗洪县副县长、开发区党工委书记张敏等10多人到淮海拓展基地太平生产区考察调研。泗洪县县乡政府部门、宣传部门、种田大户累计有10多批次、300余人到太平生产区调研考察，学习土地流转拓展经验。2018年10月，泗洪县农委与广播电视台20多人考察报道太平生产区，宣传太平生产区的组织架构，条田、条沟、灌渠、道路、电站、晒场、仓库等基础设施布局及标准化种植措施等，并作为泗洪县创办家庭农场的样板。

2013—2020年，太平生产区累计获得苏垦农发、淮海农场公司、苏垦农发淮海分公司颁发的各种奖牌证书10多项。从进驻拓展基地，到完成修筑道路、条田规划丈量、平田整地等一系列工作，"三夏"（夏收、夏插、夏播）完成时间与质量均位居苏垦农发对外拓展基地前列，获得苏垦农发"2017年度拓展基地'三夏'工作优胜奖"；2017年度，获得苏垦农发"2017年度拓展基地效益贡献奖"；2018年三秋，太平生产区经苏垦农发考核，"三秋"（秋收、秋播、秋管）工作在苏垦农发所有对外拓展基地中优胜。2018年12月被苏垦农发授予"2018年度拓展基地'三秋'工作优胜单位"称号。

第十二节　现代农业

2012年，江苏确定基本实现现代化的进程：到2020年，全省总体上达到世界中等发达国家水平，在全国率先基本实现现代化。2020年左右基本实现现代化；苏北地区加快全面小康建设步伐，为基本实现现代化打好基础，2020年以后逐步基本实现现代化。江苏农垦2018年率先实现现代化。

农场农业紧紧围绕"上规模、创品牌、强产业"的总体思路，以"建设优质农产品基地、发展现代品牌农业"为主线，以科技为引领和支撑，建设了一批农业标准化生产基地，生产了一批优质农产品，培育了三个农业龙头企业，农业产业化水平不断提升，推动"农业大场"向"农业强场""农业名场"转变，现代农业的发展驶进了快车道。2020 年全场已流转土地 10000 亩，占耕地总面积的 10%，成立专业协会 3 个，发展各类优质农产品基地 8 个，获批市级农业标准化生产基地 50000 多亩。基地农产品通过国家绿色食品认证 5 个、有机食品转化认证 2 个，注册品牌商标 5 个。

2012—2020 年农业现代化推进：一是采用"科技协会＋龙头企业＋基地＋承包"的运作方式，以专业化、规模化生产为基础，引进新品种、推广新技术、提供新信息。在产品销售上做到了五个统一（统一品牌、统一质量、统一包装、统一价格、统一销售），立足资源，调整结构，依托科技，取得了显著的社会效益、生态效益和经济效益。二是提高职工科技素质。以远程教育站点为依托，加大科技投入，注重发挥科技引领作用，技术指导服务到 8 个生产基地 43 个生产单位。三是将科技作为农业产业化经营的助推力量，积极提供优质服务，逐步形成产前、产中、产后一条龙的服务体系。四是增加投入，着力争取农业综合开发、土地整理、农田水利建设等项目，完善农业基础设施，使农业生产环境条件大大改善。

2012—2020 年，农业现代化"九举措"：①推进农业现代机器体系，由手工畜力、半机械化转变为机器生产，经济性能优良的拖拉机、耕耘机、联合收割机、农用汽车、智能无人机等成为农业的主要生产工具。②推进农业现代技术集成运用，如电子、激光、遥感技术等，促进农业高质量发展。③推进农业生产社会化程度：农业企业规模扩大，农业生产区分工、企业分工，生产高度专业化、商品化。④提高现代农业的贡献率、劳动生产率、土地生产率和农产品商品率，延长农业生产的产业链。⑤形成农业可持续发展产业。广泛采用生态农业、有机农业、绿色农业等生产技术和生产模式，实现作物、品种、土地等农业资源的可持续发展。⑥农业生产物质条件集约化。以农业生产条件、基础设施和现代化的物质装备为基础，集约化、高效率地使用各种现代生产投入要素，包括水、电力、农膜、肥料、农药、良种。⑦实现管理方式的现代化。广泛采用先进的经营方式、管理技术和管理手段，从农业生产的产前、产中、产后形成比较完整的紧密联系、有机衔接的产业链条，具有很高的组织化程度。⑧实现职工素质的现代化。农业经营管理人才和劳动力具有较高素质。⑨实现生产的规模化、专业化、区域化。降低公共成本和外部成本，增强农业的效益和竞争力，建立现代农业和政府宏观调控机制，完善农业支持保护体系，包括法律体系和政策体系（表 10-8）。

表 10-8　2012—2018 年淮海农场现代农业进程统计监测表

指标名称		年份							2018 比 2012 平均递增（%）
		2012	2013	2014	2015	2016	2017	2018	
1	农林牧渔业增加值（万元）	12156.4	11745.2	11830.0	13435.2	14689.3	15578.0	15801.0	2.92
2	粮食亩产（公斤）	483.48	480.59	520.51	570.25	531.03	563.95	526.65	0.87
3	高效设施农业（渔业）面积比重（%）	0.36	0.38	0.38	0.38	0.38	0.38	0.38	0.38
4	农民人均纯收入（元）	17510.0	19261.0	21187.1	23806.0	26085.5	26086.5	30860.0	3.87
5	持证农业劳动力占农业劳动力的比重（%）	7.21	6.95	10.06	50.62	51.62	61.87	61.54	0.95
6	乡镇或区域农业公共服务体系健全率（%）	90.00	90.00	98.00	98.00	98.00	98.00	98.00	0.41
7	农业化信息服务覆盖率（%）	90.00	90.00	98.00	98.00	98.00	98.00	98.00	0.41
8	农户参加各类合作经济组织比重（%）	28.12	21.34	13.13	27.54	27.54	60.27	46.51	0.62
9	农业适度规模经营比重（%）	98.00	98.00	98.00	98.00	100.00	100.00	100.00	0.12
10	规模以上农业龙头企业销售收入与农业总产值之比（倍）	1.00	1.18	0.92	1.03	0.68	0.76	0.71	0.79
11	农产品现代流通业态销售率（%）	95.00	95.00	95.00	95.00	95.00	98.00	98.00	0.20
12	高标准农田比重（%）	100.00	100.00	100.00	100.00	100.00	100.00	100.00	1.00
13	农业综合机械化水平（%）	90.00	90.00	90.00	90.00	90.00	90.00	98.00	0.41
14	农田水利现代化水平（%）	90.00	90.00	90.00	90.00	90.00	90.00	98.00	0.41
15	认定的无公害绿色有机食品基地占耕地、水面比重（%）	100.00	100.00	100.00	100.00	100.00	100.00	100.00	1.00
16	农业废弃物综合利用率（%）	90.00	95.00	96.00	96.00	96.00	96.00	98.00	0.41
17	林木覆盖率（%）	20.42	20.42	4.31	4.31	4.31	4.31	4.31	4.61
18	财政支农增幅与一般预算支出增幅之比（倍）	1.00	1.00	1.00	1.00	1.00	1.00	1.00	
19	农业贷款增幅与贷款总额增幅之比（倍）	1.00	1.00	1.00	1.00	1.00	1.00	1.00	
20	高效农业保险覆盖面（%）	100.00	100.00	60.00	60.00	60.00	60.00	80.00	0.12
	农业基本现代化综合分数（分）	76.43	76.72	73.48	84.15	85.01	90.13	90.40	0.55

2012—2020 年，据农场现代农业进程统计监测，农场基本现代化 21 项评价指标综合得分为 91 分。其中：农林牧副渔业增加值达 15699.52 万元，平均增长 7.82%；人均纯收入 33375 元人，平均年递增 3%；农业公共服务体系、农业信息化率均达 98%；农业产值增长 6.5%；农田机械化、水利均达到 98%；认定无公害绿色有机食品基地 100%；农业废弃物综合利用率 100%；高效农田、保险率 100%。

第十一章　林　　业

第一节　植树造林

　　农场地处黄海之滨，海洋性气候十分明显。建场初期，土壤盐分重，风大雨多，眼前见到的不是光秃秃，就是白茫茫，场领导学习苏联的经验，十分重视农田防护林的建设。1952年，农建四师在进行农田规划时，也同时进行防护林规划，邀请华东农科所和沿海造林局的专家来场实地勘察设计，确定的施工方案是"两沟夹一林"，沟宽5米、深1.75米。200米大田距离设一条主林带，主林带宽幅15米，栽树11行；1500～2000米设一条副林带，副林带宽幅10米，栽树7行。主、副林带均采取乔灌木混栽，林带边缘两行栽灌木，品种以紫穗槐为主，林带中间栽乔木，品种以苦楝、乌桕等为主。在盐分较轻、排水良好的路边、河边、营区前后等宜林地段，栽植绿化树木，单排或双排，每5米一塘，品种有女贞、合欢、榆树、臭椿、垂柳等。到1954年春，已完成主林带89条、副林带18条，累计造林2785亩，共植各种树苗28.8709万株。随后几年，一方面扩增林带面积，另一方面对已植林带缺苗进行补植。但由于土质差、地下水位高等客观原因，实际有树林带的面积没有逐年增加，总体存活率仅64%。1964—1968年，进一步重视林业生产，每年都以文件形式下达各单位植树造林计划和任务，包括成立林业专业队，明确职责，单独核算，计划到1969年林地保有量占土地总面积8%，可防护耕地面积7万亩。20世纪70年代，由于受极"左"思想的干扰，对林业生产影响较大，乱砍滥伐，场外偷盗破坏严重，有效的防护林面积和木材蓄积量不断下降。1980—1985年，林业生产逐渐恢复，由原来的不足3000亩，逐渐增加到6500亩，木材蓄积量6179立方米，但离全场宜林面积9420亩的目标尚有3000多亩没有完成。之后，农场全面规划，因地制宜，改植一部分经济用材林，如泡桐、白榆、洋槐、八里庄白杨等。同时，对原有林带进行调整，主林带宽幅净宽8～10米，梳理两边排沟，垫高林床50厘米。主林带与主林带之间距离有一部分调整为100米，植树株行距扩大，一般3～4行。至1989年，累计完成植树面积11367.6亩，其中成片林10592亩，累计植树46.48万株，林木覆盖率8.6%，宅区绿化率17%，全场林地面积首次突破万亩。

20 世纪 90 年代，对原来种植的白榆、乌桕、垂柳、洋槐和生长速度缓慢的八里庄白杨逐步更新淘汰，开始引苗栽植生长速度快、经济效益好的 69 杨、72 杨。由于林权制度改革滞后，仍然采用集体栽、分工管、最后收益不与个人挂钩的林业责任制，还是走不出重栽轻管、光有数量、没有质量的被动局面。2000 年初，场长带领有关人员 13 人到沭阳参观林业产业化示范区，解放思想，重新认识林业生产的重大意义和经济价值。随后出台《林地租赁经营实施办法》和《淮海农场林业发展行动计划》，坚持体制创新和技术创新相结合，通过拍租林地，明确林权，推广优良品种和"四大一深"栽植措施，彻底改变了林业生产多年无法打破的被动局面。2000—2003 年，全场共出租林带和堆堤 400 多条，出租四旁绿化树塘 8 万多个，累计增加林地出租收入 350 多万元。

2010 年，第一批承租种植的树木已进入砍伐期，承租者都得到较好的收益，充分调动了干部职工植树造林的积极性。目前，林业生产已成为一项利场利民的产业化工程。全场 6500 亩左右的成片林和 10 万株左右的四旁绿化树木进入稳定期和良性循环状态，农田林网化率 20％以上，四旁绿化率 100％。

2012 年，农场实有林地面积 1.12 万亩，森林覆盖率达 13.9％，林木蓄积量达 12 万立方米，林木总株数为 62 万株（不包括桑树和花灌木），其中意杨 57 万株、绿化专用树种 5 万株。在林木总株数中，生育期 1～4 年的幼林为 14 万株，生育期 5～9 年的中等林为 27 万株，生育期 10 年以上的成材林为 21 万株。成材林约占总数的 33.9％。2015 年，华电集团滨海风电 220KV 送出线路工程项目及坎振线延伸路段等项目实施，致使农场林木资源急速下降。2017 年，江苏省淮海农场河道疏浚项目、县水利局五岸灌区节水灌溉驳岸工程、淮海农场 2017 补充耕地土地整治项目等项目实施，农场林木资源再次缩水。同年，农场要求"摸清家底，挤出水分"，重新制定林地面积测量标准。

2014 年，农场实施"水利和高产稳产农田建设"，淘汰低产果园、林地等，面积缩小，年末实际林地面积为 5623 亩。

2018 年，因盐城市纺织染整产业园绿化隔离带工程实施，农场新增林地面积 512 亩，共栽植中山杉和落羽杉 48000 余株。2020 年末，农场实有林地 5956.1 亩。

第二节　果品生产

为改善职工生活，促进多种经营发展，20 世纪 50 年代后期，农场就开始引进种植果木，品种有梨、桃、苹果等，至 1964 年，全场果木种植面积 427.56 亩，分布在六个分场共 10 个大队，配备果树栽培专业人员 55 人，品种除上述三种外，还有葡萄、无花果、枣、杏等 10 多种，当年收获面积 78.43 亩，总产 2612 公斤，单产 33.3 公斤。农场要求逐步健全林果专业队伍，明确职责，单独经济核算，提高产量，减少亏损。1977 年，果木面积扩大到 792.2 亩，合计产果 25.5 万多公斤，其中梨 166991 公斤、苹果 6564 公斤、桃子 21144.5 公斤、枣 518.5 公斤、柿子 480 公斤、葡萄 265 公斤。生长果木的大队有 28 家，每到夏秋两季水果收获季节，家家户户都能吃到自己生产的新鲜水果，到果园采果、买果成为大人小孩的一种乐趣，好品种的水果供不应求、只能按人口分配。1982 年，全场果木面积 850 亩，每个单位都有面积不等的果树。但果园管理粗放，果子未成熟时就被偷摘，病虫害多，产量下降，全面亏损。农场及时采取措施，派工作组进果园调查摸底，抓大放小，对单位自己开发种植的小果园和亏损较大的果园立即退果还粮。1983 年，全场只保留 1 连、9 连、17 连、20 连、33 连、46 连等 6 个分场级果园，面积减少到 441.8 亩，专业职工 44 人，全年生产水果 9.565 万公斤，平均亩产 214 公斤。受生产技术条件的限制，有不少等外品的苹果卖不出去，三分场 20 连果园将这些苹果土法上马，生产苹果酒，对场内外销售，增加收入。

20 世纪 50 年代，农场发展果木的目的是为了改善职工生活，但因为规模小、管理体制不活，种植果树的经济效益与种粮相比越来越差，20 世纪 90 年代，果树逐渐淘汰。1996 年，全场最大的一个果园 20 连果园 227 亩被开发成农田，农场的果木生产随之结束，以后只有少量职工在家前屋后种上几棵。

2014 年，农场根据自身发展需求，与淮阴工学院签订校企合作协议，在四分场南八滩河南堆堤东端建成连片标准果园 100 亩，一期投资 50 余万元，尝试种植果树新品种。随即农场制定《江苏省淮海农场标准果园建设项目实施方案》，并建设 40 亩优质梨苗圃。2015 年，百亩优质果园基地建设初步完成。由于优质果园基地果树之间的株行距较大，为充分利用土地资源，果园套种冬小麦，后又种植冬瓜，取得良好的林木经济效益。

2016 年，农场坚持"行政推动，科技引导"的政策，走高标准、规模化发展的路子，对果园从以下三方面进行提升：一是改善基础设施。比如新建看护房一座，新建水泥道路 2400 余米，增设栅栏若干等。二是强化科技培训。秉承"走出去，请进来"的理念，组织人员出去开阔视野，更新观念，学习技术，聘请科研院校专家担任果园产业发展顾问，为果园发展提供强有力的信息和科技支撑。采用大棚草莓套种甜瓜、果树套种西瓜等栽培模式改造果园，取得初步效果。三是强化管理措施。严格按照果园科学化管理标准，确保修剪、施肥、病虫害防治等关键性措施执行到位。至此，农场百亩优质果园基地的运营步入正轨。

2017年，由于果树修剪方面的技术欠缺，果园聘请专家对果树进行修剪整枝定型；围绕"以基肥为主，追肥为辅"的原则，加大有机肥的使用量，农药选取低毒高效的配方，生产绿色安全水果。2018年，果园引进两个晚熟梨新品种，秋月梨上市时间为中秋节前，金果梨上市时间为十月下旬，以填补晚秋冬初这段时间无水果上市的空白，此时果树已进入结果期，梨、桃等陆续上市，果园收入达15万余元。

2019年，农场响应林果木业"优质化、特色化、市场化"的发展目标，果园与苏州硒谷科技有限公司合作，成功种植出硒含量达标的富硒梨。同年，果园引进梨树新品种"皇冠"；还在淘宝网上，搭建企业店铺平台，销售优质水果，为后期发展"互联网＋"模式提供宝贵经验。但由于梨品种结构搭配不合理，部分品种不受人们喜爱，且成熟期基本一致，市场供应期短。果园在2020年大量淘汰不适宜本地生长的冬枣、石榴等果树；同时通过嫁接和更换的方式逐步调整不适合本地种植的梨品种和不同成熟期的梨果占比，确保果品受市场欢迎，并延长市场供应期。由于水果的品牌价值能极大地影响果品的价格，果园设计外包装盒，注册商标，树立品牌形象，为以后梨果走向中高端市场奠定坚实基础（表11-1）。

表11-1　2015—2020年资源中心生产统计表

年 份	总面积（亩）				经营收入（万元）			年利润（万元）
	合计	林地	果园	苗圃	合计	林业	果园	
2015	3769	2953	140	675.6	298.3	171.9	0.6	—
2016	4033	3366	137	530.5	173.1	42.5	1.9	—
2017	3911	3309	137	464.2	176.5	19.5	4.2	—
2018	3907	3309	133	464.2	270.0	35.0	15.0	—
2019	3907	3097	133	677.0	208.8	37.8	14.0	22.0
2020	4412	3598	137	677.0	317.4	30.7	11.5	104.6

第三节　苗木生产

农场一直重视林木的育苗工作。本着自繁、自育、自用的原则，从1954年起，就把育苗任务下达到各单位，当年春季完成育苗350.9亩，秋季完成265亩。乔木品种主要有洋槐、本槐、臭椿、乌桕、苦楝，灌木主要有紫穗槐。树种从句容、徐州、北京等地购回。育苗前，场林业部门组织干部和有关人员进行培训，下发育苗操作规程和播后田间管理措施。1953年，从盐碱地很重的土地上收获183.5万株苗木。由于当年用苗量太大，还从地方调集49.8万株，才完成造林任务。1955年，试种桑树苗310多亩，为提高刨桑苗工作的效率，农机人员通过技术革新，试用拖拉机起桑苗获得成功。机械起苗每亩只需40分钟，人工起苗每亩需12个劳力，工效提高几十倍。这一成功经验于1956年12月16日在江苏省农林厅主办的《林业通讯》上刊出。

1964年，培育的苗木面积增加，品种增多，质量较好。当年收获乔木苗31.893万株、灌木苗60.673万株。其中杨槐6.4万株，苦楝1.2万株，乌柏22.54万株，本槐700株，旱柳、垂柳5900株，白杨9890株，合欢980株，紫穗槐60.67万株，杞柳2.5万株，不但自给有余，还对外出售乌柏苗11万株。培育果苗6340株，对外出售葡萄苗2300株、梨树苗1300株。

兵团时期，苗木生产有一定发展，正常年份，自繁的苗木都能自给有余，有些苗木还对外出售，如乌柏、紫穗槐、梨树、苹果、葡萄等。兵团撤销后，林木品种更新，对育苗工作更加重视。1979年，培育竹苗17.2亩，为农业大队种植竹林提供了条件。1999年，分别从山东、沭阳、淮阴等地购进白杨树苗，品种有中林46杨、72杨、69杨、土耳其杨等优良的树苗，育苗320亩，出苗13.5万株，为杨树品种改良发挥了很大作用。绿化管理部门多年来利用300多平方米温室大棚，每年培育一串红、万寿菊、千日红、三色堇等盆花，都在万株以上。2012年，单独成立绿化管理所。绿化所立足农场，寻找市场，投资20多万元，兴建玻璃温室花房一座。在四分场境内，建立苗木生产基地60多亩，栽插10多个品种，近10万株苗木，苗木成活率高，长势良好。

2014年，农场新增绿化苗木面积405亩，主要品种有黄山栾树、红榉、紫薇、石楠球、小龙柏等，共投入资金50余万元。2016年，农场积极探索绿化苗木产业发展新道路，大力发展高附加值的苗木花卉，从三方面打造优质绿化苗木基地，提升盈利能力。一是抓日常管理，做好苗木补缺。根据苗木不同品种在各季节的生长特点，抓好苗木存活率的统计核查工作，为来年补苗做好准备工作。二是抓降本节耗，强化成本管理。狠抓内部管理，从苗木起苗、运输、栽植等环节抓起，降低绿化工程成本。同时，积极承接农场的绿化工程，优先选用已有绿化苗木，降低外购苗木成本。三是扩大内需供给，拓展外销市场。通过走市场、比质量、比价格，做好农场内需的同时，积极与相关绿化公司合作，开拓外销市场。经过3年的努力，农场绿化苗圃面积增至530.5亩。2019年，资源中心通过苗木经纪人初步开拓外销市场，对外销售苗木达12万余元。

2020年，由于周边地区苗木市场已处于饱和状态，且受新冠疫情影响，苗木基地利润下滑。为提升农场绿化苗木的市场竞争力，保障农场林果业可持续发展，资源中心改变发展思路，由追求苗木数量改为追求苗木质量。资源中心全面开展苗圃的升级改造工作，更新造林面积280亩，栽植优质的黄山栾树、白蜡、高秆红叶石楠等近10000株，苗木基地移栽大叶黄杨球 4400 余棵、红叶石楠球 3000 余棵；扦插无絮意杨南林 3804 和 3412 两个品种 30000 余株，试种美国薄壳山核桃 600 多穴；对苗木进行修剪、塑形、改造。这些措施大大提升了苗木的品质，为苗圃长远发展打下坚实基础。

第四节　四旁绿化

农场的四旁绿化，主要在居民家前屋后、路旁、水旁等空隙地栽植树木，品种有柳树、榆树、泡桐、水杉、合欢树、苦楝、洋槐等，以美化环境为主，有的成材后供单位使用。1977 年，全场的四旁绿化为 11.63 万株。1992 年，四旁绿化 19.27 万株，当年被省农垦总公司表彰为绿化达标单位，还有 6 名先进个人同时获得表彰。1995 年，随着小城镇建设的推进，四旁绿化的内容和所起的作用更加丰富和重要。场部绿化起点高、标准高，还请园林绿化的专业人员进行设计规划。场成立环卫所，专门负责场区的绿化、美化和卫生。建立规章制度，出台了《场区绿化管理规定》和《总场绿化责任区域划分表》。场部中心地带的绿化，特别是淮海路两侧，以增绿量、出精品、上档次为目标，景观树、草坪、花坛、花池相结合，高中低立体栽植，花草树交叉相映，沿街花园，曲径通幽，各类花草争奇斗艳，小城镇融商贸餐饮、生活住宅、娱乐休闲、景观绿化于一体，形成了一道美化、绿化、香化、亮化齐备的风景线，改善了职工的生活环境。场部绿化的品种多达上百种，街道两侧和主干道栽种的品种有香樟、法国梧桐、蜀桧、龙柏、广玉兰、合欢、棕榈、重阳木、紫薇等；花池、花坛和行道树下的花草有春梅、蜡梅、月季、迎春、红花酢浆草、黄杨、瓜子黄杨等；盆花的品种有一串红、万寿菊、千日红、羽衣甘蓝、三色堇等。通过落叶树与常绿树相结合、乔木与灌木相结合、草本与花卉相结合、植树与草坪相结合，提高了四旁绿化的多种功能和观赏效果，营造了四季有绿、四季有花、鸟语花香的美好环境。农场对四旁绿化每年都投入一定的人力、财力，绿化管理所有专业园艺工人和技术员 15 人，每年用于购买花草苗木、园林机械、人工养护的费用都在 40～50 万元。2010 年，淮海路两边，从常州购进胸径 10 厘米、树高 5 米以上的优质香樟 300 多棵，替换原来的棕榈。在学苑小区，完成精品绿化工程 3000 多平方米。在别墅群前，完成沿河绿化带 2000 米。在健康路西、神禾路南等地，新增绿地面积 5000 平方米，力求和谐自然、健康优美。1993 年农场获得了江苏省绿化委员会授予的省级绿化达标证书，2000—2003 年获得射阳县政府绿化达标证书和奖牌。

2014 年，农场承接临海高等级公路绿色通道工程，打造长达 8.9 公里的景观林和背景林。为全面贯彻习近平总书记生态文明建设战略思想，2015—2020 年，农场开始大范围实施绿化工程。在七个分场的道路和分场部绿化工程中，共计栽植33700余株绿化苗木，品种有女贞、栾树、红叶石楠、海桐、大叶黄杨、瓜子黄杨、合欢、垂柳、紫荆、意杨。由于农场场部周围的绿化植物出现老化、枯死、病虫害频发等现象，致使场部环境变差，影响农场形象和居民生活质量。农场分别对陈列馆、社区、菜市场、污水处理厂、水厂、淮海公园等地实施绿化升级改造工程，淘汰枯死、有污染、过时的绿化树种，请园林设计院设计图纸，专业团队施工，栽植时下受欢迎、无污染、造型优美、耐寒耐碱性强的树种，为农场职工创造优美的工作与生活环境，进而打造高水平生态农场。

第五节 林权改革

随着经济体制改革的不断深入，"大锅饭"式的林业生产管理体制已不能适应林业生产发展的要求。2000年，为从根本上促进林业生产稳步健康发展，充分发挥林业的生态、经济和社会效益，农场着手进行林权制度改革，成立林权制度改革领导小组，农场农林科牵头，进行宣传发动，调查摸底，征求意见，2001年初，农场出台《林地租赁经营实施办法》，对沿袭了几十年的林权制度进行彻底改革。主要包括三方面的内容：一是以竞拍的方式拍租林地经营权。对全场的林地进行等级评定，划为一、二、三类三个等级，每类每亩分别上交160元、130元、100元，定出底价，公布上墙，根据先场内后场外、先职工后他人的原则，各分场依次进行公开拍租。拍租前，制定拍租规程和拍租须知，制定淮海农场林地租赁合同，举行现场拍卖会10多场，举牌竞价，价高者得。对道路、河堤等不便计算田亩的地带，按每塘3元为底价进行举牌竞租。二是林地发租后，林地承租人必须服从造林统一规划、统一措施、统一品种的规定，在两年时间内完成造林，并通过验收。林地租赁后，单位不支付任何费用，包括前期的林床整理和后期的砍伐费用，一切由承租者自理。承租费场内职工分三年交清，场外人员一次性交清。同时规定，取消农业分场职工蔬菜地，一律改为植林，每塘10元，扩大株行距6米×6米，实行林间套作蔬菜。三是一个租赁周期为十年。如租赁期满，确认树木尚未成材的，可以适当延期，加收承租费。承租者全额拥有林木收入，可以转让，可以继承。此政策一出台，立即引起全场干部职工关注，大家踊跃报名参与拍租，进展顺利。至2003年，全场7000多亩林地和上万个树塘全部拍租，收益350多万元，林权制度改革到位率100%。

2010—2011年，随着第一轮林地承租周期的结束，农场对林地承租办法做出适当调整，采取出租与股份制相结合的方案，宜租则租，宜股则股，主要解决林地承租期涉及征用、变更和农田基本建设用地的有关矛盾。林地承租或股份制，全部对内不对外，并向一线职工和急需要帮扶的困难群体倾斜，让他们在新一轮林权改革中抓住机遇，勤劳致富。2012年，立足现有林业资源，进一步深化林权制度改革，共签订新一轮林业承租合同68份、林地管理合同10份，面积4000多亩，收取租金80多万元、植树保证金30多万元。为职工申请到90多份林木砍伐证，批准砍伐面积1000多亩。对到期但未予批准砍伐的林地，采取续租形式，确保农场林木绿化覆盖率稳定在一定比例。

2012年末，农场林木经营方式主要有两种：承包分成和个人承包。农场林地净面积达1.12万亩，近10年内，集体和个人合计年投入422万元，集体未形成销售收入，职工年收入450万元，年利润75万元。为充分发挥资源优势，实现生态经济双赢的目标，自2013年起，农场将过去的承包经营模式改为集体管理、集体和个人入股分成、个人承租三种模式。

2015年，新一轮植树造林，农场林业部门积极协助各分场社区进行林地承租，对每一条新承租林的面积、土质等进行全方位核查，以确定合理的承租价格。最终共签订合同44份，累计造林面积达460多亩。其中股份林合同2份，面积200多亩；承租林42份，面积160多亩；集体种植林近百亩。同时为职工顺利申领到13份林地砍伐证，约2000株。为适应企业改革新形势，农场按照"调结构、转方式、优生态、惠民生"的工作思路，积极开展资源整理工作，不断加快林木产业发展步伐。同年，淮海农场资源开发管理中心成立，制定《资源开发管理中心经营业绩考核管理办法》，执行"内抓管理，外拓市场"的方针，营业额逐年上升。截至2020年已实现年收入317.44万元，利润高达104.58万，其中林下种植及水资源租金32.68万元，果园收入11.52万元，苗圃对外销售收入23.99万元，绿化工程收入249.25万元。2016—2018年，盐城市实施了沿海百万亩"一片林"项目，农场积极争取地方财政补贴共计47万余元，为林木果业发展提供了更多资金支持。

2002年之前，六分场有外匡圩堆堤300多亩，由于历史原因和场群关系复杂，这一大片宜林地段多年植树却不见林。2002年4月12日，农场出台《关于承租六分场匡圩堆植树的有关规定》，成立民营性股份制合作林场，筹股对象为全场干部职工，每股金额1万元，林地按照《公司法》有关规定进行经营管理。结果领导带头，筹集40多股，林场得以顺利运作。十年来，林场树木长势好于全场平均水平，经济效益、社会效益十分显著。

2001年，淮河入海水道堆堤总长7.6公里，为防止水土流失和个人私自种植，农场继续推行股份制植树，与股民按比例分成，植树200多亩，2万多株，长势良好。

第六节 林业管理

建场初期,林业生产曾经有过良好的开端,从造林面积到对林业的管理都取得了一定的成效。进入 20 世纪 70 年代以后,由于多种因素的影响,林业生产成为一个薄弱环节。1983 年,制定《林业经营管理试行办法》,明确指出,林业生产是国营农场一项不可缺少的内容,要像重视农业生产一样重视林业生产。农场成立由场长牵头领导的 11 人绿化委员会,多种经营科具体负责,分场设立林业站,配专业林业干事;大队成立护林育林组,落实所在单位各项林业任务,形成三级网络,齐抓共管。着重解决管理不善、造林质量差和任意砍伐、破坏严重等老大难问题。但林业生产仍然不能尽快复苏,难以走出"春天栽,秋天黄,冬天进锅堂,明年再穷忙"的恶性循环。在树种选择上,选择耐盐、成活率高的八里庄白杨,逐步淘汰乌桕、垂柳等杂树。此后,每年都要下发关于加强林业管理的通知,多次进行林业生产专项检查,表扬林业生产先进单位和个人,打击乱砍滥伐和偷盗树木等违法违纪行为,对林业生产的稳定发展起到了一定的推进作用。

1992 年,根据省级绿化标准的目标,农场从 1990 年开始进一步加大林业生产工作力度,调整和加强场绿化管理委员会,林业工作由原多种经营科牵头改由农林科负责,农林科设林水站,分场成立林水组,大队设林水员,各单位主要领导为本单位绿化造林第一责任人。出台《林业达标八项措施》,层层签订责任状,首次将林业生产纳入单位和干部的百分考核目标。要求全场所有干部职工在植树节前后,每人义务植树 10 株以上。坚持高标准,新建农田林网,统一按 100~200 米建一主林带,林床净宽 8~10 米,栽树 5~6 行。提取绿化造林经费,包括生态效益费、发展资金、绿化资金。开展绿化达标竞赛,设立"达标奖"和"绿化奖"。八项措施出台后,经过上上下下共同努力,1993 年春,经盐城市农垦公司检查验收,农场符合达标要求。

1998 年,根据《中华人民共和国森林法》和江苏省农垦总公司《林业生产有关规定》,农场对林业生产责任制、经营方式、考核办法等方面进行了修改和完善,要求各单位育苗工作必须与造林同步,确保本单位普通树苗自繁自给,保证苗木质量,提高成活率,动员职工以耕代抚,做到一栽就管、一管到底。同时加快老林更新淘汰。在淘汰老林的过程中,引进竞争机制,总场定出底价,进行公开拍卖,拍卖现场十分火爆。通过拍卖,全场增加林业收入 150 多万元。

2001 年,对林业生产进行全面改革,农场出台《林地租赁经营实施办法》,至 2002年,全场林带和宜林地段全部出租,租赁周期十年。

2013 年，为加强对林业生产管理工作的领导，充分利用和经营好现有林业资源，促进农场增收增效，进一步强化责任，推进工作落实，农场成立江苏省淮海农场林业生产管理工作领导小组，下设林地管理所，出台《江苏省淮海农场 2013 年林业生产管理实施方案》和《江苏省淮海农场林业管理试行办法》。各单位迅速行动，成立了相应的工作机构，制定措施，落实责任，同时加大督查和考核的力度，采取实绩与奖惩挂钩的方法，2013 年 9 月末，全场林业考核任务全部完成，林业生产管理工作扎实有效推进。

2014 年，农场加大林业管理知识宣传力度，帮助职工树立"三分栽、七分管"和以耕带抚的观念。为使生态防护林和苗木资源管护责任一并落实，农场与各分场签订管护责任书，保证工作落到实处，巩固造林成果。2015 年，农场根据"抓转型、促发展"的精神，首先对三四分场社区高等级公路边的取土坑进行重新规划，依据各取土坑的深浅度、获取水源方便与否、塘口质量及相关民意调查，进行发包价格核定，最终签订合同发包给有意向者使用，面积达 184 亩。其次对四分场社区 60 余亩长期被职工无偿占用的林地进行整改，收回林地主权，重新订出承租林带约 35 亩，其余 20 余亩为盐分较重的盐碱林。为充分发挥林地资源潜力，农场通过种植大小麦改良土壤，从而增加盐碱林的收益，提高其苗木栽植成活率。

2016 年，农场以夯实生态基础为重点，扎实推进造林绿化工作。在造林绿化过程中，农场领导高度重视，多次深入现场勘察，亲自部署工作，亲自督查，确保造林绿化工作启动早、落实早。各部门严把苗木质量关，栽植关、检查验收关，积极做好后期养护管理，确保造林成活率；及时对各类项目涉及的林地以及到期林地的树木，采集信息，及时整理归档、完善林地档案，确保林地资源档案的连续性和完整性。2017 年，农场全面启动垦区林木火灾保险工作，进一步健全高效农业保险制度，也为承包林带的职工提供一份保障。从此，农场的林业生产进入了全新的发展阶段（表 11-2）。

表 11-2　2015—2020 年淮海农场林业生产统计表

项　目	2010	2015	2016	2017	2018	2019	2020
年末实有林地面积（公顷）	1873	397.1	397.1	397.1	397.1	397.1	397.1
1. 当年造林面积（公顷）	13	22.2	—	—	—	—	—
2. 当年零星植树（万株）	22	186.0	21.6	4.6	4.6	1.0	1.0
3. 年末实有育苗面积（公顷）	19	0.7	0.6	0.5	0.5	1.1	1.3
其中：当年新育面积（公顷）	—	0.7	0.6	—	—	1.1	—
4. 幼林扶育作业面积（公顷）	220	20.0	4.0	4.0	4.0	—	—
5. 成林扶育面积（公顷）	100	40.0	4.0	4.0	34.0	6.7	6.7
6. 迹地更新（公顷）	—	60.0	1.5	1.6	—	1.3	16.7
竹木采伐（立方米）	2500	200.0	150.0	100.0	516.0	480.0	480.0

第十二章　养殖业

第一节　畜禽饲养

一、猪

1. 发展概况　农场从建场起就重视畜牧业发展，兴建了师直属畜牧场。1954 年，中央发出养猪生产的指示后，畜牧业生产确定以养猪为主。承担全场养殖和繁殖生猪任务的单位主要有 4 个，100 人专职从事养猪工作。畜牧场购进 93 头母猪、4 头种公猪，以繁殖苗猪为主；三垛、头庄、美人垛三个专业养猪队以育肥猪为主。1955 年，全场 4000 多人肉食品自给。1956 年后，除肉食品自给外，逐年增加上交国家生猪的数目，当年上交生猪 859 头。1961 年，建场 10 年，年均生猪饲养量 3000 头。当年，繁殖苗猪 19237 头，外购 2565 头，共饲养生猪 21800 多头。养殖的品种主要有约克夏、长白山、巴克夏、新淮猪、土种猪、杂交一代、杂交二代猪等。

1963 年以后，受三年困难时期和"文化大革命"的影响，全场生猪饲养量每年保持在 2000 多头。由于饲料缺乏，生产条件差，属于"穷养猪"，只能基本维持职工生活需求，实行计划供应。20 世纪 70 年代，为响应上级"一人一头猪，一亩地一头猪"的号召，加上兵团时期职工人数不断增加，肉食需求越来越大，养猪规模也就不断扩大，每个连队都有猪场。1978 年，全场年末存栏 7584 头，1980 年达 10853 头。随着饲养方式和管理水平的提高，以及品种的改良，育肥猪出栏率逐渐增加，养猪的收支也基本平衡。1980 年以后，知青回城，年养猪的规模又降到 2000 头左右，1988 年只有 1346 头。随着饲料价格的不断上涨，养猪已是赔多赚少。到 1992 年，各大队的集体养猪基本停止，职工的吃肉已全部市场化，少数职工以家庭副业饲养的生猪也进入市场。

2007 年，生猪养殖随着一分场 4 户职工利用旧房改造建猪场，又逐渐发展起来。2008 年，生猪养殖户扩大到 17 户，存栏能繁母猪扩大到 428 头，当年出售肥猪 1999 头。当年，七分场引进外部资金新建万头猪场，江苏农垦与泰国正大合作投资的苏垦正大种猪饲养基地也在一、四分场破土动工。此后，生猪养殖从过去的集体养殖、散户养殖、传统养殖转变为规模化、现代化、产业化和无公害化养殖，走出一条"猪—沼气—蔬菜—青饲料"生态循环发展的新路子。2010年，饲养量上升到2.1万头，生猪价格行情看好，养猪效益稳步提高。2011年饲养量2.3万头，出栏1.54万头，能繁母猪存栏1162头。2012年生猪饲养稳定增长到2.6万头，出栏1.9万头，养殖总产值3600万元。

2014年，由于猪场连年亏损，苏垦集团与泰国正大猪业有限公司解除合作。2016年，盐城市政府办公室发布《关于组织开展珍禽自然保护区内存在问题整改工作专项督查的通知》，同时射阳县环境保护委员会发布《关于进一步推进突出环境隐患和环境信访问题整改的通知》，为响应射阳县环境整治的号召，农场与东丰畜牧有限公司商谈猪场整改工作。由于猪场位于丹顶鹤自然保护区的缓冲地带，且整改后环保仍未达标，农场要求东丰畜牧有限公司关停猪场，出售肥猪。2018年初，猪场完成拆迁工作，农场肥猪存有量下降0.6万头。2020年，农场全年猪饲养量为15万头，能繁母猪存栏5087头，出栏肥猪2万头，出售苗猪5.9万头。

2. 饲养与管理 饲养方式：1952—1964年，采用放牧与圈养相结合的方式。由于饲料供应不足，夏秋季节主要靠散放，一人一群，早上将猪赶到草滩荒地，任其自由觅食，其主要吃野菜、野草和供食一些根茎，傍晚将其赶回圈内过夜，归栏后适当补喂些精饲料；冬春枯草季节，散放较少，利用夏、秋季收集的干草粉碎，加些精饲料和水拌成稀食进行圈养。1965年以后，荒地被逐渐开发利用，散放减少，圈养为主，以青、粗饲料为主，精饲料为辅，一天两到三顿。1978年，生猪的饲喂方式和饲料结构改变，一是改吃稀食为直接喂干料，二是改熟食为生料，三是改粗料为青、精饲料为主。饲养方式和饲养技术的改进，加上淘汰土猪等老品种，逐渐缩短了育肥猪的生长周期，由原来一年才能出栏，缩短到6～8个月就能出栏。

20世纪80年代开始饲喂工厂化生产的配合饲料，料肉比降低，生长速度加快，育肥猪平均每天能增重0.4～0.5公斤。

进入21世纪，生猪的饲养条件彻底改变，养殖户加大对基础设施的投入，过去脏、臭、差的猪舍已经不见，采用通风式、恒温式和舒适型猪舍。大型猪场更是投入更多资金，建造标准化、现代化、智能化猪舍，变成了生猪生态园区。2009年，全场新建标准化猪舍35万平方米（主要是苏垦正大猪业），各种设施配套齐全，使养猪业走上了集约化、规模化、现代化的道路。2012年，全场1755头母猪，享受国家能繁母猪补贴17.55万元。为养殖户和养殖单位投保2116头，收缴保费2.5万元，保险金额212万元，全年协助理赔事故30起，获赔3万多元，促进了养猪业的健康发展。2013—2020年，农场区域内母猪参保3.6万头，参保率100%，共办理1756头能繁母猪死亡理赔，赔付金额达187.3万元。

二、耕牛

农场牛养殖分为役用牛和乳役兼用牛，种类有水牛和黄牛。水牛品种主要有海子牛和本地水牛，黄牛为本地黄牛和鲁西黄牛，乳役兼用牛为杂交牛。从建场起，农场就饲养役牛，其是农业生产和运输的主要畜力。1952 年引进水牛 132 头、黄牛 27 头。1955 年有水牛159 头、黄牛 97 头、乳役兼用牛 4 头。1956 年，引进三代杂交母牛 10 头、荷兰种公牛 1头。1964 年，全场有水牛 275 头，黄牛 114 头，乳役杂交牛 19 头，其中有 228 头役用，全年总出勤 19365 天，主要用于棉田中耕施肥、水田平整、耕耙蔬菜田和机械耕不到的田头地边。全场有 45 辆牛马车，对生产和生活运输，包括接送病人去医院，都发挥了很大作用。

20 世纪 50 年代至 90 年代，每个大队都建有专门的牛舍，配备专职饲养员，分场有专职畜牧兽医，从上到下，各级领导都很重视役牛的使用饲养和防疫治病工作，经常开展膘情、越冬饲草贮备和防火等专项检查，对人为造成耕牛突然死亡、被偷盗等行为，全场要通报处分，淘汰和宰杀耕牛必须逐级上报审批。

20 世纪 80 年代，随着农业机械化的不断推广普及，役牛的田间作业和运输功能逐渐被手扶拖拉机等机械替代，役牛的使用率逐年下降，每年的出勤不足两个月，役牛的饲养成本也越来越高，故役牛的存栏量逐年减少，2000 年役牛全部淘汰，黄牛 1988 年提前淘汰。

役牛饲喂方式：青草季节，不出勤时白天以放牧为主，如要出勤，饲养员必须在早中晚赶牛出来放牧，既要让牛吃饱，又不影响出勤。枯草季节以室内饲养为主，喂食收割的浆草、豆秸等粗料，使用量大和越冬时早晚要添喂棉籽壳、棉仁饼、小麦、黄豆等精料，以保证膘情和安全越冬。

三、马、骡、驴

建场初期，农场就有原来部队使用过的战马以及骡、驴等大牲畜。由于当时战马染上一种叫鼻疽病的传染病，被宰杀了大部分，1954 年，仅剩马 11 匹、骡 2 匹、驴 3 匹。1958年，农场从蒙古接受一批蒙古马，当年有马 91 匹、骡 24 匹、驴 5 匹。马、骡的主要任务是拉车，担负农业大队的运输任务。拉车时，一般是骡子驾车在中间，两匹马在前边拉。驴子主要是推磨，加工饲料、淀粉和磨豆腐。为了防止驴子推磨偷懒和偷吃加工的原料，就用眼罩和嘴套把驴眼、驴嘴封起来。由于马的饲料成本较高，疾病又多，饲养量逐渐减少，1964

年，仅存 12 匹，至 1973 年，仅剩马 3 匹、骡 8 匹、驴 1 匹，以后再无饲养。

四、羊

1952 年，畜牧场养山羊 27 只，1953 年引进绵羊、寒羊。1954 年增加到 216 只，其中本地山羊 130 只、乳羊 64 只、绵羊 22 只。集中在畜牧场饲养，白天散放，晚上进栏入圈。繁殖实行自然交配，每胎产羊羔 2 只左右。由于杂草资源丰富和自繁自养，至 1963 年，全场饲养量为 813 只。1964 年，养殖业转向以养猪为中心，乳羊、绵羊被淘汰，山羊饲养量也逐渐下降，由单位集体饲养转为职工家庭户养，每年的饲养量在 400 只左右。山羊喜欢吃青草、豆秸、山芋藤和树叶。1986 年以后，随着养羊的经济效益增加，职工自发饲养的积极性提高，全场有 20 多个养羊专业户，他们改变了自繁自养的传统方式，年前或开春统一到山东、徐州等地选购优良的公山羊，体重一般在 7.5～10 公斤，利用夏秋季草多利于放牧和气候适宜等有利条件进行育肥，到元旦前，平均体重达到每只 25～30 公斤时，统一出售。饲养的规模一般 70～80 只为一群，多的 100 只。养羊的主要成本是购买种羊、备些防拉稀的兽药，后期适当加喂一些小麦、黄豆等精料，其余就是 1～2 人专人放牧，成本低，收益高。1986 年，出栏 1639 只，此后年份在 500 只左右，原因是适合养羊的辅助劳力和可供放牧的青草资源逐渐减少。

五、奶牛

1956 年，农场引进荷兰种公牛 1 头，与当地黄牛杂交，培育乳役兼用杂交牛 8 头，产奶 437.5 公斤，供应农场干部职工饮用。1965 年，场直畜牧场有杂交乳牛 27 头，产奶 4300 公斤。受消费对象限制，鲜奶销售不畅，杂交乳牛饲养量减少。1977 年，剩 8 头，产奶 930 公斤。为扩大鲜奶销路，一边把鲜奶加工成炼乳，一边将部分鲜奶搭六垛到盐城的班车，托送到盐城乳品厂。1980 年，杂交乳牛逐步扩大到 61 头，产奶 1.85 万公斤，自制炼乳 4371.5 公斤。当年，从广西引进黑白花奶牛 44 头，经省农垦总公司批准 30.78 万元投资计划，组建东滩奶牛场。随后逐年投资，至 1983 年，东滩乳牛场有奶牛 131 头，其中产奶牛 78 头、后备牛 54 头，产奶 12.25 万公斤，建有"对尾式"牛舍两幢、后备牛舍一幢，建筑面积 1160 平方米，水泥运动场 3000 平方米，有 7000 立方米青贮窖，深水井、仓库、兽医室、职工宿舍等设施配套齐全。同年，在场部新建乳品厂，奶牛场每天所产鲜奶，桶装后用手扶拖拉机送至乳品厂，加工成奶粉或豆乳粉，冬季一天送一趟，夏秋一天送两趟。由于没有制冷设备，送迟了就要变质倒掉，每年因乳品厂停电、机械故障和维修要倒掉 5000 公斤以上鲜奶。1991 年，奶牛饲养量为 202 头，其中产奶牛 108 头、后备奶牛 94 头，年产鲜奶 41.75 万公斤。1989 年，农场计划扩大奶牛规模，向省农垦总公司申请投资 155 万元，准备至 1995 年，牛群扩大到 500 头，产奶量达到 125 万公斤。由于上级投资无法到位，东滩分场又进行大面积良田开发，可供牛群放牧的草地和收获的越冬干草越来越少，奶价低、饲料涨价，经济效益不是很好，只能靠每年的补贴勉强维持，饲养规模不但没有扩大，反而逐渐缩小，1997 年，仅有奶牛 117 头。有关部门对牛场也制定和讨论过搬迁计划，后决定关停该场，将剩余的奶牛全部对外拍卖出售。

奶牛饲料一般为粗料、青绿饲料和精料，精料针对不同的牛群有不同的配方，粗料主要是干青草，后来用稻草。青绿饲料主要有青玉米秸贮存发酵、紫花苜蓿、胡萝卜、山芋、大白菜等。奶牛的饲养方式，开始时是草滩放牧和舍饲相结合，后来草滩没有了，全部改为舍饲，白天放到室外运动场，挤奶喂料赶到室内上夹子，每天早晚各挤奶一次，以人工挤奶为主。饲养管理方法，先是分组饲养，后改为分户饲养，每户包养 8～12 头，单独核算，自负盈亏。

奶牛繁殖，先是种公牛自然交配，后改为人工授精。冷冻精液以南京市种公牛站为主，兽医室配有专职兽医和授精员 3 人。整个牛群都有完整的牛头档案和耳号，防止近亲繁殖。奶牛分为犊牛、后备牛、产奶牛三种，分群饲养，母牛生下公犊后，立即宰杀对外出售，健康正常的母犊牛留下培养为后备牛，14 月龄可以配种。奶牛产奶量一般是两头低中间高，产量与饲养管理水平也有很大关系，正常年份产奶 3500～4000 公斤，高产奶牛可以超 5000 公斤。1995 年，产奶牛平均每头年产奶 4350 公斤，是单产最高的一年。产奶少于 1500 公斤产奶量的低产牛、老弱病残牛都要及时淘汰。

六、兔

建场初期，农业大队作为副业饲养了 20 多只兔。20 世纪 60—70 年代，以户为主零星饲养，数量在 200 只左右，品种为本地土种兔，主要是食肉，改善居民伙食。20 世纪 80 年代，多种经营科引进德国长毛兔和日本大耳兔，在全场以点带面进行推广，分别在三分场 21 大队和场直副业连新建两个养兔场，主要饲养长毛兔，引种兔 300 多对，繁殖 400 多只。1982 年，存栏 728 只，出售 207 只，产兔毛 80.25 公斤，同时动员职工户养。1985 年，饲养总量 3468 只，出售 670 只，产兔毛 656.35 公斤。1986 年，兔毛价格下跌，兔病防治跟不上，加上饲料价格上涨，长毛兔饲养量减少。同年，引进肉兔 420 对，与外贸公司签订产销合同，出口兔肉。1987年，发展到2200只。后由于出口不畅，1990年饲养量在200～300只。

七、禽

1952年10月，兴建师直畜牧场，当年开始饲养鸡、鹅、鸭等家禽1.98万羽。由于缺少饲养技术和生产条件，家禽的成活率很低，鸡的死亡率达80%、鸭40%、鹅25%以上。到1958年，累计饲养家禽93380羽，出售家禽6075羽，产蛋9114公斤。1959年，为响应上级号召，农场对家禽养殖比较重视，一年饲养家禽17.534万羽，超过建场后7年总和，其中出售家禽39234羽，总重5万公斤，完成了对外出售任务，培养了一批养禽业职工，积累了许多经验和教训。鸡的品种有下蛋的草鸡、白洛克肉鸡和罗斯鸡、红玉鸡。鸭的品种有麻鸭和樱桃谷鸭，麻鸭以产蛋为主。鹅的品种有大白鹅和雁鹅。苗禽主要从宝应、高邮一带购入，少量自孵。1962年后，因饲料供应不足、饲养规模小、经济效益差等，只有少量养殖，主要解决职工吃肉、吃蛋，方便生活。1980年，在改革开放、搞活经济的政策推动下，家禽养殖有所好转。1981年，出售肥禽19.2万羽，各类禽蛋3.64万公斤。为促进养殖业发展，投资兴建饲料加工厂、畜产品加工厂，成立兽医站，从坑坊孵化、技术指导、防病治病到产品收购加工，实行一条龙服务。多种经营公司在一分场"二八点"和场部种畜场成立鸡鸭养殖点，三分场20大队汪克龙养殖专业户以点带面，推动全场家禽养殖。1985年，全场饲养家禽19.6万羽，产禽蛋15万多公斤，坑孵苗禽25万羽，加工皮蛋、咸鸭蛋40多万只，冷冻禽肉168吨。1988年后，由于饲料价格不断上涨、饲养点小而散，66户养禽专业户有34户亏损，家禽养殖开始滑坡。1990年，农场以肉鸡生产为突破口，大力发展商品肉鸡：一是引进新品种，全年饲养AA鸡85万羽；二是规模养殖、专业养殖，以畜禽良种场为基地；三是加大投入，科学饲养，56天出售，平均只重2.34公斤，每只鸡盈利0.5元以上。1995年以后，集体养殖停止，以个体养殖为主。2008年，一分场专业养鸡户朱立忠饲养"京红1号"蛋鸡2.5万羽，年产蛋20万公斤。三分场养鹅专业户刘建忠因地制宜，在河堆上饲养种鹅2500只。2009年，农场在原针织总厂内投资80多万元建了一幢标准化鸡舍，出租给养殖户使用。重点是扶持大户养殖，以利于推动养殖规模化、产业化进程。2012年，家禽饲养量为20.3万羽，蛋品总量360吨。

2018年，集团公司和紫金保险联合制定《畜禽水产保险实施方案》，农场养殖业保险工作全面启动，进一步加强农场养殖业保险的承保和理赔工作的实施和管理。由于原南京军区房地产管理局收回一分场区域的部队营区租赁权，要求拆除鸡舍，在农场的协调下，鸡场同意拆迁。2019 年，农场家禽饲养量仅 6.1 万羽，蛋品总量 144.9 吨。农场家禽养殖产业进一步萎缩。

八、蜜蜂

1958 年，农场养蜂 65 箱，产蜜 475 公斤。1965 年饲养 100 箱，产蜜 5221.5 公斤。作为生产队副业饲养，有 20 大队、良种站、副业队等几个专业养蜂点，6 人专职管理蜂群。当时，场内放蜂资源十分丰富，有洋槐花、油菜花、紫花苜蓿花和棉花，还有各种野花，由于很少使用农药，蜂蜜质量很好。至秋冬无花放蜂季节，还组织南下江西、福建、湖南、广东等地放蜂，春夏季返回本地，也有外地蜂群来场放养。1968 年是蜂群最多的一年，共 187 箱，产蜜 5060 公斤。由于养蜂要有专业技术，经济效益不稳定，养蜂的规模一直在 100 箱左右。1985 年，养蜂 121 箱，产蜜 10500 公斤，产王浆 7.75 公斤，产量和效益都较好。后来，由于飞机防病治虫的面积不断扩大，蜜蜂中毒率和死亡率都很高，蜂群逐渐减少。1990 年，集体养蜂停止，转售给个人饲养，数量 30~50 箱。到目前，个人饲养仍然保存 4 箱，作为个人爱好和用于蜂疗治病。

九、特种养殖

1999 年，在畜产品加工厂，个人饲养过梅花鹿，数量 15~25 只。20 世纪 60 年代，还饲养过海狸鼠，毛皮出售给土产公司。20 世纪 80 年代，有职工进行过地鳖虫、野鸡、肉狗、蚂蟥、黄鳝等特种养殖，但均为小范围试养，没有形成规模（表 12-1）。

表 12-1 1952—2020 年养殖情况统计表

| 年份 | 大牲畜 | | | | | | | 猪 | | 家禽 | | 肉品产量（吨） | 蛋品产量（吨） | 羊 | |
	小计	水牛（头）	奶牛（头）	产奶量（吨）	马（匹）	骡（头）	驴（头）	存栏量（头）	出栏（头）	存栏量（万只）	出栏（万只）			存栏量（只）	出栏（只）
1952	42	42								0.0392				27	
1953	115	37	4					97	187.0	0.1045	0.0155			442	50.0
1954	195	101	5	6.4	11	2	3	197	365.0	0.1292	0.0090	36.5	1.20	276	198.0
1955	211	132	2	7.0	10	3	4	1128	2029.0	0.1292	0.0090	51.2	0.10	75	317.0
1956	176	140	3	0.2	20	25	4	1476	1750.0	0.1186	0.1455	60.8	0.50	50	45.0
1957	184	145	3	0.2	17	27	6	1801	2036.0	0.0955	0.6116	62.2	0.57	137	28.0
1958	216	158	6	0.2	91	24	8	1997	2120.0	2.3359	0.2108	57.4	8.10	334	12.0

（续）

年份	大牲畜							猪		家禽		肉品产量（吨）	蛋品产量（吨）	羊	
	小计	水牛（头）	奶牛（头）	产奶量（吨）	马（匹）	骡（头）	驴（头）	存栏量（头）	出栏（头）	存栏量（万只）	出栏（万只）			存栏量（只）	出栏（只）
1959	476	216	6	1.8	72	13	50	1886	4164.0	0.5601	17.0160	81.3	0.17	928	835.2
1960	255	176	2	4.6	25	5	25	1291	4876.0	0.1751	7.0085	109.0	1.41	858	102.0
1961	284	199	15	1.2	15	4	12	1291	3128.0	0.2438	0.6887	155.0	2.83	692	373.0
1962	280	91	18		23	4	5	4207	9676.1	0.8100	0.9720	183.0	0.85	488	439.2
1963	220	108	22		9	2	4	2911	6695.3	7.2000	8.6400	187.4	4.87	813	731.7
1964	275	114	19		12	4	5	2140	4922.0	0.4582	0.5500	157.3	0.93	376	338.4
1965	279	139	27		8	4	9	2741	6304.3	0.9300	1.1160	160.7	1.18	215	193.5
1966	233	121	21		8	4	6	2503	5756.9	1.2300	1.4760	224.1	2.12	313	281.7
1967	287	129	20		9	4	5	2341	5384.3	3.2000	3.8400	203.7	2.50	301	270.9
1968	281	125	10		9	3	5	2144	4931.2	5.6000	6.7200	212.0	4.40	236	212.4
1969	321	113	9		8	3	4	2103	4836.9	4.3000	5.1600	283.0	3.20	255	229.5
1970	503	120	11		6	5	2	2629	6046.7	8.9000	10.6800	336.4	4.70	137	123.3
1971	453	119	12		5	7	2	3285	7555.5	9.7000	11.6400	403.1	6.10	110	99.0
1972	505	114	13		5	7	1	3992	9181.6	7.1000	8.5200	372.8	9.40	98	88.2
1973	445	92	4		3	8	1	5390	12397.0	4.2500	5.1000	315.0	3.80	125	112.5
1974	248	93	2					3832	8813.6	5.5000	6.6000	199.4	3.20	112	100.8
1975	401	93	4					4436	10202.8	6.8000	8.1600	299.0	4.10	115	103.5
1976	409	93	5					7710	17733.0	10.4000	12.4800	514.2	8.20	126	113.4
1977	355	98	8					8250	18975.0	12.2000	14.6400	622.4	15.10	109	98.1
1978	361	94	8	1.0				7584	17443.2	63.4000	76.0800	202.0	60.70	60	54.0
1979	362	41	8	1.2				7081	16286.3	4.7700	5.7240	268.5	3.40	40	36.0
1980	337	27	61	18.5				10853	24961.9	6.1100	7.3320	510.5	6.80	100	90.0
1981	336	21	84	60.0				4795	11028.5	19.2000	23.0400	459.6	20.80	135	121.5
1982	354	34	91	100.3				6651	15297.3	13.3000	15.9600	309.8	10.40	155	139.5
1983	355	14	151	156.5				5824	13395.2	13.1000	15.7200	183.5	13.30	98	88.2
1984	350	7	155	192.5				4828	11104.4	10.8000	12.9600	345.7	18.10	112	100.8
1985	313	3	156	217.0				5526	12709.8	19.5000	23.4000	329.0	27.50	135	121.5
1986	273	3	179	270.0				1477	3397.1	14.9000	17.8800	166.0	16.00	588	529.2
1987	256	3	186	362.0				1663	3824.9	6.5000	7.8000	150.3	8.80	1639	1475.0
1988	242	1	197	415.0				1346	3095.8	8.0000	9.6000	208.2	13.20	759	683.1
1989	237		170	400.3				1555	3576.5	4.6000	5.5200	184.8	7.20	764	687.6
1990	249		172	319.0				1853	4261.9	8.5000	10.2000	232.2	10.10	788	709.2
1991	288		202	412.5				1520	3496.0	9.4000	11.2800	187.1	8.70	118	106.2
1992	244		214	465.0				1630	3749.0	1.3900	1.6680	130.5	1.25	133	119.7
1993	203		198	440.2				1292	2971.6	1.5300	1.8360	152.4	1.10	75	67.5
1994	132		174	305.1				1298	2985.4	1.8800	2.2560	159.7	2.30	192	172.8
1995	121		145	280.0				1886	4337.8	0.9300	1.1160	225.3	0.70	83	74.7

（续）

年份	大牲畜							猪		家禽		肉品产量（吨）	蛋品产量（吨）	羊	
	小计	水牛（头）	奶牛（头）	产奶量（吨）	马（匹）	骡（头）	驴（头）	存栏量（头）	出栏（头）	存栏量（万只）	出栏（万只）			存栏量（只）	出栏（只）
1996	115		132	249.0				1143	2628.9	1.4900	1.7880	119.3	1.83	101	90.9
1997	112		117	216.5				1372	3155.6	1.7200	2.0640	88.4	1.22	253	227.7
1998	102							2108	4848.4	1.4800	1.7760	204.1	0.90	343	308.7
1999	97							1982	4558.6	5.7800	6.936	229.4	8.20	610	512
2000	48							881	2026.3	6.3200	7.584	71.4	5.60	298	272
2001	15							1421	3268.3	7.8000	9.36	112.1	8.90	376	363
2002	12							1073	2467.9	8.2100	9.852	155.9	32.10	281	362
2003	10							1073	2467.9	8.0500	9.66	147.1	36.20	399	421
2004	10							843	1938.9	9.9800	11.976	137.2	45.50	352	406
2005	10							753	1731.9	4.4700	5.364	129.3	12.30	483	436
2006	10							748	1720.4	3.2700	3.924	161.3	31.50	451	418
2007	10							913	2099.9	13.6700	16.404	181.3	36.50	515	427
2008	8							1999	4597.7	20.9200	25.104	488.4	285.00	457	326
2009	8							7500	17250	17.6000	21.12	930.0	345.00	190	212
2010	6							6029	15105	6.8000	15.20	1579.4	360.00	253	148
2011	6							7066	15371	6.5700	11.53	1390.0	360.00	262	168
2012	6							7085	21025	6.2000	13.54	1850.3	206.10	160	475
2013								7438	20943	4.8500	4.34	1869.6	432.00	372	273
2014								6959	17038	6.8000	22.91	1367.6	386.00	683	1035
2015								6378	15778	3.0000	15.00	1170.0	158.00	603	963
2016								29429	37864	2.5800	13.65	2347.0	150.00	725	994
2017								35617	33382	2.4000	4.78	1971.7	187.20	667	2509
2018								48683	40640	2.9000	4.33	1318.9	187.20	582	1547
2019								27289	35150	3.6000	2.50	1999.4	144.90	396	659
2020								38310	20005	3.3000	10.90	1318.9	170.25	549	713

第二节　水产养殖

一、淡水鱼

建场初期，场内草滩、洋湾、沟塘、河道很多，野生鱼虾蟹资源十分丰富，人们采用摸、戽、钓等方法捞鱼摸虾，用以食用，改善生活。1962年，成立"淮海农场水产养殖场"，在五分场境内利用圩河、排水河和自然沟塘养殖淡水鱼，面积300亩，品种主要是草鱼、鲢鱼和野生鲫鱼、乌鱼，产品以对职工供应为主。养殖场有场长、技术员和专职养鱼职工 20 多人，后因水利规划，面积减少而停办。另外，以前的东滩分场因为草滩荒地多、自然环境好，也是野生鱼蟹生长繁殖的好地方，每年仅派 2～3 人看管，就能捕捞上万公斤水产品。20 世纪 70 年代，淡水鱼养殖都是利用自然水面护养，或适当投些鱼种、饲料，管理比较粗放，产量低，过年过节分给职工作为福利。当时有水面的大队有 43 个，养鱼的有 39 个。据不完全统计，1970—1980 年，全场累计生产成鱼 17 万公斤。

20 世纪 80 年代初，东滩分场开发，成立了东滩养殖场，人工开挖精养鱼塘 36 个，每个 6 亩，计 216 亩；22 个鱼种塘，每个 3 亩，计 66 亩。从全场抽调管理人员、技术人员和养殖工人 28 人，还从苏南引进养殖技术比较好的渔农，帮助鱼种繁殖，当年收获成鱼 4.25 万公斤、鱼种 1.15 万公斤。1986 年，精养鱼塘面积扩大到 459 亩，扩大滩荡养鱼 2084 亩，总产成鱼 17 万公斤。

淡水鱼品种主要有鲢鱼、草鱼、鳙鱼、白鲫鱼等，1984 年，推广优良品种，从白马湖等地引进异育银鲫和建鲤，使淡水鱼的每亩产量由原来的 150 多公斤，增加到 250 多公斤。1995 年以后，由于饲养技术提高和塘口改造，主养异育银鲫的塘口平均亩产超过 500 公斤，产量最高的塘口亩产达 750 公斤。

鱼苗以自主繁殖为主，除东滩有鱼种场外，二分场的鱼种繁殖也进行得较早。1985 年，11 大队新建鱼苗孵化池 20 多亩，引进育苗师傅，外购优质青鱼，当年繁殖夏花 2700 万尾，不仅满足场内供应，还对外出售 380 万尾。

1996 年，将东滩分场垦殖队准备种植粮食作物但盐分较重的农田，计 2000 多亩，改造成围滩养鱼，对外出租。相继引进江心沙农场、盐城渔场和滨海、射阳等县养殖大户和单位从事淡水鱼养殖，他们把先进的养殖技术和经验带了进来，加大成本投入，饲喂颗粒饲料和鱼虾蟹鳖混养、套养，增氧机、投饵机、配方颗粒饲料的普及率达 100%，自建护坡 1.5 万米，抗风险能力增强，促进水产养殖进入快速发展阶段。1998 年，鱼塘面积扩大到 3449 亩，水产品总量达 1048 吨。2003 年，经国家有关部门批准，淮海农场生产的"祥裕"牌异育银卿为"无公害水产品"，规模 2600 亩，生产量 1250 吨。2004 年，农场通过无公害水产养殖基地认证。2007 年，对东滩围滩养殖的水面进行土地复垦，养殖面积缩小。2008 年，精养和滩养的淡水鱼结束，东滩渔场改为垦殖四队。现在的淡水鱼仅有圩河、进排河护养 500 多亩。2002 年，推广稻田进水沟养殖，实施面积 2500 亩，使得承包水稻的职工户增加净收入 1000 多元。另外，在东滩渔场还有不少塘口试养过鳜鱼、黄颡鱼、虎头鲨、泥鳅、河蚌、黄鳝等品种，但都是试养，规模不大。

二、虾类

建场初期，由于生态环境好，在捕捞淡水鱼时都能获得一部分野生的河虾，但没有专门饲养过。到1992年，东滩渔场和滩养的承包人才开始在鱼塘里套放虾苗进行试养，但产量不高，每亩25～30公斤。随着河虾的价格不断上涨和供不应求，养殖户养虾积极性提高，1993年套养面积达到1813亩，放养虾苗300万尾，收获成虾2.1万公斤。1997年以后，开始养殖南美白对虾，有塘口专门养殖，产量不断增长，最高的亩产达到350～400公斤。但河虾养殖受水质、天气、病害、放养密度等因素影响较大，产量不稳定，容易大起大落，面积也难以扩大。

2008年，在一分场入海水道的水稻田里进行围栏改造，试养小龙虾380多亩，试行"虾藕连作"。3月中旬种藕，4月下旬放虾苗，用鸡场发酵鸡粪作基肥，进行生态立体养殖。后在防逃越冬等管理方面缺少经验，经济效益不高，就停止养殖。

三、螃蟹

20世纪50—60年代，场内野生螃蟹较多，职工捕捉后主要自己食用，即使上街出售，价格也很低。20世纪70—80年代，施用化肥、农药逐年增加，野生螃蟹减少。1992年，东滩分场水产养殖户开始特种水产养殖，螃蟹饲养量不断增加。先是鱼蟹混养，后来单养，产量、面积不断扩大。每年育成的商品蟹20～30吨。养殖的蟹苗品种大多为中华绒螯蟹。养蟹一般是先从长江流域或连云港等地购进蟹苗，回来自己培育成扣蟹，将扣蟹放进鱼种塘或成蟹塘混养，捕大留小分批上市，一年生单体重多为100～200克，公蟹和母蟹的价格悬殊较大。1998—1999年，东滩渔场的中华绒螯蟹及中华鳖鳖苗种培育和混养技术获江苏农垦科技进步三等奖。2000年，鱼虾蟹高产高效混养配套技术获农业部农牧渔业丰收奖三等奖。

第三节　饲草饲料

一、青粗饲料

建场初期至兵团成立前，场内有很多荒地草滩，野草、野菜、野果等野生青饲料资源十分丰富。20 世纪 50—60 年代，青草季节，猪羊牛马等畜禽均以放牧为主，晚上入栏后，添喂少量精饲料。后荒地、荒滩不断开发，家畜家禽饲养量增加，人工放牧难以满足畜禽养殖需要，逐渐改为圈养。总场下达青饲料种植计划，每个农业大队都有一定的饲料地，多时全场种植 4000 多亩青绿饲料，主要品种有紫花苜蓿、胡萝卜、山芋、牛皮菜、苕子、玉米、黑麦草，还有水花生、水浮莲、水葫芦、水芹等。秋天收割青草、山芋藤、玉米秸、大豆秸、稻草作为越冬粗饲料，有的直接饲喂，有的粉碎或发酵再拌点精料饲喂。各单位食堂的泔水、做豆腐和做粉丝的渣、做酒的酒糟，也都是喂猪喂鱼的饲料。总场每年都下达收割越冬浆草计划，根据越冬牲畜量多少，每头大牲畜收集 5000～10000 公斤。

二、精饲料

精饲料的使用经过原粮、混合和配方颗粒饲料三个阶段。20 世纪 50—60 年代，主要为小麦、大麦、玉米、麦麸、豆饼、高粱、稗子、碎米等，直接饲喂，很少考虑畜禽的营养均衡和生长需求。20 世纪 70 年代，逐渐采用混合饲料饲喂家禽家畜，混合料里添加了矿物质，如贝壳粉、石粉、食盐等，再添加小鱼小虾小蟹、甲壳虫、粪蛆等动物性饲料，与玉米、大麦、下脚粮、麸皮、棉仁饼等粉碎拌合。混合料与原粮直接饲喂相比，营养成分增加，一般碳水化合物占 80%、蛋白质含量占 20% 左右，初步满足畜禽的营养需要。全场养殖的大队都配有粉碎机、粉碎间和专职人员，根据需要，自己加工，自己使用。1983 年，随着畜禽养殖的进一步发展，在农产品加工厂筹建饲料车间，全年加工混合饲料 13150 吨。1985 年，加工混合饲料 17650 吨，面向场内外销售。计划经济时代，农场把饲料与口粮、种子放在同等重要的位置，在口粮供应很紧张的情况下，每年都要安排 250 多万公斤的饲料粮分配给各养殖单位。饲料价格不断上涨后，东滩奶牛场出售 0.5 公斤鲜奶还买不到 0.5 公斤饲料。总场每年都要对其进行饲料补贴。1988 年，饲料加工车间停办，养殖户所需饲料从市场上采购，市场上开始出售配方颗粒饲料。配方饲料与之前使用的饲料最大的不同点，就是它能根据不同生长阶段的畜禽，生产不同配方的饲料，如喂猪的有仔猪料、育肥料，养鱼的有鱼种料、成鱼料等，使饲料营养更全面、更科学。因为饲料里除了常规的原料外，还有各种添加剂，畜禽的生长周期缩短，料肉比提高，养殖户从开始试试看，到后来全面使用。大多数养殖户都订购正大、通威等品牌饲料，质量有保证。2000 年，引进一名客户在东滩分场利用原牛场仓库办了一个饲料加工厂，每年生产各种颗粒饲料 1000 多吨。2008 年，饲料加工厂随东滩土地复垦而停产。20 世纪 80 年代，为节省饲料，增加收入，三分场养殖专业户就开始立体养殖试验，利用划给他的饲料地种饲料，饲料喂猪，猪粪喂鱼，鱼塘养鸭，鸭蛋、鸡蛋自己搞坑坊，苗禽对外出售，形成一个生态养殖链，经济效益比单一养殖提高50％以上，并在全场推广。

第四节　疫病防治

一、机构和队伍

建场初期，随着畜禽养殖开始，农场就从地方引进中专以上学历的专业技术人员5人，分布在四个农牧队和场部，负责全场的畜禽疫病防治工作。

20世纪60—70年代，各分场配有一名专职兽医，大队配一名兼职防疫员，从事养殖的职工都多次接受疫病防治技术培训，一般小毛病自己都能处理，全场有这样的非专业兽医40多人。1984年，成立兽医站，配备专职人员4人，添置各种专用设备多台，营业面积240平方米。全场共有兽医15人、水产技术人员2人，具有中级专业技术职务的8人、初级技术职务的9人。1988年，根据水产养殖需要，还从泰兴水产学校招收水产养殖技工2名。2000年，农业体制改革，各分场畜牧兽医不再专职，改为兼职，但场养殖服务中心和兽医站仍然有专业技术人员负责全场动物疫病防治、技术指导、上传下达等服务工作。目前，有高级职称人员1人、中级职称人员2人。2013年，为响应企业改革要求，结合农场养殖业大幅萎缩的实际情况，农场决定撤销养殖服务中心机构。同年，农场成立动物防疫管理所，此时，仅有2名工作人员负责全场动物防疫和有关管理监督工作。

二、疫情防控

动物防疫既是一项经济工作，又是一项政治任务。农场对动物疫情防控十分重视，做了大量的具体工作，历年来没有发生过重大疫情。

1983年，为防治牲畜5号病，农场发出紧急通知，立即开展疫情普查，建立岗位责任制，严禁从疫区购入畜禽，确保一方畜禽平安。1999年，制定5号病防治工作实施细则，使此项工作有组织领导、有责任目标、有主要措施、有应急预案。2007年，为防治禽流感，成立动物疫病防治和高致病性禽流感等重大动物疫病防治指挥部，强化领导，一级抓一级，制定疫情监控、免疫注射、疫情报告和处理、24小时值班制度，确保防治工作无漏洞、零失误，完成了动物疫病防治工作目标，实现牲畜5号病、高致病性禽流感、高致病性蓝耳病、猪瘟、鸡新城疫等重大疫病的免疫密度100％、牲畜新型二维码标识佩戴率100％。2012年，动物疫病防治要求严、任务重，农场严格按照地方政府要求，下拨防疫经费10多万元，印发资料，组织培训，备足药品、疫苗、器械，建立档案，动态管理，严格疫情报告制度，确保万无一失。

2013年，在动物防疫管理方面，农场出台《规模养殖场消毒制度》《淮海农场规模畜禽养殖场管理制度》《淮海农场动物防疫物资管理制度》《规模养殖场无害化处理制度》《动物卫生防疫制度》，确保农场畜牧业正常发展，高效有序地处置动物疫病疫情。在人员管理方面，农场出台《淮海农场动物防疫员巡查制度》《淮海农场村级动物防疫员管理办法》《淮海农场村级动物防疫员考核细则》，加强村级动物防疫体系建设。年底，农场为进一步健全动物防疫制度，出台《病死动物无害化处理技术规程》。

2014年初，为保障动物防疫工作有效推进，农场成立防治重大动物疫病领导小组，贺在锐同志任组长，出台《江苏省淮海农场重大动物疫病预防控制应急方案》。次月，淮海农场与射阳县人民政府共同签署《2014年度病死畜禽及其产品无害化处理工作责任状》及《2014年度动物防疫工作责任状》；随后，淮海农场与各分场社区签订《动物防疫工作责任状》和《病死畜禽及其产品无害化处理工作责任状》，确保场域内畜牧业健康发展。2017年，为构建科学完备、运转高效的病死动物无害化处理长效机制，农场出台《病死动物无害化处理工作实施办法（试行）》。

2018年，非洲猪瘟爆发，为及时扑灭突发非洲猪瘟疫情，保障生猪养殖业健康发展，农场出台《江苏省淮海农场非洲猪瘟疫情应急预案》；同时成立非洲猪瘟疫情防控领导小组，单祥忠同志任组长，孙司正同志任副组长，王增平同志任负责人，统一协调管理农场非洲猪瘟疫情防疫工作。2020年，农场出台《非洲猪瘟等重大动物疫病防控网格化管理工作方案》，进一步压实非洲猪瘟等重大动物疫病防控责任。同时，动物防疫管理所在全场范围内开展"三灭一消毒"专项行动，消灭病毒源，切断非洲猪瘟传播途径，为生猪稳产提供基础保障；随后，又开展散养畜禽重大动物疫病防控工作专项行动，为动物防疫工作补齐短板，消除隐患。

三、畜禽疫病防治

1. **猪病**　主要为猪瘟，系由病毒引起的烈性传染病，死亡率很高。1954年发病时，死亡率高达80％，后来有了猪瘟疫苗，注射后发病很少。20世纪80—90年代，也有猪瘟发生，但病情都能及时控制，未造成传染流行。另外，还有猪丹毒、仔猪副伤寒、猪霉形肺炎、猪传染性胃肠炎、猪水泡病等，但只要发现早，及时对症治疗，都能减少死亡、防止病情疫情传染扩散。非洲猪瘟由非洲猪瘟病毒引起，高度接触性致病，致死率高达100%，无特效，无疫苗，一旦发生，必须扑杀，并作无害化处理。2018年8月，非洲猪瘟在江苏出现。

2. **牛病**　主要有口蹄疫，是急性热性接触性传染病，也是国家和地方高度重视的重点疫病，一经发现，必须立即隔离和扑杀，以防扩散传染。另还有牛结核病、牛流感病、奶牛传染性水泡病、奶牛乳房炎等，如果做好预防和及时用药，都能有效控制，对久治不愈的，可强制淘汰。

3. **禽病**　鸡新城疫，俗称鸡瘟，是危害性极大的禽类传染病，一旦传染蔓延，死亡率极高。新城疫病重在预防，可以通过注射疫苗提高预防效果。对染疫鸡群，主要措施就是隔离或扑杀深埋。另外还有禽霍乱、鸡白痢、鸡球虫病、鸡大肠杆菌病等，通过加强饲养管理，定期消毒，平时带药饲喂和及时用药，可以减少死亡。禽流感是禽流行性感冒的简称，它是由甲型流感病毒的一种亚型（也称禽流感病毒）引起的一种急性传染病，也能感染人类，被国际兽疫局定为甲类传染病，又称真性鸡瘟或欧洲鸡瘟。

4. **鱼病**　淡水鱼常见病主要有出血病、打印病、肠炎、细菌性烂鳃、球虫病和中华鳋病等。鱼病主要靠预防，方法是做好塘口消毒，预防性投药和及时换水，改变水质，或直接用药（表12-2）。

表 12-2　1952—1955 年养殖业情况统计表

种类	项目	1952年	1953年	1954年	1955年	合计
猪	年初数（头）			97	197	294
	年内增加数（头）		284	465	2960	3709
	出售及屠宰头数（头）		71		1137	1208
	年末实有数（头）		97	197	1126	1422
羊	年初数（头）		27	442	276	745
	年内增加数（头）	27	552	436	122	1137
	出售及屠宰头数（头）		50		317	367
	年末实有数（头）	27	442	276	75	820
	其中：绵羊年初数（头）			221	210	431
	年内增加数（头）				79	79
	出售及屠宰头数（头）				277	277
	年末实有数（头）			210	11	221
	薅羊毛羊数（头），羊毛总产（公斤）				272，285	272，285

（续）

种类	项目	1952 年	1953 年	1954 年	1955 年	合计
牛	年初数（头）		42	115	195	352
	年内增加数（头）	42	80	108	179	409
	出售及屠宰头数（头）		1		01	02
	年末实有数（头）	42	115	195	211	563
	其中：水牛、乳牛年初数（头）			37、4	101、5	138、9
	水牛、乳牛年内增加数（头）		37、4	68、3	108、6	213、13
	水牛、乳牛出售及屠宰数（头）				29、8	29、8
	水牛、乳牛年末实有数（头）		37、4	101、5	132、2	270、11
	牛乳总产量（公斤）			6370	6991	13361
家禽	年初数（羽）		392	1045	1292	2729
	年内增加数（羽）	392	808	337		1537
	出售及屠宰头数（羽）		89			89
	年末实有数（羽）	392	1045	1292		2729
	其中：鸡、鸭年初数（羽）		0、393	7、1038	0、1292	7、3722
	鸡、鸭年内增加数（羽）		102、706	0、337		102、1043
	鸡、鸭出售数，屠宰数（羽）		51、38	0、43		51、81
	鸡、鸭年末实有数（羽）		7、1038	0、1292		7、2330
	出售禽蛋数（公斤）			1205		1205
蜂蜜				631		631

表 12-3　2012 年至 2020 年畜牧生产情况报表

项目 时间	生　猪（头）							羊（头）	
	期末圈存	母猪产仔			出栏肥猪	出售种猪	出售苗猪	期末圈存	出栏
		产仔窝数	产活仔数	死亡头数					
2012	7085	1439	15052	903	21025	×	×	0	475
2013	7438	1559	16820	431	20943	×	×	0	758
2014	6959	1299	15755	649	17038	3	493	0	1035
2015	6378	1166	13144	1212	15778	×	×	0	963
2016	29806	8073	88566	4506	34844	14128	28772	0	953
2017	35617	10226	110672	8386	33382	14922	48245	0	2509
2018	48766	13425	144089	7820	38902	9596	74559	0	×
2019	27289	12709	138018	4843	35150	8646	96184	0	754
2020	38310	10891	122987	3453	20005	32640	58901	0	713

项目 时间	家　禽（万羽）						产禽蛋 （吨）	其中：	
	期末圈存	出栏	其中：（出栏）					鸡蛋	鸭蛋
			肉鸡	草鸡	肉鸭	肉鹅			
2012	6.2	14.08	7.76	2.09	2.09	3.69	412.2	412.2	0
2013	4.85	4.605	1.99	0.745	0.2	1.38	432.1	432.1	0

（续）

时间	家 禽（万羽）						产禽蛋（吨）	其中：	
项目	期末圈存	出栏	其中：（出栏）					鸡蛋	鸭蛋
			肉鸡	草鸡	肉鸭	肉鹅			
2014	6.77	22.735	14.88	5.87	1.8	0.185	386.8	386.8	0
2015	2.5	16.02	7.75	7.62	0.4	0.25	157.6	157.6	0
2016	2.68	14.655	7.43	6.36	0.275	0.59	148.9	148.9	0
2017	2.4	4.781	2.3	2.14	0.175	0.166	187.2	187.2	0
2018	2.9	4.33	1.97	1.82	0.42	0.12	187.2	187.2	0
2019	3.6	9.24	4.4	3.64	0.72	0.48	132.9	132.9	0
2020	3.3	10.9	5.85	2.35	1.65	1.05	170.3	170.3	0

第十三章 农业机械

第一节 概 述

农建四师建场的指导思想，就是要把淮海农场建设成新中国第一流的农业机械化、现代化国营农场。因此，农机的地位在农场一直非常重要。1952 年 6 月，农业部农场管理局为了支援农建四师开荒，从北京紧急调运 4BC-80（斯大林-80 号）履带（链式）拖拉机 4 台及配套农具，组织一批汽车驾驶员改当拖拉机手，在当时的 12 团（今五分场）组建第一机耕队。1953 年，农业部又调拨 SL-50/55 履带拖拉机 6 台，福特轮式拖拉机 2 台，自走式和拖拉式康拜因 C-4、C-6 各一台和配套农机具，在 10 团（今一分场）、11 团（今四分场）组建第二、第三机耕队。此后，在淮海的土地上，机声隆隆，拉开了机械化垦荒种植的序幕。到 1955 年，共完成垦荒 9.3 万亩，耕地 8.1 万亩，播种 5.4 万亩。1952 年全程机械作业试种小麦获得成功。1953 年试种棉花 8200 亩、水稻 500 亩，500 亩水稻是机械旱直播，也是江苏农垦历史上水稻机械旱直播的第一次尝试。

建场初期的淮海农机。从筹建组建、机械引进、人员配备、机务培训、设备管理、工作绩效到农机维修，都是高起点、高标准，出人才、出经验，为垦区其他农场和地方农机建设输送了大批专业人员、提供了许多帮助，在垦区内外享有一定的知名度和影响力。

拖拉机引进的同时，农场以原农建四师枪械所为厂址，以修枪炮人员为骨干，组建"淮海拖拉机修理厂"，设计修理能力为 100 个混合台。它是农场和垦区内外农业机械推广运用的坚强后盾。1964 年修理能力扩大到 200 个混合台，成为国家一类大修厂。

1965—1979 年是农业机械装备的低谷和困难时期。进口机车使用故障多，型号杂，维修难，效率低。以 1970 年为例，共有大中型拖拉机 42 台，就有 15 种型号，由 9 个国家生产，80％的机械使用期都超过 15 年，拖拉机完好率只有 70.2％、出勤率 64.9％。农机总动力 4000 千瓦左右。虽相继引进国产东方红-54、丰收-35、东风-50 等链式和轮式拖拉机，但更新速度慢，投入少，封存的机车不断增加，三夏三秋时一旦遇到恶劣天气，农机的压力和困难都非常大。

1980—1990 年为农业机械装备更新换代、协调发展时期。全场每年投入百万元，淘汰国外进口车型，共添置江苏-50、江苏-504 轮式拖拉机 50 台，东方红-802 拖拉机 3 台，新增和改装东方红-75 拖拉机 28 台，引进 JM-1065、南康 4LZ-5 自走式联合收割机 17 台，拖拉机康拜因全部封存。至 1990 年，共有大中型拖拉机 90 台、联合收割机 30 台、各种配套农机具 242 台、电力排灌站 61 座，农机总动力达 13000 千瓦。大、中型拖拉机型号更新调整到 4 种，拖拉机的"三率"（技术完好率、出勤率、时间利用率）都达到 90%。

1990—2000 年，农机装备进入快速发展时期。20 世纪 50—60 年代以前引进的拖拉机、收割机及部分自走式农具全部淘汰。联合收割机以东风 90、东风 120、佳木斯/金马-1065 佳木斯/金马、1075 佳木斯/金马、四平 SE514 为主机型，链式拖拉机以东方红-70、东方红-75、东方红-802 为主机型，轮式拖拉机以东风-50、东风 504 和铁牛-654 为主机型。1995 年引进洛阳产菲亚特-802 大型轮式拖拉机 2 台。至 2000 年，农场拥有大、中型拖拉机 152 台，自走式联合收割机 80 台，农机总动力 26733 千瓦。机引农具由牵引式逐步变为液压悬挂式，链式拖拉机逐步被大马力轮式拖拉机代替。适应新农艺要求的茎秆粉碎机、精量播种机、高架喷药机、东洋步进式 4 行插秧机、抛肥机被先后引进并投入使用，机械化程度越来越高。

2000 年以后，农机体制从公有制转为民营，农业机械装备进入强盛时期。为了做好新农机具、新技术的推广工作，农场按照"规模、效益、先进、实用"的原则，引导农机户按照农艺需求，引进大马力轮式拖拉机和约翰迪尔 3518 大型联合收割机，还有先进实用的插秧机、播种机、水田平整机、喷肥打药机。从 2000 年到 2012 年，农机户共投入 3000 多万元用于购买新农机具，其中 2006 年个人投资总额达 649 万元，政府和农场对购机的补贴每年都达 100 多万元。进入 21 世纪以后，农场 10 多年来对农机的总投入，达到改制前 50 年投资的总和，使农机装备无论从数量上和质量上都达到历史最高水平。

2008 年以后，为了引领农机市场，充分发挥国有农机的示范带动作用，农场投资 450 万元，引进国际先进、国内首批美国凯斯-7088 大型收割机 2 台，还有约翰迪尔 3518 收割机 1 台、东方红-1304 大马力轮式拖拉机 1 台、库恩抛肥机 16 台；投资 480 万元引进洋马、井关高速插秧机 44 台，久保田、矢崎育秧播种机 35 台；投资 50 万元，购进新农具；投资 300 多万元，用于新建和改建 7 个农机站"三库一场"和储油加油设施。2012 年，单位和农机户共购买了东方红（迪尔）1204 拖拉机 10 台、25 厘米行距高速插秧机 11 台、育秧播种机 12 套、库恩抛肥机 9 台、水稻打药机 16 台。所购机型由总场选定，避免了盲目购置，还争取到国家补贴 150 多万元，当年农业机械总投资 600 多万元。2017 年后 150 马力以上拖拉机大幅降价，农场拖拉机数量也大幅增加。到 2020 年末，农场共有 140 马力以上大型联合收割机 38 台，大、中型拖拉机 307 台，大、中型配套农具 425 台（套），农机总动力 44491.53 千瓦。改制前的农机具已基本淘汰，农机新度系数达 85％以上，三麦机械化程度 100％，水稻机械化程度 95％。农业机械总值 10444 万元，现值 5077 万元，是改制前 674 万元的 7.5 倍。农机实力、农机作业质量、农机化综合程度和农机效率都创历史新高，为农业生产的持续稳定发展发挥了重要作用。

农业机械化的发展，造就了一支思想、技术素质过硬的农机队伍。20 世纪 90 年代，农机技术人员由建场初期的 10 多人发展到 400 多人。建场初期至 20 世纪 90 年代，农场为垦区内外输送和培养了大批农机骨干，素有农机人才发源地之称。利用淮海农校、淮海机训班等平台，提供短期培训、专业培训和学历教育，为省内外培训各类机务人员 6500 多人次，有 2000 多人经专业培训后进入农机行业就业。1970 年起，农场先后选派 20 多名技术骨干和管理人员出国援助坦桑尼亚、赞比亚。1980 年开始，岗位培训、技术培训实现常态化、制度化，农场每年都要举办不同类型的培训班 2～3 期，100 多人次受训，机务人员的文化水平、业务能力、专业知识和安全意识、质量意识、服务意识逐年提高，农机队伍精干高效。

农机管理工作随着农机化的发展也从来没有松懈过。在组建机耕队时，1955 年农场就制定了"四定三包"责任制试行办法，在此基础上，经过不断修改和完善，一直延续多年。1979 年后，推行农机标准化管理，制定农机标准化管理十项内容和考核细则，有效地提升了农机管理水平，多次被省农机局和省农垦局评为"标准化管理红旗农场"和"标准化管理先进单位"。1988 年，二机队还被省农机局评为"标准化管理先进机耕队"。

2000 年，农机改制后，针对管理体制的变化，农场对可能出现的新情况、新问题加以规范和指导。建立管理网络，稳定农机队伍，保证队散人不散。抓落实到位，全面实行"六统一"，坚持引导、服务、督查人性化管理。农机主管部门与分场紧密配合，重点做好新农机具、新技术推广，提供购机补贴，均衡发展农机装备结构，进行安全生产监督检查，实行场内作业许可和协议作业，加强机务人员、监理岗位培训，依法进行农机年检年审。开拓场内外作业市场，开展跨区作业、富机强机等工作，把标准化管理与为农机户服务紧密结合起来，得到农机人员的理解和支持，使农机管理没有因私有化而削弱。农机的年检率、合格率除小型拖拉机达 90％以外，大中型拖拉机、收割机、电灌站、场头机械都达 100％，农机三率（出勤率、完好率、时间利用率）保持在 90％，农机从业人员稳定在 250 人左右，农机职工年收入平均 3 万元以上并逐年增高，实现农机与农业同步协调发展。

第二节 农机类型

一、牵引机械

（一）大中型拖拉机

1952年6月，农场调进苏联产C-80型链式拖拉机4台、美国福特轮式拖拉机1台、蓝士拖拉机1台。1953年，调进C-80型拖拉机1台、匈牙利产SL-50/55单缸卧式链机拖拉机6台、福特拖拉机2台。1954年，调进C-80型拖拉机3台、德特-54型拖拉机3台。1955年，由农业部国营农场管理局调拨罗马尼亚产KDP-35链式拖拉机1台。1956年，调进英国产热特Z-25K型拖拉机10台。至1956年底，全场拥有4个国家8种型号的大中型拖拉机32台。当年，为支援兄弟农场开垦荒地，调出C-80型拖拉机1台、匈牙利拖拉机4台、福特拖拉机1台，计6台。购进美国产德特1-35型拖拉机1台，调进热特拖拉机3台。至1996年，全场拥有C-80型拖拉机5台、德特-54型拖拉机3台、蓝士拖拉机1台、克特卜拖拉机3台、福特森拖拉机1台、链式车计13台；热特Z-25A拖拉机1台、Z-25K拖拉机10台、福特拖拉机2台，轮式车计13台。

1960年后，原进口机车故障多，配件紧缺，故申请部分报废，开始引进国产机车。1961年购进东方红-54链式拖拉机3台，1966年购进铁牛-55型拖拉机2台、丰收-35型拖拉机2台，1972年购进东方红-75型拖拉机7台、东方红-60型1台。20世纪80年代初，全场共有大中型拖拉机63台，车型杂，故障多，有20世纪50年代的C-80、德特-54、DT-413、U-45、Z-25、KNP-35等，也有20世纪60年代后添置的国产东风-54、东方红-54/75及铁牛和丰收等。

1983年以后，农场分批购置江苏-50、江苏-504轮式拖拉机50台，淘汰国外产轮式拖拉机，新增东方红-802型拖拉机3台，把13台东方红-54、德特-54、DT-413改装成东方红-75，链式车的数量和机车完好率、出勤率不断提升。

20世纪80年代后期，大、中型机车持续增加，农场减少机车型号，淘汰维修困难的国外产拖拉机，至1989年底，大、中型拖拉机型号只有4种，计90台，分别是国产的东方红-802、东方红-75、江苏-50、江苏-504，其中链式车31台、轮式车59台。

20世纪90年代，对大、中型拖拉机采取控制保有量、提高质量的原则，加快更新换代。1996年，轮式车有菲亚特-802型2台、铁牛-654型16台、江苏-504型41台、江苏-50型36台、江苏-654型4台、上海-50型1台，计100台；链式车有东方红-802型9台、东方红-75 型 21 台、东方红-70 型 6 台,计 36 台。大、中型拖拉机的新度系数已达 80%,牵引机械的性能得到提高。

2000 年以后,民营资本不断投向大、中型拖拉机,每年新购大、中型拖拉机 15~20 台。2020 年末,全场共有大、中型拖拉机 307 台,链式车全部淘汰,主要机型有东方红-754 型 19 台、东方红-804 型 21 台、东方红 904 型 20 台、东方红-854 型 1 台、东方红-864 型 2 台、东方红-1004 型 3 台、东方红-1204 型 19 台、东方红-1254 型 2 台、东方红-1304 型 21 台、东方红-1404 型 1 台、东方红-1504 型 4 台、东方红-1604 型 7 台、东方红-1804 型 3 台、东方红-2004 型 5 台、东方红-2204 型 2 台、江苏-504 型 4 台、江苏-554 型 16 台、江苏-654 型 2 台、江苏-754 型 18 台、江苏-804 型 5 台、约翰迪尔-1204 型 12 台、约翰迪尔-1354 型 2 台、约翰迪尔-1404 型 1 台、约翰迪尔-1054 型 1 台、约翰迪尔-1075 型 9 台、博马-1304 型 19 台、博马-1004 型 11 台、博马-1504 型 1 台、铁牛 654 型 15 台、英福莱-1204 型 4 台、英福莱-1304 型 5 台、英福莱-2104 型 3 台、路阳红-1604 型 2 台、路阳红-1804 型 2 台、路阳红-2104 型 5 台,大中型拖拉机总动力为 29539 千瓦。

(二)小型拖拉机

1967 年农场有 8 马力手扶拖拉机 3 台,后来机型有东风-12 手扶机、金马-16/18 马力手扶式或方向式小型拖拉机;1977 年,共有 37 台;1986 年,达 80 台,计 960 千瓦。小型拖拉机主要用于场内短途运输、场头作业、田间植保和抽水灌溉,以及大队田头地边、林带和空隙地耕种。20 世纪 70 年代,小型拖拉机多为单位购买,每个大队都有 1 台以上。20 世纪 80 年代,主要是个人购买,用于个人承租土地农运或为单位作业。1995 年以后,部分小型拖拉机逐年报废,小型拖拉机保有量逐年下降。2000 年后,小型拖拉机的用途和作业市场被中型拖拉机取代,2006 年小型拖拉机减少到 20 台,2012 年底仅 3 台,并逐渐退出市场。

二、耕整机械

(一)犁

1. **牵引式犁**   建场初期,有苏制 n-5-35 型 5 铧犁 18 台、美式 4 铧犁 3 台、福特双铧犁 2 台。1961 年有 n-5-35 五铧犁 19 台、美制荒地四铧犁 1 台、自制水田四铧犁 5 台、n-3-30 五铧犁 3 台、MF-35 专用三铧犁 1 台、KDP-35 三铧犁 1 台、PN-25 双铧犁 11 台、FORC 双铧犁 2 台。20 世纪 70 年代,先后购进国产红旗犁、潍坊犁、商丘犁,主要型号为 L1-5-35 牵引犁。20 世纪 90 年代后期,牵引犁逐步淘汰。

2. **液压式犁**　随着液压技术在拖拉机上的应用，20世纪70年代初开始将牵引犁改装成液压升降，到20世纪80年代末，三铧、四铧犁基本都是液压悬挂。1996年，全场拥有液压悬挂犁21台，其中LX-535型4台、XL-435型2台、XL-430型1台、XL-520型10台、XL-425型4台。随着拖拉机保有量的增加，液压悬挂犁由以前的改制转为到厂家定制，保有量也不断增加。2013年起推广引进液压翻转双向犁，解决塝和垄的问题，2016年全部推进到位。2020年，共有88台液压犁，主要是石家庄、商丘、保定厂家生产的液压翻转五铧犁。

3. **开沟犁**　开沟犁种类较多，20世纪50—60年代，牵引开沟犁用C-80牵引开田间排水沟；有深松犁，用于土壤深松；有边沟犁，用于田边开边沟；有铧式开沟犁和旋转开沟犁，用于田间开塝沟，包括横塝。20世纪50年代，有Z-25开沟犁9台、KM-800开沟犁2台、筑埂犁1台。20世纪70年代，所用的开沟犁多为改制和自制的铧式和立式旋转开沟犁。1986年购进申光IKH-35双圆盘开沟犁3台，1989年购进上海申光IL-35单圆盘开沟犁8台，1990年有开沟犁24台。以后不断淘汰老式开沟犁，使用双圆盘开沟犁。2005年，开沟犁保有量70台，以上海和淮安生产的双圆盘开沟犁为主。2010年起，推广开沟播种联合播种机播种，开沟犁数量开始下降，2020年，保有量仅为25台。

（二）耙

建场初期，有德制44片重圆盘耙5台、41片圆盘耙4台、32片圆盘耙2台、26片圆盘耙2台、美制28片轻耙16台、钉齿耙10台、20片缺口耙1台、平土耙6台。

1965年，有41片6凸3.4圆盘耙14台、美式28片圆盘耙17台、罗马尼亚36片圆盘耙1台、德制44片圆盘耙2台、水田滚耙4台。20世纪70年代初，国产耙逐渐取代进口耙，相继购进PY-3.4型41片圆盘耙和缺口重耙等32台。1988年，全场有缺口重耙35台、圆盘轻耙34台、水田耙13台。20世纪90年代开始，引进河南驻马店生产的液压重耙，逐渐淘汰年限较长的老式耙。1999年，全场共有各种机引耙72台。

2012年，购进徐州、黑龙江等地生产的液压悬挂耙40片、36片、32片、28片重耙、中耙、轻耙计85台。通过优化组合，2020年，液压重轻耙数量为80台。

（三）旋耕机、秸秆粉碎还田机

20世纪70年代后期，引进灌云县生产的LBN-176型旋耕机6台，主要用于小秧池旋整和田边地头作业，使用率不高，保有量一直在10台以下。2000年以后，随着耕整方式的改变，旋耕犁的保有量迅速增加。到2012年，共有射阳、连云港等地生产的各类旋耕机150台。随着近几年耕整要求不断提高，农场开始引进射阳鸿油和石家庄布谷牌秸秆粉碎还田机，规格有1.8～2米宽幅的。麦子和水稻收割后，对鲜草量较大的田块，立即使用秸秆粉碎机作业，耕耙作业质量明显提高，有利于一播全苗和插秧机栽插。2020年旋耕机及秸秆粉碎还田机保有量分别为64台和34台。

（四）平地机（水田大刮）

20世纪60年代，水田平整主要使用木制大刮。20世纪70年代，使用"工"字钢和角铁制成的液压悬挂铁刮子，重量大，平整效果好。1995年，农场有大型铁制平地刮39台，多为机驾人员自制，目前仍在水田平整中使用。引进埋茬起浆机后，平地机逐步退出市场，仅少部分水田平整拖土使用。

（五）埋茬起浆机

类似于旋耕机，但比旋耕机宽，2010年引进射阳产4米水田平整机，前面旋整后面带刮平，结合旋耕机和水田刮的功能，水田平整工效高，质量好。

2020年，全场拥有水田平整机56台，水田平整基本实现机械化操作，取代传统的老牛平田作业。

（六）镇压器

20世纪60年代，引进主要用于旱作物与播种机联合机械，可以牵引单独作业，具有镇压、碎土、保墒和减少露种等效果。目前，全场共有V型三组合镇压器30多台（套），除复式播种镇压开沟一体式外，还使用V型镇压器。至2020年底保有量为19台，用于干旱年份播种镇压保墒。

三、种植机械

（一）播种机

1952年，农场拥有24行谷物条播机12台、棉花播种机11台。1981年，有通用播种机35台，以及用通用机架改装成的精量播种机8台。1991年，有牵引式24行条播机23台、棉花播种机10台、悬挂式播种机5台，计38台。至2012年，拥有石家庄、盐城生产的24行条播机30台，有开播联作联合播种机5台，有分体式旋耕施肥播种机ZBF-14型4台。

2015年，淘汰拖拉式播种机，全部采用开播联作播种机，2016年开始引进正反旋开沟播种机。农机总站对其进行研究改造，研制了适合淮海土质的双轴正反旋播种机，2019年，开始全面推广，至2020年淮海分公司农机总站改装生产正反旋播种机合计27台。

（二）中耕机

1961年，农场拥有KYTC-42型中耕机21台、悬挂式2台、中耕培土机1台，与中型轮式拖拉机配套使用。1990年，拥有 ZW-42 型万能中耕机和 ZFX-4.2 型中耕施肥机 12 台。20世纪 90年代中后期，随着作物布局调整，中耕机停止使用。

（三）起垄铺膜机

1984年，农场在原来 ZBZ-6 型悬挂铺膜植棉机的基础上改制成牵引式起垄播种施肥铺膜一体机，实现一机多用。1985年又改制了 11 台，累计 17 台，棉花停种后，该机停用。

（四）施肥机、抛肥机

建场初期，农场将播种机改制成施肥机，并使用多年。20世纪 60年代共有施肥机 17 台。为了解决碳铵、饼肥和深施的难题，1987年，在五铧犁上改装施肥机 6 台，可以条施，也可抛肥，施肥量任意调节。随后又改制 11 台，1995年有施肥机 29 台。2000年后，老式施肥机减少使用，开始引进专用抛肥机，工效快，质量好。2009年，购进库恩 NO. 30.1 和 NO. 40.1 两种抛肥机 16 台，后引进奥禾及阿玛松品牌，可以单独抛肥，也可以与打药机联合作业。2012年，有库恩抛肥机 16 台、老式施肥机 20 台。老式施肥机随着抛肥机的投入逐步淘汰。至 2020 年抛肥机保有量为 20 台。

四、收获脱粒机械

建场初期，农场从苏联进口 C-6 牵引式康拜因 4 台、自走式 C-4 型 1 台，匈牙利生产的 AC-400 型 2 台。同时购进 MK-1100 脱谷机 1 台、飞跃牌脱谷机 2 台，修理厂自制机动打稻机 16 台、稻麦两用脱粒机 7 台。

20世纪 60年代，仍以建场初期的收获机械为主，由于康拜因数量不足和破谷率高，进行一部分分解收割，将稻把运到场上脱粒，脱粒的方法有康拜因脱粒、机引打稻机脱粒和机引石滚碾压三种方法。

1966年以后，引进四平生产的东风 ZKB-5 型自走式康拜因 2 台、发动机 40 千瓦，以及半链轨 KT-3.6 型 1 台和 GT-4.9 型 2 台。

1972年，引进南斯拉夫生产的 ZMAJ-141 康拜因 2 台和南康-161 康拜因 1 台。1987年，7 台拖拉式康拜因全部封存。当时共有自走式联合收割机 15 台，其中南康-141 型 3 台、南康-161 型 1 台、东风 ZBB-2 型 1 台、罗马尼亚生产的 IC-12M 型 2 台、四平东风 4LB-5 型 4 台、佳木斯生产的 JN-1065 型 2 台，JL-1065 型 2 台。1988年后，购进金马-1065 型 2 台、1075 型 3 台、佳联 1065 型 1 台、1075 型 2 台、SE-514 型 4 台和 SE-512 型 2 台。

1994年，农场收获机械总数为29台、2564.6千瓦。2000年农机改制后，收获机械数量迅速增长，进口机型和老旧机械全部淘汰。主要机型有SE-514，佳联和金马的1065、1075，少量的东风和约翰迪尔3060，以及新疆2号、谷神等中小型收割机。

2002年开始引进第一台约翰迪尔3518收割机，全场合计有收获机械82台、6430千瓦。2005年，中、小型收割机械和东风1065等机型逐步退出作业市场，收获机械向大型化、现代化、高效化转变。

2010年，农场投资300多万元，购进美国产凯斯-7088大型收割机2台。2012年，农场拥有大型联合收割机收获机械39台。2012年起更新为约翰迪尔C230。2014年淮海分公司为提高稻麦作业速度，出台了收割机更新补贴政策，补贴按作业量计，每亩10元，新车补贴5年，当年更新15台约翰迪尔C230收割机，淘汰所有10年以上收割机型，此政策一直延续。

至2020年，农场拥有大型联合收割机38台，其中凯斯7088收割机2台、凯斯4088收割机1台、约翰迪尔C230收割机35台。

五、植保机械

1957年，农场从苏联进口OKC喷雾器6台、XT-600型喷雾器8台，自制畜力喷雾器3台，其余全靠手摇喷粉喷雾器来防治病虫。20世纪60年代，重点发展与中、小型拖拉机配套的喷雾喷粉器，先后引进解放-22、解放-18、工农-36等植保机械。但肩担式人工喷雾器仍然使用到20世纪70年代后期知青回城。1972年，修造厂自制成功东方红T-60化学除草喷雾机34台并投入使用，同年又自制了17台高架喷雾机。1975年，有远程喷雾器33台、背负式喷粉器13台，有效地解决了棉田治虫和三麦化除植保机械力量不足的问题。兵团时期，积极发展飞机治虫和生物治虫，防病治虫的效果得到了提高。20世纪80年代后期，飞机治虫停止，水稻治虫防病主要靠工农-36泼浇，棉花等旱作物仍以高架为主。

20世纪90年代，农业实行大包干责任制，职工自购WFB-18AC型弥雾机（俗称"小泰山"），1995年全场拥有495台。旱作物主要以50拖拉机牵引，宽幅水箱式机动喷雾机为主，全场有18台。2004年以后，积极发展大型水旱两用大马力牵引的打药机，实行打药施肥，一机双用，购置的机型为大丰龙河和黄海农场生产。2012年，全场拥有机引式打药机34台、担架式40台、背负式弥雾机240台。

2009年，启用背负式打药机，配套120马力拖拉机，采用改装窄形胶轮下水田喷药施肥，作业幅宽25米，逐步取代牵引式打药机。至2020年全场拥有打药机24台。

六、插秧机械

农场引进和试用插秧机较早，1958 年就进行机插秧试验，省农机局分配 57-58 型插秧机 4 台；1959 年农机修理厂生产简易插秧机 10 台，派 4 名学员参加省机插秧培训，当年试插 3000 多亩，后因机械缺陷而不能大面积推广。1966 年，省农垦局分配南农 2 号、广西 65、南 105 三种型号插秧机 10 台。1972 年，有插秧机 19 台，机插面积 6789 亩。1973 年，修理厂研制生产东风-Z 型机动插秧机 120 台，除外销部分外，留用 30 多台，当年机插面积 9873 亩，占水稻栽插总面积的 46％。受秧苗植伤重、产量低、用工大等因素制约，机插秧难以大面积推广。1995 年，引进 22T-T35 插秧机 3 台、育秧配套设备 3 台和部分硬质塑料秧盘，在三个分场试插，因育秧技术不过关，推广 2 年后又停止。2000 年，土地租赁经营后，购进韩国产 PF-455S 手扶插秧机 11 台、ZB2-79 型机动摆秧机 3 台、宜兴产水稻播种机流水线 2 套、南京农机研究所精密播种机 1 台，当年机插面积 1200 多亩。随后农业职工购买延吉产手扶式插秧机 32 台，采取双膜育秧，机插秧面积逐步扩大。2006 年后，购买洋马、久保田高速插秧机，逐渐淘汰手扶式插秧机。2012 年，引进 25 厘米行距高速插秧机 11 台（洋马 1 台、井关 10 台）。2016 年起全面推广 25 厘米行距插秧机，缩行增苗，30 厘米行距插秧机退出市场。

配套育秧播种机也逐步升级，更新型号顺序为：久保田 SR-50K、矢崎 SYS-800C、矢崎 SYS-1000C。至 2020 年全场在用的育秧播种机数量为 44 台；配备 255 万只塑料秧盘，机插秧面积 5.6 万亩。

2006—2015 年，集体购置插秧机 96 台，其中久保田 3 台、井关 13 台，其余均为洋马机型，随着使用时间的增加，集体插秧机逐步退出作业市场，2018 年机插全部外包，集体插秧机主要用于补秧池，改装压沟机、播种机、化除机等设备。

七、场头机械

1959 年，农场购进开封生产的 10X4 型离心式扬场机 2 台。1966 年，修造厂自制扬场机 6 台，由于受风速影响较大，没能普遍推广。1979 年之前，全场仅有扬场机 3 台。

1980 年以后，农场开始从苏州、滨海等地分批购进场头机械，并逐渐配套。至 1988 年，有麻袋输送机 32 台、10 米输送机 32 台、扒谷机 30 台、扬场机 48 台，场头机械已普及到每个大队、每个场头。1990 年以后，各分场利用淘汰的 50 轮式拖拉机改装收放场机、翻场机，使场头机械化率达 90％ 以上，翻、摊、扬、堆、装、运全部机械化，节省了大量人工。2000 年，场头机械折价转卖民营，场头机械不断更新，数量和质量逐步提高。2012 年，全场有各类场头机械 213 台（套）。1993 年开始，为减轻场头压力，提高抗灾能力，开始引进粮食烘干机械设备。2020 年，种子公司、供应贸易部、米业公司共有国产和进口烘干机械设备 6 套，日烘干能力 1200 吨左右。

八、排灌机械

建场初期至 20 世纪 70 年代初，场内农田和生活区的排灌水都以自排自灌为主，如发生雨涝，就用柴油机或拖拉机传动水泵，临时排水，全场没有固定排灌站。1972 年，农场开始建圩封闭，在一分场 2 连新建了第一座机电排灌站，用的是 495 柴油机传动 20 寸卧式泵。1973 年建造了 5 座，1974 年建造了 10 座。全场实行匡圩封闭排水，动力以东方红-54、德特-54、铁牛-55 拖拉机和 50 马力柴油机为主。同年，架设高压线路，开始进入电力排灌，主要安装 50 千伏安变压器及 40 千瓦电动机，水泵较大的也有安装 75 千瓦、55 千瓦电机的，如一分场 1 大队、三分场 17 大队等。到 1978 年，机排灌站改为电排灌站的有 17 座，安装电动机 19 台，总动力 2901 千瓦。另外，还有 16 台柴油机、12 台拖拉机传输动力，全场共有混流、轴流泵 47 台。到 1989 年，全场有单灌站 14 座、单排站 25 座、排灌两用站 26 座，合计 65 座，其中配备混流泵 38 台、轴流泵 27 台；电动排灌 37 座、机排灌 28 座，装机容量 5009 千瓦，基本做到"匡圩封闭、能排能灌，无雨能灌溉、暴雨不受灾"，正常保持地下水降到 1.5 米左右，粮棉产量比 20 世纪 70 年代翻一番。

20 世纪 90 年代，农场抓住国家对黄淮海开发的机遇，每年都要对电灌站进行技改和新建，结束柴油机排灌的历史，使用的都是大功率节能电机和 32 寸混流泵。到 2000 年，全场有电力排灌站 85 座、水泵 90 台，装机容量 5469 千瓦。2003 年以来，结合土地复垦、土地整治、高标准农田、小型农田水利专项工程、优质稻麦、种子基地等项目进行水系调整，兴建防渗渠道，合理调整电站布局。2020 年，全场共有电力排灌站 79 座、电动机 82 台，装机总容量 6122 千瓦。

九、水利机械

（一）场挖掘机

1987 年，农场投资 26 万元，从美国长特彼勒公司进口卡特 215B 型挖掘机 1 台，单机动力 73.5 千瓦，每小时挖土 150 立方米，主要用于大型水利施工。1995 年，购进日产 EX200 挖掘机 2 台，大小水利施工基本实现机械化。2005 年，第一台老挖掘机淘汰，2007 年，又购进日立 ZX-240 型挖掘机 2 台。2016 年，淘汰日立 EX200 挖掘机 2 台，2019 年购置三一 SY205 挖掘机 1 台。2020 年累计有挖掘机 3 台，水利机械化程度达 100%。

（二）推土机

1980 年，农场购进一台与东方红链式拖拉机配套牵引作业液压升降式的推土机，主要用于土地平整、筑埂筑坝和荒地开垦、推挖鱼塘。1997 年有推土机 19 台。2006 年拥有东方红-902、东方红-802、东方红-1302 推土机计 25 台，后全部报废，退出作业市场。

（三）铲运机

1981 年，农场购进 3 台铲运机，主要用于大田远距离土地平整和土地开发，由东方红-75 或大马力轮式车牵引，每铲一斗约 2.5 立方米。1995 年，有泗阳产的 4-3B 液压铲运机 9 台，后因工作量减少而逐步报废。

十、农用运输机械

建场初期，场内主要靠拖拉机和畜力车完成农用物资运输，外部运输主要靠汽车。1952 年，有汽油汽车 7 辆计 21 吨，1954 年，增加柴油车 2 辆计 6 吨，后有 2 辆报停、2 辆调出。1963 年，有农用汽车 5 辆，其中解放 1 辆、依法 2 辆、大道奇 2 辆，隶属场物资运输科管理，全年完成载量 118368 吨。

随着生产建设的不断发展，外购物资运量越来越大。1969 年成立船队，当年组建轮船队一个、装载量 500 吨，机船队一个、装载量 120 吨，加农用汽车 8 辆，全年完成货运 8731 吨。1981 年，有 3 艘货运轮船、装载量 12300 吨、305 马力，农用汽车 6 辆、装载量 550 吨，场内运输有农用拖车 26 辆、装载量 105 吨，还有 40 辆手扶拖拉机帮助运输部分肥料农药。1985 年，成立运输公司，负责一个车队、两个船队和场内外运输管理，船运总量 871970 吨，车运总量 888450 吨。

随着社会运输力量的大量增加，单位农用运输量受到很大影响。1993 年，汽车队解散，1996 年，船队停航，农用运输逐渐被社会运输机械取代。2000 年后，部分转岗工人购买农用汽车，主要运输大队水稻、麦子和物资公司肥料、农药。2012 年，在农机和运输部门登记和参加作业的农用汽车共有 27 辆，总吨位 600 吨，外购所有物资都由社会物流公司派送。2013 年起，因安全因素，农机不再从事物资运输。

第三节　农机管理

一、管理体制

1952 年，建场时，机务工作由生产科领导，下设四个机耕队。

1964 年 4 月，总场设机务科，分场设六个机耕队，所有机车由机务科统一调度使用。

兵团时期，机务工作由团部后勤处机械运输股负责，下设 8 个机耕排、1 个汽车队、1 个船队。兵团撤销后，场部设机务科，下设 6 个机耕队。

1977 年，经省农垦局批准成立淮海农场农机管理科，编制 3~5 人，下设 6 个机电管理站，兼管变电所、各分场机电排灌站。

1986 年，为适应农机生产经营，在农机科存在的同时，又挂机电服务公司牌子，除行政管理外，还兼管下属单位的生产经营，下设 6 个农机站、机电配件库、变电所和土方工程队。

1993 年 4 月，撤销机电公司，将农机工作划归农业中心。农业中心下设农机服务公司，负责农机工作的部门负责人任农业中心副主任兼农机服务公司经理，下设 7 个农机站、配件库和土方工程队。2000 年 4 月，农机折价拍卖后，撤销 7 个农机站建制，由分场指定一名管理员负责农机管理和监理工作。

2002 年 10 月，撤销农机服务公司，将农机工作划归农业技术服务中心。农业技术服务中心的一名副主任分管农机工作。

2006 年 4 月，农机工作从农业技术服务中心划出，单独成立"农机水利服务中心"，后改为"农机水利中心"（即农水中心）。农水中心负责全场国有农机、民营农机的管理和农机监理工作，以及全场水利建设规划和施工，下辖土方工程队。

2012 年，苏垦集团成立江苏省农垦农业发展股份有限公司（即农发公司），农场种植业剥离划分为淮海分公司，农机管理职能划至分公司农机水利中心。为分离农水中心的监管职能和经营职能，2015 年起成立农机水利服务总站，将原农水中心的农机管理站、水利工程队、农机维护保养中心合并，主要职能：分公司水利土方、大中沟及条沟疏浚，零星土地平整及其他零星工程施工、水利工程设备维护、集体机械经营，协助农水中心科技创新及技改。农机水利中心成为专职从事分公司农机、水利、投资安全工作的管理部门。至 2020 年，全场从事农机水利的人员共有 328 人，其中管理员 12 人、机驾人员 268 多人；全场共有农机集中停放点 8 个、供油点 8 个、修理间 20 个。

二、管理方法

（一）农机生产责任制

1955 年，农机推行《四定三包责任制试行办法》，"四定"即定员、定产、定值、定量，"三包"即包任务、包使用、包成本。

1964 年，在"四定三包"责任制的基础上，农机进行体制改革，总场成立机务科，机耕队直属总场统一领导、统一调度、统一核算（核算到单车）。核算的主要经济指标有：机车完好率、出勤率、标准台年工作量、标准亩油耗、标准亩成本、标准亩维修费。

兵团期间，农机的生产责任制仍然以"包定奖"为主要内容，主要包括定人员、定任务、定油耗、定成本、包修理、包农具工具、包作业质量、包机车技术状况、包安全生产。超额完成指标的，给予一定比例的奖励。

1979 年，试行"六定一奖"责任制。"六定"即定任务、定质量、定油耗、定成本、定修理费、定出勤；"一奖"即农机站完成财务计划时，在盈余中提取 15％至 25％的一半，加上所在分场农业工人全员奖金数，乘以农机站职工数的一半，奖励给农机站职工。这是农机站职工的收入首次与农业单位职工收入挂钩，有利于农机更好地为农业服务。此外，还规定了节油奖、节约修理费奖、技术革新奖和荣誉奖等单项奖励。

1982 年，"六定一奖"继续实行，又加上"两包"，称为"包定责任制"。"两包"即包全年安全生产无重大事故、包核定的经济指标如数完成。如农机站全面完成"六定两包"，年终发给每个职工所保留的责任工资。职工的工资每月发放 60％作为生活费、40％作为保留工资。

1990 年，农机责任制一律实行"单独核算、定额上交、亏损欠交自补、超利按 3∶7 比例分成"的"大包干"形式，即利润部分的三成作为单位留成、七成作为农机职工分配。当年实行大包干的农机站有 6 个，实行定额承包、超利分成的机车组有 89 个。

1999 年，在包干上交、超利分成的责任制中，又增加了"按股分红"的分配形式，超利分成的比例为 40％，作农机职工奖金分配；按股分红，即每个农机职工必须认购 5000 元基本股，多购不限，承包的农机站长必须认购基本股 3 倍以上，在资产增值保值的前提下，将实现利润的 60％进行按股分红。

（二）农机标准化管理

1953 年建场伊始，农场就制定了《机务管理暂行制度》，主要有"机具保管制度、机耕制度、维修保养制度"三大类和若干细则，细致到每一台机车和农具、每一个工种、每一项作业，可操作性很强。

1964年，出台《机务管理十二条》，以推行机务管理技术责任制为重点，以做好机耕队工作为中心，以机务技术满足农业技术要求为根本出发点，以提高机械"三率"为目的，对人员培养、机具停放、维修保养、农田作业标准质量和安全生产等方面都作出了明确具体的规定，提出了"管理出成绩、管理出人才、管理出战斗力"的观点，强调机务管理的重要性、必要性。

1972年，制定了《农业机电管理站机务管理岗位责任制》，主要内容有岗位专责制、机具专责制、交接负责制、岗位练兵制。同时还制定了《红旗机车六条标准》《红旗机手六条标准》和《大寨式农机站六条标准》，激励农机人员积极向上，不断发挥农机的重要作用。

1979年，组织农机干部和技术骨干去东北农场参观学习标准化管理经验。同年在全场推行农机标准化管理，从拖拉机的"五净四不漏"开始，制定出台《农机标准化管理十项内容》，包括农机站基础管理、技术档案管理、田间作业、机车保养维护、安全生产、油料库、配件库、机具农具场地等。此后，农机标准化管理得到不断完善和加强。

1990年，实行农机管理体制"一条龙"，机务副场长直管机务科长，分场机务场长直管机耕队长，队长管好机车组，形成三级管理网络，实现"运用、修理、供应、服务"一体化，确保农机一条线，"拉得出，打得响"。同时建立农机标准化月查月评制度，月查达80分以上奖励、80分以下罚款，标准化奖罚月月兑现。后来，又将月查月评延伸到动态检查，把农机标准化落到实处，促使农机完好率、出勤率、时间利用率都达到90％以上。

2000年，农机产权制度改革后，农机管理模式和方法发生了变化，7个机耕队撤销，每分场配备一名农机协管员，兼农机监理员，负责改制后的机驾人员和农机具的日常管理，协调机农关系，与机车主直接沟通指导，上传下达。为防止卖机撤站后弱化农机管理，先后出台了《淮海农场强化农机管理意见》《淮海农场农机管理试行办法》等文件，为改制后的农机管理统一思想、统一措施指明了发展方向。

2007年，场农机水利服务中心成立，各分场设农机管理站，农机协管员兼站长，隶属分场领导。分场成立农机管理工作小组，全面负责分场的农机管理。农水服务中心对全场民营农机和国有农机实行"六统一""六加强"。"六统一"即统一收费标准、统一指挥调度、统一协议作业、统一质量验收标准、统一农机具停放、统一机具技术标准；"六加强"即加强农机队伍建设、加强农机具技术推广和更新补贴、加强年检年审安全监理、加强"三库一棚一室一场"建设、加强国有农机经营管理、加强富民强机日常服务。

2006 年开始，国有独资的农业机械装备逐年增加，管好用好国有农机责任重大。农机部门通过不断摸索和总结，对先后购入的 96 台插秧机、3 台收割机、2 台拖拉机，采取责任到单位、定员到机车、签订协议、按比例考核分成等管理方法，调动了大家的积极性，保证了国有农机增值增效。

2014 年，农场申请全国农垦农机示范场建设并通过验收，并获得"AAA 级全国农垦农机标准化示范场"的称号。

2017 年，农发淮海分公司出台《淮海分公司农机作业质量管控办法（试行）》，对各类管理人员职责进行明确分工，同时对各类作业的质量要求、检查方法、处罚标准进行明确，提出了"四证制度""优质优价制度""后道检查前道制度""服务满意度制度"等，进一步提升管理精细度。2018 年还对其进行了修改。

三、农机监理

1981 年，成立农机监理站，设专职安全监理员 1 人，业务上属农垦农机行政监理所，行政上由场农机科负责。农机安全监理隶属于省农垦农机监理所，农场协助管理。1985 年，根据上级有关精神，农机监理重新划归射阳县农机监理部门管理，成立"射阳县淮海农场交通管理站"，行使农机监理和交通管理职能。

1988 年 10 月，根据省农机安全监理所文件精神，农垦农机安全监理工作实行归口管理，恢复成立淮海农场农机监理站，由省农垦农机监理所和场农机科双重领导，人员编制 2 人，站长由农机科科长兼任，各分场设一名农机安全监理员。场农机监理站的成立，标志着农机监理走上了法制化道路，农机监理部门具有执法的责任，它通过对农业机械和操作人员进行检验考核、核发牌证，进行安全监督，是农机管理的一个重要组成部分。当年，场农机监理站根据上门服务、方便机手、宣传到家、搞好检审的工作职能，给全场 100 多台大中型拖拉机、60 台小型拖拉机、30 多台收割机、188 台（套）场头机械、226 台各类农机具、69 座泵站、30 多家农副产品加工机械和 400 多名机驾人员发放了安全生产许可证、驾驶证、操作证，使大型拖拉机、收割机的参审率、办证率均达 100%，机电排灌站各类农机具的"三率"达 100%，手扶拖拉机的"三率"也由建站前的 82% 上升到 95%。

1989—2000 年，农机的年检年审主要采取集中检审和上门服务相结合的方法，确保全场农机和机驾人员车车挂牌行驶、人人持证上岗。2000 年农机改制后，农机产权归个人所有，给农机年检年审和规范农机执法工作提出了新的要求，农机监理与时俱进，成立以分管场长为组长的检审领导小组，每年下发一份年检年审工作意见，改变工作方法，采取多项便民措施，如上门服务、分批进行、补检补审、急事急办等，得到了机驾人员的支持和配合。当年，农机监理站为新增的 28 台大中型拖拉机、10 台联合收割机核发了牌照，检验收割机、拖拉机 143 台，新发驾驶证 32 本，换发驾驶证 63 本，并与省农垦农机监理所、射阳农机监理所、场派出所联合进行专项整治和执法，深入田间、地头、场院，对无牌无证驾驶、违章驾驶等行为进行查处，处理无牌无证车辆 13 辆，纠正违章 20 多起，有效地遏制了"黑机""非驾"现象，农机事故率明显下降，为农机安全生产奠定了基础。

2000 年，为规范农机监理执法行为，省农垦农机监理所发文，各农场的农机监理站更名为农机监理所，实行一套班子，两块牌子，农机科长兼监理所长。

2020 年，农场有 12 名农机监理员，其中 7 人为分场农机监理员、5 人为县级农机监理员。

在场农机监理所成立的十多年中，农机管理人员不断创新，农机监理不再走原先发证、盖章、收钱的老路子，提出并实践科学管机、依法治机、科技强机、富民兴机的新思路，主动与农机户对接，为他们做好跨区作业、农机具推广与补贴、保护场内作业市场、办理农机保险、调整机械作业收费标准等服务工作，缩短农机监理和机驾人员之间的距离，促进农机监理工作不断发展。2015 年起，农机监理的费用取消，农机监理所的主要职能也进行了调整，主要提供办证、年检、补贴等业务，对便民服务提出了更高的要求。

四、油料供应

建场初期，油料由盐城地区石油部门供应，用加仑油桶灌装，再用船运或拖拉机运回，直立或堆码放置到室内油库。用于周转的加仑油桶有 100 多只。最早的油库在原磁性材料厂的位置，当初只有简易的三间砖瓦房，为保证安全，日夜有专人站岗。

1958 年，油库搬迁到农机修理厂内。为解决加仑油桶不足和燃油沉淀过滤难以保证的问题，安装立式油罐 3 只，储油量 120 吨左右。1964 年，利用 5 吨拖车改制一辆 3 吨油罐车到盐城拉油，订购 7 只北京中机 3-1 型加油泵，实现中型机车封闭加油。20 世纪 70 年代初，随着用油量的增长，各机耕队添置露天油罐 2、3 只，容量 20～30 吨，机耕队供油由油桶灌装改为油罐车送达。

1991 年，农场投资 20 多万元，将原油库搬迁到灌溉渠中堆上，建有大小油罐 11 只，储油量 160 吨，配 4 个电子加油机，为场内机动车辆和社会车辆加油，主要供应 90♯、93♯汽油、0♯、-10♯柴油和机油、黄油、齿轮油。1994 年，农场不再到盐城拉油，改为盐城石油公司派专业油罐车送油。1999 年，场加油站被盐城石油公司列为第 18 号加盟加油站，年经营成品油 1300 吨，多次被上级主管和业务部门评为质量、计量信得过加油站。

2000 年，灌溉渠中堆因淮河入海水道征用，油库拆迁。2002 年，农场投资 50 万元，在六垛闸东南、场部渠星路东侧新建加油站一座，建有 4 个地下油罐、储油 70 吨，配备 4 个正星税控加油机、6 名加油工，24 小时为场内和社会车辆加油。

2000 年，民营机车加油放开市场，自主选择，不再统一供油，但为了方便生产、服务农机户，各分场加油点配备专人正常营业。2010 年以后，农场投资 200 多万元，对 7 个农机站的库房、场地进行维修或重建。投资 300 多万元，对 7 个加油点进行扩容改造，将原露天高架油罐全部改为地下，合计容量 340 立方米，原手摇加油泵改为正星牌加油机，新增储备容量 115 吨。全场合计储油量 500 多吨。目前，全年供应和销售主副油1500 吨。

1993 年前，汽、柴油实行计划供应，由场物资科负责经营，计划内平价供应各单位，计划外议价结算。1993 年下半年，国家对石油供应由单轨制改为双轨制。1995 年，取消计划油供应，全部实行市场价供应。

在油料管理上，1956 年，农场制定了《油料管理工作制度》。几十年来不断修改和完善，严格按章办事，职责分明，定期检查，油库周围装有避雷针，安全防火、警钟长鸣，设备齐全有效，确保油库重地几十年无事故。

五、配件供应

1952 年起，农机所需配件均由农机修理厂负责采购、保管和发放，修理厂有农机配件室，有专职采购员、保管员 3 人，配件 1000 多个品种，主要供应拖拉机、动力机、收割机和耕耙播农机具所需的各种配件。采购不到配件、机车又急需抢修时，就自己设计加工。20 世纪 60 年代，随着农机具总量和修理量的不断增加，配件品种近 2000 种，价值20 多万元。各个机耕队也有配件库，配一名专职保管员，常用配件可以做到小件不出队、大件不出场。附近农机所需配件，基本上都来场购买或加工，在当地有一定的知名度。

农机修造厂改产石油机械产品后，农机配件采购和供应难以得到保证，1986 年，成立机电配件库，大队级建制，隶属农机科领导。农场投资 16.8 万元，新建配件库房 600平方米，改建配件门市 10 间 300 平方米，并配备管理人员、采购销售人员 15 人，单独核算，自负盈亏。配件库主要采购和销售各种农机具配件、场头机械、排灌机械、各类机电配件、民用电器、金属材料、橡胶五金、化工产品等十类 8000 多个品种。代购大中小型拖拉机、收割机、水泵、各种农具等成品，主要进货渠道有镇江物资站和盐城、苏州、无锡、上海等地商家，有的紧缺配件当地采购不到，就直接找洛阳、开封、佳木斯等地的厂家求援。1987 年，配件库库存量 50 多万元，机耕队库存量 18.6 万元。1996 年，配件库经营品种超过万个，年销售收入 500 万元左右，品种齐全，信誉较好。

2000 年，农机产权制度改革后，配件供应市场全部放开，机车主自主选择，配件库撤销，留 2 名工作人员处理和看管库存配件，直至 2008 年所有配件和资产处理结束为止。

六、跨区作业

建场初期到 2000 年，农机作业一直就有"走出去，请进来"的传统，经常派出机车和机务人员帮助友邻乡村抢收抢种，挖沟运输。1958 年，曾抽调 30% 的拖拉机支援东台、扬州等地垦荒灭螺，抽调两台喷雾机械帮助滨海灭蝗，用一台热特-25 拖拉机到盐城秦南帮助整地，换来 150 个民工来场插秧。

2000 年农机改制后，为了帮助部分农机解决"场内吃不饱"的现状，成立农机协会，帮助机手"找米下锅"，做好跨区作业服务工作。通过与相邻的滨海、射阳有关乡镇和东辛农场联系，组织 25 台机车，发放了 32 份跨区作业许可证，一季夏收为跨区作业机车主增加纯收入 50 多万元。此后，跨区作业就成为农机部门的一项日常工作，农机部门努力帮助农场农机对外寻找作业市场，为机车主"富机、强机"办实事、做好事。2009 年，农机部门组织跨区作业队 28 组，发放跨区作业证 51 份、优先加油卡 15 份，获得跨区作业纯收入 120 多万元。据不完全统计，2000—2010 年，农机部门共组织跨区作业机车 350 台次，其中大型联合收割机 60 台次，共发放跨区作业许可证 420 份，为农机职工增加收入 600 多万元。2015 年起，农场加大农机投入及补贴力度，农机保有量不断增加，因社会车辆增加，竞争激烈，农机跨区作业市场开始萎缩，跨区作业收入逐年下降。

第四节　农机修理

一、机构与设备

1954 年，根据农业机械化生产需要，在原农建四师枪械修理所的基础上，按苏联专家达维多夫年修理100个标准台拖拉机的标准设计，成立了拖拉机修理厂，为场二级单位。经营方针是"以修理为主、制造为铺，制造为修理服务"，主要担负场内50台拖拉机、康拜因、动力机及200多套农具的修配改装任务，同时担负附近7个农场以及射阳、滨海两县邻近拖拉机站的机车大修和部件总成修配任务，生产发动机缸套、活塞环等易损件。厂区面积5000平方米，建筑面积1441平方米，有万能连杆轴承车床1台、万能磨床1台、立式钻床1台、齿轮车床C-618 1台、万能铣床1台、牛头刨床1台、齿轮车床2台、木工车床1台、电焊气焊设备2套、锻工工具2套，还有万能电器试验台、水压试验台、空压机、高压冲洗机、砂轮机、3吨行车、箱形电炉、熔铁炉、C-80专用拆卸工具等各种设备50多台（套）。

修理厂下设制造加工车间、修理装配车间、动力间、保管房，有修理工、电工、锻工、钳工、铸工等技术人员、技术工人和管理人员50多人。

1963年，修理厂规模逐渐扩大，各类人员增加到96人。在资金十分困难的情况下，又添置了车床、刨床、气门座研磨机、磨缸机、活塞环张力试验台、抛光机、电镀等设备30台（套），年修理能力达200个标准台。同年11月25日，经中央农垦部（G3）农垦物字第345号批示，淮海农机修造厂为国家一类大修厂。

1978年，修理厂建筑面积1.4万平方米，已是建厂初期的10倍，拥有固定资产425.8万元，在职职工总数670人。车间有修理、铸造、加工、金工4个，科室有生产组、供应组、财务组和副业排。各种设备和专用工具已有上千台（套），年产值600多万元，实现利润超百万元，当年被评为江苏省农垦局先进单位、江苏省属先进企业，被国家农垦局评为先进企业，该厂副厂长付积中还代表农机修理厂出席全国工业学大庆会议。同年，经盐城市农垦公司批准，修理厂更名为"淮海农机修造厂"。1981年10月，成立"江苏省淮海石油机械厂"，有六个生产车间、六个科室，农机修理为一个车间，继续担负场内外农机修理任务。

更名后，修理厂的主要产品和收入都集中在机械制造上，农机修理力量也向机械制造转移，各单位送来的机车和修理件难以保质保量完成，业务量下降，修理车间亏损，农机修理逐渐转变为分场机耕队自修为主。1987年，除部分加工件需送修造厂加工外，已没有整台机车进厂修理，六个机耕队都建立了维修小组、维修车间，添置车床、刨床、空气锤、摇臂钻、锻工炉、喷油嘴试验器、电氧焊等修理工具，配备2、3名专职修理工，在机耕队长的带领下与机驾人员一起，承担农机具的维修保养工作，使农机修造由工厂专门修理转变为自行修理。自行修理的特点是方便及时、节省费用、缩短时间。

2000年后，农机修理主要靠机车主自己动手解决，机耕队原有的修理间、修理设备折价卖给个人，机车主为方便修理，分别添置了电焊、台钻等必需的工具。在场部和机耕队也有十多个农机修理门市和农机配件经营户，能做到随喊随到、随到随修，提供配件代购、加工、修理一条龙服务。2014年成立农机维护保养中心（后改名为农机水利服务总站），购置CA6180、CA6140车床、卷板机、折弯机等设备，主要从事集体收割机、挖掘机、插秧机、育秧播种机等维护保养和技改升级工作，同时还承接排灌泵站等集体资产的维护保养。

二、农机修理

1953年，从苏联进口的C-80拖拉机在工作时间累计达2200个小时后，有3台停车进厂中修。修理厂抽调4名技工、2名助手和机车驾驶员组成修理组，克服困难，白手起家，派员到上海、北京、哈尔滨等国营农场管理局采购配件，到有关机械制造厂加工订制配件，购买仪表仪器，在计划时间内完成3台拖拉机中修任务，为以后的修理工作积累了许多经验和教训。1955年，完成拖拉机大修34台、汽车大修4台，改装康拜因3台，修理各类农机具34台（套）。

1963年，根据农垦部颁发的《国营农场修理工作暂行规定》，结合农场实际情况，制定了《拖拉机技术保养和修理规程》，对机具的维修保养提出严格的操作标准，实行五级保养、二级修理制。农机科根据各类机车状况，有计划地安排机车进厂大修。当年修理厂完成拖拉机修理187台，其中大修59台、小修38台、高保32台、检修58台，年修理能力由建场初期的100个标准台提高到200个标准台。

机车进厂后，必须全部分解、清洗、检查鉴定，然后按大、中、小修的标准进行配件更换、调整、磨合、测功、试车，总装后必须进行喷漆。出厂时进行负荷试运转，符合质量标准后，由承修、送修单位和农机科三方鉴定验收，确认修理合格，方可办理交接手续，健全技术档案。修理人员要实行保修制度，保修期为一个二号保养。大忙时，机车坏在单位，修理厂成立机修巡逻小组，深入机耕队、田间，及时排除各类故障，传授修理技术，做到随坏随修，不误农时。修理厂还多次为场内外代培修理工67名，接受实习生150多名。1975年，有三名代表去北京参加了全国农机具修理展览会。

20世纪80年代初，修理厂的设备技术力量、修理能力、年产值都达到了建场以来最好水平，通过内抓管理、外树形象，在同行业中和周边地区声誉较高，基本达到了鉴定仪表化、修理工艺化、拆装工具化、修造一体化、服务规范化的要求，为场内外农机推广和使用提供技术服务。

三、农机及配件制造

建场初期，修理厂在修理第一台 C-80 拖拉机时，就因买不到配件、找不到专用工具而停工待料待具。修理人员自己动手，土法上马，仿制、自制了支重轮轴套及钢套的拆卸安装工具、汽缸套筒拆卸安装工具和导拨与引导轮拆卸安装等十六种专用工具，为大修拖拉机打下了基础，其中支重轮轴承由油压千斤顶代替螺杆这一项创新使工效提高了六至七倍。

1958 年，全年完成 80 台（次）机车修复的同时，制造、推广日式脱谷机 10 台、土脱谷机 8 台、简易插秧机 10 台，改装了抛肥机 9 台、宽幅播种机 5 台。利用农场技术力量，制造了第一台小型拖拉机和第一台高压油泵试验台。电工卢伊林制造了万能电器检验器，对汽车、拖拉机的电气检验作业作出了很大贡献。此外，还生产缸筒、活塞、铜套、轴瓦等各种农机配件 2.46 万件，产值 14.4 万元。

1963 年，生产高压油泵试验台 37 台、Z-25K 汽缸盖 18 只，试制连杆校正器 5 套、主轴瓦塘削工具 2 套，先后进行了铅青铜轴瓦修复方法试验、康拜因脱粒水稻改装试验、拖拉机改装下水田试验，共生产各类农机配件 17.2 万件。

20 世纪 70 年代初，农场 44 台拖拉机中，有 15 种型号是 9 个国家生产的，毛病故障特别多，配件供应无法解决，给维修带来很大困难。修理厂坚持修造结合，大搞配件生产，旧件修复，做到缺什么就造什么，攻关克难，制造出钢套、活塞、环齿轮、E-25 调正轴、东方红-54 平衡臂、C-80 变速花键轴等上千种配件，为农机修理提供方便。1973 年，研制生产东风-Z 型机动插秧机 120 台、农用电机 500 台，试制了植保机械、收获机械、耕整机械上百台，生产援外农机产品 8 个项目 9 台（套），加工农机配件 70 余万件，1976 年加工 106.74 万件，创产值 118 万元。

2018 年起，农水中心研发新型正反旋播种机，2019 年实现量产，一次性生产 21 台，2020 年生产 4 台，实现 70%播种面积覆盖。

第五节　农机革新

建场以来，场机务工作者，在长期的工作实践中，充分发挥各自的聪明才智，不断对农机具进行改革创新，以更加适合生产需要，如对收割机械的创新和改进，降低了损失率、破碎率。收割机二层割刀研发、双轴正反旋播种、精量施肥、变量喷药等适用性很强的技术难题，具有一定的经济效益和社会效益。

一、拖拉机

1957年，水稻面积不断扩大，以人工和畜力耕耙平整水田已难以按时完成水田作业任务。农机人员选择热特为主的轮式拖拉机，对行走部分、传动升降部分进行改装，自制水田耙、平土器，使拖拉机下水田，提高了水稻作业机械化程度和工效。

1973年，水稻田作业中轮式车数量不足、马力不够，延误农时。农机人员对东方红-54链轨车进行改装，主要解决后桥、齿轮箱、行走部分轴承浸水问题，经过多次试验，链轨车第一次下水田作业，提高了机车利用率，加快了夏插进度。

1987年，东方红-54链式拖拉机机油粗滤器，农机人员用卫生纸作填料，增强机油净化，延长了机油使用期，使更换机油时间延长两个保养周期，仅此一项小发明，全年节约机油5000多公斤。同时，对全场26台链式拖拉机进行节能改造，使拖拉机每标准亩油耗下降0.05公斤，全年节约柴油50余吨。

二、收割机

1954年，拖拉机、康拜因开始试验下田收割水稻，由于分离不清，损失率高达20%左右。1959年，派3人到卢台农场、查哈阳农场学习收割机改装技术。回场后，组织力量对C-6机型进行技术革新，分别对喂入、脱粒、分离清选等机构和行走装置做出多处调整和加强，技术上获得了成功，损失率大幅下降至3%。

20世纪60年代，为了增强收割机的功能，将C-6、CT-49牵引式收割机33千瓦的汽油发动机改为40千瓦的4115型柴油机，效率提高2成。

1986年，对C-6康拜因进行改装，4.9米收割台改为4米，把不偏心的木翻轮改为偏心爪齿式木翻轮，对收割倒伏水稻效果明显。同年，在南康、东风ZKB收割机上安装茎秆切碎抛洒机，秸秆脱粒后不再成堆，解决了耕翻堵犁的麻烦，有利于秸秆全量还田。

1987年，四分场机耕队对收割质量很差的东风90型收割机进行四项改装，单滚筒改双滚筒，收割台缩短，缩小木翻轮直径，改进箭箱，提高上罩。改装后，该机当季收割水稻4790亩，收割大豆1380亩，收获量121.5万公斤，是省农垦先进指标的1.66倍，损失率只有原来的1/4，低于国家规定标准，生产力比改装前提高了70%。在这台收割机改装成功的影响下，全场先后有 38 台收割机完成了双滚筒脱粒装置的改装和其他方面的革新，取得了预期的效果，相关人员在 1988 年的省农垦农机工作会议上做了经验介绍，这项革新获得江苏农垦 1989 年度科技成果三等奖。

2017 年改装大型联合收割机二层割刀装置，有效降低作业负荷，获得实用新型专利一项。

2020 年对全场 35 台大型联合收割机 C230 收割机切碎器加装二排定刀，增加切碎能力，切碎效果明显提升，当年全部推广到位。

三、其他农机具

建场初期，由于农机具缺乏，农机人员进行过多项农机具改制，如 24 行谷物播种机改为棉花播种机、施肥机；修理厂改造旋转开沟犁、中耕带施肥，以及 OKC 喷雾器机械加水改装。另外还土法上马，生产和改制过场头脱粒机、扬场机、山芋挖掘机、机械挖树苗机、田青收割机、油菜播种机、棉花拔秆机、开沟筑畦打埂机等，为解决劳力紧张、节约生产成本、提高机械化程度发挥了一定的作用。

1957 年，自制心土加深器，也叫无壁深耕犁，农场与苏北农学院一起搞深耕防止返盐的耕作试验，主要研究不同的耕作方法和耕作深度对改良盐土的效果。这种深耕犁安装在 5 铧犁后面，前面耕翻 14～16 厘米熟土，后面深耕 30～40 厘米生土，又加挂农具，实行耙平作畦联合作业，减少对土壤的碾压破坏。

1972 年，修理厂援外农机人员经过一年多的实践和改进，试制成功东方红 F60 化学除草、喷粉喷雾机。该机工作效率高，经济适用，后运往国外农场作业。

1975 年，开始研制清除排水沟淤泥的侧置式清淤机，经过不断改装，到 1981 年 5 月终获成功，解决了河道疏浚、清淤难这一历史问题，通过省农机局、省农垦局有关专家鉴定，该机结构合理，操作方便，作业功效高，作业费用低，适宜推广。

1983 年，利用 ZBZ-6 型通用机架，改制成悬挂式棉花铺膜机 6 台。1984 年，在此基础上又进行技术革新，改制 5 台全牵引式施肥播种铺膜一体机，通用性好，一机多用，工作效率提高 70%。

1988 年，改装棉花精量播种机，在石家庄生产的通用播种机上，对排种轮进行改装，使棉籽能够以点播的形式下种，每亩种量 3 公斤。

1992 年，在南京农业工程学院凌教授的帮助下，研制成功 ZFKP-1.75（3.5）型可控扇形扩散卧式抛肥机。该机的特点是利用离心力和反作用力的合力，实现肥料定向、定量、均匀、可调节抛洒，在肥料箱内还带有搅拌粉碎功能，肥料结块成团的也能作业，还可以与其他耕作机械配合，进行复式作业，节省时间和成本。

1988年，二分场机耕队研制出在五铧犁上加带的施肥机和耙前施肥机，解决了碳铵、饼肥深施的难题，使机械施肥有了多种选择，可以施用多种肥料，可以深层、浅层、中层立体施肥。

1991年，设置ZFZ-6全自动拖车开关装置，将普通拖车改制成全自动侧开关自卸拖车，通过总公司科委鉴定，获1991年度江苏农垦科技进步鼓励奖。该技术的使用和推广，可以省去卸粮工3、4人，下粮时间只有原来的1/10，可堆放可平铺，一台自卸拖车顶上原来的两台用。

2012年，成立农发公司以来，农发公司为加大科技创新，成立了农科院实施科研项目。自2015年起，淮海分公司也积极申报科研项目，2015—2020年，申报科研项目9项，同时注重研究成果知识产权保护，合计申报发明专利4项、实用新型8项、外观专利1项。已获批实用新型专利4项、外观发明专利1项。

2017年，推进激光平整插秧秧池技术，激光平整后精度可达±2厘米，平整后无须管理，用时直接搬盘上水，透气性好，发苗快，便于管理。

2018年，研发新型正反旋播种机，该机将动力需求从原来的352千瓦，降低至246.4千瓦，实现了播种深度一致性。播后土壤细碎、沟壁光滑、覆草效果好。2020年，播种面积超10万亩，对墒沟壁播种和播后封闭作业进行实验，该技术获国家实用新型专利。

2018年，"三秋"全面推广导航辅助驾驶技术，当年购置导航设备38台（套）。为播种化除施肥作业辅助驾驶，不但降低了驾驶员的劳动强度，作业还不重不漏，实现了节种节肥。

2019年对水稻直播机进行侧深位施肥改装，设计了自平衡系统，解决了传统水稻直播机受拖拉机姿态变化影响的问题，使农具始终保持在水平状态，保障了播种和施肥效果。整机取消了原先的地轮驱动排种轮及排肥轮设计，采用车速传感器加电机驱动的方式，解决原先地轮堵塞、堵转影响排种的难题。该设计获得实用新型专利2项、外观专利1项。

2020年对背负式植保机械进行改装，主要改装集成自变量控制系统和机具自平衡系统。自变量系统实现喷洒量随拖拉机速度变化而自动变化，保障了大田施药均匀性。同时自平衡系统实现农具不随拖拉机姿态变化而变化，始终保持农具水平位置，有效保障了单位面积内的施药均匀性。同年围绕现有撒肥机存在的如肥料撒到田埂浪费严重、田中间肥料"重"导致的"恋青"等问题，设计制作了一款宽幅对行喷肥机械，该机具设计幅宽

25 米，幅宽可调，通过风道将肥料准确地送到指定位置。

第六节　机务培训

2013—2020 年，农机技术培训主要由江苏农垦农机监理所和农场农机水利中心负责，每年都要组织农机驾驶员、安全员、电站管理人员进行农机技术和安全作业培训，集中授课，现场操作，答疑解惑，采取灵活多样的形式，激发机手们的学习兴趣，充分利用多媒体技术、网络平台、互联网＋等，线上线下结合，开放式教学配合年审，现场演示，印发通俗易懂的资料，努力提高机驾人员的技能和素质，为农场培养新型农机职工队伍作出新贡献。

2013 年，10 人参加农垦农机校培训，10 人去哈尔滨凯斯公司接受新型凯斯联合收割操作技术培训。农场内举行农机标准化作业培训，聘请省农垦农机安全监理所的老师们讲课，培训 600 多人次，印发技术资料 1000 多份。

2017—2018 年，分批对机驾人员、安全员、排灌站操作人员进行安全生产岗前培训，实行农机安全培训合格证制度，2018 年发放安全作业许可证 542 张。2017 年，分公司发放农机安全培训合格证 26 份，生产区发放 222 份。

2019—2020 年，分别对管理人员培训 93 人次，组织安全生产专题培训 142 人次、农机使用操作技术培训 207 人次、低压电工培训 69 人次、焊工培训 99 人次。通过不同专业的专题培训，提高了员工的操作技能和素质，为发展现代农业提供强大的科学技术支撑（表 13-1）。

表 13-1　1952—2020 年农业机械拥有量统计表

年份	农机总动力（千瓦）	大中型拖拉机（台/千瓦）	小型拖拉机（台）	配套农具（台）	插秧机（台）	排灌机械（座/千瓦）	收割机械（台/千瓦）	谷物烘干线（条）	水利机械（挖掘机）
1952	1177	5/392	2	50					
1953	1670	15/875	3	102			2/152		
1954	2296	21/1316	5	137			4/304		
1955	2492	28/1452	8	170			9/684		
1956	2489	24/1388	11	183			9/684		
1957	2075	25/1132	11	169			8/608		
1958	2125	31/1382	10	214	4		8/608		
1959	2299	33/1441	15	226	10		8/608		
1960	2207	29/1287	18	193	9		8/608		

（续）

年份	农机总动力（千瓦）	大中型拖拉机（台/千瓦）	小型拖拉机（台）	配套农具（台）	插秧机（台）	排灌机械（座/千瓦）	收割机械（台/千瓦）	谷物烘干线（条）	水利机械（挖掘机）
1961	2315	31/1395	17	200	9		8/608		
1962	2583	29/1455	17	198	9		6/456		
1963	2713	27/1350	16	186	9		6/456		
1964	2713	27/1350	16	186	9		6/456		
1965	2833	24/1135	15	203	8		6/456		
1966	2920	25/1247	15	205	8		6/456		
1967	4033	28/1736	13	210	9		6/456		
1968	4188	27/1673	23	210	10		7/532		
1969	4354	28/1780	23	232	13		7/532		
1970	4221	31/1699	27	232	15		8/608		
1971	4165	36/2054	26	258	15		8/608		
1972	5400	420/2840	26	350	19	1/45	8/608		
1973	4763	44/2323	24	310	35	6/305	9/684		
1974	8022	39/2083	26	315	35	16/960	9/684		
1975	8099	50/2102	29	320	42	22/1430	9/684		
1976	8308	58/2488	28	319	54	24/1608	11/885		
1977	11000	54/2477	37	320	54	31/2113	11/885		
1978	12928	59/2721	39	378	56	43/2901	13/945		
1979	11735	59/2721	39	328	48	43/2901	13/945		
1980	13477	60/2810	39	157	52	48/3418	21/1420		
1981	11071	59/2750	40	17	52	31/3339	21/1420		
1982	10153	61/3485	40	164	14	34/3365	21/1420		
1983	10960	66/3951	45	156	14	41/3751	24/1765		
1984	13490	69/3985	64	139	14	51/4103	24/1765		
1985	13420	70/4020	64	149	14	60/3423	24/1765		
1986	14737	78/4774	80	248	10	56/4642	28/1852		
1987	14200	81/3398	57	214	8	57/4679	29/1921		1
1988	10580	81/3398	56	234	8	61/4713	28/1692		1
1989	12244	111/4136	51	204	9	65/5009	30/2254		2
1990	16920	90//3890	67	226	9	61/5710	30/2630		2
1991	16568	92/3800	60	246	9	61/5110	29/2565	1	2
1992	17098	110/4551	68	218	9	65/5185	29/2565	1	2
1993	15579	95/4073	57	260	9	62/4894	28/2490	1	2
1994	13303	113/4773	68	221	9	76/4965	29/2564	1	2
1995	17419	138/5909	41	261	9	70/5090	33/2940	1	3
1996	18507	146/6779	41	330	9	69/4986	38/3668	1	3
1997	18544	143/6584	41	362	5	68/4387	38/3668	2	3

（续）

年份	农机总动力（千瓦）	大中型拖拉机（台/千瓦）	小型拖拉机（台）	配套农具（台）	插秧机（台）	排灌机械（座/千瓦）	收割机械（台/千瓦）	谷物烘干线（条）	水利机械（挖掘机）
1998	17835	176/7785	40	383	5	80/5115	38/3668	1	3
1999	28435	168/8366	61	259	2	85/5413	47/4208	1	3
2000	26733	192/8628	63	287	2	85/5469	66/5570	2	3
2001	26549	212/8612	70	300	31	85/5469	80/6269	2	3
2002	26584	264/9983	70	300	31	85/5413	80/6269	2	3
2003	23811	195/8699	60	400	39	92/5472	83/6430	2	3
2004	23815	205/9299	40	430	55	97/5875	77/5902	2	3
2005	24104	214/9808	33	450	64	78/5415	79/6194	2	2
2006	18797	216/9883	20	500	71	79/5500	73/5660	2	2
2007	24704	216/9883	14	550	79	78/5511	76/5940	2	4
2008	25900	215/14266	11	560	80	80/6200	80/7745	3	4
2009	27246	231/12216	7	560	48	78/6300	85/6800	3	4
2010	28205	236/12660	16	600	33	78/6300	85/6800	3	4
2011	25573	225/12280	3	600	44	82/6508	50/5978	3	4
2012	26481	219/13200	3	500	44	78/6400	42/5678	3	4
2013	27003	219/13571	3	580	64	82/6300	43/5638	3	4
2014	28591	242/16064	2	680	75	82/6300	35/5042	3	4
2015	30641	273/17821	2	521	75	82/6300	36/5509	3	4
2016	31124	262/18292	0	324	99	72/5440	37/5401	3	4
2017	33754	283/20372	0	354	105	72/5440	39/5848	3	2
2018	28788	260/14252	0	412	114	85/5877	36/5550	3	2
2019	35934	267/23334	0	337	65	82/6005	38/5848	4	2
2020	44491	307/29539	0	425	66	79/6122	38/6577	4	3

第十四章 工业、建筑业

第一节 概 述

农场工业生产始于农建四师时期的 1953 年，由苏联专家达维诺夫规划、设计，在原师枪械修理所的基础上，按照年修理 100 台拖拉机的标准，扩建厂房、配套设备，建成全省第一家农业机械修理厂，为全场的农业生产服务。1957 年，新建了农产品加工厂，以国产设备为主，主要经营轧花、碾米、榨油、剥绒等。"一五"期间，在党的"总路线"精神的指引下，为了贯彻执行中共中央关于"全党全民办工业"的指示和服务生产、方便生活的原则，1958 年，建成日产 400 公斤原酒的小酒厂（设在三垛分场部东侧）和年处理甜菜 40 万～50 万公斤的小糖厂（建在西汛分场）。此外，还建成了副食品加工厂和 8 座砖窑厂，分布在全场。各分场还相继建立了摇绳、编织、缝纫、服装、淀粉、农具修理等手工作坊。至 1959 年，全场已有 5 个工业单位，从业人数 232 人，工业总产值 140.99 万元，为当时全场全年农业总产值的 31.08%。20 世纪 60 年代初，由于受三年自然灾害的影响，调整了工业布局和规模，按照中共中央关于"调整、巩固、充实、提高"的指导思想，逐步停办了酒厂、糖厂和副食品加工厂，集中力量办好骨干企业。1960 年 8 月，向盐城地委农场工作部报告要求扩大拖拉机修理厂的规模。1963 年 12 月 24 日，省计委、农林厅批复："根据农业部指示，淮海农场拖拉机修理厂扩建为国家一类大厂，年修理能力提高到 200 台。新建主副厂房 2612 平方米，新增车床、钻床、磨床和电动机等各类设备 78 台（套）"。经过扩建和整合后，全场的工业生产有了恢复性的发展。兵团中后期，由于增加投入、增添设备，并逐步进行技术改造，按照以农业为基础、以工业为主导的经营方针，调整工业布局，发展农机配件生产，1973 年，全场工副业总产值达到 151.33 万元，恢复到"文革"前的生产水平。

兵团撤销后，场办工业发展速度加快，1976 年 9 月，经盐城地区农垦局批准，设立国营淮海农场工副业科，负责全场工副业生产的计划组织、生产管理、技术指导等，并明确 1 名副场长主管工副业生产。当时受苏南乡镇工业蓬勃发展的启示，场办工业迈开了较大步伐，规模逐步扩大。1977 年 9 月，淮海农机修理厂副厂长傅积中赴北京参加全国工业学大庆会议。中共十一届三中全会以后，按照"国营农场要尽快建成农、工、商联合企业"的要求，为尽快改变"工业短腿"的不平衡状况，场办工业的发展步伐加快。20世纪80年代初期，按照"学苏南、创品牌，大力发展场办工业"和"无工不富"的指导思想，先后开办机械制造、农产品加工、针织服装、化纤加弹、食品糕点、豆奶制品、建筑材料、灯具电器等各类工业企业16家。1985年，全场实现工业总产值439.03万元，利润总额81.87万元，占当年全场利润总额的50%以上。此外，还积极加强与各大油田合作，开发石油机械产品。1981年，经批准，在国营淮海农机修造厂的基础上，建立江苏省国营淮海石油机械厂。

为了适应经济体制改革的需要，加强企业经营管理，1985年6月15日，工业科改制为江苏省国营淮海工业公司，同时设立淮海供销经营部，对下属的各工业单位实行企业化管理，并建立健全各项管理制度，促进了场办工业的发展。1982—1985年，根据中央文件精神，有计划、有步骤地对场办工业进行全面整顿，加强企业领导班子建设，强化各项基础管理工作，提高素质，健全制度，规范运营，效果显著。1985年，各工业企业均取得了较好的业绩。经过整顿后，打破了大锅饭，摔掉了铁饭碗，激发了企业活力，调动了经营者和劳动者的积极性。1986年以后，进一步下放供销、人财物的管理权限，使企业真正成为独立核算、自主经营的经济实体，并全面实行厂长负责制。同时还开展企业的达标升级工作，经评审，获国家二级标准化和计量单位1个，获国家三级标准化和计量单位3个。1989年，淮海针织总厂被授予市级先进企业称号。

1989年4月，经批准，淮海石油机械厂浮动为副场级单位。1989年4月，与江苏省清江合成纤维厂签订联营协议，由该厂提供总价值52.39万元的闲置设备，并就合作方式、经营模式、安装调试、人员培训等有关问题达成共识后，经集团总公司批准，建立江苏省清江合成纤维厂淮海分厂。

20世纪90年代中后期，国家宏观经济紧缩、能源不足、原材料价格上涨，企业效益下降，根据资源、市场和技术等各方面的情况关停了一批亏损、微利企业。根据不同人员的具体情况，妥善做好了分流转岗和安置工作。同时，深化场办企业的改革改制。1999年，对淮海米业公司实行有限责任公司改制，合理进行股权配置；植物油厂由职工金寿坤租赁经营；1999年，轧花厂竞价租赁给滨海县棉麻公司经营。2000年，经过招商引资，米业公司与深圳市万友工贸有限公司共同进行股份合作制经营。

进入21世纪，尽管在困境中不断深化改革改制，但是由于受市场波动和激烈竞争的影响，场办企业经济效益下滑，陷入了全线亏损状态。根据总公司的统一部署，进一步转换经营机制，加快以产权制度变革为中心的改革改制。

2002 年 4 月，成立工商科，负责全场的工商管理、安全生产、工业情况统计、民营经济和工业企业的改革改制等。2002 年 6 月，完成了对石油机械厂国有资产 862.84 万元（不含土地）的转让，其中可收回国有资金 745.76 万元。2004 年，米业公司经过股份制改制后加入江苏省农垦米业集团，农场投资 1700 多万元进行技改扩建，列入国家农业产业化重点龙头企业项目。2012 年累计销售优质大米 3.5684 吨，利润 778 万元。

2008 年 4 月，成立二、三产办公室，负责二、三产管理和项目、信息、环保、物价、工商、税务、品牌、商标、技术等方面的企业管理工作，各工业企业进行归口管理，并和地方政府的相关部门沟通，依法进行行业管理。

2007 年，苏垦国优名牌小包装大米进军上海，先后打进欧尚、家乐购、家乐福、大润发等大型超市，累计销售大米 1.15 万吨；在苏州欧尚、无锡初莲花销售小包装大米 0.11 万吨；此外还开发了富硒、富锌营养特色米，取得了良好的效益。

2012 年，淮海米业公司新上 1 条大米精加工线。

2015 年，渠星大米在欧尚超市销售 5785 吨；2016 年，新开发的渠星香米销售 1500 吨。

2016 年，淮海米业投资 200 多万元在四分场三十六大队建成苏垦米业集团淮海粮食物流干燥中心，建成日烘干稻谷 400 吨的低温干燥线。2017 年 10 月，新建 1 万吨平房仓库，并完成仓库智能化升级，12 月中旬投入使用。2018 年 8 月，淮海米业总投资 355 万元的生产线改造工程投产。

2019 年，新上大米生产线自动化包装及机器人码垛项目，可代替 5 个人的工作，减轻劳动强度，同时提高工作效率。2019 年 11 月，在物流干燥中心 4 座仓储罐仓储容量 1400 吨的基础上，又新增了 8 座仓储罐，使干燥中心储存容量达到了 10000 吨。2019 年 6 月，淮海米业通过技术改造组装了一条全自动大米生产加工线和两条半自动大米生产加工线，为淮海米业扩产能、提档升级打下了坚实的基础。

1995 年以后，农场实行国退民进，除淮海米业外，已全部转为民营企业。2018 年经济普查显示，农场民营企业有江苏省淮海石油机械有限公司阀门制造厂、射阳县淮海农场成明机械厂、射阳县淮海农场雷狄森服装加工厂、射阳县丹青照明器具有限公司、盐城市固久机械制造有限公司、江苏省天星服饰有限公司 6 家。

2020 年统计决算显示，6 家民营企业从业人员 48 人，劳动报酬 141 万元，拥有固定资产原值 1600 万元，工业销售产值 220 万元，实现利润 12 万元，经济效益逐年下降（见表 14-1）。

表 14-1　1995 年以前淮海农场创办工业企业名录

序号	企业名称	开工年份	序号	企业名称	开工年份
1	江苏省国营淮海石油机械厂	1954	17	国营淮海绒毛厂	1984
2	江苏省国营淮海农场农产品加工厂	1963	18	国营淮海彩印厂	1984
3	国营淮海红光印刷厂	1976	19	国营淮海弹簧厂	1984
4	国营淮海农场建材加工厂	1977	20	国营淮海塑料编织厂	1984
5	国营淮海石灰厂	1977	21	国营淮海糖果厂	1984
6	江苏省国营淮海砖瓦厂	1977	22	江苏省国营淮海电子电器厂	1984
7	江苏农垦国营淮海袜厂	1978	23	江苏省国营淮海塑料灯具厂	1984
8	国营淮海服装三厂	1979	24	江苏省国营淮海东滩窑厂	1984
9	国营淮海针织内衣厂	1981	25	江苏省国营淮海玻璃灯具厂	1984
10	国营淮海食品厂	1981	26	国营淮海畜产品加工厂	1984
11	江苏省国营淮海服装厂	1981	27	江苏省国营淮海酱醋厂	1985
12	江苏省国营淮海乳品厂	1982	28	国营淮海农场腐竹厂	1985
13	江苏省国营淮海针织总厂	1984	29	江苏省国营淮海农场水泥预制品厂	1987
14	淮海农场中心小学无线电厂	1984	30	江苏省国营淮海纸箱厂	1991
15	江苏省国营淮海精密铸造厂	1984	31	射阳县淮海机校塑料制品厂	1993
16	国营淮海磁性材料厂	1984	32	淮海农场中心小学无线电厂	1995

第二节　工业管理

一、管理体制

20 世纪 50—60 年代，农场无工业专门管理机构，由总场下达工、副业生产计划，按计划经济体制经营。各直属工厂直接由财务部门进行经济核算，编制统计报表，按照"三包一奖"约定的经济指标，实行包产、包质、包利润、超利奖励，以"红、高、优、省"为中心，开展劳动竞赛。但由于受"左"的路线干扰，形成了以"阶级斗争为纲"、大锅饭、铁饭碗的思维定式，工厂管理粗放，内部管理薄弱。20 世纪 60 年代中期以后，制定了一些设备、质量和定额管理制度，但后来受"文革"影响，管理陷入混乱。

兵团时期，工业由团后勤处分管，对工厂的生产、财务、技术、工资、奖惩等采取集中和分散管理相结合的方式进行管理。团部对各厂下达生产计划和物资调拨计划，利润全部上缴，亏多亏少都由团部报销。团部对各企业下达相关的资金、能源、物资、技术、销售计划。企业运营中的问题由各相关股室及企业共同解决。职工实行固定工资加奖励制度，开展"工业学大庆"活动，实行班组、车间管理，充分发挥人的作用。由于进行半军事化管理，加强了组织性、纪律性，企业管理有了一定的进步。

兵团撤销后，工业管理逐步走上规范化轨道。1976年9月，经盐城地区农垦局批准设立国营淮海农场工副业科，并明确1名副场长主管全场的工副业生产，具体负责全场工副业生产的组织、计划、目标、体制、技术、设备等各方面的工作。从此工业生产和管理有了职能科室，工业企业逐步实行经济责任制。

1983年，企业经过整顿后，成立江苏省国营淮海农工商联合公司。为加强企业的独立核算和财务管理，1984年4月，撤销工业科，成立江苏省国营淮海工业公司。工业企业实行承包经营责任制，扩大企业自主权，采取"包死基数、确保上交、自负盈亏、超额提留"的办法，实行"六定一奖"生产经营责任制，"六定"即定产量、定质量、定成本、定安全、定劳动生产率、定利润指标，凡完成"六定"指标的，可按企业利润的10%～20%奖励职工，20%作为单位留成。由各工业单位的负责人与场长签订工业企业承包经营合同书。企业整顿合格后，逐步推行厂长负责制。随着各项改革措施逐步落实到位，企业的内部管理得到显著加强，质量技术、财务计划、设备使用等多方面的管理得到重视和加强1986年以后，开始加强企业管理的各项基础工作，注重培训人员，转变企业经营机制，增强企业活力，提高经济效益。

1988年，全面开展标准化和计量定级升级工作，促进了工业企业抓管理，上等级，全面提高素质。

1986—1990年，按照"加快企业技术改造，提高管理和技术水平，全面达标升级"的指导思想，垦区主动与地方行业管理部门沟通，取得了企业制定标准、三级计量和晋升先进企业的审定权。各企业都成立了全面质量管理领导小组，累计培训干部、职工1200多人次，全场建立QC小组23个，参加人数124人，提高了全体职工的质量意识。企业计量定级6个，创国家二级企业1个、省市先进企业4个。

农场各企业根据生产流程和质量、成本控制要求，相应建立了计量台账，对各种计量器具制定了定期强制检验检测制度。石油机械厂设立泵阀试验站，严格按国标和行标测试出厂阀门，确保达到阀门设计的防喷压力，以保证产品质量和信誉。

1993年5月，撤销江苏省国营淮海工业公司，成立国营淮海农场工业科和国营淮海农场食品办公室，分别主管全场的场办工业。

2002年4月，食品办公室撤销，设立工商科，负责全场的工商管理、安全生产、工业情况统计、民营经济和工业企业的改革改制等。2008年4月，成立二、三产办公室，各工业企业进行归口管理，行使二、三产管理和项目、信息、环保、物价、工商、税务、品牌、商标、技术等方面的企业管理工作，并和地方政府的相关部门沟通，依法进行行业管理。

二、管理内容

（一）标准化管理

1984 年后，各企业相继成立标准化管理机构，配备相关管理人员。主要产品执行国标和行标，骨干企业还制定了高于国标、行标的企业内控标准。各企业根据产品生产工艺，制定了操作检验、设备维修、安全技术、劳动卫生等技术操作规程，编制了质量控制标准手册。20 世纪 90 年代，各工业企业取消了非标生产，产品创优工作迈上新台阶。

（二）定额管理

随着改革措施的深化和财务核算制度的健全，根据测算，制定了成套的工时定额和消耗定额，按产品和半成品的计划价格，下达各车间的生产财务控制指标，严格原材料、资金以及流动资产的领发手续。为保证原材料、资金以及流动资产在保管、使用过程中不受损失，要定期进行清查。各班组都由企业下达台班定额，按台班和月生产量核发工资，针织、服装按件结算定额工资。

各企业加强对财物料耗用定额管理，原材料耗用一般在生产定额内制定，辅助原材料、零配件都另定耗用定额。对产品、半成品的管理和领交、耗用、报废等，各班组都有详细记录，收支、结余必须账物相符，成品率、合格率必须与规定定额指标相符，不符合定额要求的必须追查责任。

为了便于考核各车间、班组生产定额执行情况和效果，便于核算，各厂制定了原始记录和成品入库管理办法，建立定额管理台账制度。供销人员制定销售定额，按销售量计算工资，称为捆绑式工资。

（三）质量管理

为加强质量管理，主要采取了以下措施。

第一，各企业结合自己的生产工艺和产品特点，加强对职工的质量管理培训。20 世纪 80 年代末，职工培训率达 95％以上。对新上岗的工人则集中进行岗前培训，培训率达 100％。此外，工业管理部门每年负责对班组长以上技术骨干进行集中培训，各企业管理干部还先后参加了地方政府组织的质量管理培训，并取得全面质量培训合格证书。

第二，大力推进生产设备的更新改造，不断提高技术和工艺水平。20 世纪 80 年代后期，场办工业企业累计投入设备改造和技术改造资金 4500 多万元，其中：石油机械厂、针织总厂投入的技术改造资金分别达到 1000 万元以上，袜厂、米厂的技术改造资金达

200 万元以上。企业纷纷采用国内先进的加工工艺和设备，从而为产品的高质量、高品级提供了强有力的物质基础。

第三，检测手段不断完善，逐步建立起较为完备的质量管理体系。20 世纪 80 年代开始，各工业企业普遍重视质量检测和化验工作。20 世纪 90 年代后期，各种检测和监控手段日趋完善。骨干企业均成立了质检科和化验室，不惜重金购进质量检测和化验设备，对原材料、半成品、产成品的理化指标和卫生指标及时进行检测化验，形成了全面的质量监控体系。其中，石油机械厂化验设备达 1000 多台（套），投入资金 100 万元以上。

第四，各企业积极开展质量管理达标升级活动。20 世纪 90 年代至 21 世纪初，工业单位中，先后有石油机械厂、米厂和乳品厂 3 家企业通过了 ISO9000 国际质量体系认证。

第五，20 世纪 80 年代，开展全面质量管理活动以后，按照质量管理活动应做到全员、全面、全过程的要求，在企业中普遍开展了群众性的质量管理活动。除设立产品质量奖外，各工业单位 QC 小组活动广泛开展。农场经常举行 QC 小组活动成果发布会，并组织相关企业参加连云港市和省农垦公司的 QC 小组活动成果发布会。

（四）产品创优

改革开放前，农场工业产品主要是满足场内供应需求，质量要求低，干部职工的质量意识也比较薄弱。20 世纪 80 年代后期，随着市场的开放，竞争加剧，"质量是企业的生命"这一观念才逐步为企业经营者和广大干部职工所接受。随后，质量管理培训广泛开展，设备、技术、工艺逐步得到改善，检测手段日趋完备，产品质量和等级也不断得到提高。

为保证不合格产品不出厂、不合格工件不得流入下道工序，各工业企业根据本厂生产特点，确定产品生产质量控制点，先后建立了产品质量自检、互检和专检制度。根据企业质量管理制度，对质量事故和生产中出现的残次品，给予相关责任人相应的经济处罚，使管理者和职工的经济收入与产品质量好坏直接挂钩，从而提高了他们的质量意识，保证了产品的质量。在积极推进全面质量管理的基础上，各工业企业普遍树立了品牌意识，积极开展产品创优活动。

1986—2011 年，除有多种工业产品获得市优质产品称号外，气门座、豆乳粉、渠星大米等产品还获得省、部优质产品称号。

三、责任制和规章制度

1978 年以前，工业由总场统负盈亏，无明确的经济责任制。工业企业职工全部实行八级工资制。

1979 年，农场对工业企业实行定产量、定质量、定成本、定劳动生产率、定利润，超计划利润提成奖励的"五定一奖制"。对以手工操作为主的部分企业，试行有限制条件的计件工资或计件计、时相结合的工资制度。

1984 年，借鉴无锡县堰桥乡"一包三改"等外地经验，实行吨位含量工资和工时含量工资，促进了劳动生产率的提高和企业的盈利。

此外，为加快发展，各工业企业还采取了以下措施。

1. 加强信息反馈　20 世纪 80 年代初，企业内部逐步建立信息管理机构和网络，各厂均配专职统计员，骨干企业配至车间。加强原始记录和统计报表的管理，在供、产、销、存的各个环节，建立各类台账，强化对生产、质量、物耗、成本、营销等各生产环节的控制和管理，并普遍建立了客户档案。20 世纪 90 年代后期，总场成立信息中心，各工业企业也十分重视网上信息，强化了信息对生产经营管理的指导作用。

2. 加强基础教育　按照职工岗位应知、应会要求，汽车驾驶、电工、电气焊、锅炉工等特殊工种人员，一般每年由工业及相关部门统一组织培训，其他人员则主要由工厂自行制定业务、技术培训计划，通过授课、考试、岗位练兵、操作表演和竞赛等形式，加强职工基础知识和基本技能的训练等基础教育，并形成制度，不断提高职工的技术文化素质和实际操作能力。

3. 建立健全规章制度　改革开放前，实行计划经济管理体制，规章制度比较简单，主要为各种厂规、厂纪等。20 世纪 80 年代后期，随着厂长负责制的推行，企业生产经营成果开始与管理者和职工的经济效益挂钩，各工业企业的规章制度也日趋完善，主要包括厂规、厂纪和工业经济考核奖惩办法，各职能部门和机构职责，各工作岗位的操作规程，围绕企业计划、生产、财务、技术、质量、设备、营销和安全等方面的专门管理制度等。企业在制定各种规章制度时，普遍注重规章制度的推行与员工的收益挂钩，从而提高了企业的规范化、制度化管理水平，促进了生产的发展和效益的提高。

4. 加强班组建设　班组是企业生产的最基层组织，根据工业管理部门的统一要求，各企业主要抓了以下几个方面工作：一是注重把那些政治品质好、有业务专长、在群众中有威信的人，选配为班组长；二是根据班组长身兼技术员、考勤员、质量员、计量员、安全员的要求，定期对班组长进行业务培训；三是组织好班组间的劳动竞赛，并根据生产业绩的好坏，适当拉开班组间的收入档次；四是按季度或年度，开展优秀班组和班组长的评选，并给予精神和物质奖励；五是注重从班组长中考核和选拔工业企业的后备干部。

5. 加强企业财务管理　改革开放初期，通过扩大企业自主权和全面推行"一包三改"，改计划利润奖励基数为包干上交，超额由农场、企业和职工分成的经济考核办法，改固定工资制为浮动工资制，但浮动幅度一般不超过个人档案工资的 10％。1987 年以后，开始实行包干利润上交，超利企业全留，内部联利计酬的承包经营责任制。在骨干企业实行厂长负责制后，经营者和一般职工的收入开始拉开档次。对小、微、亏企业，试行承包和租赁经营。1991 年开始，为打破干部职务的铁交椅、职工身份的铁饭碗、等级工资制的铁工资，借鉴徐州市经验，工业企业开始实行保留工资制度，即平时发放职工档案工资总额的 70％，年终企业完成包干利润上交，另 30％工资与利润分成一并发放。如亏损或未完成包干利润，扣发保留工资。在企业内部，全面推行技能工资制，即综合考虑职工的年龄、工龄、岗位、文化程度、职工技能等因素，确定其工资发放标准。对供销人员实行"三无一挂钩"，即无工资、无奖金、无差旅费，收入与供销成果挂钩。但由于过分强调控制工资总额，职工收入的差距未能真正拉开，对调动职工生产积极性的作用并不大。1997 年，在工业企业中广泛开展"学邯钢、学亚星"活动。借鉴邯郸钢铁公司瞄准市场、倒推成本、实行成本否决和潍坊亚星化工公司推行比价采购的经验，各工业单位普遍设立成本节约奖，降低物耗成本，提高经济效益和职工收入。20 世纪 90 年代末，开始对企业经营者和管理人员实行年薪制。20 世纪 80 年代初至 20 世纪 90 年代末，工业企业经济责任制虽然时有变化，日趋完善，但由于没有触及企业所有制这个根本，所以虽然对工业发展起到了一定的推动作用，但无法从根本上改变企业吃农场大锅饭、职工吃企业大锅饭的局面。特别是由于农场的社会负担过重，包干上缴利润比例较大，企业留成相对较小，造成了自我改造和发展乏力。20 世纪 90 年代后期，大多数工业企业通过改革改制，成为私营企业或混合所有制企业，才彻底告别了等级工资制，开创了工业企业发展的新局面。

第三节　经济普查

经济普查最早可以追溯到 1950 年的全国工矿企业普查，至 21 世纪初，先后完成了 3 次工业普查（含工矿企业普查），包括 1 次第三产业普查、2 次基本单位普查。2003 年，根据形势发展的需要，国务院决定将工业普查、第三产业普查和基本单位普查整合为经济普查，并于 2004 年开展了全国第一次经济普查。为依法开展普查，2004 年国务院公布实施了《全国经济普查条例》。此后，经济普查每 5 年进行一次，分别在逢 3、逢 8 的年份实施，标准时点为普查年份的 12 月 31 日，普查时期资料为普查年份的年度资料。农场经济普查经历了一个从无到有、从单项到多项、从不定期到实施周期性普查的演变与发展过程。

一、工业普查

全国性的工业普查，进行过三次，时间分别为 1950 年、1986 年、1995 年。通过普查，取得了工业经济的所有制结构、行业结构、产品结构、技术结构、经营方式、组织形式和运行机制等都发生了很大变化，以及现代企业体制改革不断加快等大量信息。

农场参加了第二、第三次工业普查。

1986 年，农场第二次工业普查资料显示：农场全部工业企业 13 个，职工人数 1688 人，工业总产值 1652.9 万元，产品销售收入 1835.3 万元，实现利润 294.6 万元，固定资产原值 874.9 万元。1980—1990 年，农场工业企业个数一度达 32 家，1995 年末仅存 14 家。

1995 年 6 月，全场进行第三次工业普查，历时 16 个月。各工业企业都组织专门人员，按照规范要求认真填报普查登记表。农场抽调专门人员，进行统计和汇总工作，并结合实际情况，重点进行了一些典型调查和综合分析。通过对普查资料的分析，基本上摸清了各工业企业的设备使用和生产经营情况。同时也查出了工业生产中的薄弱环节，找出了影响发展的症结，例如有些产品属于短线产品，耗能高、科技含量低、销路不畅、市场竞争力弱等。

普查资料显示，"八五"期间，全场工业总量有一定的增加。1995 年，全场在职职工 1808 人，工业总产值达到 4059.5 万元，与"七五"期间相比翻了一番多。但是，在激烈的市场竞争中各工业企业仍处于劣势，运行质量下降，甚至在走下坡路。

1. **工业利润滑坡，大部分工业企业处于微利和亏损状态** 工业利税总额 340.4 万元。骨干企业石油机械厂从"七五"期间连续 5 年突破 200 万元，下降到 150 万元左右，下降了 25%。

2. **在产品、技术、设备、经营管理等方面存在很多薄弱环节和严重问题** 设备老化、技术陈旧，例如，石油机械厂的 6074 台仪器设备中，20 世纪 70—80 年代的陈旧设备有 4161 台件，占 68.5%，技术先进的数控车床几乎没有；农副产品加工厂的 438 台仪器设备中，20 世纪 90 年代产品 94 台件，占 21.46%，20 世纪 80 年代的产品 344 台件，占 78.54%。

3. **企业亟待改革和提高** 由于受国有经济的约束，企业的经营机制不活，产品积压，产能过剩，销路不畅，经济效益不高，亟待改革改制和调整、提高，进一步激活企业的活力和竞争力（见表 14-2）。

表 14-2 1995 年工业普查数据简表

序号	企业名称	年末企业人数（人）	工资总额（万元）	年末资产总计（万元）	工业总产值（万元）	产品销售收入（万元）	利税总额（万元）
1	淮海针织总厂	259	56.1	354.5	534.9	477.6	−94.7
2	淮海乳品厂	51	17.7	206.7	150.6	146.4	−0.1
3	淮海农产品加工厂	217	85.0	1893.5	1740.0	2163.2	190.0
4	淮海石油机械厂	600	205.9	1825.2	1423.3	1202.9	234.9
5	淮海建材加工厂	31	8.5	31.5	6.8	6.8	5.6
6	淮海袜厂	348	82.2	—	—	—	—
7	淮海针织内衣厂	7	2.8	—	—	—	—
8	淮海印刷厂	23	7.2	6.8	1.7	1.5	0.8
9	淮海食品厂	28	10.3	—	—	—	—
10	淮海石灰厂	39	25.0	—	—	—	—
11	淮海中心小学无线电厂	138	18.5	6.5	44.0	6.8	5.7
12	淮海机校塑料制品厂	7	1.2	4.0	3.6	3.6	1.6
13	淮海纸箱厂	31	11.8	33.0	1.6	34.2	5.5
14	淮海水泥预制品厂	29	11.4	2.1	83.0	25.6	2.3
	合计	1808	543.6	4443.8	4059.5	4248.6	340.4

二、经济普查

2000 年后，工业普查由经济普查取代，经济普查的目的是为了全面掌握我国第二产业、第三产业的发展规模、结构和效益等情况，建立健全基本单位名录库及其数据库系统，为研究制定国民经济和社会发展规划，提高决策和管理水平奠定基础。国务院发布的《全国经济普查条例》规定，经济普查每 5 年进行一次，标准时点为普查年份的 12 月 31 日。除 2004 年条例发布第一次经济普查为 2004 年外，以后逢 3 和逢 8 年份为经济普查年。农场进行了 2004 年、2008 年、2013 年、2018 年的四次经济普查。

2004 年，第一次全国经济普查数据显示：①农场法人单位 27 个，产业活动单位 28 家。其中工业企业 7 家，从业人员 201 人，工业总产值 720.5 万元，固定资产原价 1220.9 万元，营业收入 757.6 万元。②个体经营户 203 个，从业人员 288 人，营业收入 998.9 万元。

2008 年，第二次全国经济普查数据显示：①农场法人单位 27 个，产业活动单位 28 家。②个体经营户 178 个，从业人员 354 人，营业收入 1523.6 万元。

2013 年，第三次全国经济普查数据显示：①农场法人单位 14 家，产业活动单位 14 家。②个体经营户 217 个，从业人员 357 人，营业收入 2495 万元。

2018 年，全国开展第四次经济普查。7 月 1 日到 12 月 31 日为清查阶段。2019 年 1 月 1 日至 7 月 10 日为普查登记阶段。农场成立了由场领导和各科室负责人为成员的经济普查领导小组，场长挂帅，抓好"三落实"。广泛进行了宣传动员，通过发放普查宣传资料等多种途径进行宣传，共悬挂经济普查宣传横幅 3 幅，设立宣传窗口和门前牌 10 个，《淮海大地》报跟踪报道。严格选聘和培训了普查指导员、普查员和 PDA 操作员，组织培训 60 人次。认真进行单位核查和普查，扎实开展入户登记工作，以保证普查数据的高质量。对全场 10 个社区居委会进行"地毯式"的现场登记填表、资料审核编码与整理、复查和录入 PDA 工作。农场普查办划分 10 个普查区，即城东、城南、城西、一分场、二分场、三分场、四分场、五分场、六分场、七分场，调查小区 12 个。

普查数据显示：①农场基本单位：法人单位 28 个，活动单位 40 个，个体经营户 404 个。②累计登记 69 家，法人单位 28 家，产业活动单位（含住场单位）36 家，关联企业 5 家，个体经营户 404 户。

第四次经济普查与第三次经济普查比较，主要由 3 方面变化，即总体单位个数、企业（单位）、产业活动单位、个体经营户个数变化：①法人单位增 7 家，活动单位 8 个。②个体经营行业多样化，个体经营户净增加 13 个，行业渗透生产、生活的各个领域。个体经营户增加 217 家。主要是农业服务业增加迅速。③个体经营人数持续增加：企业（单位）人员大幅削减。个体经营人数，净增加 470 人，农业服务业增加 220 人。

第四节 机械制造

1953 年 4 月，农场在原农建四师枪械修理所的基础上扩建，由苏联专家达维多夫按年修理 100 个标准台拖拉机的规模进行设计。1956 年，已拥有各类车床、刨床、锯床、高压冲洗机、拖拉机拆卸工具等设备 50 多台（套），职工人数 50 多人，厂部设"三课一室"，"三课"即生产技术课、供应课、计划财务课，"一室"即厂部办公室。下设制造加工车间和修理装配间、动力间、保管房等，按小型分工修理厂配备人员。农建四师期间还从上海招收了 10 多名技术熟练的修理工、电工、锻工、钳工、车工、铸工等，技术等级当时已达 5 至 7 级。这批"上海师傅"之后成了工业战线上的骨干。1955 年，完成拖拉机修理 34 台，汽车大修理 4 台，改装康拜因 3 台，修理各类农机具 34 台（套），生产各类农机配件 14600 件，产值达 8.42 万元。承担了附近县市和省内农垦国营农场的农业机械的大修理任务。随着农业机械化发展进程加快，农机修理和农机配件的生产任务不断增加，服务范围扩大，涉及省内农垦、农业、水利和公安等 4 个部门。至 1959 年完成各类拖拉机大修 79 台次，生产各类农机配件 1.6 万件（套）、高压油泵试验台 25 台（套）。20 世纪 60 年代初，还调进了老军工 30 多名，接受城市下放的技术工人 20 多名（称为 58 青工）和知青 80 多名。同时还逐步增添设备，扩建厂房。1964 年，经中央农垦部确定为全国农垦系统 11 个大修试点厂之一，场外送修机车增多，服务范围不断扩大。1963 年 12 月，省计委、农林厅批复："根据农业部的指示，淮海农场修理厂扩建为国家一类大厂，年修理能力提高到 200 个标准台。"同时，还生产气门座、高压油泵试验台、缸筒轴套等各类农机配件。

兵团中、后期，投资增加，农机修理逐步过渡到修造。1970 年 8 月，更名为江苏生产建设兵团二师 10 团农业机械修配厂。1973 年 8 月，经兵团司令部和后勤处批准，添置中频感应炉 1 台，新建厂房 200 平方米，项目投产后提高了热处理能力和产品质量。1976 年 6 月，经市农垦公司批准更名为淮海农机修造厂，逐步从农机修理向农机配件制造和石油机械制造行业转换。该厂的机械制造业起源于 20 世纪 50 年代，建厂初期从生产易损农机配件为主。20 世纪 60 年代初，主要生产内燃机缸套、活塞、活塞环、活塞销，以及铅青铜、铅白合金轴瓦。20 世纪 70 年代，制造了气门座圈、曲轴、齿轮、气门挺杆、摇臂轴、燃室等 10 多种农机配件，还生产了东风-2 型机动插秧机、援坦东风-30 大型喷雾机、侧肢式清淤机等 10 多种农业机械。从建厂到 1978 年，按计划经济模式运行，由上级安排指定的计划和任务，经济效益较好。尤其是 1976—1978 年，连续 3 年上缴利润百万元，为江苏农垦场办企业中第一个进入"百万富翁"行列的场办工厂。1977 年，该厂副厂长傅积中还出席了全国工业学大庆会议。1980 年，全厂有职工 477 人，设热加工、金加工、机修、后勤、针织等 5 个车间和 1 个副业排。当时无论在规模方面，还是在经济效益和技术力量方面，该厂在垦区的场办企业中均首屈一指。中共十一届三中全会以后，农垦经济逐步进入市场化运作的轨道，随着商品经济迅速发展，市场竞争日趋激烈，农机修造厂打破了仅经营农机修理和农机配件的计划经济时代的传统模式，按照"开拓创新、奋发图强、发挥优势、广开财路"的指导思想，进行多种经营，改变了以农机修理为主，转型为以机械制造为主。1979 年，制成了 VC-473 型弹力加粘机、FS-195 曲轴低温镀铁修复装置，还为油田生产了电动油管钳和阀门，并进入了批量生产。

1980 年以后，开始全面进军石油机械行业，先后生产了 11 个系列、23 个品种，并和华北石油设计院开展了多种形式的联合和协作，院厂挂钩，共同开发研制新产品，使科研成果迅速转化为生产力。试制管汇和各种中、高压新型阀门、泥浆阀等新产品，因其设计新颖、结构紧凑、质量优良受到用户的欢迎。先后申报了 2 项专利，2 个产品（方波牌 S195 进排气门座和阀门）获省优和部优产品称号，产品销往大庆、胜利、华北、新疆等国内大油田。1981 年 10 月 18 日，经盐城地区农垦局批准，同意在淮海农业机械修造厂的基础上成立江苏省国营淮海石油机械厂，实行一套班子、两块牌子，该厂进入了新的发展阶段。1979—1982 年，该厂连续 4 年利润突破 200 万元。1987 年总产值达到 781.65 万元，与 1980 年相比翻了四番多。生产石油机械产品达 11 个系列、23 个品种。拥有各类机械加工设备 120 多台（套），成为石油机械产品定点厂，当时在盐城的石油泵阀行业中具有较大影响。农机配件领域生产气门座圈 26 个花型、120 多个品种，在国内农机配件生产行业同类产品中数量位列第一。省阀门工业协会对该厂阀门质量进行检测检验，抽检了 4 个系列的 10 多个品种，对照行标、国标，质量全部合格。1987 年 3 月，石机厂开始实行厂长负责制。

1988 年，通过了国家二级企业标准的验收。

1989 年，经苏垦集团劳资处批准，石机厂实行工效挂钩等改革措施，即工资与经济效益挂钩，核定经营利润和固定资产净值与职工人数，按利润和国有资产的增值情况确定工资总额，打破了干部、职工的等级工资制和"铁饭碗"，调动了全厂员工的劳动积极性。

1988 年 1 月 10 日，石机厂与上海内燃机厂联营，实行一套班子、两块牌子，开展技术、科研和生产等多方面的协作。石机厂利用上海内燃机厂的信息、技术、工艺等方面的优势，生产 495 多缸柴油机上的零配件、气门座、联杆、摇臂、启动爪等产品，填补了外汇收入的空白。上海内燃机厂利用石机厂的生产设备，扩大生产能力，提高效益。

1988—1990 年，石机厂实行厂长承包经营，由当时的厂长叶秀河签订承包合同，承包期为 1988 年 1 月 1 日至 1990 年 12 月 30 日；承包的内容为"两包一挂"，即包上缴利润、包技术改造、企业经营者奖惩与经济效益挂钩；承包形式为包干上缴逐年递增。经审计确认：3 年承包期应上缴利润 270.05 万元，实际上缴利润 275.05 万元，超额完成 1.9%。3 年承包期间，由于强化管理，企业提档升级，提高了企业素质和市场竞争力。1987 年，石机厂被评为省级先进企业；1990 年，被江苏省计量局授予国家一级企业称号，被盐城市人民政府授予"重合同守信用单位"称号，生产的方波牌 S195 气门座被省计划经济委员会授予省优质产品称号。3 个泵阀新产品相继投产，取得了较好的经济效益。1998 年 4 月 20 日，经盐城农垦公司批准，该厂浮动为副场级单位，管理干部均浮动半级。

20 世纪 90 年代中期，国内通货紧缩，市场竞争加剧，场办工业深层矛盾日益突出，并呈现出多重压力。

1996 年，江苏农垦工业再次出现严重亏损，石油机械厂也受到了影响，利润下降。由于依靠科技进步，内抓管理，外拓市场，当年仍然盈利 54 万元。1997 年，该厂坚持以市场为导向，加强新产品研发，拓宽市场，努力培育新的经济增长点，向技术含量高、附加值高的产品进军，与科研设计部门联合开发了 10 多个新产品，当年投产后，获利 99.36 万元，经济效益在当时江苏农垦场办企业中名列前茅，被省农垦集团公司表彰为"97 机械行业排头兵"，被省政府确认为国家中型企业，被国家技术监督局和中国标准化信息中心联合授予"97 质量信得过企业"称号。

进入 21 世纪，由于受亚洲金融风暴的影响，世界经济紧缩，机械加工全行业不景气，行业竞争激烈，加之石机厂内部管理上又出现了一些问题，设备老化，人才匮乏，技术流失，经济效益严重滑坡，占用总场现金近 800 万元。21 世纪初，该厂一直处于微利和亏损状态。2000 年初，农场就该厂改制问题进行了研究和讨论。虽进行了股份合作制改制，但由于各方意见不统一和固定资产不能完全退出，而以失败告终。2002 年 4 月，确定对石机厂实行完全民营化的改制，确定尊重职工意愿，积极稳步推进，转让资产 862.84 万元，其中可回收国有资金 745.76 万元，受让方安置原企业职工 300 名。2002 年 8 月 2 日，陈俊场长——移交方的法人代表与接受方代表就江苏省国营淮海石油机械厂资产交割签订了协议。经双方充分磋商，按实清点，由接受方出资认购淮海石油机械厂，交割范围为经双方确认的全部资产（不含土地），受让基准日为 2002 年 6 月 30 日，出资认购资产总额为 862.8412 万元，其中应付移交方 745.7586 万元。同时还签订了《资产移交协议》《资产转让补充协议》《资产抵押贷款协议书》《国有土地使用权租赁合同》等，经双方签字盖章后，办理了移交手续。移交采取先交款、后运作的方式，接受方向移交方先交 100 万元的定金，再逐步介入该厂的经营管理，资产协议书签字盖章后，必须再加缴款 400 万元后，正式办理资产交割手续，完全由新企业运作（在国有资金未全部收回之前，新企业以固定资产作抵押，同时将新企业的银行印鉴收归场计划财务科，对其资金的运作实行监控），基本做到了协议（合同）签订到位、经营权放到位、认购款缴到位、资产交割到位、善后服务到位。该厂改制后，总场的职能由管理型向服务型转变，继续帮助新企业理顺与地方有关部门的关系，培养他们的自主意识，增强法制观念和独立生存能力，帮助重新签订职工劳动合同，维护经营者和全体职工的合法权益，同时监督新企业认真履行新签订的协议和合同，按时缴纳规定的认购款。该项改制实行"三个结合"：

1. **改制与清资相结合，确保改制企业的资产真实** 石油机械厂（含农机修造厂）是 20 世纪 50 年代初创建的老厂，资产评估时资产总额为 1998.08 万元。实行资产转让，关键是进行资产评估，在资产评估中，始终遵循实事求是、不偏不倚的原则，不故意扩大资产，任意提高价格，宗旨是确保资产真实。一是对改制前的账内账外、库内库外的全部资产进行彻底清查，搞清家底。二是搞好产权界定，做到一套班子负责，由改制领导小组统一领导，场职能部门和企业的有关人员配合一起界定：一把尺子衡量——对企业的账外资产、债权债务、盈利亏损采用一个基准；一个调子定音——无论是原企业经营者购买，还是职工购买，或者场内其他人购买，都以中介部门评估确认的价格为准。三是标价经审核确认后转让。经盐城三阳会计师事务所评估，省农垦集团公司国资处审查，射阳县国资局审核确认的资产总值为 1929.44 万元，比原值减值 68.64 万元，为资产的转让打下了良好的基础。在资产转让中本着实事求是、充分协商、按实清点的原则，交割资产总额862.84 万元。

2. 改制与人员分流相结合，切实减轻新企业负担 改制的关键难点是人，石油机械厂原有 514 名职工，为了顺利改制，给新企业创造较好的发展条件，改制领导小组和新企业的经营者开展了定员定编、定岗定人工作，基本做法是：对男满 55 周岁、女满 45 周岁的人员（经总场指定的有权医疗部门鉴定为 1—6 级伤残的人员可放宽到男满 53 周岁、女满 43 周岁）实行内部退养，计 79 名。退养期间，养老保险金、医疗保险金应由单位缴纳的改为总场代缴纳；生活费按工龄确定，工龄 30 年以上、25～29 年、20～24 年、15～19年、14 年以下分别按最低工资标准的 100％、90％、80％、70％、60％计发。伤残为七至十级且在劳动合同期内的工伤人员，由总场发放最低工资标准的 60％作为生活补贴，计 5名。长期旷工人员，经场劳动部门发限期回厂通知书，仍不服从的 19 名人员，与其解除劳动关系。对一些临时录用人员予以清退，计 7 名。其他人员根据岗位公布条件，公开竞争上岗。新企业经营者自主录用人员 300 名（占原企业人员的 59％，占需安置人员的74％，大大减轻了总场"转岗分流"的压力）。未被录用的富余人员，计 104 名，按照场有关规定"转岗分流"：到农业单位承租大田的，一次性给予 2000 元务农补贴；不愿承租大田的，可到农业单位经营"两保金"田和"生活"田。以上两类人员从 2002 年 9 月起，每月发 147 元的生活补贴，每满一年工龄发一个月生活补贴，但最多不超过 12 个月。

3. 改制与清欠相结合，防止资产不应有的流失 在资产转让前，有应收款 584.05 万元，发出商品 237.53 万元。经多次协商，新企业只能接受应收款 112.52 万元，发出商品87.9 万元。如不抓好这项工作的清理，很容易在这个环节上使国有资产大量流失。在资产清理中，场纪委、审计、国有资产管理科参与指导，深入分析对方企业（个人）情况、还债能力等，确定具体的催收对策，拟订具体的催收计划，落实责任制，实行谁经营、谁批准、谁经办、谁负责，绝不一改了之，并成立专门的追收领导小组，由场财务总监任组长，指定专人负责，并鼓励干部职工积极参与，引入必要的激励机制，强化催收，妥善保管各类资料，尤其是具有法律效力的证据、资料，定期编制应收款回收表，及时跟踪管理，使场领导及职能部门及时掌握工作进展和欠款企业的概况，必要时诉诸法律强制执行或提请政法部门介入追索。对已经被新企业录用的原企业销售人员，一律停止在新单位的工作，回原企业在规定期限催要应收款。对未被新企业录用而需分流的销售人员，暂不分流，直到其经手应收款追回为止。

第五节　食品加工

一、粮油加工

农副产品加工厂于 1957 年 4 月开始筹建，建设厂房 700 多平方米，安装作坊方式生产机器 10 台（套），由柴油动力机提供动力。当年 10 月碾米开始投产，11 月榨油、轧花亦开始投产，12 月试产 3 个月。累计加工大米 3.179 万公斤，为周围农民代加工大米 4.35 万公斤，加工豆油 307.5 公斤，轧花 8.056 万公斤。

1959 年，农副产品加工厂的大米、皮棉和油脂加工等全面投入生产，保障全场职工的粮食和食用油的供应及棉花加工任务，全年累计完成农副产品加工 248.87 万公斤，其中加工棉清油 1.38 万公斤、豆油 1.255 万公斤、大米 97.83 万公斤、皮棉 28.64 万公斤、剥绒 16.37 万公斤。还改装了大米加工的谷粒升运器，减轻了劳动强度，节省了劳动力。并进行面粉加工，安装了小型磨粉机 6 台，磨棍总接触长度 1550 厘米；3♯刷麸机 1 台，采用 80 马力柴油机轴传动，主要加工一条龙面粉，全年获利 8 万元。1964 年，对农副产品加工厂进行技改扩建，新增锯齿轧花机 2 台、剥绒机 1 台、碾米机 4 台、榨油设备 1 套，产能达到年加工粮食 100 万公斤、皮棉 250 万公斤、油料 7.5 万公斤。由于大批知青来场，为自力更生地解决吃粮问题，兵团时期，分别在三垛和美人垛分场设立粮食加工点，逐步扩大到年加工稻谷 400 万公斤的产能，以满足当时 11000 多名职工和家属吃饭需求。

兵团期间，按照"为农业服务"的指导思想，积极开展"工业学大庆"活动。1973 年，实现工业总产值 21.73 万元、利润 7 万元。同时还扩大粮棉加工，根据农业生产发展的需要，棉花年加工能力扩大到 100 万公斤以上，新上锯齿轧花机 2 台（套），还增加了面粉加工设备，加工能力和技术水平有了显著提高。

兵团撤销后，农产品加工业有了长足的发展。1978 年，年加工大米达 176 万公斤、面粉 39.52 万公斤、食用植物油 6.938 万公斤，获利 9.67 万元，从业人员 124 人，均比兵团时期有了较大幅度增长。为了适应农副产品加工业快速发展的需要，便于加强领导，1983 年 5 月，经江苏省农垦局批准，淮海农场加工厂升级为分场级建制。1984 年新增饲料车间，利用大米、面粉和油脂加工形成的下脚料生产混合饲料，当年产量达 1315 吨，1985 年达 1765 吨，以后产量逐年下降，1990 年以后停产。大米加工的主要设备为山东农业机械厂生产，在当时处于国内先进水平。1985 年，对该厂的工艺进行部分改造，新上一条日产 50 吨的大米加工线，技改扩建后，提高了技术水平和产能。1989 年，标一粳米被授予"江苏农垦优质大米"称号。但面粉加工车间工艺改进后，仍然灰分高、粉色差、产量低，3 人作业，班产面粉 1500 公斤左右，年加工量小。1988 年，再次新上一条大米加工线，采用国产设备，使大米加工能力达到每日 50 吨以上，而且大米质量也有所提高，同时还对面粉车间进行升级改造，累计投资 100 多万元。面粉加工使用青岛崂山机械厂生产的双福牌成套制粉机械，并采用国内 20 世纪 80 年代较为先进的面粉加工工艺，粉路长，粉色好，生产的精粉可达国家标准。配置 90 千瓦电动机，单机传动，集中控制，安全可靠。配套建设主厂房 600 平方米、原料仓库和成品仓库 1000 平方米，建设 50 吨水塔一座。

20 世纪 80 年代中后期，随着改革开放的深入，农副产品加工业进入快速发展期，1989 年累计加工大米 4322 吨、面粉 75.64 吨、食用植物油 313.21 吨、饲料 734.67 吨、皮棉 550 吨，全年工业总产值 790.84 万元，获利 121.12 万元。

20 世纪 90 年代初期，在深化经济体制改革的同时，进一步按照市场经济的要求，调整农业生产结构，扩大粮油加工。1991 年，投资 100 多万元，在油脂车间新上了气油浸出法设备，提高了产能和产品质量。

1994 年，农产品加工厂创工业总产值 2262 万元，利润 203 万元。为了适应农业生产结构调整和激烈的市场竞争的要求，1998 年，还投资 120 多万元，扩建了一条精加工大米生产线，主机采用苏州粮食机械厂生产的砻谷机和谷糙分离机，精制大米日产量可达 50 多吨，加工大米的质量得到提高。2002 年获"江苏市场公认名牌产品"称号，还参加了江苏省第五届农产品展销会。2002 年 10 月，参加了中国"三绿工程"博览会，获得好评。在 2002 年 12 月下旬召开的中国优质稻米博览会上，渠星牌大米荣获全国金奖，进入全国十大名米行列，后被授予"江苏省名牌产品"称号，被中国粮食协会授予"全国放心米"称号，经国家质量监督检验检疫局批准，通过 QS 论证获得《全国工业生产许可证》。

为了适应市场经济发展的需要，促进农产品加工业的发展，1995 年，经省农垦总公司批准，国营淮海农产品加工厂更名为江苏省国营淮海农场粮棉油加工总厂。1999 年 9 月，经过招商引资，该厂与深圳万友丰粮油工贸有限公司进行股份合作制经营，由对方控股。1999 年 10 月，发文批复同意《淮海米厂进行有限责任公司改制的实施方案》，并经省农垦集团公司国资处批准（苏垦处〔1999〕20号），同意淮海米厂改制为有限责任公司的方案。股本构成：新建公司可以在原企业存量资产转股的同时，实行增量扩股，由国有股和社会法人股共同构成公司总股本。股权设置可以将原企业历年的应付工资和应付福利费结余量化结本企业职工，享有所有权，职工配股应不低于1：1的比例，以现金认购入股，该配股部分应合并计算为职工股。新建企业国有股不超过20％的分红权利，按一定条件，在三年内过渡转让给本企业职工。在改制后，由于受劳资关系、市场运作、资金原料等多种因素影响，新体制经3个多月的运行，未能达到预期的理想效果。之后，对公司进行了清理整顿，并采取了农场控股的公司制改造，恢复集团承包制运作和淮农米厂建制。2001年4月，成立食品办公室，下辖米业公司、乳品厂、植物油厂、轧花厂、面粉厂、东滩奶牛场等单位。之后，随着乳牛的拍卖，乳品厂倒闭。2002年4月30日，食品办公室撤销建制，有关工作并入淮海米业有限责任公司。

2001年7月，农场决定对淮农米厂实施有限责任公司改制，改制为射阳淮海米业有限责任公司。对所属轧花厂、植物油厂等单位采取租赁经营的办法，租赁企业固定资产总值达300多万元。轧花厂从1999年开始竞价租赁给滨海县棉麻公司经营，2000年收取租金21万元。之后，根据市场变化情况和年加工量具体确定租赁指标。植物油厂由职工金寿坤以年租金9万元租赁经营。2004年，射阳县淮海米业有限责任公司经股份制改造后，并入江苏农垦米业集团，进一步实现了整合资源、资产重组、优化配置、优势互补、利益共享。改制后，农场投资1700多万元实施技术改造、扩建项目。按照产业化、集团化、股份化的发展战略，对淮海米业公司进行资产重组，优化配置，并进行股份制改造。由农场实施技改扩建项目，并在被批准列入江苏农垦2005年度农业综合开发产业化经营项目后，报农业部批准为国家农业产业化重点龙头企业。该项目由江苏省粮食科学研究设计院负责设计，农场为项目法人，并负责具体实施。购置安装了一条具有国际先进技术水平的大米精加工设备——日本佐竹生产线，该生产线采用光机电汽一体化技术，多机轻碾、抛光、色选，加工品质良好，生产能力和自动化程度高。同时购置进口烘干设备一套，建设厂房、仓库、烘干房等土建工程8800多平方米。2006年4月投产，形成年新增2万吨优质大米的加工能力，年增总产值6372万元，新增利税341万元，新增固定资产1476万元，带动农场及周边乡镇2万多农户增收。

项目投入运营后，为苏垦米业进入国家龙头企业行列、苏垦牌大米成为国家名牌创造了条件。同时，还十分有利于整合农场及周边地区的优质稻米资源，优化配置，精深加工，打造优质稻米名牌，提高优质稻米的市场竞争力和占有率，进一步推进垦区优质稻米产业和农业产业化的发展。

2007年，小包装苏垦国优名牌大米进军上海，先后打进欧尚、家乐购、家乐福、大润发等大型超市，累计销售大米1.15万吨，在苏州欧尚、无锡初莲花销售小包装大米0.11万吨，还开发了富硒、富锌营养特色米，取得了良好的经济效益。

2012年，淮海米业公司再次新上一条大米精加工线。全年收购稻谷4.489万吨，生产销售大米3.5684万吨，实现销售收入1.98亿元，实现利润778万元，在苏垦米业分公司中位列第一。

2011年12月18日，江苏省淮海农工商实业有限公司（甲方）与江苏省农垦米业有限公司（乙方）签订《江苏省农垦米业淮海有限公司股权划转协议书》，确定甲方无偿行政划转、乙方无偿接受甲方合法持有江苏省农垦米业淮海有限公司（以下简称淮海米业）49％股权的行为。划转基准日为2011年8月31日。淮海米业注册资本1000万元，甲方对淮海米业出资490万元，占淮海米业注册资本的49％。双方对股权交割、期间损益、债务处置、人员安置等有关问题达成了共识，甲方授权代表为许峰，乙方授权代表为胡兆辉。

《江苏省农垦米业有限公司股权划转协议书》确定甲方无偿划转、乙方无偿接受甲方合法持有江苏农垦米业有限公司12.69％股权的行为，划转基准日为2011年8月31日。苏垦米业注册资本6700万元，甲方对苏垦米业出资850万元，占江苏农垦米业注册资本的12.69％。双方就有关问题达成了共识。

2014年10月23日，《关于同意理顺江苏省农垦米业集团有限公司基层党组织管理工作的批复》（苏垦集党〔2014〕66号）撤销江苏省农垦米业集团淮海有限公司党支部。《关于成立中共江苏省农垦米业集团淮海米业有限公司支部委员会的通知》（苏垦米党〔2014〕7号）规定，由姜国平、潘长干、程爱华任党支部委员，姜国平同志任党支部书记。

淮海米业有限公司（以下简称淮海米业）经过资产重组、兼并、改革改制后焕发了蓬勃生机。通过整合提升、优化资源配置、做大做强品牌，促进了淮海米业向规模化、集团化方向发展。通过内抓市场、外拓市场，企业规模不断扩大，综合实力逐步提高。在省内大米加工产能相对过剩和强手如林的激烈市场竞争中，淮海米业从一个名不见经传的"小米厂"发展成为省内著名的优质米加工企业。2020年，生产各类优质大米6.213万吨，销售大米6.2279万吨，是改制前的一倍多。年营业收入达5.12亿元，实现利润3765.84万元，分别是2012年的8.95倍和4.85倍，平均每个员工年创利57.058万元。

淮海米业的经营管理团队积极带领员工艰苦创业、拼搏奋斗，内抓质量管理，加快产品开发和技术创新，促进企业和产品提档升级，2013—2020年的8年中累计获得各类优质产品资质技术论证 17 项，投入技术改造资金达 3331 万元。

淮海米业的管理制度严格，执行力和威慑力强，既发扬令行禁止、纪律严明的军垦传统，同时又讲究人性化管理，奖罚分明、关心人、爱护人，彰显了"人的因素第一"的理念和领导者的人格魅力。先后建立了集体会办、产品销售、新品开发、财务管理、内控管理、目标责任管理、绩效考核等 10 多项管理制度，实行量化考核，数字化、精细化管理。将各项任务指标分解到各部门、班组以及每个生产一线的员工。通过数据分析、对标考核，评价部门的实际工作能力、业务水平。公司领导管好片，部门管好块，员工管好点，点、块、片相结合，提高管理水平。

2016 年，淮海米业引进国内外先进的技术装备，加快技术改造，加大研发投入，不断增强技术创新能力，促进企业提档升级。投资 200 多万元，在四分场三十六大队建成苏垦米业集团淮海粮食物流干燥中心。建成日烘干稻谷 400 吨的低温干燥线。2017 年 10 月，新建 1 万吨平房仓库，并实施仓库智能化升级项目，12 月中旬投入使用。2018 年 8 月，淮海米业总投资 355 万元的生产线改造工程投产。2019 年，新上大米生产线自动化包装及机器人码垛项目，可代替 5 个人的工作，减轻劳动强度，同时提高工作效率。2019 年 11 月，在物流干燥中心 4 座仓储罐仓储容量 1400 吨的基础上，又新建了 8 座仓储罐，使干燥中心储存容量达到了 10000 吨。2019 年 6 月，淮海米业大米生产加工线通过技术改造新组装一条全自动大米加工生产线，以及两条半自动大米生产加工线，为淮海米业产品扩能、提档升级打下了坚实的基础。

2019 年，苏垦米业党委决定淮海米业托管张家港公司生产经营，围绕创新发展理念，着力解决存在的问题。着重复制淮海米业对标管理模式和严密的产供销、人财物管理制度。2019 年 1—8 月份，张家港公司处于破产边缘，经营亏损 236.88 万元，库存问题稻谷 3098.2 吨，超市退米 201.12 吨，过期包装 2.3 吨。在淮海米业托管的 4 个月中，张家港公司通过淮海米业销售稻谷去库存 2628.95 吨，损益 199.14 万元全部由淮海米业账务调整，加工大米 2500.22 吨，收购稻谷 7000 吨，销售大米 660 吨，获利 2 万元，将一个亏损无望的大米加工企业救活。

随着农业生产结构调整，优良品种大面积推广，种子工程和粮食作物优质工程的实施，同时随着商业流通体制的变化，连锁超市、大卖场、餐饮业成了城市居民采购大米的主要市场，为了适应不同人群和行业对不同层次、品牌大米的市场需求，淮海米业培育和创立了主打品牌——渠星大米，获中国"十大金奖大米"、江苏省及盐城市名牌产品、长三角优质品牌大米称号。淮海米业不仅围绕市场需求开发了高档"富硒来"小包装糯米、苏垦香米、复合袋装充氮大米、馈赠亲友的礼品米等，还为专供超市销售而开发了"依开心""蟹稻米"等 20 多个品牌大米。产品畅销北京、上海、浙江、山东、贵州、甘肃等省市的粮油批发市场，与欧尚超市、老娘舅餐饮、易初莲花、家乐福、文峰千家惠、农工商等 10 多家超市保持着长期友好的合作关系。

淮海米业是江苏省稻米产业高质量发展的领跑者，开拓产品市场必须以优质的产品为基础。2018 年以来，省农垦以推进全国绿色食品原料标准化基地创建为基础，围绕米业、种业优势，大力推进互联网、大数据等现代信息技术的创新运用，率先启动农产品质量控制体系建设，并上线运行农产品质量安全管控系统，取得了显著成效。农场安全管控面积达到 100%，稻米产品实现 100% 可追溯。该体系的最大特点就是生产有记录、信息可查询、流动可跟踪、质量可追溯、责任可追究、产品可召回，完整地记录了每一粒粮食从田间地头到餐桌的全过程，130 多项业务功能、200 张重点表单、90 个质量安全控制点，确保消费者舌尖上的安全，每一粒米都让消费者放心。2013 年，苏垦大米质量追溯体系建设通过了农业部专家组的验收，淮海米业是唯一一家接受农业部专家组现场考核的子公司。为了提高质控操作水平，采用集中培训和田间地头培训等方式，使所有参与安全质量管理的人员都能熟练地掌握质控系统的使用，实现质控系统追溯数据信息录入"零错误"、标准化技术执行"无违规"、农产品质量安全"零事故"的"三无"目标。优质稻米不仅要保质，还要做到保鲜，即保持大米原有的风味和良好的口感。2015 年，渠星大米在欧尚超市销售 5785 吨，2016 年新开发的渠星香米销售 1500 吨。2017 年，公司总经理姜国平入选中国文化信息协会编发的《实干兴邦Ⅲ》37 位优秀企业家，被授予江苏农垦劳动模范称号、盐城市五一劳动奖章。2013—2020 年淮海米业经营情况见表 14-3。

表 14-3 2013—2020 年淮海米业公司经营统计表

年份	生产量（吨）	销售量（吨）	营业收入（万元）	实现利润（万元）	烘干麦种（吨）	销售稻谷（吨）	销售小麦（吨）	电商销售（吨）	获上级表彰（个）	资质论证（件）	品牌（个）
2013	47706	48940	2.060	1884	4342	—		—	4	6	8
2014	47573	48307	2.234	1750	1472	—		—	6	4	5
2015	47174	47244	2.184	1526	205				2	5	19
2016	50800	51000	2.302	2128	3752				2	1	7
2017	50000	50000	2.300	1950	6093				2	1	5
2018	55241	55124	4.543	3356	2607	22327	66444	1311	5	1	8
2019	52374	54105	4.665	2568	7251	36420	73491	2047	6	1	17
2020	62182	62280	5.250	3766	7513	10165	84946	2076	5	1	21

二、乳制品及其他食品

1982 年 6 月，由农场投资 20 多万元创办江苏省国营淮海乳品厂，厂址位于场部东侧 2 号楼，占地面积 3061 平方米，建筑面积 943 平方米。主要生产设备有高压泵 2 台、饮料泵 6 台、冷库 1 座和粉碎机组、锅炉、自动包装机等各类乳制品加工设备 20 多台（套），有职工 31 人，年产各类乳制品 150 吨。主要以当时东滩奶牛场的 100 多头牛所产鲜奶和自产大豆为原料，并购进白糖等为辅助原料，采用东北农业大学的专利技术，将豆浆与鲜奶喷洒到热板上经冷却后成为豆乳粉。后来此项技术被维维集团采用，生产全天然绿色食品（1980 年被国家绿色食品发展中心批准使用绿色食品标志）。1982 年 6 月，主产品全脂奶粉和速溶豆乳粉被评为江苏农垦局优质产品。1988 年，被盐城市授予"市优质产品"称号。1989 年 12 月，群乐牌速溶豆乳粉被授予"农业部优质产品"称号。1990 年，获江苏农垦科技进步二等奖。20 世纪 80 年代中、后期，生产快速发展，各类乳制品生产量达到 181.69 吨，总产值达到 65.78 万元，利润达到 4.5 万元。一度成为农场的土特产品，为馈赠亲友的礼品。产品远销上海、北京、南京和苏锡常等省市、地区，深受人们的欢迎。由于市场竞争激烈，受原材料、成本和国家税收等因素影响，1995 年 4 月该厂停产，厂区拆除。

国营淮海食品厂于 1981 年 12 月创办。1985 年 12 月，与酱醋厂合并，名称仍为国营淮海食品厂。糕点、糖果制造地点设在场部食堂西侧大院内。主要生产设备有制面点机、饼干机、大型工业冰箱、烘炉、烤箱等，累计投资 30 多万元。主要生产饼干、大糕、果子等。酱醋厂在原中堆六垛闸管所西侧的排水河滩地上，产品有酱油、醋、酱菜等，主要销往滨海、射阳两县，产品一度畅销。主要生产设备有粉碎机、压榨机、大缸、运输车辆等，从业人员 60 多人。两厂合并后，占地面积 5305 平方米，其中建筑面积 1217 平方米。1989 年，生产各类糕点 2845 吨、酱油 1025 吨，创工业总产值 20.71 万元，实现利润 2.9 万元。由于该厂规模小，又长期处于微利和亏损状态，于 1991 年 10 月停产，原厂房改为民用或被淮河入海水道征用。

第六节　纺织服装

一、化纤弹力丝

1978 年 12 月，淮海农场农产品加工厂设立弹力丝车间。1979 年，招收职工 90 名，生产弹力丝 36 吨，工业总产值 59.1 万元，当年亏损 5.41 万元。1980 年，由于 VC-472 型弹力丝加捻机械试制成功，安装了 192 绽的弹力丝加捻机 2 台，调试成功后投入生产，提高了工效和产品质量，当年加工弹力丝 51.2 吨，创工业总产值 161.08 万元，盈利 38.7 万元，实现了一年扭亏为盈。以后几年，加弹产业稳步发展，至 1981 年，又有一台 VC-472-64 绽加捻机，以及其他 10 多台附属设备投产，并扩增安装针织机和圆机、染色等设备。职工增加到 120 人，分三班四运转，正常生产，可年加工 100 吨棉纶长丝，年产值 300 万元。随着棉纶加弹行业的发展，人员和设备不断增加，生产规模不断扩大。为了加强领导，便于发展和管理，1981 年 1 月，盐城地区农垦局批准弹力丝车间从农产品加工厂划出，单独建立国营淮海弹力丝厂，为连级建制。当时该厂的主要加工原料绵纶，由省农垦局计划调拨，由农垦化纤厂提供。1981 年，加工弹力丝 72.54 吨，创工业总产值 223.21 万元，获利 30.63 万元，为当时仅次于石油机械厂的第二创利大户，成为农场的支柱产业。20 世纪 80 年代中期，弹力丝厂稳步发展，成为集加弹、织袜、染色于一体的化纤企业。至 1987 年，已扩大到有厂房 1559 平方米，加弹设备 522 绽，倒筒设备 30 绽，加捻机 2 台，打框机 2 台，尼龙织袜机 7 台，缝头机 2 台，半吨锅炉 1 套，年产 100 吨的染色设备 1 套，固定资产原值 93 万元，职工 149 人，上缴利税累计 177 万元，累计上交净利润 142 万元。鉴于弹力丝厂经过较长时间的发展，特别是经过扩建，企业规模、生产规模扩大，经营范围较广的情况，为充分调动企业的积极性，促进企业继续发展，增强竞争力，1988 年 5 月 30 日，决定国营淮海弹力丝厂浮动升级为科级建制。根据精简、统一、效能的原则，设立职能科室和车间，并享受与职能相对应的待遇。工厂的厂级干部由总场提名，经党委考核后聘用，并实行厂长负责制。

淮海弹力丝厂基本上处于从原料到初级产品的单一生产状态，在较长时间内，企业发展精深加工的动力不足，经济效益受到影响。为了增强企业的活力，扩大产能，该厂积极发展与大、中型化纤企业的联合和协作。由于清江合成纤维厂技改扩建，新上进口绵纶长丝项目，原有设备闲置，为优化资源配置，促进经济效益的提高，并根据国务院进一步推动横向经济联合的有关规定，清江合成纤维厂、江苏省纺机公司、淮海加弹厂经共同协商，决定在原淮海弹力丝厂的基础上，改造、扩建成由三大企业合办的联营企业。由清江合成纤维厂提供淘汰闲置的加弹机、拼线加粘机及配套设备，由省纺机公司提供卡丝袜机、尼龙袜机和配套的罗纹机、缝头机、整形烘干设备，由淮海弹力丝厂提供现有的全套设备、厂房，新建加弹厂房、织袜厂房、染色车间，并提供动力、发电、锅炉、空调、职工宿舍、土地、劳力和部分运输手段等。

联营企业建成以后，生产弹力丝由原淮海弹力丝厂的年产 100 吨增加到 300 吨，染色由 60 吨增加到 100 吨，尼龙袜由原来的 10 万双增加到 54 万双，新增卡丝袜产量 130 万双。

联营企业有关情况：①清江合成纤维厂与淮海弹力丝厂联合扩建成清江合成纤维淮海分厂，将淮海弹力丝厂现有设备和清江合成纤维厂提供的加弹设备合并，建设联营的加弹车间和染色车间，分加弹、拼捻、成绞、定型、检验、预分、染色、包装等工序，新建厂房 1305 平方米，原淮海弹力丝厂的厂房改造成仓库，并新建染色车间一幢，加弹车间和染色车间分别独立核算。②清江合成纤维分厂与省纺机公司联营，扩建成清江合成纤维厂淮海分厂织袜车间，新增尼龙袜机 80 台、卡丝袜机 70 台、倒筒机 50 绽、缝头机 24 台、罗纹机 12 台、定型机设备 1 套，新建厂房 339 平方米，原淮海弹力丝厂的 7 台袜机、2 台缝头机、4 台罗纹机和 30 绽倒筒机迁进新厂房，织袜车间独立核算。③新建空调室、冷冻间、锅炉间、发电间，并配相应的空调、冷冻、锅炉和发电设备，实行独立核算，其成本由加弹、染色、织袜三个车间作为共同生产费用分摊。④联营分厂主体工程和必要的配套工程于 1987 年 11 月竣工，年底前安装好加弹、染色设备和 50 台袜机及配套设备。1988 年第一季度弹力丝车间试产，织袜车间安装试调，第二季度开始正常生产。⑤联营分厂计划目标：1988 年下半年开始正常生产。固定资产总值 356.5 万元左右，其中：清江合成纤维厂转入固定资产净值 67 万元；省纺机公司新投固定资产 54.44 万元；淮海弹力丝厂转入固定资产净值 60.5 万元。占用总场流动资金 57 万元左右。正常生产后预计年总产值 906 万元，其中：弹力丝年产值 676 万元，织袜年产值 230 万元。正常生产后年总利润 109.43 万元，其中：弹力丝 50.47 万元，织袜 49.96 万元。

清江合成纤维厂是江苏省农垦联合总公司的直属大厂，当时是全国著名的化纤厂，实力雄厚，企业管理水平、职工技术素质、经济效益在农垦系统中名列前茅。作为联营分厂的靠山，原料来源充足，对联营分厂的发展起到保障作用。

江苏省纺机公司是省级国营企业，负责全省的纺织机械分配，可以保证纺织机械及其维修配件的正常供应。该公司在对联营分厂提供市场信息、打开国内外销路方面具有保障和促进作用。

为了适应淮海弹力丝厂改造、扩建，清江化纤联营需要以及生产规模和经营范围扩大的变化，1987 年 5 月 30 日，江苏省国营淮海弹力丝厂更名为江苏省国营淮海袜厂，仍为独立核算、自负盈亏的浮动科级单位。

江苏省农垦农工商联合总公司 1989 年 7 月 15 日发文批准建立江苏省清江合成纤维厂

淮海分厂。袜厂规模扩大后，从业人员从 169 人增加到 483 人。1989 年，总产值达到 428.98 万元，比 1987 年增加了 82.51%。但由于人员增加，开支增大，利润从 1987 年的 21.5 万元下降到 1989 年的 7.06 万元。以后几年，由于受宏观行情的影响，联营厂举步维艰。1990 年初，场领导赴清江合成纤维厂就双方联合加工弹力丝进行洽谈，双方按照互惠互利的原则，就有关弹力丝加工、产品质量、利润分成、织袜原料、技术管理等方面达成协议，要求淮海分厂实行满负荷生产，提高产量，降低成本。由清江合成纤维厂负责销售产成品月牌绵纶弹力丝，淮海分厂也要充分发挥优势，积极联系老客户，扩大销售渠道。但由于受市场行情的影响，再加上织袜个体户的冲击，协议执行情况不是太好。袜厂的年产各种型号的弹力丝呢绒袜 100 多万双，因在市场上缺乏竞争力，市场销售行情不良，产品积压，货款不能及时回笼，1991 年，仅形成利润 5.6 万元，而占用总场资金高达 500 多万元。经营情况每况愈下，长期连续亏损，至 1993 年 4 月，袜厂已难以为继，再加上当时农场本身财力也十分困难，包袱越背越重，已失去对其扶持能力，经总公司批准对淮海袜厂实行停产整顿。总场成立了以场长为组长、三名副职领导为副组长、有关部门主要领导为成员的清理领导小组，下设政工人事组、财产物资清查组，具体负责财产、物资、账款的登记核实、物资估价、损失测算及停产整顿后有关经济事项的处理。同时，还积极做好袜厂职工的思想政治工作，解决实际问题，协调处理袜厂停产整顿后的疏导、分流和转岗工作。

针对袜厂停产整顿后复苏无望，转产亦无可能的情况，1994 年 11 月，下发淮农字〔1994〕第 77 号文件，根据总公司领导要求"亏损或倒闭企业的场办工业的职工，有工做工，无工务农"的指示精神，结合省企业养老金制度改革的实施办法，以及农业单位和场办工业调整情况，对袜厂职工疏散工作进行安排。根据个人技术特长和身体、年龄状况进行合理转岗分流，总人数达 480 多人。对年满 45 周岁的女职工、年满 55 周岁的男职工，可发给一定比例的退养生活费，待达到退休年龄时再办理退休手续。对已失去劳动能力的长病假人员、绝症患者、残疾人，经有关部门鉴定，符合办理退职条件的，申报作退职处理，暂不符合条件的，发给固定疾病救济费。

二、针织服装

1984 年 12 月，在上海师傅的指导下，新办针织厂。厂址在一分场部队营房，利用破旧部队营房，加以整修改造后安装针织机械设备，占地 11267 平方米。后经总公司批准，更名为江苏省国营淮海针织总厂。总投资 243 万元，主要由职工集资办厂，从事针织业。

设备有大小圆机、锅炉、台车、棉毛车、土布染色机、包缝机、锁眼机等 200 多台（套），从业人员达 259 人。1984 年，生产针织内衣 66.83 万件（含四分场针织厂产量），1986 年生产 189 万件。1985 年经营收支平衡，1986 年盈利 5.7 万元，1987 年盈利 22.09 万元，1989 年盈利 65.63 万元。当年，生产的主打产品椰子衫获市优质产品称号，被授予三级计量达标企业。进入 20 世纪 90 年代，由于受服装行业激烈竞争的影响，市场疲软，再加上管理不善等方面的因素，该厂经济效益连续下滑。1990 年，全厂亏损 68.74 万元，1994 年亏损 89 万元，工厂连续亏损。鉴于该厂扭亏无望，故于 1994 年 6 月停产。1995 年由该厂推选会计房启承包，效果仍不理想，后全面停产。

国营淮海农场服装厂于 1981 年创办，以服装制造为主。场址选择在一分场二八点的部队营房，企业占地 1551 平方米，经过改造整修，投资 50 多万元安装了 150 多台工业缝纫机和裁剪机等，从业人员 90～118 人，年生产呢制大衣、西服等各式服装 50 多万件。该厂自创办后，1986 年、1987 年两年分别盈利 12.89 万元和 3.02 万元，其余年份均亏损，1988 年亏损额达 25.32 万元，于 1990 年停产。

淮海服装三厂由原场部供应站的缝纫组人员兴办，坐落在原场部食堂东侧，占地 262 平方米，职工 40 人，是一个以生产童装为主的小型服装厂。自 1979 年 12 月创办，1990 年停产，一直处于微利状态。由于产品滞销，1990 年 1 月停产，人员分流。

淮海针织内衣厂于 1981 年 6 月利用部队礼堂和部分闲置营房创办，占地面积 2410 平方米。拥有发电机 1 组、工业缝纫机及圆机 50 多台（套），职工 80 人左右，年产各类运动衫 5 万件。自 1981 年创办，1990 年停产，除 1985 年亏损 3.89 万元以外，其余年份一直处于微利状态。后主要设备和人员并入淮海针织总厂。

第七节　其他工业

国营淮海农场建材加工厂。1977 年 12 月建厂，由农场基建科管理。起初为盐城燕舞收录机厂加工电子配件，1990 年盐城燕舞厂倒闭后，该厂以车床加工五金产品和建材为主，从业人数 31 人，年加工各类电器设备 10 吨，1984 年、1988 年分别创工业产值 35.03 万元、65.7 万元，获利 9.33 万元、16.57 万元。1993 年，该厂停产改制后经拍卖给个人经营，名为成明机械厂。

江苏省农垦国营淮海水泥预制品厂。1982 年由建筑安装公司创办，以生产水泥构件、水泥船、排水管为主，从业人员 29 人，年产各类水泥制品 1640 立方米，拥有机电设备 10 台（套），固定资产原值 29 万元。1988 年 3 月，该厂从建材厂划出，单独成立国营淮海水泥预制品厂，为大队级单位，实行独立核算。1990年，预制品经市建筑质量检测论证为合格产品，并颁发了生产许可证。2008年以后租赁给个人经营。

江苏省国营淮海砖瓦厂。即"二窑厂"，1977年12月在原来小立窑的基础上扩建，1978年扩建成10眼轮窑，从业人员41人，以砖瓦制造为主，年产各类砖瓦296万块。1986年，创工业产值37.16万元，获利6.64万元。由于生产规模偏小，质量不稳定，经济效益不高，再加上20世纪90年代初国家为保护耕地资源关闭了一大批砖瓦厂，于1993年关闭。20世纪60—70年代，农场曾相继在二、六、七分场发展制砖工业。由于制砖瓦的泥土原料不符合生产要求，产品质量低劣，生产时间不长就停产了。

国营淮海石灰厂。1977年12月，农场投资7.83万元，由农场基建科创办。年产100吨石灰，安装碎石机、提升机等机械设备10多台（套），从业人员39人。20世纪90年代，由于建材市场竞争激烈，该厂处于微利状况。后转产，关闭。

淮海纸箱厂。1991年5月，由江苏省盐城市农垦公司批准创办，为大队级建制，隶属于淮海农场商业物资公司，累计投资10万元。主要生产设备有纸盒加工机械1套、电动机8台，年加工各类纸箱纸品及其他包装物10多（吨）。1995年创工业总产值27万元，获利1万元。由于受农场工业布局调整、市场波动、产品销售渠道不畅等因素影响，20世纪90年代后期该厂停业拆除。后转产，关闭。

淮海磁性材料厂。原为粉末冶金厂，1979年经省农垦局党组批准筹建。由于市场波动，产品滞销，1980年下半年开始改建生产磁性材料，购置和安装了球磨机、冲床、磨床、高温炉等设备10多台（套）。1981年6月，正式建成投产，共有职工82人，三班制生产，主产品为各类中短波天线棒。由于盐城燕舞收录机厂停产，该厂产品大量积压，1988年3月停办，人员分流。

20世纪50—80年代，在大办工业的思想指导下，先后办起了小酒厂、小糖厂、小纸厂、灯具塑料厂和精密铸造、塑料编织、家用电器等小型工厂，因技术含量低、产品销售等方面的问题，一般办厂后3～5年均停产。

第八节　建　筑　业

一、建筑队伍

1953年8月，为了适应生产建设的需要，农建四师进行了第一次整编。师司令部设基建处，下设建筑工程科、水利工程科，辖建筑工程大队（相当于1个加强营）500多人，下设建筑队、木工中队，其成员均来自各营，负责全师各单位的营建工作。农建四师彻底转业后，1955年12月，设立基建科，负责全场基本建设和建筑业管理，下设建筑工程队，有职工110多人。当时还有江都县建筑站、盐城专区建筑公司等建筑企业进场施工。1959年，从江都来场施工人员中招收12名瓦、木等技术工人。所招人员均保留原技术等级和待遇，后来他们都成了建筑行业中的技术骨干。

1963年，为适应场内旧危房改造和知青安置用房建设量增加的需要，设立物资基建科，下设建筑队，有职工92人。1966年10月，设立基建科，辖建筑工程队。由于工程建设量增加，附近农民也进入场内施工。

1969年底兵团组建后，10团后勤处设物资管理股，后又设立基建办公室，具体负责全团基本建设工程的计划和管理。辖直2连，从事建筑和运输工作，之后又抽调40多名知青充实建筑队伍。各营都设立了施工员和建筑排，负责各营的房屋翻建和小型农田水利工程建设施工任务。1975年3月，10团首长办公会议决定，各营建筑排撤销，所属木、瓦工一律分配到有关连队参加工作，各营施工员编制仍予保留。

兵团撤销后，全场的建筑工程由物资科负责管理，下设建筑工程队、建材厂。1983年12月，更名为物资基建科，辖石灰窑、建筑工程队、建材厂、运输队等单位。场内基本建设工程管理和计划、立项、规划、设计、预算、材料供应等均由物资基建科负责。1984年，全场建筑工程队伍有职工120多人。由于大批知青回城，场内劳动力缺乏，附近农村的100多名农民工陆续进场从事建筑工程施工工作。还兴办了水泥预制品厂，年产水泥构件、水泥船、进排水管、楼板等各类水泥制品1640立方米。1984年9月，建筑工程队升格为淮海农场建筑安装公司，为科级单位，下设建筑1队、2队、建材厂、装卸队和物资仓库等5个单位，有职工240人，其中各类技术工人59名、管理人员23名（含技术人员6名）。公司实行财务包干制度，在完成上缴指标之后的剩余部分，按4:6分成，即职工分配40%，单位留成60%。

1988年3月，公司开始实行经理负责制，改革分配制度，工程施工实行单项核算计件制，并逐步实行项目经理负责制，采取分段包干、定额计酬、超额奖励的办法，调动了职工的积极性。1989年，全公司实现利润18.7万元。

1990年2月，设立基建计划财务科和建筑工程科，撤销建筑安装公司，加强对建筑行业的计划和财务管理，并推行承包经营责任制。1993年4月，撤销基建计划科和建筑工程科，成立建筑安装公司，并与江苏农垦盐城建筑安装公司联合成立江苏农垦盐城建设工程有限公司淮海分公司，并对建材厂进行改制。同时，还成立了建材供销公司和土方工程队。之后又购进了两台日历牌大型挖掘机，各机耕队都增添了推土机、铲运机等累计 10 多台（套），全场的农田水利土方工程实现了机械化施工，还外出至淮阴市承建了淮沂铁路的部分路基工程，扩大了施工业务范围。

1994 年 3 月，设立建设规划办公室，为科级单位，是建筑行业的主管部门，负责全场的基本建设的规划、设计、质量监督、行业管理、招投标等业务工作。农场支持建筑行业的发展，1995 年全场建筑业总收入达到 475.9 万元、利润 46 万元。

1997 年，部分开放了场内建筑市场，滨海、射阳两县的建筑和水利企业纷纷参加场内的招投标活动，承建工程建设项目。建筑安装公司在激烈的市场竞争中仍然保持强劲的发展势头，当年完成建筑总产值 598.5 万元、经营利润 57 万元。

进入 21 世纪，建筑行业继续深化公司制改造，成为产权清晰、职责明确、管理科学、运转高效的建筑企业。2006 年，实现营业收入 1523 万元、利润 105 万元、职均收入 1.1 万元。2008 年，水泥预制品厂租赁给个人经营。2009 年，建筑安装公司改制为集体承包经营，继续完善项目经理负责制和项目承包责任制，增强了企业的活力。2011 年累计完成总产值 3600 多万元，实现利润 260 多万元。进场施工的场外建筑企业有 6 家，建筑工人 350 多名，建筑业固定资产总值达 100 多万元，具有塔吊、压路机、混凝土搅拌机、运输车等大型机械设备 10 多台（套）、各类中小机械设备 50 多台（套）。拥有建筑工程类高、中级技术人员 19 名，初级 5 名，一、二级建造师 10 名。近年来，多次承包和参加国家重点工程项目建设和施工。

农场建筑安装公司以建筑施工为主，2013 年，公司有电工、瓦工、木工等 51 人，技术人员 15 人。2014 年以后，由于退休、退养人员增多，再加上建筑市场整顿，与盐城农垦建筑安装公司脱钩，公司业务转向以工程监管为主，人员逐步减少，至 2020 年，仅有技术人员 12 名，其中工程师 3 人，助理工程师 2 人，二级建筑师 3 人，小型项目管理师 2 人。公司现有固定资产净值 157.2 万元，机械设备 8 台（套）。

二、建筑设计

20 世纪 50 年代，苏联专家达维诺夫根据国家计划，对拖拉机修配厂按年修理 100 台拖拉机的标准进行规划设计，后来该厂在此基础上扩建成国家一类大厂。当时，场内无专门设计机构，一般厂房、住房、库房、桥涵、闸洞、禽舍等建筑物主要由基建财务科负责设计，有 2 名专职设计人员，设计图纸经部门和场领导审核签字后，发文交建筑单位施工。兵团时期，工程设计由团后勤处基建办公室负责，有 3 名工程设计人员，累计设计各类水工建筑物 550 多座。其中邱维民设计的匡圩封闭工程成为全系统的样板，在全省范围内推广。兵团撤销后，物资基建科和建筑工程队联合成立设计室，有 3 名设计人员。1976—1984 年，共设计楼房 6 幢、水塔 4 座、水工建筑物 400 座、工业厂房 5500 多平方米、仓库 1.5 万平方米。其中中学教学楼和场部水塔设计质量较好，受到业内好评，被系统内外多处采用。1994 年 3 月，设立规划办公室，有 3 名规划设计人员，负责全场的工程项目设计和可行性研究、论证等。20 世纪 90 年代中、后期，实施扩粮工程，农田水系进行大规模的技术改造，在农业综合开发和中低产田改造项目中，先后进行了 10 多座排灌站和 15 座电站的技术改造。在灌水技术设计上，改圩外取水为圩内取水，缩短高水位送水距离，提高了水资源和渠系的利用率。1988 年开始，在扬州大学水利学院专家的指导下，对防渗渠道进行改造，效果较好，后在全场推开。

进入 21 世纪，随着建筑工程和农田水利建设工程设计进入标准化、规范化、制度化的轨道，开始由场规划办与有关业务科室编制工程项目建设的初步设计方案，形成工程项目建议书，经省农垦主管部门批准后编制工程项目施工设计方案。为了提高工程项目设计的水平和科技含量，与省内著名科研院所、设计单位、中介机构开展了多种形式的技术协作和联合，聘请专家、学者来场指导，进行规划设计、技术咨询。高难度的水利工程和仓储建设项目委托省水利和粮食工程研究设计院设计，采用新颖的设计理念，图纸规范，工艺合理，造型优美，节省投资，标准提高。淮海米业技改扩建项目委托江苏省粮食科学研究设计院设计，采用了粮食加工、储藏、烘干和环境保护等多学科的综合技术，设计科学，结构合理，节能环保，科技含量高。

2013 年以后，根据国家建筑设计规划的要求，建筑设计交由具有建筑设计资质的单位，所以农场规划不再承担建筑设计业务，一般小农水项目委托射阳、滨海两县的水利部门负责设计，高难度的水工建设项目和粮食仓库分别聘请省水利工程设计研究院和省粮食工程设计院设计。

三、建筑施工

建场初期，建筑施工设备简单，仅能从事平房、畜禽圈舍和小型桥闸涵洞的施工。20 世纪 60 年代初，全场基建工程量较大，当时地区农垦局规定：新房建设由盐城专区建筑公司施工，房屋改建和修理由场建筑工程队施工。

20 世纪 60 年代中、后期，添置了拖拉机、搅拌机、打夯机等设备，并从江都、盐城招收了部分技术工人，施工技术和能力增强。先后完成了学校和修理厂扩建、半农半读农校校舍建设工程和 2.8 万平方米改建以及 150 多座水工建筑物等建设工程。

兵团期间，又添置了拖拉机、电动机、扒杆等建筑施工机械。建筑队伍扩大，各营成立建筑排，从知青中调入 40 多人进直二连从事工程建设。全团的主要工程项目均由直二连施工。先后翻建和新建房屋 4.2 平方米，新建电站 22 座、桥涵闸洞等中沟级建筑物 41 座、小沟级建筑物 558 座。

20 世纪 80 年代，添置了大功率搅拌机、塔吊等大型机械设备，建筑工程逐步由手工操作向机械化施工过渡。先后完成了弹力丝厂、二窑厂、畜产品加工厂的厂房和 10 多座水塔的施工以及知识分子楼、老干部住宅楼、学校教学楼等 6 栋楼房和多项工程建设，还改建了大礼堂、招待所等。

20 世纪 90 年代，基本建设投入增加，10 年间累计投入资金达 1.68 亿元，先后建设了场部办公大楼、医院门诊大楼、招待所、职教中心（宾馆）、幼儿园大楼、淮海路及沿街花园、2~8 号职工住宅楼和电站、桥梁、涵闸等水工建筑物 350 多座。射阳、滨海两县的建筑企业纷纷来场参加招投标活动，先后有 30 多项工程被场外建筑企业中标承包施工。

进入 21 世纪，随着改革的深入，职工收入增加，迫切要求改善居住条件。在场部先后建设了 15 幢住宅楼 52477 平方米、20 多幢别墅 15000 多平方米，以及投资 1500 多万元建设医院病房楼和医技楼 8000 多平方米。同时还承担了国家重点工程淮河入海水道的配套工程、水利部五岸灌区技改五期工程、农业部产业化龙头企业项目、淮海米业公司技改扩建和标准粮仓建设工程、小城镇建设工程和农业开发、土地复垦等 10 多项工程，总投资 1.9 亿元。还与盐城农垦合作，实施盐城市区海龙北路西侧房地产开发建设项目，项目总投资 3000 多万元，总建筑面积 1.2 万平方米，盈利 1000 多万元。项目建成后，取得了较好的经济效益和社会效益。

2013—2014 年，农场建筑安装公司承建工程项目 2 个，总金额 2056.48 万元，分别为淮海分公司自建项目等，完成单项工程 60 个，利润总额 32.7 万元。2015 年以后，公司业务从以建筑工程施工为主转入以施工监管为主，监管施工项目 11 个，建筑面积 3000平方米，从业人员劳动报酬 148 万元。

2015 年以后，建筑工程项目经过招投标确定施工单位，先后有江苏省天台建设工程有限公司、江苏省创盛建设工程有限公司、盐城市诚信建设工程有限公司等 34 个建筑工程施工单位进场施工，总造价 1.7368 亿元。累计施工单项工程 42 个，建筑面积 2500 平方米，缴纳税金 15.3 万元。

第九节　房地产业

2011年4月15日，经省农垦集团批准，由江苏农垦麦芽公司和淮海农场按7∶3的比例共同出资800万元，注册成立了江苏麦海房地产开发有限公司（以下简称麦海公司），双方共同投资管理，承担开发建设任务，分享开发利益。

公司成立后，在射阳县城联合开发了麦海雅居房地产项目。2017年11月2日，已开发的住宅和商业用房大部分销售结束，进入清盘阶段。为推进清盘工作，由省农垦集团总经理胡兆辉召开主持会议，省农垦集团、麦芽公司、淮海农场领导、江刘苗、郭世平、王进强、蔡守高、李卫东、谢翠英、宋思桂、钱海洋、张明、李海峰、张超等人参加，就麦海雅居清盘工作召开了专题会，确定：①麦海雅居14套住宅商品房、1900平方米的商业用房以及22间储物间未售出，资产权属归农场，由淮海农场负责销售经营。②射阳县政府给麦芽公司的专项补贴资金归麦芽公司所有，不按股分配。③对麦海雅居项目的财务进行清算，于2017年12月前结束。④支持淮海农场运营麦海房产项目，集团补贴资金300万元。⑤农垦麦芽公司所持有的麦海公司70％的股权资金560万元。⑥麦海公司借农垦麦芽公司的土地出让金余款1726.78万元、利息305.37万元，待财务结算后由麦海公司一并支付给农垦麦芽公司。

2017年12月22日，省农垦麦芽公司与农场正式签订股权转让协议。

2018年，农场根据苏垦集团会办纪要精神，落实股权转让协议，完善相关手续，处理公司历史遗留问题，结清与麦芽公司的往来账目。农场持有麦海公司100％股权，完善和调整公司内部法人治理结构。年预售商铺2套，租房1套，售车库4间，收回2套房款，累计回收销售房款335.8819万元。

2019年，加强与地方国税、银行、物业等部门的对接和沟通，争取政策支持，保证销售业务。年预售商铺1套，总价120万元，出售住宅一套，总价61.4万元。对1号楼转角进行改造，满足分层租售条件，完成了租赁工作，租期5年，总租金130万元，首期租金25万元，并交纳2万元保证金。

农场2018年、2019年先后制定《麦海公司绩效考核管理办法》，对公司考核指标、销售人员薪酬管理及分配办法做出了具体规定。

　　2020 年 3 月 20 日，由信永中和会计师事务所（南京）出具《江苏麦海房地产开发有限公司 2019 年审计报告》，认定至 2019 年 12 月 31 日公司资产合计 1621.78 万元，综合收益额 27.12 万元。2020 年，办结 3 套不动产证，销售住宅 2 套，总价 92.6 万元，资金全部回笼，实现收入 104.7 万元，利润 30.6 万元。

第十五章 商 业

第一节 概 述

农场商业起源于农建四师时期，从军人服务和小卖部开始，逐步过渡到商品销售、物资供应、经营服务，直至建立遍布全场的商业网点。

1978年改革开放以后，随着市场经济的迅速发展，商业步入市场化运作的轨道，国有资本逐步从商业流通领域中退出，民营商业不断发展，农用物资的经营和服务也从计划调拨模式转换成按市场化、商品化机制运作，成立了商业物资公司，参与市场竞争。农场的工商管理隶属于射阳县工商部门，设立工商管理办公室，负责场域内的工商行政管理工作。

2013—2020年，随着经济体制改革的深入，农场大力发展社会服务和民营商业，呈多元化经济发展格局，尤其是小城镇建设速度加快，民营商业和服务业蓬勃发展。

2013年以后，农场的工商管理职能主要由社区的社会管理科负责，主要进行市场管理，市场监督、工商税收管理等划归地方工商局管理局。

第二节 供 应 站

1954年初，农建四师后勤处设立供应科，从事日用商品的采购供应，同时开设小卖部，并从附近乡镇招募摊贩、理发、洗浴、照相、服装、食品等个体商户进场从事商业和服务业经营活动。农建四师彻底转业后，1955年10月，成立淮海农场供销合作社，隶属于场工会，设主任1名、会计1名，辖9个作业区的售货组和场部的门市部、缝纫组、浴室理发组、招待所等单位。

20世纪60年代初，更名为淮海农场商店，各分场设立供应站。1962年10月，根据盐城地区专员公署的通知精神，农场商店移交给射阳县供销合作社，更名为射阳县淮海农场供销合作社，辖总场和4个分场门市部。1969年4月，射阳县淮海农场供销合作社移交农场，更名为淮海农场供应站，隶属财务科，辖修车行、浴室、理发店、食品组和场部及 4 个分场门市部，设主任 1 名、会计 2 名、保管 2 名。兵团时期更名为十团供应站，辖车行和团直及各营门市部等单位。后各营的私营理发和缝纫人员也收编入供应站，共有商业网点 8 个，从业人员达 96 人。兵团撤销后，更名为国营淮海农场供应站，隶属场物资科，设正、副站长和采购员各 1 名，会计 2 名。农场场部开设中心门市部，有百货、棉布、食品、五金、电器、烟酒等专柜。

1980 年，食品组扩建成食品加工厂（为连级建制单位），后又并入供应站。1981 年，全场共有 28 个营业点，从业人员 100 多名，经过整顿、核发个体营业执照，缩减为 18 个网点。1983 年 4 月，建立淮海饭店，初期隶属于供应站，后划归商业公司直管。1987 年11 月，在一支渠南建立第二门市部，也称供应站闸口门市部。1989 年，共有商业网点 17个，从业人员 91 名，总营业额达到 353.63 万元，实现利润 16.36 万元，上缴税金 8.94万元。20 世纪 90 年代中期以后，国有资本逐步从商业企业中退出，供应站和各分场门市部都实行了民营化。

第三节 物资经营

计划经济时期，农用和其他物资供应由场部物资科负责，实行指令性计划调拨，计划供应。改革开放以后，为了适应市场经济的发展，搞活经济，繁荣市场，1984 年 10 月，成立江苏省淮海商业公司，辖电器厂、供应站和经营部，对内服务，对外经营，主要从事煤炭、钢材、柴油等物资的经营活动。在当时双轨制的情况下，农用物资仍由物资公司负责按计划采购供应。1986 年 10 月，农场成立淮海第二商贸公司，为科级单位，主要经营服装针织品的批发、零售等业务。公司前身为淮海商业公司的徐州西城物资采购供应站，该站 1984 年开始营业。1986 年，该站在徐州市鼓楼区购置了二层营业楼，建筑面积 607平方米。之后，营业范围不断扩大，主营省农垦系统的工副业产品，兼营百货、焦炭、煤炭、大米等多种物资。1990 年，更名为徐州淮海商贸公司。1995 年底，公司有职工 11人，其中经理、会计各 1 人。后来因地理位置和市场环境等问题，农场决定关闭公司，之后房产对外出租。

随着市场经济的快速发展，物资部门的行政职能逐步弱化，物资供应的市场化运作范围不断扩大。1990 年，江苏省盐城农垦公司批准撤销淮海物资运输公司，将原淮海商业公司更名为淮海物资商业公司，统筹全场的物资管理和经营服务工作，为科级建制单位。1993 年，公司下设商物经营部、粮油贸易部、生产资料门市部、商业经理部和财务核算部等。同年 8 月，农场成立淮海第二商物公司，常驻盐城，租房营业，主要经营焦炭、煤炭和钢材等物资。1998 年以后，承包转个人经营。1994 年 4 月，撤销商业物资公司，成立生资服务公司和商业物资公司，办公地址从场部办公楼搬至场部老办公区。

2004 年 11 月，商业物资公司与射阳金利德米业有限公司签订稻谷买卖合同，依合同约定，公司向对方提供 283.56 万公斤稻谷，产生货款 552.27 万元。经多次索要，收回 206.44 万元，追讨回笼 125.87 万元，余款及利息 226.14 万元一直没有归还。2006 年 5 月，公司向盐城中级人民法院提起诉讼，要求对方归还货款本息 226.14 万元，经市中院依法审理，胜诉，但仅追回 10 多万元。

国家工程淮河入海水道开挖，公司的仓库、码头、加油站等全部搬迁至总渠南堤脚下，占地面积 20000 多平方米。2005 年 3 月，公司本部搬进总渠南侧的新办公区。2006—2009 年，新建粮食仓库 2160 平方米和日烘干能力 200 吨的烘干线 1 条、水泥晒场 7500 多平方米。2011 年 12 月，更名为江苏农垦农业发展有限公司淮海分公司供应贸易中心，实行农用物资集团化采购，对内服务，保本销售，平价供应，费用包干。累计经营各类化肥 10500 吨、农药 210 多吨、粮食 2.5 万多吨、油料 100 多吨，营业额 1.05 亿元，实现利润 422 万元。

一、淮海分公司供应贸易部

2013 年 1 月 8 日，原江苏省农垦农业发展有限公司淮海分公司供应贸易中心改制重组，更名为淮海分公司供应贸易部（以下简称供应贸易部），主要经营范围为小麦、大麦收购、调运、烘干，水稻存储、烘干，以及农用物资采购、销售等，成为农场粮食和农用物资收储和集散中心，实行农用物资、生产资料集团化采购，对内服务，保本销售，平价供应，费用包干。2020 年 10 月，供应贸易部搬迁，暂驻 40 大队营业。现有水泥晒场 7500 平方米，农药库 3 间、118 平方米，粮库 2 栋、360 平方米，日烘干 300 吨烘干线 1 条，各种粮食输送机 30 台（套），扒谷机 10 台（套），电动取样器 1 套，地磅 1 套，脉冲除尘清理筛 1 台，登高机 1 辆，拖拉机 1 台，员工 15 人。设立粮油、农化、配裁三个部。

供应贸易部自成立后，积极为农业单位提供优质服务，年销售化肥 11700 吨，农药 219 吨，经营额 3560 万元（见表 15-1）。同时收购农场的大小麦和稻谷，承担烘干任务，历年经营有利润，平均年经营利润达 181.92 万元。2014—2017 年，连续四年获农场颁发的"优质服务奖"。

表 15-1　2013—2020 年供应贸易部经营统计表

年　份	利润总额 （万元）	啤麦收储数量 （吨）	小麦收储数量 （吨）	烘干数量 （吨）	肥料采购数量 （吨）	农药采购数量 （吨）
2013	100.5	14855	8568	5630	11479	179
2014	145.3	14200	18000	3608	12000	270
2015	136.7	12000	16076	4027	11050	192
2016	157.6	6598	20255	11617	10983	190
2017	219.7	2735	26455	6547	12744	240
2018	266.0	2271	29762	12418	10832	219
2019	268.8	565	32444	13240	12396	226
2020	163.3	6894	23634	11418	12520	212

二、商业物资有限公司

2018 年，江苏农垦国营淮海商业物资公司改制成江苏农垦淮海商业物资有限公司（以下简称商业物资公司）。主要经营柴油、汽油、机油等各类主辅油品，对外经营，对内服务，保障供给。现有加油站 1 座，储油罐 11 个，储量达 376 吨。2020 年，加油站投资 40 万元，建设便利店 60 平方米、洗车房 80 平方米。资产总额 278.14 万元，其中固定资产 77.75 万元。公司改制重组后，积极开展油品的经营服务，年经营销售柴油 735～880 吨、汽油 450～550 吨，经营收入 724.64～1176 万元。由于油品价格受国际市场影响，波动较大，竞争激烈，公司根据市场信息，分析行情，平抑价格。价格上涨时小批量进货，价格下跌时多进货，适当库存，切实保障全场 150 多台机车的正常油品供应和对外加油服务，努力提高油品质量和服务质量，以优质服务吸引客户。对内部加强管理，狠抓安全生产，责任到人，措施到位，公司连续 8 年无重大事故，连续多年被评为农场安全先进单位。

三、江苏农垦农业服务有限公司淮海分公司

2018 年，江苏农垦农业服务有限公司淮海分公司（以下简称淮海分公司）成立，农场抽调 5 人组建班子，后不断调入人员，充实力量，扩展业务，积极提供农资供应技术服务，组织优质货源，对内服务，对外经营。2018 年，销售化肥、农药 2400 吨，销售额 570 万元。2020 年，销售化肥、农药 3800 吨，销售额 1580 万元，销售数量和销售额分别增长 58% 和 177%。

四、江苏省大华种业集团淮海分公司

江苏省大华种业集团淮海分公司（以下简称淮海种子公司），主要经营的农作物种子以常规水稻和大小麦种子为主，年销售量1200万公斤，销售收入5000余万元。现有员工21人，其中中级技术人员2人，初级技术人员4人。占地面积15434平方米，固定资产总额1700多万元。主要设备有三久牌低温干燥机（10吨/小时）10台，日烘干能力100吨左右；种子精选加工线3条，日加工能力150吨。仓储面积5000多平方米，仓储能力4000多吨。

淮海种子公司依托江苏省国营淮海农场"旱涝保收"的优质耕地资源和科学、先进的农业生产技术平台，依靠强大的品种研发能力、丰富的江苏农垦自育品种和技术，以生产大华牌常规稻、麦种子为特色，繁殖种子2万多亩。同时，建成了从田间生产到销售的种子质量安全控制管理体系，形成了以乡镇代理经销商为骨干、大户销售为主体、覆盖区域销售市场的营销网络。

多年来，淮海种子公司本着"质量为本、诚信经营、强化服务、优势互补、合作双赢"的理念进行生产经营活动，种子质量获得广大客户好评，多次获得市、县工商和质量技术监督部门颁发的"重合同守信用企业"荣誉称号（见表15-2）。

表15-2　2013—2020年淮海种子公司经营统计表

	2013	2014	2015	2016	2017	2018	2019	2020
营业收入（万元）	5210	5771	5441	6810	6034	5782	5432	4780
利　润（万元）	233	271	285	367	364	319	109	271
稻麦收购（万公斤）	1526	1256	1609	1828	1825	1654	1664	1904
销售（万公斤）	1623	1497	1407	1422	1202	1349	1171	1237
职工数量（人）	23	22	29	28	28	29	22	23
管理人员（人）	9	9	10	10	10	11	11	11

淮海种子公司不断加强基础设施建设，改善种子生产加工条件，提高产能和种子质量。2014年，新建10台12吨/台厢式低温循环烘干线项目，总投资300余万元。

2015年，淮海种子公司出资95万余元购得农场预制厂土地6750.1平方米，用于实施种子生产加工基地扩建项目。该项目建成500吨/4座简仓钢板筒仓，585平方米种子加工厂房，及配套10吨/小时种子加工线、泵房消防系统等，总投资410万余元。2017年建成投产。

第四节 社会服务业

建场初期，场部设有招待所、理发室、照相馆、浴室等。兵团时期建起了招待食堂（小食堂），与职工大食堂分开。1982年，建场30周年之际，招待所扩大。1992年，建起了小宾馆和小餐厅，接待能力增强。为迎接建场50周年，2002年，将原袜厂的生产车间改造成局部3层的宾馆楼，总建筑面积2550多平方米，设28个标准间、2个多功能厅、2个接待室、5个小餐厅，能接待350多人同时用餐，接待能力显著增强。

20世纪90年代中期，全场的商业大部分由个体经营。随着场部小城镇建设步伐的加快，主要路段沿街的私营商店、超市、餐饮、旅舍、宾馆、农机服务、理发、浴室等门市相继开业。2004年，农场有各类工商业户280多个，主要从事日用品、糖烟酒、针织服装、机械修理、农机配件、餐饮旅馆、商业零售、理发浴室等多种服务业。2012年，全场商业网点192个，从业人数435人，营业额达4407万元。

2013—2020年，随着经济体制改革的深入，农场大力发展社会服务和民营商业，呈多元化经济发展趋势，尤其是小城镇建设速度加快，民营商业和服务业蓬勃发展。2018年全国经济普查资料显示，全场个体经营户404家，从业人数826人，分别比2014年增加217家和470人，主要经营农机服务、餐饮、旅舍、商业零售、理发美容、洗浴服务、电器维修等。

2020年，农场个体经营户397家，从业人数1368人，营业收入9042万元，利润901.95万元，纳税总额102.8万元，营业面积31287平方米。从业人员劳动报酬5535万元，人均收入4046元。社会商品零售总额4700万元，个体商业网点367个，从业人员732人。

第五节 农贸市场

20世纪60年代，农场周边逐步恢复了农村集市贸易。临海、六垛、振东均设场兴集。场部以赶六垛集为主，每月逢五、十为集期，老职工和知青们纷纷前往赶集，购置农副产品，补充场内计划物资供应的不足。中共十一届三中全会以后，贯彻"放开搞活"的政策，农村集市贸易十分活跃，商品丰富，市场繁荣。六垛集市由狭小的老街道搬入六垛新区和老黄海公路，后迁进现在的六淮新街，场部的5号、7号楼之间的空地则成为粮食交易市场，有利于场部居民参与集市贸易，职工口粮中的70%购于该市场。

1991 年 3 月，投资 50 多万元，在淮海路北侧填平废塘，建设 1 座大棚式职工生活服务市场（农贸市场），总建筑面积 1600 多平方米，开设 16 个门市和 20 多个摊位，30 多名职工进场经营各类蔬菜和肉类、家禽、蛋类等农副产品。由于交通不便、货源不足和路边摊贩的竞争等原因，该农贸市场于 1994 年初停业。2005 年 5 月，采取股份制的形式筹集资金 70 多万元，在渠星路北侧填平废沟，建设淮海农场农贸市场，建筑面积 1600 多平方米，140 多个摊位、210 多名人员进场经营蔬菜和家禽、水产、肉类、大米等各类农副产品。2008 年 10 月，为适应城镇化不断发展和方便职工生活的需要，投资 200 多万元，在闸口原供应站门市部和停车场的旧址上建设长 80 米、宽 30 多米、高 7.4 米的中型标准化农贸市场，建筑面积 2600 多平方米，采用全钢架结构、彩钢瓦屋面，防水性能好，可抗 7 级地震，场内高大宽敞、布局合理、摊位呈双非式排列，水电卫生间功能齐全，设施配套，设计科学，250 多个摊位、10 多个门市部、350 多人经营各类农副产品 500 多个品种，平均日营业额达 10 多万元。

2020 年 12 月 1 日，淮海农贸市场投入使用。2019 年 5 月，农场投资 300 多万元，对原占地 1897 平方米的淮海农贸市场钢架结构进行升级改造，经过一年多的紧张施工通过验收后正式开业。

淮海农贸市场高大、宽敞、明亮，按区域划分为大商铺、小商铺、蔬菜区、大摊位、水产区大摊位、水产区小摊位、鲜肉区等区域，根据从业者的供求共分摊位 125 个。设东、西两个出入口，北侧设 2 个副出入口。同时健全了场内供排水、供电、通风等基础设施。场内分区经营，分为蔬菜区、水产区、鲜肉区、面食区，各种标牌井然有序。另设 400 平方米，供零散户摆摊经营，配置了停车场、办公室、厕所等设施。该农贸市场开业后有效解决了占道经营的安全隐患，改善了场容场貌，成为场乡共建的民心工程。

农场周边的集市贸易兴旺，场部居民以六垛集为主道，每月逢五、十为集期，客商云集、商品齐全、生意兴隆。职工们食用的大米和各类农副产品，以及生活用品主要购置于集市和农贸市场。

第六节　工商管理

1989 年 4 月，农场设立工商科，为科级建制单位，主要负责工商企业的行政管理，维护市场经济秩序，加强市场监督与管理。25 个工业企业和 10 多个商业单位办理了工商注册登记，领取了营业执照。

1990 年以后，工商管理加强，累计对 10 多个产品进行了商标注册登记，其中：4 个产品获部优和省优产品称号，5个产品获得绿色和无公害产品称号，1个产品获得有机食品称号。1991年，妥善处理了四分场针织厂与省棉纺针织厂的商标纠纷。2001年，配合工商部门查处了假冒米业公司的绿色食品渠星牌大米的案件，维护了企业的权利。

2000年，农场成立淮海工商管理办公室，实行农场、射阳县工商行政管理局双重领导，设主任、副主任和办事员各1人，依法对场内的工商企业和个体工商户进行管理。2003年，撤销工商管理办公室，设立行政管理科。

2006年5月，农场设立二、三产业服务中心，负责场域范围内的工商管理工作。2004年11月，农场进行工商登记注册，注册名为江苏省淮海农工商实业有限公司，领取了企业法人营业执照，注册资本1843.9万元，许可经营范围为农林牧业生产技术服务、农业机械制造、建材、五金、家电销售和土木市政工程施工等。工商管理部门先后为280多个个体工商户办理了注册登记，对农贸市场进行管理，宣传国家法律法规，评选文明商户，营造守法经营、文明经商、微笑服务的良好氛围，还开展了商标注册和评选名特优产品活动。

2013年以后，农场的工商管理职能主要由社区的社会管理科负责，主要进行市场管理，市场监督，工商税收管理等划归地方工商局管理局。

第十六章　经营管理

第一节　概　述

1952年2月，农建四师时期，实行供给制，垦荒和基本建设费用列入军费开支。

1954年初，师辖10、11、12三个团和师直单位，团下设9个作业区和鲈鱼港工作站（临海农场），连为基层单位，实行计划管理、统计核算、任务到连、定额到人，并按照"稳步发展、循序渐进、以场带乡、不与民争地"的建场方针，农建四师3年多时间，累计完成国家投资432.4万元，主要用于开垦荒地、植树造林、购置农业机械和基本建设投资等。生产了大批粮食和肉奶蛋等食品，还开展了建筑、农机修理、农副产品加工等经营活动。据统计，1953年、1954年全师分别盈利3.42万元和3.72万元。

1955年9月，农建四师彻底转业后，农场隶属于省农场管理局，由供给制向企业化管理转变。根据企业管理的要求，建章立制，强化经营，全场实行成本核算、计划管理，干部、职工实行工资制。20世纪50年代，先后实行了"计件工资、多劳多得""三包一奖"的管理制度，大力发展农业，积极兴办工商业，实行总场、分场、生产队三级管理，三级核算。1958—1961年，全场连续四年经营盈利。但由于受三年自然灾害的影响和极"左"路线的干扰，之后农场经济长期在低产亏损中徘徊。1958年5月—1964年10月，农场划归市管，实行党的一元化领导。1960年3月，临海单独建场。1962年10月，南滩交给射阳县人委直接管理（权属仍为农场），滨海县又借去渠北大片土地。1963年3月，全面贯彻执行保定奖赔和综合生产奖责任制。1964年，全场扭亏为盈。1967年实行军管。

兵团时期，实行半军事化管理、团营连三级管理、团连两级核算，开展"农业学大寨"运动，大搞农田水利基本设施建设。实施匡圩封闭、治水改土工程，组织大会战，深挖沟渠，高筑圩堤，平整土地，扩种绿肥，治理盐碱，改善了农业生产条件。按照"以粮为纲、农牧结合、多种经营、全面发展"的经营方针，扩种水稻，解决了吃饭问题。养殖业和园林生产也有了一定发展，农业机械化水平显著提高。但是，由于受"文革"和"以阶级斗争为纲"的极"左"路线影响，再加上兵团半军事化管理，不能完全适应生产经营的需要，再加上投入不足、生产条件差的影响，造成了农作物产量低而不稳，经济效益低下。26 年中有 21 年亏损，其中"文革"前的 13 年，年平均亏损 35.2 万元。1966—1968 年，由于受"文革"的影响，年平均亏损增加到 54.613 万元。兵团 7 年，年平均亏损增加到 156.13 万元，累计达 1092.8 万元。主要原因是：兵团实行半军事化管理，不能完全适应生产经营的需要，再加上安置大批知青，投入增大，成本急剧上升，致使出现高额亏损。

兵团撤销后，恢复农场建制。1976 年开始，实行党委领导下的场长负责制，加强企业的经营管理，逐步建立和完善各项规章制度。并正确划分部门和各级的职能，实行定包奖责任制，恢复计件工资和定额管理。粉碎"四人帮"以后，继续开展"双学"活动，省农垦要求苦战三年建成"大寨"场。1979 年，全场盈利总额达到 96.29 万元，获垦区先进集体称号（表 16-1）。

表 16-1 1956—1978 年淮海农场年经济总量统计表

年份	职工人数（人）	职均收入（元）	粮食总产量（吨）	资产总额（万元）	社会总值（万元）	营业收入（万元）	利润总额（万元）	纳税总额（万元）
1956	9130	420	703	412	78	50	−140	0
1957	8949	370	1073	431	94	69	−63	0
1958	8802	360	1637	454	278	205	−64	8
1959	8834	360	1786	484	275	262	18	7
1960	8645	356	1750	568	213	263	1	—
1961	8622	282	1588	572	237	177	0	6
1962	8340	254	955	528	124	151	−100	—
1963	5941	216	2060	587	190	173	−43	7
1964	5561	267	2583	666	304	382	21	8
1965	5686	262	2294	638	267	253	−66	8
1966	5910	263	1824	458	303	251	−35	8
1967	5879	232	2640	507	309	413	−7	9
1968	5966	232	2361	455	194	240	−117	9
1969	6057	279	2829	506	197	227	−191	9
1970	5584	223	3462	523	154	205	−187	9
1971	5168	229	5810	603	227	289	−152	9
1972	4967	240	4817	527	291	334	−189	10
1973	4793	257	4780	679	386	475	−86	14
1974	4716	308	5170	677	489	466	−165	15
1975	4642	209	3634	713	507	496	−173	16
1976	8645	304	4256	767	496	596	−100	20
1977	8622	347	3467	794	546	723	−98	23
1978	8340	411	5585	908	774	870	−63	19

中共十一届三中全会以后，坚持改革开放的方针政策，准确把握新时期农垦的历史定位，坚持"以农业为基础、以工业为主导、以商业为纽带，农工商综合经营、全面发展"的经营方针，逐步改变高度集中的经营管理体制，推行"财务包干"和"大包干"责任制。1983年实行联产承包，试办职工家庭农场，农业生产稳步发展。工业总产值也不断上升，1984年占场总产值的40.7%，1985年上升到54.1%。1986年，按照中央提出"国营农场要成为三基地一中心"的要求，增加科技投入，推进农业科技进步，与科研单位、大专院校开展多种形式的联合和协作，开发优质啤酒大麦，逐步形成优势和特色，全场形成大农场套小农场的双层经营体制。20世纪90年代初期，由于棉花受灾减产，再加上国家宏观经济政策趋紧等多种因素的影响，部分农业单位亏损倒挂，经济又一次跌入低谷。通过调整结构，改粮棉并举为以粮为主、稻麦连作、发挥优势、形成特色，实施扩粮工程。同时深化改革措施，对场办企业实行关停并转和拍卖、租赁等产权制度改革，止住了出血点，使经济走出了低谷，进入快速发展期。全场水稻种植面积迅速增加到6万亩以上，粮食总产从1000万公斤增加到5000多万公斤。1995年，农场利润1318.6万元，进入省农垦的先进行列。1999年，农场粮食总产达6694.3万公斤，成为垦区闻名的种粮大户。

进入21世纪，农场加快现代农业建设步伐，大力发展绿色食品和优质良种生产，并继续深化改革。2000年，在七分场试行"先交后种、三费自理"的土地租赁经营政策，2002年在全场铺开。管理体制也由三级管理、两级核算，改革为两级管理、一级核算，并对农机、林地、小农工具等进行拍卖和租赁。对场办二、三产企业，采取"国退民进"的措施，通过引进外资和启动民资，对各企业进行资产重组，优化资源配置。同时，国家实行剥离学校、公安等部分社会职能，职工养老保险逐步纳入省级统筹，减轻了负担，更有利于企业集中精力搞活经营。2006年以后，省农垦实施"二次创业"战略，补充和完善了土地租赁承包责任制，先后进行了模拟股份制和农业生产联合承包责任制改革，实行三级管理、两级核算，加大农业基础设施的投入，实施土地复垦、农业综合开发、淮河入海水道征地拆迁和渠北排灌工程、灾后重建工程、五岸灌区改造五期工程、河塘整治工程和米厂技术改造，扩建标准晒场、仓库、烘干线等多项工程，兴办了高效农业示范园区，累计总投资达1.5亿元。这些有效的投入改善了农业生产条件，促进了经济的持续稳定发展。

2005年，被农业部授予"全国农垦无公害示范基地农场"称号，被省发改委授予"江苏省农业产业化龙头企业"称号。农场77265亩耕地达到"吨粮田"的标准。

2012年，全场经营结果创历史最好水平，各项经济指标创新高。还实施了农业资源整合，完成了资产和人员划转，实行一套班子、分块运作、共担责任，为农业分公司上市做好了充分的准备。

2010—2020 年，农场实现社会总产值 563025 万元，国内生产总值 278920 万元，营业收入 706745 万元，利润总额 71918 万元，纳税总额 4818 万元，年平均递增分别为 8.9%、6.3%、9.4%、6.7%、－4.5%（见表 16-2）。

表 16-2　淮海农场二次创业成果统计表

项目	2006（万元）	2007（万元）	2008（万元）	2009（万元）	2010（万元）	年递增（±）%
社会总产值	17754.0	20794.2	21948.9	24744.6	31568.8	5.66
农业	12939.0	14261.0	15762.0	15777.2	20886.5	4.91
工业	1188.0	2970.0	1891.3	3071.5	3000.0	3.49
建筑业	940.0	900.0	1800.0	2150.0	3658.0	4.01
运输业	440.0	380.0	360.0	480.0	520.0	1.83
商业	2247.0	2283.2	2135.6	3265.9	3504.3	2.75
国内生产总值	10931.0	12024.0	14008.3	17100.0	19367.0	5.21
第一产业	7079.0	8110.3	9216.6	10965.1	12254.5	4.56
第二产业	1021.0	998.7	1643.8	2350.1	2522.0	3.49
第三产业	2831.0	2915.0	3147.9	3784.8	5744.6	4.03
营业收入	21652.0	23461.0	24912.5	28981.3	41505.5	6.35
利润总额	3012.0	3893.7	3267.2	3438.6	5056.9	4.40
纳税总额	205.0	218.0	261.8	325.7	673.0	2.65

第二节　经营成果

1978 年以前，由于地势低洼、土壤盐分重、投入不足、生产条件差，因此农作物产量低而不稳，经济效益低下。26 年中有 21 年亏损，其中"文革"前的 13 年，年平均亏损 35.2 万元。1966—1968 年，由于受"文革"的影响，年平均亏损增加到 54.613 万元。

兵团 7 年，年平均亏损增加到 156.13 万元，累计达 1092.8 万元。主要原因是兵团实行半军事化管理，不能完全适应生产经营的需要，再加上安置大批知青，投入增加，成本增大，导致亏损严重。

1979—1983 年，初步进行分配制度改革，实行财务包干，实现了扭亏为盈，年平均利润达 112.33 万元。1984—1990 年，全场实行大包干责任制（即联产承包责任制），兴办职工家庭农场，年平均利润增加到 349.28 万元，其中 1988 年、1989 年分别获利 550.8 万元和 662.5 万元。1990—1993 年，由于受自然灾害和种植业结构不合理等多方面因素的影响，全场经济效益下滑。1992—1993 年，全场累计亏损 1002.4 万元，经济又一次陷入低产亏损的状态。1994 年以后，逐步调优布局，实施"扩粮工程"，经营结果开始好转。1995 年、1996 年，全场连续 2 年利润突破千万元大关，分别为 1318.6 万元和 1018.8 万元，进入省农垦系统的先进行列。

2003—2007 年，由于对粮食市场远期行情的预测失当，采取了签订五年土地租赁合同的政策，虽然农业职工收入增幅较大，但是国有利润减少，再加上投入和支出增加，致使国有经济的掌控能力减弱。2007 年，全场利润仅为 249.8 万元，在当时的省农垦系统中处于低下的盈利水平。2009 年开始，实行模拟股份制种植，经济开始复苏，经营成果和盈利水平实现 3 年"三大步"，2008 年、2009 年、2010 年全场的利润分别为 516.88 万元、1100 万元和 2028.62 万元。2012 年，全场实现国有利润总额 2409.45 万元，创历史最好水平。

21 世纪初，农场实施全方位的体制改革和技术创新战略。第一，在农业方面，加强和完善农业基础设施建设，不断夯实农业高产稳产的基础。推行了土地租赁经营责任制、模拟股份制、联合承包的土地承包经营责任制改革措施。整合农业资源，进一步推进现代农业企业制度建设，大力开创现代农业发展的新局面。第二，城镇建设以文化为基础，打造"五张文化牌"。第三，在工商建运服务业方面，以国企为龙头，私营为增长途径，职工生活水平显著提升。第四，在社会生活方面，以各级党群组织为纽带，确立了"和谐淮海、强盛淮海、美丽淮海、文明淮海"的目标。

2010—2020 年，农业累计投资达 22530.7 万元，农业机械累计投资 7632.2 万元，文化设施投资 2228.2 万元，供水供电投资 1171.1 万元，医疗卫生投资 1428 万元，职工文化生活投资 3598.7 万元。

2012 年，农场实现农业销售收入 2 亿多元，利润总额 3800 多万元，平均亩利润 576 元。

2014 年，开始实行扩大机插、直播为辅、取消人插的种植方式，实行节约化经营、节本降耗，大幅地提高了劳动生产率，缓解了劳动生产力紧缺的矛盾。

2016年，根据市场行情变化，麦粮生产实行调减大麦、扩大小麦，使种植业结构不断提质增效。种植业结构和种植方式的不断调整优化，促进了农业生产提档升级。

2018年，以绿色导向，标准引领、质量安全监督，推广绿色无公害栽培技术，实现了农业增效、职工增收、农场增绿的目标。以科技引领创新，集聚资源要素，充分发挥优势，促进科技成果转化。开展高产竞赛活动，加快现代农业新技术的集成应用和推广，大面积以机插秧替代人工插秧，工厂化育秧技术、喷施旱秧绿等集成应用，形成了成套的工厂化育秧技术体系。推广应用了旱整水栽，缩行增苗，水田窄形胶轮喷药施肥等多项农业科技创新成果。夏粮生产大力推广使用浸种催芽、精量匀播，双轴反旋复式播种施肥开沟、无人机作业、科学施肥等晚麦夺高产技术。农场逐步形成了农艺农机融合发展的现代农业技术体系，大力推广应用技术农业，聚集北斗导航、信息技术、现代农学、先进农机、农业工程等合成运用于稻麦生产的播栽、施肥、喷药、灌溉、收获等生产管理的全过程，实现精准管理。至2020年，全场的农业科技贡献率达90%以上。

积极争取国家惠农政策的支持，用足用好国家财政项目资金。组织实施了2014年、2016年2期国家农业综合开发高标准农田建设项目，分别完成总投资715万元和885万元。2017年，在五岸灌区节水灌溉第九期项目中，新建防渗渠、涵闸、桥梁等9项工程，累计投入资金1900万元。2019年，申报苏垦集团自主投资项目，新增耕地1548.75亩，补充耕地土地整治项目1603.26亩。全场农业生产持续增产、稳步高产的8年，是砥砺奋进、创新发展、成果丰硕的8年。

全场粮食总产，从2013年的7644.3万公斤，上升到2019年的9851.7万公斤，年递增率达6.54%。8.13万亩耕地连续8年达到或超过吨粮田水平，其中2019年达到1170公斤，比2013年增长28.08%。夏粮小麦、大麦平均亩产超过520公斤，2019年水稻平均亩产达到663.3公斤，比2013年的520.7公斤增加142.3公斤，增长27.32%。

2010—2020年，农场经济进入快速发展时期，场域营业收入突破10亿元大关，2020年达到10.2083亿元。实现利润9642.7万元，是2010年5056万元的1.91倍，两项主要经营指标年递增率均在5.4%以上。

第三节　计划管理

计划经济时期，实行指令性计划，由计划财务部门负责编制年度生产财务计划，场部的各职能部门编制各行各业的年度生产计划，并分解落实到各单位后，再报计划财务科汇总平衡，形成全场年度生产财务计划，经场党委审批，发文落实到各单位。按行业分别为农业、畜牧业、工副业等单位的年度生产财务计划。20 世纪 50—60 年代，农业单位还编制农业生产作业计划，由职能部门对农业单位进行阶段性作业定额和计划管理。农业生产队按定额制订月作业计划和季度生产作业计划，报分场综合平衡后汇总实施。场计划财务部门设立专职计划统计人员，负责编制和汇总年度生产财务计划。每年年初，对各单位上年度生产财务计划指标的执行情况进行考核和评比，找出存在问题和解决办法，为制订下年度的生产财务计划提供依据。

20 世纪 60 年代，注重年度生产财务计划编制的民主性。1961 年 3 月，出台了《国营淮海农场计划管理实施办法》，明确了年度生产计划自上而下编制、自下而上的审批程序。形成了年度计划、季度计划、月计划及小段作业计划的计划网络，层层制约。总场在编制年度生产计划前都要召开机关部门负责人会议，确定生产指标、作物布局、生产措施、作业定额、物资供应，以及各业年度生产计划，根据集体会办研究结果，汇总下达各单位的生产财务计划，发往各单位负责人讨论、征求意见，经过几上几下的认真讨论，最后定稿发文下达，交各单位执行。

改革开放初期，实行指令性计划与指导性计划相结合的管理办法。总场对基层单位实行财务包干，财务计划指标分为确保指标和争取指标。1984 年，开始下达各单位的计划财务指标，分为计划利润指标、大包干指标和超计划利润分成指标（简称分成指标）。计划指标是指正常年景，单位应该保证完成的国家计划任务，作为编制生产财务计划指标的依据；分成指标和大包干指标是总场对基层单位下达承包指标的主要依据。工建交商单位一般执行分成指标。农业单位除一、六、东滩等分场和 9、13、20、28、37 等大队下达大包干指标外，其他单位均执行分成指标。大包干指标一定三年，每年按 5%～10% 的递增率计算，以保证计划相对稳定并培养地力。20 世纪 90 年代中期，设立政策研究室（简称政研室），财务计划指标由政研室负责下达，农业单位的面积、产量作为指导性计划下达。1997 年 12 月，成立国有资产管理科（简称国资科）。2003 年全场实行土地租赁承包经营，实行先交后种、三费自理，计划财务指标由国资科下达，各单位的土地租金，于每年 9 月底前由各分场向场财务科缴纳入账。年度生产财务计划是经营管理活动的目标、核心和依据，每年年终，都要组织相关部门按照经济责任制的要求，对各单位进行考核，确定干部的年薪和职工的收入。

2020 年 12 月，农场公司制定的内控制度，要求农场公司在分析外部环境和内部条件现状及其变化趋势的基础上，为长期生存与发展制定具有方向性、整体性、全局性的目标及实施方案，明确资产经营部承担农场公司发展战略与规划的日常具体工作，并与省农垦战略投资部对接，对农场公司的发展战略、经营目标、发展方针等战略与规划进行研究，编制农场公司年度与中长期发展规划，并联合其他相关部门对各职能部门及下属单位的战略完成情况进行考核。

资产经营部根据中期发展规划，分解农场公司的年度工作计划，通过总经理办公会、党委会、董事会和职工代表大会审议投资计划、财务预算计划、考核指标等，并形成年度改革与发展意见正式文本。农场公司日常经营活动的计划和组织，经营活动和管理，以及对外投资项目的确定等经济活动，均按年度工作计划实施。

计划财务部根据发展战略及各经营单位的工作计划，分解、设定各经营单位经济责任考核指标。

农场公司及各单位每月召开办公会，对战略与规划执行情况进行全面跟踪检查、评价、监控，及时纠正偏差，确需调整计划的，根据规定程序和权限进行调整。

第四节　固定资产管理

20 世纪 50 年代，全场的固定资产规模较小。1968 年，固定资产原值 423.05 万元。列入固定资产管理范围的主要有使用年限在一年以上、单位价值在 200 元以上的物资、建筑物和机电设备、零配件及种畜、役畜、林木等。根据全场固定资产的分布情况，建立固定资产登记卡制度，记录变动情况，留单位备查，并报场财务科。固定资产折旧按规定标准由各单位在年终财务决算中提取，列入单位成本支出，建筑物、轮船、马车、拖拉机、设备等按使用年限计算。固定资产调拨、转移时必须按总场签发的调拨单办理，由调出单位根据固定资产登记卡上列明的原值、已提折旧、全部使用年限及工作量（工作小时）、大修理间隔期、大修次数及残值等。凡超过使用年限而尚能使用的可重新估价入账，不能修复使用的或遭受人力不可抗拒的意外损失，如火灾、自然腐蚀及牲畜死亡、苗猪转为育肥猪、淘汰、出售等，则可由使用单位报经总场批准作报废处理。固定资产管理由场计划财务基建科设专人负责，建立账卡，每年年底及年中分别清查一次，发现短缺、损失和存放不当、使用不善的立即追查责任，提高利用率和完好率。

兵团时期，对固定资产的定价标准提高到 500 元以上。固定资产折旧则按分类年综合折旧率提取，建筑物 3.7%～4%，机械设备 5.5%，已提足折旧的固定资产继续使用时不再提取折旧。如报废时未提足折旧，应予一次补提，因遭受自然灾害或国家规定淘汰且经批准提前报废的，可不再补提。固定资产不提取大修理基金，所需支出资金报计划经师部批准列入生产成本开支。兵团建立后，以建设"匡圩封闭"工程为主要的基本建设任务，负责兴修水利、建设排灌站及桥涵闸洞等，基本建设工程由师部批准立项。兵团 7 年固定资产投资累计达 391.16 万元，资金来源主要由国家拨款，总额为 258.9 万元。

改革开放以后，农场固定资产投资逐年扩大。1989 年，固定资产原值 3090.5 万元。农场实行固定资产分级分类管理的办法，具体分为 4 类，由 5 个部门行使管理权，建筑物由物资科管理，农业机械由农机科管理，工建交商单位的设备由工商科管理，医疗教育单位的仪器设备由教卫科管理，财务科负责全场固定资产的全面管理和核算，基层生产单位负责所属固定资产的管理和核算，分场部学校的固定资产由所在生产单位代管，场部、机关的固定资产由场长办公室管理，各科室及附属核算单位的仪表、仪器等专用设备由场长办公室登记，一般不得随意变动和添置，并逐步建立账卡，定期核算，以达到账物相符、账账相符，确保国有资产的安全和完好。固定资产的调拨须经上级批准，在场内单位之间实行无偿调拨，由分管部门提出意见，经场长办公会议研究批准，不重新估价，按账面价值拨转。固定资产折旧采用综合折率，标准为：房屋实心砖墙瓦顶 4%、空心砖墙瓦顶 5%、砖墙草顶 10%，金属切削机床、汽车铁驳船、拖拉机、联合收割机 7%，动力机、农牧机械和其他类固定资产 10%。不需用和未使用的固定资产，经批准可以不提折旧。凡已达到使用年限，但还能继续使用的，可以不再提取折旧费用。未提足使用年限提前报废的固定资产，要一次性补提折旧。按标准提取的折旧费用由单位计入成本，全部上缴总场。1977 年开始，部分小农水设施和公益性基础设施不列为固定资产，不计提折旧费用，但要登记造册，加强管理。

20 世纪 90 年代中、后期，农场固定资产投资增加，主要用于农业生产的"扩粮工程"，加强农田水利工程建设。1995—1999 年，累计投入资金达到 6405.7 万元，年平均投资 1281.1 万元。投资来源主要有自有资金和农业综合开发、淮河入海水道的项目资金等。1999 年，农场固定资产原值达 1.51 亿元。为了加强对国有资产的管理，1997 年 12 月，成立了国有资产管理科。各单位编制固定资产投资计划，报场计划财务科和国有资产管理科，经审批立项后列入场年度基本建设计划，交规划部门设计并组织施工。1999 年，农场国资科组织人员清产核资，摸清家底，盘活存量。

进入 21 世纪，随着改革改制的深入，及时处置了改制企业的闲置国有资产。先后处置和收回了职工购买原住房资金 331.33 万元，处置袜厂、针织总厂、豆乳品厂等场办工厂的闲置国有资产 749.6 万元，石油机械厂国有资产拍卖 745.76 万元，农机拍卖竞拍成交价达 1109 万元。通过处置关停并转企业的不良资产，盘活存量资产，优化资源配置，实现了国有资产保值增值。

2011 年，全场固定资产总额达 1.89 亿元，是 2000 年（1.16 亿元）的 1.88 倍，年平均增值 6.3%。

随着农场改革的深入和经济社会的快速发展，农场固定资产规模不断扩大。2020 年，农场固定资产总规模达 54471.3 万元，年平均增值 4.53%，固定资产购置管理按资本预算进行，进行比价采购。预算外固定资产投资按照"三重一大"决策程序办理。对固定资产及时清查盘点，年终全面盘点，对盘点中发现的问题查明原因，分清责任，及时处理。

固定资产处置主要采取出售、报废等方式，由资产使用部门或单位提出申请，其中：10 万元以下的由总经理办公会决定；单项批量价值 10 万元以上 100 万元以下的由党委会决定，并委托中介机构评估；单项价值或批量价值在 100 万元以上的，由农场公司形成书面材料，报苏垦集团报告备案批复后，由农场公司处置。处置遵守公开、公正、公平的原则，实行有偿处置，通过产权交易市场或其他专业市场公开挂牌竞价，通过招标或拍卖等方式进行处置。

第五节 统计管理

1953 年 3 月，农建四师党委颁发《加强统计工作的决定》，对于建立统计机构、设立人员和加强统计工作作出了明确的规定。为了适应建场需要，除师部开办统计训练班，加强专职统计干部培训外，师直各单位还配备了专职或兼职统计人员，各团亦相应配备或指定专人负责统计工作，营级单位由书记兼职，连队则由文书兼职，初步建立了统计体系和机构。1954 年，各直属单位的核算组设 1 名专职统计员，每天将各种数据汇总，按成本核算填制报表，并与成本会计一起核算各种作物成本。建立农场后，总场计划财务科配备专职统计员 1 人，分场、生产队各配备专职统计员 1 人，或由生产队副队长兼任，各生产小组设兼职不脱产记录员 1 人，由分场汇总各单位的作业情况，并定期向总场汇报。20世纪 50 年代中期以后，全场有统计人员 28 名，其中兼职 16 名、专职 12 名。各分场、生产队和农机修理厂均设专职统计员，生产队仍设立兼职统计员，建立了统计网络和制度。生产组记录员主要负责组内成员当日的工作量，交生产队核算计件工资。按照及时、正确、完整的要求，反映生产活动和生产计划的完成情况，同时做好统计分析，当好领导的参谋和助手。1958年，"大跃进"开始以后，生产统计工作受到干扰，统计人员下放，数据失真，形成了说大话、高指标、瞎指挥的不良风气。"文革"期间，统计工作受到冲击，数据资料残缺不全。兵团时期，后勤处设立专职综合统计人员，团司令部生产股设立农情统计人员，各营由农业技术员兼任农情统计员，及时向团部报告作业进度和农情，为各级制订工作计划、作业措施提供依据。兵团撤销后，省农垦局发出了《关于加强统计工作的通知》（苏垦计字〔1981〕265号）文件，要求各农场在计财科设2、3名专职统计人员，负责综合统计工作。根据上级要求，分别在计划财务科、工业科、农业科、多种经营科设立了专职统计员，各分场、连队和分场级工厂也设立了统计人员，全场恢复了统计网络。在年度计划填报前，举办专业技术培训，提高统计人员的业务水平。1990年10月，全场编印和出版了《1952年到1989年统计资料汇编》，综合反映了农场37年的经济社会发展情况和工农业生产、主要经济指标、实物产量等各行各业发展的数据资料。

20世纪90年代中期，随着改革的深入和电脑技术的广泛应用，全场二级单位的专职统计人员取消，各分场农情统计由农业技术人员兼任。全场统计人员的业务水平不断提高，并多次参加省农垦和地方的技术培训，经考试和考核授予统计师职称的2名、统计员4名。为了适应商品经济迅速发展的要求，调整统计指标体系，建立反映企业状况、市场运行、生产经营、产品流通、资金运行等情况的指标评价体系，先后进行了增加值的统计和计算。1998年以后，统计增加国有经济、民营经济、招商引资等分类指标，为企业宏观决策和管理提供了依据。实现了统计电算化，采用了HDN和EXRER，提高了统计工作的时效性和准确性。2002年，土地租赁方式改变，由国资科组织农业单位和机关干部对全场的各类土地进行测量，形成了翔实的土地面积资料，编印成册，以计算机为主，辅之以自行开发的农业租赁系统，进行管理决策。

2002年以后，实行土地租赁政策，二、三产单位改制，场部机构改革，压缩管理人员。全场仅在财务科和农业中心分别设立综合统计人员和农情统计人员，根据国家《统计法》的要求，科学、有效地组织统计工作，保障统计资料的真实性、准确性、完整性和及时性，开展资料收集、核对，编制统计报表，并向上级报送。农业中心的电脑与各分场电脑实行联网，网上采集数据，提高了工作效率。

进入21世纪，农场根据地方和省农垦业务主管部门的要求，建立统计网络和名录库，并录入计算机管理，定期更新维护，重于完善原始数据采集和建立台账，作为汇总生产统计报表的依据。使用统一表册，推广应用电子统计台账，规范统计档案建设，分类归档，实行专册专柜管理，并加强统计信息化管理，实行网上直报，使统计工作步入规范化、标准化、信息化、现代化的轨道。

2013—2020 年，贯彻中共十八大、十九大精神，以提高统计数据质量为宗旨，进一步加强统计基础建设，紧紧围绕农场制定的经济发展目标，提供优质统计服务，为领导决策当好参谋。

统计管理以夯实基础为首要。按照省、市统计工作会议精神，认真做好统计月报、季报，完善专业统计数据采集、整理，以及各环节专业统计数据质量控制，做好统计资料汇总、上报工作。同时，进行农场经济运行分析，汇编统计资料。面对新的形势，进行经济运行分析，加强对经济运行态势跟踪分析，密切关注经济活动中出现的新情况、新问题，及时写出分析文章提供给有关领导，先后编制了 2010—2020 年《江苏省淮海农场统计资料》手册。以提供优质高效服务为目标，不断提高统计服务水平，为农场经济社会发展服务。

规范部门统计工作。进一步加强对部门统计工作的指导、协调和管理，确保部门统计工作准确、规范。2020 年进行了调查和落实农场各部门的统计工作和统计专兼职人员，并形成了一套统计专兼职统计网络。为确保上报的统计数据和提供给上级主管部门的资料相一致，逐步建立起了综合统计与部门统计的统计信息共享。

2013 年，苏垦集团制定《江苏农垦统计工作考核办法（试行）》，农场同步制定了《江苏省淮海农场统计管理办法》。2015 年，农场修订《江苏省淮海农场统计管理办法》，建立了集中统一的统计网络系统，实行统一领导、分级负责的统计管理体制，加强了统计信息搜集、处理、传输、共享、存储和统计数据库体系的现代化。制定统计人员必须取得统计从业资格证书的上岗制度，要求统计人员应当具备与其从事的统计工作相适应的专业知识和业务能力。

2014—2016 年，完成了基本现代化指标体系编制，建设工程专项治理报表，固定资产投资前期、中期计划报批，全国农垦改革调查，以及社会职能情况统计调查工作。2015 年，配合省、市、县"企业一套表"联网直报企业统计工作。农场的农业、工业、能源、科技、贸易、劳动工资、房地产、建筑业，以及投资、服务业、劳动力等各项统计报表制度与有关企业单位的联网直报。2016 年，建立农场单位管理名录。充分利用人口普查、经济普查信息资料，逐一进行基本情况登记。利用各专业抽样调查取得的数据，加强基本单位名录库的日常维护，特别是单位地址、电话的变更，填表人联系电话的补充，注销单位的剔出，主营业务的核实和行业代码的更正，提高了使用效率。

2020 年，农场专兼职统计人员 36 人，具有统计从业资格证书 16 人。农场二、三产业单位获证统计资格人员全覆盖。农场统计工作的高起点、高标准和高质量，在省、市、县统计行业中名列前茅。2013—2019 年，农场连续七年获得江苏农垦"综合统计工作先进单位"称号。

2013—2020年，农场统计部门协调主持多项重大国家调查项目。2013年，制订《江苏省淮海农场统计调查实施意见（试行）》方案，先后完成8项重大国情调查。

①2013年，主持协调农场第三次全国经济普查工作，完成了领导机构的成立、经费预算，召开了全场经普工作会议和单位清查摸底业务培训工作。全面完成了普查登记、录入、核查、再核查工作。并及时编制经济普查资料集，提供给各级领导和部门参考使用。普查工作中有1人被评为省级先进个人，2人被评为盐城市级先进个人，2人获县级表彰。

②2016年，全国农业普查。农场从2016年9月至2017年7月，经历了普查的准备阶段、清查摸底阶段、正式登记复查阶段、PDA数据录入审核阶段、普查资料开发应用和总结表彰5个阶段，取得了农场"三农"（农业、农村、农民）的丰富资料。

③2017年，全国1‰人口抽样调查工作。2017年9月至2017年11月，经历了普查的准备阶段、清查摸底阶段、正式登记复查阶段、PDA数据录入审核阶段4个阶段。

④2017年，第一次全国海洋经济调查和住户调查省样本轮换工作。第一次全国海洋经济调查，排查了2013—2015年末企业中涉海企业基本情况，江苏省淮海农工商实业有限公司、江苏淮海石油机械厂两个单位列入调查。

国家调查局五年一换的住户调查省样本轮换工作。2017年10月底完成了对抽选出的大样本进行现场入户填报摸底调查表。根据摸底调查情况抽选样本住宅城西居委会第二小区共10户，从2017年11月1日开始全面开展了为期一个月的试记账，12月1日开始正式记账。

⑤2013年、2018年，完成两次全国经济普查。农场成立了由场领导和各科室负责人为成员的经济普查领导小组，下设领导小组办公室。召开了第四次全国经济普查动员大会，动员部署第四次经济普查工作。共悬挂经济普查宣传横幅3幅，设立宣传窗口和门前牌10个。《淮海大地》报进行了跟踪报道。严格选聘和培训了"二员"，确定了15名工作责任心强、业务素质高、熟悉情况的普查指导员、普查员和PDA操作员。组织培训60人次。认真进行单位核查和普查，扎实开展入户登记工作，普查实现了高质量和高效率。调查方式：场部城东、城南、城西先行，全场共动用普查人员140人次，社会人员30人次，对全场10个社区居委会进行"地毯式"调查、现场登记填表、资料审核编码与整理、复查和录入PDA工作。

2020年10月11日，第七次全国人口普查摸底调查工作正式启动。成立了由农场公司党委书记任组长，班子成员任副组长，社区工作人员为成员的人口普查领导小组，领导小组下设办公室，办公室主任由农场计划财务部部长兼任，办公室成员从社区、居委会工作人员中抽调。采取"农场帮扶＋部门统筹＋在职人员兼职"的方式，选配人口普查员31名，帮扶指导员12名。全体指导员、普查员参加县级业务培训1次、社区业务培训2次，各居委会自行组织开展专题业务培训3次，张贴"七人普"宣传海报50余份，制作印发"致居民的一封信"5000余份。2020年11月16日，淮海社区39个普查小区前期摸底短表登记、企业微信录入审核上报和后期短表正式登记录入上报工作已完成。

第六节　财务管理

财务管理工作随着农场的创建而产生，之后不断加强和完善。财务政策经历了统收统支、财务包干、利改税3个阶段。会计制度经历了由苏联高度集中统一的管理模式到国家计划管理模式。改革开放以后逐步与国际会计制度接轨，建立了现代企业的会计管理制度，先后于1993年、2000年和2008年进行了3次会计制度的重大改革。

20世纪50年代，沿用苏联国营农场财务管理制度和模式，财务报表执行财政部制定的《国营农场财务管理》和《国营农场财务核算》管理制度。实行总场、分场、生产队三级管理、三级核算的模式。总场设财务基建科，分场设财务组，生产队设立专职会计和统计。按照厉行节约、降低成本、勤俭办场的指导思想，加强财务管理，建立财务核算体系，并不断加强和完善。虽然财务政策上实行统收统支，但是会计制度却过分细致和烦琐。计划财务管理分为固定资产、工资、财物料、产成品、资金等六大管理体系，要求将每个作物、每个工种、用工定额等分月分季度排列制定，财务手续和制度也要求十分严格。1958年，受"大跃进"影响，人财物管理弱化。1962年，贯彻中央"调整、巩固、充实、提高"的方针，重新制定了财务管理制度，强调经济核算、扭亏为盈、提高亩生产率和企业化经营。1963年，实行三级管理、两级核算，即总场、生产队两级核算，以场部核算为中心，以生产队为基础，分场对所属生产队的财务核算情况进行监督、检查和管理。同时还使用核算券，限场内流通，有利于减少基层单位的资金占用和物资的往来和调拨，更有利于全场资金的集中使用。1967年到1969年，由于受"文革"的影响，财务管理混乱，经济建设受挫。兵团时期，采取部队式样的收支核算和粗放的收支管理方式，原有的财务制度被打乱或否定，借贷记账法被改为增减和收付记账法，收入、成本、盈亏、核算简单化，虽然实行二级核算，但财务会计工作薄弱，按照部队后勤财务管理原则，党委当家、财务统管、按级负责的财务工作体系，并不能完全适应生产建设的需要。

兵团撤销后，开始逐步恢复和健全各项财务制度。为适应财务包干等各项改革，1976年，改收付记账法为增减记账法。1979年起，在资金占用及资金来源核算上分别增设了

"待摊费用""预提费用""应弥补亏损""应交利润"以及"包干结余"等会计科目及相应的明细科目。1983年起，又增设了"应收家庭农场款""应付家庭农场款""待转家庭农场上交款项"等会计科目，并相应制定了家庭农场核算办法。同时增加了"家庭农场经营情况"年度报表。之后几年随着改革的深入，农场的经营机制和财务管理体制不断变革。

1982年开始，恢复使用核算券制度，由场财务科根据各单位的生产规模和费用支出计划，发给一定数量的核算券用于周转，职工100人以下的单位发给500～700元，100人以上的单位发给800～1000元，主要用于农业单位到总场购置农业生产资料。核算券使用以后，有利于加强财务管理，健全物资领用手续，方便往来结算和控制成本支出。1993年6月，国家有关货币管理的改革措施出台以后，停止使用核算券。

20世纪80年代后期，全面实行财务包干。省农垦局下达场利润包干和上交指标。国家财政不再增补，多盈不多交，少盈不少交，包干结余。坚持先提后用的原则，主要用作生产发展基金、职工奖励基金和储备资金。分别制定了各行业经济责任制，兴办职工家庭农场，实行目标管理，建立三级自补流动资金体系。按单位当年包干结余，扣除上缴能交金按15％提取，并开展双增双节活动，加强财务管理。农业职工设立自补流动资金，一般不超过职工支出总额的50％，利息按银行同期贷款利率计算，列入职工的年收入。1987年，执行财政部、农牧渔业部新颁发的财务核算制度，改增减记账法为借贷记账法。1989年4月，计划财务科更名为计划财务基建科，并全面开展财务工作达标活动，推广内部结算中心制度，使资金使用管理与企业经营责任制有机地结合起来，推动农产品成本核算体系改革，提高了全场资金的统筹利用率。1990年3月，实行总会计师制度，加强经济核算和财务管理。按照国家《会计法》的要求，明确会计人员的责权利，继续深化财务会计制度改革，建立健全了财务"提审决"的审批制度、内部审计制度、委托中介机构进行年度决算审计制度和经济考核制度，并逐步将行业会计制度改革为企业会计制度，建立了以《国营企业会计条例》为中心的现代企业会计制度。20世纪90年代初，建立了农业职工双补资金制度，以农业职工当年奖金的50％作为自补流动资金和"以丰补欠"资金。1990年，全场双补资金达到300多万元，参与资金周转，保证生产发展。1994年3月，场计划财务基建科更名为财务科。1994年4月，制定了《规范财务会计工作行为的规定》，对财务人员的任免、调动、奖惩、资金和基本建设管理做了明确的规定。

1994年11月，场农业中心成立财务核算部，负责全场农业系统的财务核算和管理。1997年7月撤销财务核算部，职能并入计划财务科。1998年6月12日，农场举办首期暨会计电算化证书培训班，参加人数82人，历时15天，136名财务会计人员获得了《会计电算化证书》。1999年，农场推行财务管理和会计电算化，实施淮海农场会计电算化局域网工程，安装主机、打印机、服务器等软硬件设备43台，总投资达53万元，12月25日网络投入试运行。

1999年6月，省农垦集团公司参照国务院《总会计师条例》，向农场派出了财务总监，其职责是对集团公司（出资人）负责，对国有资产进行管理和监督，防止国有资产流失，并对企业负责。行政上受场长领导，行使决策、审批、人事等六大权力，享受农场副职待遇。

2000年6月6日，农场与南京用友软件有限公司盐城分公司签署《软件购买协议》。投资18万元，购单机版软件16套（总账、报表、工资、存货、应收应付、固定资产6模块），网络版软件1套（10模块）。2000年6月9—22日，农场举办第二期财务会计电脑培训班，参加人员为会计主管等32人，财务软件单机版投入试运行，新建单位账套108个。

2000年6月28日，农场会计电算化网络与用友财务软件经3个月的试运行，进入正式运行阶段。真正实现了会计核算的标准化、自动化和网络化。2001年3月9日至4月2日，举办了第三期电脑与会计电算化培训，培训了计算机理论、会计核算财务用友软件和2001年1—3月的会计账务，以及三季度的会计决算，参加人员132人。2002年1月1日，农场实行会计电算化后，经考核验收首批18个单位采用了计算机替代手工处理会计业务。

2000年10月，实行会计委任制，各分场、大队、工厂和场直单位的会计由总场委派，到各单位从事财务管理、经济核算和财务监督工作，并由场财务科统一负责直线对接，实行双重领导，形成了体系。

2002年8月30日，农场对17个工作站、11个终端进行全面升级，内存由64兆升至128兆，操作系统由WINDOWS NT4.0更新为WINDOWS 2000，配备U盘17个，提升了工作站的运行速度和操作系统的兼容性，补充了网络传输的不足。

2003年1月1日，农场《江苏省国营淮海农场会计电算化管理制度》出台。2003年4月1日，农场29个单位实行了计算机替代手工进行会计核算，具体为：农业分场下属各单位，一分场、二分场、三分场、四分场、五分场、六分场、七分场、农科站、土方队、兽医站、农服中心、农发中心。商业单位包括商物公司、供电公司、水站。建筑单位包括建安公司、水泥制品厂。服务单位包括场部、医院、生服部。其他单位包括原袜厂、原针织总厂、原石油机械厂、种子公司、配件库、商贸公司、中学。

2005年5月26日，会计电算化中心服务器在使用了5年后退役，投资22000元的惠普P4至强1GB服务器投入运行。2005年6月25日，投资3万元进行用友财务软件升级，由 U821 版升至 U852 版。2005 年 7 月 8—11 日，农场所有会计主管、总账、出纳、往来会计 20 多人参加了盐城用友 852 软件培训。2008 年 9 月 8 日，农场恢复了 7 个管理区的财务核算。2009 年 9 月 8—30 日，农场农业分场主办会计进行了建账工作及培训。

2010 年 4 月 8—16 日，苏垦集团全面铺开网上 NC 财务核算工作。农场全部二级单位，30 个主办会计进行建账工作及培训。

2002 年，土地租赁后，改三级管理、三级核算为二级管理、一级核算，分场实行报账制，集中财务管理，精简效能。为了适应农业和二、三产业改革改制后财务管理的新变化，全场强化预算管理和控制，2003 年 11 月，成立以场长为主任的预算管理委员会，建立了科学、规范的财务秩序和绩效考核体系，促进了经济活动的优化，充分发挥了预算管理的引导、控制和评价作用。2004 年 6 月，全面开展清产核资工作，对全场的存货及应收账款进行逐项盘点核实。全场共查清应收账款 893 万元，发出商品 150 万元，三项不良资产计 1200 多万元。

2007 年 3 月，计划财务科更名为计划财务部，进一步提高了财务核算的规范性、合法性和科学性，全面执行《企业会计准则》，执行统一的财会政策和会计核算体系。

2008 年，省农垦集团公司为了进一步控制资金风险、整合信贷资源、降低财务费用、提高资金效率，出台了《江苏省农垦集团有限公司资金集中统一管理办法》，采取相对集中的资金管理模式和"收支两条线＋账户"的限额管理。农场于 2008 年 12 月制定了《农业管理区财务管理办法》，适应农业经营体制不断深化改革的需要，改总场一级核算为总场、分场二级核算，并规范设制各类明细账和二、三级明细科目，坚持权责发生制的核算原则，严格流动资产和固定资产的管理，建立健全了财务内部控制和稽查制度，提高了财务管理水平。2009 年，全场实现国有利润 1100 多万元，固定资产保值增值率、流动比率、速动比率都呈现出良好的态势。

2009 年 6 月，农场与江苏省紫金财产保险股份有限公司签订《联办共包政策性农业保险》，财务与农业为具体承办部门，为全场在田的水稻和啤酒大麦分别投保，充分发挥了农业保险在减灾减损和保障农场及职工收入中的重大作用，显示了农业保险的优越性。

2011 年，按照农业资源整合改制上市的要求，江苏省农垦农业发展有限公司淮海分公司和存续农场分开核算，分别建账、设制会计报表，并建立了统一的财务会计和管理制度。

2013—2015 年，农场从政策措施、人员管理、财务管控、预算管理、资产管理、审计工作等 6 个方面进行了一系列的规范化、制度化财务管理工作。2016 年、2017 年，均获"江苏农垦集团财务管理先进单位"称号。

2016—2020 年，强化预算管理，坚持按预算安排支出，管控重大事项，严格贯彻和执行企业内控制度，强化预算管理工作执行力，各单位制订年度财务预算方案，完善预算管理手段，强化财务预算执行力，提升财务管理水平，提高资金管理水平和效率，降低成本，控制使用。

2015 年，农场采购苗木、办公用品、下属单位原材料等 300 万元，节约资金 40 万元。在工程招标方面，节约资金 150 多万元。招标代理程序规范，符合内控制度要求。2016 年 1—9 月，比价采购物资 1500 多万元，节约采购成本 140 多万元。在费用支出方面严格执行了财务"提审决"制度，严格履行支出手续。

2017 年 6 月 26 日，农场成立江苏省淮海农场风险管理体系建设领导小组，提高了农场经营管理水平和抗风险能力。当年，按照内控程序实施，从源头上控制生产成本，在费用报支方面，能按年初财务预算控制支出，各项非生产性费用明显下降，全场业务招待费完成预算 85%，"三公"经费完成预算 75%。可控费用中，公务费、"三公"费用得到进一步控制。

2019 年，农场公司合并实现收入 1550 万元，完成预算 106%，农场社区合并实现收入 3501 万元，完成预算 99%。农场公司合并实现利润 330 万元，完成预算 108%，农场社区合并实现利润−288 万元，总体完成预算情况较好。

2020 年，苏垦集团巡视审计提出整改工作意见，对单位审计中发现存在的问题，立行立改，"回头看"检查整改情况，全年 24 项审计整改项目，上半年完成 50%，下半年完善到位。

2013—2020 年，农场连续与江苏紫金财务保险股份有限公司签门《联办共保政策性农业保险》，并为稻麦保护和母猪饲养业投保，提高了农业、养殖业的抗灾减损能力，稳定了职工收入。8 年中，水稻投保面积 64.75 万亩，投保金额 736.25 万元，获赔 797.88 万元。大小麦投保面积 64.05 万亩，投保金额 560.36 万元，获赔金额 964.92 万元。3.6 万头家畜和 1756 头能繁殖母猪死亡理赔金额达 187.3 万元。

第七节　内控制度

2013 年，淮海分公司按照依法治企、强化管理的要求，逐步试行内控制度，将规划管理、组织机构、人力资源、文化建设、审计、安全生产、财务资金、资产、产权等 18 项管控制度的内容、职责、要求细化、量化。将内控管理制度贯穿到农场经营管理工作的各个领域、各个环节，具有很强的可操作性，并将法律事务管理的每个节点嵌入内控制度和流程中，提高了风险防控能力。公司按照流程、权限、标准、留痕的要求，强化内控管理，在各业务流程管理层级中执行，达到了现代企业制度管理的要求。2015—2018年，通过严格比价采购、招投标程序及造价送审，农场和分公司共减少成本支出 3710 万元。同时，"三公"经费等非生产性支出持续下降。通过全面深化改革，加大制度创新力度，完善优化内控制度，健全完善风险防控体系，推动了各级管理人员责任意识和经营管理成效的提升。

2016年，在江苏农垦内控制度执行情况考核中，农场以综合得分 97 分的成绩位列全垦区第 1 名。

2019年，农场公司启用了企业微信办公平台，及时办理日常审批事项，促进了内控制度的高效运转，提高了依章、依规办事效率。

2020年12月，农场有限公司和农场社区管理委员会分别印发了内部控制制度，出台完善了"三重一大"决策制度和办法。制定和明确了党委会、总经理办公会议事规则，使民主决策制度更加完善，风险防控持续深入。运用风控主管、财务、纪检监察三线协同模式，及时收集各类风险，采取应对措施，加强对合同、重大决策和重要规章制度的法律审核，全面控制法律风险。坚持问题导向，有效地解决了生态、欠款、诉讼等多方面的历史遗留问题。

第八节　物资管理

农建四师时期，农场贯彻艰苦奋斗、勤俭办场的方针，加强物资管理。1952年12月，开展"反对供给制思想"活动。1953年3月，严肃处理物资管理上不负责任的问题，即"豆饼事件"和"木头事件"，要求全体指战员吸取教训、改进作风，对责任人进行批评教育，并采取了组织处理的措施。

20世纪60年代，由场物资基建科主管全场的物资管理工作，采用计划管理的原则，分别于1961年3月制定了《国营淮海农场油料管理制度》、1964年5月制定了《物资科工作职责》。1965年4月，将各生产队的统计保管列入行政编制，还制定了《粮油供应标准》《物资和财物料消耗定额》《关于领发财物料和产品入库手续的几项规定》等物资管理制度。

兵团时期，物资管理工作由团后勤处负责。1971年2月，团后勤处下发《关于物资发放的通知》，采用计划经济的模式运作，各单位凭物资供应卡到团部后勤处领取所分配的物资。其中钢材、木材、建材等列入国家计划，由兵团后勤部统一计划调入团部。兵团后勤部还提高了职工口粮供应标准，农业连队职工每人每月有3.5斤工分粮，每人的口粮供应标准达到41.5斤。还安排了用于大忙时期的机动粮，对参加水利土方工程的人员给予一定的土方补助粮，调动了战士们的积极性。十团后勤处、政治处还制定了《连队食堂管理意见》，将创建"五好"食堂纳入连队"四好"计划，改善了战士们的生活。

兵团撤销后，1976年3月，成立财务物资科，各类物资按计划分配和供应。农药、化肥、农膜等农用物资按计划种植面积调拨，"三大材"、煤炭等紧俏物资按省农垦局批准的计划组织采购供应。1977年7月，撤销财务物资科，分别设立财务科和物资科，强化了对主要物资的管理。在物资供应双轨制的情况下，实行计划、订购、分配、调度和管理的"五统一"，专材专用，专物专用。建立进场物资的检查、验收、进库和领发制度，年底还开展清仓查库工作，做好物资余缺调剂和包装物品回收，努力节约成本。1983年，物资科更名为物资基建科，以适应改革开放初期扭亏为盈、基本建设项目增多、建材耗用量增多等新形势的需要。

1985年1月，撤销物资基建科，成立江苏省淮海农场物资运输公司，以适应物资供应由计划经济时期的单轨制向商品经济初期的双轨制转变的需要，主要经营农用物资，对外经营，对内服务，参与市场竞争。

1989年4月，设立粮食管理科，主要对粮食仓储和营销进行管理，并参与粮食市场竞争。1990年，物运公司改为物运科。1991年3月，物运科与商业公司合并，成立物资商业公司，物资管理的行政职能逐步弱化，进入单轨制的市场化运作轨道。1998年，公司经营总额3290万元，其中内部供应2092万元，利润达82万元。之后，公司的经营量不断扩大。

2000年，出台《关于物资集团采购工作的规定》，在市场经济快速发展、竞争激烈的形势下，规范物资采购、供应，强化物资管理工作，要求进行货比三家，同等质量比价格、同等价格比信誉、同等信誉比远近，并由场政研、生资、审计等部门联合评审物资采购供应计划。

2007年，商物公司实现收入5369万元，净利润39.79万元。2011年12月，商物公司更名为江苏省农垦农业发展有限公司淮海分公司供应贸易中心，实行集团化采购、保本销售、对内服务、平价供应、费用包干，当年经营各类农用物资1.071万吨、粮食2.5万吨、油料100多吨，农业物资统供率达到100%，全年实现利润422万元。

2013—2020年，农场物资管理主要采取集团采购方式，实行分类经营，对内服务，保本销售，平价供应。大宗农产品水稻、小麦、啤酒大麦采取收储、烘干相结合的原则，由农场统一规定价格和标准，交由米厂、供应贸易部、种子公司负责收储、销售和配运。

农业实行农业生产资料统一供应，农业中心设立供应点，在坚持无公害绿色栽培的原则下实行连锁配送。在技术人员的指导下合理使用投入品，实行分类经营，集团化采购，对内服务，平价供应，保本经营，费用包干。对外实行市场化运作，比价采购，同等价格比质量。选用大厂生产的农业生产资料，努力达到质优价廉。供应贸易部年经营化肥1.43万吨，折合标准氮肥0.73万吨，农药220.19吨，折纯农药59.45万吨，农用膜18吨。江苏农垦淮海商业物资公司年经营各类油品1785.7吨，其中气油4.68吨，大宗农业生产资料进货必须由经营单位和主管业务部门制订计划，再由场长办公室、财务、审计、纪检有关部门组成的比价采购考察小组分别到进货厂家考察调研，优选进货渠道和厂家，再由农场分管领导审核会签，大事按照"三重一大"决策程序，召开场长办公会集体研究，最后由场长拍板批准。

2013年1月8日，淮海分公司供应贸易部从淮海商业物资公司分离出来，成立江苏省农垦农业发展有限公司淮海分公司供应贸易中心（科级建制），主要负责淮海分公司内部各生产区农用物资的采购配送（2020年淮海分公司农用肥料由苏垦农服淮海分公司负责采购和配送）。

2018年8月，供应贸易部5位职工划到江苏农垦农业服务有限公司工作。2020年，公司对外销售化肥、农药3800吨，销售额1580万元，创历史新高。

随着农场经济社会的快速发展，耗用钢材、建材、木材、水泥等各类物资需求量逐年增加。2020年外购钢材225吨，木材169立方米，水泥1124吨，采购大宗物资坚持市场化运作的原则，公开、公平、公正，比价采购，阳光操作，风清气正，营造了良好廉政氛围。

第九节　安全管理

20世纪50年代，成立治安保卫委员会，由单位行政和保卫部门的负责人参加。各级治保组织的主要任务是保护职工权益和公共财产不受破坏，做好"四防"（防奸、防毒、防火、防盗）以及在机器设备使用和生产过程中的安全和保卫工作，维护社会秩序的稳定。

20世纪60年代，安全生产管理工作由场工会和办公室牵头，要求各单位改善劳动条件，保护职工在生产过程中的安全和健康，还开展"五防"（防火、防毒、防盗、防事故、防破坏），安全教育达到了家喻户晓、人人皆知的程度。尤其是防火工作，要求养成安全的用火、用电习惯，平时做到水缸满、灶前清、不乱扔烟头，不让老人烧火和小孩玩火，定期开展"五防"大检查，对机车和在生产中发生的事故及时查处和通报批评。1965年5月，国务院颁布了《工厂安全卫生规程》，农场深入贯彻，采取了一系列的防护措施，加强劳动保护，确保安全生产，避免了一些工伤事故的发生。

兵团时期，安全生产管理工作由团司令部军务股负责，重视安全生产管理工作。先后制定和颁布了《关于贯彻执行剧毒农药安全使用注意事项的通知》《机车使用安全操作规程》《关于贯彻二师消防工作会议精神的通知》等。1971年5月，十团党委召开安全防事故会议，要求全团开展安全防事故的群众运动。兵团期间，随着人员增加、机车作业量增多，安全生产面临着很多新情况、新问题，人员和伤亡事故时有发生。

兵团撤销后，安全生产工作逐步进入规范化的轨道。1978年1月，成立安全生产工作领导小组，由当时的场革委会副主任陈忠明任组长，成员有各分场场长和场部机关科室的主要负责人，安全生产办公室设在农机科，各基层单位、连队均设3或4人的安全生产管理小组。1979年1月，召开首次安全生产工作会议，按照李先念"加强领导、提高技术、关爱生命、减少事故"的要求，继续健全、充实、强化安全生产领导小组。农机科设专职安全监理员，开展安全生产无事故月活动，并建立定期检查制度，农机科每月召开一次安全因素分析和汇报会。

20世纪80年代，安全生产与劳动保护、环境保护有机地结合起来，要求严格做好安全使用农药、飞机治虫作业安全、交通安全、农机作业安全、农产品加工安全、用电安全等多方面的工作。1986年9月，成立劳动保护监督委员会，由场长任主任，主管工业的副场长任副主任，成员有工会和各业务科室的主要负责同志。1989年3月，江苏省劳动局《关于将省农垦农工商联合总公司、省盐业公司所属企业安全生产划归所在县市管理的通知》（苏劳护〔1989〕5号）文件要求，安全生产划归市县管理后，省农垦总公司仍具有行业管理职能，继续抓紧所属企业的安全生产和劳动保护工作。市县要认真负责、常抓不懈、严格管好辖区企业的安全生产和劳动保护工作。发生工伤事故要认真处理，及时上报。并继续建立健全各项规章制度，主要有安全技术措施、"三同时"审查制度、劳动卫生管理制度、女职工劳动保护管理制度、安全生产检查学习和奖惩制度、特种人员作业管理制度、劳动用品管理制度等14项管理制度。1989年10月，进一步加强安全生产的组织领导，成立了淮海农场安全生产委员会，下设办公室，办公地点设在办公室，并按行业设立9个安全生产工作领导小组，按照"谁抓生产谁负责"的原则，专管成线、群管成网，坚持安全第一、预防为主，使全场的安全生产管理工作步入标准化、规范化、制度化的轨道。

1990年，省农垦集团公司制定了对劳动、工资、安全生产工作进行标准化管理的办法，年终由集团公司、市农垦公司分别进行达标考核，并对达标单位发放证书。还形成了安全生产管理控制指标体系，以文件形式下发到各单位。1991年，深入宣传普及安全知识，建立安全管理台账，全年共出黑板报21期、广播电视稿件152篇、宣传标语120多条、各种警示标志牌40多块、情况简报1期，1700多人参加安全知识考试，平均得分82.5分。经过考核评比，当年全场有4个单位获市农垦公司安全生产先进单位称号，6人被评为安全生产先进个人。

1994年3月，下发《安全生产工作目标及防范重点》，要求做到"四无"和"三不伤害"，即无死亡、无重大伤亡、无火灾、无重大设备事故和不伤害自己、不伤害他人、不被他人伤害，开展安全生产月活动。全场形成人人关心安全、事事注意安全的良好工作氛围。

1999年，农场的安全生产工作受省农垦集团公司和射阳县安全生产委员会的双重领导。农场安委会由场长任主任，1名副场长任副主任，劳资部门为场安委会办公室的办事机构，负责与集团公司和地方安全部门对接，形成安全生产网络，层层签订安全生产责任状，全面培训安全员和农机安全监理人员，建立健全安全生产责任制和事故责任追究制。

进入21世纪，全场建立和完善了安全生产领导责任制，明确了各级的安全生产职责，将安全列入考核指标，并与单位领导的效益工资挂钩，还建立安全生产保证金制度和安全生产检查考核制度，建立安全生产管理的长效机制。2011年，场长分别与18个下属单位签订了《安全生产责任状》，全场组织全方位的安全生产检查20多次，消除事故隐患280多起，发出限期整改通知40多条，特种作业持证上岗率达95%，锅炉和压力容器定检率达100%。2012年继续加强事故隐患的督查力度，将安全生产一票否决关口前移，当年全年无安全事故，并被盐城市评为安全生产先进单位。

2013—2020年，根据农场改革改制和社会职能的变化，农场安全生产委员会设在社区，按行业区分共设15个专业委员会，专业委员会主任由社区副主任担任。全场建立健全了安全生产责任制，明确了各级领导的安全生产职责，列入硬考核指标，并与各单位领导的效益挂钩，建立安全生产管理长效机制。认真贯彻国家《安全生产法》和《江苏省安全生产条例》，加强组织网络建设，强化安全隐患排查治理，重点加强特殊行业的专项整治，严厉打击"三非"，实行项目建设"三同时"，每年年初农场都与射阳县政府签订《安全生产目标责任状》。同时农场与16家基层单位签订了《安全生产目标管理责任状》《消防安全责任书》《特种设备安全生产责任状》《特种作业人员安全责任书》。2013年，共签订安全生产和消防责任状750多份，严格贯彻一把手负责制、一票否决制和一责双岗制，还开展了安全生产月活动，强化安全生产观念。2013年安全生产月期间，全场共拉条幅19条，张贴标语800多幅，出画廊板报12期，投用稿件200多条，开展安全生产知识竞赛1场，技能大比武16场次，形成了浓厚的安全氛围。2014年，农场组织开展了17次安全生产大检查、督查 27 次，共排查安全隐患 500 多处，整改安全隐患 500 多处。

2017—2020 年，农场与江苏地势坤注册安全工程师事务所有限公司签订《安全生产检查服务委托协议书》，聘专业机构提供安全生产技术服务。对辖区内的商物公司、供电公司（含水站）、米业公司、种子公司、幼儿园、淮海分公司（试点）计 7 家单位及场部部分公共区域，所有建筑施工工地及持证烟花爆竹经营户等进行安全排查，并提出具体整改要求和措施。聘请第三方专家定期或不定期对全场开展安全生产专项大排查，效果明显。当年针对全场桥梁涵洞，要求地势坤公司派出桥梁专家来场，突击开展了为期两天的检查，排查出路涵、桥梁等多处隐患，部分现场整改，整改难度较大的建筑物，按照"五落实"的要求落实到位。借助第三方的技术标准，对已达标的米业公司、商物公司进行标准化"回头看"，对场内的其他企业进行对标指导与检查，模拟三级标准化，推动全场安全生产提档升级。

农场主要在危化品、消防、危房、建筑施工、农业机械、特种设备、公众聚集场所、职业卫生、烟花爆竹、用电安全、用水安全等方面全面开展安全生产大检查大整治，按照零容忍、全覆盖、重实效的要求，会同第三方（聘用专家），开展拉网式大检查，横向到边，纵向到底，确保有所突破，治有成效。场领导亲自带队，深入基层，现场会办，下发安全隐患整改通知书，限期整改。

2019 年 11 月，《关于成立江苏省淮海农场有限公司安全生产工作领导小组的通知》（淮农司办〔2019〕28 号）要求，由农场党委书记单祥忠任组长，孙司正、孙国祥任副组长，林一高等 9 名同志为成员。领导小组下设办公室，办公地点设在农场公司办公室，由于广伟任主任，姚远等 4 名同志为专职安全员，努力加强平安淮海建设。

2019—2020 年，农场两次组织消防演练。2019 年 11 月，农场组织了消防救援应急综合演练，71 人参加，通过演练提高了干部职工的事故防范意识和事故救援与处置能力。2020 年 12 月 16 日，农场机关管理人员、各分场社区管理人员共 120 多人参加了安全生产和消防培训演练活动，聘请盐城居安消防特级消防教员马竹建现场主讲了发生在周边的火灾事故案例，详细讲解了消防、救援知识和逃生技巧。同时进行现场演练，模拟火灾现场，组织救援、逃生，还原灾难现场，使广大参加者学会了消防演练的基本知识，收到了较好的培训效果。

第十节 土地管理

1952 年 8 月，根据华东棉垦委员会的指示，农建四师原规划在废黄河以南、射阳河以北、通济河以东50万亩荒滩草地上开荒建场。农建四师进驻后,地方政府和群众反响较大。1952年10月,当时的苏北区党委副书记万众一率领60多人的工作队,会同农建四师和当地政府,三方实地规划和确定界线,进行土地资源调整,按照"尽量少搬家"和"不与民争地"的原则,在垦区内部让出了农民已种植和在土改中确定分给农民的土地、部分高岗地等,还预留了部分土地给农民种植。

1953年底,经华东军政委员会批准,将农建四师原规划垦荒的50万亩调整为30万亩,确定了界址。调整规划后,田块分散,地不连片,河道弯曲,犬牙交错。计划经济时期,农场没有土地管理机构,土地资源的测量、分类、评价和利用,由农业科的土壤技术人员负责。在全国性土壤普查工作中,组成专业队伍对土地的面积、分类和利用情况进行测量和计算。1957年,全场土地总面积30.82万亩。1960年,临海分场单独建场,划出土地13.54万亩,全场土地总面积为17.33万亩。1960年,盐城地委515号文件规定,采用暂时借用的办法,从全场土地总面积中划出2.26万亩供地方使用。1962年4月,出借射阳县土地2.78万亩(夸套河南滩),转借给部队使用。因开挖八滩河和水利建设用地占用土地1.10万亩,1998年,淮河入海水道工程和2011年修建临海高等级公路征地0.04万亩。2011年底,全场土地总面积14.43万亩,其中耕地7.94万亩,水面、河流3.77万亩,建设用地1.12万亩,未利用土地1.60万亩。

1985年3月至1986年5月,由场农业部门牵头,会同有关科室首次对全场的土地资源进行调查,累计清查了7个分场、37个连队及场直各单位的用地情况,绘制万分之一相面平面图18幅。全场实有土地总面积约16.5万亩,其中:耕地7.53万亩,园地646.9亩,林地3584亩,牧草地1.03万亩,居民用地3.41万亩,交通用地2856亩,水域3.28万亩,未利用土地5485亩。同时还核准了权属界,并成功地与地方拼图对接,为以后正式确权定界和发证工作打下了基础。

1991年3月,经农场打报告,射阳土地管理局批准,淮海农场土地管理所成立,为场科级建制单位,编制3人,行政上属农场领导,业务上接受地方和省农垦土管部门的双重领导,行使辖区内国土资源的使用、管理、监督职能。土地管理所成立后,积极宣传贯彻执行国家《土地管理法》,科学制定土地利用总体规划,建立台账,形成管理网络,开展创建"三无土管所"活动。1993—1994年,先后出台《土地管理18条规定》《职工使用宅基地的决定》《建设用地审批程序》等多项制度,严格土地资源的使用、管理和地籍、地类变更等审批手续,使土地资源管理工作步入规范化、法制化、科学化的轨道,保证了经济的可持续发展。

1993年1月,射阳县有关部门与七分场在海堤背水坡的护堤地及辖区权属问题上存在争议，土管所配合市调查组完成了《关于淮海农场七分场与射阳县堤防管理所界址争议问题的调查报告》，妥善化解矛盾，维护了农场的合法权益。

1995 年，编制《江苏省国营淮海农场基本农田保护方案（1994—2030）》，按照加强土地资源利用的宏观控制和计划管理、合理利用、协调矛盾、提高利用率的原则，为全场经济的持续稳定发展，提供了土地资源保证。全场累计落实保护面积 7.634 万亩，其中一级保护 7.05 万亩、二级保护 5800 亩、建设预留地 460 亩。基本农田保护田块 37 块，保护率达 99.6%。绘制基本农田保护区规划图 10 幅，设立标志牌 8 块，签订保护责任书 8 份，确定 8 名责任人，下发基本农田责任书 37 份，完成了"四图六表"，建立和完善了基本农田保护登记制度。

1997 年 1 月至 1998 年 10 月，完成《淮海农场土地利用总体规划》的修编，确定了土地利用控制指标，提出了合理利用土地和保护耕地的措施，并统筹安排了土地资源的开发、利用和保护。全场累计规划土地总面积 17.80 万亩，其中农用地、耕地和建设用地分别为 10.94 万亩、7.64 万亩、1.12 万亩。经过精确测量和计算，绘制图纸，通过了省农垦集团公司组织的评审和验收。

1998 年 10 月，农场土管所依法提请射阳县人民法院调处了五分场五岸干渠南段东侧护堤地被少数村民违法使用问题。1999 年 10 月，农场土管所依据国家有关法规，查处了附近村民在场部南侧排水界河上填河建房的违法行为，维护了农场的权益，保证了场部小城镇建设完整用地的需要。

进入 21 世纪，垦区建立了完整的国土资源和地籍管理系统，依法管理，维护权益。农场自 20 世纪 90 年代起，就开始积极与射阳、滨海两县的国土部门接触沟通，开展土地权属界线的指界和土地权属的处置、确认工作。经过十多年的艰苦努力，与两县相邻的 8 个乡镇、20 多个行政村签订了 50 多份土地权属界址协议，明确了土地权属关系，基本消除了土地权属纠纷的隐患，领取土地证（大证）13 本。已确权登记的总面积为 13.8 万亩，领证率达 99.9%，农场土地使用权登记人为江苏省农垦集团有限公司。

2005 年，省农垦集团公司与省土地勘测设计研究院签订了土地利用现状调查及小城镇地籍调查协议，由专业测量科研单位组织人员，采用先进的仪器设备，对全场土地利用、资源保护、结构优化等进行科学规划，并形成成果。全场土地利用的远期调控指标为：①耕地保有量 2010 年 7.7 万亩，2023 年 7.73 万亩；②全场建设用地总规模 2010 年为 1.15 万亩，2020 年为 1.2 万亩。在规划期内，要求土地集约化利用水平显著提高，建设用地由外延式增长向内涵挖潜转变，粮食主产区的耕地得到有效保护，基本农田布局更为集中连片，土地的利用效率显著提高。

1998—2002 年，完成了两期省土地复垦项目，开发平整土地 1.2 万亩，形成耕地 9550 亩，投入资金 3900 多万元。

2009 年，完成了江苏正大苏垦猪业有限公司项目的建设用地调整和报批工作，调整基本农田保护区面积 600 亩，经滨海县国土资源局审批，履行了建设用地的调整手续。

2011 年，完成临海高等级公路 890 亩土地的征用和补偿工作，收取土地补偿费、人员安置补助费、取土区用地补偿费、红线外用地补偿费累计 1456 万元，支持沿海大开发建设。土管所在地方和省农垦国土部门的领导下，还先后完成了地籍图斑、电子地图的归档入库，以及实施土地治理项目、进行土地资源调查和修编规划等多项工作，同时转发上级有关土地管理方面的文件、法律、法规，对非农单位用地的确权定界和建设用地评估作出了规定，开发了全场地籍管理软件和操作系统，形成土管档案 1050 多卷。土管人员多次参加省农垦集团公司和滨海、射阳两县国土管理部门组织的业务培训，提高了业务和管理水平。

2013—2020 年，农场土管所的土地管理工作接受射阳、滨海两县国土局和苏垦集团的双重领导。农场土地资源管理部门主动与两县国土部门对接，严格执行国家土地管理法律法规和各项政策规定，开展土地监察工作，加强对基本农田保护执法力度，严格项目用地审查、立项、报批手续，节约用地、优化用地结构，盘活存量土地资源，开展补充耕地土地整治项目，增加后备土地资源，实现了占补平衡。具体工作包括以下几项：

1. **做好土地确权登记发证工作**　2015 年，按照规范管理的原则，对淮海路 1—9 号楼住户进行土地发证工作。2018 年，农场稳步推进部分土地的确权登记工作，做到了权属清晰无误、调查面积准确。共有 10 宗地块，发证面积 12.50 万亩，其中农用地 11.24 万亩，未利用土地 0.37 万亩，经过苏垦集团审核，由射阳、滨海两县国土部门办理不动产证。分别颁发农用地不动产证和建设用地不动产证各 10 本。江苏农垦米业集团淮海公司办理土地不动产登记和土地租赁手续，租赁农场土地 1.21 亩，建造钢结构大棚存放输送设备。正大猪业有限公司洗消烘干房继续租赁农场土地，签订了租赁合同。2013 年，为江苏省农垦农业发展股份有限公司淮海分公司办公楼办理土地证 1 本。

2. **加强对基本农田的保护，进行执法巡察，杜绝破坏和占用基本农田行为**　2017 年开始，农场分别与滨海、射阳两县国土局签订了《基本农田保护责任状》。农场又分别与各分场社区签订了《基本农田保护责任状》。分场社区还与各大队签订了责任状，并在五、六、七分场埋设 30 个基本农田保护界桩。保护责任层层落实，纳入年终考核，制止了非法用地和地方村民侵占农场土地。

2013—2014 年，协调处理土地矛盾和纠纷 5 起。2017 年 6 月，农场国土所、派出所、三分场社区会同振东派出所对十七大队多户村民占用农场排水沟建房进行清理，拆除了违章建筑；配合临海镇对五垛居民在农场别墅西侧私自建房进行了清理拆除。还配合六分场社区协调土地整治项目中和邻村发生的历史遗留纠纷，维护了农场的土地权属。

3. 做好用地服务，准确收回土地补偿金 在坚持节约、集约用地的情况下，做好用地服务，依法依规收回土地补偿金。

2013年，滨海20MWP光伏发电站工程项目和中电投滨海陆上风电项目在农场三、四分场南八滩渠和北八滩渠的征地补偿，累计443.8万元，其中：光电项目补偿93.8万元，中电投项目补偿350万元。

2015年8月27日，苏垦集团与滨海县政府签订了《土地补偿协议》，收回农场国有土地17.09亩，建设坎振线新段，土地补偿款51.27万元。2015年8月28日，苏垦集团与滨海港镇人民政府签订《土地补偿补充协议》，补偿坎振公路新段青苗及其他附着物34.18万元。

2016年3月8日，集团公司与中电投滨海新能源有限公司签订了《关于中电投滨海陆上风电项目征地及补偿协议》，在淮海农场一、三、四分场共建设风机16台，土地青苗等补偿373.89万元，一次性收益补偿750万元。

2017年，临海镇工业园区200米绿化隔离带将512亩耕地调整为林地，补偿农场建设经费220万元。

2020年，328省道滨海段改扩建工程征用淮海农场土地307.65亩，途径一、二、四分场，该道路在农场范围内长6715米，宽约29米，土地补偿费2153.55万元。

2020年，农场挂牌出让四分场36大队5663.4平方米，江苏省农垦米业集团淮海有限公司以127.43万元价格竞得，投资建设平房仓项目。

4. 规范土地审批，依法依规做好建设用地供应工作，加强服务，促进农场经济发展 2015年，农场挂牌出让原预制厂6750.1平方米土地和米业集团场区内2019.5平方米土地，分别由大华种业集团淮海分公司和江苏农垦米业集团淮海有限公司竞得，新建仓库项目。危房改造工程在文广苑东侧建房80套，依法办理了项目用地审批手续，保证了项目顺利开工建设。根据淮海分公司要求，协助办理了44宗配套设施用地备案手续，主要用于新建粮食仓库项目，其中射阳境内18宗、滨海境内26宗。

2016年，根据滨海、射阳两县国土局和苏垦集团要求，对土地利用总体规划进行调整完善。根据农场今后发展需求，"十三五"期间，射阳县基本农田核减826亩，建设用地指标为275亩；滨海县建设用地指标为56亩。

2017年，办理了分场职工活动用房项目用地1846平方米的建设用地相关手续。

2019 年，为农垦发展股份有限公司淮海分公司粮食晒场和农资存放库用地办理了设施农用地审批手续。

5. 实施土地整治和占补平衡项目　2017 年，项目区位于五、六分场，建设总规模 3034.53 亩，新增耕地 403.75 亩。2018 年，补充耕地项目区位于七分场，建设总规模为 238.23 亩，新增耕地 124.87 亩。2019 年，土地整治项目、补充耕地项目有序进行，成为耕地后备资源，申报集团公司自主投资补充耕地土地整治项目，总规模 1603.26 亩，总投资 1084.14 万元，涉及 526 个地块。

6. 做好全国第三次土地调查工作　委托第三方南京苏海测绘有限公司和江苏易圈地理信息科技股份有限公司进行调查，按照国家三调政策规范及第三次全国国土调查实施方案，农场全力做好图斑核对、现场测量、土地分类、面积核对等项工作。

第十一节　档案管理

农建四师时期，各级领导十分重视档案管理工作，文书档案工作的力量较强，制度规范。师部成立了保密委员会，兼管档案工作，由师参谋长和师政治部副主任分别担任正副主任，成员有秘书、保卫、组织、民政等部门的负责同志。师、团机关设档案室，营设立保密小组，配备文件箱和文件橱。凡属机密文件、各类文书及技术资料都必须按性质分类、编号，送呈档案室存档。农建四师政治部曾就档案管理和保密工作发文，要求做好文件的入档管理、借阅、移交及电报批阅和通讯保密工作，并由师秘书科、干部科和保卫科分别负责文书、干部档案和保密工作，各类档案分别装订，归卷入档。农建四师先后形成各类档案 305 卷，各类工程技术图纸 1000 多份，照片 784 张，为垦区积累了丰富的历史和文化资料。

1956 年 10 月，根据国务院"文书处理部门统一立卷"精神，要求保证文件材料的完整和立卷质量，提高工作效率，总场建立了档案室，设立专职档案员兼保密员，负责全场的档案管理工作。各分场、科室和场直各单位设立兼职档案员，并组织他们进行业务学习。同时还明确分工，保证各类档案及时立卷。文书档案由场长办公室负责，干部档案由组织科负责，各业务科室必须保证自己的档案材料完整立卷归档。总场拨出 2 间房屋 40 多平方米作为档案室，购置 10 张档案橱和其他办公用品，建立了文件立卷、归档、装订、登记、保管、调阅制度。人事档案采取按级管理的办法，科分场级干部和 17 级以上的领导干部档案由盐城地委组织部保管，一般干部的档案由场组织科保管，职工档案由所在分场保管。

"文革"中，由于各级干部和专兼职档案人员的认真负责，严防死守，各类档案基本未受损，但归档和收集资料工作一度中断，且档案保管条件差，呈杂乱堆放状态。

兵团时期，档案工作有专人负责，团部成立 7 人保密委员会，设立档案室，档案员兼任保密员，负责文书档案的收集和管理工作。重要文件的收发、传阅由团政治处负责（组织科长兼团党委秘书）。各营部书记为兼职档案员，保管职工档案。1974 年，团军务股还编制了知青登记表和花名册，为后来查找和明确知青身份提供了依据。

兵团撤销后，历届领导都十分重视档案管理工作，注重理顺关系，明确职责。全场的档案管理工作由场长办公室的一名副主任具体负责，设立一名专职档案员，各分场干事和场直单位的干事为兼职档案员。1987 年，国家颁布了《中华人民共和国档案法》，对档案和保密工作提出了规范化、标准化和制度化建设的更高要求。1994 年 3 月，在垦区召开的办公室主任会议上，就搞好和改进档案与保密工作作出了具体部署，要求建立机构、落实人员、建章立制、形成网络、培训人员、增加投入。1995 年 5 月开始，总场抽调 6 名文化水平较高的同志，协助档案室对农场前 40 多年形成的各类档案进行抢救性整理。过去由于条件限制，保存档案使用麻袋装、绳子捆、木质档案橱存放，很多珍贵档案受潮发霉、虫蛀鼠害，损坏严重。加之立卷归档不规范，内容杂乱，年份不清，编目不规范，部分档案还分散在各科室和个人手中，收集起来堆满了三间房子，因此整理工作量大，技术要求高。总场聘请专家进行指导，组织外出参观学习，还多次派出人员参加省农垦和地方举办的业务培训班，提高了档案人员的业务水平。经过磋商，确定按年份和类别立卷装订，按长期和短期分类，编制目录，统一编号归档。后来又引进了永乐文档通用软件，进行标准化编目，录入微机管理，便于查找和应用。经过 3 年多的辛勤努力，累计组卷归档 11122 卷，其中文书档案 969 卷、基本建设档案 135 卷、职工档案 8250 卷，整理照片 1000 多张，还编写了 4 份编研论文和农场大事记等资料文献。为了改善档案的保管和储藏条件，先后投资 10 多万元，拨出房屋 3 间共 65 平方米，购置了 33 节金属标准橱、1 组密集橱和电脑。1997 年 9 月，成立档案管理办公室，隶属于场办公室。1997 年 11 月，农场档案工作在江苏垦区率先通过省级达标验收。

进入 21 世纪，随着经济社会的快速发展和改革开放的不断深入，对档案信息的收集和利用提出了更高的要求，企业资质和项目申报、可行性研究、工程立项、品牌建设、农业开发、土地管理、财务评估、资源整合、工程验收等都需要借助档案提供信息资源。因此，企业的档案工作状况也成为企业管理水平的重要标志。档案人员走出办公室，收集各种档案资料，还参与工程验收。工程验收时必须提供完整的工程图纸和竣工资料经档案室验收，各项工程技术资料齐全后才能付款。档案管理工作立足于创新思维，与时俱进，服务社会和经济发展。为了适应信息化时代的要求，必须学会运用现代文档处理技术和多媒体技术、现代通信技术、信息技术，全面提升档案管理水平。截至 2008 年，档案室用房扩大到 4 间、300 多平方米，金属档案橱增加到 79 组，配置 2 台电脑和 1 台扫描机，配备专业档案人员 2 名。分别制定了各业务科室和工程图纸、技术、声像、财务、文书档案的管理办法，形成了收集、鉴定、整理、移交等规范的工作流程，档案管理列入各级干部的考核内容。至 2012 年，全场累计立卷存档各类档案 4 万多卷，其中永久保存档案 0.2 万卷、长期档案 1 万多卷、科技档案 0.15 万卷、实物档案 300 多件、照片 80 卷 0.8 万张、声像制品 20 多件。

1997 年以后，档案管理工作连续受到省农垦集团公司的表彰，2011 年被省国资委表彰为全省国企档案管理先进单位。

2013 年以后，农场的档案工作紧紧围绕中心，服务大局，全场各级领导和负责档案工作的专兼职人员认真学习贯彻《中华人民共和国档案法》《江苏省档案管理条例》，增强档案意识，积极开展档案收藏和开发利用，努力为工作查考、企业文化建设服务，为促进全场经济发展和社会事业进步做出了新的贡献。

农场不断加大投入，完善硬件设施，积极推进档案工作数字化建设。按照档案建档、保管、借阅、查询标准化建设的要求，落实"八防"措施，"十三五"期间累计投入资金 100 多万元。2019 年，投入资金达 28.56 万元，档案库房、办公室、保管设施得到了明显改善，现有档案室总建设面积 259.2 平方米，档案库房面积 212.4 平方米，配备微机 2 台、扫描机 1 台，专职档案员 4 名，兼职档案员 15 名。2020 年，室存档案 39109 卷、8345 件，案卷排架长度 683.5 米。其中照片档案 2868 张，实物档案 215 件。室内长期档案 16468 卷、5250 件。

2016 年以后，分公司分开建档，苏垦农发公司下发了《江苏省农垦农业发展股份有限公司档案管理暂行办法》，明确办公室为分公司档案管理的主管部门，并安排专职档案员，分公司的各部门设立兼职档案员，负责文件收集整理工作。省农垦农发公司对文件材料的归档范围、管理办法、阅卷调档、借阅规定、档案专业人员职责等都做了严格规定，2017 年以后，分公司的档案工作日臻完善。

农场的专兼职档案人员注重收集整理各类档案资料，归档质量不断提高。努力将各部门、各单位应归档的文件材料收集齐全。尤其是涉及工程项目、财务账册、凭据、民生工程的材料，按类收集齐全，进行鉴别、整理、立卷、编号、归档，完成了纸质档案的目录数据库、专题数据库建设，编制编号档案卷目录 78 本、重要文件目录 57 本（簿式）、机读目录（案卷级）2.33 万条。2018 年，新收集档案 656 卷、305 件，专兼职档案人员工作的认真负责，有力地保证了归档文件的齐全完整，丰富了室藏档案资源。2016年，农场档案室被评为射阳县档案工作先进集体，档案室原主任孙华被评为档案工作先进个人。2017年，农场档案室经过射阳县档案局的检查验收，被评为合格以上一级立档单位。

农场重视档案资源的开发利用，有效地开展了档案资源的编研工作。档案室编制了适用的档案检索工具，方便检索利用。2020年，开展档案利用50多人次，累计利用档案132卷、1500件，其中大部分用于经济建设（占70％）和工作查考（占30％），为各单位的经济建设和中心工作的开展提供了历史资料。组织4人历时3年编写出版了40多万字的《淮海农场志》，全面系统地记录了农场的军垦历史以及艰苦创业的历程，为各级领导的科学决策与管理提供了依据，充分发挥了功在当代的"资治"功能，为后世留下了存史的利用价值，为继承军垦文化的光荣传统、弘扬军垦精神起到了良好的教化作用。

2020年8月，农场利用档案室长期保存的实物档案——农垦四师编印的《生产战线报》编辑出版了120多万字的《摇篮》丛书，四卷分别为《创业者的足迹》《闪光的瞬间》《壮丽的诗篇》《历史的篇章》，全书彰显了军垦文化的深厚底蕴，对弘扬军垦精神，继承光荣革命传统，激发正能量，提振精气神具有重要意义。

2020年10月，组织专门人员突击完成3509名离退休人员档案，移交射阳档案馆，在短时间内完成了数字化扫描，经规范化整理后移交，得到了上级领导的肯定和表扬。

中国农垦农场志

第五编

组织机构

中国农垦农场志

第十七章　党群组织

第一节　组织机构

农建四师期间，师、团、营分别成立党委，连队成立党支部。

1955年8月，成立中共江苏省地方国营淮海农场委员会。下设党总支10个、党支部36个，党员993人。

1957年3月，经盐城地委批准，撤销9个作业区党总支建制，成立三垛、西汛港、美人垛、头庄、临海5个分场党的基层委员会。

1960年，临海分场从淮海农场划出，撤销临海分场党委建制。

1966年，西汛、三垛、头庄、美人垛分场党委分别更名为红卫、红星、红光、红旗分场党委。

1967—1968年，因"文革"影响，党组织处于瘫痪状态，活动基本停止。

1969年10月，兵团组建，成立十团临时党委，隶属江苏生产建设兵团党委。至1971年，成立营党委8个、党总支2个、党支部49个，党员712人。

1975年7月，兵团撤销，恢复农场建制。翌年4月，成立淮海农场党的核心小组，隶属江苏省农垦局党组。

1978年11月，成立中共江苏省国营淮海农场委员会，下设7个党总支、60个党支部，党员823人。

1991年8月，经盐城农垦公司党委批准，石油机械厂党总支改建为基层党委。

2004年，进行机构和人事制度改革，党组织设置作了较大调整。场党委下设党总支9个、党支部47个，党员912人。

2012年，农场党委下设党总支9个、党支部46个，党员851人。

2013年10月15日，《关于调整分场党组织建制的决定》（淮农党〔2013〕50号文）规定，根据农场管理和社会事业发展的需要，对各分场党组织建制作相应调整，决定成立一到六分场社区党总支和七分场党支部，同时撤销一至六分场党总支和七分场党支部建制。

2018 年 1 月 31 日，根据《关于组建中共江苏省淮海农场有限公司委员会的通知》（苏垦集党〔2018〕66 号）撤销原中共江苏省淮海农场委员会，建立中共江苏省淮海农场有限公司委员会，王进强任书记，李卫东任副书记，王进强、李卫东、孙司正、王灿明、陈海军等 5 同志为党委委员，王灿明同志任纪委书记。

2019 年 1 月，为了进一步加强基层党组织建设，便于党员就近参加组织生活，将居住在场部的离退休干部纳入社区党组织管理，对部分党支部设置进行了调整。

一、成立党支部

农场成立城南居委会第一党支部、城南居委会第二党支部、城东居委会第一党支部，城东居委会第二党支部，城西居委会第一党支部、城西居委会第二党支部、农机水利总站党支部。

新成立的居委会党支部隶属社区党总支，农机水利总站党支部隶属公司党委。

二、撤销党支部

撤销城南居委会党支部、城东居委会党支部、城西居委会党支部。

2018 年 10 月 8 日，中共江苏省淮海农场有限公司委员会印发淮海农场有限公司（社区管委会）机构设置、人员编制方案及部门职能实施方案的通知，设立党委工作部（人力资源部、企划宣传部），编制 7 人，设部长 1 人、副部长 2 人、工作人员 4 人。主要职能是协助党委做好党建、思想政治、精神文明建设、对内外宣传、品牌创建、文化建设、干部管理、人才招聘等工作。

2019 年 11 月，淮海农场有限公司成立党建工作领导小组，由党委书记单祥忠任组长，党委副书记王灿明任副组长，孙司正、陈海军、孙国祥为成员。领导小组下设办公室，孙国祥任主任（农场历任领导见表 17-1）。

表 17-1　1952—2020 年师、场级领导人一览表

师、场长（团长、主任）	任期	副师、副场长（副团长、副主任）	任期	书记（政委、核心小组组长）	任期	副书记（副政委、核心小组副组长）	任期
温逢山	1952.4 至 1952.12	李桂莲	1952.4 至 1955.9	冯国柱	1952.4 至 1953.7		
艾明山	1953.1 至 1955.8			崔济民	1953.11 至 1955.8	任经纬	1954.4 至 1955.8
				崔济民	1955.3 至 1955.8	艾明山	1955.3 至 1955.9
任经纬	1955.8 至 1955.12	张振华	1955.8 至 1956.12	任经纬	1955.8 至 1955.12	胡正平	1955.8 至 1956.10

（续）

师、场长 （团长、 主任）	任期	副师、 副场长 （副团长、 副主任）	任期	书记 （政委、 核心小组 组长）	任期	副书记 （副政委、 核心小组 副组长）	任期
		顾云如	1955.8 至 1956.1				
朱建群	1956.1 至 1956.10	胡正平	1956.1 至 1959.12	朱建群	1956.1 至 1956.10		
		嵇雨章	1956.1	胡正平	1956.10 至 1959.12	张振华	1956.10 至 1959.6
张振华	1956.12 至 1960.8	周志超	1956.12 至 1960.8	张振华	1959.6 至 1967.5		
		郭兴泽	1956.12 至 1966				
		王华	1956.12				
周志超	1960.8 至 1967.5	陈金祥	1960.8 至 1968.4			周志超	1962.3 至 1966.11
		朱斌	1962.3 至 1966.5				
		刘亚山	1966.5 至 1968.4				
		张振华（第 一副主任）	1968.4				
		盛能力	1968.4				
刘瑞生	1969.10 至 1973.8	王庆祥	1969.10 至 1971.12	王勇	1969.10 至 1975.7	刘少雄	1969.10
		张兴全	1970.3	王勇	1971.8 至 1975.7	程鸿儒	1969.11 至 1973
		周志超	1971.12 至 1975.12			李育五	1971.12
		汪永财	1973.3			刘瑞生	1971.8 至 1973.8
孙立元	1974.2 至 1975.7					孙立元	1974.3 至 1975.7
						朱斌	1975.3 至 1976.4
李志民	1976.4 至 1980.6	陈忠明	1976.4 至 1982.8	李志民	1976.4 至 1980.6	陈忠明	1976.4 至 1984.3
		纪明全	1976.4 至 1979.3			纪明全	1976.4 至 1979.3
		刘亚山	1976.4 至 1979.6			王锦香	1979.6 至 1983.12
		周赤波	1976.4 至 1983.12				
		叶金珠	1976.4				
		万金萍	1978.11 至 1982.7				
		顾月芳	1979.1 至 1979.6				
		邵子良	1979.6 至 1983.12				
		傅积中	1979.1				
		王书聪	1982.5 至 1984.3				
		黄广吉	1982.5 至 1984.3				
		李如俊	1982.5 至 1984.3				
陈忠明	1982.8 至 1984.3						
李如俊	1984.3 至 1985.10	王书聪	1984.3 至 1993.10	薛元海	1984.3 至 1985.10	尤锦华	1984.3 至 1993.6
		黄广吉	1984.3 至 1985.7				
		徐美俊	1985.3 至 1994.5				
薛元海	1985.10 至 1988.3			周布卿	1985.10 至 1988.3		
周布卿	1988.3 至 1992.12	顾家成	1988.4 至 1992.12				

（续）

师、场长（团长、主任）	任期	副师、副场长（副团长、副主任）	任期	书记（政委、核心小组组长）	任期	副书记（副政委、核心小组副组长）	任期
		张士斌	1990.2 至 2003.12				
		叶秀河	1991.1 至 1992.12				
叶秀河	1992.12 至 2001.10	陈俊	1994.5 至 2001.10	尤锦华	1993.6 至 1995.7	徐开泉	1994.10 至 2001.10
		黄胜亮	1995.10 至 2003.12				
		韩绪楼	1996.11 至 2011.9				
陈俊	2001.10 至 2006.12	陈永龙	2003.12 至 2006.12	徐开泉	2001.10 至 2006.12	陈俊	2003.12 至 2006.12
		王立新	2003.12 至 2006.12				
许峰	2006.12 至 2011.5	余新放	2006.12 至 2011.12	束向红	2006.12 至 2011.11	许峰	2006.12 至 2011.5
		郭世平	2006.12 至 2007.10				
		王进强	2008.3 至 2011.11				
束向红	2011.11					束向红	2006.11 至 2013.8
王进强	2011.12	李卫东		王进强	2011.11 至 2019.5		
		孙司正	2014.12 至 2020.10			贺在锐	2013.8 至 2014.12
		陈海军	2017.9 至 2014.12 2019.10			李卫东	2014.12 至 2018.6
		戴学林	2020.1 至 2020.4			单祥忠	2018.5 至 2019.5
		李海峰	2016.7 至 2017.12 2017.10			王灿明	2019.5 至 2020.12
李卫东	2014.12 至 2018.11 2018.1						
单祥忠	2018.6 至 2020.12 2019.5						
王灿明	2019.5 至 2020.12			单祥忠	2019.5 至 2020.12		

第二节　党 代 会

1954 年 5 月 23 日，召开农建四师党代会，正式代表 116 名，列席代表 105 名。中共江苏省委组织部部长韦永义代表省委到会祝贺，盐城专署副专员徐方恒参加大会主席团。师党委代理书记艾明山致开幕词，韦永义部长作重要讲话，时任师党委委员任经纬做了关于转业以来几项主要工作总结及今后方针任务的报告。会议选举产生了师党委委员和候补委员，通过了师党代会决议。大会 5 月 30 日闭幕。

1956 年 5 月 7 日至 11 日，召开中共国营淮海农场第一次代表大会，出席会议正式代表 74 人，列席代表 18 人。到会代表听取了朱建群同志作的 1956 年第一季度几项主要工作的总结及贯彻 1956 年任务的报告。会议选举产生了中共国营淮海农场第一届委员会。

1957 年 2 月 14 日至 18 日，召开中共国营淮海农场第二次代表大会，出席会议正式代表 64 人，列席代表 4 人。党委书记胡正平做了关于 1956 年党委工作的总结报告，党委副书记张振华做了关于 1957 年工作任务与增产节约方案的报告。会议增补了一名党委委员。

1958 年 5 月 9 日至 10 日，召开中共国营淮海农场第三次代表大会，出席会议正式代表 73 人，列席代表 13 人。会议通过了胡正平同志所作的工作报告，选举产生了新一届委员会。

1959 年 3 月 8 日至 12 日，召开中共国营淮海农场第四次代表大会，大会通过了胡正平同志代表前届党委所作的工作报告和张振华同志所作的《继续鼓足干劲，力争上游，为争取 1959 年更大的跃进而奋斗》的报告。会议选举产生了中共国营淮海农场第四届委员会。

1961 年 4 月 1 日至 3 日，召开中共国营淮海农场第五次代表大会，到会正式代表 61 人，列席代表 27 人。会议总结了两年来的工作并布置了 1961 年的工作任务。会议通过了党委书记张振华代表前届党委所作的工作报告，题为《高举三面红旗 继续鼓足干劲赶江南 争取农业大丰收》。大会选举产生了新一届党委会。

1962 年 9 月 3 日至 6 日，召开中共国营淮海农场第六次代表大会，出席会议正式代表 70 人，列席代表 24 人。会议通过了张振华同志代表前届党委所作的工作报告。会议作出贯彻"以粮为纲、农牧并举、多种经营"方针的决议。会议选举产生了新一届党委会。

1965 年 3 月 22 日至 24 日，召开中共国营淮海农场第七次代表大会，出席会议正式代表 59 人，列席代表 19 人。会议通过了张振华同志所作的关于两年来的主要工作总结和当前形势与 1965 年任务的报告，听取了陈金祥同志关于干部参加劳动的发言。会议选举产生了中共淮海农场第七届委员会。

1966 年 11 月，召开中共国营淮海农场第八次代表大会，出席会议正式代表 76 人。张振华同志代表前届党委做了关于《高举毛泽东思想伟大旗帜，把农场办成毛泽东思想大学校》的报告。大会选举产生了中共国营淮海农场第八届委员会。

1971 年 7 月 14 日至 17 日，召开中共江苏生产建设兵团十团第一次代表大会，会议代表 200 人。会议由团长刘瑞生主持，政委王勇代表团临时党委作工作报告，题为《高举毛泽东思想伟大旗帜，沿着毛主席革命路线奋勇前进》。大会选举产生了中共江苏生产建设兵团二师十团委员会。

2017年11月27日至28日，召开了中共江苏省淮海农场第九次代表大会，应到代表100名，实到代表99名。大会采取无记名投票方式，选举产生了出席中共江苏省农垦集团有限公司第一次代表大会代表钱伯彬、王进强、李卫东、朱炜亮、沈平、周爱国。选举产生王进强、李卫东、王灿明、孙司正、陈海军5位同志为新一届党委委员；王灿明、林一高、王淮锁、黄正海、于广伟5位同志为新一届纪委委员（见表17-2）。

表17-2　1952—2020年党委成员名单

时　间	党代会届次	机构名称	书记	副书记	常委及委员			
1955.3		农建四师党委	崔济明	艾明山	崔济明　艾明山　任经纬　李桂连 朱建群　徐方恒			
1955.8		淮海农场党委	任经玮	胡正平	朱建群　胡正平　稽雨章　辜长佐 杨士康　许　仁　郭颐和			
1956.1		淮海农场党委	朱建群	胡正平	朱建群　胡正平　稽雨章　辜长佐 杨士康　许　仁　郭颐和			
1956.5	第一届	淮海农场党委	胡正平	张振华	朱建群　胡正平　张振华　稽雨章 许　仁　杨士康　郭颐和　孙　碧 朱　斌　周赤波　丁辅义　陈　辉 袁立岗　张国昌　胡仕祥			
1957.2	第二届	淮海农场党委	胡正平	张振华	胡正平　张振华　许　仁　杨士康 周志超　孙　碧　朱　斌　周赤波 陈　辉　袁立岗　张国昌　胡仕祥			
1958.5	第三届	淮海农场党委	胡正平	张振华	胡正平　张振华　周志超　孙　碧 朱　斌　刘亚山　陈　辉　陈金祥 周永文　徐　道　张国昌			
1959.6	第四届	淮海农场党委	胡正平 （第一书记）	张振华 （第二书记）	胡正平　张振华　孙　碧　朱　斌 刘亚山　陈金祥　周永文　陈 徐　道			
1961.4	第五届	淮海农场党委	张振华		张振华　周志超　陈金祥　朱　斌 俞德龙　周永文　王锦香　徐　道 陈　辉			
1962.9	第六届	淮海农场党委	张振华	周志超	张振华　周志超　陈金祥　朱　斌 俞德龙　周永文　王锦香　刘亚山 徐　道　陈　辉　高志久			
1965.3	第七届	淮海农场党委	张振华	周志超	张振华　周志超　陈金祥　朱　斌 俞德龙　刘亚山　周永文　王锦香 高志久　袁　墩　陈辉			
1966.11	第八届	淮海农场党委	张振华		张振华　陈金祥　刘亚山　高志久 袁　墩　俞德龙　王锦香　朱法高 盛能力			
1971.8	第一届	兵团十团党委	王勇	刘瑞生 孙立元 1974.3	王　勇　刘瑞生　王庆祥　张兴全 刘少雄　汪永财　张建新　刘亚山 陈秉南　薛守林　马文贵　张培进 马锡让　于光恒　刘玉清　王洪恩 贾相坡　李连生　叶金珠　周志超 （1972.4）　李育五（1972.4） 孙立元（1974.3）			

（续）

时　间	党代会届次	机构名称	书　记	副书记	常委及委员
1976.4		淮海农场党的核心组	李志明 （组长）	陈忠明 纪明全 （副组长）	李志明　陈忠明　纪明全　刘亚山 周赤波　叶金珠　王锦香　万锦萍 沈东成　朱法高（1976.8）
1978.11		淮海农场党委	李志明	陈忠明 纪明全 王锦香	李志明　陈忠明　纪明全　刘亚山 周赤波　万锦萍　王锦香　顾月芳 （1979.1）　邵子良（1979.6） 傅积中（1979.10）
1980.8		淮海农场党委		陈忠明 王锦香	陈忠明　王锦香　周赤波　万锦萍 邵子良　傅积中　王书聪　黄广吉 李如俊
1984.3		淮海农场党委	薛元海	尤锦华	薛元海　尤锦华　李如俊　黄广吉 徐开泉
1985.1		淮海农场党委	周布卿	尤锦华	周布卿　尤锦华　徐开泉
1988.3		淮海农场党委		尤锦华	尤锦华　周布卿　徐开泉　陈洪峰 刘可通　叶秀河（1992.12） 葛常新（1993.4）
1993.6		淮海农场党委	尤锦华	徐开泉 （1994.10）	尤锦华　叶秀河　徐开泉　葛常新 张士斌（1994.5）　陈俊（1994.5）
1995.7		淮海农场党委		徐开泉	徐开泉　叶秀河　张士斌　陈　俊 葛常新　黄胜亮（1995.10） 韩绪楼（1996.11）
2001.1		淮海农场党委	徐开泉	陈　俊 （2003.11）	徐开泉　陈　俊　张士斌　黄胜亮 韩绪楼　葛常新　陈永龙（2003.12） 王立新（2003.12）
2006.12		淮海农场党委	王进强	束向红	束向红　许　峰　韩绪楼　余新放 郭世平　王进强（2008.3）
2011.12		淮海农场党委	王进强	束向红　贺在锐	王进强　束向红　李卫东　贺在锐 （2013.8）　王灿明（2014.4） 孙司正（2014.12）　李海峰（2016.7） 陈海军（2017.9）
2017.12		淮海农场党委	王进强	李卫东	王进强　李卫东　王灿明　孙司正 陈海军
2018.1		淮海农场有限公司党委	王进强	李卫东　单祥忠 （2018.6）	王进强　李卫东　单祥忠（2018.6） 孙司正　五灿明　陈海军　孙国祥 （2018.5）
2019.5		淮海农场有限公司党委	单祥忠	王灿明	王进强　李卫东　单祥忠（2018.6） 孙司正　五灿明　陈海军 孙国祥（2018.6）
2020.12		淮海农场有限公司党委	单祥忠	王灿明	单祥忠　王灿明　陈海军　孙国祥 李文忠（2020.1）　戴学林（2020.11）

第三节 组织工作

一、党员发展

从建场到"文革"前,党员发展工作缓慢,1967—1969 年,党员发展工作停滞。

1969 年下半年,恢复党组织活动,党员发展工作逐步正常化。在此期间,注重在贫下中农子女和知青中发展党员,并重视发展女党员。至 1975 年底,累计发展党员 412 人,其中女党员 124 人。

1976—1979 年,在发展党员工作中,加强了对发展对象的考察,严格把好发展对象的质量关,本着积极稳重的方针,做好党员发展工作。其间共发展党员 83 人。

1969 年前,新党员有预备期,预备期间称为"候补党员",其后取消新党员的预备期。1978 年起恢复新党员的预备期,预备期间称为"预备党员"。

1980 年以后,党员发展工作进入新时期,按照"坚持标准,保证质量,改善结构,慎重发展"的方针,严格把好党员发展的材料关、考核关、谈话关、培训关以及预备党员教育考察关,做到成熟一个、发展一个,重点在知识分子和一线职工中发展党员。1981—1999 年,发展党员 228 人,其中中专以上学历占 42%。2000 年以后,企业进行改制,职工进行转岗分流,党员发展速度减缓。2000—2006 年共发展新党员 30 人。

2005 年起,入党积极分子必须参加射阳县委组织部组织的统一培训,培训不合格者暂缓发展。在入党和预备转正时都要进行公示,增加了发展党员工作的透明度。

2013—2020 年,各基层党组织在吸收新党员时严格按照党章规定的程序,把好入党申请、入党推选、入党考察、支部大会讨论四道关,支部大会必须本级通过才能形成接收预备党员或预备党员转正的决议。8 年中累计发展新党员 79 名,新吸收的党员学历层次高、年纪轻、综合素质好。其中青年党员占 80%以上,本科学历的 20 名,占 25.32%。

二、党员教育

农建四师期间,围绕爱国主义、共产主义和保卫祖国、建设祖国这个中心内容,对党员进行共产主义与共产党、总路线和建场方针任务的基本教育。

1956 年起,健全"三会一课"制度,即每月召开一次党小组会、一次支委会、一次支部会,每季度上一次党课。利用党课对党员进行党的基本知识教育。

1957—1965 年，主要结合"反右倾""三反""五反"等运动，学习有关文件，整顿思想作风。

1977 年底，全场党组织和党员进行了一次整风工作。对党员从认真看书学习、坚持党的基本路线、贯彻执行四项基本原则、积极投身各项政治运动等方面进行全面评议。通过评议，帮助党组织和党员解决好路线、干劲、作风和团结问题。

1978—1980 年，贯彻中共十一届三中全会精神，拨乱反正，对党员进行党的实事求是思想路线教育。

1981 年，向全场党员传达中共中央《关于建国以来党的若干历史问题的决议》。

1983 年以后，围绕党的改革开放路线、方针、政策，组织党员学习有关文件，教育党员参与改革，促进改革。

1985—1986 年，分两期在全场 10 个党总支、75 个党支部、808 名党员中进行整党。坚持以思想整顿为主，提高党员素质，增强党组织的战斗力，对全场 820 名党员进行重新登记。

1987 年，组织党员学习《建设有中国特色的社会主义》和《坚持四项基本原则，反对资产阶级自由化》两本书，要求党员在思想上、政治上同党中央保持一致。

1988 年，组织党员学习中共十三大文件，领会党在社会主义初级阶段建设有中国特色的社会主义基本路线，对党员进行党的宗旨教育、理想信念教育、组织纪律教育。

1990 年 3 月上旬，在全场开展为期 40 天的民主评议党员工作。参加评议党员 827 人，评出优秀党员 36 人、合格党员 647 人、基本合格党员 134 人、基本不合格党员 8 人、不合格党员 2 人。

1991 年，党委组织党员认真学习江泽民在庆祝中国共产党成立 70 周年大会上的讲话和中纪委颁布的 7 个纪律处分暂行规定以及《党章》《准则》的相关内容，对党员进行党纪专题教育。

1992 年，在全场党员中开展为期一个月左右的新一轮民主评议党员工作。参评党员 960 名，共评出优秀党员 42 人、合格党员 832 人、基本合格党员 81 人、基本不合格党员 2 名、不合格党员 3 名。之后，每年进行一次民主评议党员活动。对党员评定的格次从 5 个调整为 4 个，即优秀、合格、基本合格、不合格。

1993 年，在全场党员中深入开展学习《邓小平文选》第三卷，开展建设有中国特色的社会主义理论教育。

1994 年，继续抓好《邓小平文选》第三卷的学习，积极开展"争先创优"活动，在场广播站开辟《共产党员风采》专栏，宣传先进典型，营造积极向上的舆论氛围。

1995年5月，场党委号召全场党员学习孔繁森先进事迹。"七一"期间，各单位党组织按照党委要求，安排了以《学习孔繁森，争当好公仆》为主题的专题党课教育。由纪委和组织部门牵头，举办学习孔繁森演讲会。

1996年，组织党员学习中共十四届六中全会文件，在党员中开展"学好理论、牢记宗旨、遵纪守法、争作贡献"活动。

1997—1998年，深入学习邓小平理论、中共十五大文件精神和新党章，在全场党员中开展了一次以"讲学习、讲政治、讲正气"为主要内容的党性党风教育，提高了党员干部遵守纪律的自觉性。

2000年，组织党员学习中共十五届五中全会通过的《中共中央关于制定国民经济和社会发展第十个五年计划的决议》，在学习的基础上，紧密结合农场发展实际，开展专题研讨。在年度民主评议党员活动中，开始实行"双评一定"制度（党员评议、群众评议、党组织定格）和末位审格制度（将民主测评中处于末位和基本合格、不合格票数较多的党员情况上报场党委审查定格）。

2001年，在全体党员中开展"三个代表"重要思想教育。同年7月，组织党员干部学习江泽民在中国共产党成立80周年纪念大会上的重要讲话。

2002年，组织全体党员学习中共十五届六中全会通过的《中共中央关于加强和改进党的作风建设的决定》。同年11月，组织党员学习中共十六大文件，并举办科级以上党员干部学习党的十六大文件培训班。

2003年，在全场党员中掀起学习"三个代表"重要思想新高潮，开展"两个务必"主题教育活动，认真学习胡锦涛考察西柏坡时的重要讲话，增强党员干部立党为公、执政为民的意识。

2004年，在党员干部中进行以廉洁自律、勤政廉政为主要内容的党纪教育，要求广大党员牢固树立全心全意为人民服务的思想。当年，盐城市委授予场党委"先进基层党组织"称号。

2005年7月起，在全场党员中开展保持党的先进性教育，历时6个月，12月底基本结束。活动期间召开动员会、演讲会、座谈会等30余次，发放学习材料2200多份，收集党员的党性分析材料280多份，征集梳理各种意见和建议110条，制定整改措施13条，建立健全相关制度10项。全场共有906名党员参加了先进性教育活动，参加率达99.4%。

2006年，在全场开展创建"五好"党支部和"三强"党支部书记活动。场党委下发了《关于开展争创"五好"党支部、争当"三强"党支部书记活动的意见》。10月，组织党员学习《江泽民文选》和中共十六届六中全会审议通过的《中共中央关于构建社会主义和谐社会若干重大问题的决定》。

2007年，在全场开展党员与职工结对活动。要求党员从解疑释惑、提高技能、提供信息、解除急难等4个方面对职工进行帮扶。全场有210名党员与职工结成帮扶对子。9月，在党员中开展了"我为二次创业争贡献，争做示范带动排头兵"活动。

2008年，组织党员深入学习中共十七大文件。5·12汶川大地震发生后，全场895名党员交纳特殊党费33406元，并由上级部门汇往灾区。8月，开展了为期4个月的"解放思想，创新发展"大讨论。

2009年3月，开展深入学习实践科学发展观活动。在学习活动中，党员领导干部做到"五个"带头，即带头学习理论、带头自我检查、带头开展谈心、带头开展批评与自我批评、带头落实整改。在学习活动中，共征集群众意见和建议86条，形成有价值的调研报告11篇，梳理归纳整改内容4大类12条。7月，在全场党组织中开展创建党员责任区活动。8月，在全场党员中开展向吴大观同志学习的活动。

2010年3月，在全场党员干部中开展向沈浩同志学习活动。5月，开展争创"四强"党组织、争做"四优"共产党员活动。8月，在全场党组织和党员中深入开展创先争优活动。

2011年，党委组织全场党员干部认真学习胡锦涛在建党90周年大会上的重要讲话，开展"为群众办实事，为党旗添光彩"主题实践活动和向张雅琴同志学习活动。

2012年，开展"迎接十八大，保持纯洁性"教育实践活动。按照"三评两定一公示"工作法的要求，对党组织和党员进行评级、评星、评格和定级、定星、定格工作。

2013年7月，开展党的群众路线教育实践活动。开展"四查四治"活动，召开民主生活会，开展批评与自我批评，改进作风，密切干群、党群关系，坚持群众路线，提高党员干部素质，农场成立了群众路线教育实践活动领导小组和办公室，建立农场党委领导班子成员党的群众路线教育实践活动挂钩联系点，加强对各自挂钩联系点教育实践活动的指导、示范带动和监督检查。通过群众提、自己找、上级点、互相帮、认真查，以整风精神开展批评与自我批评，活动中农场党委认真对照检查，建章立制，整改落实。

2015年5月开始，开展"三严三实"专题教育。通过集中学习，研讨交流，不断巩固和拓展党的群众路线教育实践活动成果。教育引导全场党员干部增强党性、守纪律、树正气、干实事，自觉按照"三严三实"要求修身做人，为官用权，干事创业，积极营造风清气正的政治生态。农场党委书记带头讲党课，动员部署，深入联系点和联系单位，认真搞好调查研究，广泛征求意见，找准突出问题，深入剖析根源，带着问题讲党课。注重联系单位工作实际和党员干部思想，查找"不严不实"问题的具体表现和严重危害，讲清楚落实"三严三实"的实践要求和实现路径。

2016年，在全体党员中开展"两学一做"学习教育，推进从严治党向纵深发展。要求全体党员"学党章、学系列讲话，做合格党员"，全面学深学透中共十八大精神，加深对党章、党规的理解，深入领会党的性质、宗旨、指导思想、奋斗目标、组织原则，明确做合格党员的标准条件。农场党委领导班子成员围绕开展"两学一做"学习教育，结合分管工作，深入基层一线，了解基层党组织和党员队伍建设情况，吸取基层党员干部意见建议。在纪念建党95周年前夕，党委领导班子成员到所在党支部或联系点讲党课，并以普通党员身份参加所在党支部的组织生活，参加所在党支部的"三带三比"主题活动。在专题调研、广泛征求意见的基础上，党委领导班子成员相互开展谈心活动，撰写对照检查材料，开展批评与自我批评，并形成了民主生活会专题报告，报送集团公司党委。

2019年8月，开展"不忘初心，牢记使命"主题教育，要求对照党章、党规找差距，推动党员干部主动检视自我、自觉修正错误。重点对照党章、《关于新形势下党内政治生活的若干准则》《中国共产党纪律处分条例》进行自我检查。把对照党章党规找差距与对照习近平新时代中国特色社会主义思想、习近平总书记重要指示精神和中共中央决策部署检视问题结合起来，边学习、边对照，边检视、边整改。不断增强党员干部的党性意识、纪律意识，不断提升政治境界、思想境界、道德境界。

在主题教育中，农场党委联系实际，开展专项整治公务接待、公务用车、通信费等问题，深入落实中央八项规定精神，聚焦作风建设中的突出问题，通过自查自纠、专项整治等措施，扎实扎紧制度的笼子，驰而不息纠正"四风"，营造了风清气正的良好氛围。

为了强化党员的法制观念和廉洁自律意识，不断增强反腐倡廉的针对性和时效性，农场党委组织党员干部到盐城监狱接受警示教育。2017年9月11日，组织50多人专程前往监狱听取一些原领导干部违纪违规典型案件的介绍，深刻剖析产生腐败问题的思想根源和社会根源，以案施教，引导广大党员干部树立正确的人生观、价值观、利益观和权力观，筑牢拒腐防变的思想防线，使党员干部确立不想腐、不敢腐、不能腐的思想。

2020年，在全体党员中深入学习贯彻中共十九届四中、五中全会精神，要求强化站位意识，强化党要管党，全面从严治党，持续提升政治定力，严格组织纪律和组织生活，着力搞好作风建设。

2020 年 11 月 19 日，农场组织中层领导干部在农场分会场收听收看江苏省委宣讲团成员、省国资委主任、党委书记兼省委组织部副部长郭平在南京作的学习贯彻党的十九届五中全会精神宣讲报告，大家认为这次报告既全面宣讲了中共十九届五中全会精神，又很切合国企实际，拓宽了视野，提高了政治站位。农场党委还将报告内容上传到企业微信学习平台，线上线下学习相结合，切实增强"四个意识"，坚定"四个自信"，做到两个维护。充分认识到我国进入新发展阶段的重大意义和 2035 年的远景目标，明确了"十四五"时期的指导方针、主要目标、重点任务，以及构建新发展格局的战略思想和重要着力点，明确了要为实现十四五规划和 2035 年远景目标而团结奋斗。

三、干部队伍

1952—1955 年，为适应农业生产建设需要，先后引进技术人才 200 多人，培训各类专业干部 167 人，培训政治、文化、教育人员 3000 多人（次）。1955 年 1 月，干部总数 1579 人。

1955 年 12 月至 1957 年 1 月，对全场 320 名干部分 4 批进行审查工作。

1958 年，开展整编下放干部工作，至 12 月全场共下放干部 48 人。实行干部参加劳动制度，规定总场机关干部和分场管理人员每年不少于 30～40 个劳动日。

1961 年，建立干部评比制度，在干部使用上坚持德才兼备原则。当年评出"五好"干部 61 人。1958—1961 年，共提拔各类干部 64 人，其中场级 3 人，分场级 8 人，生产队级 34 人，事务员、会统计等 19 人。

1964—1965 年，在两次社会主义教育动员中，队（股）级以上干部（含会计、统计）普遍进行"洗手洗澡、下楼过关"，接受群众的批评帮助。

从建场到 1966 年，除上级机关调配外，前期主要是从在职干部中提拔任用干部，后来开始逐步从工人中培养提拔干部。从工人中提拔任用的干部称为"以工代干"。

1966 年以前，场领导干部先后由省农业厅农场管理局管理，报省农工部任免和省农垦局及盐城地委管理和任免。

1967—1968 年，大多数干部在"文革"中受到不同程度的冲击。

1969 年 10 月，江苏生产建设兵团十团成立以后，调来 52 名部队现役军官分别担任团领导和司、政、后、股及营的主要领导，原农场中层以上干部全部被降职使用，有的在团机关或营任副职，有的到连队任职。省级机关调来的 12 名干部也基本担任副职。这期间，团级主要领导由南京军区管理，副团级、正营级干部由兵团任免，副营级、连级干部由兵团二师任免，副连级以下干部由本团任免。

1971年，团党委结合清理阶级队伍对干部审查考核，落实干部政策，原农场干部逐步适当安排工作。这一时期，逐步重视从知青中培养提拔干部，同时重视女干部的培养和使用。1974年底，干部总数为314人，其中女干部45人。

1975年7月，兵团撤销，部队干部全部先后撤离。

1975年10月，江苏省革命委员会农垦局成立。翌年4月，健全场领导班子。农场正职由省农垦局管理，报省委组织部任免，农场副职由省农垦局党组和盐城地委任免。1976年4月，无锡知青叶金珠为场革委会副主任和党的核心领导小组成员，连云港知青万锦萍为农场党的核心小组成员。1976年底，全场干部总数为314人。

1978年，开展"三案"复查工作，对过去冤假错案及受冲击的干部进行复查和平反。

1979年后，逐步重视干部的培养工作。分期分批选送干部到农垦职工大学、电大、党校等有关大、中专院校学习、培训，鼓励干部参加函授学习和自考。在干部使用上也注重文化程度和专业知识。

1982年，场党委加强干部的绩效管理，并下发了《关于对各级干部实行考勤考绩的决定》。按照中共中央和国务院的相关文件，从1982年起，开始执行干部的离退休制度，对符合条件的干部办理了离退休手续。

1983年，进行企业整顿，加快了干部队伍"四化"（革命化、年轻化、知识化、专业化）建设，一批中、青年干部充实到各级领导班子。全场新提拔场级干部3名、科级干部20名。1984年3月，新建立的场级领导班子的平均年龄为44.8岁，比原来领导班子的平均年龄下降了8.9岁，科级干部的平均年龄也从原来的47.9岁下降到43.6岁，干部的文化结构、专业结构也得到进一步改善。同时实行干部退二线制度。场级二线干部为顾问，科级二线干部为协理员，股级二线干部为助理员。至1984年底，全场顾问1人，协理员14人，助理员46人。

1984年，根据中央组织部中组发〔1983〕2号、劳动人事部劳人干〔1983〕7号文件精神，经省农垦总公司批准，为91名以工代干人员补办了国家干部手续，为158名以工代干（含代教、代医）人员办理了转干手续。

1988年，实行场长负责制，制定了《国营淮海农场行政管理干部聘用办法（试行）》。《办法》规定，农场副场长、三总师、石油机械厂厂长由场长提名，报盐城农垦公司审批；科级行政干部由场长直接聘用；股级行政干部由科、分场级单位负责人提名，报场长审批后，由科、分场级负责人聘用。至6月份，基本完成全场各级行政干部的聘任工作，共聘用干部346人。

1989年，为落实从严治党方针，进一步加强干部的廉政建设工作，农场和场党委联合下发了《关于场级领导、党委成员和机关干部廉洁的规定》，场纪委下发了《关于党员干部清正廉洁的几项规定》。

1991年，按照《企业法》规定，场工会组织开展民主评议干部工作。评议采用口头评议和书面评议相结合的方式进行。口头评议采用座谈会和访谈形式，对干部进行"背靠背"评议。书面评议是从干部德、能、勤、绩四个方面进行民意测验。当年评议的是全场78名中层干部，之后，民主评议干部的范围扩大到股级。

1992年，根据《江苏省农垦企业聘用制干部管理暂行办法》规定，经省农垦总公司政治处批准，全场有323名以工代干（含代教、代医）人员办理了聘用制干部手续。聘用制干部在聘期内享受所在企业同岗位、同职务国家干部的工资、保险、福利待遇。

1993年，将职代会依法对干部的民主评议与党委组织部门对干部的考核相结合，对干部进行民主考评。之后，每年度的干部考核工作都采用这种方法。

1996年，制定了《关于部分干部内部退养的规定》，对干部实行内退制。规定国家干部身份或担任副科级以上职务的干部男55周岁、女50周岁，非国家干部身份的干部男55周岁、女47周岁，实行场内退养。当年全场有16名干部办理了内退手续。从1996年起，逐步加大人才引进力度。制定了《关于大、中专毕业生就业、见习期管理的暂行办法》，进一步强化大、中专毕业生的就业和管理工作。至2000年，先后引进大、中专毕业生和其他人才共60多名。

1997年，为加强机关干部的思想作风建设，党委下发了《关于在机关实行禁酒的规定》。规定禁止在工作日中午和工作时间饮酒，禁止到可能影响公正执行公务的任何场合饮酒，禁止在一切场合酗酒。同年7月，党委下发了《关于党员干部不准接受非亲属宴请的规定》。

1998年，农场加强后备干部队伍建设，分别建立场级和科级后备干部人才库。经基层推荐、组织部门考核、民主测评、党委决定，共有5名科级干部作为场级后备干部，18名作为科级后备干部。

2001年11月，按照省政府办公厅苏政办发〔2000〕34号文件规定，农场派出所移交射阳县公安局管理，6名干警移交地方。

2002年7月，根据江苏省政府苏政发〔2000〕4号、苏政办发〔2001〕38号文件精神，职工子弟学校从农场剥离。农场所办的中、小学移交射阳县管理，共移交教学人员、管理人员及后勤人员78人。

2003年，进行机关改革，由原来的16个科室调整为9个部门。9个部门负责人和6

名机关副科级干部通过选聘任职，23 名机关工作人员通过竞聘上岗。

2004 年 3 月，根据省农垦集团公司企业人事制度改革精神，农场将分场改为管理区，机关由 8 个职能科室合并为 5 个部门，农业单位每千亩耕地核定管理人员 1 人，场部机关和全场农业单位管理人员定编 81 人，其中机关 17 人，农业发展中心和管理区 64 人。全场管理人员大幅度下降。2004 年底，干部总数为 281 人，其中管理人员 155 人。

2005 年，党委制定了《关于开展"四好"领导班子创建活动的实施意见》，在领导班子中开展政治素质好、经营业绩好、团结协作好、作风形象好"四好"领导班子创建工作。

2007 年 3 月，制定了《关于管理人员调配工作实施意见》，按照"公开、平等、竞争、择优"的原则，对各管理区主任、场直单位负责人、机关行政管理部门负责人均实行竞聘上岗。

2008 年，为推进"四好"领导班子创建工作，党委下发了《创建"四好"领导班子规划及措施》，建立场领导干部学习实践科学发展观活动联系点制度。

2010 年，制定了《关于对部分管理人员实行离岗退养的规定》，对男满 55 周岁、女满 50 周岁的科级干部实行内退。当年有 11 名科级干部办理了内退手续。

2011—2012 年，为进一步加强场级领导班子建设，场党委制定了《关于切实加强场领导班子自身建设的意见》，将创建"四好"领导班子和民主评议干部、领导班子述职述廉等活动有机结合，不断增强创建工作的实效性。2012 年，场领导班子被省国资委表彰为"四好"领导班子。

2013—2020 年，农场注重人才的培养和使用，努力推进干部人事制度的改革创新，增强干部队伍建设，适应新时代中国特色社会主义发展需要，建设高质量的干部队伍。农场坚持"德才兼备，以德为先""凭实绩选用干部，为发展配干部"的用人导向，选拔任用政治上靠得住、发展上有本领、作风上过得硬的优秀管理人才和基层领导干部。8 年中累计提拔任用场级领导干部 6 名、科级干部 48 名、科级助理 12 名、大队级干部 212 名。高校招聘大学隆 57 名，形成了一支素质优良、朝气蓬勃、敢于担当、积极作为、开拓进取、勇于创新的干部队伍。

2013 年 12 月，印发了《淮海农场干部选拔任用和考核评价暂行办法》，对干部选拔任用原则、程序、任免交流回避、任用纪律、考核评价管理等有利于人才脱颖而出的选人用人机制等作出明确的规定，促进了农场干部考核评价、提拔任用逐步实现科学化、规范化、制度化。

2016 年 5 月 4 日，农场下发了《关于暂缓执行科级干部内退规定的会议纪要》，确定调整干部内退政策，决定暂缓执行淮农党〔2010〕11 号文件有关科级干部内退的规定。

2017 年 2 月 23 日，《江苏省淮海农场干部选拔任用规程》（淮农党〔2017〕4 号）对干部选拔任用的动议、民主推荐考察、讨论决定任职等规程提出了明确的规定和具体操作程序。

2018 年 10 月 8 日，《淮海农场有限公司（社区管委会）机构设置、人员编制方案及部门职能实施方案》（淮农司党〔2018〕35 号）确定农场有限公司设置办公室（法务部）、计划财务部、资产经营部、党委工作部（人力资源部、企划宣传部）、工会办公室（团委）、审计监察、纪委等 6 个管理部门，人员编制 34 人。农场社区管理委员会设置综合管理科、社会管理科、公共服务科等 3 个职能科室，人员编制 25 人。

2019 年 2 月，《关于开展科级干部集中报告个人有关事项》（淮农司党〔2019〕9 号）要求，农场公司、分公司、社区机关副科级以上管理人员、各分场、社区（生产区），以及二、三产单位副科级以上管理人员（含离岗退养、二线副科级以上人员）均要按时报告个人有关事项，进一步严明政治纪律和组织纪律，从严管理监督干部。2019 年 2 月 11 日，印发《江苏省淮海农场有限公司（社区管理委员会）工作人员任用管理办法》（淮农司党〔2019〕11 号）。

2019 年 12 月 6 日，为促进农场公司高质量发展，充分调动单位领导人干事创业的积极性，激励二、三产单位负责人勇于担当、创新作为，出台了《江苏省淮海农场有限公司单位部门领导人员鼓励激励实施办法（试行）》等 3 个文件。鼓励激励单位领导人员做到清正廉洁，把干事创业作为政治担当、价值追求、职责使命。坚持实事求是、客观公正、综合考评、注重实绩、分类考核、奖励奖勤的原则，选树先进，在考核奖励、选拔重用、关心爱护干部等方面作了具体规定。对改革创新、担当作为中出现偏差、失误的干部，只要不违反党纪国法、政策规定，未谋取私利，且及时认识并纠正错误的，不做负面评价，从轻处理或免除相关责任。

为了健全干部能上能下机制，切实解决单位领导人员队伍中存在的不担当、不作为、乱作为等问题，党委下发了《江苏省淮海农场有限公司单位部门领导人员能上能下实施办法（试行）》，推动优者上、庸者下、劳者志成为常态。

2020 年 3 月 10 日，农场印发《淮海农场有限公司党委关于选派年轻干部到基层兼职锻炼的实施办法》，加大对年轻干部的培养力度，实施多岗位锻炼，使年轻干部提升能力，增长才干。同年 8 月 4 日，《江苏省淮海农场有限公司人才招聘管理规定》（淮农司党〔2020〕58 号）对人才招聘流程、原则、考核、录用等作出了具体规定，以满足农场经营和管理的需求。

表 17-3　1971—2020 年党组织状况表

年份	党委（个）	党总支（个）	党支部（个）	党员（人）	发展党员（人）
1971	9	2	51	712	194
1972	9	2	51	726	58
1973	9	2	52	783	80
1974	7	2	53	785	35
1975	1	1	53	802	45
1976	1	7	57	791	14
1977	1	7	58	816	22
1978	1	7	60	823	18
1979	1	7	55	782	29
1980	1	7	56	805	23
1981	1	8	65	825	11
1982	1	8	66	825	13
1983	1	8	67	825	5
1984	1	9	71	828	22
1985	1	10	75	808	18
1986	1	10	73	842	28
1987	1	9	73	844	12
1988	1	9	73	843	16
1989	1	9	73	853	20
1990	1	9	72	884	26
1991	1	9	76	1008	25
1992	1	10	78	1032	20
1993	1	10	77	1023	12
1994	1	11	80	1017	15
1995	1	11	76	1007	8
1996	1	10	75	1011	11
1997	1	11	78	1006	9
1998	1	11	74	998	6
1999	1	11	75	983	11
2000	1	11	65	975	1
2001	1	10	62	969	6
2002	1	9	60	947	4
2003	1	9	58	934	6
2004	1	9	47	912	4
2005	1	9	47	910	9
2006	1	9	47	898	10
2007	1	9	47	898	19

（续）

年份	党委（个）	党总支（个）	党支部（个）	党员（人）	发展党员（人）
2008	1	9	47	877	5
2009	1	9	47	867	9
2010	1	9	47	859	7
2011	1	9	47	862	17
2012	1	9	47	851	10
2013	1	9	46	853	13
2014	1	9	45	857	9
2015	1	9	46	847	11
2016	1	9	48	833	9
2017	1	9	48	826	8
2018	1	9	48	806	7
2019	1	9	37	805	9
2020	1	9	38	778	13

第四节　纪检监察

一、组织机构

农建四师期间，设立农建四师党委纪律检查委员会，李桂莲兼任纪委书记。

1956年3月，经江苏省委批准，成立中共国营淮海农场监察委员会。

1967—1968年，监察工作因"文化大革命"停止。

1969年11月，江苏生产建设兵团二师十团成立后，监察工作归政治处负责。

1975年7月，兵团撤销恢复农场建制后，由政工部门负责监察工作。

1981年10月，经省农垦局党组批准，成立中共国营淮海农场纪律检查委员会，王锦香任纪委书记。

1990年7月，成立监察室，纪委和监察室合署办公。

2004年3月，场部机关机构调整，设立党委办公室，纪检监察日常工作由党委办公室负责。

2007年3月，成立党委工作部，撤销党委办公室，纪检监察日常工作由党委工作部负责。

2012年6月，成立党委组织科，撤销党委工作部，纪检监察日常工作由党委组织科负责。

2011年12月至2014年11月，调整江苏省淮海农场纪律检查委员会组成人员，由李卫东、林一高、李海峰、缪海如、黄正海等5位同志组成，由李卫东任书记，林一高任副书记。

2014年12月至2018年3月，王灿明任纪委书记，主持纪委全面工作，协助党委组织实施好巡察工作。林一高负责纪委日常工作，分管纪律审查、案件审理、案件剖析工作。于广伟分管宣传教育、垦地廉洁共建工作。王淮锁分管党风监督、信访、履责纪实工作。黄正海分管审计监察工作。

2018年4月，省农垦集团党委印发《关于成立中共江苏省淮海农场有限公司纪律检查委员的通知》（苏垦集党〔2018〕105号）文件，决定成立中共江苏省淮海农场有限公司纪律检查委员会，撤销中共江苏省淮海农场纪律检查委员会。

2018年6月，省农垦集团纪委批准孙国祥任淮海农场有限公司纪委书记；2018年11月，征文高任淮海农场有限公司纪委副书记。

2019年6月，省农垦集团党委印发《江苏省农垦集团有限公司纪检监察机构设置方案》（苏垦集党〔2019〕66号）文件，对农场公司纪委的组织架构、工作职责等提出了明确规定和要求。核定江苏省淮海农场有限公司纪委职数3人，农场纪委单独设立办事机构，与农场党委工作部分开办公。

二、党风廉政建设

1953年，结合"新三反"运动，开展反官僚主义、反军阀残余、反贪污浪费教育。1954年起，逐步建立和完善了党风建设工作的会议制度、请示报告制度、学习制度等。

1955年12月，成立监察室，同时建立监察通讯员汇报制度，及时掌握全场党风党纪情况，对党员进行遵纪守法教育。

1959—1966年，场监委结合整党运动、社会主义教育运动，采用树立典型和对违反纪律的党员进行处理等方法进行党纪党风教育。十团期间，制定和完善了党内廉政建设的相关规定，结合当时形势，开展经常性的党纪党风教育。

1977年1月，农场党的核心小组针对党组织和党员思想、组织、作风不纯的问题，结合年终总结，在全场各级党组织和党员中开展了为期一个月的整风活动。

1981年，场党委制定了《关于贯彻〈准则〉搞好党风的几条规定》，规定党员干部不准参加非亲属宴请，不准擅自动用机动车辆，不允许利用国家或集体的物资来为个人拉关系或以物易物，谋取私利。

1985 年 1 月，场纪委制定下发了《关于贯彻执行〈准则〉严禁吃请受礼的决定》，提倡"清茶一杯"的新风尚，防止铺张浪费。同年 5 月，在全场进行了一次理想纪律和革命传统教育。

1986 年 2 月，根据中共十二大提出的在五年内实现党风根本好转的要求，场党委下发了《关于实行党风责任制的决定》。全场实行一级抓一级的党风责任制。同年 7—8 月，在全场党员干部中开展了一次纪律整顿。

1988 年，为使全体党员，特别是党员领导干部增强拒腐防变能力，自觉经受"两个考验"，场党委下发了《关于在全场党员中进行反腐蚀教育的意见》，在全场党员中开展了一次为期一个月的反腐蚀教育活动。

1990 年下半年，组织党员学习中纪委颁发的《中央纪律检查委员会关于共产党员和党的组织参加动乱反革命暴乱活动党纪处分的若干规定》等 7 个纪律处分规定，提高了党员的政治敏锐性和遵守纪律的自觉性。为检验学习效果，场纪委还进行了一次学习中纪委 7 个规定的知识测试。

1991 年，场纪委组织党员干部进行普及党纪基础知识教育，并要求受教育的人数不少于党员总数的 90%，接受考核的人数不能低于党员数的 85%。

1994 年，在全场党员干部中进一步开展党风廉政教育。场纪委印发了《认真贯彻党的十四大精神，进一步加强党风和廉政建设》党课参考材料，要求各个单位结合党员干部的思想实际，深入开展学习教育。

1995 年 1 月，场党委下发《关于春节期间严禁铺张浪费的通知》，重申了相关规定，明确了执行要求。1996 年 2 月，场党委下发了《关于严禁党员干部赌博的规定》。

1997 年，组织全体党员干部认真学习《中国共产党纪律处分条例（试行）》。全场 820 名党员干部参加中纪委、监察部党纪条规知识竞赛活动，22 人获奖。

1999 年，场党委下发了《关于贯彻落实党风廉政建设责任制的实施意见》。之后，每年度场党委书记与各党（总）支部书记签订《党风廉政建设责任状》，场长与各单位负责人签订《预防职务犯罪责任书》。

2002 年，为加强党的作风建设，树立艰苦奋斗、勤俭节约的良好风气，场纪委下发了《关于厉行节约、制止婚丧喜庆大操大办的规定》。

2004 年，在全场党员干部中开展"增强纪律观念、自觉接受监督"的主题教育活动，举办学习"两个条例"的知识竞赛。

2005 年 7 月，在全场开展保持共产党员先进性教育活动。通过学习教育，发挥各级党组织的政治核心作用和共产党员的模范带头作用，增强党员干部廉洁自律的自觉性。同年 9

月，场党委印发了《场级干部廉洁从政规定》《农场领导干部述职述廉制度》等制度规定。

2006年，开展治理商业贿赂专项工作，场党委印发了《关于贯彻省农垦集团公司在垦区开展治理商业贿赂专项工作的意见》。

2007年，在全场开展企业廉政文化建设活动，积极推进廉政文化进机关、进社区、进企业、进家庭"四进"活动。之后，集团公司纪委将淮海农场确定为江苏农垦企业廉政文化建设的试点单位。2010年，省纪委批准淮海农场为省级廉政文化示范点单位。

2009年，组织全体党员干部学习中共十七届四中全会精神，积极开展党内民主和反腐倡廉教育，在场电视转播台连续播放38集《责任与犯罪》专题教育片。

2011年，在全场推行党务公开制度，并制定了《淮海农场党务公开实施方案》。将党组织的决定、决议、领导班子自身建设、干部人事工作、党风廉政建设、基层组织建设等党务工作以及根据有关规范有必要公开的党内其他事项均实行公开。

2012年，开展了"加强党性修养，坚持廉洁从业"为主题的党性党风党纪教育活动，进一步增强党风廉政建设的工作成效。

2015年，制定出台《关于完善反腐倡廉谈话提醒教育机制的暂行办法》。

2016年，为贯彻落实全面从严治党要求，制定印发《关于进一步强化党风廉政建设"两个责任"的实施方案》。

2018年，印发《关于严禁领导干部大操大办婚丧喜庆事宜规定的实施细则》，进一步推动作风建设制度化、规范化，开展公务接待和公车使用情况专项自查自纠。

2018年12月至2019年6月，集中整治形式主义、官僚主义突出问题，制定工作方案，通过自查自纠列出问题清单，明确责任主体和整改时限，加强问题整改，压实整改责任，探索长效机制，巩固治理成果。

2019年，农场公司党委与各基层党组织签订《全面从严治党责任书》，清单明责，强化考核；督促推动集团党委巡察问题整改，制定整改措施，压实整改责任；开展安全隐患排查整改落实情况专项监督；建立科级助理以上干部廉政档案并动态更新；通过企业微信实时监控"三公"经费使用情况；高标准建设纪委谈话室，配备监控摄像、同步录音、标准桌椅等设备；开展"四个一"活动，即一周一条廉政警句、一月一个典型案例、一季一次情况通报、一年一次情况总结。

2020年，扎实开展常态化新冠疫情防控工作的监督检查，为打赢疫情防控阻击战提供坚强纪律保障；党委制定《全面从严治党主体责任清单》，纪委制定《全面从严治党监督责任清单》；党委班子成员每月按时填报作风建设履职提醒单，在集团风控系统上报班子成员及各部门履职情况；纪委按时填报《重要事项监督履责记实情况表》；成立党风廉政建设和反腐败工作协调小组，沟通信息、通报问题、相互配合，整合监督力量，形成工作合力。

三、案件查处

1956—1966 年，有 66 人受到党纪处分，其中警告 24 人、严重警告 11 人、撤销职务 5 人、留党察看 18 人、开除党籍 8 人。被处分人员多为经济、政治和生活作风等方面的问题。

1971—1979 年，有 32 人次受到党纪处分，其中大部分属于经济类和违反社会主义道德方面的案件。

1980—2011 年，坚持事实清楚、证据确凿、定性准确、处理恰当、手续完备的方针和查清问题、惩治腐败、挽回损失、维持稳定、促进发展的原则，努力提高办案质量，对参加非法组织、贪污、收受贿赂、违反社会主义道德、违反计划生育政策等 31 名违纪党员进行查处，其中经济类和违反计划生育政策的案件比例较高。

2013 年，对 1 名因非法集资受到刑事处罚的党员予以开除党籍处分。

2019—2020 年，先后对 4 名违纪党员进行立案查处，其中 2 名给予党内警告处分，1 名给予党内严重警告处分，1 名严重违纪的党员给予开除党籍处分。

四、平反纠错

1978—1982 年，根据中共中央〔1978〕55 号文件精神，对"文革"前和"文革"中的冤假错案进行复查。全场共纠正错案 59 起，对错处的 54 人予以撤销原处理决定，恢复名誉；对处理失当的 5 人进行了重新定性。还对在"文革"中未做定性处理（包括被乱关、乱批、乱斗、乱审查）的 121 人给予口头宣布平反，恢复名誉。所有戴"地、富、反、坏、右"帽子的人员全部摘帽。

原直属二连副连长王学如因本人历史问题，1957 年 6 月 27 日，经省高院批准，判处有期徒刑 10 年。1979 年 3 月，省高院撤销对王学如的原判决，宣告其无罪。1979 年 3 月 16 日，农场党委决定，恢复王学如党籍、干部行政级别。

五、集团巡察

2019 年 4 月 15—28 日，集团党委巡察组对淮海农场有限公司党委开展巡察。集团党委巡察组认真贯彻《巡视工作条例》和省委《实施办法》，按照《江苏省农垦集团党委关于开展巡察工作的实施意见（试行）》要求，把握政治站位，以习近平总书记系列重要讲话精神为指引，紧抓重点人、重点事、重点问题，从严从实开展巡察监督。通过广泛开展个别谈话，认真受理群众来信来访，调阅有关文件资料，深入了解情况，发现问题、形成震慑，顺利完成巡察任务。

2019 年 8 月 8 日，集团党委巡察组向淮海农场公司党委反馈巡察情况。巡查组指出，中共十八大以来，淮海农场公司党委能够坚持以党的政治建设为引领，履行全面从严治党职责。强化廉洁教育，狠抓问题整改，加强文化引领，深化党风廉政建设，稳步推动经济社会建设，实现了各项事业平稳发展。巡察中，巡察组发现和干部群众反映了一些问题，主要是农场公司党委把方向、管大局、保落实的作用发挥不够，践行新发展理念的担当与集团党委要求有落差；党建工作与新时期党的建设总要求仍有差距，支部战斗堡垒作用未能充分发挥；"两个责任"未能压紧压实，纪律规矩未能完全入心入脑；在选人用人方面，选人用人程序不规范，人才断层结构失衡；对"三重一大"及内控制度建设重视不足、建设不力。同时，巡察组收到一些反映领导干部的问题线索，已按有关规定转集团有关部门。

巡察组提出了四点意见建议，一是增强核心作用，聚力推动高质量发展。农场公司党委要加快农场改革转型，培植产业经济增长点。改善职工居住出行条件，补齐民生短板。二是坚持强基提质，全面推进基层党建工作。要压实党建工作责任，严格执行民主集中制和议事规则，进一步严肃党内政治生活，推进基层党组织标准化规范化建设。三是加强全面从严治党，加强干部人才队伍建设。要压紧压实"两个责任"，强化"一岗双责"，坚持正确用人导向和好干部标准，加大招才引资力度，优化人才结构。四是强化制度建设，推动农场健康持续发展。结合发展实际，修订完善内控制度，为改革转型、高质量发展提供保障。

针对巡察组反馈意见，农场公司党委诚恳接受、照单全收，坚决扛起巡察整改主体责任，严格按照集团公司党委有关要求，采取有力有效举措，不折不扣抓好整改任务落实。按照集团公司党委巡察整改自查自纠工作部署，农场公司成立巡察整改落实工作领导小组，对照集团公司党委巡察组向农场公司党委反馈的 5 个方面 12 类问题，细化分解为 33 个具体问题，制定 56 条整改措施，下发整改交办单，对销号情况及时跟踪梳理，确保整改措施得到全面有效落实。对集团党委巡察组移交的 9 件信访件按照信访处置规范要求分别建立信访问题档案，督促相关责任单位和部门落实主体责任，及时办理并回复，做到件件有回音、事事有着落。对集团党委巡察组移交的 1 件问题线索严格按照问题线索处置的规范要求开展初步核实，查阅档案资料，找相关当事人了解情况，及时予以了结。

六、企地共建

2017年5月，在集团公司纪委和盐城市纪委的共同支持和推动下，射阳县纪委与驻射阳四单位纪委联合印发《关于加强射阳县纪委与驻射农垦单位廉洁共建工作的实施意见》（射纪发〔2017〕16号），开启企地廉洁共建工作。

淮海农场有限公司纪委加强与射阳县纪委的沟通联系，按照因地制宜、灵活多样、资源共享的原则，不断完善细化企地廉洁共建工作内容，扎实有效做好"四个对接"，共同构建反腐倡廉工作机制，持续深入推进企地共建工作。

2018年1月，农建四师暨淮海农场历史陈列馆被列为江苏省委组织部党员教育实境课堂示范点。

2019年5月，射阳县纪委将农建四师暨淮海农场历史陈列馆列为县纪检监察干部教育基地，进一步加强对企地党员干部的廉政教育。

2020年，县纪委来场开展党风廉政专题辅导和反腐倡廉警示教育，集中观看发生在射阳县内的违纪案件警示教育片《不该失守的底线》；参加省国资委和省社科院组织的廉洁文化建设实践探索展示活动，制作"传承红色基因，弘扬军垦廉洁文化"视频在省国资系统展播；农建四师暨淮海农场历史陈列馆被盐城市纪委列为廉政文化教育专线，垦区外2000多名党员干部接受军垦廉政文化教育，扩大了军垦廉政文化的影响力（见表17-4）。

表17-4　历届纪检（监察）委员会成员名单

时间	机构名称	书记	副书记	委员			
1954.11	农建四师纪委	李桂莲	徐方恒	郭士金	嵇雨章	朱育才	王士奎
1957.9	淮海农场监委	朱斌		俞德龙	刘亚山	陈金祥	别卓然
1959.7	淮海农场监委	孙碧		朱斌	陈金祥	刘亚山	俞德龙
1961.5	淮海农场监委	陈金祥		朱斌	高志久	俞德龙	还佩珍
1962.9	淮海农场监委	朱斌		陈金祥	俞德龙	刘亚山	赵怀义
1965.3	淮海农场监委	陈金祥		刘亚山	俞德龙	高志久	朱法高
1966.11	淮海农场监委	陈金祥		俞德龙	朱法高	沈东成	姜立阶
1979.11	淮海农场纪委	王锦香	万锦萍	徐诗田	曹年久	徐开泉	
1981.10	淮海农场纪委			黄广吉	蒯洪发		
1982.2	淮海农场纪委	王锦香		万锦萍	蒯洪发	黄广吉	陈洪峰（1982.5）

（续）

时间	机构名称	书记	副书记	委员
1984.10	淮海农场纪委	尤锦华	陈洪峰（1988.4） 李吉厚（1990.5） 徐德桂（1993.4）	刘可通（1985.2）　陶元淦（1985.2） 杜建华（1988.4）　卢鸿余（1988.4） 张卫明（1988.4）　徐德桂（1990.5） 葛常新（1995.4）　李忠明（1995.4） 高发挥（1995.4）
1998.8	淮海农场纪委	徐开泉	徐德桂	葛常新　李忠明　高发挥
2006.12	淮海农场纪委	束向红	葛常新	徐德桂　李忠明
2011.12	淮海农场纪委	李卫东	林一高（2012.6）	李忠明　李海峰（2012.6） 缪海如（2012.6）　黄正海（2012.6）
2014.12	淮海农场纪委	王灿明	林一高	李海峰　缪海如　黄正海
2017.12	淮海农场纪委	王灿明	林一高	王淮锁　黄正海　于广伟
2018.01	淮海农场纪委	王灿明	林一高	王淮锁　黄正海　于广伟
2018.06	淮海农场纪委	孙国祥	林一高 征文高（2018.11）	王淮锁　黄正海　于广伟
2020.12	淮海农场纪委	孙国祥	征文高	王淮锁　黄正海　于广伟

第五节　宣传工作

一、组织机构

农建四师期间，政治处负责宣传工作，并下设宣传科，负责制订宣传计划，落实宣传工作。各级党组织中，书记和宣传委员分管宣传工作。

1955 年 8 月 3 日，淮海农场党委成立，由党委办公室负责宣传工作，并配备专职宣传干部。

1964 年，宣传工作由政治处负责。"文革"期间，宣传工作由革命委员会政工组负责。十团时期，团政治处设宣教股，营、连分别由政治教导员、政治指导员负责宣传工作。

1975 年 7 月，兵团撤销，恢复农场建制，场政工科负责宣传工作。基层单位由党组织书记抓宣传工作。

1983 年 3 月，成立宣传科。翌年撤销宣传科，成立组织宣传科。

1986 年 1 月，撤销组织宣传科，成立宣传科。

1989 年 4 月，成立党委办公室，配备专职宣传干部。同年 2 月，撤销党委办公室，成立宣传科。党总支、党支部分别由总支书记、支部书记抓宣传工作。

1993年3月，成立党委组织宣传部，撤销宣传科。由组织宣传部负责宣传工作。大部分基层单位实行党政合一，由专职副书记分管宣传工作。

2004年3月，机关实行机构改革，成立文化中心，承担宣传职能。

2007年3月，撤销文化中心，成立党委工作部，配备专职宣传干部。基层单位由党总支书记、支部书记负责宣传工作。

2011年11月，实施农业资源整合后，淮海农场仍由党委工作部负责宣传工作。淮海分公司的宣传工作由分公司办公室负责。

2012年6月，成立党委宣传科，撤销党委工作部。

2018年4月，成立企划宣传部，撤销党委宣传部。

二、宣传方式

农建四师期间，主要以召开会议、组织学习、自办报纸、宣传栏、黑板报、放电影、张贴标语、编排文艺节目等形式开展宣传工作。1952年11月，《生产战线》报创刊，1955年6月停刊。

1955年8月，创办《淮海》报，为四开四版，每周两刊，钢板刻制、油印套色，下发至各基层单位。

1956年，成立有线广播站，转播中央、省广播电台的节目，还自办场内新闻和生活节目，有线广播连通至每个生产队。

1961年，通过电影放映前放映自制的幻灯片和加映新闻纪录片进行宣传。同年8月，设立机关宣传画廊。兵团期间，成立十团毛泽东思想宣传队，先后排演过芭蕾舞剧《白毛女》、现代京剧《沙家浜》和其他自编的文艺宣传节目。

1984年6月，电视差转台建成，配备了一台50千瓦的广播电视发射机，建设45米高的发射塔，覆盖全场及周边地区，丰富了职工和附近乡村的文化生活。

1985年，创办《淮海通讯》，不定期出刊，下发至全场各基层单位。逐步加强对外宣传报道，被市以上报刊、电台录用的稿件逐年增多。

1988年10月，创办《今日淮海》，每月一刊，发到基层大队和工厂车间。

1992年，在新办公区设立场部宣传画廊，基本每月一期，每期八个版面。

1994年，场部开通有线电视。至1998年，各分场、大队全部安装有线电视，可以收看25套节目，用户发展到1200多户。农场自办电视节目，及时报道"两个文明"建设成就，宣传各项方针政策。除新闻节目外，还开办了《电视剧场》《点歌台》等栏目。2008

年，实现了由模拟电视转为数字电视，可以收看到100多套电视节目，进一步丰富了职工文化生活。

1999年，建成调频广播，每个作业区安装了接收器和喇叭，全程数字控制。调频广播开通后，广播收听质量有了较大提高。

2008年3月，农场创办《淮海大地》报，半月一期，每期四版，发放到每个单位、车间班组、全场管理人员、离退休老干部、职工代表。《淮海大地》报以宣传形势、交流信息、服务职工为办报宗旨。

2010年7月，农建四师暨淮海农场历史陈列馆开馆。当年接待垦区内外参观者80多批、3000多人次，成为传统教育的重要基地。

2014年1月，淮海农场门户网开通运行，标志着农场对外宣传有了一个电子平台。在淮海机关大院内安装文化墙34面。

2015年8月，农场职工文化活动中心破土动工，建筑面积1800平方米，是一座"一站式"服务大厅，集图书室、音乐室、舞蹈室、乒乓球室、书画室、健身室等综合性的文化设施于一体。

2016年1月，在《淮海大地》报上开辟《铭记历史——讲述这方土地这方人的故事》专栏，进一步彰显农建四师时期"艰苦奋斗、不怕困难、团结奋进、无私奉献"的军垦精神。

2017年1月，在《淮海大地》报四版开辟《青春之歌》栏目，刊登介绍淮海农场的知青在农场工作和生活的稿件；2月，淮海农场微信公众号开通上线。7月，近10米长的农建四师浮雕亮相淮海公园，真实记录了万名军垦战士建设农场的情景；有用农建四师副师长李桂莲命名的"桂莲"桥，用农建四师师长艾明山命名的"明山"假山等，让淮海公园成为一座军垦文化与传统文化相融相合的教育基地。

2018年9月，复原农建四师门楼；12月，农建四师暨淮海农场历史陈列馆二期工程开工，该馆坐落于原农建四师师部办公旧址，占地面积12000平方米，建筑面积近4000平方米，按时期和内容分为"历经沧桑，屯垦戍边""上下求索，曲折前行""开拓奋进，走向繁荣"三个展区。另设有情景再现区、廉政教育区等。

2019年1月，淮海文化广场包含淮海"五张文化牌"内容的奥林匹克五环标志安装到位。2月，淮海"军垦文化"获江苏农垦特色子文化品牌。3月，农场运营企业微信平台，开展农场公司党委理论学习中心组网络平台学习；社会主义核心价值观雕塑在淮海职工休闲运动广场落成。4月，为了在第二故乡的故土上纪念《白毛女》剧组成立五十周年，组织青春梦·淮海情——《白毛女》剧组自发组织重回第二故乡专场演出活动，56

名原江苏生产建设兵团二师十团《白毛女》剧组成员用精彩的文艺演出，完成了一次难忘的怀旧之旅；无锡知青文化研究会向淮海农场有限公司赠送了50本原淮海农场知青回忆录《情系淮海》；原红旗分场十四连的苏州知青毕培华向淮海农场有限公司献上"不忘春风教 化作夏雨报"书法竖轴。5月，农建四师暨淮海农场历史陈列馆被列入为盐城市廉政文化教育专线；农场获"2019江苏农垦优秀政研分会"称号、江苏农垦企业文化阵地先进单位称号，有3篇文章获一二等奖，并入选《耕耘与收获》思想政治工作研究与学习思考成果集。

2020年4月，淮海农场开展"转型发展""社会治理创新""健康农场建设""党建创新"等"四个工作室"建设，让青年员工担任重任并走上前台，有个施展才华的场所；5月，农场获集团首批新时代文明实践所授牌；8月，淮海召开《摇篮》丛书出版座谈会，并向射阳县图书馆赠书。

三、宣传内容

1952—1955年，主要围绕爱国主义、共产主义（社会主义）和保卫祖国、建设祖国这个中心，进行共产主义与热爱共产党教育，总路线和建场方针任务教育，使干部职工发扬艰苦创业、无私奉献的革命传统。

1960—1965年，围绕自力更生、艰苦奋斗、战胜自然灾害，坚定不移地走社会主义道路进行宣传教育。开展向雷锋同志学习和向焦裕禄同志学习的宣传教育活动。

1966—1975年，宣传党的基本路线。

1978—1980年，宣传实践是检验真理的唯一标准，宣传党的实事求是的思想路线，宣传中共十一届三中全会精神，动员干部职工转移工作重心，抓好经济建设，促进农场发展。

1981年以后，围绕坚持四项基本原则和改革开放的方针政策进行宣传教育，开展"五讲四美三热爱"活动。

1986年，以中共中央《关于社会主义精神文明建设指导方针的决议》为指针，进一步加强全场精神文明建设的宣传工作。

1987年，进行坚持四项基本原则，反对资产阶级自由化的宣传，抵制不正之风。

1988年，宣传中共十三大精神和共产党在社会主义初级阶段的基本路线，在党内开展反腐蚀教育活动。

1989—1990年，宣传中共十三届四中全会精神，教育干部职工正确对待"学潮"，反对动乱，在政治上、思想上与党中央保持一致，巩固安定团结的政治局面。1990年2月，成立淮海农场政工研究会，并定期开展活动。

1991年，认真学习江泽民庆祝中国共产党成立70周年大会上的重要讲话，广泛宣传70年来中国革命和建设事业的基本经验和中国共产党的庄严使命，增强干部职工战胜自然灾害的信心和勇气。同年10月，组织了一次全场职工思想行为考核活动。

1992年，学习宣传中共十四大文件精神，举办股级以上管理人员学习班，并要求科级干部和聘任中级以上技术职务的人员，结合自己的思想和工作实际，撰写一篇学习十四大的体会文章。同年4月，配合建场四十周年庆祝活动，开展传统教育，弘扬淮海精神。

1993年，组织全场干部职工学习邓小平建设有中国特色的社会主义理论和社会主义市场经济的基本知识，用新思想、新观点、新观念武装头脑。

1994年，在全场干部职工中开展维护社会公德、遵守职业道德、弘扬家庭美德、注重个人品德"四德"宣传教育。

1995年，开展"学习孔繁森 争当好公仆"学习宣传活动。积极宣传农场先进人物和先进事迹，营造学先进、赶先进的良好氛围。

1996年，宣传中共十四届三中、四中全会精神，利用场刊、电视、广播等媒体，进行宣传教育活动。在职工中开展学理论、学科学、学法律"三学"和树立正确的人生观、世界观、价值观"三树"活动，开展以知国、爱国、建国、兴国为中心内容的爱国主义教育。

1997年，宣传中共十五大精神，组织干部职工学习江泽民在中共十五大上的讲话。积极开展"三五"普法宣传。

1999年，在全场开展"爱我农垦、扬我精神、举我品牌、兴我事业、富我职工"的"五我"宣传教育活动。

2000年，宣传贯彻中共十五届四中全会通过的《中共中央关于国有企业改革和发展若干重大问题的决定》，动员干部职工积极支持和参与企业的各项改革工作。场党委下发了《关于强化思想政治工作的实施意见》。

2001年，开展"三个代表"重要思想宣传教育。宣传学习江泽民在建党八十周年大会上的重要讲话。

2002年，贯彻落实《公民道德建设实施纲要》《江苏农垦人行为规范》。全年利用场内有线电视播放了50多集社会公德、职业道德和家庭美德的电视小品。配合五十周年场庆，开展继承传统、艰苦创业教育。

2003年，掀起学习贯彻"三个代表"重要思想新高潮，举办党员干部培训班。开展

"争创学习型企业、争做知识型职工"宣传教育活动。

2004年，宣传中共十六届四中全会精神，宣传贯彻《中国共产党监督条例（试行）》《中国共产党纪律处分条例》。在全场党员干部中开展"增强纪律观念，自觉接收监督"主题教育活动。

2005年，围绕"三化"（产业化、工业化、城镇化）建设目标进行宣传动员，发挥整体优势，加快"三化"建设步伐。同年7月，开展保持共产党员先进性教育活动。

2006年，组织学习《江泽民文选》，宣传学习中共十六届六中全会精神，推动和谐社会创建工作。宣传场内创新、创业、创优的先进典型。

2007年，开展"我为二次创业争贡献，争做示范带动排头兵"主题教育活动，营造氛围，促进发展。全年在各类媒体上刊发新闻稿件1600余篇（幅），农场被中国农垦杂志社评为先进单位，场宣传部门编制的电视专题片《一位老人的创业故事》获江苏农垦电视好新闻三等奖。

2008年3月8日，《淮海大地》报创刊，办报宗旨为宣传形势、交流信息、服务职工。宣传部门制定了《淮海农场宣传报道工作考核和奖励办法（试行）》。2008年下半年在全场开展"解放思想、创新发展"大讨论和"四张文化牌"宣传活动。

2009年，开展深入学习实践科学发展观活动。《淮海大地》报开辟了《科学发展在淮海》《五湖四海淮海人》《农业观察》等8个专栏。同年8月，开展向吴大观同志学习活动。

2010年，宣传学习中共十七届四中、五中全会精神，按照场党委提出的建设和谐淮海、强盛淮海、美丽淮海、文明淮海的要求，开展宣传工作。

2011年，宣传学习胡锦涛在庆祝建党90周年大会上的重要讲话。开展"为群众办实事、为党旗添光彩"主题实践活动。在场内进行"十佳文明新事"评选。

2012年，结合建场60周年，策划编制了电视片《沧桑淮海》。全年出刊24期《淮海大地》报，新开辟《创先争优进行时》《身边的共产党员》等6个专栏，共刊登各类新闻稿件1200余篇。设计安装文化墙34版。从2007年起，农场连续6年被集团公司评为宣传工作先进单位。

2013年8月，集团公司党委中心组全体成员在淮海农场开展主题为"继承军垦传统、树牢宗旨观念"党委中心组学习活动。9月，6位职工居民获评年度"文明新事"。

2015年6月，农场开展"三严三实"专题教育活动。8位职工居民获评年度"文明新事"。

2016年5月，在农场开展"两学一做"主题教育活动。

2017年10月，农场掀起学习党的十九大精神的热潮。6位职工居民获评年度"文明新事"。

2018年6月，农场开展解放思想大讨论活动。

2019年6月，农场开展"不忘初心 牢记使命"主题教育活动；7月，江苏农垦集团公司党委在淮海农场开展"不忘初心 牢记使命"主题教育实境课堂教育活动。6位职工居民获评年度"文明新事"。

2020年1月，淮海农场发布新型冠状病毒感染的肺炎疫情防控告知书，通过信息实时准确披露，动员职工居民加强对疫情的应知应会知识宣传和有效措施应对；《淮海农场军垦文化铸就发展之魂》被农民日报采用，同时刊载在学习强国平台上，这也是淮海农场稿件第一次被学习强国平台采用；农场在职工居民中广泛组织开展学习《新时代公民道德建设实施纲要》《新时代爱国主义教育实施纲要》活动，并组织学懂两个《纲要》百人知识竞答活动，对获奖的6单位和6名选手在第十四届淮海农场有限公司广场文化节上予以表彰；9月，农场党委组织开展学习《习近平谈治国理政》第三卷，确立专题学习计划，并对学习内容、学习形式、时间安排、责任领导、责任部门进行落实。

第六节　精神文明

中共十一届三中全会以后，按照党中央提出的"在建设高度物质文明的同时，建设高度精神文明"的要求和坚持"两手抓，两手都要硬"的方针，全场扎实开展文明创建活动，制定计划，落实措施，明确目标，不断推进精神文明建设工作。

1982年2月，场党委发出《关于积极投入"全民文明礼貌月"活动的通知》，组织开展"五讲四美"和"精神文明建设十三件事"活动。整治环境，制定职工守则，宣传先进典型，开展创建文明工厂、文明连队和"五好"家庭活动，全场社会风气不断改善，文明礼貌用语深入人心，助人为乐蔚然成风，环境卫生大为改观，农场面貌焕然一新。活动中，全场累计植树11707株，做好事8000多件，2725名青少年参加卫生突击活动，清除垃圾7730担。

1984年4月，盐城农垦公司在农场召开精神文明建设现场经验交流会，农场在会上做了题为《坚持两手抓，治理脏乱差》的经验介绍报告，43大队作了题为《把精神文明建设抓到实处》发言。与会人员还参观了有关单位。盐城农垦公司副经理郭军发表讲话，充分肯定淮海农场的精神文明建设工作，认为淮海农场的经验值得学习。同年5月，场医院、四机站被盐城农垦公司授予"十佳文明单位"称号。

为了整治环境，落实创建措施，1985 年 8 月，场工会、办公室、开发贸易公司联合发出《关于场直属单位、小家庭家禽饲养暂行规定的通知》。《通知》要求，场部各户饲养的家禽一律圈养，并限定数量，不得污染水面，从而改善环境卫生。

1987 年 3 月，省农垦总公司党委印发《关于加强精神文明建设的实施意见》，要求精神文明建设必须紧紧围绕经济建设这个中心，努力提高职工的思想道德素质和科学文化素质。同时盐城农垦公司党委也下发了《关于加强 1987 年精神文明建设的意见》。农场认真贯彻落实省、市农垦公司文件精神，使全场精神文明创建工作得到进一步深化和提高。淮海农场医院被总公司授予 1986 年度江苏农垦文明卫生单位称号。

1990 年 3 月，盐城农垦公司授予石油机械厂、第二商物公司、农科站等 14 个单位 1989 年度文明单位称号，取消原授予的 7 个单位的文明单位称号。

1991—1992 年，开展加强场部环境整治和建设，迎接建场 40 周年活动。其间，实施了机关办公楼、车队、油库搬迁，中学教学楼维修，大礼堂改造，环境整治等 7 个整治项目，累计投入资金 250 多万元。

1995—1997 年，先后制定了创建盐城市文明单位的具体规划和精神文明建设的"九五"规划，明确了创建工作的指导思想、创建目标、任务措施和管理办法，制定了精神文明建设百分考核细则，成立了场精神文明建设指导委员会。

在创建工作中，不断加大投入，进一步完善基础设施，推进城镇化建设，增强服务功能，为提高职工居民生活质量、开展丰富多彩的活动创造了条件。同时，还注重加强各级领导班子建设和职工素质的提高，认真抓好"四德"教育，组织开展"最佳主人翁"和"文明新风家庭"评比，不断深化创树工作。

1997 年，申报盐城市文明单位。1998 年 6 月 1 日，盐城市精神文明建设委员会表彰农场为 1996 年度盐城市文明单位。直至 2011 年底，一直保持此称号。1998 年 12 月，申报江苏省文明单位。1999 年 9 月 8 日，江苏省精神文明建设指导委员会下发了《关于命名表彰 1997 年、1998 年江苏省文明单位的决定》，授予农场省级文明单位称号。直至 2011 年底，一直保持此荣誉称号。

在创建工作中，还先后开展了"争当文明职工""文明新风家庭""最佳主人翁""创建小康之家"等活动，发布创建江苏省文明单位宣传标语，制定省、市文明单位台账资料管理规定等，丰富创建内容，不断提升全场文明程度和档次，成效显著，促进了社会经济的快速发展。

1999 年 5 月，场工会表彰文明职工 296 名，文明新风家庭 89 户。

2001 年 3 月，盐城农垦公司表彰场医院为"十佳文明单位"，商物公司、建安公司、供电公司、种子公司、五分场、六分场、职工子弟学校为文明单位。

2003 年，进一步完善精神文明建设工作的考核内容，加大对各级领导班子的考核力度，将创建工作与单位领导的收入挂钩，奖优罚劣，使各项创建措施落到实处。

2007 年 11 月，为进一步加强对精神文明建设的指导和协调，场党委对精神文明建设指导委员会成员进行充实和调整，办事机构人员也做了相应调整。

2008 年 9 月，制定《淮海农场党建和精神文明创建工作考核办法》。新的考核办法更为科学合理，可操作性强。

2010 年 3 月，场党委提出大力推进精神文明创建活动的六项工作重点，要求切实抓好中国特色社会主义理论体系建设，以创建和谐社区为目标，树立正确的荣辱观，以先进文化为引导，推进公民道德和未成年人思想教育，同时，进一步扩大创建范围，打好"四张文化牌"。

2011 年 4 月，场党委在全场范围内开展"十佳文明新事"征集评选活动，充分展示干部、职工新时代的精神风貌，表彰先进，树立文明新风尚。活动开展后，累计收到选票1962 张，反馈率达 98%，评树了一批先进典型，推动了文明创建活动。

2012 年初，建场 60 周年前夕，组织开展了建场 60 周年大事和杰出人物评选活动。候选对象事迹材料经过场《淮海大地》报刊登后，得到了全场上下的积极支持和广泛参与，评选结果在场庆暨第六届广场文化节上做了公开发布、广泛宣传，激励全场干部职工继承光荣传统，弘扬农垦精神，为全场文明建设作出新的贡献。

2013—2020 年，农场将精神文明建设纳入中心工作。抓队伍、抓阵地、抓典型，继续打造"五张文化牌"，连续开展文明新事评选。评选 20 名模范示范岗，围绕"五个一工程"。实施"零距离服务"，树立文明礼仪，诚信和谐的良好风尚，孝老爱亲。文化建设活动丰富多彩，扎扎实实。8 年中，先后评选出 36 件文明新事，3 位同志获苏垦集团第三、第四届劳动模范，2 位同志获苏垦集团第二、第三届文明标兵，1 位同志获苏垦集团创业模范称号，5 位同志获射阳县见义勇为、孝老爱亲之星。2015 年，农场获 2013 年、2014年度"盐城市文明创建先进集体"称号。2016—2018 年，农场获"江苏省文明单位"称号，农场连续 23 年获得此项荣誉。

第七节　老干部工作

1982 年以前，农场没有建立正常的干部离、退休制度，只为少数干部办过退休手续。根据国务院国发〔1978〕104 号和国发〔1982〕62 号文件规定，从 1982 年起，农场实行干部离、退休制度。1990 年末，全场离休干部 61 人，退休干部 34 人。离休干部中，享受厅局级待遇的 1 人，享受县处级待遇的 24 人。2012 年，有离休干部 26 人，退休干部 145 人。离休干部享受县处级待遇的 7 人。

1989 年，为加强对老干部工作的领导和指导，成立淮海农场老干部工作指导小组，由党委组织部门负责老干部日常管理工作。1993 年，成立老干部工作科，专门负责老干部的管理工作。1986 年，建立老干部党支部，离休干部党员绝大多数编入其中，参加正常的组织生活。退休干部中的党员，按所在居住区域编入党支部，参加组织生活。

在老干部管理工作中，先后建立了六项制度。一是学习制度。规定每月 19 日为老干部集中学习日（后来改为不定期）。二是要事通报制度。规定农场重大事项向老干部进行通报，听取意见和建议。三是走访慰问制度。规定每逢节日或老干部生病，场领导或老干部部门工作人员进行走访和慰问。四是活动室管理制度。规定每天下午开放老干部活动室。活动室设棋牌室、麻将室、阅报室等。五是祝寿制度。规定老干部 70 岁以上的整生日，总场派人参加祝寿。六是健康检查制度。规定每年免费为老干部体检一次，并在医院建立老干部的健康档案。

1984 年，为老干部新建一幢住宅楼，安排 8 名老干部及其家庭居住。之后，逐步将农业单位的离休老干部安排到场部居住，还为极少数有特殊困难的老干部办理了易地安置手续。多年来，农场能确保老干部的"两费"按时足额发放。

2013—2020 年，农场党委重视老干部工作，由党委工作部具体负责。认真贯彻落实老干部政策，政治上关爱、生活上关心、有困难关照，努力提升老干部服务质量，使他们老有所养、病有所医、老有所为，开展居家养老和志愿者服务活动。大力宣扬敬老、爱老、孝老的人和事，全场形成孝老爱亲的良好氛围。

按照集团公司老干部工作部门的要求，完善和落实老干部阅读文件、参加重要会议和活动、情况通报、参加学习和走访慰问等制度，健全与老干部经常性沟通交流工作制度。加强老干部管理工作，确保事有人管，经费有保障，党的组织活动不间断，服务水平不降低，真正使老干部的政治待遇落实到位。

农场现有离休老干部 25 人，退休老干部 170 人。为每位老干部订阅一份《老年周报》或其他报刊文摘；按老干部居住地分为 6 个组，每组订阅 1 份《新华日报》《盐阜大众报》《扬子晚报》供他们集体阅读；还组织扑克牌和象棋比赛，丰富老干部们的业余文化生活；每年的三夏、三秋期间组织老干部下基层参观农业生产，使他们了解情况，开拓视野。

对老干部生活上关心，加强管理和服务。重大节日登门慰问，看望生活困难的老干部。每年进行一次体检，了解他们的身体健康状况。对患病的老干部，农场领导和部门及时探望。在外居住的老干部，老干部管理部门与他们保持联系、经常互通信息，做好服务（干部人数情况见表 17-5）。

表 17-5　1954—2019 年干部人数统计表

年份	总数（人）	其中：女干部（人）	年份	总数（人）	其中：女干部（人）
1954	1579	70	1987	618	137
1955	295	15	1988	700	175
1956	263	27	1989	707	177
1957	254	16	1990	723	166
1958	192	13	1991	706	172
1959	205	16	1992	562	152
1960	175	11	1993	555	142
1961	253	23	1994	456	123
1962	261	21	1995	537	144
1963	254	25	1996	561	157
1964	248	26	1997	535	154
1965	270	29	1998	533	156
1966	270	29	1999	519	164
1967	270	29	2000	510	164
1968	270	29	2001	418	127
1969	270	29	2002	326	111
1970	515	108	2003	281	90
1971	498	40	2004	370	86
1972	246	42	2005	249	69
1973	240	36	2006	259	69
1974	314	45	2007	301	91
1975	330	85	2008	316	92
1976	314	82	2009	311	100
1977	303	80	2010	322	100
1978	289	73	2011	313	96
1979	263	66	2012	318	95
1980	248	53	2013	292	10
1981	290	60	2014	331	10
1982	271	44	2015	304	12
1983	258	41	2016	344	16
1984	449	138	2017	318	18
1985	405	120	2018	316	18
1986	493	63	2019	261	20

第八节　工会工作

一、组织机构

1955 年 8 月，成立江苏省国营淮海农场基层工会。

1955 年 12 月，成立中国农林水利工会国营淮海农场筹备委员会。

1956 年 3 月，成立中国农林水利工会国营淮海农场委员会，后更名为中国农林水利工会国营淮海农场委员会。

1961 年，农场工会下设 15 个基层分会，142 个工会小组，会员 1770 人。至 1963 年底，基层分会增加到 20 个，工会小组 159 个，会员 1899 人。"文革"开始后，工会组织停止活动，会员保留会籍。

1982 年 6 月，恢复成立淮海农场工会委员会，建立基层工会委员会 9 个，有会员 5130 人。

1987 年，基层工会 12 个，分工会 63 个，工会小组 189 个，会员 5513 人。

1994 年，场工会下设基层工会 16 个，分工会 97 个，会员 4110 人。

2000 年以后，进行企业改制和产业结构调整，至 2012 年，全场有基层工会 16 个，分工会 35 个，会员 2733 人。

2018 年，贯彻落实《中国工会法》和《中国工会章程》，加强工会组织建设，增强工会组织的吸引力凝聚力，按照苏垦集团工会要求，进行换发新版工会会员证工作，全场 1104 名工会会员中 837 人进行了新证换发工作。对部分常年外出的会员进行了相关对接，随时为他们做好服务工作。

2019 年，农场工会下属 4 个分会、40 个基层工会组织选配了得力干部从事专、兼职基层工会领导工作，夯实基层工作基础，扎实抓好工会自身建设。发挥"工人先锋号"示范作用，把工会组织真正建设成为职工群众信赖的"职工之家"。进一步加强工会干部队伍建设，注入新生血液，优化人员结构，通过各项培训，激发全体干部主人翁意识，激发他们的积极性和创造力，全方位发挥他们的聪明才智，着力打造一支心系职工、善于维权、开拓进取的骨干队伍。40 名青年骨干参加农场公司工会举办的青年员工座谈会，强化责任意识和归属感。管理人员参加了省安全生产事故调查与责任制定技能培训，3 名管理干部参加了垦区女职工干部培训和手机摄影培训学习，提升了工会干部的综合素质和业务能力。

2020 年，加强产业工会队伍建设，会同党办、行政、社区、人力资源等相关部门共同研究，结合淮海实际，出台《新时代淮海农场公司产业工人队伍建设改革实施方案》，扎实推进农场公司产业工人队伍建设改革工作。推进工会规范化建设，举办工会规范化建设培训班，从基层工会基础的工会台账着手，对全年工会工作归纳八项考核内容，进行业务培训。报刊订阅、活动宣传、台账管理、上缴经费、工会培训、困难帮扶、文体活动等工作统筹推进，促进工会事业全面协调发展。发挥经费审查监督工作作用，增强工会服务职工群众的实力。

二、职工代表大会、工会代表大会

1963 年 3 月 28 日，召开农场首届职工代表大会，历时 3 天。会上，周志超场长作《我场六二年生产情况和六三年任务》的报告。

1964 年 3 月 29 日至 4 月 1 日，召开淮海农场第二届职工代表大会。会上传达全国农垦会议精神，周志超作工作报告。会议选举了场务管理委员会。

1985 年 3 月 6—7 日，召开农场首届（恢复农场建制后）职工代表大会。李如俊场长作《立志改革，提高效益，放开搞活，加快发展，再接再厉，勇于创新，为振兴农垦经济作出新贡献》的报告。会议选举了由 19 人组成的职工代表大会主席团，还选举了生产经营、劳保福利、纪律检查、提案审查、女工工作、文体工作等 6 个委员会。

1989 年 3 月 28 日，召开农场第二届职工代表大会。出席会议正式代表 150 人。周布卿场长作《认清新形势，迎接新挑战，把握新机遇，夺取新胜利》的工作报告。会议选举了由 21 人组成的第二届职工代表大会主席团，推选了 5 名职工代表参加淮海农场管理委员会。

1994 年 12 月 20—21 日，召开农场第三届职工代表暨第九届工会代表大会。出席会议正式代表 140 人。叶秀河场长作《排除万难夺丰收，奋力拼搏结硕果》的报告，上届工会主席徐开泉作《全心全意依靠工人阶级，同心同德上下奋力拼搏，为加快我场改革开放和经济建设步伐而努力奋斗》的报告。会议选举了由 23 人组成的第三届职工代表大会主席团，选举了 19 人组成的第九届工会委员会，还选举产生了场管理委员会和女职工委员会。

1999 年 9 月 22—23 日，召开农场第四届职工代表暨第十届工会代表大会，出席会议代表 215 人。叶秀河场长作《加大改革力度，调整优化结构，切实提高经济运行质量》的报告，党委副书记徐开泉作《高举伟大旗帜，勤奋扎实工作，在跨世纪征程中开创工会工作新局面》的工会工作报告。会议选举了由 26 人组成的第四届职工代表大会主席团，选举了由 21 人组成的第九届工会委员会，选举了由 12 人组成的场管理委员会。

2005 年 4 月 8 日，召开农场第五届职工代表暨第十一届工会代表大会，出席会议代表 155 人。陈俊场长作《坚持科学发展，构建和谐社会，努力实现农场经济社会发展新跨越》的报告，党委书记徐开泉作《实践"三个代表"，履行基本职责，为实现农场经济、社会跨越式发展而奋斗》的工会工作报告。会议选举了由 26 人组成的第五届职工代表大会主席团，选举了由 19 人组成的第十一届工会委员会，通过了《关于农场小城镇市容和环境卫生管理的规定》。

2010 年 4 月 22 日，召开农场第六届职工代表暨第十二届工会代表大会，出席会议代表 158 人。许峰场长作《解放思想，锐意进取，振奋精神，真抓实干，为实现农场新三年再翻番而努力奋斗》的报告，党委书记束向红作《紧密围绕中心，积极服务大局，团结动员广大职工为农场新一轮大发展建功立业》的工会工作报告。会议选举了由 25 人组成的第六届职工代表大会主席团，选举了由 21 人组成的第十二届工会委员会，还选举了新一届经费审查委员会和女职工委员会。会议通过了《关于淮海农场工会第十二届委员会、经费审查委员会和女职工委员会委员实行替补办法的决定》。

2013—2020 年，累计召开 8 次职工、工会代表大会，每年召开一次，不断加强民主管理制度的规范运行，完善以职工代表大会作为基本形式的企业民主管理制度，凝心聚力，提升职工干事创业的向心力；坚持深化场务公开，农场领导向职工和工会代表作工作报告，总结前一年的工作，部署新一年的工作任务和目标，接受职工代表提案和合理化建议。按照规范程序，农场工会与场长依法签订《企业工资专项集体合同》《劳动安全卫生专项集体合同》和《女职工特殊保护专项集体合同》。指导农场社区与 4 家私营企业主依法签订《射阳县区域性工资协商集体合同》，工资集体协商和集体合同签约率达 90% 以上，全面保障了职工的合法权益。2016 年，民主表决通过了《实行特殊工时制的实施方案》，根据农业生产季节性的特点实行不同的工时制，促进了农场经济的快速发展，受到干部职工的欢迎。

为了充分发挥职工代表参与民主管理的作用，场工会还开展职工代表述职评议活动，由基层工会有序组织本单位职工代表向其所在选区的职工群众公开述职，让职工群众对其一年来的履职情况进行评议，并进行无记名测评，对评议意见安排专人整理，及时反馈给每一位职工代表，逐一落实整改，做到述职工作不走过场，收到了较好的成效。

组织职工代表参加"走农场、看发展、促和谐"的职工代表巡视活动，职工代表们参观了农场新变化，有效地激发了他们干事创业的激情，畅通了企业民主管理渠道。

三、主要工作与荣誉

（一）工会工作

1. 职工教育

1955 年，对职工进行"艰苦奋斗、勤俭建场"教育。

1956 年 6 月，场工会建立国营淮海农场职工业余学校，下设 6 个分校，对干部职工进行文化教育和业务培训。

1958—1959 年，围绕"三面红旗"，在职工中开展走社会主义道路的教育。

1960—1962 年，进行自力更生、战胜自然灾害、发扬艰苦奋斗精神教育。

1984 年，围绕四项基本原则和改革开放的方针政策开展宣传教育，在职工中开展"五讲四美三热爱"教育活动。

1985 年，根据经济体制改革的需要，在职工中进行责任制的宣传贯彻。

1987—1989 年，宣传中共十三届四中、五中全会精神，开展反对资产阶级自由化教育，教育职工正确对待"学潮"，巩固安定团结的政治局面。

1990—1991 年，在全场广泛开展学习先进模范人物活动。结合法制教育的第二个五年计划，对职工进行法律知识的宣传教育。

1992—1994 年，在职工中开展"创企业精神，树主人翁形象"和"四德"教育，结合学习淮海精神对职工进行爱场、爱岗教育。

1995 年，开展"树企业形象、展'四德'风采、兴班组新风"主题教育活动。

1996 年，开展"三学、三树、实施三项工程"活动，对职工进行人生观、世界观、价值观教育。

1997—1998 年，在全场职工中开展"讲文明、树新风"教育活动。通过评比，有 89 户被评为"文明新风家庭"，96 人被评为"文明职工"。组织职工学习《劳动法》《劳动合同管理暂行规定》。

1999—2000 年，在职工中开展"五我"（爱我农垦、扬我精神、举我品牌、兴我事业、富我职工）教育活动。积极开展"争创工会工作六强场"的宣传工作。场工会被评为 2000 年度江苏农垦工会工作先进单位。

2001 年，组织干部职工学习江泽民"三个代表"重要思想。场工会加强对职工的技能培训，全场参加各类职工技能培训达 1200 多人（次）。农场被省农垦总公司工会授予"工会工作六强场单位"称号。

2002年，宣传贯彻《公民道德建设实施纲要》和《江苏农垦人行为规范》。

2003—2004年，组织开展"争创学习型企业，争做知识型职工，树新时代农垦人形象"的"两争一树"活动。引导职工树立知识就是财富、本领就是身份、学习就是途径的新观念。

2003年2月9—18日，对全场中层管理者70人分两批进行了培训。培训班结合农场未来办公自动化特征和农场实际，设置了如下课程：电脑和办公自动化基础知识，以及电脑维护常识；一种操作软件——WIN98；两种输入法——五笔和智能ABC输入法；一种公文编辑软件——WORD文档；一种制表软件——EXCEL表格；三种办公设备——传真机、扫描仪、刻录机；以及现代网络知识。通过学习和操作，全体人员基本有了理性认识，并由不会到会，大部分同志做到了"学了就会、听了就懂、照做能做"。培训班有如下特点：第一，场领导重视；第二，教员由农场从事计算机服务的同志担任；第三，选择了一本培训教程——《文秘与办公自动化培训教程》；第四，板书与大屏幕结合，网络现场演示；第五，工程师讲授；第六，参加培训的人员学习热情高涨，虚心好学，勤学好问，笔记认真，工作学习两不误，有的同志一天学习长达12小时，还有一些连续参加两批培训；第七，教员在教中学，在学中教，举一反三，不厌其烦，尽自己的所能，每天工作达14小时。在教学人员的共同努力下，培训班取得良好效果。

2005年，围绕"三化"（产业化、工业化、城镇化）建设目标，积极做好对职工的思想发动和教育工作，在全场开展创建优秀职代会活动。

2006年，开展"创新学习方法，建立学习型工会"的宣传教育活动，引导职工形成终身学习、全员学习、团体学习的理念。10月，场工会举办"当好主力军，建功'十一五'，和谐建小康"竞赛活动。

2007年，在全场职工中开展"二次创业"宣传发动工作，组织开展了"二次创业，一马当先"主题教育活动，组织职工学习《企业工会工作条例》。

2008年，以"全面达小康，建设新农场"为导向，开展"小康之家"创建活动。加强职工技能培训，全年组织职工参加各类培训达1800多人次。

2009年，组织干部职工深入学习实践科学发展观活动。结合"四张文化牌"的宣传活动，对职工进行淮海精神教育。

2010年，以农建四师暨淮海农场历史陈列馆建成开馆为契机，深入开展"共铸理想信念，共促科学发展"主题教育活动。

2011—2012年，以"创建学习型组织，争做知识型职工"活动为抓手，开展职工岗位和技能培训，提升职工科技文化素质和创业致富能力。两年参加培训职工达2800多人次，进一步加强了对工会干部的教育培训工作，引导工会干部学习掌握现代经济、科技、法律等方面的新理论、新知识，加快更新知识，提高能力素质。

2013—2015 年，为加快新时代职工队伍建设，推进职工素质提升工程，造就高素质的人才队伍，农场大力开展劳动技能培训，主要有远程教育培训、走出去到高等院校参加培训、农场自办培训班、聘请专家学者来场讲专题课、进行辅导和技术咨询等形式多样的技能培训。

2015 年 1 月，农场与扬州大学园艺与植保学院签订开办科技人员培训班协议书，组织培训学员 60 人，培训内容包括现代农业、植物保护、作物栽培等方面，培训班结束后颁发结业证书。2015 年 6 月，购置农垦农业技术远程培训卫星远端接收站成套设备一套。通过全国农业远程教育平台，结合农垦系统特点聘请专家以录播的形式进行授课，收看农业广播学校播出的各类农业培训课程。农场共举办 8 个班次，383 人次参加培训。

2016 年 6 月，聘请南京知名电商企业专家刘光峰讲师来场举办电子商务培训班，农场 180 名下属企业负责人和经营者参加培训，详细了解传统模式与农产品电子商务的区别，结合农产品实际，提出了发展电商"互联网＋"的相关思路和建议，使参培者增长了电商新知识，开阔了眼界，促进了农场电商的发展。

农场组织下岗、转岗职工参加各类培训，为他们再就业创造条件，先后组织 22 名女职工参加苏垦集团举办的月嫂和家政培训班，使他们获得了培训合格证。2019 年，举行了畜禽养殖技术培训，职工机械技能培训，电站操作技能培训，社区培训等多方面的技能培训，全年举办各类培训班 15 个，培训职工 905 人次。其中农工创业培训班 6 个，培训职工 414 人。通过培训，27 名电工通过年审和复审，80 人获得电焊工资质证书，8 人获得社会工作者资质证书。

2019 年，农场工会共举办和参加各类培训班 15 个，培训职工 905 人次。其中农工创业培训班 6 个，培训 44 人次。21 名电工参加年审和复审培训，80 人获得电焊工资质证书，8 人获得社会工作者资质证书。还根据生产发展需要举行了畜禽养殖、工程机械、果树修剪、社会工作等多项技能培训。

2. 民主管理

1955 年 8 月，成立场工会，进行民主管理。1963 年，建立职工代表大会制度。每次职代会上，场长向职工代表报告工作，工会向大会报告工会工作，财务部门向大会报告财务预决算执行情况，审议讨论农场的法规文件等。由于职工代表参与管理，增强了各级组织行使权力的透明度，职工的民主权利得到保证，调动了职工参与管理的积极性。

1982 年，恢复工会组织，职工代表大会制度进一步健全，场务管理委员会的作用也得到进一步发挥。坚持每年召开 1 或 2 次职代会，各基层单位都建立了职代会制度，积极组织职工参与企业（单位）的重大决策和管理。企业（单位）的经营方针、长远规划、年度计划、重大技术改造及场（厂）长工作报告都经过职代会的讨论审议，重大改革方案和重要的规章制度都经职代会审议通过。

1989 年，为进一步完善职代会制度，3 月召开的第二届职工代表大会确定把征集职工代表提案作为会议的一项主要内容。代表提案涉及改革、经济、文化、人事、生产、文明建设、职工福利等方面的内容。提案经会议的专门机构归纳整理后供在工作中采纳和运用。在以后召开的历次职代会上，职工代表提案征集成为一项重要内容，是职工行使民主权利的有效途径。

1991 年，按照《企业法》赋予职工代表大会的职权，由场工会牵头，会同有关部门对全场科级干部进行民主评议，为场党委选拔、使用、调配干部提供了参考依据。之后，场工会每年都开展民主评议干部工作，并将评议的范围扩大到全体管理人员。

1996 年，成立劳动争议调解委员会，基层单位成立劳动争议调解小组。当年，全场调解劳动争议纠纷 27 起。

1999 年，全面推进场务公开。总场和下属单位层层成立场（企）务公开领导小组，明确内容，建立机制，落实责任。属于"三重一大"（重大决策、重要人事任免、重大项目安排和大额度资金使用）的内容，要求必须及时全部公开。

2003 年，以贯彻《劳动法》《工会法》为契机，以推行集体合同制度为突破口，积极维护职工的合法权益。在当年召开的场四届五次职代会上，职工代表在 1998 年签订的《集体合同》基础上进一步平等协商，续签了《集体合同》，并报射阳县劳动部门审查批准。

2008 年，积极做好非公企业的建会工作。在调研的基础上，先后为淮海石油机械有限公司等民营企业建立了工会组织，达到工会组织全覆盖。

2009 年，为构建和谐劳动关系，推动和谐企业建设，场工会按照"促进企业发展，维护职工权益"的原则，努力营造企业以职工为本、职工以企业为家的和谐发展环境，进一步完善了集体合同制度和劳动合同制度，积极开展和谐劳动关系企业创建活动。当年，农场被评为江苏农垦和谐劳动关系企业。

2012 年，把标准化职代会建设作为民主管理的重要抓手，做到操作制度化、决策程序化，重大事项均采用投票方式表决。

2020 年，农场工会指导、协助苏垦农发淮海分公司成立工会委员会，并成功召开了一届一次职工代表大会。

3. 劳动竞赛

1955年，成立工会组织后，积极开展职工劳动竞赛。通过劳动竞赛的开展，促进了生产任务的完成，提高了职工劳动的积极性。

1982年，工会组织恢复后，把开展职工劳动竞赛列入工会工作的重要内容。至1989年，先后组织开展过"三夏""三秋"生产标兵竞赛、农机"四项能手"和标准化管理竞赛、"五小"成果评比、操作能手竞赛和"双增双节"实绩评比等活动。

1990—1995年，场工会组织开展了"万、千、百红旗竞赛"和"四个一""新品杯""效益杯""主人翁杯""爱企业、做主人、塑形象、争贡献""创企业精神、树主人翁形象"等立功竞赛活动。各基层工会也根据本单位行业特点，广泛开展多种形式的劳动竞赛。至1994年底，全场共组织开展各类劳动竞赛38次，参赛人数8000多人次。在开展的"我为农场献良策"活动中，小改小革、小发明、小创造项目达68项，增加了经济效益。在女职工中开展的"双学双比"竞赛活动，覆盖面广，参赛率高。

1996年，在非农职工中开展"争当优质能手、争当高效能手、争当节约能手、争当管理能手"竞赛，在农业单位开展"10个丰产方，100个丰产片"竞赛，在农机人员中开展"标兵收割机车组"等竞赛活动。仅"标兵收割机车组"一项竞赛就增收100多万斤粮食。

1997—1999年，开展"九五"立功竞赛、"二比一创"竞赛和各行业生产岗位操作规范比赛活动。

2000—2002年，以石油机械厂为龙头，在工业单位开展"三创六小"竞赛活动，并组织210名职工参加系列岗位练兵活动。在农业单位先后开展"争当种田能手"比赛、女职工插秧比赛以及农机标准化作业比赛。2001年，全场夏插任务比往年提前5天完成。

2003年，农业单位全面推行土地租赁经营，为推动这项改革的开展，落实好农业生产的关键技术措施，场工会在相关部门的配合下，在农业生产的各个重要阶段中，广泛开展劳动竞赛评比活动，在全场上下掀起了比、学、赶、帮、超的劳动竞赛热潮，有力促进了各项农业生产任务的完成，实现了"粮食增产、职工增收、农场增效"的目标。

2004—2006年，围绕"富民强场"这个主题，在全场广泛开展"万千百"（提出一万条合理化建议，挖掘一千个职工身边的经济增长点，选树一百名致富能手）竞赛活动。至2005年底，场工会共收集合理化建议73条，其中有7条建议被采纳和实施；挖掘经济增长点36个，集中在小革新、小改进、小节约、小经验方面；有11名致富能手被集团公司工会表彰。

2007—2009年，围绕"二次创业"的工作中心，先后开展了"二次创业、一马当先"

和"三夏""三秋"劳动竞赛活动,进一步促进了"二次创业"和各项工作的有效开展。

2010年,以经济"新三年再翻番"为目标,组织开展以创建"工人先锋号"为主要载体的各类竞赛活动。2011年,先后有9个单位荣获集团公司"工人先锋号"荣誉称号,有1200多人次参加了由场工会组织的"三夏""三秋"劳动竞赛和基层单位开展的"争创优质工程""护理操作技能"以及升级达标等多项竞赛活动。

2012年,在举办"三夏""三秋"劳动竞赛的同时,农机服务中心、供电公司分别开展了农机操作和电工维修比赛,并选拔队员参加江苏农垦职工职业技能大赛。在全场"安康杯"竞赛中,注重与合理化建议、创建安全合格班组等活动相结合,使竞赛成为落实安全生产的一项系统工程。当年,场工会被省总工会授予江苏省五一劳动奖状。

2013—2016年,以创建"职工先锋号"和"职工之家"为载体,在各基层工会广泛开展"建功十二五、创新促发展"劳动竞赛活动和女职工"双争"竞赛活动,丰富竞赛内容,拓宽竞赛领域,增强竞赛实效。农业单位开展"三夏""三秋"劳动竞赛活动,比、学、赶、帮、超的竞赛氛围热烈,粮食生产与以前相比有大幅增长。农机水利服务中心、供电公司分别开展农机操作、电工维修比赛,并在集团公司工会组织的技能大赛中取得较好成绩,建安公司开展了"争创优质工程"竞赛,医院组织了护理技能竞赛,幼儿园组织了升级达标竞赛。2015年2月,医院护理部主任陈华同志在垦区开展的"巾帼建功"竞赛活动中成绩显著,被集团公司工会授予"江苏农垦巾帼建功标兵"荣誉称号。同年3月,范建华同志在全省女职工"双争"竞赛活动中成绩显著,被省总工会授予"江苏省五一巾帼标兵"荣誉称号。农场社区以女性工作人员为主的"一站式"服务大厅,在全省城乡妇女岗位建功竞赛活动中成绩显著,被省城镇妇女"巾帼建功"活动领导小组、省妇女联合会授予"江苏省巾帼文明岗"荣誉称号。

4. 文体活动

1955年成立工会后,重视职工文体活动的开展,经常举办自编自演文艺节目和文娱晚会,开展篮球、乒乓球、拔河及棋类比赛等多项体育娱乐活动。场部和分场设有职工俱乐部,是职工集中娱乐的场所。俱乐部除配备娱乐器材外,还订阅一些娱乐方面的刊物和有关读物。场工会下设电影队,负责全场电影放映工作。兵团期间,建立二师十团毛泽东思想文艺宣传队,不仅在团部演出,还安排到基层单位演出。

1976年,成立淮海农场职工业余文艺宣传队。同年8月,举办全场职工文艺汇演。

1981年,添置一台35毫米放映机组,并将场部露天放映改在大礼堂放映。由于放映工作做得好,还在1985年江苏省电影发行放映先进集体、先进个人表彰大会上做了发言。

1982年,恢复建立工会组织后,场工会和各基层工会在重大节日开展篮球、排球、乒乓球、拔河等体育比赛。春节和国庆期间还举办文艺演出。

1985 年 3 月召开的首届职工代表大会上，选举产生了文体工作委员会。

1986—1988 年，群众性的文化娱乐活动日益活跃。场工会和基层工会利用"五一"、国庆、元旦、春节等节假日和农闲季节，积极开展群众性的文体活动。场工会在场部建立了职工活动室、阅览室，为学校创办了活动室和俱乐部。1992 年，为庆祝建场 40 周年，全场开展了多项文体活动。大型文艺节目《淮海魂》从 4 月 20 日开始连续演出 8 场，大礼堂座无虚席，场场爆满。

1989 年，在场内文艺演出的基础上，推选 4 个文艺节目参加盐城片农垦工、农业单位会演，其中有三个节目获奖。1990 年，选送节目参加省农垦总公司在南京人民大会堂举行的艺术节演出，荣获三等奖。

1994—1996 年，先后开展了职工篮球赛、卡拉 OK 演唱会、自行车赛和棋类比赛，元旦、春节还组织了丰富多彩的群众性娱乐活动。1995 年底，淮海娱乐中心建成并开放。

1997 年，为纪念建党 76 周年和庆祝香港回归，场工会举办了"庆七一，迎回归"歌曲演唱比赛活动。场业余文艺宣传队在省农垦总公司工作会议和全国农垦精神文明建设现场会期间进行文艺演出，并得到好评。

1999 年，组织开展"喜迎国庆 50 周年"系列文体活动。先后组织开展了以"辉煌 50 年"为主题的书画摄影展、以"庆国庆，喜迎澳门回归"为主要内容的知识竞赛、"迎国庆"歌曲演唱会等多项活动。10 月 1 日晚，举办了一场大型焰火晚会。

2001 年，为庆祝建党 80 周年，场工会和组织部门组织开展了多项文娱活动。"七一"前夕还举办了一场"赞歌献给党"文艺晚会。

2002 年，为纪念建场 50 周年，举办了"辉煌五十年"大型文艺晚会，其间还开展了其他多项文体活动。

2004 年元旦，举办了《场镇军民心连心》联欢晚会。

2005 年，积极开展建立"职工之家"活动。

2007 年，举办首届职工广场舞比赛。之后，职工广场舞比赛每年举办一次，至 2012 年已举办 6 届。在"四张文化牌"建设中，将广场舞列入广场文化建设的重要内容。

2008 年，场工会组织开展了"三八"女职工游艺活动、"迎奥运、唱和谐"职工歌咏赛、"五一"职工文艺会演等活动。农场选送的《青春集合在军旗下》节目，参加射阳县职工文艺会演获得一等奖。

2009 年，"五一"期间举办了"激情广场大家唱"群众演唱活动。为庆祝新中国成立 60 周年，全场开展大唱革命歌曲活动。"十一"期间开展了多项庆祝娱乐活动。农场选送的歌伴舞《欢聚一堂》代表射阳县总工会参加盐城市总工会的全市职工文艺会演，获得一等奖。还选送了 6 个文艺节目，分别参加农垦集团公司的文艺会演和春节团拜会演出。

2010 年，举办融文化服务、宣传展览、才艺展示、文艺表演于一体的广场文化节活动。文化节有锣鼓队、舞龙队、舞狮队、腰鼓队、扇舞队等 16 个队，近 500 人参与了有关项目的表演和展示。占地 15 亩的体育广场于当年 7 月建成并对外开放，广场集塑胶跑道、灯光球场、健身器材等为一体，辅以绿化、亮化工程，成为职工工作之余娱乐休闲的好去处。

2011 年，为庆祝建党 90 周年，以唱响共产党好、社会主义好、改革开放好、伟大祖国好的时代主旋律，开展了一系列庆祝活动。举办了"谋发展、颂党恩"书画摄影展、"党在我心中"征文比赛和"歌唱共产党、共创新辉煌"职工歌咏比赛活动。还代表射阳总工会参加了"党旗下的盐城工人"庆祝中国共产党建党 90 周年全市职工文艺会演。

2012 年，为庆祝建场 60 周年，农场工会成功举办第六届广场文化节。文化节上，表演人数众多，形式新鲜多样，场面隆重热烈。4 月 20 日，在南京举行的"纪念毛泽东主席发布命令组建农建四师暨江苏农垦创建六十周年大会"上，由集团公司主办、淮海农场承办的专场文艺演出获得了圆满成功。

2013—2020 年，农场工会充分发挥联系和服务职工群众的工作优势，大力推进企业文化建设，丰富职工文化生活，展示职工才艺和风采，提升居民的幸福指数，努力打造广场文化升级品牌。共举办 8 届广场文化节，全场 17 个单位共演出 150 多个节目，3000 多人次参演，每届广场文化节都有附近居民、农场职工 2000 多人观看，演出获得好评。同时揭晓农场文明新事评选结果，促进了农场精神文明建设。

2014 年，农场工会成立了音乐舞蹈协会，组团参加省农垦和射阳县的广场舞比赛活动，取得好成绩，树立了良好的企业形象。2014 年 10 月 21 日，在东辛农场举办的江苏农垦第三届广场舞比赛中，以一支《青春韵律》舞蹈夺得一等奖。2015 年，在江苏农垦文化艺术节文艺汇演大赛上，农场 5 个参赛节目中有 3 个获得二、三等奖；7 人获垦区文艺骨干称号。2018 年，农场自编自演的情景剧《奋斗的音符》在江苏农垦第二届文艺汇演大赛中获得原创作品一等奖和语言类二等奖。2019 年，广场舞《腾飞的苏垦大地》在江苏农垦第五届职工广场舞比赛中荣获二等奖。农场组队参加射阳县"舞动健康、幸福射阳"广场舞大赛夺得第一、二名的好成绩。

农场工会每年组织征文比赛、职工读书月、书画培训、演讲比赛、卡拉 OK 比赛、乒乓球比赛、趣味运动会等 40 多项活动，丰富职工的文化生活。2020 年，在省总工会举办的第十一届"江苏职工读书月"活动中，农场被省总工会、省全民阅读办授予第三批江苏省"书香企业建设示范点"称号。

2014年，农场成功承办江苏农垦首届职工趣味运动会，全场参加人员达320人之多，接待各级领导和来宾100多人，垦区28个单位的304名运动员参加了比赛。2015年，淮海成功举办职工趣味运动会，来自全场16个单位的160名运动员参加了6个项目的趣味竞技比赛。2016年，江苏农垦第二届职工趣味运动会上，我场选拔的8名运动选手不畏强手，勇于拼搏，勇夺2个单项二等奖、一个单项三等奖，并荣获团体二等奖的好成绩。

2015年11月，农场公司成立江苏省淮海农场有限公司工会书画摄影协会，会员达34人。协会任务：①经常性组织活动。如迎新春送春联、国庆书画展、硬笔书法笔会等活动。②举办书法画培训班。每年举办4期，培养了一批有基础、拿得出作品的能手，并推荐发展多名爱好者加入县市省书画协会。③书画室实行常态化互动。每月1或2次，利用周末或晚间时间进行书法、绘画的互动交流。④书画活动采取"走出去请进来"方法，与兄弟农场和"书画之乡"交流学习，请专家来农场采风，指点书画协会工作。⑤壮大农场书画协会队伍，不断发展会员，形成农场精神文明不可或缺的力量。⑥以购置教学光盘、开展讲座引领会员学习提高。2015—2019年，先后举办过5期书画培训班，培训书画骨干118人次。

5. 职工维权

构建和谐的劳动关系，维护职工的合法权益是建设和谐社会的重要举措。农场工会按照《劳动关系和谐企业评价规范》依法依规、规范运作。在劳动用工、劳动规章、安全生产、工资协商、社会保险、困难职工帮扶等各个方面积极维护职工的合法权益，营造和谐社会的良好氛围。2015年，建立健全劳动争议预防协商调解机制，安排专人参加上级举办的劳动争议调解员培训班。各基层单位也相应成立劳动争议调解组织，开展矛盾纠纷排查，引导职工理性表达诉求，协助党组织妥善处理和解决好职工群众的各种诉求问题，建立劳资双赢、和谐的劳动关系。

6. 扶贫帮困

建场至实行"大包干"经济责任制期间，帮扶的对象主要是劳动力缺乏、子女多、因病遭灾等困难职工家庭。帮扶方法除发放救济补助金外，在工作安排上适当照顾，鼓励困难职工在家前屋后种瓜、种菜和饲养一些家禽。

1984年以后，农业生产实行"大包干"经济责任制，农业职工经济收入逐渐拉开了差距。各级工会组织采用科技扶贫和经济补助相结合的方式，对贫困职工给予技术、人力和资金上的扶持，动员党团员和年轻职工对困难职工进行义务帮工，场工会拨出专项经费解决贫困职工的生活困难。

1990年以后，受连续自然灾害和市场疲软等因素影响，部分农业职工出现亏损倒挂，部分二、三产企业出现经营性亏损或停产。场工会在调研的基础上，根据不同原因，制定解决方案。对农业职工采用扶贫扶技相结合，并建议行政对少数困难职工的亏损进行挂账或部分减免；在二、三产业中，工会积极协助有关部门，解决停产待业职工的就业问题。至1993年底，农场工会发放救济金和困难职工补助资金100多万元，帮助100多名下岗职工实现再就业。

1997年，农场建立农场扶贫解困基金。基金来源有4个方面：一是在当年企业管理费中提取1.5％；二是从场福利费中提取6％；三是从场直生产经营单位利润中提取1％；四是发动年收入高于平均水平的干部、职工捐款。当年筹集扶贫基金49.1770万元，用于职工的扶贫和困难职工群众的救助。

1998年，农场工会对全场贫困职工情况进行了调查摸底，建立档案，逐户落实帮扶措施。针对二、三产企业改制后待岗职工生活困难的新情况，场工会一方面帮助他们在非农单位进行再就业，另一方面积极帮助他们向农业单位分流。凡是去农业单位承包种植的职工，给予每人一次性补助安置费2000元，并且在承包利费上还实行优惠。场工会还积极鼓励和支持下岗职工发展民营经济，在小城镇建设的商品门面房优先出售给下岗职工。

1999年，场工会在全场实施扶贫送温暖工程，帮助困难职工脱贫致富。对因病残无生活来源的、人均收入低于当地县乡人均最低生活保障标准的特困户，实行定期救济或特殊困难补助，以确保其基本生活不受影响。对有劳动能力、或缺乏外部条件支持的困难职工，运用信息、技术、政策等帮困措施，帮助他们增强"造血"功能。建立扶贫送温暖工程基金，至2000年底，救济了临时困难职工68人次，救助困境学生3名。

2004年，积极开展结对帮扶活动。采取建立制度、调查建档、动态管理的办法关爱贫困职工，帮助弱势群众。当年有100余名工会干部和管理人员与困难职工结成帮扶对子。一方面出台对特殊困难职工的优惠政策，如农业单位无劳动能力的职工以及残疾人员免费安排两亩生活田等，一方面向地方政府民政部门争取优惠政策，为贫困线以下的职工落实最低生活保障费。从2004年起，每年有30多户享受地方政府的低保待遇。同时，场工会动员社会力量，帮助特困人员解决急难问题。当年，六分场一名职工患白血病，需做骨髓移植手续，医疗费用很高，场工会为其向全场职工倡议捐款17890元。

2007年，农场工会配合行政，为64名年龄偏大、身体偏弱、不能坚持正常工作的职工办理了病退手续。同时开展医疗救助惠及千人活动，将全场1449户职工家庭中未参加医疗保险的成员纳入了江苏省新型农村合作医疗保险体系。全年场工会慰问困难职工76

户，发放慰问金 32700 元，探望安抚生病职工 290 多人次，为 2 名孤寡老人拨付护理费用，为 5 名考取高校的特困家庭学生办理了助学贷款手续，全场没有出现因家庭贫困而辍学的现象。组织 76 名残疾人员参加评残鉴定。

2008 年，农场工会组织开展以"真情送温暖，助困进万家"为主题的送温暖活动，帮助困难职工度过一个欢乐祥和的春节。场工会积极开展"向社会献爱心"活动。2008 年 5 月，全场职工共向汶川大地震灾区捐款 190762 元。

2010 年，建立淮海农场困难职工帮扶中心，当年有 57 户 122 人被盐城市困难职工帮扶中心列入困难职工建档对象。同时为全场 39 户 82 人办理了城镇低保，为 12 名重度残疾人员申办了残疾低保，有 5 名重度残疾人员申请了每月 100 元的护理服务补贴，为 16 名困难家庭学生申领助学金。全场实现了不让一个职工家庭生活在贫困线以下，不让一名职工子女上不起学，不让一名职工看不起病的目标。

2012 年，开展"两节"送温暖、慰问生病职工、救助特困家庭、金秋助学等系列活动。同时为城镇低保、重度残疾人员、低保边缘户、大病救助对象等人员，争取到各级财政补助（贴）款 12.81 万元。

2013 年，与地方政府对接，工会帮扶中心转型升级为职工服务中心（服务站），不断完善职工服务中心建设，构筑帮困、维权、服务三位一体的职工扶贫维权帮扶体系。2014—2015 年，开展工会日常救助，重大节日送温暖，办理城镇低保，以及"走百家门，知百家情、解百家忧"等活动。对全场困难职工家庭状况进行了深入细致的摸底调查，健全完善了困难职工电子档案。

2016—2017 年，农场扎实推进精准扶贫脱困、解困工作，争取地方政府大病救助、医疗托底、助学资金等多个层面的救助基金。2017 年底，经集团工会考核验收全场 53 户建档立卡贫困户中，已脱贫 32 户，脱贫率达 40%。按照 2 名管理人员帮扶 1 户贫困户、与 5 户困难户结对挂钩，户户有人结对，责任到人，帮扶到户，措施到位。

2018—2019 年，开展结对挂钩走访慰问活动。对建档立卡贫困户实行重大节日上门走访慰问送温暖，送去慰问金、慰问品。搞好助学活动，发放助学金。举办精准扶贫畜禽养殖培训班，增强自我"造血"功能。2018 年，17 户脱贫，脱贫率达 93%。2019 年，建档立卡贫困户全部脱贫。

2020 年，继续巩固帮扶成果，采取了节日帮扶送温暖、春秋助学献爱心、医疗救助解难题、危房改造、就业帮扶促和谐等八项措施，进一步巩固帮扶解困成果。

2013—2020 年，全场累计投入帮扶救助资金 175.2 万元，帮扶救助 7582 人次。其中节日帮扶 58.35 万元，帮扶 2501 人次；助学帮扶 13.1 万元，救助 105 人次；兜底帮扶 89

户 117 人次；医疗救助 4.08 万元，救助 25 人；危改帮扶 3.5 万元，救助 4 户；就业帮扶 110 人；社会帮扶 17.99 万元，救助 8 人。

（二）工会荣誉

1. 单位荣誉

2013—2020 年，农场公司工会受到各级部门的表彰和授牌，具体情况如下：

2013 年，江苏省总工会授予"江苏省模范职工之家"荣誉称号。

2015 年 3 月，农场社区"一站式"服务中心被省妇联、省城镇妇女"巾帼建功"活动领导小组授予"江苏省巾帼文明岗"荣誉称号。

2015 年，全国总工会授予农场工会"全国模范职工之家"荣誉称号。

2016 年 2 月，淮海分公司工会被江苏省农垦工会授予"江苏农垦模范职工之家"荣誉称号。

2016 年 2 月，社区工会、医院工会被江苏省农垦工会授予"江苏农垦模范职工小家"荣誉称号。

2016 年 2 月，淮海中心幼儿园被江苏省农垦工会授予"江苏省农垦巾帼建功标兵岗"荣誉称号。

2018 年 4 月，农场社区"一站式"服务大厅被省总工会授予"江苏省工人先锋号"荣誉称号。

2018 年 9 月，在江苏农垦第二届文艺汇演大赛中，农场公司《奋斗的音符》荣获原创作品一等奖、语言类二等奖。淮海分公司《中国脊梁》荣获歌舞类三等奖。

2018 年 11 月，淮海农场有限公司工会被江苏省农垦工会授予"江苏农垦模范职工之家"荣誉称号。

2018 年 11 月，淮海农场公司工会供电公司分工会被江苏省农垦工会授予"江苏农垦模范职工小家"荣誉称号。

2018 年 11 月，江苏省农垦股份有限公司淮海分公司第四生产区分工会被江苏省农垦工会授予"江苏农垦模范职工小家"荣誉称号。

2019 年 10 月，江苏省淮海农场有限公司被江苏省农垦工会授予"优秀读书组织"荣誉称号。

2020 年 3 月，农场社区"一站式"服务大厅被集团工会授予"江苏农垦工人先锋号"荣誉称号。

2020 年 3 月，农场医院内科护理组被江苏省农垦工会授予"江苏农垦巾帼建功标兵岗"荣誉称号。

2020年4月，盐城市总工会为江苏省淮海农场有限公司颁发"盐城市五一劳动奖状"。

2020年4月，射阳县淮农供电有限公司电力管理站被盐城市总工会授予"盐城市工人先锋号"荣誉称号。

2020年11月，江苏省淮海农场有限公司被江苏省农垦工会授予"优秀读书组织"荣誉称号，《推动健康农场文化建设工程纪实》被评为优秀短视频。

2020年12月，江苏省淮海农场有限公司被省总工会、省全民阅读办评为第三批江苏省"书香企业"建设示范点。

2．个人荣誉

2014年3月，范建华被江苏省总工会授予"江苏省五一巾帼标兵"荣誉称号。

2014年7月，周保兵被江苏省农垦集团公司评为第三届"江苏农垦劳模"。

2015年3月，王淮锁被集团公司工会授予2014年度"江苏省农垦系统优秀工会干部"。

2016年2月，医院护理部主任陈华被江苏省农垦工会授予"江苏农垦巾帼建功标兵"荣誉称号。

2017年2月，王灿明、王淮锁二人被集团公司工会授予2016年度"江苏农垦优秀工会工作者"荣誉称号。

2017年2月，范建华被集团公司工会授予2016年度"江苏农垦优秀工会积极分子"。7月，居家云、姜国平二人被集团公司党委授予"江苏省农垦系统第四届劳动模范"，姚建林被集团公司工会授予"江苏省农垦工会优秀会员"。

2018年10月，在江苏农垦第九届职工读书月活动中，薛春曙、刘春香、陆建国、王超男4人的作品被评为优秀征文。农场公司王超男、淮海分公司栾艳彦2人被评为优秀领读员。

2018年10月，顾松平获省国资委改革开放四十周年主题征文三等奖。11月，顾松平荣获省国资委厂务公开二十周年征文三等奖。王进强被江苏省农垦工会授予"江苏省农垦优秀工会之友"荣誉称号。王灿明、王淮锁2人被江苏省农垦工会授予"江苏农垦优秀工会工作者"荣誉称号。张长银、范建华2人被江苏省农垦工会授予"江苏农垦优秀工会积极分子"荣誉称号。

2019年10月，在江苏农垦第十届职工读书月活动中，刘春香、李东林、顾松平3人的作品被评为优秀读书征文。

2020年3月，冯惠珠、王超男2人被江苏省农垦工会授予"江苏农垦巾帼建功标兵"

荣誉称号。

表 17-6　淮海农场历届职工代表大会主席团名单

届次	主席团成员名单
首届	王　治　王克兰（女）　尤锦华　刘可通　李萍（女）李万余　李玉祥　李如俊　陈忠明　汪克龙　张玉兰（女）周秀英（女）　周俊和　季根发　胡玉亮　徐美俊　黄广吉　黄万成　薛元海
第二届	王治　王书聪　王宝林　邓成兰（女）　尤锦华　叶秀河　叶崇山　刘可通　吴广艮　陈海　陈信建　陈祖新　张红兰（女）　金寿强　周布卿　周国香（女）　施云（女）　姜友龙　顾家成　徐美俊　董高登（女）
第三届	王淮锁　尤锦华　叶秀河　孙泉福　陆乐　陆建平　陈俊　陈寿年　李志国　邵怀志　张士斌　张玉兰（女）孟晓春　杨建明　胥忠敬　段志成　徐开泉　徐德桂　顾永国　钱惕成　黄承荣　董高登（女）　薛春曙
第四届	马兆书　王立新　王淮锁　叶秀河　孙泉福　刘怀萍（女）吕玉余　陈俊　张士斌　张国芳（女）　张少峰　李志国　李国平　李仲明　邵为兵　范建华（女）　顾永国　段志成　陆体亮　徐开泉　徐德桂　韩绪楼　韩照耀　黄承荣　黄胜亮　董建军
第五届	于广明　马兆书　王健　王立新　王益斌　冯贵生　任海潮　李文章　李仲明　陆体亮　陈华（女）　陈俊　陈永龙　陈祖新　范建华（女）　姜建忠　赵殿霞　陶应美　徐静　徐开泉　徐德桂　黄承荣　葛常新　韩绪楼　董建军
第六届	马兆书　王健　王进强　冯贵生　任海潮　许峰　束向红　李仲明　李海峰　陆加荣（女）　陈华（女）　陈海　余新放　林一高　范建华（女）　周保兵　赵志　赵殿霞　钱天铸　倪冬成　顾永国　黄承荣　韩绪楼　鲁邦良　缪海如
第七届	王进强　王灿明　王淮锁　孙司正　孙国祥　李卫东　陈海军　周军　周保兵　崔慧慧（女）

第九节　妇女组织

1955 年建场后，成立淮海农场妇女联合会。妇女工作主要包括：宣传保护妇女儿童的合法权益，宣传《婚姻法》；号召妇女积极参加国家建设，组织妇女开展劳动竞赛和各种活动；组织妇科病检查，建立托儿所，解决妇女的后顾之忧。

1962 年，成立妇女工作委员会，各分场、生产队也建立女工委员会，均配备专、兼职女工干部或女工委员。

1963 年，为加强对全场托儿所的管理，场工会制定了保育人员管理规定。"文革"中，妇女组织瘫痪。十团时期，未成立专门的女工工作机构，女工工作由各单位党政组织直接负责。1976 年，由政工科承担女工工作职能，主要抓计划生育工作，各基层单位也逐步配备了妇女代表。

1982—1985 年，工会组织恢复后，配备了女工干部。1985 年，场首届职工代表大会选举产生了由 7 人组成的女工工作委员会。各分场和场直单位也建立了女工组织。全场女工组织结合开展"五讲四美三热爱"活动，倡导女职工爱集体、做好事、讲文明、守纪律。经常组织女工进行"互帮互学""四自"（自强、自尊、自信、自立）、"四有"（有理想、有文化、有道德、有纪律）等教育。

1988年，宣传贯彻国务院颁发的《女职工劳动保护规定》。

1989年起，连续5年在全场女职工中开展粮棉生产竞赛。在每年"三八"妇女节期间，对在竞赛中勤劳致富、科技致富成绩显著的女职工予以表彰，授予"生产能手"称号。

1991年，农场女工委组织全场女职工开展"双学双比"竞赛活动。成立淮海农场"双学双比"领导小组，先后开展了三麦、棉花"千亩片""百亩方"等评比活动。全场有536名女职工参加竞赛，参赛率达91.7％。

1993年3月，农场工会召开"双学双比"表彰大会。会上对全场24名在"双学双比"活动中取得显著成绩的先进个人予以表彰。四机站农业组女工"双学双比"活动还先后受到省、市农垦公司的表彰，女职工施佩芳还受到凌启鸿副省长的赞扬。

1996年，在有关部门的配合下，女工委举办两期女职工业务培训班，参加培训人员有900多人次。同年6月，在农业单位女职工中开展"粮、棉、油高产竞赛"活动。

1997年，女工"双学双比"劳动竞赛的参赛率达100％，农业单位参赛土地面积达到50％。开展女职工文化、技术培训，全年开设女工文化知识学习课421堂，参加人数1800多人次，岗位培训850人次。

1998年"三八"妇女节期间，女工委员会开展"贤内助"评比活动。全场28名女职工被授予"贤内助"称号。同年，在"三夏"期间开展了女职工插秧劳动竞赛。

2001年"五一"期间，举办女职工"歌颂祖国、爱我农场、新世纪我为农场作贡献"演讲比赛。女工委组织农业单位女职工开展"水稻丰产杯"劳动竞赛。

2002年，组织女工学习《劳动法》。"三八"妇女节期间举办女工演唱会和拔河比赛等活动。

2003年，结合土地承租经营改革，在农业部门的配合下，女工委举办两期女职工农业技术培训班，参加培训女工800多人次，进一步提高了女职工农业生产技术水平。

2005年，开展"巾帼绘十五、创新展风采"劳动竞赛。场工会为全场女职工免费进行一次妇女病检查。

2007年"三八"妇女节期间，召开了优秀女工和好媳妇座谈会，进一步发挥女职工的"半边天"作用。

2008—2010年，以维护女职工合法权益和特殊利益、提高女职工队伍素质为重点，在女职工中开展"双争"主题活动，培树巾帼建功标兵。2009年3月，组织女职工参加庆"三八"游艺活动。2010年"五一"期间，组织女职工参加广场文化节、腰鼓队、扇子舞等活动，展现巾帼风采。3 年免费为女职工进行妇女病检查 5200 多人次，用于困难女职工的帮扶资金 12 万元。

2011—2012 年，开展庆祝"三八"妇女节活动，先后评选表彰了全场各条战线上的 30 名"三八"能手。场"爱莲苑"水生花卉基地荣获"江苏农垦现代高效农业'三八'示范基地"荣誉称号。

2013—2020 年，农场累计有 10 人次和单位获上级妇女组织和工会的表彰。

2015 年 3 月，农场社区"一站式"服务中心被省妇联、省城镇"巾帼建功"活动领导小组授予"江苏省农垦中国建功标兵"荣誉称号。

2016 年 2 月，淮海中心幼儿园被江苏省农垦工会授予"江苏省农垦巾帼建功标兵"称号。农场医院护理部主任被江苏省农垦工会授予"江苏农垦巾帼建功标兵"称号。

2017 年 7 月，农场医院居家云被苏垦集团党委授予"江苏省农垦系统第四届劳动模范"称号。

2018 年 3 月，经农场第十三届一次工会会员代表大会选举，并报请苏垦集团工会批准，成立农场妇女职工委员会。由崔慧慧、范建华、王超男 3 人组成，崔慧慧任女工委副主任。女工委积极带领全场妇女开展妇女卫生、保健、劳动保护、计划生育、妇女维权、技能培训等方面的活动，团结、教育、引导女职工发扬自尊、自信、自主、自强精神，提高妇女的政治、思想文化素质。

2018 年 4 月，李静被苏垦集团授予"江苏省农垦创业模范"荣誉称号。

2020 年 3 月，农场医院护理组被江苏省农垦工会授予"江苏省农垦巾帼建功标兵"称号。

2013—2020 年"三八"妇女节期间，农场女工委员会积极开展"三八"主题征文、衍纸画制作比赛、趣味运动会、女职工健康知识讲座等系列活动，丰富农场女职工业余文化生活。

2015—2018 年，农场工会组织妇女参加月嫂培训和家政培训，累计有 57 人参加培训，提高了妇女就业能力，并获得培训证书。

第十节 共 青 团

一、组织机构

农建四师期间，共青团组织健全。师、团成立团委，营、连也都建立团的基层组织。

1955 年 12 月，成立中国新民主主义青年团国营淮海农场工作委员会。

1957 年 3 月，成立中国新民主主义青年团国营淮海农场委员会，后改称为中国共产主义青年团国营淮海农场委员会，下设团总支 6 个、团支部 31 个，有团员 859 人。

1962 年后，知识青年分批来场，团组织不断扩大。

"文革"开始后，团组织处于瘫痪状态，少先队也停止了活动，先后成立了"红卫兵""红小兵"等组织。

1969 年十团成立后，恢复团组织，更名为中国共产主义青年团十团工作委员会，下设团总支 9 个、团支部 51 个，有团员 1254 人。

1975 年，撤销十团建制，恢复淮海农场团委，隶属射阳县团委领导。

1979 年，学校恢复少先队组织。全场成立少先队总队 1 个、少先大队 7 个，班级成立少先中队，场部小学设 1 名总辅导员，分场小学设一名大队辅导员，班主任兼任中队辅导员。

1988 年，团委下设团总支 12 个、团支部 78 个，有团员 986 人。

1999 年以后，因团员数逐步减少，基层单位团组织逐步撤销，至 2011 年只有学校保留 1 个团总支、3 个团支部，有团员 66 人。

2012—2018 年，农场青少年减少，基层单位团组织逐步撤销。企业改制后，中国共产主义青年团江苏省淮海农场委员会改称为中国共产主义青年团江苏省淮海农场有限公司委员会，保留淮海农场直属团支部，淮海农场学校设 1 个团总支、2 个团支部，有团员 14 人。

2019 年，农场公司不断加大人才引近，越来越多青年来到淮海。5 月，淮海农场有限公司团委成立淮海临时大学生团支部，有团员 15 人。淮海农场直属团支部有团员 16 人。淮海农场学校团总支有团员 10 人。

2020 年，淮海农场公司团委设 1 个团总支、3 个团支部，有团员 49 人。

二、团代会

1953 年 3 月 10 日，召开农建四师首届团员代表会议。会议正式代表 120 人，列席代表 15 人。

1957 年 3 月 16—18 日，召开共青团国营淮海农场首届代表大会。出席会议正式代表 67 人，列席代表 6 人。场党委书记胡正平作政治报告，朱斌代表青年团国营淮海农场工作委员会做工作报告。

1959 年 3 月 16—17 日，召开共青团国营淮海农场第二次代表大会。场党委书记胡正平作政治报告，朱斌代表上届团委作《听从党的教导，永远做党的事业促进派》的报告。

1961 年 4 月 6—8 日，召开共青团国营淮海农场第三次代表大会。会议选举产生了由 11 人组成的新一届团委。

1966 年 4 月 12—14 日，召开共青团国营淮海农场第四次代表大会。会议选举产生了由 13 人组成的第四届团委。

1965 年 3 月 28—31 日，召开共青团国营淮海农场第五次代表大会。会议听取了场党委所作的形势和农场 1965 年生产任务的报告，审议通过了团委的工作报告。选举产生了由 15 人组成的第五届团委。

1966 年 10 月 30—31 日，召开共青团国营淮海农场第六次代表大会。会议选举产生了由 15 人组成的新一届团委。

1979 年 5 月 2—3 日，召开共青团国营淮海农场第七次代表大会。会议选举产生了新一届团委。

1982 年 10 月，召开共青团国营淮海农场第八次代表大会。会议选举产生了由 11 人组成的第八届团委。

1985 年 5 月，召开共青团国营淮海农场第九次代表大会。会议选举产生了由 13 人组成的第九届团委。

1987 年 8 月 26 日，召开共青团国营淮海农场第十次代表大会。大会正式代表 9 人，列席代表 14 人。会议审议通过了张卫明所作的《坚定正确方向，立志艰难创业，让青春在建设农场的事业中闪光》的报告。会议选举产生了由 11 人组成的第十届团委。

2018 年 8 月，召开共青团江苏省淮海农场有限公司第十一次代表大会。会议选举产生了由 3 人组成的第十一届团委。

三、团组织活动

农建四师期间，团的组织按照"屯垦戍边，建设农场"这一主要任务的总体要求，积极开展各项活动，组织团员开展劳动竞赛，举办各项文体活动，丰富干部战士的文化生活。

1955 年后，场团委在青年中开展创先进班组、学习技术、学习文化、推广先进经验和生产突击等活动。

1958 年，在团内广泛宣传社会主义、共产主义的人生观和世界观，提高团员青年的共产主义思想觉悟，激发他们发扬敢想、敢说、敢做的共产主义风格。

1959年，在全场团组织和团员青年中开展标兵团支部、模范团员、青年红旗手的竞赛活动。

1963年，开展学习雷锋活动。同年11月，开展评比"四好"团支部和"五好"青年活动。

1966年，对团员青年进行社会主义教育，开展多出勤、超定额、学技术、保质量、讲勤俭、爱工具等竞赛活动，发挥团员青年在工作中的突击队作用。在全场1200多名少先队员中开展"听毛主席话、做社会主义小主人"的活动。兵团期间，团委组织团员青年学习马列和毛泽东著作，举办政治夜校和扫盲识字班，开展"爱科学、学科学"革命实践活动，积极开展文体活动。

1977年，在全场团组织中开展以加强思想建设为主要内容的团支部整风活动。"三秋"期间，在团员青年中开展"争当红旗突击队"和"争当青年突击手"活动。

1979年，开展争当新长征突击手活动。

1981年，广泛开展"学雷锋、树新风"和"五讲四美三热爱"活动。在少年儿童中开展以讲礼貌为主要内容的品德教育。

1983年，场团委对基层团组织进行整顿，在全场团员青年中开展学习张海迪活动。

1984年，在团员青年中开展"爱祖国"读书活动。场团委成立读书活动指导小组，团总支成立青年读书指导小组，全场共建读书小组108个，聘请读书辅导员12名，全场有1453名团员青年参加了此次活动。场团委在全场各单位建立"青年之家"。至1984年底，全场创办"青年之家"48个，面积达2157平方米，藏书11771册，还置办了相关的文体活动器材。

1986年，结合"一五"普法，在全场团员青年中开展法纪教育活动。活动期间，场团委组织开展法律常识课4次，到基层巡回演讲8场，法律常识竞赛2场。

1989年，在团员青年中开展反对资产阶级自由化教育活动，号召团员青年维护安定团结的政治局面，做改革开放的促进派。场团委在"三秋"期间还开展了"争当青年突击手"劳动竞赛。

1991年，场团委开展民主评议团员活动，共评出优秀团员46名。7月，结合建党70周年，场团委举办了庆"七一"革命歌曲卡拉OK演唱会。11月，举办团员青年实用技术培训班两期，参加培训人员210人次。

1992年4月，场团委组织团员青年参观建场40周年成就展，并在纪念碑前举行新团员入团宣誓仪式。5月，召开"共青团建团70周年暨五四运动73周年"纪念大会。举办纪念共青团建团 70 周年知识竞赛。

1996 年，组织团员青年开展义务植树活动。全场共 1100 多人参加义务植树，植树 8200 多棵。在开展的"我为农场献良策"活动中，全场团员青年提出有价值建议 100 多条、"五小"改革项目 120 多项。

1999 年，为庆祝建国 50 周年，场团委举办了"庆国庆"演唱会、"携手走过五十年，一同迈向新世纪"征文等活动。

2000 年五四青年节期间，结合开展"爱我农垦，扬我精神，举我品牌，兴我事业，富我职工"主题教育活动，场团委举办"歌颂祖国，爱我农场，新世纪我为农场作贡献"演讲比赛。有 15 个单位组队参赛，参赛人员达 80 多人。

2000 年后，因企业改制，青年职工减少，除学校团组织正常开展活动外，企业团组织活动开展较少。

2018 年五四青年节期间，组织农场青年团员参观农建四师陈列馆。10 月，组织青年团员参加江苏农垦第二届文艺汇演，农场自编自演的情景剧《奋斗的音符》荣获原创作品一等奖和语言类二等奖，又先后在新洋、黄海进行了展示演出。5 名青年员工参加了集团公司工会举办的垦区青年员工论坛活动，1 名代表在论坛活动会议上进行了交流发言。

2019 年，团委开展淮海"3·12"义务植树活动，青年团员、大学生、志愿者 40 人，种植 500 棵红叶石楠和大叶女贞。5 月，开展"青春心向党，建功新时代"纪念五四运动 100 周年主题活动。农场参与青年、团员、志愿者达 100 名，活动内容丰富，如参观农建四师暨淮海农场历史陈列馆，学生代表、青年代表在团旗下朗诵，重温入团誓词，在"传承五四精神，放飞青春梦想"横幅签名等。8 月，淮海团委开展团支部书记"双述双评"工作会议。12 月，团委组织青年团员参加团拜联欢活动。

2020 年，新冠肺炎来袭，农场公司团委积极协助党委做好疫情防控工作。团委开展"我为战疫献热血"无偿献血活动。组织青年团员志愿者参加 2020 年"迎新春·送春联"活动。五四青年节期间，组织农场青年团员参观农建四师陈列馆。8 月，团委协助场工会举办微视频制作、图片设计培训班，培训人数达 70 位。第十一届"职工读书月"活动期间，青年团员积极参与读书活动，农场公司荣获江苏农垦"优秀读书组织"。10 月，农场公司青年员工积极参加江苏农垦第二届青年员工论坛演出活动，情景剧《奋斗的音符》、舞蹈《追梦人》受到集团领导们的一致肯定。

第十八章　社　　区

第一节　社区组织

1996年之前，农场居民的大事小事都由农场负责。随着经济体制改革和小城镇建设的不断发展，集中到场部居住的人口逐年增加，部分职工由单位人变成社会人。

1997年4月，根据管理需要，场部区域划分为群乐、振兴、五星、幸福、朝阳、育才6个居民小区。农场成立淮海农场城镇管理委员会，成员11人，主任由副场长兼任，居民小区主任由农场任命，其他成员以兼职为主。农场居民管理工作起步。

2003年3月，根据中共中央办公厅、国务院办公厅《关于转发〈民政部关于在全国推进城市地区建设意见〉的通知》（中办发〔2003〕23号）文件精神，决定单独成立社区管理委员会，科级建制，编制9人，其中主任1正3副，工作人员5人。落实办公场所，配备办公设备，制定各项工作职责和规章制度。社区管理委员会下设城东、城西、城南3个居委会，居民小组50个，居民4000多人纳入管理范围。

2006年9月，农场成为江苏农垦分离办社会职能试点农场之一。江苏农垦事业管理办公室、省农垦集团有限公司批准成立江苏农垦淮海农场社区管理委员会。社区主任由总公司任命，由农场副场长兼任，4名专职副主任负责分管工作。社区按总人口3‰比例，配备管理人员27人。社区管理委员会下设市政管理科、民政社保科、党政办公室。原3个居委会合并成立场部居民委员会。7个农业分场设立7个管理委员会办事处，分场副场长兼办事处主任，全场8711人全部纳入社区管理。社区单独建账，参照事业单位会计制度进行独立核算。9月底，江苏农垦淮海农场社区管理委员会挂牌，社区正式成立，规范运作。

2008年8月，根据省农垦集团公司《关于完善农场办社会职能内部分离有关问题的指导意见》，对社区管理委员会机构作出调整，设立社会行政管理科、社会事业管理科、社会服务管理科，1个城镇居委会、7个社区管理委员会设立办事处。省农垦事业管理办公室和省农垦总公司任命农场党委书记为社区主任，社区各部门一科多责，一人多职，互相配合协调，认真履行和承担各项社会职能。

2012 年，经射阳县民政局批准，成立淮海农场城东、城南、城西、头庄、龙潭港、美人垛、西汛、三垛、梁庄、东滩 10 个居委会，居民 3332 户，人口 8185 人。社区原科室设置未变，管理人员 20 人，服务人员 60 多人，居民委员会自治达标率 100％。

2016 年 5 月，社区职工文化活动中心落成，大楼总造价 285.7 万元，三层框架结构 1.81 万平方米，一楼为一站式服务大厅、各部门办公室、职工文化活动中心、会议室等，二楼设有图书室、健身房，三楼为舞蹈厅、乒乓室等。社区管委会迁入新址。

2018 年 10 月，根据农场有限公司党委印发的《淮海农场有限公司（社区管委会）机构设置、人员编制方案及部门职能实施方案》通知精神，对社区机构和人员编制进行重新设置，设置 3 个职能科室，人员编制 25 人。其中，综合管理科编制 8 人，科长 1 人、副科长 2 人、其他 5 人；社会管理科编制 6 人，科长 1 人、副科长 2 人、其他 3 人；公共服务科编制 11 人，科长 1 人、副科长 2 人、其他 8 人。

2019 年 10 月，为加强社区民政工作，确保各项惠民利民政策有效贯彻落实，成立了江苏农垦淮海农场社区管理委员会民政工作领导小组，下设办公室、公共服务科。

2020 年 12 月，社区管理人员 25 人，其中场级 2 人、科级 5 人、股级 18 人。

第二节　社区职能

农场办社区，指导思想就是将社会职能从农场分离出来，实行政企分开、事企分开，有利于把更多的时间和精力用于生产经营。农场借鉴政府管理社区的经验，探索社区发展模式，发挥社区作用。

2003 年，在社区管理委员会增设了计划生育、安全生产、环境保护、社会治安综合治理等专业领导小组，把农场的土管、房管、人武、城管等社会职能划分给社区，这是分离办社会职能的第一步。

2006 年，社区管理的范围和职能进一步扩大：社区党政办公室的主要职能是负责社区党（团）建设、卫生（医院防疫）、计划生育、安全生产、社区财务、信访、工商管理等；民政社保科的主要职能是负责社会人口的社会保险（医保、养老、低保等）、民政救助、居委会（分场办事处）管理、司法、社会劳动力管理及就业、离退休人员管理、房屋及房地产管理等；市政管理科的主要职能是负责城镇建设与管理、环卫绿化、社会治安综合治理、市容监察、市场管理、物业管理、人武、渔政及水资源管理、农机管理、供水、供气、有线电视等。

2008 年，社区机构设置、职能划分进一步细化和规范。①社会行政管理科是属于需要政府部门授予（委托）相应行政执法权的部门依法管理。主要职能包括土地管理、小城镇和居民点建设与管理、居民自治管理、环境卫生与绿化管理、卫生监督、计划生育管理、综合治理（包括治安管理、环境保护）、安全生产监督、市容监察、市场管理、房屋及房地产管理（包括拆迁）、道路、公路及桥梁管理、农田水利基础设施管理、林木管理、渔政管理、农机管理、水资源管理、动物防疫。②社会事业管理科也是属于需要政府部门授予（委托）相应管理权的事业性管理部门。主要职能包括民政（包括优抚恤、敬老、助残、济困、居民最低保障、赈灾）居民社会保险（包括养老、医疗、工伤、生育保险）、离退休人员管理、社区党建（非企业）、人武（包括义务兵役、民兵训练）、司法（包括社区矫正、群众信访、民事调解、法律服务）、劳动力就业培训指导、社区劳动事务代理、社区文化宣传（包括广播、有线电视网络）等。③社会服务管理科是属于为场域内企业生产、居民生活服务的社会公益性、服务性事业，可以按照市场化运作方式运作。主要职能包括场域企业生产、居民生活、社区物业管理与服务、医疗卫生管理与服务、幼儿教育管理。

2012年，社区管理委员会管辖的范围和下属单位有土管所、房管所、人武部、信访办、计生办、团委、女工委、工商管理、安全生产、综合治理办公室、民事调解委员会、城镇监察中队、水政监察站、环卫所、绿化所、堤防管理、居委会、宗教、幼儿园、广播电视管理站、淮海公墓等。

2018年10月，对重新设置的3个科室进行职能划分。

1. **综合管理科主要职能** 社区党建、人事管理、对内对外宣传、纪检监察、来信来访、人武、工会、妇联、共青团、社区部门协调、内外联系、文件办理、日常事务处理、政策研究、法制建设、社区财务核算、预算管理、资产管理、财政资金监管、社区统计，以及人大和政协等工作。

2. **社会管理科主要职能** 区域内土地管理、房屋及房地产管理、道路、公路及桥梁管理、农田水利设施管理、林木管理、渔政管理、农机管理、市场管理、水资源管理、计划生育管理、卫生监督、动物防疫、安全生产监督、市场监察、社区矫正及民事调解、社会治安综合治理，以及小城镇规划、建设和管理等工作。

3. **公共服务科主要职能** 区域内居民管理、优抚恤及敬老工作、居民最低生活保障、困难群众帮扶、残疾人帮助、灾害救助；职工养老保险、医疗保险、工伤保险、生育保险工作；内退、离退休人员管理；劳动力就业指导、培训、劳动事务代理；社区物业管理、社区绿化、美化建设、环境保护、闭路电视管理等工作。

2020年，社区管委会管辖的范围和下属单位有土管所、房管所、人武部、信访办、计生办、民政办、安全生产、综合治理办公室、民事调解委员会、城镇监察中队、水政监察站、环卫绿化管理所、堤防管理、居委会、民族宗教、广播电视、淮海公墓、动物防疫、社区工会等。

第三节　社区制度

社区注重建章立制，抓好责任体系建设工作。2003 年，制定了社区管委会、社区党组织、工商管理、人武、城管、土管、房管、环境卫生等工作职责，居委会主任、副主任、主办会计、出纳会计等岗位职责。制定了学习制度、来访接待制度、例会制度、廉洁自律制度、统计资料管理制度、值班制度等多项制度，为工作人员设置岗位牌，以便接受居民监督和服务居民。各项规章制度的建立，促进了社区工作健康发展。

2005 年，制定出台《淮海农场小城镇市容和环境卫生管理规定》，经场第五届职工代表大会讨论通过，形成文件，印发至每个居民家庭户，让广大居民自觉参与，自我管理，自我教育，自我监督，不断促进小城镇管理规范化。

2006 年，为保障居民对社区事务的知情权、管理权和监督权，相继制定了淮海农场社区管理委员会议事制度、资产管理制度、经费开支结报制度、印章管理制度、会计核算制度、统计报表制度、工作法律制度、出差申报制度等 18 项管理制度，社区管理委员会工作职责、社区主任工作职责、各办事处工作职责、各部门工作职责等 43 项工作职责，以及城镇居委会等 5 项百分考核评分办法，计 4 大类 69 项制度、职责，汇编成册，印发给社区工作者，每人一份，对照执行。编印《淮海农场居民手册》2500 多本，发至全场每一户家庭，手册通俗易懂，内容丰富，包括社会主义荣辱观、居民文明道德规范、居民的权利和义务、九项管理规定、安全用电以及道路交通安全等 6 项生活常识，有社区和各服务部门的电话号码，倡导全体居民提高自身素质，自觉遵守规范，维护自己权利，履行自己义务，支持农场建设，共创美好家园。

2009 年，制定《淮海农场居民自治章程》和《居民公约》，印发 2600 册，发送居民手中。2010 年又增印 1000 册，做到家喻户晓，人人皆知。

2010 年，为落实集团公司农场社区考核办法，对社区工作职责、工作制度进行修订，分别归纳为 16 项和 7 项，一直执行至今。

2019 年 3 月，为适应社区机构设置调整，对社区各部门工作职责进行了修订和调整，由社区管委会行文发至社区各部门、居委会，修订和调整后的部门工作职责主要包括社区综合管理、社会管理、公共服务、居委会、国土管理、房产管理、环卫绿化管理、计划生育、综合治理、信访、人民武装、动物防疫、广电站、财务、公墓管理等职责。同时明确了各部门主要负责人职责。

第四节　社区建设

多年实践证明，要搞好社区工作，加强社区建设，离不开"四个到位"。

一、政府对接到位

社区管理必须承担许多社会职能，其中相当一部分职能要争得当地政府的支持对接才能得到真正的履行。通过与地方政府多次沟通和协调，在6个方面与地方政府理顺了关系，形成共识。全场累计有155户308人享受当地政府城市居民最低生活保障待遇（以前当地政府是不把农场居民包括在内的）。社会人的社会保险、医疗保险被地方政府所接纳，有294名非职工参加地方基础养老保险，有2367名个体工商户、自由职业者等社会人参加了地方合作医疗。市政管理进入当地管理机制，有19人取得道路、交通、市场管理监察等相关执法权。居民的住房取得了合法地位，现有800多户居民领取了房产证、土地使用证。招商引资可以享受当地乡镇所有的优惠政策。居民申办工商营业执照只需到社区申请，由社区统一到县工商部门办理。

二、场所建设到位

农场场部面积较小，房屋相对紧张。为解决社区的办公用房和活动场所，2003年通过腾、挤、并、租、改造、新建等多种途径，从场部老办公区腾出12间房屋，经重新粉刷装修后作为社区办公室。在淮海路上长期租用民房为社区卫生所用房，将原来的库房、简陋房改造成文体活动室、阅览室。2008年，建立和完善了社区的五室、三站、二栏、一校、一所，即党员活动室、社区办公室、警务（治安）室、老年活动室、文化阅览室，社区服务站、卫生计生服务站、保障站，社区财务公开栏、宣传栏，社会学校和群众活动场所。社区的办公条件不断改善，办公和活动场所用房计30多间、600多平方米。群众活动室外场所1.12万平方米，配有30多套健身休闲器材。

2011年4月，社区推进"一站式"服务试点工作，实行一体化办公、一票制收费、一站式办结、一条龙服务，确保居民只进一道门、只找一个人、办完一件事。改建的服务大厅占地 80 平方米，厅内设置社区服务、社会保障、居民服务、计划生育、房产服务、综合服务等 6 个服务窗口，设立 4 条服务热线，外设一间调解室。大厅实行人性化管理，落实首问负责制，免费发放服务指南，提供服务联系卡、开水和报刊阅览。"一站式"服务大厅建成一年时间内，接待来访居民上千人次，为居民办实事、做好事、解难事计 500 多件次。

三、经费到位

2003 年，采取"四个一部分"的方法解决社区经费，即总场管理经费中划给一部分、社区单位赞助一部分、社区居委会有偿服务收取一部分、社区居民缴纳一部分，保证社区干部和工作人员年收入不低于农场同类人员，办公经费、活动经费都有落实。当年，划拨给社区的经费为 13 万元，社区单位赞助 3 万元，收取事业服务费 6 万元，居民缴纳 5 万多元，基本满足了社区的正常费用开支。此后，社区经费推行预算管理，实行社区财务公开，以预算拨款为主。2006 年，试行分离办社会职能，社区管理的范围扩大，费用随之增加。2009 年，分离办社会职能的费用总支出为 1381.73 万元，其中医疗补贴、敬老助残、计划生育、治安消防、环保、人武等经常性支出 561.34 万元，社区管理费用总支出 587.62 万元。

四、居民自治到位

2009 年 9 月，对场部居委会进行民主选举，产生淮海农场第一届城镇居委会，推荐 69 名居民代表参加选举，共选出城镇居委会主任 1 名、副主任 1 名、委员 3 名，居民委员会每届任期三年。创新社区志愿者队伍建设，加强志愿者队伍管理。全场有 300 多名居民组成的社区志愿者，担负着信息传递、值班巡逻、卫生保洁、活动场所管理和参加大型文体活动等义务工作。推进社区民主决策，将涉及居民切身利益的事务决策通过公告、投票、会议等形式让社区居民参与其中。

2008 年，在小城镇规划和市政建设中，把社区建设改造方案交与居民代表讨论，广泛听取不同意见，对原规划进行修改。借鉴村民自治的经验，在社区建立社区事务公示板，把社区成员分工、年度工作计划、财务收支状况公布于众，让社区居民一目了然，把居民自治落到实处。

2015 年 3 月，社区"一站式"服务大厅获得省妇联"巾帼文明岗"荣誉称号。2016

年 5 月，社区"一站式"服务大厅迁址于新建的社区综合办公楼内，在原有的服务接待功能基础上，将原来的水电室外缴费调整到服务大厅室内缴费，在改善工作环境、维护公共秩序的同时，方便了居民群众按时缴费。为努力适应广大居民不断丰富和增长的物质文化需求，淮海社区全力打造以"一站式"服务大厅、社区居委会、居民活动室为载体的服务平台，牢记服务宗旨，创新工作理念，完善设施功能，逐步建立"零距离"无屏障服务网络。

2018 年 4 月，社区"一站式"服务大厅获得江苏省总工会"江苏省工人先锋号"荣誉称号。

2019 年 5 月，根据工作需要，对社区居委会居民小组长进行重新选举，共产生城东、城南、城西 3 个居委会居民小组长 15 名，对每个小组长区域包干进行重新划分。

2020 年 12 月，根据《中华人民共和国城市居民委员会组织法》规定，社区居委会换届选举工作完成，分别成立了城东、城南、城西新一届居民委员会，对《社区居民文明公约》进行了修订，居民自治功能得到进一步完善（见表 18-1）。

表 18-1　淮海农场社区建设与管理情况

指标名称	2010	2015	2016	2017	2018	2019	2020
组织与人员							
1. 社区内设机构（个）		6	6	6	3	3	3
2. 居民委员会（个）	3	10	10	10	10	10	10
社区从业人数（人）	86	86	93	90	94	100	103
1. 管理人员（人）	21	28	28	29	38	43	52
其中：主任、副主任人数（人）	2	2	3	3	4	5	5
居委会管理人数（人）	2	10	10	10	10	10	10
土地、房屋管理人数（人）	1	2	2	2	2	2	2
退管会管理人数（人）	3	1	1	1	1	1	1
城管执法、工商管理人数（人）	1	1	1	2	2	3	3
联防、消防、人武管理人数（人）	1	2	3	2	1	2	4
计生管理人数（人）	1	1	1	1	1	1	1
广播电视管理人数（人）	1	1	1	1	4	3	3
其他（含财务人员）（人）	9	8	6	7	10	16	17
2. 服务人员（人）	65	58	65	61	45	57	60
其中：环卫绿化工人数（人）	30	20	30	9	14	25	28
道路桥梁管养从业人数（人）	12	14	12	18	13	13	13
城管执法、工商服务人数（人）	3	3	3	1	1		
联防、消防服务人数（人）	7	9	8	8	10	12	12
计生服务人数（人）	9	10	10	10	10		
其他（人）	4	4	2	15	8	7	7
3. 文化建设							

（续）

指标名称	2010	2015	2016	2017	2018	2019	2020
从业人数（人）	8	10	10	5	4	4	4
户内面积（平方米）	3000	3000	4000	4600	4600	4600	4600
户外活动面积（平方米）	16600	16600	17600	17600	17600	17600	17600
4. 幼教队伍与教育							
①幼儿教师总数（人）	13	17	16	16	15	14	14
其中：在岗教师数（人）	13	10	16	15	15	14	14
②已退休幼儿教师数（人）	3	7	2	1			
5. 活动场所							
①户内面积（平方米）	2050	742	840	742	742	742	2050
②户外活动面积（平方米）	3000	2040	1910	2040	2040	2040	1950
6. 生源状况							
①0～6周岁儿童总人数（人）	201	365	272	290	280	290	470
其中：3～6周岁儿童人数（人）	82	287	144	160	120	130	320
②入园儿童人数（人）	82	287	316	311	286	324	320
③学前教育入园率（%）	100	100	100	100	100	100	100
7. 城镇规划与建设							
①现有居民点（个）	3	3	3	10	10	10	10
②规划居民点（个）	7	7	7	10	10	10	10
③集聚人口（人）	6000	6800	6800	7656	7507	7507	7329
④城镇化水平（%）	71.4	86.6	87.3	89.0	90.0	92.9	95.2
⑤现居民住房建筑面积（平方米）	304305	385487	396833	375807	375807	375807	375807
其中：当年新建住房建筑面积（平方米）	4446	4200	10000				
⑥居民人均住房建筑面积（平方米/人）	36.2	48.7	50.8	48.7	49.6	52.5	52.4
⑦现有商业用房面积（平方米）	21647	33647	21787	21787	46387	46387	46387
⑧场部和规划居民点占地面积（平方米）	1734200	1734200	1734200	1734200	1734200	1734200	1734200
其中：规划居民点现占地面积（平方米）	1734200	1734200	1734200	1734200	798423	798423	798423
⑨人均居住用地（平方米）	289	255	222	222	229	322	322
⑩场部及规划居民点绿化面积（平方米）	642321	353510	360180	360180	523600	523600	523600
其中：场部小城镇绿化占地（平方米）	642321	286680	353510	360180	360180	360180	360180
⑪农场城镇绿化覆盖率（%）	40.3	41.9	41.9	42.0	42.0	42.0	42.0
⑫人均绿化占地（平方米）	107.0	42.2	46.1	46.1	47.5	48.6	53.1

第五节　社区服务

　　社区服务是凝聚社区居民的核心。2003年以来，农场一直坚持从八个方面为社区居民做好服务。

一、社区治安服务

社区设立治安值班室，成立安全巡查小分队，配合派出所值班值勤，保证居民小区平安无事。通过组织居民群防群治，人人参与，邻里守望，社区治安逐年好转，社会正气上升。多年来，场部区域发挥自防、联防、技防等防范网络的作用，被偷被抢、打架、闹事、斗殴、流氓等民事案件很少发生，居民生活在社区都感到安心、放心、舒心。

二、安全生产服务

配合场安全生产部门，社区正常深入到辖区内的企业、学校、工地、个体工商户、居民家中检查安全事故隐患，每年这类检查不少于 10 次，对查出的用电、用气和易燃、易爆等事故隐患立即整改，责任到人。对年老体弱没有能力及时整改的居民，社区组织专业人员上门帮助整改，做到挨门逐户一户不漏。2009 年，社区将安全常识编印到《居民手册》中，逐户发放，与家庭户主签订安全消防协议 1400 多份，时刻把居民的安全放在嘴上，记在心上，落实在行动上。社区已多年没有发生重大安全事故，多次被评为场"安全生产先进单位""平安社区"。

三、文化娱乐服务

社区人口众多，居住集中，便于组织。每次开展的文化娱乐活动，社区都是主力军。社区常年开放娱乐室、阅览室、文化休闲广场，还为爱好跳舞健身的居民安排场地，提供灯光音响、器材维修、秩序维持等方便。社区组建过文艺宣传队、老年合唱队、腰鼓队、扇子队、舞龙队、舞狮队、舞剑队等，自编自导自演，自娱自乐，参加的人员最大的 80 多岁，最小的只有 5 岁。每逢"五一"、国庆、建场大庆举办的广场文化节，以及乒乓球、篮球、拔河、象棋等体育比赛，社区居民都积极参与。2012 年，场工会和社区以场庆、垦庆 60 周年为契机，成功举办第六届广场文化节、江苏农垦第二届职工广场舞比赛，丰富居民文化生活。

四、环境卫生服务

社区成立由 30 多人组成的环卫所、绿化所、卫生室，常年负责场区环境卫生。环卫所的工作人员每天起早贪黑，不辞劳苦，全年清运垃圾 2000 多吨，每天负责 20 多座公厕的清洗打扫，为方便大家而任劳任怨。2012 年，为减少垃圾清运过程中的二次污染，投入 20 万元新购一台配置较高的压缩式垃圾车，更新 70 多个垃圾桶。绿化所认真做好场区的绿地规划、花草树木品种改良、布局调整、景观设置、日常管理等工作。每年维护花草树木和绿地 66.7 万平方米，社区城镇绿化率达 39.2%，人均绿化占地 7.56 平方米。每年为场区绿化、环境整治、排污、公厕水费、路灯照明等公益性费用支出在 100 万元以上，场区环境达到美化、绿化、净化、亮化的标准。

五、信访民调服务

社区建立信访接待制度，成立民事调解领导小组，实行首访负责制。居民经常反映的问题，如供水管道破裂、窨井盖丢失、下水道堵塞、老人生病无人照顾等，社区做到有接待、有落实、有回音。据不完全统计，2003 年以来，社区每年平均接待来电来访 500 多人次，为居民办实事 200 多件，清理疏通下水道 400 多米，修复窨井盖板 20 多块，修缮公共厕所 8~10 座，帮助居民修复屋顶漏雨、管道破裂 30 多次，转递居民信函 1000 多件，清理排河围河 2000 多米，清除淤泥 2000 多方。民调小组帮助居民调解邻里矛盾、家庭矛盾、经济纠纷、小打小闹等民事纠纷，平均每年 50 多起，调处成功率 95% 以上。

六、计划生育服务

全场 2/3 以上的育龄妇女在社区。2003 年，在社区设立计划生育领导小组，为居民提供避孕查环、妇女病检查、流动人口登记、新生儿入户、独生子女领证、出具婚姻证明等多项服务。社区计生人员手提便携 B 超机上门服务，每年免费为 3000 多育龄妇女查环体检两次，育龄妇女不到医院在家门口就能查环治病。为方便居民，工作人员将办理结婚证、一孩生殖保健服务、照顾再生一孩生育证、流动人口婚育证、户口申报等所需要的材料打印成"明白纸"，人手一份，不让他们多跑腿、多烦神。2012 年，计生部门建立计划生育特困家庭、贫困留守儿童、贫困母亲档案登记和管理台账，为 27 户这类家庭发放慰问金、帮扶资金 6000 多元。对 11 户 22 名独生子女伤残的父母，给予补助 13440 元/年。按政策规定，对全场持《独生子女光荣证》的 640 名退休职工，完成发放一次性奖励金的登记、申报、审核工作，共发放奖励金 150 多万元。

七、退休人员社会化服务

2011 年，农场被集团公司列为推行退休人员社会化管理服务试点单位之一。总场成立试点工作领导小组，居委会、分场办事处成立退管服务站，出台了《淮海农场退休人员社会化管理服务试点工作实施方案》和《实施细则》，建立了 20 项规章制度和各类职责，组织对全场退休人员的基本信息进行上门登记，逐一核实，形成电子文档，做好基础台账。认真做好 2700 多名离退休人员工资发放、福利待遇落实、身体检查等服务工作。加强休闲体育广场的管理，老年活动室、职工书屋正常开放。社区工作人员和志愿者积极为需要帮助的退休人员和孤寡老人提供就医、购物、陪伴、领取工资、日常起居等帮助。社区每年都要到医院看望慰问住院病人，吊唁去世离退休人员，上门为百岁老人祝寿、帮助搬家、办理出入院手续、临床护理等。2012 年，社区开展以生活照料、医疗保健、便民维修、文化娱乐、人文关怀、法律援助、志愿服务等为主要内容的居家养老试点工作，逐步构建适合场情的居家养老服务体系，至年底前，以居家养老服务形式列入服务对象的有 7 对。

八、社会救助服务

在社区设立社会救助站，对全场贫困家庭和人员排队摸底，统一纳入社区保障网，实行应退尽退，应保尽保。2012 年，累计为因残因病、丧失劳动能力的 364 名职工办理了内退和提前退休手续，内退生活费也逐渐提高。每年配合地方政府积极为符合条件的贫困家庭办理城镇居民最低保障手续，为 15 户 15 人办理了重残最低生活保障手续。为 120 多名职工办理了续保、停保衔接确认与缴费工作。连续多年实施特困、贫困人员救助制度。利用春节、元旦上门送温暖，慰问生病职工、贫困家庭、助学等系列帮扶对象。平均每年帮助对象 350 多人次，金额 8 万～10 万元。2012 年发放帮扶资金 21.32 万元。动员慈善捐助，帮助社会弱势群体。社区累计义务培训居民近千人次，为他们再就业创造条件。介绍 183 名家庭困难居民到宾馆、超市、米业公司、石油机械厂上班。帮助解决职工住房难、买房难等实际问题，出台民建公助政策，坚持多年不变。2011 年，为符合住房补贴的 69 户居民发放住房补贴 58 万元，为符合危房改造条件的 412 户居民实施危房改造工程，做好 21 户拆迁居民安置工作。2012 年，危房改造一期工程完工，共建楼房 294 套。积极提供环境卫生、城镇管理、离退休职工管理、困难职工帮扶等多项服务。生活污水处理、公厕节水减排、照明路灯改进等工作逐步推进，积极采用新技术、新能源、新方法，努力做好现场管理和开发利用工作。

针对多年来"社会人"身份多元、居民流动频繁、老弱病人员比重大的现状，淮海社区贴近实际，牢固树立一切社会资源取之于基层、服务于基层的宗旨。2015 年，社区党总支创建"五个一"实践工作模式，自觉用推动农场经济发展的成果来衡量检验社区工作的实际成效。主要做法是：建立一本社情民意流水账；建立一支社区志愿者队伍；完善一套多形式的服务机制；完成一批深受群众欢迎的实事项目；举办一系列颇具特色的文体活动。

2019 年，成功对 9 个水冲式公厕进行新型节水节电改造，设置沟槽感应式智能防冻红外节水装置，节水率达 80%，全年节水 9000 余吨；对场部所有路灯增加太阳能板补充照明，在不增加照明费用的前提下，为居民夜行提供了方便；污水处理厂各项工作步入正轨，平均日处理污水量达 300 余吨，24 小时不间断对外排放，污水在线检测设备达到国家 A+标准。

第六节　社区互动

农场社区从 2003 年成立起，坚持边实践，边学习，不断完善提高。注重与兄弟单位的学习交流，取长补短。组织有关人员多次外出参观考察，先后赴新曹农场学习社区城建城管工作经验、赴弶港农场学习扎实开展居委会活动的经验、赴东辛农场社区学习创收的成功经验、赴新洋农场社区学习精神文明建设的成果，并赴射阳县锦绣苑小区、盐城市五星小区学习物业管理的模式，注重解放思想，明确思路，寻找差距。邀请东辛农场、云台农场、岗埠农场、滨淮农场等社区管理委员会来场实地指导，交流社区工作经验，为逐步建设高标准、规范化社区提供了很有力的帮助。

2005 年，组织社区工作人员及居民小组长参加了射阳消防大队举办的《江苏省农村消防管理办法》培训班进行学习培训。3 次派员参加盐城市政法委、综治委组织的全市社会矛盾调处中心工作人员专业培训。安排专人参加省农垦总公司举办的社区管理人员培训班。安全员多次参加射阳县安监局组织的安全生产培训班。通过学习培训，社区管理人员的业务素质和工作能力得到提升。

农场社区管理得到领导重视，广大居民积极参与，几年来不断进步，颇具淮海特色。社区工作经历了从无到有、从小到大、从粗到细 3 个发展过程。2003—2005 年为起步探索阶段；2006—2008 年为试点完善阶段；2008 年以后为发展成熟阶段。2006 年，淮海农场社区被江苏省思想政治工作研究会评为江苏省社区思想政治工作先进集体。2006 年 6 月，苏垦集团确定淮海农场等 3 个农场为农场分离办社会职能试点工作单位。加强社区服务，繁荣社区文化，美化社区环境，确保社区治安，关心居民生活，构建和谐社区，已成为淮海居民的自觉行动。农场社区连续 6 年被江苏农垦事业管理办公室、江苏省农垦集团有限公司评为"社区工作先进单位"。

2007 年 7 月，省农垦集团公司农场分离办社会职能试点工作会议在淮海农场召开，场分管领导在会上做了《整合资源，理顺关系，注重实效，认真做好农场分离办社会职能试点工作》介绍报告，集团公司主要领导、试点农场党政领导出席会议，并到社区办公区现场参观。2008 年 4 月，省农垦集团公司农场分离办社会职能工作会议在南京召开，农场主要领导在会上做了《立足和谐社会，推进社区建设，认真做好农场分离办社会职能工作》的经验介绍，会后垦区内外 20 多个农场和单位来农场参观学习。

2007 年，安徽农垦社区管理工作考察团来场考察，社区工作成为对外宣传、提高知名度的一个窗口。2010 年，广西农垦考察团来农场社区参观交流。

2010—2019 年，淮海农场社区连续 10 年被评为苏垦集团社区工作先进单位。2016 年 2 月，苏垦集团工会授予农场社区"江苏省模范职工之家"称号（见表 18-2）。

表 18-2 淮海农场社区荣誉榜

序号	表彰时间	荣誉称号	获奖单位	表彰单位
1	2007.5	江苏省社区思想政治工作先进单位	社区党总支	江苏省思想政治工作研究会
2	2010.1	2009 年度社区管理工作先进单位	社区	省农垦事业管理办公室
3	2011.2	2010 年度社区管理工作先进单位	社区	省农垦事业管理办公室
4	2011.7	江苏农垦 2009—2010 年基层思想政治工作先进单位	社区	省农垦集团公司
5	2012.2	2011 年度社区管理工作先进单位	社区	省农垦事业管理办公室
6	2012.7	先进基层党组织	社区党总支	射阳县委
7	2013.1	2012 年国土资源和管理工作先进集体	国土所	射阳县国土资源局
8	2013.1	2012 年度社会管理创新工作先进集体	淮海农场	射阳县政府
9	2013.2	2012 年度农场社区管理工作先进单位	社区	江苏省农垦事业管理办公室
10	2013.3	2012 年全县人口和计划生育工作先进集体	淮海农场	射阳县政府
11	2013.3	江苏农垦模范职工小家	社区	江苏省农垦工会
12	2013.6	先进基层党组织	社区党总支	射阳县委
13	2014.1	2013 年国土资源工作先进集体	国土所	射阳县国土资源局
14	2014.1	2013 年度征兵工作先进单位	淮海农场	县人民政府征兵办
15	2014.2	农场社区工作先进单位	社区	省农垦事业管理办公室
16	2014.2	社区开展"零距离服务"活动获政法工作"创新奖"	淮海农场	射阳县委政法委
17	2014.2	政法综治宣传工作"优秀集体"	淮海农场	射阳县委政法委
18	2014.2	平安单位	社区	射阳县综治委

（续）

序号	表彰时间	荣誉称号	获奖单位	表彰单位
19	2015.2	2014年度农场社区工作先进单位	社区	省农垦事业管理办公室
20	2015.2	2014年度国土资源工作一等奖	国土所	射阳县国土资源局
21	2015.3	巾帼文明岗	社区服务大厅	省妇联
22	2015.6	先进党支部	社区党总支	省国资委党委
23	2016.1	2015年国土资源工作综合奖	国土所	射阳县国土资源局
24	2016.2	2015年度社区工作先进单位	社区	省农垦事业管理办公室
25	2016.2	江苏省农垦模范职工小家	社区工会	江苏农垦总工会
26	2016.5	2015年度"安康关爱行动"优秀组织奖	计生办	县老龄办、中国人寿
27	2017.1	2016年国土资源工作综合奖	国土所	射阳县国土资源局
28	2018.1	2017年度国土资源工作一等奖	国土所	射阳县国土资源局
29	2018.2	2017年度农场社区工作先进单位	社区	省农垦事业管理办公室
30	2018.4	江苏省工人先锋号	一站式服务大厅	江苏省总工会
31	2019.1	2018年度农场社区工作先进单位	社区	省农垦事业管理办公室
32	2019.1	2018年度国土资源工作一等奖	国土所	射阳县国土资源局
33	2020.1	先进基层党组织	社区党总支	集团公司党委
34	2020.1	2019年度自然资源和规划工作一等奖	国土所	射阳县国土资源局
35	2020.3	农场社区工作先进单位	社区	省农垦事业管理办公室

第十九章　法制人武

第一节　法制机构

一、派出所

建场初期，农场政治处下设保卫科，负责全场和沿海地区的保卫、侦察、治安工作。1959 年 4 月至 1962 年 4 月，委派 2 名同志任民警，在射阳县公安局六垛边防派出所办公，侧重负责场域社会治安。"文革"期间，实行军管，未设专职机构。1969 年兵团时期，团政治处下设保卫股。1975 年，恢复农场建制，在政工科内设专职保卫干事 1 人，后保卫干事划入法庭管理。1984 年 5 月，成立淮海农场保卫科，科级建制，配专职人员 4 人。1985 年 5 月，成立射阳县公安局淮海农场派出所，配干警 7 人，业务上属射阳县公安局领导，行政上属农场领导。2001 年 11 月，派出所更名为射阳县公安局淮海派出所，由县公安局直接管辖。

2002 年 1 月，依照江苏省政府办公厅苏政办发〔2000〕34 号文件精神，淮海农场派出所从本场剥离，地方政府收编后予以授衔，人员以及房屋、固定资产使用权划归射阳县公安局，全称为射阳县公安局淮海派出所。2012 年末，该所共有所长 1 人、指导员 1 人、民警 2 人、专职联防队员 8 人。购置电脑等办公设备，配置治安巡逻车、现场勘察器材以及信息采集、照相器材等警用设备。

2020 年，农场派出所属射阳县公安局领导，有公安干警 7 人，其中所长 1 人、指导员 1 人、其他 5 人；资产总额 180.55 万元，其中固定资产 170 万元。主要负责农场及附近农村的社会治安秩序维护，依照法律、法规对农场及辖区内特种行业、公共场所、危险品、违禁品进行管理。对户籍、身份证、暂住人口行使治安行政管理权。并对辖区群众进行法制宣传，对违法青年进行帮教。协助侦破辖区内发生的刑事案件，提供破案线索。开展以治保会为主的多层次的群防群治工作，预防可防控刑事案件。解决群众的实际困难，积极为群众办好事、办实事。

二、法庭

农建四师期间，成立军法处，李桂莲副师长兼处长，主要查处全师官兵违法乱纪行为。1976年12月，经江苏省高级人民法院批准，成立射阳县淮海人民法庭，业务上属射阳法院领导，人事、经费、办案设备等由农场管理与配备。任命庭长1人，书记员1人。主要承担场域内的民事案件、经济案件及轻微刑事案件的审理工作。1999年，淮海人民法庭撤销，场籍工作人员被安排到其他岗位工作。

三、其他执法机构

20世纪80年代，法制机构逐步健全，相继成立了交通管理所、土地管理所、农机安全监理所、治安联防队、城建监察中队、水行政执法监察站、行政执法监察站、消防队、林业管理站等执法部门，在上级业务部门授权下，对场内的有关社会和经济活动实行依法管理。

2019年3月，农场设立法务部，设在场长工作部。主要职责是对农场重大经营决策提出法律意见，依法维护农场的合法权益。参与和指导合同文件的草拟工作，负责对农场合同文件的审核、监督。参与农场的投融资、担保、租赁、产权转让、招投标、改制、重组等重大经济活动，负责诉讼、仲裁、行政复议和听证活动的策划和听证、论证、实施工作，同时负责处理相关法律事务。指导检查所属单位的法律事务工作。还制定了《江苏省淮海农场规章制度审核管理办法》，明确农场法务部门对各项规章制度进行合法审查，对制定主体、权限、程序、内容、形成等是否合法进行全面审查，确保规章制度合法、合规，并与上级的规章制度保持一致。

2017年3月，农场成立江苏省淮海农场法治工作领导小组，落实法制建场任务，提升农场依法治场能力，推动农场法治工作再上新台阶。由农场场长李卫东任组长，副场长李海峰为副组长，成员包括社区和有关部门的负责人。

2013—2020年，农场与江苏一正律师事务所签订了《常年法律顾问合同》，聘请乙方律师张志阳担任农场的常年法律顾问。要求乙方律师坚持以事实为依据，以法律为准绳的原则，诚实信用、严密审慎地为农场提供法律帮助，充分维护农场的合法权益。

第二节 普法宣传

建场初期至 20 世纪 60 年代中期，着重宣传《宪法》《婚姻法》，宣传人民当家作主，增强职工法制观念，提倡破旧立新。

"文革"期间，法制建设受到严重破坏，普法教育无从谈起。

1979—1985 年，普法教育逐渐恢复，不断利用广播、场刊、墙报、幻灯片等宣传手段，宣讲法律知识。法庭、派出所经常深入分场、大队、工厂、学校，结合身边人、身边事进行法律知识教育。

1986 年，遵照党中央、国务院、全国人大常委会《关于向全体公民普及法律知识的决议》和中宣部、司法部《关于向全体公民普及法律常识的五年规划》的要求，成立由法庭、派出所、工会、共青团、宣传科、组织科等部门组成的普法领导小组，成立普及法律知识辅导小组，在全场各单位的书记、政工干事中举办普法辅导员培训班。各分场、工厂委派两名或三名高中以上文化水平和语言表达能力较强的骨干担任法制宣讲员，把普法教育深入到大队、车间。制定了五年普法教育规划，要求广大干部职工在 5 年内学完《宪法》《刑法》《刑事诉讼法》《民事诉讼法》《婚姻法》《继承法》《经济合同法》。购买《职工法律常识读本》4000 多册，人手一本。由工会、法庭牵头，举办了首次法律知识竞赛，分场 14 个单位 38 名代表参加。全年开办法律知识讲座 48 场次，出墙报 76 期，包括中小学师生在内，共有 8000 多人次接受法律知识教育。

1991—1995 年，开展"二五普法"教育活动，重点学习和宣传《行政诉讼法》《义务教育法》《土地管理法》《企业法》《环境保护法》《水法》《工会法》《计划生育法》《安全生产法》《治安管理处罚条例》《民法通则》等法律法规。纪委、监察、工会、宣传科、中学等部门和单位多次组织党员干部、青年职工、中学生进行法律法规、党纪党规知识竞赛、广播稿竞赛和以学法用法为主题的演讲比赛，使普法教育的形式和内容更加丰富，更加贴近生活。

1997 年是"三五普法"第一年，出台《法制宣传教育意见》，要求广大党员干部、人民群众人人学法、个个懂法守法。要求学法必须与中心工作结合，与行业特点结合，达到依法治场、依法管理和依法经营的目的。规定各级干部、管理人员侧重学习《公司法》《企业法》《全民所有制企业转换经营机制条例》和《市场经济法律制度实用读本》《经济合同法》《劳动法》以及产品质量管理法律制度等法律法规。职工以《法律为你指路》为主要教材，结合学习《信访条例》《计划生育条例》《综合治理条例》以及禁毒、禁赌、禁黄和保障妇女儿童权益等方面法律法规，提高了干部群众包括青少年的法律意识，引导全场职工充分利用法律法规维护自身合法权益不受侵犯。

2001年8月，邀请射阳县检察院预防职务犯罪科检察员到场作《积极行动起来，积极预防职务犯罪》专题法制讲座，场领导、机关干部、各单位负责人、财务人员、市场营销人员计160多人参加讲座，接受教育。

2002年3月，制定《关于在全场职工中开展法制宣传教育的第四个五年计划》，调整普法领导小组，由宣传部门牵头，制定了法律知识讲座制度、法律培训制度、重大决策前法律咨询申报制度，以及任前法律知识考核制度等6项制度，让领导和管理人员自觉养成依法决策、依法管理的思维方式和行为规范。为加强普法教育，在2002年12月4日全国法制宣传日这一天，4位在职场领导走上讲台，向全场干部、职工代表分别做了《劳动法》《公司法》《行政处罚法》《土地管理法》专题辅导，140多人参加。

2005年，由场工会、社区、派出所牵头，开展思想道德教育和法制宣传教育活动，组织法律进社区、法律进校园、法律走进生活活动以及"文明新风进家庭""文明职工""好媳妇"等评比活动，把法制教育与精神文明创建结合起来，增强全员道德水平和法制观念。通过召开专门会议、举办专题讲座，组织全场400多名干部职工参加"一办法、五条例"知识竞赛，组织30多人撰文参加江苏农垦构建和谐垦区论坛的讨论等方式，提高了群众参与度，增强了平安创建工作成效。

2006年，实施"五五普法"活动。"五五普法"以服务科学发展、服务和谐社会、服务民生为着力点，以创建平安淮海、法制淮海为目标，确保淮海的精神文明建设和物质文明建设健康和可持续发展。

2011年，进行"六五普法"宣传，学习宣传的重点是《宪法》，提高了干部职工特别是领导干部的宪法意识，强化了依法治场、依法管理、依法经营理念，努力运用法律手段为企业发展保驾护航，保证在新形势下经济能更快发展，社会有更大进步，民生有更多保障。

2013年4月，印发《关于调整淮海农场"六五"普法工作领导小组成员的通知》，规定场长束向红任普法工作领导小组组长，李卫东、王灿明任副组长，成员包括社区、工会、组织科、办公室等部门的负责同志。加强对普法宣传教育的领导，召开了政法综治工作会议，农场主要领导分别与16个基层单位签订了《社会治安综合治理责任状》，开展平安创建活动。春节前夕，面对严峻的治安形势，场综治办给每户居民发出了《致全场广大居民的一封公开信》，友情提醒广大居民节日期间加强防范，居民小组长挨家挨户上门宣传发送。农场派出所组织民警到辖区内的江苏省正大猪业有限公司开展消防安全进企业活动,宣传《消防法》《江苏省消防条例》等法律法规知识,并现场演示了消防器材的使用,该企业的员工参加了消防演练活动,收到了良好的效果。

每年夏天,农场工会都开展送清凉、送安全、送法律、送关爱的"四送"活动。通过给一线员工赠送安全生产法律法规和宣传资料,提高员工依法维护自身安全与健康合法权益的意识和能力,提高全体员工的幸福感、安全感和满意度。

2018年,农场聘请第三方专家进场,加强安全隐患排查和整治力度,扎实推进"平安淮海"创建,加强"平安社区""平安医院""平安校园"建设,深入开展普法宣传、法制教育和禁毒教育等多项活动,营造良好的社会环境,农场被评为"盐城市安全工作先进单位"。

自"七五普法"工作开展以来,农场公司紧紧围绕中心、服务大局,突出重点、全面推进,服务职工群众,普法为民,不断深化社会主义核心价值观建设,大力开展法治宣传教育,努力营造职工群众尊法、学法、守法、用法的良好社会氛围。

一、宣传治国新理念

在推进"七五普法"过程中,深入学习宣传贯彻习近平总书记全面依法治国新理念、新思想、新战略,农场成立了"七五普法"领导小组,及时召开农场公司"七五"普法领导小组会议,研究部署"七五普法"工作。坚持把弘扬法治精神、培育法治理念、推动法治实践作为普法工作的主要任务,按照"谁主管谁负责""谁执法谁普法"的要求,细化、实化普法责任制度,压实主体责任,积极构建人人普法、人人学法、时时有法、处处见法的大普法格局。领导干部带头深入基层,深入职工群众,宣传普法知识,大力宣传我国的根本政治制度、基本政治制度、重要政治制度。

二、大力弘扬宪法精神

始终把学习宣传《宪法》摆在首要位置,在全场普遍开展宪法教育,弘扬宪法精神,树立宪法权威。贯彻落实《全省部署开展2020年"法治宣传月"暨第七个"国家宪法日"和第三个"宪法宣传周"活动的通知》。建立学法制度,把学习《宪法》纳入干部员工学习计划,每年举办1或2次法制知识学习活动,定期对干部员工的法律知识水平进行测试,并把学法、用法情况纳入单位的年度考核。

三、加强法规学习宣传

农场公司党委将党内法规与"两学一做"学习教育、"不忘初心、牢记使命"主题教育相结合，开展系列专题学习宣传，运用"三会一课"等形式组织开展集中学习，灵活运用"学习强国"App等线上平台参加《宪法》答题活动，每年"七一"前后，采取多种形式，组织全场党员学习党内法规，抓好宣传解读和教育培训，强化责任落实和督促，扎紧织密管党治党制度笼子，坚定不移推进依制度治党、依规治党，教育引导广大党员做党章党规党纪和国家法律的自觉尊崇者、模范遵守者、坚定捍卫者。

四、强化相关法律法规宣传

建立现代企业制度的核心是完善治理结构，按照《公司法》规定，明确职能，制定细则，形成运转高效、公开透明的体制机制。通过对农场公司内控制度、社区内控制度修订和完善，进一步促进农场规章制度更加规范。健全依法决策机制，编制党委会、董事会、总经理办公会申请表、表决单等，确保农场公司各方面、各环节有章可循、照章办事，不断提升自身的科学管理水平。采取聘请专家进行企业规章制度讲座、发放学习资料、观看视频录像、局域网宣传等形式，进一步提高经营管理人员的法律素质和依法管理能力。2020年，农场公司党委理论学习中心组多次学习《民法典》相关内容，农场社区组织了预防职务犯罪专题普法教育活动，广大职工的法律素质明显提升，进一步夯实了法律进企业的基础。

五、干部员工学法用法

2013年以后，农场公司集中组织党员干部学习了《民法典》《监察法》《公职人员政务处分法》《安全生产法》《环境保护法》等法律法规，不但在干部职工中掀起学习《宪法》、遵守《宪法》的法制宣传热潮，而且进一步增强了干部职工的法制意识，普及了法律知识，提高了依法行政能力，加快了法治建设的进程。2020年，为推动干部职工学法用法逐步走上制度化、规范化轨道，农场公司集中组织学习法律知识8次，订购相关的学习资料、书籍、专用学习记录本等，保障学法用法工作的顺利开展。通过举办法制讲座、进行理论学习、开展警示教育等多种形式，切实增强党员干部法治意识。

六、防控疫情专项宣传

2020 年，面对突来的新冠肺炎疫情，农场公司转发《射阳进一步加强新型冠状病毒疫情防控工作的通知》，为居民群众发放《疫情防控简明法律读本》，建立疫情防控微信群，每天共享疫情信息，全年制作宣传单页 5000 份，横幅 30 条，宣传标示标牌 20 块，出动宣传车 30 辆次，参与法治宣传人员 100 人次，对淮海职工群众进行了一次全面的普法宣传。

七、坚持创新普法工作形式

1. **领导带头学法**　将实施方案融入党委理论中心组学习计划，公司负责人率先垂范，带头进行学法讲法用法，充分发挥了领导干部的示范引领作用。

2. **推广网上学法**　建立企业微信学法群，通过手机、电脑实现网上学习和测试。企业微信平台有效解决了普法学习形式单一、工学矛盾突出等问题，全系统学法用法积极性和主动性空前高涨，依法治企能力水平明显提升。

3. **构建特色普法目标考核机制**　一是细化考核标准。围绕"七五"普法重点，全面修订和补充年度目标考核内容，及时将上级的要求体现在目标考核中。二是细化普法日常工作。认真对照普法考核指标，层层分解任务，严格落实责任，推动全场普法考核硬指标的全面落实。三是细化经验总结。不断总结工作中的新思路、新问题，注重在今后的目标考核中加以改进和落实，夯实依法治理的基础，总结经验，找出差距，补齐短板。

八、普法工作实际效果

1. **干部依法治企能力不断提高**　"七五"普法以来，农场公司建立健全法律顾问制度，不断强化对经营管理行为的法制监督检查，确保了公司各职能部门经营管理行为的合法性。党员干部依法经营意识得到不断加强，运用法治思维和法治方式来推动发展、解决问题、化解矛盾的水平和依法治企的能力不断提升。

2. **职工群众法律素质不断增强**　注重持续加强普法教育，加强以案释法，开设法律课堂，用好"两微一端"，开展全民普法，引导职工群众尊法、学法、守法、用法。持续发挥专职调解室平台作用，矛盾纠纷调解成功率不断上升，有问题、有争议找调解室、找

"12345"、找法院已成共识。

3. **基层民主法治建设稳步推进** 积极推进居委会民主选举、民主协商、民主决策、民主管理、民主监督力度，深化落实居委会权力清单"36 条"，完善居民代表会议等居民参与机制，依法保障和扩大居民的知情权、参与权和监督权，居民群众学法、用法、守法的自觉性不断提高，依法治企意识不断提升。

4. **和谐社会建设水平不断提升** 切实把普法宣传与各类专项整治活动结合起来，打击和整治不法行为，确保了全场和谐稳定。

第三节　社会治安

中华人民共和国成立前，农场属于沿海偏僻地区，海匪和武装敌特活动相当猖獗，社会治安十分混乱。农建四师进入辖区后，保卫部门对外把同武装特务、反革命分子的破坏活动作斗争放在首位，对内组织纠察队与军法处联手，打击违法犯罪行为，还担负着防火、防盗、弹药库看管和有关矛盾纠纷调处职能。

1956 年，成立场治保委员会，由 18 人组成，各分场、场直各单位设治保小组，由 5~7 人组成。全场共设 6 个治保分会、36 个治保小组，参加人员 203 人。

1957—1965 年，治安由六垛边防派出所和场驻所民警负责，一般治安案件和民事纠纷主要靠各单位行政手段来处理。

兵团时期，设专职保卫部门，加强治安管理，社会治安状况有所好转。兵团撤销后，未设保卫部门，明确一名专职保卫干部与法庭合署办公。

1983 年，根据《严惩严重危害社会治安犯罪分子的决定》精神，农场配合射阳县公安局参与第一次严打斗争，从严从重从快抓获和处理犯罪分子，首恶罪犯被判处死刑，射阳法院在场召开公审大会后立即执行，在区域内外引起震动，警示和挽救了一批具有不良行为的青年。

1985 年，农场派出所成立的第一年，在辖区内查处各类治安案件，建立户口资料，加强户籍管理，共完成 9600 多人的户口采集和整理工作，完成 2967 人农转非户口呈报工作。

1986 年 6 月 30 日至 7 月 7 日，淮海农场派出所根据县局部署，开展突击破案周活动，组织所有力量夜以继日连续作战，破新案带积案，苦干 8 天 8 夜，突击侦破以盗窃为主的各类刑事、治安案件 38 起，挖出犯罪团伙 4 个，查获赃款赃物计人民币 1 万多元，抓获犯罪分子 24 人，其中逮捕 9 人、治安处罚 15 人。因成绩突出，派出所受到县局和场党委通报表彰奖励。

1987年，为切实做好以防火防盗为中心的"四防"安全工作，协助公安机关侦破案件，打击违法犯罪活动，实现社会治安根本好转，要求各分场、场直各单位重建治安组织，分场级单位成立治保委员会，大队级单位成立治保小组，单位的主要领导为指定负责人，制定工作职责，明确工作重点，形成条块结合、上下结合、齐抓共管的社会治安综合治理网络。

1989年，把维护社会治安的侧重点放到维护农场利益不受侵犯、坚决打击哄抢财物上。由于农场横跨射阳、滨海两县，与附近7个乡镇、41个行政村、124个村民小组紧密相邻，互相交插，场群关系十分复杂，农场成立治安联防队，人员编制20人。派出所副所长任队长，将人员分派到各分场，吃住在单位，组成三级联防，日夜值班巡逻，交通要道设卡，遇到特殊情况时，全场调动，集中力量，狠狠打击。先后查获违法分子61人，治安罚款47人，行政拘留6人。共缴获被抢棉花2500多公斤，大豆1500多公斤，化肥、塑料薄膜3800多公斤，收缴镰刀、麻篮、麻袋等哄抢工具1600多件，使得3000多亩三麦、水稻免遭村民任意放牧、践踏、割头，挽回经济损失50多万元。

1992年，针对农业分场部分职工承包亏损，走漏农产品比较严重的问题，及时出台《关于严格加强农产品管理规定》，加大打击力度。派出所、法庭与分场大队紧密配合，通过宣传教育、巡逻设卡、突击检查和知情举报等方法，查处此类案件22起，追回走漏农产品折币20多万元。

1993年，为加大社会治安综合治理力度，成立综合治理办公室，科级建制，任命专职主任，全面负责全场的综合治理工作。代表农场与射阳县政府签订综合治理目标责任书，与下属各单位签订责任状，健全组织，明确责任，落实措施，制定综合治理月报、每月25号例会、季度检查、年终评比考核和一票否决等制度，推行"五个一"联防工程，促进此项工作制度化、规范化、长期化，综合治理工作进入一个新的阶段。

1996年，全场开展为期4个月的严打斗争，大力宣传严打，张贴宣传标语366条、通告67张，开办法制专栏35期，召开法制教育大会13场。共侦破各类刑事案件14起，收缴赃物折合人民币1.5万元。

1995—1999年，保证安全稳定，免除干扰。

1999年，综合治理暨"创三安"工作进一步深入，从设备完善、治安稳定、风气良好、环境优美、服务配套、管理规范6个方面入手，将综合治理"创三安"达标任务层层分解，做到有人抓、有人管、有人做。农业单位重点抓"五个一"，场直单位重点抓"四合格"，一步一个脚印，把各项管防措施做实、做好、做到位。农场全年无火灾、无重大事故发生，无民转刑、民转凶案件，各类案件数量明显下降。同年，加强小城镇和居民户口管理，成立暂住人口管理办公室，采集常住人口信息8914人、照片4500张，与313名暂住人口签订责任书，对98名重点人口进行管控，整理户口根册91本，绘制平面图57张，制定门牌3890张、单位牌90块、路牌23块。在打击盗抢机动车专项斗争中，设卡蹲点，上路巡查，严查"三无"车辆，共登记机动车辆557辆，处理交通事故39起。在场设点办理驾驶证220本，行驶证277本，举办摩托车驾驶培训班2期，参培人数183人，既方便了干部职工，又整顿规范了交通秩序。

2003年，农场开展"建设平安射阳（淮海），创建最安全地区"活动，全场动员，全员参与，坚持打防结合、预防为主的工作方针，建立健全保稳定、创安全、促发展的长效工作机制，确保社会治安持续稳定。要求通过3年努力，全场各单位要100%达到"社会治安安全单位"的创建标准，达到社会秩序良好、职工安居乐业、企业平安经营的总体目标。

2005年，在开展禁赌专项斗争中，针对辖区与地方群众交插居住、人员混杂的特点，组织巡查，接受举报，先后禁赌12场，罚没赌资3万多元，拘留3人，治安处罚51人，赌博之风得到及时打击。

2006年，由于濒临黄海，国家保护的动物种类繁多，少数违法分子铤而走险，进行猎捕，贩卖国家保护珍禽。民警和联防队员在六垛治安卡口点执勤时，查获非法贩卖野生珍禽案，当场查扣白琵鹭2只、鸳鸯140只，均为国家二级保护动物，5人被依法逮捕。

2007年，坚持科技强警，出资60多万元重新装修派出所办公楼，投资18万元建成社会治安监控中心，在场办公楼、财务中心等重要部位和六垛闸口治安卡口共安装8路红外线摄像系统，实行24小时全天候监控。为每位干警配备电脑、录音笔、数字身份证书、数码相机等"五小件"，购置2台350兆手持电台，实现办公自动化。为十多名专职联防队员提高工资待遇，购买人身保险，发放制服和必须用品，做到人员、经费、装备、效果"四落实"。县局党委将派出所评为"科技强警示范所"。

2008年，深入开展代号为黄海1号、黄海2号、黄海3号、黄海4号、黄海5号、黄海6号专项斗争，周密计划，集中力量，突击行动，查获辖区内卖淫嫖娼案2起，刑事拘留1人，治安拘留1人，涉案在逃人员1人，罚款1人。

2010年2月起，连续召开多次专题会议，布置落实以上海世博会和广州亚运会为中心的平安创建工作，确保政治稳定、社会安定。经过努力，年内不仅完成了平安创建的各项任务，还完成了垦区广场舞比赛、农建四师暨淮海农场陈列馆开馆、外省市农垦代表团来场考察、在射阳县大礼堂为中国农垦在射阳开会期间的专题文艺演出等多项大型活动的安全保卫工作，得到各界人士较高评价。2007—2010年，连续4年被射阳县委、县政府认定为"社会治安安全单位"。2010年表彰为射阳县政府平安射阳、法制射阳建设工作先进集体。

2011年，"创建最平安地区"活动不断向居民小区深入。针对辖区上门欺诈销售和流窜抢劫案时有发生的情况，综合治理部门和社区工作人员向居民特别是妇女、老年居民宣传防止上当受骗、防抢劫的常识，提高居民防范意识，发动群众及时举报可疑人员，加大小区巡查力度。年内共破获流窜抢劫和欺诈销售案10余起，为居民挽回了经济损失，消除了恐惧心理。根据部署，年初正式启动社区联防"红袖标"工程，做到社企联防、护村护院、邻里守望、治安互保互防，不留空间和漏洞，编织群防群治"安全网"。与居民家庭签订安全消防公约1200多份，社区志愿者义务巡逻1000多人次。联防队专职人员每晚以场部区域的社会面为主，扩大到分场重点部位，进行不间断巡逻，确保刑事案件、民事案件和矛盾纠纷发生率不断下降。2012年，认真履行综合治理第一责任，充实调整综合治理领导小组13个，签订各类目标责任书110份，落实专、兼职人员117人，强化、细化、量化日常工作，以人为本，服务于民。

2013年开始，社会治安综合治理工作由社区负责，本着打防结合、预防为主的方针，以推进平安淮海、法制淮海、和谐淮海建设为目标，切实做好社会治安综合治理工作，对领导小组进行调整。由农场场长任组长，农场工会主席任副组长，社区和工会及有关科室的负责人为成员。领导小组下设办公室，办公地点设在社区管委会。

2014年3月，农场主要领导与16个基层单位分别签订了社会治安综合治理"平安创建"责任状，与5个驻场单位签订了共驻共建协议，与13个单位签订了工作责任书。组织了安全生产大检查和夏、秋季"安全生产月"等10多项专项行动，实现了"三无"目标。

2019年，深入开展扫黑除恶专项斗争。成立了由农场主要领导为组长的领导小组，对专项斗争进行督促检查，加强宣传力度。向全场居民发放扫黑除恶材料5000余份。召开扫黑除恶动员会、研判会等专项工作会议并形成会议记录6次。结合农场的治安形势，针对影响农场社会治安稳定和侵犯人民群众合法利益的违法犯罪行为，组织开展了严打整治斗争，农场派出所处理治安案件20多起。对校园周边环境进行了整治，净化了校园周边环境，为平安社区建设打下了坚实的基础。强化宣传力度，加强无毒社区建设，区域内无吸毒案件发生。加强对外出务工人员的排查，掌握具体去向和活动范围。对全场出租屋安全隐患进行集中排查整治，共排查出用于居住经营的出租屋30处。

2020年，社会综合治理体系不断健全。不断推进社会综合治理与平安创建工作，着力构建网格化管理、社会化服务、信息化支撑、民意化考评的"四位一体"社会综合治理体系。健全完善信访制度，落实主体责任和监管责任，扎实做好信访源头治理。积极开展安全生产隐患排查和专项整治、消除事故隐患以及"筑牢安全防线"系列活动，安全生产管理连续实现全年"三无"目标。

第四节　信访工作

建场初期，人民来信来访由场监察委员会负责，一年接受 50 起左右。之后，此项工作主要由场办公室牵头，根据来信来访的不同内容，会同不同的部门接待处理。1986 年，建立领导干部信访接待日制度，每星期一次，由场领导和有关部门负责人轮流排班值日，与来访者面对面交流沟通，帮助他们解决合理诉求，解答一些疑点难点问题。

1999 年，《信访工作管理暂行规定》对负责信访的单位、工作人员及信访人员提出明确规定，要求各级领导要掌握动态，重视上访；职工群众要有理有节，合法上访；要做到包干负责，把问题解决在基层；要严格控制集体上访、重复上访、越级上访。信访工作进入正常轨道，有序进行。

2002 年，由于体制改革不断深化，农机拍卖、土地承租、工厂改制等涉及职工群众切身利益越来越多，来信来访数量逐年增加。2003 年初，农场设信访办公室，隶属农场办公室管理，委派专职人员负责，建立健全来访登记、立案、会办、汇报、落实等一套信访工作制度，做到及时作出反映、及时协调到位、及时阻止矛盾扩大。信访办成立后，通过诚心接待、耐心劝导和深入细致的思想工作，化解了若干矛盾，为安定稳定发挥了很大作用。每年接待来信来访 200 批次 300 多人次。至 2007 年底信访办撤销时，共接待场内外来信来访 886 批次，共 1598 人次，息访 823 起、1468 人次，息访率 93％左右。来信来访所反映的主要问题包括土地承租、农机作业、往年亏损账务、"两保金"补贴、下岗转岗、历史遗留问题、经济补偿、经济困难、住房补贴、经济纠纷、干群矛盾、退休工资、户口婚迁、劳动就业、环境卫生、邻里纠纷等，涉及生产、生活各个方面。2004 年，场主要领导在江苏农垦信访工作培训班上做了典型发言。

2008 年起，随着经济发展、有关政策调整、职工收入增加和帮扶解困力度加大，农场更趋安定稳定，信访量逐年下降，信访工作并入社区管理，并转变工作作风，变坐等接待上访为深入基层主动下访，把信访与为居民服务和治保民调工作结合到一起，建立信访民调网络，齐抓共管，帮助群众释疑解难，实事实办，好事办好，及时化解调处各类矛盾。2010 年，接待来信来访 50 多起 90 余人次，群访、重访、越级上访的现象已基本解决，几位上访重点户也全部息访，全场呈现和谐稳定的大环境。

2011年4月，社区印发《淮海农场信访稳定工作预案》，农场成立维护社会稳定工作领导小组，各单位相应成立工作机构，防患于未然，一旦发生群访、越级上访的苗头和现象，要求单位领导第一时间汇报、第一时间到场、第一时间处置。做到教育有方、防范有岗、管理有序、建设有章，看好自己的门，带好自己的人。

为了切实做好农场的社会稳定工作，确保不发生影响重大的信访事件，提高突发事件快速反应能力，2013年3月，农场制定了《淮海农场信访稳定应急工作预案》，要求确保农场有一个经济发展、社会和谐的良好环境，必须从源头抓好信访稳定工作，以息访为目标，分级负责、协同运作，确保不发生影响重大的信访事件。农场成立以束向红场长为组长的信访稳定工作领导小组，重点监控落实责任，强化信访制度落实。

2015年，农场制定了信访工作计划，信访工作坚持与时俱进，畅通信息渠道，推进依法信访，坚持"分级负责、归口办理""谁主管、谁负责"的原则，依法及时处理问题。要求各单位领导定期接访，形成制度化、规范化、常态化机制，丰富内容，延伸网络，创新方式。实行集中接访、主动约访、带案下访、逐户家访，确保领导接访取得成效。

2017年3月，建立纪检信访工作制度，明确了纪检信访工作的基本原则和纪检信访员的职责，及时疏导上访群众，维护正常工作秩序和社会秩序。

农场还制定了《江苏省淮海农场2017年信访工作要点》，要求多渠道、全方位、梳篦式深入排查矛盾纠纷和隐患，应排尽排、应查尽查，尽量处理落实、化解平息矛盾。建立网上信访信息系统，加强综合判断分析，打好主动仗。单位领导亲自接访，年初农场党委与各行政单位签订信访责任书14份，强化政务公开、文明接待，做到"四个到位"，强化信访督查、矛盾排查、领导包案、责任倒查，通过盐城"12345"政务平台，及时处理了16起问题投诉，将矛盾化解在萌芽状态。

2019年，健全完善信访工作各项制度，强化责任落实，加强源头治理，采取有效措施，化解关系群众切身利益的矛盾纠纷，努力把矛盾化解在基层。年初与各单位签订《2019年淮海农场有限公司信访工作责任书》，做到政务公开、文明接待、掌握信访动态，及时准确报送信访信息，促进信访工作深入开展。

第五节　民事调解

1956年，农场成立民调治保委员会，各分场级单位也配备了民调治保主任，在单位负责人的领导下，负责调解各类民事纠纷。

兵团时期，职工人数增加，民事纠纷增多，为增强民事调解能力，营级单位都有7～11人组成的民调小组，多数民事纠纷在连队或营里就得到解决。

1976年后，分场大队调解不了的民事纠纷由单位上报，法院、保卫科出面调解，若再调解不成，当事人起诉，由法院依法审理判决。

1981年，调整民调组织，各单位选配作风正派、办事公道、在群众中有一定威信的同志担任民事调解员，健全民事调解制度，规范民事调解工作程序，由法庭牵头组织调解员进行专业培训，提高调解员综合素质和法律水平。按照以情感人、以礼待人、以理服人、以法治人的民事调解原则，大部分民事纠纷都解决在基层，做到一般纠纷不出大队，较大纠纷不出分场，需总场和司法部门调解的，也要分场联系和参与，有效地解决了"大事小事找农场"的不正常现象。

1984年，农业生产实行大包干经济责任制，法庭除调解婚姻、家庭、邻里、债务等民事案件外，还积极参与农业承包合同的起草与签订，保证合同的合法性。通过对有关承包合同纠纷的审理，及时向有关部门反馈合同中存在的问题，维护单位与职工双方经济利益。

1988年，法庭审理的经济案件不断增加，特别是农场对外签订的经济合同不时出现漏洞，对已经造成损失的，运用法律手段努力减少经济损失。当年法庭受理案件19起，其中经济案件有12起，多次派员协助经营单位赴上海、苏州、山东等地应诉，减少损失17万元。

1990年，农场共建立民调委员会12个、民调小组61个，参加人员229人。首次把民调治保工作纳入精神文明建设轨道，进行量化考核，主要指标有：民事纠纷发生率控制在5%以下，无激化矛盾事件，无集体上访，组织健全，活动正常，台账完备，民事纠纷调处率在90%以上。由法院、派出所牵头，每半年考核一次，总分数不及格的影响单位负责人奖金，并取消文明单位、先进单位、先进个人评选资格。一年中，基层民调组织解决的大小民事纠纷有300多起，减轻了司法部门的压力，"遇到矛盾绕道走，上推下卸怕麻烦"的现象逐渐减少。

1987—1997年，农场与职工之间、干群之间、农场与周边村民之间为土地承包、亏损倒挂、住房、排水、道路、界址、放牧等方面纠纷频繁发生。农场通过宣传法律、宣传党的方针政策和场有关文件规定，以稳定为大局，积极开展场内职工和场外群众思想政治工作，及时化解多次影响较大的民事纠纷，避免了民转刑、民转凶案件发生。

2001年，举办民调治保主任培训班，参加人数60多人，制定民调治保主任（组长）岗位责任制，建立工作学习制度、调查预测制度、会办协商制度、请示汇报制度，成立禁赌协会、红白理事会、治安联防队等自治组织，规范制定队规民约、活动记录等一整套台账。

2003年，农场聘请常年法律顾问，为重要决策进行论证，提供和准备有关法律文件，参与有关法律诉讼，对有关人员进行法律培训，坚持多年。

2005—2007年，农场发生了几起影响较大的经济纠纷，都以事实为根据，按法律程序妥善解决，努力挽回经济损失和声誉。

2007年，场社区管理委员会负责民事调解工作，社区社会事业管理科明确专人接待处理，每年调处家庭邻里矛盾30~50起，调处率90%以上。通过派出所调处的各类民事纠纷40多起。

2011年，建立15个民事调解委员会，积极建立三级矛盾调处机制，上下联动，在公平公正的原则下进行各种纠纷调解，提高调解率和成功率。

农场加强综合治理与民主法制建设，着力构建和谐社会，深入推进社会管理综合治理与平安创建工作。民事调解由社区管委会负责，形成网络化管理，完善联建机制，协助地方司法部门做好对社区矫正人员的帮教监管。加强对信访重点人员监督管理，加强无毒社区建设，杜绝场域内部邪教活动。加强民主法制教育，深入开展普法宣传。2019年春节期间，发放居民告知书2000余份，进行防范知识宣传，组织职工学习相关综治条例和安全生产法律法规，在各单位和主要交通路口设置监控设备，并进行维修整合，确保有效使用。

2014年，社区协助有关部门做好矛盾调解等工作，对农场辖区内经营烟花爆竹存在安全隐患的经营门市和使用压力容器的单位进行全方位大检查6次，定期跟踪辖区内烟花爆竹经营门市50多次，直接消除安全隐患10余起，协助居委会调解民事纠纷30余起，配合信访部门接待上访群众50多次，协助土管所制止地方村民侵占农场土地4起，严格按照农场规定，查处和阻止居民违规违章私接乱建6起。

2019年，农场进一步加强社会治安防控体系建设，不断提升"平安淮海"建设水平。建立健全社会矛盾预警、调解和协商沟通机制，加强矛盾调解和信访工作，保证社会和谐稳定。

2018年10月8日，印发《淮海农场有限公司（社区管委会）机构设置、人员编制方案及部门实施方案》。2018年11月30日，印发《关于成立江苏省淮海农场有限公司法治工作领导小组的通知》，将领导小组办公室设于法务部，更换了兼职人员2人。聘请律师担任农场法务部法律顾问，处理合同及诉讼案件。

第六节　军民共建

一、民兵

（一）民兵组织

1958年，中共中央提出大办民兵师，各级地方政府都建立民兵组织。淮海农场是军垦农场，在职职工绝大部分是复员转业军人，因此没有建立民兵组织，民兵的任务主要由在职职工完成。民兵工作由办公室牵头，委派专人负责。1963年10月，成立人民武装部。1965年4月，建立1个民兵团、5个民兵营、22个民兵连。一般分场设营，大队设连。场直较大工厂设营，一般工厂设连。1968年12月，民兵营增加到7个，有26个民兵连，总人数为2580人。其中，建立一个基干民兵营，下辖3个连、8个排，计370人。民兵组织分为普通民兵（18~35周岁）、基干民兵（18~28周岁）和武装民兵（政治和身体条件突出），复员、转业军人和民兵骨干年龄可适当延长。

民兵组织每年进行整组，县人武部和农场人武部都作专门安排，内容主要包括：对民兵进行形势教育，调整民兵组织，履行入队、出队、留队程序，任命民兵干部，组织集结点验；总结表彰，健全完善各项制度，民兵连以上干部都由复退军人和单位负责人担任。

1981年，民兵组织由原来3种类型简化为普通民兵和基干民兵2种类型。工作的重点主要放在基干民兵方面，人数也有所精简。普通民兵7个营、15个排、54个班、529人，基干民兵1个营、7个排、27个班、285人。

1986年，随着场办工业的增加，青年进入工厂上班，民兵组织由7个营增加到10个营、13个连、36个排、108个班，基干民兵有1个营、10个排、37个班、370人。

进入20世纪90年代，农场总人口下降，民兵人数逐年减少。1998年，建立7个民兵营，基干民兵有1个营、6个排、17个班、150人。其中以石油机械厂人员为主，建立民兵应急分队1个，共3个班、30人。

2000年以后，适龄公民越来越少，县人武部每年下达基干民兵人数50人左右，民兵组织开展活动也越来越少。2002年，普通民兵和基干民兵组织也基本停止有关活动。

（二）民兵训练

1962年，农场民兵多次参加滨海、射阳两县人武部组织的反袭扰、反暴乱、消灭小股登陆之敌和防空袭的演习，与六垛、振东沿海乡镇以及6447部队组成联防队伍，制定联防作战方案，参与值班值勤。成立人武部后，民兵训练由人武部统一制订训练计划，各营、连组织实施，分散训练，然后抽调部分人员，再到场部集中训练 5～7 天。组建兵团后，训练由作训股负责，内容主要有集体和单兵队列、射击、投弹、爆破等，以提高民兵队伍联防和反暴乱的作战能力。兵团撤销后，民兵军事训练步入正常化，1978 年到 20 世纪 90 年代，每年冬季都要组织营、连干部训练 1 或 2 期、骨干训练 5～7 天、基干民兵训练 15～30 天，地点主要在一分场飞机场，每次参训人员正常在 50 人左右，最多的 1981 年有 110 人参加。训练科目主要为枪、炮、射击、投弹、战勤、战术、队列、擒拿格斗、救灾灭火、政治学习等。在训练中坚持规范、安全、效果原则，多年无事故，多次被县、市政府人武部评为"军事训练先进集体""民兵工作三落实先进单位"。1982 年冬训中，民兵投弹出现意外，基干民兵、副营长陶元淦奋不顾身扑向险弹，扔出 2 米后就在空中爆炸，避免了一次重大事故发生。为此，陶元淦被县人武部记三等功，并召开授奖大会。

2000 年后，不再组织集中军事训练。

（三）武器装备

1968 年前，民兵武器装备又旧又杂，多以三八式、七二式枪械为主，计 200 余件。兵团时期，武器装备得到增加和部分更新。1977 年，有半自动步枪 80 支、53 式步骑枪 140 支、50 式冲锋枪 50 支、轻机枪 14 挺、重机枪 4 挺、60 迫击炮 6 门，子弹 7 万多发，炮弹 24 发。为便于使用，轻武器都交由分场集中保管，委派民兵干部负责看管。1985 年后，为防止武器弹药库分散管理发生意外安全事故，新建武器弹药库 2 间 47.7 平方米，配有灭火器、报警器、干湿温度计，配专职武器看管员 1 人，24 小时不失控，多年看管无事故，被县人武部评为"民兵武器安全管理工作先进单位"。武器装备由县人武部根据需要统一调配，不断调进调出，数量也在不断变化。1984 年，总件数为 2103 件，当年调进 60 迫击炮 9 门，调出 56 式半自动步枪 50 支。2000 年，所有武器弹药全部移交给县人武部统一保管。

二、兵役

1965 年以前，职工子女达到法定征兵年龄，由县人武部统一征集新兵。1966 年开始，县人武部下达征兵指标，场人武部牵头，成立征兵领导小组，负责征兵工作。

一般每年冬季开始征兵一次。通过制订计划、宣传动员、下达任务、排队摸底、志愿报名、组织把关、体格检查、政治审查等阶段，最后由县人武部和带兵军方代表共同商量定兵。新兵确定后，农场召开欢送会，拍照或赠送纪念品，勉励新兵安心服役，建功立业。

多年来，新兵临别前，农场会组织他们参观农建四师暨淮海农场历史陈列馆和农建四师纪念碑等教育基地，向他们进行革命传统教育，让他们写下安心服役保证书，确保兵员素质。

1972年，农场为部队输送义务兵人数最多，共90人。20世纪80年代，减少到10人，以后年度基本保持在3～5人。征兵工作为农场人武工作的重中之重，每年都能保质保量完成征集任务，多次被上级评为"征兵工作先进单位"。1979年入伍的房龙，在1984年对越自卫反击战中不怕牺牲，英勇杀敌，光荣负伤，被授予一等功臣荣誉称号，另有3人荣获三等功，6人受嘉奖。

2013—2019年，农场青年应征入伍人数为15名，其中陆军9名、武警4名、炮兵1名、空军1名。2013—2019年，实行1次夏季征兵。2020年开始，实行一年夏、秋2次征兵。

农场党委重视人民武装工作，抓好组织落实，成立农场领导参加的征兵工作领导小组，明确预征、政审、体检责任人，分工负责，各自把关。积极开展征兵宣传发动工作，悬挂横幅，张贴标语。通过目测初检、体检、政审等程序，确定合格应征青年。加强对双合格青年进行"六不"教育，按照优先原则，择优确定拟定兵人员名单，一次性在全县定兵会议上通过并及时张榜公布，广泛接受社会各界监督。组织入伍新兵参观盐城革命传统教育基地和淮海农场暨农建四师历史陈列馆，使他们在入伍前接受爱国主义传统教育。

2013年1月，原淮海农场武装部副部长王淮锁被射阳县人民武装部表彰为"基层人民武装先进个人"。

三、拥军优属

每年春节，农场都要对军烈属进行登门慰问，并制定一系列优抚政策。1985年规定：义务兵在服役期间，每月给予25元的经济补助；对军属在住房、工作和生活上有困难的，优先帮助解决；在农场服役的退伍军人和婚迁来场的、引进的退伍军人，都一视同仁，妥善安置；凡农场农业户口的应征青年，入伍后一律转为城镇户口；在部队服役期间的军龄算工龄。1989年后，春节慰问金增加到350元/人，在对其家属每年发放优抚金的同时，还签订优抚挂钩合约，现役军人对部队建设有重大贡献、获奖立功者，按立功受奖档次增发优抚金5%～30%。获军以上荣誉的另行奖励。

2012年末，全场现役军人22人，其中军官6人、士官6人、士兵9人、学员1人，义务兵每人每年补助2000元，获"优秀士兵"称号的增加200元，荣立三等功者奖励800元，军、烈、残、病故军属春节慰问金每人200元。

农场除正常接受安置退伍军人外，还到外地大批引进退伍军人。第一次是 1969 年引进阜宁籍退伍军人 60 多人，第二次是 1991 年引进淮安籍退伍军人 242 人。多年来，先后有 32 名退伍军人走上大队级领导岗位，有 28 人担任分场级干部，有 3 人担任场级领导职务。

每逢八一建军节和春节，场领导和人武部门都到友邻的驻军部队慰问，工作上互相支持，生活上互相关心，有重大活动邀请他们参加，共同开展文体活动，不断密切军民关系，切实做好拥军优属工作。2004 年，农场主要领导被射阳县委、县政府表彰为"关心国防建设十佳好领导"。

2018 年，为认真做好退伍军人和其他优抚对象的信息采集工作，提升退役军人服务管理工作水平，全面清晰掌握退役军人和其他优抚对象情况，以提供精准服务，根据上级要求，农场人武部对退役军人、烈士遗属和现役军人遗属等所有相关人员的信息进行了采集，累计登记军人 664 人，其中复员军人 214 人，退役士兵 412 人，军队转业干部 10 人，残疾军人 4 人。

2020 年，全场有现役军人 11 人，其中军官 6 人、士官 2 人、士兵 3 人。农场根据有关规定给予义务兵每人每年 2000 元补助，获"优秀士兵"称号的增加 200 元，荣立三等功者奖励 3051 元，军、烈、残以及病故军属春节慰问金每人 200 元。

退伍军人返场后，农场优先安排招工指标，作为农场正式职工处理。

四、农场人武部

1963 年 10 月，农场建立人民武装部，蒯洪发为首位人武部部长，业务上隶属于县人武部领导。其职能是：负责民兵整组、民兵军事训练、维护社会治安、抢险救灾、处置突发事件、做好征兵工作，以及进行兵役登记和拥军优属工作。

1969 年，兵团成立后，人武部撤销，工作由团作训股负责。1975 年 8 月，恢复场人武部科级建制，编制 3 人。

1995 年，为贯彻上级"以劳养武"精神，在原淮海冷冻厂的基础上，成立淮海大维公司，大队级建制，隶属人武部领导，为场民兵以劳养武基地。

2001 年，人武部编制 1 人。

2003 年，人武工作划入社区管理。

2013 年以后，人武部由社区管委会领导，由农场领导兼任部长，社区 1 名副主任兼任副部长，设专职人武干事 1 名。

2017 年，农场人武部被射阳人民武装部授予"武装先进单位"称号。

第六编

科教文卫

中国农垦农场志

第二十章 科学技术

第一节 概 述

建场以来，农场的科技研发、技术推广、开发服务等科技工作一直受到历届领导的重视。农建四师时期，曾聘请苏联专家达维诺夫和卡尔波夫指导建场的规划设计，各团设生产股，师部设立作业科、副业科、工程科等，120多名各类技术人员负责全师各行各业的技术指导和服务工作。还建立了从事农业科学实验的试验区，又名江苏省棉作试验场，承担全省的棉花栽培及土壤改良等课题的研究。省内著名盐土改良专家赵守仁、陆炳章等人曾与苏联专家共同完成科研项目。试验区主任由滨海县原县长朱志荣担任。农建四师转业后，该部人员和土壤改良课题全部并入盐城专区农科所，盐城专区农科所为新洋试验站的前身。

1959年，成立淮海农场科学技术协会，深入开展科学技术普及活动，组织群众性的科技革新和科技协作活动，为工农业生产服务。20世纪60年代初，分别建立了水稻、棉花良种队，各分场相继建立了试验组。"文革"中，科技工作受到严重干扰。建立兵团后，按照毛泽东关于"科学实验是建设社会主义强国"的指示，制定了《农业科学实验工作条例》。二师十团司令部设立了农业科研5人小组，与生产股合署办公，指导全团的农业科研工作。各连队都建立了科研班，承担良种繁育和高产创建任务。1976年，恢复农场建制后，科学技术是第一生产力的思想逐步深入人心。1978年5月，召开科技工作座谈会，传达全国科学大会精神，落实三级农科网及其组织建制。会后，良种队（警卫连）更名为农科站，各分场和连队都建立了农科组，对农业生产上的突出问题进行试验研究。1989年5月，场科学技术委员会成立，简称科委，由场领导任主任委员，各产业科室的负责人和部分技术人员任委员。全场科技工作由农业为主逐步向工业、养殖业等其他领域拓展。科委统一领导全场的科研和技术推广、技术职务评定等工作。1989年4月，对各类专业技术人员实行浮动工资和岗位津贴，提高科技人员的待遇，调动了科技人员的积极性。20世纪90年代以后，强化科委职能，加大科技投入。根据每年在各业生产中遇到的问题，梳理研究课题，集中人、财、物等各种力量进行技术攻关。坚持大田出题目、小田做文章，先后完成了优质啤酒大麦栽培技术及其良种推广、水稻武育粳 3 号的应用及其推广、稻麦两熟制与扩粮工程等重大课题项目的攻关，取得了良好的效果，为全场农业的发展和结构优化做出了贡献。还加强与科研院所开展多种形式的联合和协作，引进推广了一批新技术、新品种、新产品、新工艺和新设备。1980—1990 年，自主立项和省市下达课题 120 多项，获得市级科技成果 10 多项，有 5 个荷花新品种在全国荷花节上分别获得一、二等奖，对外发表论文 200 多篇。

2005—2006 年，分别成立啤酒大麦、农业技术服务、农业机械化 3 个协会，充分发挥了普及科技，加快新品种、新技术应用，加强协作经营，促进经济发展的作用。

2013 年以来，农场各级领导一直重视研发试验、技术推广与开发服务等科技工作，科技工作由种植业为主逐步向农机、农产品加工、医疗卫生等其他领域拓展，并加大研发试验投入，根据每年在各业生产中遇到的问题，梳理研究相关课题，集中人、财、物等各种力量进行技术攻关，坚持科研为生产服务的方针，开展研发试验，先后完成了水生花卉育种、小大麦优质高产栽培集成技术、无人机飞防、北斗导航系统在农业生产中的应用、大米加工机械升级改造与包装线智能化自动化等重大课题项目攻关，取得了良好的效果，为全场高质量发展和生产结构优化做出了较大的贡献。

2013—2020 年，自主立项和国家、省市下达的课题 30 多项，获得市级以上科技成果及专利产品 8 项，有 3 个荷花品种在全国荷花评比中获得了一、二等奖，对外发表科技论文 80 多篇。啤酒大麦、农业技术服务、农业机械化等 3 个协会继续发挥普及科技，加快新品种、新技术应用，加强协作经营，促进经济发展的作用。

第二节　机构队伍

一、科技机构

农建四师时期，聘请苏联专家达维诺夫和卡尔波夫指导编制建场规划、农业机械使用、技术管理等。农业部、华东农林部和棉垦委员会的领导经常率领国内著名专家来场视察指导，开展技术讲座活动。之后，建立试验区（又名江苏省棉作试验场），由滨海县原副县长朱志荣担任主任，集中 10 多名科技人员从事盐碱地改良、棉花栽培和病虫害防治等多项技术研究。农建四师集体转业后，并入盐城地区农业科学研究所，他们之中不少人在专业上有所建树，成为省内著名的农业专家。

1956 年 2 月，设立生产科，负责全场的科学技术工作，下设试验区，主要承担场内的农业科研项目。还由农业技术人员组成技术组，成立了灌溉测量试验组，由工程和农业技术人员协作承担场内灌溉定额制定及研究项目。

1959年，为了适应工农业生产迅速发展的需要，掀起了全党、全民办科学的热潮。成立了科学技术协会，吸收了工、农、牧、医、经各条战线上的技术人员197人。当年开展了4大类89个项目课题的研究，对各业的发展起了及时有效的指导作用，其中36项取得初步研究成果。

20世纪60年代初，农场广泛开展技术革新活动，土洋结合、大小结合、科研和普及结合，建立了棉花良种队和水稻良种队，承担全场主要农作物良种引进试验工作。

"文革"前，在场生产科的指导下，各分场都成立了以知青为主的试验组，对农业生产上的品种改良、高产栽培等技术问题进行试验研究。拖拉机修理厂成立了工具改革小组，对农机具进行改革。

兵团期间，团部成立了科研5人小组，与团生产股合署办公，指导全场的科研工作，各营、连分别设立了科研班。1970年，全团有33个科研班，270多人，累计种植水稻、棉花、玉米2406.3亩。设立了农业生产机械化试验生产队（农业部定点试验队）和水稻、棉花试验连，水稻、棉花试验连负责全团水稻、棉花的良种繁育工作。还设立了水稻、棉花病虫测报点，团部工改小组承担部、省的农机科研项目。

兵团撤销后，科技工作得到加强，机构不断健全，队伍稳定。1978年3月，农场革委会下发《关于加强农业科技工作的通知》，落实全国科学大会精神，要求实行干部、技术人员、工人"三结合"，建立农场三级农科网。按照着眼当前、立足长远、主攻增产的目标，将各级试验田种成领导指挥生产的阵地、科学种田的样板、良种繁育的基地、病虫测报的哨所、培养技术骨干的学校。总场明确1名场领导主抓科技工作，农业科有1名副科长具体负责全场科研业务。1978年5月，召开科技工作座谈会，检查三级农科网落实情况，学习传达全国科学大会精神。会后建立了农科站，落实了编制和人员，各分场和连队都配备了技术员和植保员。1979年，农场有各类专业技术干部107人，其中农业技术人员32人，卫生技术人员44人，教学人员23人。

1989年3月，为了适应全场种养业不断发展和加强壮大工业企业研发、管理服务的需要，成立了淮海农场科学技术委员会，简称科委。由1名场领导担任科委主任，下设办公室于农业科，设1名秘书，具体负责组织各业主管部门制订的科研计划，监督工业企业做好计量和标准化定级升级，组织实施科研课题和项目的管理、鉴定、报奖，对科研人员评聘技术职务资料进行整理归档，掌握科技项目资金的筹措和使用等。

1991年4月，农场工会成立职工技术协作委员会，下设工、农、医、经等16个技协分会和 58 个技协小组。技协在场工会的领导下积极开展职工技术协作活动，提升职工素质，促进技术进步，提高经济效益。

20 世纪 90 年代中后期，农场科委挂靠在场农业中心，由分管农业的副场长主管科委工作。2006 年，农科站升格为农科所，为副科级单位。农场党委书记为科技工作主要负责人，分管农业的党委副书记为科技工作具体负责人。由苏垦农发淮海分公司农业中心行使科委职能，由分管农业的副书记担任科委主任，苏垦农发淮海分公司副总农艺师担任科委副主任。各分场社区（生产区）配备 1～3 名技术员，大队配备协管员。设立苏垦农发淮海分公司农科所，为副科级单位，隶属农业中心。2020 年 3 月，农科所并入苏垦农发现代农业研究院，改名称为江苏省农垦农业发展股份有限公司现代农业研究院淮海试验站。

二、科技队伍

农建四师时期，华东军政委员会选派郭兴泽为首的 10 多名农业技术人员来农场工作。之后，陆续选派 120 多名各类技术人才支援农场建设。还从上海招聘 10 多名 5～7 级技工（当时属于较高技术水平）来农场从事农机修造工作，这部分人员仍保留原技术等级和工资待遇。

农建四师选派 30 多名具有初中文化水平的营、连干部，赴华东农业干部学校学习。选派 20 多名具有高中文化水平的各类干部，赴北京农机学院和苏北医学院学习，他们毕业后在各条战线和岗位上都发挥了重要作用。

20 世纪 50 年代中后期，30 多名淮海农业学校和师范类毕业生以及省内其他大、中专学校的毕业生来场从事基层农业技术、教育、卫生工作。

1962 年，国家储备在场的农业、畜牧兽医、农机、园艺等农业院校毕业生 30 多人被充实到相应的行业和岗位从事技术工作，1963 年后大部分调离。

1969 年，原东辛农场半农半读农业大学的农学、农机、畜牧专业的毕业生 20 多人，回农场后从事各类技术管理和教育工作，1978 年全部返城。

1980 年起，不断从省内外高校和有关单位引进、调入各类技术人员，含各类"五大生"，陆续充实到相关技术岗位。同时，加强对原有技术人员的培训，技术人员的整体素质相应提高。1989 年底，农场拥有技术职称人员 425 名，其中高级 10 名，中级 57 名，初级 358 名。

1996—2000 年，新增各类专业技术人员 30 多名。

2012年，农场有各类在职专业技术人员292名，其中高级18名，中级101名，初级173名。

2013年以后，陆续从省内外招收大专以上毕业生30多名，来农场从事基层农业技术工作。

2013—2020年，新增各类专业技术人员90多名。2020年末，农场各类在职专业技术人员395名，其中高级29名，中级126名，初级240名。

三、技术职务评聘

20世纪80年代初，中央颁布《技术干部职称暂行规定》，按照省农垦科委统一安排和部署，恢复了科技人员的职称评定、套改和晋升工作。该项工作由场组织人事部门负责，成立了职称改革领导小组，下设农业、工程、财会、医疗等专业组。从1994年开始，政工人员经过岗位培训后，按苏企政职办〔1994〕67号文件精神，开始申报专业技术职务。省农垦累计设置了29个系列专业技术人员职务。根据实际情况，采取评聘结合的方法，使各类各级专业技术人员较好地发挥专长。自职称评定工作开始以来，累计评定各类技术人员1328人次，其中高级技术职称51名，中级职称434名，初级职称844名。

2013—2020年，农场对技术职务继续采用评聘结合的方法，累计评定各类技术人员102人次，其中高级技术职称11名，中级职称25名，初级职称66名。

第三节　科技革新

20世纪50年代，按照科学技术为生产服务、为社会主义建设服务的方针，科技组织在党委的统一领导下开展科学研究工作。总场建立科研基地，各分场、工厂、农校、医院建立研究组，指定专人负责，进行系统记录，及时总结成果。各业务科室为专业类项目和科研课题的主持者，各学科的研发工作按计划经济模式运行和管理，实行行政首长负责制。不断引进科技人才，依据国家有关政策，提高科技人员的政治和经济待遇，技术干部与行政干部同为国家干部，经济待遇高于行政干部及管理人员。

"文革"期间，科技组织管理混乱，部分科技人员受到冲击，被迫停止科研和技术工作。

兵团期间，随着工农业生产秩序好转，经济有所发展，技术人员逐步回到原有的科技岗位。1970年3月，团部下发《农业科学实验工作条例》，要求农业科学实验必须着眼大田，为农业生产服务，为大田增产服务，开展创办"四好"科研班活动，各个连队都成立了科研班，全团群众性的农业科学实验活动呈现出朝气蓬勃的气象。

兵团撤销后，农场的科技工作逐步进入规范化轨道。1978年，下发《关于加强农业科技工作的通知》（淮农革字〔1978〕108号），贯彻全国科学大会精神，明确三级农科网；以种子工作为中心，搞好种子纯良化，加速杂交优势利用，健全三级良种繁育体系；改革科研体制，明确场农业科是三级农科网的网头；建立技术组，负责三级农科网的业务指导；分场设种子队，连队设科研组，并建立了科研费用补贴制度。

20世纪80年代初，按照党中央颁发的《技术干部职称暂行规定》要求，恢复了科技人员的职称评定和晋级工作。1988年11月，根据省农垦总公司职改办的通知，组织不具备规定学历的基层农业技术人员参加中专水平的考试。农场50多名在基层长期从事农业生产工作的同志由市农垦公司统一组织学习、培训和考试，取得了相应的技术职称。根据实际情况，采取评聘结合的方法，在上级评委评定通过确认后由农场聘用。1989年3月，农场成立科学技术委员会，加强了对科学技术的管理和科技政策的制定与宣传落实。科技兴场战略思想成为加速科学技术进步、促进经济发展的必然选择。

1990年，下发《关于加强农业科技成果推广应用的通知》（淮农字〔1990〕7号），要求贯彻国务院关于科技兴农、加强科技成果推广工作的决定，建立科技成果推广项目负责制，加强农业科学研究和重大项目推广应用，由场科委向总公司科委申报立项，争取项目资金。对场内立项的研究课题，由场农科站立项，经场科委审批后报请场长批准拨给研究经费。1991年，苏垦集团深化农业科技体制改革，建立健全各级科委，设立科技科。总场设立科委秘书，由农业中心的1名副主任兼职，承担全场科技工作的组织领导、管理协调和开展科普宣传活动等工作。加强技术推广体制建设，大力开展科技兴农活动，推进农业技术进步。1995年，重奖科研成果，获得总公司科技进步奖的15项成果奖金总额达2.2万元。1996年，调整职工技协，由场领导担任正、副主任，在工会和有关部门的支持下，开展"五项能手""双学双比""劳动竞赛"等多项技术协作活动，取得了可喜的成绩，为改革和发展做出了贡献。

进入21世纪，在农产品供大于求的形势下，农产品市场竞争更加激烈。尤其是加入世贸组织以后，农业的国际化趋势日益明显，随着二、三产业改革改制和教育剥离后，垦区继续调整经济结构，优化资源配置，苏垦集团科教处与农业处合并，农场科技工作隶属于农业中心，继续行使场科委的职责。整个科技工作以农业为中心，坚定不移地坚持"科教兴农"战略，以邓小平的科技理论为指导，深入贯彻科学发展观，以技术创新促进品种优质化、产品上档次、技术上水平，推进产业升级。总公司要求，工农业生产的科技贡献率每年递增 1‰。2000—2002 年，实施农业"三项工程"，即高效设施农业工程、"551"立体养殖示范区项目。2003 年 4 月，经过总公司组织有关专家评审验收，完成了项目设计任务，其中稻田养殖项目后来在全场大面积推广，获得较好的社会、经济和生态效益。

2004—2006 年，根据农业产业化不断发展的新形势和垦区深化机构改革及科技管理体制改革的需要，推进现代农业的发展，依法注册了农业机械化协会、农业技术服务协会和啤麦协会，充分发挥协会组织的桥梁和纽带作用，通过协会组织、行业负责、科技创新、强化服务，推进了现代农业的发展。

2007 年，进一步加强科技管理，农场成立"三中心"，即农业技术服务中心、农机水利服务中心、动物防疫服务中心，使农业行政职能和技术管理融为一体，细化目标，以适应行业发展的要求。各中心积极开展科学研究，引进、示范、推广各类新技术、新品种、新设备，并进行行业管理和技术措施的监督落实等。通过网络平台，上下配合，分级负责，为农业职工提供产前、产中、产后的各项技术服务。加大农机技术装备的投入，推广大马力拖拉机和新型农机具，制定补贴政策。

2006—2012 年，先后购进日本日立牌挖掘机 2 台、各类大马力拖拉机 50 多台、高性能 3518 收割机 8 台、高速插秧机 60 多台，从美国进口具有世界先进水平的大型联合收割机"凯斯 7088" 2 台，每台售价高达 168 万元，在全省起到了良好的示范带动作用。这些先进技术和设备的使用，提高了全场的科技水平，促进了现代农业的快速发展。

2011 年，种植业从农场剥离上市。上市后，新建立的江苏省农垦农业发展股份有限公司（简称苏垦农发）淮海分公司成立了农业中心和农机水利中心（简称农水中心），使农业行政职能与技术管理融为一体。农业中心与农水中心积极开展科学研究，引进、示范、推广各类新品种、新技术、新工艺、新设备，并进行行业管理和技术措施监督落实等。通过网络平台，加强线上线下服务，为农业职工提供产前、产中、产后全方位技术服务。加大智慧农机装备的投入，推广无人机飞防与导航辅助拖拉机驾驶技术，制定补贴政策。

2013 年，继续深化技术推广体制改革，不断推进农业科技进步。2013—2020 年，重奖在生产科技方面做出突出贡献者，累计奖励科技工作者 50 多万元。

2013 年，30 多台拖拉机安装导航系统，辅助农机驾驶员驾驶，用于秋季播种和开沟等田间作业。2013—2020 年，新增 150 马力大型拖拉机 60 多台。

2018 年 6 月，引进极飞无人机 2 台，用于田间航喷打药。2019 年上半年，淮海米业公司投资 260 多万元，上马 1 条全自动、2 条半自动大米包装生产线，除加袋与入库仍然由人工操作以外，其他工作由机器来完成，省去了人工灌装大米、对米袋封口、搬运米袋等环节。尤其是用机器人代替人工码放灌装好的大米，正常情况下，1台机器人每小时能码放10公斤装的大米1000多袋（1吨多），1昼夜可以码放10公斤袋装大米480吨，码放15公斤袋装大米600吨，在全省起到了良好的示范带动作用。这些先进技术和设备的使用，提高了全场的科技水平，促进了现代农业和加工业高质量发展。

第四节　科研成果

建场初期，科技研发在农业上以盐碱土改良为主，在工业上以农机具配置和研制、农机具革新为主。1951—1952年，在省农林厅的直接领导下，组织技术人员对全场的土壤进行普查，初步查清了土壤盐分、养分等，编制了规划图，为制订垦荒建场计划提供依据。20世纪50年代中后期，总结出引进淡水、种稻洗盐和种植绿肥、改良盐土的经验，在省内推广，还进行了部分良种繁育工作。1958年，按照上级大搞技术革新、提高机械化程度的要求，组织农机战线上的同志改装机具。先后改装了Z-25K拖拉机下水田，解决了水田整地畜力不足的问题；改装双铧犁进行山芋筑垅作业，机械开沟筑畦；改装C-6康拜因收割水稻，C-5康拜因晒场脱粒；还试验耕耙联合作业、直播稻栽培等。虽然有些项目在技术上还不成熟，但是有了良好的开头，在以后几十年的农业生产过程中不断改进和应用，产生了良好的效果。

20世纪60年代初，科技研发工作在困难的情况下仍有一定的发展。农业上改革耕作技术，推广水旱轮作制。绿肥种植引进苕子，以大麦作支架，棉田套种苕子获得成功，并大面积推广。农机战线继续深入开展农机具革新和改造相结合、土洋结合，增加农机作业项目，提高劳动效率。先后试制成功水稻筑埂机、大型开沟机、水田直播机、水耕犁、自动磨缸机、高压油泵试验台等30多项技术革新成果。

"文革"前，农场水利技术干部邱为民根据前人的治水经验，结合农场的情况，建议改变过去单纯按平原地区治水的技术思路，采用圩区治理的设计方案，提出了封闭机排的设想，受到了当时场领导的重视和支持。"文革"期间，该项目研究和工程建设一度受阻。兵团时期，虽然仍受极"左"思潮干扰，但还是结合农田水利基本建设，使这一技术方案得到了较好的实施，并在江苏农垦系统全面推广匡圩封闭的治水经验。通过深挖沟渠、高筑圩堤、建站设闸、封闭排水，农场根据地理位置、地形和高程分区设圩，累计设立了18个圩区，总匡圩面积达到13.8万亩，累计排水量达到90多个流量，实现了平时预降、汛期抢排、防涝降渍、抽盐补淡的设计功能。经过30多年的建设和完善，标准不断提高，对农业生产起到了保障作用。该项目1982年获省科普奖，1990年获省农垦科技进步二等奖。

兵团时期，随着"农业学大寨"和"工业学大庆"运动的深入，群众性的科学实验和技术革新活动也取得了一些成绩。1970年，十团制定了《农业科学实验工作条例》，要求大搞群众性的科学实验活动，着眼大田，为农业增产服务，以创高产和良种繁育为中心。1970年，五分场的科研人员在农垦57中选育出穗形大、分蘖性强的粳稻良种70-01和691，成为全场水稻的当家品种，并在全场及附近农场和农村推广，其中70-01获江苏农垦科技进步奖。1974年，引进了杂交稻制种技术，大面积繁殖南优3号，并种植示范田。农机方面推广拖拉机下水田整地、援外远程动力喷雾器、晒场机械化、改装康拜因收割水稻等项目。同年，农机修配厂还承担了东风2号插秧机的研制和生产。工改组还成功研制侧肢式清淤机，并参与清拖50拖拉机的测试和定型技术论证。农机配件气门座圈投入较大批量生产，在省内外产生了较大影响。

兵团撤销后，随着党的工作中心的转移，科技是第一生产力的思想逐步深入人心，科研工作得到各级领导的重视。1978年，全国科学大会以后，农业科研工作迅速发展，全场建立了三级农科网，加强科技研发和科研立项，加强技术推广的管理，先后引进了一批农作物良种，建立了良种繁育体系。1990年，经苏垦集团科委批准，高压闸阀3个项目同时立项，获得省农垦研发项目资金的支持。项目完成后，迅速进行了批量生产，为进军石油机械市场打下了基础。同年，农场因技术革新和技术推广成绩显著获得苏垦集团表彰。

农场与江苏省沿海地区农科所合作，联合开发优质啤酒大麦，并逐步形成规模化生产能力，多次获上级奖励。1991年，优质啤酒大麦的开发利用项目获总公司科技进步三等奖；1993年，啤麦冈二优质栽培技术研究和推广、多效唑调节控制作物生长技术项目获苏垦集团科技进步三等奖，作物调节栽培技术、稻麦两熟制改良中低产田及技术体系的研究、麦田硬草的防治技术分别获得苏垦集团科技进步二、三等奖；2005年，港啤1号优质高产栽培技术获江苏农垦科技进步三等奖。

水稻生产采用优质高产栽培技术，综合组装配套，形成优质高产栽培技术体系，同时引进了优质高产新品种武育粳3号、盐粳、华粳系列品种等。1998年，水稻优良品种的开发及配套高产技术获苏垦集团科技进步一等奖，武育粳3号的推广及高产栽培技术获苏垦集团科技进步三等奖。

进入21世纪，随着农业生产的发展，研发费用增加，科技人员攻坚克难，深入对种养业的重大课题进行研究，取得了多项研究成果，其中获农业部奖项2项：鱼虾蟹鳖高产高效混养配套技术2000年获全国农牧渔业丰收奖三等奖，水稻优质高效生产技术2003年获全国农牧渔业丰收奖三等奖。2000—2004年，获总公司科技进步奖10项，其中一等奖2项，二等奖3项，三等奖5项。这些项目和成果的研究、推广、应用，推动了全场现代农业的发展，取得了显著的经济效益、社会效益和生态效益，促进了农业的转型升级。

2013年以后，苏垦农发淮海分公司农科所继续与全国农业技术推广服务中心、江苏省种子站、江苏省大华种业集团、皖垦种业集团开展科技协作，进行国家冬小麦黄淮南片水浇地小麦区域早播1～4组及晚播组试验、江苏省小麦引种备案试验、江苏省大麦鉴定试验、皖垦黄淮南片小麦区域与品种比较试验、大华中熟中粳水稻A组与B组试验。2013—2020年，累计试验小麦品种1096个次、大麦品种112个次、水稻品种240个次，为筛选出适合黄淮区域种植的高产优质小麦品种、适合江苏范围种植的高产优质大麦及水稻品种提供了可靠的试验数据。

各单位科技人员开展技术与品种创新，进行科技立项与创造发明，科技成果不断涌现，一些创新成果获得国家级奖励，部分发明成果获得国家知识产权局颁发的专利证书。

2013年，为30多台拖拉机安装导航系统，辅助农机驾驶员驾驶，用于秋季播种、开沟等田间作业。

2014年3月25日，淮海医院医生顾伟明通过给病人进行心肺复苏，在气管内插管让病人吸氧，注射肾上腺素与呼吸兴奋剂等药物，给病人吸痰，用气囊辅助老人呼吸等方式，成功将一名呼吸心搏骤停5分多钟的91岁老人抢救了过来。淮海爱莲苑育出的荷花新品种"粉球"在第28届全国荷花展上获得一等奖，荷花新品种"白兔"获得二等奖。

2015年，淮海爱莲苑育出的荷花新品种"罗兰紫"在第29届全国荷花展上获得二等奖。

2016年2月，苏垦米业淮海有限公司实施米皮糠精细化分离项目，将米皮糠进一步细分为皮糠、米粉、大米抛光粉，使米皮糠的利用价值进一步提升，产值增加了两三倍。同年11月，苏垦米业淮海有限公司实施400吨粮食烘干线项目，提高了应对连阴雨灾害的能力。

2016年，苏垦农发淮海分公司农业中心运用小大麦优质高产栽培集成技术，使全场小大麦平均亩产量首次突破500公斤。2020年，小大麦平均亩产量连续5年保持在500～575公斤，小大麦平均亩产量达到水稻亩产量水平成为现实。

2016—2017年，淮海医院康复科医生顾涵应用量变质变原理、穴位针灸技术，对患者进行语言康复训练，成功使一名因交通事故导致脑损伤失语的病人恢复了自主语言能力。

2017年2月24日，淮海农场医院胡炳华等医生用两个半小时，成功为一名93岁高龄的老人实施了股骨粗隆间骨折闭合复位内固定术，手术后经过几个月康复治疗，老人恢复了行走功能，康复出院。

2018年3月，针对水泥地坪使用超期后易产生裂纹、洼坑、石子裸露以及泥灰飞扬容易污染成品大米的弱点，苏垦米业淮海有限公司将成品物流区的地坪铺设成钢板地坪，不仅延长了地坪的使用寿命，还使车辆与行人通行方便，避免了水泥地坪损坏产生扬沙对大米造成的污染。5月，苏垦米业淮海有限公司2条日产100吨大米生产线升级改造设备及安装项目开始实施；7月，其中1条生产线已完成升级改造；10月，2条生产线升级改造全部完成，升级改造后的机械设备生产能力与加工的大米质量均比升级改造前显著提高。2018年6月，苏垦农发淮海分公司引进2台极飞无人机用于田间航喷打药。2018年9月，苏垦米业淮海有限公司在苏垦农发淮海分公司灌装封口比赛中荣获一等奖。2018年11月，苏垦米业淮海有限公司对50辆变形原粮运输车辆进行箱式改装，实现原粮稻谷散装、散运、散称、散储，减少了中间灌装等烦琐程序，提高了运输效率。

2019年6月8日，苏垦米业淮海有限公司1条全自动大米包装线、两条半自动大米包装线及机器人搬米投入运营，减少了灌装大米、封口、搬米袋等人工操作环节，提高了劳动生产率，减轻了职工的劳动强度。2019年9月20日，苏垦米业淮海有限公司在苏垦米业消防水带连接比赛中荣获一等奖，在大米质量感官比赛中荣获二等奖。

2018年苏垦农发淮海分公司研发的收割机的二层割刀装置、2019年苏垦农发淮海分公司研发的集开沟、平整、反旋、盖种、施肥于一体的正反旋精准播种机、2020年苏垦农发淮海分公司研发的播种机用带侧身位施肥清堵装置浮舟和宽幅水稻条播及施肥机分别获得国家知识产权局颁发的实用新型专利证书。2020年6月2日，苏垦农发淮海分公司研发的宽幅水稻条播及施肥机获得国家知识产权局颁发的外观设计专利证书。

表 20-1　淮海农场高级知识分子名录

序号	姓名	籍贯	单位职务职称
1	叶崇山	浙江省嘉兴县	淮海农场原总农艺师、高级农艺师
2	孟士桐	江苏省姜堰市	淮海农场原一分场技术员、高级农艺师
3	吴勋源	江苏省常州市	淮海农场原农业科副科长、高级农艺师
4	倪集群	浙江省温州市	淮海农场原副总农艺师、高级农艺师
5	薛春曙	江苏省盐城市	淮海农场原副总农艺师、高级农艺师
6	张士斌	江苏省滨海县	淮海农场原副场长、高级农艺师
7	陈　俊	江苏省射阳县	淮海农场原场长、高级农艺师
8	花茂忠	江苏省海门县	淮海农场原农业中心副主任、高级农艺师
9	张长银	江苏省射阳县	苏垦农发淮海分公司办公室主任、高级兽医师
10	王建武	江苏省射阳县	苏垦农发淮海分公司农业中心主任、高级农艺师
11	王进强	江苏省东台市	淮海农场党委书记、苏垦农发淮海分公司总经理，高级农艺师

（续）

序号	姓名	籍贯	单位职务职称
12	陆加荣	江苏省建湖县	苏垦农发淮海分公司副总农艺师、高级农艺师
13	王灿明	江苏省阜宁县	苏垦农发淮海分公司总经理助理、高级农艺师
14	王治	安徽省虞江县	淮海农场原总工程师、高级工程师
15	王书聪	山东省临沂市	淮海农场原副场长、高级工程师
16	马建军	江苏省如皋县	淮海农场原机务培训学校校长、高级工程师
17	武德松	江苏省滨海县	淮海农场原建安公司经理、高级工程师
18	卢鸿余	江苏省泰兴县	淮海农场原总会计师、高级会计师
19	陶应美	江苏省阜宁县	淮海农场原财务科科长、高级会计师
20	束向红	江苏省东台市	淮海农场场长、党委副书记，中学高级教师
21	黄胜亮	江苏省滨海县	淮海农场原副场长、中学高级教师
22	丁家慷	江苏省滨海县	淮海农场原教育科科长、中学校长，中学高级教师
23	陆乐	江苏省无锡市	淮海农场中学原副校长、中学高级教师
24	葛永康	江苏省如东县	淮海农场中学退休教师、中学高级教师
25	李运洲	江苏省滨海县	淮海农场原教育助理、中学高级教师
26	王友亮	江苏省滨海县	淮海农场中学原校长、中学高级教师
27	韩照耀	江苏省滨海县	淮海农场中学原副书记、中学高级教师
28	徐淑玲	江苏省如皋县	淮海农场中学退休教师、中学高级教师
29	丁家慨	江苏省滨海县	原淮海农场小学党支部书记、小学中学高级教师
30	左克俊	江苏省滨海县	淮海农场学校副校长、中学高级教师（高级职称）
31	叶秀河	江苏省滨海县	淮海农场原场长、高级经济师
32	韩绪楼	江苏省响水县	淮海农场原副场长、高级经济师
33	朱惠忠	江苏省海门县	淮海农场医院原院长、副主任医师
34	刘德远	江苏省盐城市	淮海农场医院原副院长、副主任医师
35	姜桂英	江苏省溧阳县	淮海农场医院原副院长、副主任医师
36	刘旭东	江苏省射阳县	淮海农场医院原院长、副主任医师
37	薛建生	江苏省启东县	淮海农场医院原党支部书记、副院长，副主任医师
38	单海	江苏省响水县	淮海农场医院院长、副主任医师
39	梅泉生	江苏省泰州市	淮海农场医院副院长、副主任医师
40	李洪生	江苏省海门县	淮海农场医院医生、副主任医师
41	顾建华	江苏省如皋县	淮海农场医院医生、副主任医师

（续）

序号	姓名	籍贯	单位职务职称
42	陈　盛	江苏省射阳县	淮海农场医院影像科主任、副主任医师
43	顾伟明	江苏省海门县	淮海农场医院副院长、副主任医师
44	姚上华	上海市崇明市	淮海农场医院医生、副主任医师
45	韩朝彬	江苏省建湖县	淮海农场医院检验科主任、副主任医师
46	施红兵	江苏省东台市	淮海农场医院麻醉科主任、副主任医师
47	徐开泉	江苏省扬州市	淮海农场原党委书记、工会主席，高级政工师
48	徐德桂	江苏省阜宁县	淮海农场原场长工作部部长、高级政工师
49	葛常新	江苏省阜宁县	淮海农场原党委工作部部长、高级政工师
50	林一高	江苏省盐城市	淮海农场组织科科长、高级政工师
51	刘容舒	江苏省滨海县	淮海农场中学退休教师、中学高级教师
52	顾松年	江苏省射阳县	苏垦农发淮海分公司、高级农艺师
53	孙国祥	江苏省射阳县	淮海农场有限公司纪委书记、政工副研究员
54	蔡立森	江苏省射阳县	江苏大华种业淮海农场种子公司经理、高级经济师
55	姜国平	江苏省射阳县	江苏农垦淮海米业有限公司总经理、高级经济师

第二十一章　教　育

第一节　概　述

农建四师时期，组织上采取多种措施扫除文盲，开办速成学校，举办多种类型的训练班，提高干部、战士的文化、业务和技术水平，为创建农场培养多种建设人才。师部设文教办公室，掌握人才情况，制定培训计划，组织教学辅导，选派骨干到高等院校深造，培养高层次人员。

1956 年秋，创办农场职工子弟学校，时任场长张振华兼校长。1957 年秋，增设幼儿班，有 4 个分场办了初小。1958 年，大搞扫盲活动，累计有 1232 人脱盲；兴办两所分场初小。当年秋季，经江苏省委批准，建立江苏省淮海农业学校，列入全省中专学校统一招生计划，设立作物栽培、动物饲养专业，后增设农业机械和畜牧兽医班，首期招收学员403 人，有教职员工 33 人。三年自然灾害期间，国家调整教育布局，该校除毕业生由国家分配外，其余人员并入盐城农校继续学习。

20 世纪 50 年代末 60 年代初，职工子女纷纷进入学龄阶段。农场在困难的情况下，千方百计发展教育事业，先后办起了分场小学 7 所、托儿所 15 所和职工业余学校 6 所，累计有初小 20 个班、学生 600 多名，入园幼儿 300 多名。同时，总场职工子弟学校升格为完全小学。此外，还举办了面向全省招生的机务培训班。随着教育事业的发展，一批大专院校和地方师范毕业生分配到场任教，大批知青充实师资队伍。原江苏函授大学也到农场办函授站，就地招生，文化水平较高的知青和干部进入较高层次的院校学习和深造。1965 年 2 月，江苏省淮海农场半农半读农业学校开学，先后 2 期累计招收 197 名知青和职工子女入校学习，培养了一批骨干力量。

"文革"期间，受极"左"思潮影响，教育事业受到严重挫折，停课"闹革命"，教学秩序混乱，学生素质下降。1967 年，学校由贫下中农管理，工宣队进驻农校，贫管组进驻场部小学和各分场小学。

兵团时期，随着经济和生产秩序的逐步好转，教育事业也有了一定的发展。团部小学和 7 所营部小学都增设了初中班。1971 年，团部中学增收 2 个高中班。20 世纪 70 年代中期，省内外高校来场招收了 30 多名工农兵学员、150 多名知青。职工子女经推荐进入各类大中专院校学习。

兵团撤销后，恢复国营淮海农场中学革委会，统一管理全场的教育工作，辖 12 所分场小学和连队小学，教育行政管理和教研工作与地方接轨，场内由场革委会政工科主管。中共十一届三中全会以后，教育工作得到各级领导的重视，按照"四个面向"的要求，逐步进入规范化轨道。恢复高考制度后，教学秩序显著好转，办学条件改善。1975 年，三、四分场设立高中班。1977 年，农场还承办了首届盐城垦区北片高考的考务工作。1979 年 1 月，实行党支部领导下的校长负责制。由于大批知青回城，教师紧缺，经考试选拔 124 名具有高中文化的老职工子女和 10 多名地方民办教师充实农场教师队伍。农场成立教师培训班，负责新教师的业务培训工作。

1981 年 5 月，设立教育卫生科，为普教、职教和卫生工作的主管部门。随着改革的推进，教育事业有了新的进展，进入蓬勃发展阶段。一批长期在一线从事教学、教研工作的优秀教师被提拔到各级教育行政领导岗位上，推进了教改工作。中学教育学制由二年制向三年制过渡，大部分分场的初中班并入场部中学。并开展函授和中专教育，农广校纷纷进场设点办班，尊师重教氛围更加浓厚。1985 年 5 月，教育科单设后继续深化教育体制改革，场部小学更名为国营淮海农场中心小学，扩大校址，负责全场小学教学。大力普及九年制义务教育，发展职业教育。增加教育投入，场部中小学盖起了教学楼，配备电脑房和外语教学专用教室。职工教育受到重视，成人教育得到进一步加强和发展，大力开展职工双补、扫除文盲、岗位培训、学历教育、职业技术教育、农业职工培训及各种应用性技术培训活动。

第二节 幼儿教育

1957 年秋，农场职工子弟小学附设幼儿班，招收学前儿童 40 多名，开设 1 个班，从事幼儿教育的老师 2 名。1959 年秋，扩大幼儿教育规模，7 所学校皆附设学前班，在校幼儿 300 多名，主要教授汉语拼音、识字、识数和音乐等课程，隶属于各分场学校管辖，同时各生产队也办起了托儿所。当时各幼儿园和托儿所均由场工会拨给经费，添置了部分设备，挑选有文化的职工家属和女工进入托儿所和幼儿园担任保育员和幼教老师。

1969 年春，由于学前儿童增多，团部幼儿园分设大、中、小 3 个班，入园儿童 100 多人，更名为十团团部幼儿园，开设游戏、识数、舞蹈、汉语拼音等课程，园址搬到中学操场后侧。全团 7 个营部小学均设附属学前班，入园儿童 350 多名。

兵团撤销后，调整了教育体制，学前教育纳入学校教育规划，学龄前4~6岁儿童分别就近安排入园学习，为小学入学打基础。1980年，场部幼儿园更名为淮海农场中学附属小学幼儿园，配备园长，教职工增加到7名，设立大、中班各2个，小班3个，在园儿童350多名，校舍扩大到8间、300多平方米，设有操场、滑梯、跷跷板等教学设施，办学条件有所改善。各分场小学均办起了附属学前班，入园儿童400多名。

1987年春，农场场部幼儿园更名为江苏省淮海农场中心幼儿园，升为大队级建制，按国家标准和《幼儿教育纲要》的要求，扩大规模，设置课程，入园儿童达到330名，教职员工22名。设置大、中、小各2个班，新建校舍300多平方米，建有厨房、卫生间、保管房、办公室等辅助用房。活动场地配有滑梯、跷跷板、摇船等设施。开设语言、计算、常识、美工、音乐、舞蹈、体育等课程。幼儿文艺节目经常在农场的晚会、场庆、节日等重大活动中演出，获得好评。幼儿教师十分注重儿童的智力开发和文明礼貌素质的培训，小朋友们品学兼优，能歌善舞。姚剑平园长被省农垦授予"幼儿教育工作先进个人"称号。1988年秋，经苏垦集团和盐城分公司中小学教师职称评委会评审，先后有4名教师获得幼教一级任职资格，13名教师获得幼教二级、三级任职资格。

1995年，幼儿园搬进新建的三层楼房中（现派出所驻地），总建筑面积540平方米，设有卫生间、厨房、办公室等设施，新园宽敞明亮，干净卫生，便于管理，办学条件有了改善。

进入21世纪，中小学划归地方管理后，学前教育仍属农场管辖。通过调整教育布局，原中心小学全部进入中学内。场小的教学楼、操场、校舍全部划归中心幼儿园，幼儿园占地面积扩大到4000多平方米，园舍面积达2050平方米。2003年，投资200多万元，新建围墙、园门、传达室，并对旧校舍进行装修改造。新建活动场地1480平方米，绿化面积470平方米，新建活动室和寝室、卫生间各6个，多功能活动室、阅览室、保健室、科学发现室各1个。购置户外大型组合玩具2套，户外单件运动器械1379件，室内运动器具1268件；阴雨天活动面积513平方米，活动设备6套。之后还开辟了供幼儿自由游戏的种植园、饲养园、戏水池、玩砂池等，园区面貌焕然一新，办园条件进一步改善。教职员工21人，200多名幼儿入园学习。采取园长负责制的全封闭式管理，全天保教，幼儿早上入园后，中午在园内就餐、午睡。严格管理食品安全，注重膳食均衡，合理搭配，餐品清洁卫生，色香味俱全。幼儿教师全部持证上岗，学历达标，技能全面，经验丰富，在历届县幼教技能比赛中均获得较好成绩。根据幼儿的特点，开展文化、技能、音乐、体育等多方面的教学，开发幼儿智力，办园质量显著提高。2008年12月，被评为"盐城市优质幼儿园"；2009年9月，通过江苏省农村合格园验收；2010年9月，江苏省创建省优质幼儿园验收组与省市县相关部门领导来园检查验收，系统地检查了全园的软、硬件设施，详细察看了教研教改、档案财务、业务和项目等各方面的管理，以及厨房、厕所、寝室卫生，对教学活动、幼儿进餐、体育游戏、午睡休息等各个环节都进行了检查，最终全园以优异的成绩获得省验收组的好评，并于2011年被授予"省优质幼儿园"称号。

2016年7—9月，对原淮海农场幼儿园大门、办公室及附属工程进行改造维修，总投资41万元，进一步改善了办学条件。

2018年12月14日，根据《中共江苏省人民政府关于进一步推进农垦改革发展的实施意见》（苏发〔2016〕29号）和江苏省国资委等六部门印发的《关于江苏省农垦国有农场办社会职能改革实施方案》（苏国资〔2018〕21号）文件精神，结合盐城市国有企业剥离办社会职能和解决历史遗留问题工作推进会的相关要求，由射阳县县长吴冈玉代表甲方，农场党委书记代表乙方签署了《江苏省淮海农场学前教育移交协议书》，将农场幼儿园正式移交射阳县管辖。

第三节　初级教育

1956年9月，创办农场职工子弟小学，在原场部办公区西侧建校，开设一、二年级复式班，主要有场部职工子女30多人入学，有教职工2人。1957年秋季，校址搬迁到淮海礼堂北边操场的平房里，并附设幼儿班，教职员工增加到4人，仍采用复式班上课。1958年2月，三垛作业区兴办职工子弟初级小学；9月，兴办西汛分场小学。1959年秋，龙潭港、头庄、大港、梁庄、美人垛分场各开办一所初级小学；场部职工子弟小学迁移至淮海礼堂东侧，有教职员工5名。当年，农场共有7所小学，累计20个教学班，教职员工32人，在校学生650余名。

20世纪60年代，农场职工子弟学校升格为完全小学。1965年8月，更名为国营淮海农场场部小学，迁入现在校址（系原农机训练班校舍）。随着知青来场，师资队伍得到加强，一批知青走上了教师岗位，教育事业有了新的发展。1968年底，农场教职员工230多人，50多个教学班，中小学在校学生2500多名。1966年5月，学校逐步开展"文化大革命"。1967年秋季，贫管组进驻各小学。1968年8月，场部小学附设初中班，首届招收初中新生46人，开设语文、数学等课程，教材由各任课老师自己编印。1969年春，各分场小学都办起了初中班，称为"小学戴帽子"，学制2年。当年秋季，兵团建立，场部小学更名为十团团部小学，各营小学均更名为"×营学校"，累计有8所营部学校附设初中班。此外，还有4个边远连队小学。1971年2月，十团团部小学升格为十团中学，新招2个班的高一新生，有 106 名学生。1977 年 3 月，更名为团直学校，秋季成立团直学校领导小组。

兵团时期，团政治处设宣教股，主管全团学校的教育行政和管理工作，当时全团有 15 所小学。按照全国教育工作会议的要求，努力上好政治课和文化课，保证教学时间和质量。团宣教股组织检查各学校的教学质量，制订教学计划，开展教研和听课观摩活动。虽然仍然受极"左"路线干扰，但教学秩序逐步好转，各学校的领导班子也得到了加强。兵团后期，部分知青教师转正定级，调动了教职员工的积极性。1974 年底，五营、六营合并后，学校改名为四营小学；三营、四营合并后，学校改名为三营小学。1975 年春季，各学校推广"开门办学"，让学生走出校门；秋季，三分场、四分场学校根据生源情况和老军工子女的要求，各增设了 1 个高一新生班，学制均为二年制，统一采用新编教材，小学实行 5 年制，中学二、三分段。

兵团撤销后，恢复农场建制，全场的教育工作由场革委会政工科负责，业务上由场中学主管。

1976 年 9 月 20 日，启用国营淮海农场中学革命委员会印章。后与场部小学分开，成立国营淮海农场中学附属小学。各分场小学都明确了校长或负责人。当时按普及小学 5 年教育的目标，由场革委会统一下达中小学招生计划，凡小学毕业，除少数已满 17 周岁的学生外，其他全部升入初中。1976 年秋季学期，实行小学五年制，中学试行二、三分段制，场部高中部招 3 个班，三、四分场学校各招 1 个班，5 个教学班共 270 人。当年应届初中毕业生 334 人，初中升入高中升学率达 80%，采取自愿报名、群众推荐、学校复审、领导批准的招生办法。

20 世纪 70 年代后期，国家恢复了高考制度，尤其是中共十一届三中全会以后，农场的教育工作逐步进入了规范化轨道。各学校都建立了规章制度和工作目标，制定了教师岗位责任，农场的教学考试、招生计划纳入地方教育部门管理。1978 年 8 月，场部学校中小学分开，小学单设，中学设教导处和总务处。1979 年 1 月，盐城地区农垦局党组决定，学校不再设革命委员会，实行党委（党支部）领导下的校长分工负责制，明确了校长在教学工作中的中心地位。

1979 年，大批知青返城，担任教师的知青也随之离场，师资紧缺。针对这一情况，农场的教育结构和布局做了新的调整，经考试和审查选拔了 124 名具有高中文化程度的职工子女充实教师队伍，还从地方选调 10 多名民办教师进场任教。通过组织老教师"传帮带"和举办教学业务讲座、函授、脱产培训等多种形式，不断提高师资水平，提高教学质量。同时停办三、四分场高中部，集中力量办好淮海农场中学，统一施教。1981 年 5 月，经盐城地区农垦局批准成立教育卫生科，主管全场中小学教育、职工教育和卫生等工作。

1982年5月，农场决定一、二、五、六分场的初中班并入到总场中学，三、四分场初中部鉴于人数较多和职工要求，暂予保留。场部中学新建教室10间，面积280平方米。

20世纪80年代中期，根据《中共中央关于教育体制改革》的精神，调整中等教育结构，普及九年制义务教育，加强教师队伍建设。经过考试考核后，给一批以工代教教师进行了转正定级，试行班主任津贴。1988年，评定教师技术职称，调动了教职员工的积极性，教学质量有一定的提高，办学条件得到改善，教育投入不断增加，四分场学校还受到了总公司表彰。农场普及初等教育，经总公司验收合格，学龄儿童入学率、在校生巩固率、毕业率、普及率均达到国家规定标准。1984年7月，18名高中毕业生考入高等学校，14名初中毕业生考取盐中和小中专学校。高中部学生陈春玲被省教育厅团委表彰为"三好生"。学校举办各种文体活动，田径、球类在省市运动会比赛中获奖，小学足球队连续3年获团中央、教育部和全国妇联联合表彰。中学语文组编印优秀作文选，教卫科主办《淮海教育简报》和《淮海教育》，有69篇教师论文分别在《苏州大学学报》《江苏农垦科技》《信息与探索》《江苏教育》等报纸杂志上发表，有19篇获省、市优秀论文奖。1985年1月，全场教师进行工资改革，执行事业单位工资标准，之后发放教龄补贴；5月，教育科、卫生科分设，教育工作由教育科主管；8月底，4层中学教学楼落成交付使用，总建筑面积1532平方米，总投资29.32万元，18个教室宽敞明亮，结构安全，可容纳900～1000名学生入学就读。1986年1月，恢复教育卫生科，教育科、卫生科合署办公。当年秋季起，中小学语文使用部编教材，其余科目仍用省编教材。

1987年1月，场部小学更名为国营淮海农场中心小学，仍为大队级建制，负责全场小学的教学工作。将各分场的五、六年级并入农场中心小学。逐步调整教育布局，撤销四分场初级中学，实行集中办学，优化教育资源配置，既节省人力、物力，又有利于教学质量的提高，小学升学率达到91%。场中心小学致力于学生的智力开发和多种能力的培养，唱歌、跳舞、鼓号、体育、书法、美术等各种兴趣培养活动正常开展，智力竞赛定期进行。还组织教师去名校参观、学习考察，提高业务能力和教学水平。1988年春，农场128名教师获得教师技术职务，其中中学高级教师2人、中级18人、初级106人。1988年，决定举办职业高中班，开展职业技术教育。丁家慷被射阳县教育局教研会聘请为内部刊物《雏鹤》顾问。

20世纪80年代中后期，全场的中小学教育事业稳步发展，全场设立完全中学和中心小学各1所，分场小学7所，教职工130多人，在校生984人。农场拨入的教育经费（不含基建），每年以17.8%的速度递增。由于全面落实教师政策，提高教师待遇，全场形成尊师重教的良好氛围，教师素质提高。通过函授、培训、自修等多种形式，小学教师学历达标率 92.1％，初中教师学历达标率 65.4％，高中教师学历达标率 24.9％。儿童的入学率、巩固率达 100％，小学生升学率达 98.5％，初中生升学率达 75％～85％，普高和职中在校生比例 1：1.024。1989 年，苏垦集团科教处组织淮海、新洋、临海 3 场初高中统考，农场高一学生 7 门主课学科人均考分第一，总分前 15 名学生中淮海中学有 9 名。1990 年，农场教育经苏垦集团达标验收，达"优秀"等级。

"八五"期间，中小学教育坚持治理整顿和深化改革方针，认真执行《义务教育法》，巩固九年制义务教育，稳定普通高中教育，发展中等职业技术教育，中小学教育工作有了新的发展。总场增加教育经费的投入，改善办学条件。

1991 年 3 月，农场中学新建学生食堂，建筑面积达 619 平方米，其中主体建筑面积 452 平方米，附属面积 167.2 平方米，累计总投资 22.5 万元。1993 年 6 月，场中心小学在操场南侧扩建教室 5 间，建筑面积 196.8 平方米；搬迁气象站、职工宿舍、仓库达 1000 多平方米，扩大学校操场。1994 年，拨入教育经费 13 万元，为"七五"期间年平均数的 2 倍以上。1995 年 10 月，小学教学楼（后改为幼儿园）落成，为 3 层楼房，总建筑面积达 540 平方米，建有 6 间教室，宽敞高大，环境舒适。1992 年，中学获射阳县人民政府颁发的"绿化达标先进单位"和"综合治理先进单位"奖状，1993 年场中学被授予"盐城市文明单位"称号。

"八五"后期，农场中小学的教学质量显著提高，中学青年教师徐淑玲在射阳县临海片 6 所中学教学优质课比赛中荣获第二名。教师丁莉代表江苏农垦参加"省企事业教育联谊会"举办的英语教学比赛，获得三等奖。1992 年秋，场中学考取各类学校的有 23 人。同时，场教育部门加大改革和完善规章制度，增强教师的考核力度，制定了《教师考核方案（试行）》，成立教学研究室，中学制定了《好课标准》。1993 年秋，加大对教师教学质量和行为规范的考核力度，实行工资 40％浮动，与本人业绩考核挂钩，逐步改变教好教坏一个样的"大锅饭"现象。中学修订教师教学、后勤人员、安全保卫、绿化达标、计划生育等 7 项责任制。贯彻执行后，校风进一步改善，秩序稳定，文明规范，学校管理水平显著提高。按照集中办学的指导思想，继续加大整合力度。1994 年秋季起，场部中学停止高一招生，初中毕业生参加地方考试，成绩达到地方高中录取分数线者，帮助介绍到附近地方高中就读，并在经济上给予适当补助。1995 年秋季，小学逐步实行集中办学。

20 世纪 90 年代中后期，深入进行教育体制改革，坚持依法治教，继续完善管理制度，调整教学结构和布局。1996 年后，针对生源锐减、办学效益低、质量难提高的状况，在小学高年级集中办学的基础上，将 7 个分场小学三年级以上的学生全部集中到场部中心小学读书，各分场仅保留一、二年级的教学点。集中财力、物力、人力，办好场部中心小学，并升格为副科级单位。投资 100 多万元，新建教学楼、生活用房和运动场地，按规划建设教学区、生活区和活动场地，场部中心小学的办学规模、办学效益、教学质量皆有所提高，教师全部持证上岗。1998 年，场中心小学的综合评比成绩在射阳 3 个农场中处于领先地位。青年教师周德刚参加射阳县语文课教学比赛，获片区第一。1997 年，中学学生朱莹、史永莲参加全国中学生英语能力竞赛，获三等奖，指导老师张晔、郁辉也分别获奖，丁家慷被省教委授予"江苏省先进督学"称号。

为了适应集中办学和深化教育体制改革的需要，进一步完善教育行政领导体制，1998 年秋，撤销教育科及场部中学、小学、幼儿园和一、四分场小学建制，成立淮海农场职工子弟学校，辖一、四分场教学点和场部幼儿园。

1999 年以后，实行教育产业化，保中间、放两头，确保职工子女 100％ 接受九年制义务教育。幼儿园放开招生，高中教育与地方接轨，按学生中考分数进入地方中学就读。义务教育阶段实施现代化教育，推进素质教育，实行教师技术职务评聘分开，增强了教师的责任感和危机感。

2002 年，根据《江苏省政府办公厅转发〈省教育厅等部门关于省农垦企业分离办学职能的实施意见〉的通知》（苏政发〔2001〕38 号）。农垦企业九年义务教育阶段的中小学，从 2001 年 7 月 1 日起，一次性全部移交所在地、县（市）政府。该项分离企业的社会职能，由于地方政府有不同意见，经过反复磋商，2002 年 7 月，职工子弟学校移交地方。2007 年底，农场学校累计培养了 12000 多名小学生、8600 多名初中生、2600 多名高中生；450 多人考入高等学府，多人获得硕士、博士学位，为社会做出了贡献。

农场中小学移交地方后，在新一届领导班子的带领下，积极创建特色学校，努力加强军垦文化教育，传承军垦优良传统。2010 年 1 月，获"盐城市小学特色学校（军垦文化）"荣誉称号。

农场学校的足球运动具有特色，2012 年春，成立"渠星"奥林匹克足球俱乐部，球员 89 人，分为儿童甲、乙、丙 3 组，男女 6 队。学校被盐城市体育局授予"体育传统项目学校"称号。2013 年，俱乐部在第三届"市长杯"校园足球联赛中七战七捷，获小组第一名，并获"优秀组织奖""优秀道德风尚奖""优秀校长奖"。2012—2013 年度，在盐城市阳光足球联赛中，学校男女队分别获第三名。2014 年，在盐城市阳光足球联赛中，03～04 女队获第二名，03～04 男队获第三名，学校获"精神文明代表队"称号。学校足球队员中先后有 7 名进入盐城市队，有一名队员进入北京国安青训队。2013 年 10 月，学校被教育部和国家体育总局联合确定为全国校园足球定点学校。2018 年，入选全国校园足球特色学校。

2011年，举办55年校友联谊会，费新海资助2台多媒体机，价值3万多元；周观林、赵金厚等共资助3万元。2013年，投入200多万元加固小学楼，使小学楼既美观又安全。

2014年，农场投入150多万资金，铺设足球场、300米环道、100米直道场等运动场地，也为提高学校素质教育质量夯实了基础。

学校移交给地方政府后，学校教师年龄老化严重，特别是在2008—2016年期间，学校退休老教师达20多位。学校向上级部门积极争取和引进中青年教师30人左右，其中富有教学经验的青年教师有10余人，助力学校持续发展。

学校不断增加投入，改善办学条件，改变校容校貌。2017年，学校新建学生餐厅、宿舍楼及附属建筑，建筑面积2122平方米，投入390万元。2019年，新建综合办公楼，建筑面积1340平方米，投入329.08万元。2019年9月，学校18个班级新装了教学一体机，总金额56万元，实现了教学手段现代化。2019年10月，新装配了一间标准化的电子阅读室；新装配了一间音乐室、一间舞蹈房、一间录播教室、一间科学实验室。2020年在校友赞助下，按CBA标准建设了塑胶篮球场。学校投入约15万元新建了太阳能路灯，又先后投入约100万元进行校园绿化和道路铺设。

2016年秋季学期，学校加快了新老教师更替的速度，先后有10名应届师范毕业生经县教育局招聘后，进入学校教师队伍，改变了教师的年龄结构。教师的平均年龄由原来的48.63岁降低到40.93岁，基本完成了新老教师的更替，教师的年龄结构更加合理。2019年，学校启动"青蓝结对"工程，以老带新，年轻教师业务能力得以迅速提高，逐渐成为学校的骨干力量。

在生源质量持续下滑的情况下，全校教职工发扬艰苦奋斗、不怕困难、团结奋进、无私奉献的精神，教学质量稳中有升。每年都有1或2名学生考入四星高中，4～5名学生考入三星高中，全县综合考核为B类。

经过几代淮海农场教育人的不断探索、不断创新、与时俱进，学校焕发生机，不断得到新的发展，多年来不仅为高一级学校、各类科研机构输送优秀人才，同时也为江苏农垦的发展、垦区建设、现代农业的发展，培养了大批合格人才，达到了较好的育人效果。在农场教育的发展过程中，以高级教师为代表的教师队伍发挥了重要作用（见表21-1）。

表21-1　射阳县淮海农场学校历届高级教师名录

姓名	籍贯	单位	职务
王文才	江苏盐城	淮海农场学校	党支部书记、校长（2004—2009）
吉志勇	江苏盐城	淮海农场学校	党支部书记、校长（2009—2016）

（续）

姓名	籍贯	单位	职务
张耀武	江苏盐城	淮海农场学校	党支部书记、校长（2006至今）
苏克广	江苏盐城	淮海农场学校	副校长
吴成刚	江苏盐城	淮海农场学校	党支部副书记
孟海江	江苏南通	淮海农场学校	副校长
朱　军	江苏南通	淮海农场学校	工会主席
童　欣	江苏扬州	淮海农场学校	安保主任
王兴荣	江苏盐城	淮海农场学校	教师
王立波	江苏盐城	淮海农场学校	教师
周古祥	江苏盐城	淮海农场学校	教务部副主任
冯　云	江苏南通	淮海农场学校	教务部副主任
丁家慨	江苏滨海	淮海农场学校	教务部副主任
王友亮	江苏滨海	淮海农场学校	校长
韩照耀	江苏滨海	淮海农场学校	副书记
郭永康	上海市	淮海农场学校	教师
丁家康	江苏滨海	淮海农场学校	校长
左克俊	江苏滨海	淮海农场学校	副校长
顾正海	江苏盐城	淮海农场学校	教师
龚　慧	江苏盐城	淮海农场学校	教师
曹　飞	江苏淮安	淮海农场学校	教师

第四节　中职教育

1958年秋，经中共江苏省委和中共盐城地委批准，农场创办的江苏省淮海农业学校（为中等农业学校）列入全省统一招生计划，学员毕业后在全省统一分配。当年9月15日开学，设作物栽培和动物饲养专业，入学学员402人，教职工33人，校址在原畜牧队后侧。后来增设农业机械和畜牧兽医专业。1959年秋季，又招生156人，开设作物栽培3个班。1961年以后，因国家遭受自然灾害，经济紧张，财力不足而停办，除毕业班分配工作外，其余122人转入盐城农校继续学习。

1963年7月，经省农垦局批准，举办江苏省淮海农场机务人员培训班，在省农垦系统内的滨淮、淮海、黄海、临海等农场招收初中以上文化程度、年龄18～25岁、身体健康具有培养前途的农场青年计98名。其中驾驶班50人，为一年制，安排技工班学习内容；修理班为3年制，使用中专教材学习。驾驶班学员毕业后，有10人分配去汽车队改学汽车驾驶，10多人分配到地方拖拉机站工作，其余分配到各农场机耕队成为技术骨干。

修理班学习 3 年毕业后，回到各农场，享受中专待遇，后来成为农机和场办工业战线上的骨干力量。

1965 年春，按照教育与生产劳动相结合的方针，上级要求大力兴办半农半读、半工半读和农业中学。经省教育厅批准并报国家教委备案，开办江苏省国营淮海农场半农半读农业技术学校，设作物栽培专业，新招学员 100 名。1966 年春，招收 97 人，其中农学班 54 人，农机班 43 人。学校教职工 14 人，附属一个生产队，土地 1000 多亩，种植棉花、大小麦、玉米等各类农作物，实习基地有职工和干部 121 人，校址设在四分场 32、33 大队。1969 年，学校停办，学生分配到各连队，教职工统一安排。1985 年，经省教育厅批准，为 197 名原农校毕业生补办了中等专业学校毕业文凭。

1986 年秋，经省农垦局批准，举办职业高中班。先后开设了农机、农学、建筑、机电等专业的职业班。1993 年 9 月，农场中学与南京市中专学校联合开办机械制造与数控机床专业中专班，面向社会招生。南京理工大学附属中专学校、盐城农垦公司和农场领导出席开学典礼，有 38 名新生入学。累计培养了 38 名中专生、63 名中技生。

第五节 职工教育

职工教育起源于农建四师时期。1952 年 6 月，师党委决定筹建干部速成小学，校址选择在苏北灌溉总渠南侧六垛闸东、种畜场的东北角。当年秋季，农建四师政治部发布学习文化的命令，有计划、有步骤地推进速成识字，扫除"文盲"，确定各团先选择 4 个连队（每营 1 连）作为向文化进军的先头部队。举办第一期农机训练队，同期培训的还有卫生队、女工队的女兵，部分学员成为农建四师的第一批女拖拉机驾驶员，省内闻名。机训队累计培训 5 期，培训人员达 337 名，之后成为农机战线上的技术骨干和基本队伍。1952 年冬，举办了 3 期农训队，累计培训基层干部 652 人。师、团机关还开办了技术夜校，硬性规定排以上干部都必须参加学习，掀起了学文化、学技术的高潮。

1953 年 1 月，农建四师成立文教办公室，加强对文化学习的领导。当年春季，全师累计扫除文盲 6875 人，通过速成识字教学，基本掌握了识字和常用字的阅读。1953 年，速成小学举办 5 个教学班，入学学员 216 名。1954 年春，经过 2 个多月的筹建和整顿，师速成文化学校开学，新建校舍 62 间，扩大学校基地，以培训干部为主。学校成立了校党委，由师政治部副主任朱建群兼任校长，夏杰、周加伯任副校长。首期入校教员、工作人员和学员达 200 多人。3 年累计培训农业、农机、会统计、建筑测量等各类行政管理、技术人员和文化教员达 3000 多人次，为农场和省内输送了大批农业技术人才，也为国家经济建设做出了贡献。

1956年6月，场工会建立国营淮海农场职工业余学校，场部设2个初中班、6个小学班，学员300多人，学习对象以场直单位职工和干部为主；各分场设立分校，共14个教学单位，在三垛、西汛分校分别设立一个初一教学班，各分校均设有扫盲班一级到高小二级的学级。全校共50个班，其中4个初中班，33个高小班，13个扫盲班。全校学员2016人，其中干部约占10％，职工占81％，家属占9％；文盲半文盲的学员有511人（半数是家属），占学员总数的25.3％；高小班学员1373人，占学员总数的68.1％；初中班学员157人，占总数的7.8％。全校除调配6名专职教员外，还聘请了77名兼职教员，保证了足够的师资和教学力量。

1958年4月，场党委根据上级"苦干三个月，实现文化场"的指示精神，党政工团各级组织紧密配合，大力扫盲。同年6月底，累计有青壮年职工416人、家属816人摘掉了文盲的帽子。

1964年5月，江苏函授大学在农场招收农学、畜牧2个专业的学员，学制采用1、2、2制，即第1年为专修班，学习基础课程，第2、3年学的相当于大专课程，第4、5年学完本科课程，主要从全省知青中培养专业技术和管理人才。第64、65届共招收2专业学员200多名，采取函授和面授相结合的办法教学，建立函授辅导站。1966年底，学校停办。1980年，根据教育部门的要求，采取考试的办法补发学历证书，农场有30多人通过考试获得大专文凭。

"文革"期间，陆陆续续招收牧工农兵学员，部分知青和职工子女进入中专和大学学习，职工教育全部停止。

1981年秋，农场成立职工教育委员会，负责全场的职工教育、费用开支、学员管理、教学安排等。1981年7月5日，中央农业广播学校淮海分校开学，通过国家统一考试招收42名学员，为中专学制，开设化学、作物栽培、植物生理、作物保护、土壤肥料、农业气象等20多门课程，为农场培养农业技术人才。有16人经过5年自学通过考试，获得国家承认的农学专业中专毕业证书，农场获"全国优秀教学班"证书。

1982年，淮海农场中师函授班有43人注册学习，主要学习师范类学科的文化课和基础课，学员以不具备规定学历的小学教师为主。1982—1985年，农场教卫科采取各种措施大力扫除文盲。经过严格的检查验收，农场390人脱掉文盲帽子，脱盲率80.5％。1983年秋，开办职工学校，49名职工子女参加为期1年半的学习，开设作物栽培、农业机械、会计核算、经营管理等课程，毕业后，学员进入基层管理队伍。"七五"期间，职工教育工作在完成"双补"任务的基础上，大力发展高中文化补课、中专教育和中级技术培训教育，重点突出中级技术培训和班组长培训，对青工普遍进行 3 轮培训，并加强以岗位培训为重点的职教工作。通过几年的努力，全场职工教育取得显著成绩。

1986 年，农场职工教育工作连续 8 年受到射阳县人民政府表彰。农场设职工教育委员会，设专职干部 1 人，专职教师 6 名，兼职教师 59 名。职教基地建设投入增加，教学场所 1450 多平方米，人均 0.3 平方米以上，教育经费按工资总额的 1.5％提取，往年结转和提取职教经费共有 29.4 万元，改善了职工教育办学条件，调动了职工的学习积极性。

1986 年，农场取得射阳县颁发的完成"双补"任务单位证书。1987 年，领取射阳县职教办颁发的脱盲单位证书。干部高中文化函授班 75 人参加学习，全部拿到高中毕业证书，合格率为 100％；党校中专函授班 84 人，毕业率为 100％。1348 名青工参加政训，合格率为 92.73％，并进行了 3 轮爱国主义教育培训。

1986 年 9 月至 1987 年 9 月，经省农垦局批准，举办为期 1 年的卫生培训班，以培训基层卫生人员和医院护士为主（主要解决知青返城后医护人员不足和缺额的问题），招收 52 人，其中场内 32 人、兄弟农场及地方 20 人。由农场医院具有实践经验的医护人员授课，并在医院实习，经考试合格后，发给结业证书，分配到基层担任卫生员。

"八五"期间，按照国家教委、劳动人事部的有关文件精神，以结合生产、按需施教、讲究实效为原则，继续坚持职工教育改革，努力培养具有现代科学技术和经营管理知识的员工队伍，抓好职工岗位培训，办好各类成人教育，鼓励自学成材，建立激励机制，全面提高全场职工政治、文化、专业技术素质。

1990 年 10 月，江苏农垦教育目标管理达标验收组来场检查验收，全场职工教育在组织机构、培训质量、经费保障、师资队伍等方面都达到规定要求，综合评价达"优秀"等级。1992 年 3 月，场职教办被江苏农垦总公司授予"先进集体"称号，并获奖金 2000 元。丁家慷被省农垦总公司表彰为"先进教育工作者"。当年秋，江苏省会计函授学校淮海农场函授站建立，学制为中专类 3 年制，参学人员有全场各类财会人员 56 名。1994 年 6 月，成立扫盲领导小组和"两基"领导小组，8 月成立成人教育中心学校。1995 年 9 月，选送 25 名待业青年到盐城市技工学校培训，学制 3 年，为石油机械厂培育中级技术工人。

20 世纪 90 年代，全场职工教育以实现现代化为目标，继续落实成人教育的各项政策，鼓励参加自学考试、函授教育和职工岗位培训。场领导列入省"333"人才培训计划，赴香港和国外参加高层次的岗位培训。达不到规定学历的专业技术人员，通过参加不同类型和层次的成人教育，并经考试和考核后，晋升相应级别的技术职务。

21 世纪，随着改革措施的深化，职工教育得到了进一步加强和发展。教育职能剥离后，场工会会同各职能科室继续抓好职工政治培训、岗位培训、学历教育、职业教育、农业实用技术培训、农工创业培训及各种适用性培训、技术讲座，皆完成或超额完成了既定任务和目标。一批科技人员通过国家级考试，取得注册技术职务资质。2008—2009 年，在农业职工中开展农业实用技术和创业技能培训，参训人员达 7947 人次。

2013—2015 年，为加快新时代职工队伍建设，推进职工素质提升工程，造就高素质的人才队伍，农场大力开展劳动技能培训，主要有远程教育培训，走出去到高等院校参加培训，农场自办培训班，聘请专家学者开展专题讲座，以及进行现场辅导、技术咨询等形式的技能培训。

2015 年 1 月，农场与扬州大学园艺与植保学院签订开办科技人员培训班协议书，组织培训学员 60 人，培训内容有现代农业、植物保护、作物栽培等方面的内容，培训班结束后颁发结业证书。

2015 年 6 月，购置农垦农业技术远程培训卫星远端接收站成套设备 1 套。通过全国农业远程教育平台，结合农垦系统特点，聘请专家以录播的形式进行授课，收看农广校播出的各类农业培训课程。农场共举行 8 个班次，383 人次参加培训。

2016 年 6 月，聘请江苏省经信委特聘专家刘光峰讲师来场举办电子高级培训班，农场 180 名下属企业负责人和经营者参加培训，详细了解传统模式与农产品电子商务的区别，结合农产品实际，提出了发展电商"互联网＋"的相关思路和建议，使参培者增长了电商新知识，开阔了眼界，促进了农场电商的发展。

农场组织下岗，转岗职工参加各类培训，为他们再就业创造条件，先后组织 22 名女职工参加苏垦集团举办的月嫂和家政培训班，使他们获得了培训合格证。2019 年，开展了畜禽养殖技术培训、职工机械技能培训、电站操作技能培训、社区培训等多方面的技能培训，全年举办各类培训班 15 个，培训职工 905 人次。其中农工创业培训班 6 个，培训职工 414 人。通过培训，27 名电工通过年审和复审，80 人获得电焊工资质证书，8 人获得社会工作者资质证书。

2013—2020 年，累计举办各类培训班（专题讲座）118 班次，培训职工 7799 人次。其中农工创业培训 51 班次，培训职工 3487 人次。参加场外培训 22 次，参培人数 280 人次。参加远程教育 8 期，参培职工 383 人次。

第六节　机务培训

农建四师时期，按照自力更生培养机务人员的指导思想，1952 年 7 月—1954 年 7 月，先后举办了 4 期机务培训班，共培训了拖拉机手 251 名，解决了建场初期和扩建新场对拖拉机手迫切需要的困难。为满足农业机械化发展和农业机械不断增加的需要，1955 年 9 月，举办 135 人参加的进口乌尔苏斯拖拉机手训练班；1955 年 10 月，举办 180 名机务领导骨干和拖拉机手训练班，农建四师抽调不少营、连、排干部，地方也抽调了 29 名区委书记、县科局长级干部参加学习。1956 年 4 月，举办了进口热特-35 拖拉机手训练班，这期学员共 72 名，均为复员的赴朝作战的志愿军坦克兵。1958—1959 年，为满足地方机站和扩建新场的需要，共培训 2 期学员，合计培训拖拉机手 182 名。1961 年 9 月，培训中技校毕业生 21 名。从 1961 年 10 月开始至 1964 年底，农场机务人员培训班共举办了 3 期，主要为盐城、南通专区各农场（含劳改农场）培训驾驶员 290 名，修理工 121 名，其中 73 人临近结业分配时因精兵精政而下放农村。农场还通过半农半读学习、理论联系实际、以师带徒的方法，加快适用型机驾人员的培养。1953 年 7 月，培训汽车驾驶员 14 名。1954 年 3 月，结合康拜因检修，2 个月时间培训康拜因手 40 名（其中劳改农场 8 名）。1963 年，组织 103 名老驾驶员参加轮训。

20 世纪 50—60 年代，农场机务学校举办农机人员培训班，参训人员分布于江苏省、上海市各类各级机务人员中，有的是机务场长、机务科长，也有的是机务站长、机务队长、机务组长和驾驶人员。老驾驶员参加岗位轮训，所学专业有农机修理，也有机车驾驶，他们之中绝大部分都是中国人民解放军的干部或具有一定文化水平的战士，政治觉悟较高，热爱农业机械化技术，工作认真，踏实肯干，是全省农机战线上的骨干力量。

1963 年 9 月 1 日，农场机训班招收学员 98 人，其中驾驶班 50 人，修理班 48 人。驾驶班学制为 1 年，按照省农林厅制订的培训大纲，主要招收盐城专区所属农场具有初中或相当于初中文化水平、成分好、思想进步、身体健康、有培养前途的 18～25 岁的农场青年和下放知青。经过 1 年多的培训，系统地学习政治理论、农业知识、机械制图、金属加工、农业机械、拖拉机驾驶等课程，理论联系实际，通过上车实习，学员普遍达到二级技术水平。1964 年 7 月，学员们结业分配到各农场的基层农机单位，成为技术骨干。同期招收的修理班学员按中专学制开设课程，毕业后仍回各农场工作。1965 年，农场半农半读学校招收 45 名学员，经过 4 年的中专课程学习后，分配到各机耕队担任驾驶人员，"文革"后补办中专毕业证书。

"文革"中，农机培训班解散，对这 10 年期间的学员，主要采取以师带徒的办法，场机务科会同各机耕队在农闲时举办农机学员短训班讲授操作技术。兵团后期，曾经组织农机人员进行考工定级和晋级考试，各机耕队学习农机技术风气浓厚。

中共十一届三中全会以后，中共中央、国务院十分重视职工教育工作，并作出了《关于加强职工教育工作的决定》。为此，江苏省农垦局于 1981 年 8 月下发《关于建立淮海农场机务人员训练班的通知》(苏垦政字〔1981〕386号),决定成立淮海农场机务人员训练班,负责各农场的农机修理人员、机驾人员的培训工作。《通知》中规定,教职员工编制为8人,教育经费来源除学员按规定交纳学费外,不足部分由省局补贴。训练班的党团关系和思想政治工作由淮海农场党委负责。教职员工子女的工作分配、家属的生活供应都由淮海农场统一安排。训练班班主任由淮海农场机务副场长兼任,负责机训班的领导工作。筹建期间,省农垦局投资30多万元,新建教室、实习车间、学生和教职员工宿舍、食堂等,占地16.2亩。1981年9月开始办班,按照省农垦局编制的教学计划和全国农垦关于对机驾人员进行中级工培训的要求,围绕农业生产发展的需要,面向全省和上海农垦、司法、部队、农业种子系统的农机从业人员和新增学员,开展短期、长期等不同类型和层次的技术培训,形式多样,内容灵活。大力实施农业机械化实用人才培训,加快建立有文化、懂技术、会操作、善经营、保安全的农机作业人才队伍。为全面实现农业机械化提供人才保障,先后举办了拖拉机驾驶、修理、农机监理等各类机驾人员培训班20多期。根据需要举办车工、电工、机电排灌、农产品加工、热处理、机械化小农场等实用技术培训班10多期。为驻军部队举办了军地两用人才培训班,参加人员共120多人次。机训班累计培训6520多人次。为满足发展农机现代化和学历教育的需要,1988年2月,农机培训班更名为淮海农场农机培训学校,大力发展中专、函授学历教育和继续教育,优化教学资源配置。1988—1990年,举办中培函授班(驾驶班),2000多名青年学员取得就业资质。举办了3期农机管理专业证书班,106人获得相当于大专水平的资质证书。培训班以实习车间和淮海石油机械厂为实习基地,后期还开展农机修理服务,创办小工厂等,锻炼学员们的实际操作能力。教职员工们刻苦钻研业务,学习技术,更新知识,理论联系实际,聘请有经验的技术人员和工人技师进入校园讲课。创新教学方式,丰富教学内容,采取与学员互动的形式,引导学员思考分析,提高实际操作能力和农机职业技能。学员经考试合格后发给结业证书。2002年2月,农机学员培训步入社会化轨道,农场教育职能剥离,总公司决定,淮海农机培训学校与省农垦农机监理所合并,继续对垦区农机机驾人员开展不同类型的短期培训,校舍和教学设备移交农场。

2013年,农场联合收割机操作手10人参加农垦农机学校培训,10人去哈尔滨凯斯公司接受新型凯斯联合收割操作技术培训。场内开展农机标准化作业培训,聘请省农垦农机安全监理所的老师们讲课,培训600多人次,印发技术资料1000多份。

2013—2020年,农机技术培训主要由江苏农垦农机监理所和农场农机水利中心负责,每年都要组织农机驾驶员、安全员、电站管理人员进行农机技术和安全作业培训,集中授课,现场操作,答疑解惑,采取灵活多样的形式,激发机手们的学习兴趣,充分利用多媒体技术、网络平台等，线上线下结合，努力提高机驾人员的技能和素质，为农场培养新型农机职工队伍做出新贡献。

2017—2018 年，农场分批对机驾人员、安全员、排灌站操作人员进行安全生产岗前培训，实行农机安全培训合格证制度。2017 年，分公司发放农机安全培训合格证 26 份，生产区发放 222 份。2018 年，发放安全作业许可证 542 张。

2019—2020 年，对农场管理人员培训达 93 人次，安全生产专题培训 142 人次，农机实用操作技术培训 207 人次，低压电工培训 69 人次，焊工培训 99 人次。通过不同的专题培训，提高了员工的操作技能和素质，为发展现代农业提供了科学技术支撑。

第二十二章 文化体育

第一节 概 述

　　淮海农场的企业文化起源于农建四师时期。师政治部设有专业文化人员和文工队,经常组织开展大型文艺活动。各团、营设有业余文工组。部队转业后,企业文化工作由场工会负责。20世纪50—60年代,每年举行一次文艺汇演,并挑选优秀剧目和演员集中到场部排练后公演,还组织到各分场工厂和附近县、乡巡回演出。兵团时期,成立十团毛泽东思想宣传队,选调知青中的优秀文艺人才排演以样板戏为主的节目,自编、自导、自演反映兵团战士生活的舞蹈、说唱、戏剧等。兵团撤销后,文化生活十分活跃,多次在地方和省农垦演出中获奖。20世纪90年代以后,建立文化广场和舞厅,开展多种形式的企业文化活动。进入21世纪,多次组织广场文化节和其他文娱活动,不断发展和积淀企业文化。随着文化多元化的发展,农场加强企业文化的设计、创意和策划,打出传统、广场、廉政、绿色"四张文化牌",建成农建四师暨淮海农场历史陈列馆和军垦文化墙,在省农垦系统产生了较大的影响。

　　农场的体育活动,主要有全民健身和篮球、乒乓球、田径、棋类、扑克等竞技类和娱乐项目,在重大节日期间举办各类比赛,既推动了职工业余体育活动的发展,又增强了节日的喜庆气氛。

第二节 淮海精神

　　1952年,农建四师发起建场"三大战役",全体指战员满怀建设农场、创建美好生活的革命理想,发扬人民军队官兵一致、一往无前的英雄气概,根据艰苦奋斗、勤俭办场方针,与各种艰难困苦进行了不屈不挠的斗争。争分夺秒,抢盖茅舍,开沟挖渠,垦荒种地,涌现出了一大批可歌可泣的英雄模范。经过1个多月的紧张奋战,终于抢在雨季到来之前立住了脚、扎下了根,建成了初具雏形的大型机械化农场,形成了艰苦创业、不怕困难、团结奋斗、无私奉献的农建四师精神。华东军区司令员陈毅接到农建四师"第一战役"胜利的喜报,十分欣喜,赞誉农建四师是"皇帝的气魄(当家作主),叫花子起家的做法(艰苦奋斗)",华东军政委员会两次给予通报表扬。

几十年来,农场干部职工继承农建四师的光荣革命传统,坚持艰苦奋斗、克服困难、勤俭办场、开拓进取的建场方针,不断夺取新的胜利。在几十年的历史进程中,淮海精神经过长期的文化积淀和不断完善,逐步形成。

1992年,为热烈庆祝建场40周年,农场领导会同老同志与各界代表展开讨论,广泛听取各方面的意见,确定淮海精神内容为艰苦奋斗、不怕困难、无私奉献、开拓创新,并向上级申请为农建四师立碑。省农垦总公司采纳了建议,在向省政府《关于筹建农建四师纪念碑的请示》中,将淮海精神概括为艰苦奋斗、无私奉献、开拓进取,同时也作为江苏农垦精神的内涵。在当年4月20日举行的农建四师纪念碑揭幕仪式上,省农垦领导在讲话中重申淮海精神时说:"为了表彰农建四师的历史功勋,弘扬农垦精神,省政府批准在淮海农场建立农建四师纪念碑。风雨40年,弹指一挥间。农建四师在建设淮海农场的过程中培育了艰苦奋斗、无私奉献、开拓创新的农垦精神。当年的老军垦们为了共和国的农垦事业,艰苦创业献青春,献了青春献终身,献了终身献儿孙,始终保持着艰苦奋斗的光荣传统,这是十分难能可贵的。今天我们纪念淮海农场建场40周年,就是要弘扬农垦精神,进一步把国营农场办好。"

2012年4月,江苏省委书记罗志军在江苏农垦创建60周年的贺信中再次肯定农垦精神为推进全省农业现代化、繁荣江苏经济做出了突出贡献。

第三节 农建四师纪念碑

为了充分肯定农建四师全体官兵创建淮海农场的功勋,1991年4月,农场召开农建四师的部分老同志座谈会,讨论筹备纪念毛泽东发布改编农建四师命令暨淮海农场建场40周年活动,一致恳请省政府、省军区为农建四师建立纪念碑。随后,农场领导向省农垦总公司请示建立农建四师纪念碑。1991年5月,苏垦集团向省政府提交《关于筹建农建四师纪念碑的请示》,提出建碑的理由有3条:中国人民解放军步兵第一〇二师曾为解放苏北、发展地方武装、掩护主力部队转移、配合益林战役、淮海战役和解放上海做出了贡献。一〇二师改编为农业建设第四师是奉中央军委的命令,具有历史意义和现实意义。农建四师开创了江苏农垦事业,形成了艰苦奋斗、无私奉献、开拓创新的农垦精神;开发国土资源,先后创建了淮海、临海、宝应湖、三河、弶港等农场;并且为江苏农垦和全国农垦输送了大批骨干。1991年10月31日,江苏省政府《关于筹建中国人民解放军农业建设第四师纪念碑的批复》（苏政复〔1991〕22 号）本着庄重、节俭的原则，同意淮海农场筹建中国人民解放军农业建设第四师纪念碑。1991 年 11 月，由省农垦总公司委托南京艺术学院张祥水副教授先后设计了 7 个方案，经专家论证，江苏省建设委员会 2 次组织专家鉴定，同意按第三方案实施，并于 1992 年 2 月由省建筑工程科学研究院下发《关于"农建四师"纪念碑方案的批复》（苏建科〔1992〕50 号），确定了农建四师纪念碑的实施方案（修改后）。纪念碑以一名全副武装的解放军战士雕像为主体，昂首屹立，身背钢枪，一手高举洋镐，一手指向脚下的土地，背向茅草、芦苇，表示具有大无畏的革命精神和开发大草滩的勇气，表现了屯垦戍边、开荒建场的场景。雕像高 3.5 米，底座高 1.5 米，造型简洁优美，突出了军垦战士的高大形象。省建委在组织专家论证时，提出纪念碑的落款问题。1992 年 1 月 31 日，省农垦向省政府上报《关于农建四师纪念碑落款问题的请示》，委托高家政转送省政府办公厅，经当时的省长和几位副省长批阅，同意以省政府名义落款。原拟请当时的国家副主席、原国家农垦部部长王震题写碑名，农业部回复"王震副主席病卧在床，不便题书"。后改由省委原第一书记、江苏省军区第一政委江渭清题写"中国人民解放军农业建设第四师纪念碑"碑名。

老办公区大门入口处有一座纪念碑，长 4.3 米，宽 2.5 米，底座高 0.5 米，碑面采用大理石贴面，上面雕刻有毛泽东发布的《中国人民解放军步兵第 102 师转业为农建四师的命令》，后侧为农业机械化的场徽图案。

1992 年 4 月 20 日，在纪念建场 40 周年之际，举行了隆重的农建四师纪念碑揭幕仪式。老军工、老干部和职工代表、省农垦和场领导 200 多人出席。省农垦集团公司原党委副书记黄树贤主持纪念碑揭幕式，省农垦总公司原党委书记周伟森作重要讲话，并与原农建四师副师长李桂莲为纪念碑揭幕。农建四师纪念碑成为江苏农垦的珍贵文物，永传后世。《新华日报》《中国农垦》《盐阜大众报》等新闻媒体做了报道。

第四节　历史陈列馆

在原农建四师师部旧址上建成的农建四师暨淮海农场历史陈列馆呈多边形，与农建四师纪念碑、毛泽东命令碑文配套，并和农建四师师部办公旧址联成一体。馆苑结合，环境优美，绿树成荫，花草繁茂，人文景观衬托掩映。馆舍占地面积 13000 多平方米，总建筑面积近 1000 平方米，工程总投资 220 多万元，其中财政支持 200 多万元。主体建筑酷似苏北地区的粮仓，寓意经过几代人的艰苦努力，昔日的盐碱滩被改造成米粮仓。俯视全貌，又似摇篮，寓意淮海农场为江苏农垦的摇篮。馆内展品充分展示了农建四师全体指战员和几代淮海人艰苦创业、拼搏奋战的光辉历程。馆内有很多有价值的历史资料和文物，累计布展照片、实物和各类文物1800多件。展厅按历史时期和内容划分为"历尽沧桑、屯垦戍边""上下求索、曲折前行""开拓奋进、走向繁荣"3个展区和序厅、尾厅。

2009年9月，农场向集团公司申请建设陈列馆，并获批准。集团公司党委宣传部在有关新闻媒体和网站上发布征集展品启事和工程设计招标广告。经公平竞争和专家审定，南京百惠装饰工程有限公司中标，盐城市城业工程监理有限公司为工程监理单位。土建工程由场建筑安装工程有限公司施工。

2009年11月26日，举行隆重的工程奠基仪式，省农垦集团公司和场领导及场部机关科室部门负责人、老同志和职工代表300多人出席，集团公司纪委书记周作义到会致辞祝贺。场领导和有关工作人员拜访有关老领导、老同志，征集展品，策划布展工程，编写和修改展陈大纲。2010年2月，陈列馆土建工程竣工，通过初步验收。南京百惠装饰工程有限公司的技术人员进场布展，采用技术先进的电脑软件进行设计和布展，运用声光电技术，并且将实物模型与彩绘、雕刻相结合，使展陈大纲的内容和主题得到充分表现。2010年6月下旬，布展工作基本完成。经组织部分老同志和有关人员进行审查，广泛征求意见，多次修改和调整完善，施工方正式向农场移交。同时，室外场地、给排水、绿化等工程相继完工。同年7月24日，举行隆重的陈列馆开馆仪式，苏垦集团领导和有关处室负责人，以及各农场领导和老同志代表300多人出席。党委书记宣荣和总经理任建新为农建四师暨淮海农场历史陈列馆揭牌、题词，纪委书记周作义代表集团公司讲话，场长许峰致辞。

陈列馆生动地反映了江苏农垦的历史进程，再现了建设者艰苦奋斗的足迹，展示了农建四师和几代淮海人艰苦创业、开拓奋进的光辉业绩，对于教育后辈，保持光荣的革命传统，加快全省沿海大开发战略的实施进程，促进农垦经济和社会事业又好又快发展都具有十分重要的意义。

陈列馆于2017年7月开馆，各地游客纷至沓来，接受红色革命传统教育和军垦文化的熏陶。陈列馆目前已经成为国家AA级旅游景区，被省委组织部授予"党员干部教育'实境课堂'""盐城市爱国主义教育基地"称号，被盐城市纪委列为党员干部廉政文化教育专线、未成年人社会实践教育基地、《盐城晚报》小记者采访基地、盐城市爱国主义教育基地，农场"军垦文化"成为江苏省特色文化品牌。

由于建馆初期资金、资源短缺，农场还有很多反映农建四师时期的珍贵物品、照片及文字史料未能布展，尤其是反映农场各个历史时期社会经济发展情况的展品更少。根据规划，原馆仅实施了一期工程。

为满足农场企业文化快速发展的需求，从 2017 年 4 月开始对农建四师暨淮海农场历史陈列馆进行改扩建实施二期工程。该项目经苏垦集团批准兴建，经招投标确定由南京凯翎会展有限公司负责设计、布展施工，江苏省耀于建设有限公司、射阳县富森装饰有限公司等单位分别负责景区的房屋折建、厕所、装饰、电器安装、通风、辅助工程等项目施工。

二期工程进一步放大了江苏军垦历史和淮海农场 60 多年来经济社会发展的沧桑巨变，为让后代永远铭记创业者的历史，保持光荣革命传统，弘扬军垦精神提供了平台和高品位的文化支撑。

二期工程主要有 6 个展厅区域，原有展馆 600 平方米馆舍全部作为农建四师陈列馆，展示农建四师时期的图片、史料和实物，并增加 2 个情景再现，采用声光电和多媒体技术，展示建场初期艰苦创业的情景。第一个情景再现场景是"江大锹"和"仇大筐"开沟挖渠的雕像和丰景室。第二个是垦荒时期的录像资料播放区，声光电景齐全，恢复了师长办公室、会议室、沙盘、战士理发室、军垦故事室等。主展厅分别布展了农场 1956—1978 年计划经济时期在艰难曲折中前行和 1978—2016 年在改革开放中不断创新发展、大踏步前进的历史资料和图片、实物等。累计展厅面积 447 平方米，累计布展展品 1037 件，其中照片 422 张，实物 615 件。在园区南侧及东侧空地上建立互动体验区，展示农建四师初期的劳动现场、相关实物和军垦战士垦荒雕像等。整个园区按照修旧如旧的原则，尽量保持农建四师师部旧址原貌，增强历史文化氛围，使人们永远铭记那段辉煌的军垦历史。项目建成后，陈列馆已经成为垦区内外著名的军垦传统文化教育及爱国主义教育基地，有力地促进了农场社会和经济全面协调发展。

2011 年 5 月，经盐城市文明办批准，该馆成为盐城市未成年人社会实践基地。同年 11 月，盐城市人民政府批准其为盐城市第四批爱国主义教育基地。

2013 年，成为国家 AA 级旅游景区。

2017 年 5 月，成为射阳县纪检监察干部教育基地。

2018 年 1 月，成为中共江苏省委组织部"党员教育实境课堂示范点"。同年 5 月，纳入射阳县文化旅游地图。

2019 年 5 月，农建四师暨淮海农场历史陈列馆列入盐城市推荐的射阳廉政教育专线，并纳入盐城市文化旅游地图。

第五节　五张文化牌

2007—2020 年，农场在全面推进经济和社会事业建设快速发展的同时，大力推进企业文化建设。在总结建场以来军垦文化积淀和实践的基础上，重视文化创意和策划，以提高企业的凝聚力、向心力和竞争力为核心，创新发展理念，全力打造传统文化、广场文化、廉政文化、绿色文化、健康体育文化"五张文化牌"。全场不断加强企业文化建设的投入力度，搭建平台，营造氛围，细化内容，注重实效，积极把握好文化与经济的关系，使企业文化成为经济发展和打造品牌的动力和源泉，使先进的文化理念和文化创意融入企业的各项经营活动中，植根于广大职工心田。

一、"传统文化"牌

传统文化演绎了传承创新的新旋律。淮海农场有着光荣的传统和历史。1952年，原一○二师万余官兵奉毛泽东命令，开赴黄海之滨，生产待命、屯垦戍边、建设农场，从此拉开了江苏农垦大规模垦荒的序幕。经过几代淮海人的艰苦奋斗，形成了淮海精神，成为宝贵精神财富。场党委利用这一资源，建立了传统文化构建机制，对传统文化进行了挖掘、研究、包装与传播。2009年，在农建四师办公旧址上兴建了农建四师暨淮海农场历史陈列馆。2010年，又建设了一条文化墙景观带。至2020年底，外来参观者达2万多人次。陈列馆已成为盐城市爱国主义教育基地、盐城市未成年人社会实践基地。

二、"广场文化"牌

广场文化奏响了和谐文明的新乐章。淮海农场有7000多平方米的文化广场，2010年又投资兴建了1万平方米的塑胶体育广场，丰富了职工的业余生活。2007年以来，组织文艺演出达30多场次，观众达4万多人次。广场文化激发了群众文明娱乐的热情，演出团体从当年1个老年健身舞队，发展到如今的腰鼓队、扇子队、舞队等近10个民间文化活动团体和18个基层文艺表演队伍。广场文化提升了职工文明生活品位，文艺节目实现由广场向舞台的迈进，成功代表江苏垦区举办了欢迎全国农垦发展现代农业工作会议代表的专场演出，并承办了"纪念毛泽东主席发布命令组建农建四师暨江苏农垦创建60周年"文艺演出活动。

三、"廉政文化"牌

廉政文化净化了发展自我的新环境。2007年以来，淮海农场以廉洁奉公、开拓奉献为主题，开展了企业廉政文化建设活动，打造了具有淮海特色的廉政文化品牌。积极开展廉政文化进机关、进社区、进企业、进家庭"四进"活动，通过建设清风路、廉池、廉石等标志性建筑，组织廉政文化竞赛，写廉字、画廉画、唱廉歌、演廉戏，开展"廉内助"评选等活动，将廉政文化渗透到各个领域和各个层面，营造了广大党员干部崇廉、学廉、做廉的良好氛围。2011年，农场被授予省级廉政文化建设示范点单位称号。

四、"绿色文化"牌

绿色文化彰显了生态文明的新特色。生态环境保护功在当代，利在千秋。近年来，农场以绿色文化为重点，不断增强职工环境意识，努力打造天蓝、地绿、水清、景秀的生态环境。先后投资5000多万元用于农业生态环境和民生工程建设，投资千万元用于场部城镇绿化，实现了房屋、道路、绿化各占1/3的"最佳比例"。积极推广农业绿色无公害栽培技术，被确定为国家绿色食品生产基地。发展水生花卉业，水生花卉园成为苏北地区最大的水生花卉生产、科研基地。大力发展循环农业，有效保证了空气、水源、土壤的质量。经南京大学环境科学监测综合评价，淮海农场的环境质量属清洁区域，是稀有的一方净土。

2007—2017年，农场全力打好"四张文化牌"，坚持经济工作与企业文化紧密结合，增强人文特色，提升文化创意水平，提高了企业素质，推动了全场经济社会的可持续发展。

农场创建"四张文化牌"的经验，得到了省委宣传部和省国资委的肯定。2009年6月，场党委在全省思想政治工作经验交流会议上做了介绍。2012年4月，农场党委在全国农垦宣传工作会议上做了经验介绍。《农民日报》《中国农垦》杂志等进行了大篇幅的宣传报道。场党委书记束向红被授予全省思想政治工作先进工作者称号。2010年，省精神文明建设指导委员会办公室、省国资委分别派调研组来场调研企业文化建设工作。2012年4月，"四张文化牌"建设成果被收入《耕耘与收获（纪念江苏农垦60周年）》一书中。

2018年11月，江苏农垦特色子文化建设评审组对淮海农场的"四张文化牌"重新进行定位，将原有的"四张文化牌"的逻辑关系、内涵、外延和核心进一步延伸，升格包装成军垦传统文化、社区广场文化、生态绿化文化、全员廉政文化、健康体育文化等"五张文化牌"。

五、"健康体育文化"牌

健康体育文化形成了人人参与健身的新氛围。农场有10000平方米的封闭式职工休闲体育运动广场,内设6~8道塑胶跑道,还有30套健身器材,以及篮球场、舞蹈池和门球场等。借助农场每年一届的广场文化节的举办,10多个文体协会的活动正常开展。农场制定了完善健康体育小镇的年度行动计划和长远规划,从而打造了职工居民就近"10分钟"健身运动圈。在此基础上,借助农场医院健康理疗服务设施项目和免费体检平台,结合绿色食品种植、健康产品推介、红色旅游体验和生态农场打造等,传播健康知识和健康理念,开展健康实践,从而促进了全场居民健康水平的提高,宣传普及了健康的生活方式和工作方式,打造了健康的工作生活环境,营造了运动健康的氛围,让"我运动、我健康、我快乐"的理念深入人心。

第六节　场歌场徽

1953年4月,农建四师举行隆重的纪念建场1周年和农场命名大会。经中央军委批准,正式命名为国营淮海农场。

同年,《保持荣誉　建设农场》淮海农场场歌写成,由师政治部原副主任宋天民(后调任中国人民解放军炮兵学院)作词,作曲家施宏钟谱曲,由师文工队集体演唱。场歌采用G调2/4拍,歌词雄壮,旋律优美,适合行军和劳动时演唱,也可用于大型活动奏乐时使用。几代淮海人一直传唱,家喻户晓。

图 22-1　淮海农场场徽

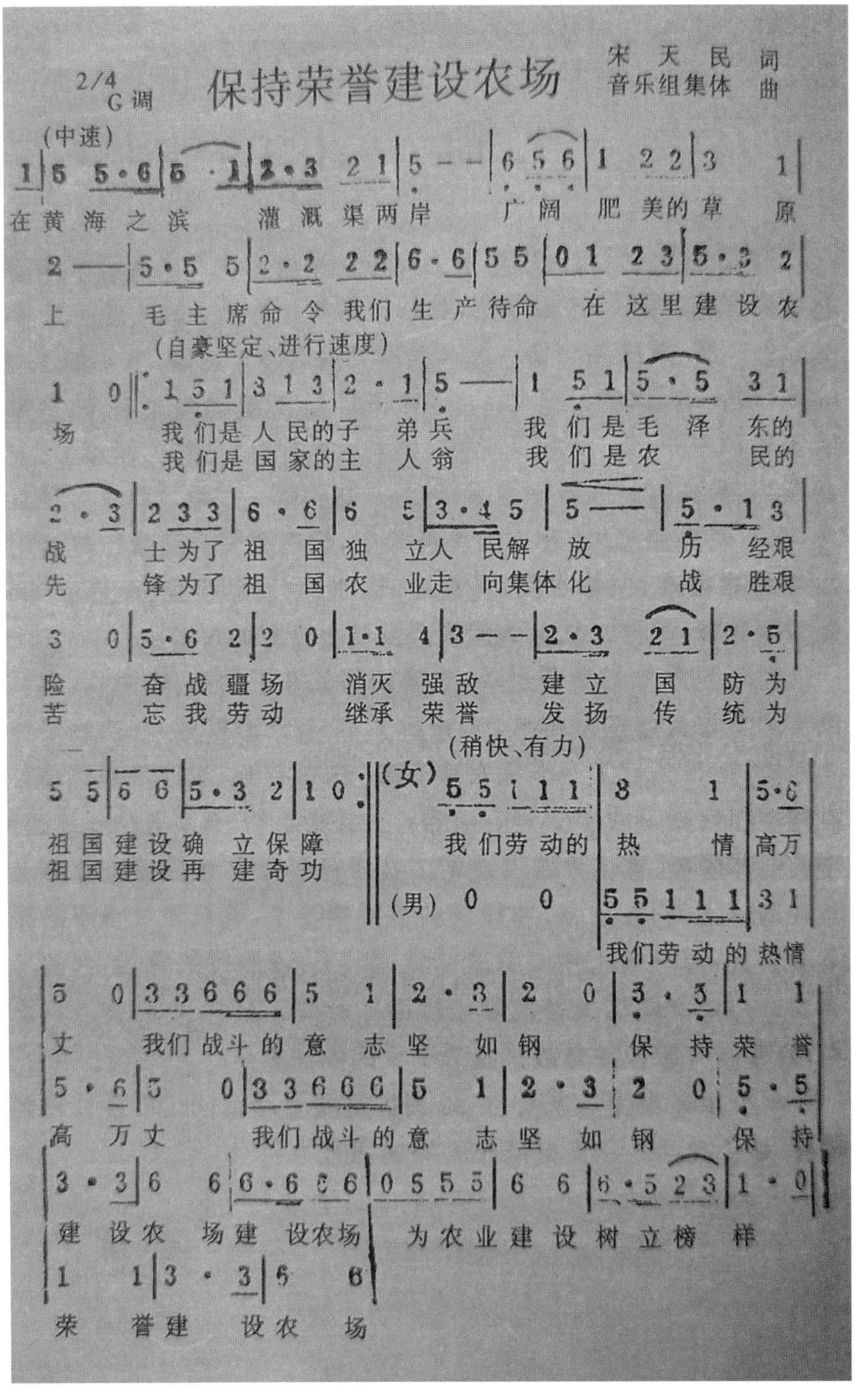

图 22-2　淮海农场场歌

第七节　音像书籍

农建四师时期的《生产战线报》为师内部刊物，4 开 4 版。1952 年 8 月 1 日刊印出版，至 1955 年 7 月 16 日停刊，共出 350 期。以报道农建四师开荒办场、艰苦奋斗的先进事迹为主，宣传党的方针政策和政令。农建四师复员转业后，其印刷厂的设备和人员并入盐阜印刷厂。1955 年秋创办《淮海》报，由场工会主办，4 开 4 版，每周 2 期，为钢板刻印，下发到基层分场、生产队，"文革"期间停刊，兵团时期续办。1985 年，创办《淮海通讯》，不定期出版，以报道重大新闻、重大活动和经济活动为主。1998 年，出版场史类书籍《一支英雄的部队》，由原《盐阜大众报》总编辑、盐城市委宣传部副部长于广生和省政府原副秘书长蔡秋明任主编，原农建四师老同志高家政任副主编。省委原书记陈焕友、原副省长俞兴德、原农垦部部长赵凡等为该书题词。全书收集了大量的历史资料，全面反映农建四师及其前身部队参加淮海战役和解放上海战斗的英雄经历，以及新中国成立后在农业战线上艰苦奋斗，屯垦戍边，开荒办场的光辉业绩。该书出版后成为江苏农垦人进行传统教育的良好教材。

2008 年 3 月 8 日，创办《淮海大地》报，每月 2 期，每期 4 版，采用电脑打字排版，由《盐阜大众报》印刷厂印刷出版。采用套色胶版印刷，图文并茂，制作精美。主要栏目有《场内要闻》《农业生产》《党政工作》《大地副刊》等。以宣传形势、交流信息、服务职工为宗旨，还开展文明新事和人物评选及多项征文活动，活跃职工文化生活。全场形成读报、用报和写稿的良好风气。

2011 年，为了弘扬传统文化，编辑出版了《摇篮》一书，共分 4 辑，分别为《创业者的足迹》《闪光的瞬间》《壮丽的诗篇》《历史的篇章》。

出版诗歌散文集《在大海的身边》《海边静思》《大海盼你》《伫立海边》《执望》等（作者：束向红）。出版《我的教坛岁月》（作者：丁家慷）。

2014 年，为记载农场外拓基地的建设成果，拍摄了《沸腾的太平新区》专题片。

2015 年，拍摄《现代农机奏欢歌》《安居工程造福淮海人》专题片。

2016 年，拍摄《铸造文明》文明创建纪实专题片。

2017 年，拍摄《沃土欢歌》太平生产区纪实、《淮海大地铸丰碑》高标准农田建设专题片。

2018 年，拍摄《畅享淮海好风日》危房改造项目建设专题片。

2019 年，拍摄《中国好粮油盐城展销会》专题片；7 月，拍摄《一支英雄的部队》专题片，获 2019 年江苏农垦集团专题片类一等奖；10 月，拍摄《健康生活我行动》专题片；拍摄《初心永铭记筑梦新农发——青年员工下基层》专题片。

2020 年，拍摄完成《畅享淮海》宣传片和《淮海大地绘蓝图——淮海农田整治项目专题》《传承红色基因，弘扬廉洁文化》廉政专题片。《爱莲苑的创业故事》《以龙头企业担当　显苏垦农发风采》在江苏农垦好新闻评比中获得优秀专题片类和电视好新闻类 2 个三等奖。

第八节　职工文化

农建四师时期，干部、战士的文化生活十分丰富，师部设有专业文工队，各团、营有业余文工组。春节期间，地方政府派出慰问团来师进行慰问演出，全师还组织文艺会演。1954 年 3 月，全国人民慰问中国人民解放军代表团第四总团、第三分团携南京市红星京剧团、盐城实验淮剧团共 100 多人为全师演出。师政治部组织的文娱活动形式多样。据1954 年统计，师团专业和业余文工队、组到工地演出 21708 人次，举办晚会 1367 场。师、团普遍成立好军人俱乐部，建立图书室，根据生产建设任务的需要，广泛传播科学文化知识。各级领导都将开展文化娱乐活动当成思想政治工作的重要内容，充分发挥其效能。

由于当时农建四师的行政级别相当于地市级，所以盐阜地区的一批优秀文化艺术人才被选调到农建四师从事部队文化工作。他们中有后来成为江苏省淮剧团团长、国家一级演员刘少峰，有民歌《八根芦柴花》的作曲者吴天石，有著名作曲家司宏钟（后担任盐城鲁艺和盐城高等师范学校校长）以及著名女演员陈玉等。农建四师文工队曾经排演《两兄弟》《一家人》《入社》《红旗车组》《志愿军的未婚妻》《兄妹开荒》等戏剧，除在全师各单位演出外，还到射阳、滨海、盐城等地巡回演出，受到好评。

1955 年 8 月，师文工团人员、车辆、服装、道具及文艺器材整体向盐城专区实验淮剧团（江苏省淮剧团前身）移交。以后又编演了《活人塘》《范公堤》《金水桥》《蔡金莲》《一家人》等剧目。

20 世纪 50 年代中后期，重视开展职工业余文艺活动。先后从新洋农场引进 2 名文艺骨干，还投资 3000 多元购买古装戏剧的服装和道具。1958—1959 年，农场工会还选送 2 名文艺骨干到江苏省戏剧学校深造。每年农闲季节，都要组织一次文艺会演，形式多样，百花齐放，有淮剧、京剧、小演唱、相声、小品、曲艺等。并选出好的剧目和演员，在场部排练后在大礼堂公演，再到各单位巡回演出。1957 年，演出的优秀剧目有《偷稻》《假老实》《爱的波折》等。

20 世纪 60 年代初，配合当时的政治宣传和中心工作，工会集中排演大型淮剧《三世仇》《夺印》和话剧《雨花台下》《年青一代》等剧目，大力宣传积极向上、健康有益的生活情趣。据 1962 年统计，全场有业余剧团 45 个，演出 151 场次，大部分剧目都是自编、自导、自演、服装自制。大型淮剧《三世仇》除在场内各单位演出外，还去附近乡村和滨海、射阳县城演出。在射阳县人民大会堂连演 2 场，受到好评。县文化局还组织召开座谈会，县淮剧团的专业演员到会切磋表演技艺，互相学习，取长补短。

"文革"期间，职工文艺活动受到影响。兵团时期，由于大批知青来场，文艺人才和骨干力量增加。各单位相继成立业余演出队、组，排练歌舞、独唱、合唱、曲艺等各类剧目。1970年4月，全团组织会演，选出25名才艺、身段较好的演员，成立十团毛泽东思想宣传队。行政上隶属于警卫连（后期属修理厂），业务上归政治处宣传科负责指导。1973年冬，在二师举行的师首届文艺会演上，十团女声独唱《鱼水歌》、歌舞《送秧苗》获好节目奖。当时的团副政委李育五，原任南京军区政治部前线歌舞团编导，对文艺工作十分内行，由他亲自执导现代芭蕾舞剧《白毛女》和现代京剧样板戏《沙家浜》。排演期间先后派出8人去省歌舞团学习，又从基层单位抽调20多人参演。1972年5月在团部大礼堂公演，效果良好。后到各营和附近农村演出，累计50余场次。该剧目还被选送到师和兵团作汇报演出，获优秀节目奖。同时，还自编自演了反映兵团战士生活的歌舞《丰收舞》《插秧舞》《采棉舞》《运粮舞》等短小精悍的节目，宣扬知识青年接受老军垦们的传统教育、锻炼成长的现实生活。1973年和1974年，参加兵团的文艺会演，获得好评，同时还培养了人才。知青回城后，原宣传队的文艺骨干大部分去了专业艺术院团。原团部广播员沈京南从中央广播学院毕业后去了省人民广播电台任播音员。小提琴演奏员袁卫国去了江苏省京剧团。沈建阳从南京师范大学毕业后，先后供职于盐城市歌舞团和海南人民广播电台。独唱演员李苏燕调入江苏省歌舞团任独唱演员。

兵团撤销后，职工的文艺活动由场工会负责。1976年7月下旬，举行职工文艺会演活动，内容以歌颂伟大领袖毛泽东和中国共产党为主。参演剧目达到了政治内容与艺术形式的完美统一，自编自演，每分场代表队30人，累计200多人参演。在会演的基础上成立了淮海农场职工业余文艺宣传队（设在40连）。1982年1月，举办春节文娱活动，成立领导小组，由党委副书记王锦香任组长，办公室主任倪达道、政工科副科长陈洪峰为成员。全场共组成10个演出队，各队人数10~15人，要求吸收文艺活动中的老积极分子参加。各单位本着勤俭节约的原则，开支50~70元置办乐器和其他费用。会演后进行评比，共评出优秀的创作奖、演出奖、演员奖10多个。其中三分场排演的大型话剧《一字值千金》获得一等奖，并到各单位巡回演出。后来，在会演的优秀剧目中选出20多个参加场庆30周年演出活动。

20世纪90年代初期，随着改革开放的深入和经济的发展，职工文艺活动蓬勃开展。1991年3月，场业余演出队排演的歌伴舞《美丽农场我的家》获江苏农垦艺术节三等奖。场部和部分场直单位建立了舞厅和卡拉OK厅，经常举办晚会等娱乐活动，增添欢乐气氛。1992年4月场庆40周年之际，自编、自导、自演大型歌舞《淮海魂》，展示几代淮海人艰苦创业、无私奉献、开拓创新的精神风貌，抒发了再创辉煌、夺取新胜利的伟大情怀。场电视差转台向全场播放演出录像，效果良好。在场大礼堂演出时，著名淮剧表演艺术家刘少峰等登台表演，为活动增光添彩。

20 世纪 90 年代中期，场工会加强对职工文艺活动的组织领导，丰富职工的精神文化生活，繁荣社会主义文艺，增加文化基础设施的投入。同时，市、县文化团体开展文化下乡活动，来场演出，活跃职工文化生活。1999 年 9 月，场工会组织开展"喜迎国庆 50 周年"系列活动。期间分别举行了书画艺术展、卡拉 OK 演唱会和焰火晚会。累计组织专场晚会 6 场，观众达 2800 多人次。2000 年，建成文化广场。同年 9 月，工会、共青团联合举办"歌颂祖国、爱我农场、新世纪我为农场作贡献"演讲比赛。全场共有 21 名选手参赛，其中 10 人分别获得一、二、三等奖。2002 年 4 月，举行庆祝江苏农垦暨淮海农场建立 50 周年文艺晚会，江苏农垦艺术团与场业余演出队共同参演，晚会主题为"辉煌 50年"。共演出独唱、歌舞、相声、小品等 21 个精彩节目。省农垦及场领导、职工代表 800多人观看演出。农场还举办了焰火晚会，气势磅礴，异彩纷呈，光彩夺目。

2004 年"五一"节前，全场举办"激情广场大家唱"活动。由各分场及场部部分中老年职工和学校师生组成 12 个方队参加演唱。以唱革命歌曲和民歌为主，振奋精神，凝聚人心。该项活动由场工会、社区和共青团联合举办，对评出的 3 个方队予以奖励。2009年 7 月，场工会邀请射阳县新丰艺术团在大礼堂举办"关爱生命、安全发展"专场文艺演出，普及安全生产知识，配合全场安全生产活动的开展。

随着生活水平的提高，职工对文化生活的需求也不断提高。2009 年 9 月，在新中国成立 60 周年之际，举办"爱国歌曲大家唱"活动，全场 10 多个单位、600 多位演员演出20 多个节目；在江苏农垦职工红歌比赛中，场业余歌手董建军获得男高音独唱一等奖，并参加"射阳县农商行杯红歌赛"获得一等奖，在江苏农垦职工歌咏比赛中获得男高音独唱三等奖。2010 年 5 月，农场成功举办欢迎出席全国农垦发展现代农业工作会议代表的专场文艺演出。整场演出以丰富多彩的艺术表现手法，突出"在希望的田野上"的这一主题，展示江苏农垦现代农业的风采。2010 年 11 月，场业余演出队参加江苏农垦首届职工广场舞比赛，获得好评。歌伴舞《欢聚一堂》代表射阳县参加盐城市总工会组织的文艺演出，作为开场节目获得一等奖。

农场大力推进企业文化建设，丰富职工的生活，展示职工才艺和风采，提升居民的幸福指数，努力打造广场文化品牌。2013—2020 年，农场每年举办一届广场文化节，全场17 个单位，累计演出 20 多个场次，150 多台节目，3000 多人参演。每届广场文化节，职工与附近居民参加人数众多，成为农场文化的一大盛事。农场自编自演的歌舞、情景剧《青春韵律》《奋斗的音符》《淮海魂》《腾飞的苏垦大地》等剧目，多次参加省内外巡演，多次在"江苏农垦广场舞大赛""苏垦书画展演"等比赛活动中获奖。

第九节　体育活动

农建四师时期，由于军事体育的需要，各级领导十分重视体育活动。1953 年 2 月，全师举行首届文艺体育检阅大会，比赛项目有球类、棋类、田径、拔河等，多支代表队获奖。师篮球队参加华东军区篮球赛，获得较好成绩。有 2 名队员被选为华东军区篮球队队员，参加全军比赛。建立农场后，体育工作由场工会负责。各分场和条件较好的生产队建有篮球场，购置单、双杠等运动器材。20 世纪 50—60 年代，每年都派出代表队参加市、县的运动会。场篮球队经常和驻军及地方乡镇进行友谊比赛。1965 年，场派人参加盐城专区职工乒乓球比赛，获得男子单打第 3 名的较好成绩。1972 年 7 月，兵团十团举行篮球、乒乓球比赛，共有 5 个片区 20 多个代表队、500 多名运动员参赛，推动了群众性的体育活动。以后各连队都建立了乒乓球室和篮球场，还购置了其他运动健身器材。兵团撤销后，大批知青回城，全场的体育活动以拔河、篮球、扑克、象棋为主。场工会每年组织 1 次小型运动会，各单位派出代表队参赛。1999 年 9 月，组织"喜迎国庆 50 周年"系列活动，举行一次拔河比赛，对获得前 3 名的代表队和选手分别予以奖励。每年还举行老干部扑克、象棋比赛。农场的球类活动以篮球为主，分别组成男、女篮球队。节日期间，与附近乡镇和驻军开展比赛，增进友谊，加强沟通。农场职工子弟学校每年举办一次运动会，开展学校体育运动。

20 世纪末，农场工会注重开展全民健身活动，《淮海大地》报刊登专题宣传材料，介绍健康知识、健身方法和注意事项，起到了很好的指导作用。还投资兴建体育广场，添置露天健身器材，铺设塑胶跑道，还建立了居民和老干部活动中心，举办健康知识讲座，为群众性的健身活动搭建平台。每天清晨和晚上，跑步、跳舞、打太极拳和练习各类武术的人越来越多。尤其是离退休的老人重视健身活动，以愉悦身心，增进健康，并形成了良好的习惯和氛围。

2013—2020 年，农场举办了职工趣味运动会、迎新春乒乓球比赛、健步行、马拉松长跑等体育赛事，有力地推动了职工全民健身和农场健康文化建设。

2014 年，农场承办江苏农垦首届职工趣味运动会，融健身、趣味于一体，垦区 28 个代表队，304 名运动员参加 6 个项目竞技，农场代表队获一项第一名和"优秀组织奖"。2016 年，农场在江苏农垦第二届职工趣味运动会上获团体二等奖、二个二等奖和一个三等奖。2015 年、2019 年，由苏垦淮海分公司主办，农场工会协办举行了二次职工趣味运动会。分别设立"齐心协力""一跃千里""勇往直前""一鼓足气""心心相印"等五个比赛项目，20多个代表队，百名选手竞技。

2019—2020年，农场跑步爱好者6次参加盐城市、滨海县、大丰区等地举办的国际马拉松赛事。2019年5月，在滨海举办的"第二届马来拉松公益赛""青春速跑十公里"赛事上，农场130人参赛，3名选手分获14、17、20名的好成绩。此外，农场还举办了为期十天的2019"夏季分步行"活动、2020年迎新春长跑活动（50多名选手参加角逐）。

第二十三章　医疗卫生

第一节　概　述

农建四师时期，师部设立卫生处，辖医政、防保、军药3个行政科室和3个团卫生股及医院、防疫组等单位。医院下设内、外、传染、五官、妇产、急救、化验等业务科室和门诊部、行政管理股等部门以及21个团、营及师直门诊室、休养室。当年的师军医院有150多名医护人员，其医疗技术和装备在当时的盐城地区同行业中均达到较高层次和水平（见图23-1）。

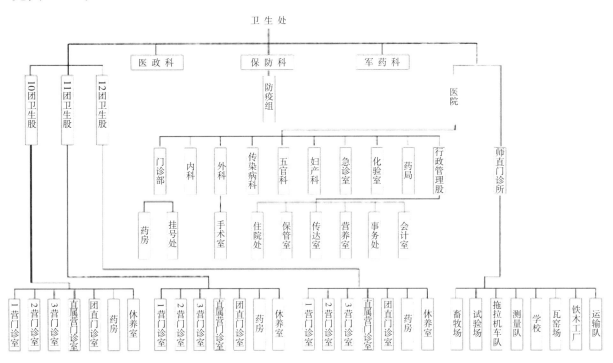

图 23-1　1952年底农建四师医疗组织体系图

农建四师集体转业后，部分设备和高年资医护人员调入盐城地区中心医院（盐城市第一人民医院前身）。留场人员在军医院的原址上建立国营淮海农场医院，设立病床100张和内、外、中医、妇产等科室，辖5个分场级门诊室，在边远生产队设立卫生员和简易医务室，为职工和附近村民提供卫生和医疗服务。

20世纪50—60年代，成立爱国卫生运动委员会和传染病防治领导小组，在地方卫生主管部门的领导下，积极开展除"四害"、灭"五病"活动，"五病"指钩虫病、丝虫病、蛔虫病、性病、痢疾病，后来又增加防治2号病和防治疟疾病。采取预防和中西医结合的防治措施，有效地控制了地方病和传染病的蔓延，提高了全场职工和家属的健康水平。

兵团时期，团后勤处设立卫生股，主管全场的医疗卫生工作。场医院改为十团医院，设病床70张和内、外、中医及辅助医疗科。辖6个营和团部卫生所，并在37个连队设立卫生室。全团有医务人员118人、赤脚医生（卫生员）50多人。

兵团撤销后，恢复国营淮海农场医院，辖内、外、传染、中医、五官、病检验、放射等10多个科室和8个分场级门诊室，住院处设病床90张。中共十一届三中全会以后，医疗卫生事业不断发展，医疗体制逐步完善和健全。场医院多次获上级表彰，1979年12月，被国家农垦部授予"全国农垦卫生系统先进集体"称号；1985年6月，被国家农牧渔业部表彰为"全国农垦卫生系统先进集体"；1995年，通过初级卫生保健和卫生工作双达标验收；2009年3月，经苏垦集团专家组评审和验收，确认场医院具有"二级乙等"医疗资质，正式纳入国家县级医院范畴，成为区域内诊疗中心。2012年末，场医院设有30多个科室，拥有技术先进的诊疗仪器设备160多台（套），能开展相应的检查，处理多种疑难问题，医疗质量和水平不断提升，在垦区同行业中处于领先水平。

第二节　淮海医院

1955年底，原农建四师军医院的部分医疗设备和高年资的医护人员并入当时的盐城地区中心医院（盐城第一人民医院前身），剩下的人员和设备改建为国营淮海农场医院。农场医院设置内、外、中医科和检验科等科室，有1台200毫安X光透视机和显微镜、血压计、分析天平、超短波治疗机、妇产科外科手术包、直肠镜以及外科、牙科器械等30多台仪器和设备。设置金属病床100张，医疗设备原值15.3万元。全院占地6.25万平方米、房屋1373.2平方米，医职人员100多人（含分场卫生所）。建院以后，医疗队伍不断充实和加强，先后从江苏、浙江、上海等地的大专院校引进20多名医学类毕业生来场工作。1966年末，农场已经有医务技术人员160多名，其中有40多名知青经过培训和学习进入医院工作。随着医疗卫生事业的发展，全院科室增加到10多个，并配备了接送病号的专用救护车辆。各分场都增设了医务人员，按照面向基层、面向群众、面向生产的"三面向"要求，努力加强对地方病、多发病和传染病的防治，不断扩大服务范围，提高医疗质量。农忙时派出医疗小分队深入分场、大队巡回医疗，协助基层医务人员医治疾病，对疑难杂症进行联合会诊。外科手术每年进行150多台，治愈率达85%以上，能进行胸腔、腹腔、肠道等多种手术。还积极采用中医、中药治病，自力更生种植中药材，配制中成药和其他制剂 100 多种。运用针灸和拔火罐治疗慢性病，节约医疗费用。医院的医疗技术、设备达到或超过当时区域中心医院水平。

1968 年秋，经射阳县革命委员会批准，国营淮海农场医院革命委员会成立，统一负责全场的医疗卫生工作，在地方卫生行政主管部门的领导下，排除干扰，努力为场内和附近村民提供医疗服务。

1969 年 10 月，江苏生产建设兵团成立，场医院改为 10 团医院，采取了半军事化的管理体制，医疗秩序逐步好转。调整和充实了院领导班子，加强技术骨干队伍建设，建立管理制度，健全医疗卫生网络。设立 7 个营门诊室，43 个连队设立卫生员，全场的医护人员达 160 多人（含连队卫生员）。1972 年，经过考核，知青和全体医务人员增加了工资，调动了全院医护人员的积极性。1973 年 9 月，经兵团二师批准，十团医院增建双立式平房门诊部 30 多间、350 平方米，总投资 4.1 万元。之后，在南侧又建成放射科和化验室 210 平方米，并与门诊部以走廊相连，使住院处和门诊部、放射科、检验室彻底分开，改善了病区和门诊部的工作条件。兵团中后期，重视和增加医疗设备的投入，配备了心电图、超声波、200 毫安 X 透视机、300 毫安 X 透视机，增添手术器具等医疗器具和设备，提高了检验和诊疗水平。采用中西医结合的方法治疗疾病，农场中草药种植面积达到 50 多亩，品种有红花、丹参、元胡、甘草、菊花、白芷等 20 多个，采集野生药材紫花地丁、枸杞、苦楝等 10 多个品种。连队卫生员熟练地掌握针灸治疗常见病的技术，还配制多种丸、散、片剂和方剂用于临床，节省了大量的医疗费用。

兵团撤销后，恢复国营淮海农场医院，设科室 10 多个，病床 90 张。全院职工 141 人，其中医生 18 人、护士（含卫生员）81 人、药剂员 8 人、服务人员 34 人。知青回城后，选调了一批职工子女和基层卫生人员进院工作。为了提高医务人员的业务技术水平，先后派出 20 多名医生，到北京、南京、盐城、南通等地的大医院学习进修、深造提高，骨干医生经过短期的培训学习，回院后都能独当一面，提高了全院的诊疗水平。当时的外科团队实力较强，以院长为首的"几把刀"远近闻名，他们会同妇产科，承担了滨海、射阳两县边远地区的计划生育 4 项手术，创造了 7 年做手术 5485 例无事故的优良成绩，受到了上级表彰，《盐阜大众报》曾作专题报道。1979 年 12 月，国家农垦部表彰场医院为"全国农垦卫生系统先进集体"。1985 年 6 月，国家农牧渔业部表彰场医院为"全国农垦卫生系统先进集体"。1984 年，医院完善各项管理制度，改革院务管理，逐步建立健全责任制。1986 年，农场举办卫生训练班，在垦区内的 10 个农场招收 52 名学员，经过为期 1 年的培训后回到原单位从事基层医疗卫生工作，缓解了知青回城后卫生人员紧缺的状况。

农场增加医疗卫生的投入，改善医护人员的生活和工作条件，扩建职工宿舍、制剂室，建设水泥道路和下水道，安装自来水到各家各户，还新建供应室、图书室、太平间，总建筑面积达 727 平方米。1987—1989 年，购置纤维胃镜，进口 RT2800 型 B 超机，配置标准救护车 1 辆，引进大、中专毕业生 17 名，充实了医疗队伍。全场开展医疗卫生技术职称改革工作，112 名医护人员获得专业技术职称，其中高级 3 人、中级 12 人、初级 91 人。1990—1991 年，购置 200 毫安 X 透视机 1 台，与滨海县人民医院血库签订供血协议，保证临床血源。1992 年，全院业务收入首次突破 100 万元，达到 130 多万元。投资新建检验室、中药库房，购置进口尿液分析仪等仪器设备。1993—1994 年，医院在场部设立第二门诊室，购置脑电图机、脑血流图机、毫米波治疗仪、多功能麻醉机、24 小时动态心电图机、心电监护仪，更新救护车。1995 年，全院业务收入达到 258 万元，5 月通过省农垦组织的卫生保健"双达标"验收。当年，农场投资 200 多万元，添置 X 光、闭路电视、激光治疗仪、胎儿监护仪、血糖仪等 20 多台（套）技术先进的仪器设备，标准病床增加到 110 张，11 个分场级卫生所、29 个大队级卫生室均按标准配置了医疗设备和卫生人员。20 世纪 90 年代后期，随着改革措施的深化，医疗卫生事业快速发展，医院的医疗设备和条件有了较大改善。1997 年 7 月，新建的四层 2260 平方米门诊大楼落成，总投资达 290 多万元，提升了医院的形象和竞争能力。当年，医院的各项业务收入达到 350 多万元，各项手术突破 1000 例。院内明确以内科为基础、外科为龙头，积极开展特色专科和外科高难度手术，整合医疗资源，改革医疗体制，加强各科室的软、硬件建设，医院的各项事业都有了新的发展。1996 年，医院被世界卫生组织、联合国儿童基金会、国家卫生部联合命名为"爱婴医院"。当年 12 月，医院向社会和职工公开文明医院的 8 项承诺，改善医风医德，提高医疗质量。1998 年，经国家卫生部批准，获得《医疗机构执业许可证》和《助产技术服务许可证》，根据《中华人民共和国执业医师法》的要求，对多名医师（助理）进行资格认定，帮助他们取得了执业资格证书。当年 5 月，根据苏垦集团的通知，医院实行院长负责制。

21 世纪，随着经济的发展和医疗体制改革的深化，医院已经发展成集医疗、急救、科研、康复、保健于一体的综合性医院，连续多年被评为省农垦、市、县先进集体和文明单位。2000 年，医院药品纳入射阳县药品招投标中心集中采购，当年制剂室停产。2003 年，药房经市药监局验收，获"诚信药房"铜牌。当年 4 月，医院在抗击"非典"工作中受到县卫生局的好评，被称为"射阳县北大门卫士"。2003 年 1 月至 2005 年 1 月，医院被批准为射阳县城镇职工定点医院和滨海、射阳两县的新农合定点医院。2007 年，成为盐城市第一人民医院骨外科协作中心。2009 年 3 月，经省农垦集团批准为"江苏农垦骨科医院"。2010 年 6 月，经盐城市卫生局组织专家评审验收，提升为"二级乙等"医院。同年，投资 770 万元建成五层 4200 平方米住院楼，并添置了病房信息传呼系统。投资 370 多万元，新建 1860 平方米医技楼，进一步改善了院容院貌，树立了良好的形象，提升了医院的档次。

2012 年底，农场医院拥有病床 104 张，固定资产 1617 万元。职工总数 151 人，其中卫生技术人员 126 人，技术力量较强。全院医护人员中，具有高级技术职称的 7 人、中级 49 人。设立 3 个病区、17 个专业临床科室。年门诊量 4.53 万人次，各类手术 512 人次，抢救危重病人 140 人次，成功率达 95%，年业务收入 2175 万元。

精良的设施和设备为医院的现代化建设提供了强劲的物质支撑。进入 21 世纪，投资了 1100 多万元，购置 70 多台（套）技术先进的仪器设备，如彩超、多普勒超声机、电子肠胃镜、高频电刀、激光治疗仪、心电工作站、尿道膀胱镜、核磁共振、CT、肛肠治疗仪等。医院坚持以病人为中心，以救死扶伤为宗旨，向社会公开 8 项承诺，积极推进人性化服务，弘扬敬业、仁爱、务实、进取的医院精神，崇尚良好的医德医风，努力为全场职工和周边居民提供优质的医疗保健服务（见图 23-2）。

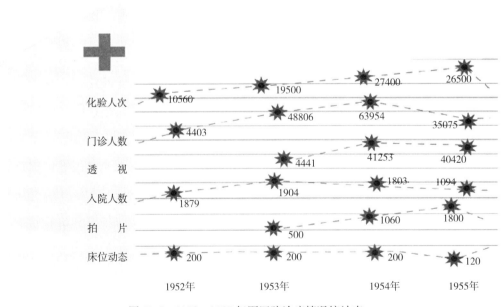

图 23-2　1952—1955 年军医院诊疗情况统计表

2013 年，医院面临复杂的外部环境。在改革的转换期，地方政府制定的医（农）保政策对农场医院采取了"边缘化"管理，国家实行医、药分开后，药品收入降低，场内医疗资源逐步萎缩，医疗市场发生了新的变化，住院病人减少，医院业务收入减少，处于亏损状态，影响了医护人员的积极性。

面对各种不利因素和多种困难，全体医护人员克难奋进，在二级乙等医院成功创建的基础上，加强内部管理，坚持以内科为基础、骨外科为特色的理念，充分发挥特色优势，强化专科建设，着力开拓医疗市场，不断创新发展。

2013—2018年，每年门诊人数仍然达到4.2万～4.8万人次，住院病人达2504～3326人次，手术300多台，抢救危重病号141～217人次，年经营收入达2200万～2400万元。2013年，获射阳县人民政府授予的"新型农村合作医疗先进集体"称号，2019年，农场医院获射阳县卫健委认定的"综合先进单位"称号，内科护理组获"江苏农垦巾帼建功标兵岗"称号。

2020年6月，医院有职工80人，其中管理人员21人（不脱产）、医务人员46人（不算管理人员），其中正高职称1人，副高职称4人，中级职称18人。

2020年7月1日，医院移交射阳县人民政府，原名称江苏省国营淮海农场医院更名为射阳县临海中心卫生院淮海农场医院。移交现有医疗用房屋土地，占地面积27681.3平方米；移交相关人员62人，重新签订劳动合同；账内固定资产2954.07万元，账内流动资产166.74万元；账外资产（医用耗产）8.42万元，账外资产（物资）1598个。非医务人员未列入移交，由农场妥善安置。

第三节　医疗技术

农场的医疗技术水平随着卫生事业的发展和设备条件的改善、高素质人才的引进而不断提高。

20世纪50年代，外科能进行阑尾切除、肠梗阻和处理宫外孕等手术，内科可处理常见病、多发病、传染病等病症。农建四师时期的军医院，其医疗技术和设备水平居盐城市前列。1952—1954年，农建四师军医院的门诊总人数达15.22万人次，住院治疗0.67万人次，透视8.61万人次，拍片0.34万人次，化验8.4万人次。20世纪60年代，外科能做上腹部手术，如胃和胆囊切除。1961年6月，首次完成了1例胃切除手术，抢救了1名肠道穿孔和出血的病人，术后均痊愈出院。内科能诊断和处理呼吸、消化、泌尿和心血管等系统疾病和一些复杂症状，并开展危重病人的抢救和处理工作，成功率达80%。中医利用复合方剂和中草药治疗胃病、肝炎、关节炎、心血管系统等多种慢性病。临床检验技术也有了进步，能进行细菌培养和血清、生化检查，设立放射科，进行X光片拍摄、检查、诊断等多项检测，为提高诊疗的准确性创造了条件。

兵团时期，增加了医疗卫生事业的投入，改善了技术装备，医疗水平和质量有所提高。内科能对冠心病和肝、脾、胃、肾等内脏疾病进行诊治，并能处理脑血管意外和神经科、儿科的常见疾病。当时的中医科较有名气和特色，采取中西医结合的方法治疗慢性病，并挖掘中医的单方、秘方100多例，配置成三花针、大青叶、花生油等注射液，制成乌贝散等多种丸、散、片、方等制剂，临床上大量应用，具有一定的疗效。连队卫生员能熟练地运用针灸技术为病号治病。妇产科和儿科在滨海、射阳两县具有较高的知名度，远近患者纷纷来场就诊。外科能做肺、胃、食道切除及病灶清除，当时，外科团队的"几把手术刀"远近闻名。临床上还进行细菌培养和血、尿、大便三大常规以及免疫球蛋白、血红蛋白的检查测定，提高了诊断的准确性。

20世纪80年代，医疗卫生事业按照救死扶伤、崇尚医德、立足农场、服务社会、强化管理、提高效益的指导思想，在激烈的市场竞争中，努力拓展服务范围。1986年，门诊量达到7.21万人次，住院3423人次，病床增加到133张，各项业务收入39.3万元。各科室之间相互合作，联合会诊，内联外引，治疗疑难杂症，提高业务水平。外科能进行胆总管和12指肠吻合术，脑外科能进行颅脑手术，还能进行胸外科、前列腺肥大手术，以及食道中上段手术。骨科能进行人工股骨头置换术，脊柱手术向高难度（脊柱内固定）发展，并于1994年度获得省农垦科技进步三等奖。1988年，内科收治地方医院转来重症伤寒98例，均成功治愈，其中抢救伤寒消化道出血重症患者11例，无1例死亡。抢救一氧化碳中毒2人，昏迷时间长达72小时，抢救成功。抢救1名脑出血患者，昏迷时间长达102天，经过精心治疗和护理，治愈出院，在同类医院中创造了奇迹。1994年，医院外科会同滨海县医院的胸外科、骨科、泌尿科和普外科的医生，在院内联合抢救1名重度摔伤的危重病员，患者多处肋骨骨折，并伴有血气胸、脾脏破裂和左肾挫裂伤。院内外医生通过外科手术成功抢救患者，治好无后遗症，痊愈出院，受到了患者和地方政府的好评。1997年，医院外科手术突破1000例，成功率达到90％以上。内科开设消化内科和心血管内科等特色专科，处理脑血管和神经内科常见病。妇产科能做子宫切除及一般清扫术。在仪器检查和病情诊断方面，采用B型超声波和纤维胃镜、500毫安X光透视机、动态心电图机等设备，提高了疾病诊断的准确率。1996年，内科成功抢救1名气管切开的危重病人。临床上还开展乙肝两对半、高密度脂蛋白亚组分分析测定、病理切片检验和肿瘤诊治等多项目的检测。

进入21世纪，医院走上了规范化、标准化、特色化的发展轨道，年门诊量、入住病员、业务收入逐年增加，实施"外引内联"战略，通过"走出去、请进来"的措施，全面提升医护人员的业务水平。先后派出50多人次外出进修学习，与大医院和大专院校开展多种形式的联合协作，聘请专家、名医来院示范指导、会诊治疗、开展高难度的外科手术，大力发展特色专科，攻坚克难，创立品牌，拓展服务范围。目前，除能开展二级医院的各种技术项目外，还能开展三级医院的技术项目 10 多个。外科能进行脾、胃、肺、肾、前列腺、胆囊切除，及多脏器的肿瘤手术、微创脑内血肿引流术、带血管蒂皮瓣移植术、腹腔镜手术、肛肠手术、微创介入治疗等。骨科能进行脊柱手术和全髋关节置换术、经皮椎弓根螺钉内固定术。妇产科能够广泛根治子宫、卵巢肿瘤。内科对突发性医疗卫生事件具有较强的应急抢救能力，能诊治和处理多种心血管、消化、神经、呼吸系统的疑难病症，能采用消栓、溶栓和介入微创技术治疗心脑梗死，能运用化疗技术治疗肿瘤。放射科能做 X 光股深静脉和肝脏造影，能进行核磁共振全身扫描。生化检验检测技术有了新的发展，全自动血液分析仪、半自动生化分析仪、酶标仪、电子肠镜等技术和设备的使用，提高了诊疗水平。

2013 年，农场医技楼投入使用，检验检测工作条件进一步改善和规范，方便居民和职工就医，就医流程趋于合理。同时利用大数据、互联网技术，完成医院信息系统技术升级改造，实现了电子处方、电子病历、影像系统、检验检测系统、病案管理、中西药、费用结算等各项院务统计资料线上运行，并与卫生信息区域化平台接口，实现了信息资源共享。

院务管理和医疗技术不断创新、与时俱进，继续发挥骨外科优势和特色，强化专科建设，以内科为基础、外科为龙头，努力开拓医疗市场。骨科能进行腰、腿、颈椎、大小关节等部位的高难度复杂手术，很多滨海、射阳县城的病员来院就诊和手术。

2014 年 3 月，内科团队通过协作，成功抢救 1 名呼吸心搏骤停 5 分钟的 91 岁老人。通过给病人进行心肺复苏、气管内插管、气囊辅助呼吸、注射肾上腺素等措施，与死神搏斗，抢救成功，经过精心治疗，老人康复出院。2017 年 2 月 24 日，外科团队在院长带领下，用两个半小时成功为 1 名 93 岁高龄的老人实施了股骨粗隆间骨折闭合复位内固定手术，经过几个月的康复治疗，病人恢复了行走功能，康复出院。康复科医生采用穴位针灸技术使 1 名因交通事故导致脑损伤失语的病人恢复了自主语言能力。2017 年 12 月 4 日，经盐城市疾控中心验收，艾滋病筛查实验室通过项目合格验收，进入临床运用阶段。2018—2019 年，医院开展特色门诊康复理疗，与外单位协作开展外送检验项目、耳鼻咽喉科项目及妇科 LEEP 刀微创新技术，协作项目效果较好，得到了病员的肯定和欢迎。这 3 个新项目、新技术 2018 年增收 71.67 万元，2019 年增收 31.84 万元。

2014 年 6 月 2 日，医院通过射阳县卫生局内镜验收。医院投入 100 多万元购置脉动真空无菌器、立式肛肠治疗仪、电解质分析仪等设备。2015 年，五官科引进等离子消融术合作项目；检验科安装幽门螺旋杆菌检测仪器。2016 年，投资 74.3 万元购置电子肠胃镜，脑电地形图投入使用，强化了肠胃内科诊疗设备，同时投资 32 万元对螺旋 ct 核心部件球管进行更新改造。2017 年，经过市卫健委专家评审组专家评审，通过了生物安全实验室验收。

坚持依法执业是保证医疗安全的重要措施，医院规定，不具备相应医疗执业资质的卫计人员，不得单独从事诊疗活动，督促其参加国家统一资格考试，组织其参加院内的三基考试，邀请盐城市第一、第三人民医院专家、学者来院授课培训，采取进修交流、培训、自学、远程教育等多元模式，千方百计提高医护人员的业务、技术水平。2015 年 3 月 8 日，经射阳县和盐城市卫健委检查组验收，医院获得射阳、滨海两县的新农合 AAA 级信用等级称号（当年射阳县仅 2 家医院获此殊荣）。

第四节　卫生防疫

20 世纪 50 年代，医院设立防保人员，负责卫生防疫和保健工作。1956 年 6 月，农场成立爱国卫生运动委员会，在地方卫生行政主管部门的领导下，开展传染病防治、防疫和爱国卫生运动，定期检查各单位的环境卫生和个人卫生，严格食堂卫生管理，抓好饮用水消毒，对病人进行普遍检查和治疗，有效地防止了疾病的蔓延，控制了发病率和死亡率。

1959 年初，全场开展"除四害、讲卫生、防疾病"活动，全场动员，突击行动，实现"四无"，消灭"四病"，移风易俗，增强体质。具体抓好环境卫生、水源卫生、劳动卫生管理，畜禽圈舍统一搭建，草堆整齐，食堂饮用水采用砂池过滤和明矾消毒沉淀，水质清洁卫生，减少了疾病的发生。1960 年以后，卫生防疫工作由医院负责，对各类传染病建立了疫情报告制度，一般情况下分为旬报和月报，特殊情况随时上报，发生疫情，立即处理，实行封锁和全面用药。

1959 年，全民接种牛痘疫苗，但部分传染病仍有发生，当年全场发生疟疾 924 人，占总人口的 14.24%。1960 年，全场发疟人数增加到 2522 人，占总人口的 36.93%。1961 年，全场共发生传染病 2209 人，其中疟疾 1339 人，占总人口的 19.24%；肺结核 82 人，传染性肝炎 9 人。1963 年，防治"二号病"，注射疫苗达全场总人口的 80% 以上。1966 年 8 月，成立防疫指挥部，贯彻中央提出的"防重于治"的方针，狠抓"两管两灭"为中心的卫生防疫工作，传染病得到有效控制。

兵团时期，团后勤处设立卫生股，继续开展爱国卫生运动，提倡全民讲究卫生，减少疾病，提高健康水平，抓好食堂和内务卫生，建立了卫生工作管理制度。1976 年 7 月，全场开展麻风病普查工作，未查出患者，对可疑病例采取了预防措施。1978 年，全场进行了 189 次卫生突击活动，投入劳动力 29318 人次，清扫垃圾 1946 担，填平污水塘 70

个，室内烟熏房屋 6191 间，挖苍蝇蛹 27.5 公斤，改厕所 17 个。当年全场开展了卡介苗、小儿麻痹症、乙脑、麻疹、痢疾病的疫苗注射和预防工作。其中，对痢疾开展大面积预防工作，累计进行粪便检查 12058 人次。先后进行了 2 次疫苗接种，第一次 11795 人，占应接种人数的 98％；第二次 11430 人，占应接种人数的 95.9％，有效地控制了疫病的流行。还根据县防疫指挥部的指令，成立救护组赴洋河公社，协助地方搞好"二号病"的救治工作，共抢救了 34 例中重度患者。1981 年 5 月，总场成立教育卫生科，主管全场的卫生工作，围绕文明建设、改善环境，继续开展"三管二灭"工作，实施饮用水改造工程，场内职工全部吃上清洁、干净、卫生的深井自来水。

20 世纪 90 年代末，场爱国卫生运动委员会发动全场职工，积极开展以全民"驱虫补碘"和改善环境卫生、保障职工健康、巩固初级卫生达标成果为中心的爱国卫生活动。同时还注重环保工作，工业单位大量进行节能改造，减轻"三废"排放。场部建设下水道，厕所全部改为水冲式。建立了环卫所，设立专职环卫人员，负责环境卫生和绿化管理等各项工作，并配合动物防疫、灭杀染疫畜禽等工作，使环境卫生条件有了显著改善，疫病得到有效控制，提升了居民的健康水平。"八五"以来，儿童计划免疫常规"四苗"接种覆盖率达 98％以上，100％的儿童参加计划免疫保健，传染病发生率大幅度下降。一些较强的传染病，如白喉、麻疹、流脑、乙脑、二号病等都得到了有效控制，劳动卫生、妇幼保健、公共卫生等事业都有了新的发展。1996 年起，在全场范围内对 1 周岁以上人员进行全民接种乙肝疫苗。

2003 年 4 月，在抗击"非典"工作中，场医院设立特色发热咳嗽门诊，采取了检查、隔离、留察和宣传教育、服药预防、联防监督、严格管理等多项措施，较好地完成了地方卫生部门交给的区域性防疫任务，被称为"射阳县北大门卫士"。

2011 年，在建场 60 周年前夕，全场掀起了整治环境和爱国卫生热潮，按照绿化、美化、净化、亮化的要求，结合小城镇建设，坚持综合治理、改善民生的原则，先后完成了道路、桥梁、供排水、文化长廊、围墙改建、危房改造、河塘整治等 10 多项工程，场部累计总投资达 3500 多万元，改善了环境面貌和居住卫生条件。

2020 年春，农场医院紧急动员，积极抗击新冠肺炎疫情，打响防控阻击战。春节前医院启动应急响应，采取阻断新冠肺炎的防控措施。全体医护人员放弃春节和周末假日，从 1 月 27 日（大年初三）县卫健委召开新冠肺炎防控部署会议后，立即行动起来。1 月 31 日，农场通过微信平台召开党委视频会议，要求各单位、各部门保持正常沟通，统筹安排、科学调度，春节假期延迟至 2 月 10 日。医院、供电、供水、商物公司和社区管委会的履职人员要坚守岗位，在做好个人安全防护的同时，确保职工群众正常生活和良好的人居环境。在防护用品紧缺的情况下，医院努力保障口罩、消毒液、体温表等防护用品的供应，确保防疫工作顺利展开。

医院按照国家卫健委新冠肺炎防控第一版至第三版诊疗方案、第一版至第七版的防控方案，设立预检分诊。对所有来院就诊人员进行体温测量和分诊，严格执行防控措施和诊疗方案，部署严密的防控网，分工落实、密切配合、全方位防控。

农场的各相关单位和部门紧密配合，积极支持医院防控措施的落实和防控网络的管控。做好春节返乡探亲人员的摸排登记工作，做好重点人员的防护和隔离工作，社区号召居民做好个人防护、不伤害他人、不被他人伤害、担当保护自己的责任。停止一切聚会、宴会、公共娱乐、休闲活动，出门戴口罩、勤洗手、室内多通风，做好清洗消毒，密切关注自己的身体状况，发现自己身体发热现象及时与医院取得联系。

第五节　医疗改制

计划经济时期，场内职工实行公费医疗，职工的直系亲属和子女享受50％的医疗补助。1961年8月，规定职工生病住院治疗，所需治疗费、手术费、住院费均列入医药卫生费用开支，伙食费自理。如经济困难，可通过本人申请，经批准后予以适当补助。在治疗期间，经医院介绍转院治疗的，其住院治疗费、检查费、医药费，由医院列入外诊费用报销；伙食费、住勤费由本人自理；就医路费原则上由本人自理，如职工有困难，可经申请批准，在劳保费用中予以核报。

1966年1月，《关于改进公费医疗管理的通知》中规定，到医院门诊就诊者的挂号费由职工自付，外出就诊者付挂号费和出诊费；住院期间的营养费和滋补品一律自理；部分进口药和高档药品由病员自付，控制药品由院长批准使用；公费医疗期间，按全场职工标准工资的5.5％提取，交医院控制使用。

1988年，对公费医疗制度做适当调整，场内职工做B超检查，收取部分成本费，每次检查3个项目收费5元。分场卫生所实行挂号收费，每次0.1元，出诊费按里程每次0.5～1.0元。为解决分场药费紧缺状况，由医院向各分场级单位收取卫生管理费，按人口由各单位交纳每人300～800元，大部分作为分场卫生人员的劳动消耗补助。

1994年4月，对医疗费用全额报销的公费医疗制度进行改革，本着积极防病、保证基本医疗、避免浪费的原则，实行费用包干、积余留用、超额自负的办法，医疗费用的总额按全场职工工资总额的8.5％向医院拨付。职工和独生子女至医院就诊，自付20％的医疗费用。大病一次性医疗费2000元以内部分，职工自付20％；2001～5000元部分，职工自付10％；5001元以上部分，职工个人不负担。离休干部医疗费，除国家规定的自费药品外，由医院全额负担。无经济来源的职工直系亲属，可报销医药费用的40％。CT等特种检查项目，经医院批准，检查后属于癌症病人的，可报销1次。职工凭劳保医疗卡就诊，外诊须经医院批准到指定医院就医，凭转院证明、病历、发票等，按规定手续核报。1999年10月，全场取消独生子女、职工子女及职工供养亲属的劳保医疗待遇，集中资金提高职工的医疗保健水平。

2000年8月，实行小病放开、大病统筹的暂行医疗改革过渡政策。按不同年龄分段计算比例，乘以个人年工资总额，建立个人账户，门诊医疗费用实行个人包干。凡到医院门诊看病的职工，其费用在个人账户中划转。住院治疗者实行起付标准制度，第一次为360元、第二次为240元、第三次为120元，超过起付标准以上部分按比例报销；24000元以上部分，统筹基金不再负担，个人可以通过商业保险等途径解决。经批准外诊者的费用报销的比例与场医院相同。

2001年，参照地方城镇职工医疗保险制度设立个人账户。统筹基金由用人单位缴纳7％、职工个人缴纳3％，医院及时将个人账户的保险基金划入职工个人的医疗保险手册。2003年4月，制定《淮海农场职工基本医疗保险制度实施办法》，确定职工医疗保险费由场劳资科统一征缴，按上一年工资总额的8％收取，其中个人缴纳2％。职工个人账户根据不同年龄段和类型划分不同比例，乘以个人工资总额，计算划入个人账户，分别是：44岁以下的按3％划入，45岁以上的按4％划入，退休职工按5％划入，高级知识分子按9％划入。离休人员每人增拨5000元医疗专项基金，享受全额公费医疗。高级知识分子每人增拨1000元的医疗基金，享受免费体检及其他优惠医疗政策。2005年4月，职工去医院和场部门诊就医使用IC卡，刷卡扣除本人账户余额。

2008年，场内非职工居民全部参加地方新型农村合作医疗（简称新农合），按当时射阳县新农合筹资标准为人均70元，其中省财政补贴30元、市财政补贴2元、县财政补贴13元、个人缴纳20元。由于市、县财政对农场非职工居民不予补贴，因此该部分均由农场承担。全场2535名非职工居民参合享受地方合作医疗的医保待遇。

2009年1月，职工医保实行属地管理，纳入地方统筹，农场向地方全额交纳医保接续费900多万元。全场5700多名在职和离退休职工的基本医疗保险全部与地方接轨，在属地参加城镇职工医疗保险，按年工资总额的一定比例向射阳县职工医保中心交纳医疗保险费。职工按不同年龄段划分的比例，乘以个人的月工资总额，按月划转个人账户。职工使用地方的IC卡在指定医疗单位就医，刷卡划转。个人账户用完后，先负担300元，再享受不同人员限额内的80％医疗费比例的报销优惠。3万元以上的住院治疗费用，享受大额补充医疗保险（按参保人每人每月在医保基金中划转2元，纳入职工大额补充医疗保险），并从医保基金中提取10%由县统筹使用。职工因患各类重症疾病和慢性病住院，按优惠政策补助报销比例为85%，职工自负15%，最高不超过20万元。医保实行属地管理后，职工生育、工伤医疗费用不再在医疗保险费中列支，由农场按每个生育职工1200元的标准补助给医院，职工工伤所发生的医疗费用，由职工所在单位全额承担。

第二十四章 人物传略

第一节 师、场人物

一、旅师时期

温逢山

1907 年出生，江西宁都人，1928 年 9 月参加革命，1930 年 5 月加入中国共产党。历任班、排、连、营、大队长、中队副团长。1947 年 2 月，中国人民解放军第三十军（华东野战军第十二纵队改编，其前身是新四军华中军区第五军分区部分部队）华东军区第五分区任司令员。1949 年，警备第九旅任旅长、滨海总队队长。1952 年 4 月至 1952 年 12 月，任农建四师师长。1955 年因身体原因，去干休所疗养。

康萍

1914 年出生，原名西山，祖籍陕西紫阳县古家村，1935 年 6 月加入中国共产党。1917 随父迁居汉阴县凤亭乡万家杭，佃种度日。1931 年，在沈寿柏部当兵。1934 年 10 月，他秘密回家，涧池镇保安队副邹洁之闻讯率兵前往拘捕，他只身逃走。1935 年 6 月，在镇巴县古堰湾参加了红四方面军。后张国焘放弃川陕根据地，率红四方面军西进。他和 130 名伤病员被留在大巴山区，自动组织成立川陕游击大队，任三分队队长。1936 年 9 月，率部转战汉阴县北山一带，在龙垭子杀掉国民党税务卡长，后经铁佛寺到达龙王沟，加入何振亚领导的陕南人民抗日第一军。先后担任十五军 688 团 10 连副连长、延安抗日军政大学区队长、新四军 6 支队 8 团参谋长、萧县独立旅参谋长、丕睢洞 3 分区 3 大队参谋长、苏北军区淮泗纵队队长、苏北军区淮泗独立团团长。先后参加过平型关、河北风子店、晋东南地区张店、晋东丁店、河南保安山、安徽灵璧等多次战斗。新中国成立后，他历任苏北军区盐城军分区副司令员、司令员、华警九旅副旅长、浙江宁波军分区司令员。1955 年被授予上校军衔，荣获三级八一勋章，二级独立自由勋章和二级解放勋章。1960

年 10 月，转业到成都无线电机械学校任校长，1965 年 6 月调任绵阳地区公用事业管理局局长兼党委书记，1978 年 2 月离休。1988 年 1 月 13 日病故。

冯国柱

1920 年出生，浙江宁波人，高中文化。1939 年 1 月参加革命，同年加入中国共产党。历任中共江苏省东海县委组织部部长，八路军东海南挺支队 3 团宣传科长、主任，盐城、建阳地委及五地委副书记兼军分区副政委，华东警备第九旅，步兵第一〇二师、农业建设第四师、建筑工程第五师政委，建工部直属工程公司党委书记，华东建筑工程局副局长、局党委书记等职。1958 年 2 月后，历任上海市建工局党委书记，中共上海市委统战部副部长，市机电局局长、党组书记，中共上海市委外事小组副组长，市人委外事办公室主任。

袁洪辉

1911 年出生，江西省雩都（今于都）县人，1927 年参加革命，1930 年 8 月加入中国共产党。1932 年 8 月参加中国工农红军，随中央红军长征。土地革命战争时期，历任红三军团班长、排长、科长、大队副秘书，政治指导员、连长。中华人民共和国成立后，任华东军政大学高干二大队大队长，一〇二师参谋长，浙江省金华军分区副司令员、司令员，浙江省军区顾问。1988 年授予二级红星功勋荣誉章。

江大愚

1914 年 3 月出生，安徽六安市独山镇落地岗村人。曾用名江大保。1928 年 1 月加入中国共产主义青年团。1934 年 7 月加入中国共产党。解放战争时期，历任组织干事、副政教、政治教导员、总支书记、政委、团长、参谋长等职。红四方面军时期，任排长、连长，红二十五军连指导员、军部巡视员、教导员、总支书记、新四军第三师卫生部政治委员、团政治委员、第一〇二师政治部主任、军分区副政治委员。参加了鄂豫皖革命根据地第 1 至第 4 次反"围剿"，随红二十五军长征，参加了榆子沟、榆林桥、直罗镇战斗，以及平型关、淮陆、淮安、盐城、淮海战役。1955 年荣获三级八一勋章、二级独立自由勋章、二级解放勋章。1988 年获二级红星功勋荣誉章。1948 年任华东警备九旅、华东军区一〇二师政治部主任。1951 年任苏北盐城军分区副政委，1955 年南京军区三所养病，1965 年进安徽省军区合肥第一干休所，1989 年 9 月 24 日去世，享年 75 岁。

胡政平

1922 年 5 月出生，江苏沭阳县人，初中文化，1940 年 9 月参加革命，1941 年 3 月加入中国共产党。抗日战争时期，历任支委、区委、区委书记、县委委员、总支委员、总支书记、区青救会会长、区救委员，县委组织部副部长、军区政治部秘书、县总队供给处副主任、主任、军分区政工组副科长。解放战争时期，历任旅直党委委员、师直党委委员、团党委书记。农建四师时期历任组织科科长、团长、政委，师党委候补委员，场党委副书记、书记、团副政委、政委、副场长、场长。1960 年调任中共盐城地委组织部副部长，"文革"中遭不公正待遇，1980 年 1 月病故。

葛德尧

1916 年出生，江苏盐城人，1948 年参加革命，1941 年加入中国共产党，历任乡政治指导员、区委委员，副区长、情报站长、支队长、县工会副会长、县委总队民联副科长。农建四师期间，任师直工科科长（团级）。部队转业后，任江苏省农场管理局处长。

萧先胜

1910 年出生，江西太和县人，1930 年 8 月参加革命，1933 年 10 月加入中国共产党，历任战士、文书、支书、政治指导员、作战参谋、科长、参谋长、高干队长、总队副队长、副团长、团长。华警九旅时期任 25 团团长。

宋扬

1919 年出生，江苏邳州市人，1938 年 3 月参加革命，1939 年 4 月加入中国共产党，历任战士、班长、排长、连长、侦察参谋、俱乐部主任、整风队队长、警卫队队长、副营长、营长、副团长。农建四师时期任副团长，后调任海军某部任副司令员。

宋天民

1917 年出生，江苏邳州市人，1937 年 11 月参加革命，1938 年 4 月加入中国共产党，高等师范大专文化。抗日战争时期历任延安青训班学员、合作社主任、县委秘书、市长、后勤部部长、县总队长、县委书记、政委。华警九旅时期，任 25 团政委。农建四师时期，任师政治部副主任，淮海农场场歌歌词作者。部队复员后，调任北京炮兵学院政委。1955 年授大校军衔，晋升少将军衔。

朱建群

1919 年 10 月出生，江苏滨海县人。1939 年 2 月参加革命，1939 年 8 月加入中国共产党。高小文化。历任区委政指、组织干事、副政治教导员、队长、区委书记。华警九旅时期，任 25 团政治处主任，农建四师时期，任政治部副主任（正团级）。部队转业后，1956年 1 月任农场首任场长、书记。1956 年 12 月，调任江苏省农垦局副局长、省农机局局长。

杜耀清

1912 年出生，河南经扶人，1929 年 7 月参加革命，1938 年 3 月加入中国共产党，历任通讯员、警卫员、班长、排长、连长、营长，队长、荣军学校副校长、团长。三等残废。警九旅时期任 26 团团长，后调转海军工作。

易继明

1918 年出生，1931 年 2 月参加革命，1933 年加入中国共产党，高小文化。历任勤务员、通讯班长、副排长、排长、支书、政治指导员、政治教导员，组织股股长、总队副队长。华警九旅时期，任 27 团团长。

常飞虎

1918 年出生，陕北米脂人，1936 年 7 月参加革命，1937 年 5 月加入中国共产党，师范毕业。历任民运干事、抗大区队长、教育作战参谋、教导队队长、区大队长、校长、侦通队长、股长、总队副队长、副团长。农建四师时期，任十团团长，部队转业后，调任省水产局副局长。

任经纬

1909 年 6 月出生，河北清丰县人，1930 年 3 月加入中国共产党。师范学校毕业，1938 年 10 月参加革命，历任代连长、组织干事、政治教导员、政治处主任，总队副队长、师直工科科长、政委。警九旅时期，任 27 团政委。农建四师时期，任师副政委（准师级），1955 年 8 月任淮海农场场长、党委书记，1956 年 1 月，调任省农场管理局副局长。

艾明山

1911 年 1 月出生，河南省商城县人，1931 年 5 月加入中国共产党。1928 年，参加河南商城农民协会，1930年5月，参加中国工农红军，历任班、排、连、营、团长。抗日战争时期调新四军工作，任营长、团长。土地革命时期，参加了鄂豫皖三年游击战。历任新四军四支队7团1营营长，新四军江北指挥部路东联防司令部团长，新四军二师六旅18团副团长，第二师17团团长，新四军淮海军分区西分区定远县总队副总队长。解放战争时期，历任淮海军区三分区六合总队队长，江淮军区一分区司令员，皖北军分区派县军分区司令员。建国后，历任农建四师师长，江苏省林业厅厅长，山区作物局副局长，农业特产厅厅长，中共江苏省委监察委员会常委，江苏省政协副主席，1981年2月17日在南京逝世，享年70岁。

李桂莲

1914年2月出生，江西省吉安市怀忠乡人，1931年参加中国工农红军，同年加入中国共党员。红军时期，历任通讯员，警卫员，营、团、师特派员，军团保卫局科长。西安事变后调三五九旅任营长、侦察科长。抗日战争期间，历任南下支队作战参谋，侦察大队长、支队副参谋长、团长等职。解放战争时期任新四军团长。1951年任农四师副师长，1956年7月调任北大荒任场长、书记，后调任新疆维吾尔自治区农垦厅书记、副厅长，新疆生产建设兵团物资储备局局长、书记。1983年离休，享受副军级待遇。2004年5月病世。

张竟

1923年8月出生，江苏滨海县人，初中文化，1943年参加革命，1944年加入中国共产党。历任乡助理员、会计、文教区员、民政区员、秘书、建设副科员、分区报社主编。农建四师时期任农业科长，11团政治处主任（准团级）、党委委员。1955年10月，调任省级机关工作，后调任南京药学院党委副书记。

顾云如

1922年2月出生，江苏盐城人。1941年1月参加新四军，同年4月加入中国共产党。历任新四军教导队学员，青年干事，党支部书记，政治指导员，抗日战争时期，参加了丰塔集保卫战，后转战津浦路两侧，打土顽，抗日伪。1943年转入地方工作，历任区委书记，县敌工部副部长、社会部副部长、宣传部部长，兼叶挺市市长，淮海战役支前大队政委。1949年3月后历任华东警备第九旅27团政治部副主任，工作队长兼崇明县委副书记，102师办公室副主任，305团政治处主任，副政委，1952年8月，到北京农业机械化学院经营管理系学习，毕业后历任农建四师十团副政委，淮海农场副场长，东辛农场党委书记，省委农工部，省人委农办处长，省气象局局长、党委书记，省水局局长，省水利厅副厅长，党组副书记兼治淮指挥部副指挥，省水利厅顾问。1985 年 12 月离休，1995 年 3 月去世，终年 74 岁。

司宏忠

1927 年出生，江苏盐城人，1949 年 9 月参加革命，农建四师时期，任文工队副队长，部队转业后，调任江苏省淮剧团作曲，盐城鲁迅艺术学校教师，盐城高等师范学校副校长、教授，著名作曲家、音乐家。

许仁

1923 年 6 月出生，江苏泰州市人，1947 年 2 月参加革命，1944 年 6 月加入中国共产党。历任乡政府委员、区副队长，宣教科长，副股长，组织干事。农建四师时期，任干部科科长（正营级）。转业后任盐城市人事局局长。

郭士金

1919 年 7 月出生，江苏涟水县人，1940 年参加革命，1941 年 11 月加入中国共产党。抗战时期，历任涟水县民运工作队队员，区青救会会长，民兵大队队长。解放战争时期，历任涟水县政府科员，涟东区民政股长，顺吉区、徐吉区副区长，涟水县总队人事参谋、宣传干事。淮连团团部指导员。宣传股副股长，华中盐阜独立团宣传股股长，华东警备第九旅 25 团一营教导员，1951 年 4 月后，历任一〇二师 304 团政治处组织股长，农建四师政治部组织科科长，省国营农场管理局办公室主任、政治处主任，省农林厅农教处副处长，畜牧兽医局副局长，东辛农场场长，兵团一师三团副团长，东辛农场革委会主任、场长、党委书记，淮阴地区农垦局副局长，党组书记。1984 年 3 月离休，1998 年 4 月去世，终年 79 岁。

郭其友

1922 年 5 月出生。1937 年参加革命，八路军 115 师时参加了著名的平型关大战。1939 年加入中国共产党，历任山东冀鲁豫支队、新四军三师八旅、江苏五分区民兵指挥部、阜宁总队、一〇二师 305 团连长、团参谋长、营长等职。1956 年任临海农场副场长，兵团 11 团副团长，1982 年离休，1992 年病逝。

张毅

1925年5月出生，江苏扬州人，1942年3月参加革命，1943年1月加入中国共产党。历任会计科科长、分局主任、副股长、股长。农建四师时期任师供给科科长（正营级），部队转业后调任省农垦公司副经理。1985年，离休，享受厅局级待遇。

刘学忠

1921年出生，江苏淮安人，1940年3月参加革命，1943年7月加入中国共产党，历任小学教师、副区长、区长、财粮科副科长、支前科科长。农建四师时期任师储运科副科长（正营级）。1955年10月，调任省水产公司经理。1982年，离休，享受厅局级待遇。

唐锡林

1922年出生，1941年9月参加工作，1942年3月加入中国共产党，高小文化。历任政治侦察工作队队员、区示范管理员、供给股长、经理、供应副股长。华警九旅时期任供应股副股长。农建四师时期任师供应科副科长（正营级）。部队复员后调省级机关工作，后支援东北建设。

左如桂

1922年出生，号牡丹，江苏阜宁县人，大学文化。1942年参加革命，从事情报工作。历任县交通局局长，解放军第四军十一师31团政治处代理主任，华东警九旅政治部直工科长，一〇二师后勤处政委，农建四师直属政治处主任，后勤处副政委；1955年10月，任宝应湖农场党委书记；1957年6月任三河农场党委书记。1959年1月任盱眙县维桥公社党委书记，1959年4月任盱眙县委副书记；1959年7月后，历任省农林厅农垦局局长、办公室主任、农业局局长。1965年3月任三河农场党委书记；1967年在三河农场五七干校学习。1973年1月在盱眙县顺河公社、龙山公社蹲点并任龙山公社书记。1974年10月出任援坦桑尼亚亚姆巴拉利农场工作组副组长；1977年5月调省农林局工作，任省农林局副局长，农林厅副厅长，1978年11月，赴塞拉利昂使馆任经济参赞，1983年11月离休。1986年参与筹组江苏省诗词协会，任秘书长、副会长，江苏省毛泽东诗词研究会顾问，中华诗词协会会员，纽约四海诗社名誉顾问，世界诗人大会名誉顾问。2021年3月，因病在南京去世，享年98岁。

于广生

1928 年 11 月出生，高中文化，1944 年 7 月加入中国共产党，1944 年 8 月参加工作。历任县文工队文艺组长、区队副队长、五分区文工团队长、支书、政治指导员，师部宣传干事，县民政科办事员，干校教员，县粮食股长，宣工队党支部书记。1949 年 1 月调任华东警备第九旅秘书、宣传股长。后任农建四师《生产战线报》编辑。部队转业后调《盐阜大众报》《新华日报》报社工作。"文革"中受到不公正待遇，下放原籍滨海县工作。"文革"后任县革委会常委、副主任，地区文教局局长，宣传部部长，《盐阜大众报》总编。1993 年离休，2010 年病故。

朱志荣

1904 年出生，滨海县八巨乡人。1941 年加入中国共产党，历任乡农会长、区教导员、县长，淮海战役支前一等功臣。1951 年开挖苏北灌溉总渠，任滨海总队负责人。1952 年，调农建四师工作，参加筹建农场。历任农建四师生产处副处长、试验场场长。1955 年调省农林厅任处长，1959 年 11 月病故于南京，葬于雨花台西区。

唐有富

1921 年出生，江苏盐城泰楼区射二村人，1944 年 4 月参加中国共产党。1946 年 8 月任盐城县泰楼区射塘乡政治指导员。1948 年 3 月任盐城县泰楼区组织干事、区委委员。1949 年 2 月，参加中国人民解放军，历任崇明县土改工作队组长，步兵第一〇二师 305 团 9 连政治指导员，305 团副政治指导员。1952 年 8 月任农建四师十二团基建股副股长，十二团办公室副主任。1954 年 6 月，参加创建宝应湖农场，历任筹建办生产组组长、总支书记，宝应湖人民公社第一书记，宝应湖农场党委副书记、场长。1958 年 8 月应邀参加北京天安门国庆观礼。1963 年 3 月，出席全国国营农场会议。1962 年 5 月在扬州病故。

刘长明

1924 年出生，江苏淮安市人，1940 年 9 月参加八路军，1941 年 10 月加入中国共产党，1942 年后历任新四军特务团 1 连副班长、班长。抗大五分校警卫员，区队政治指导员。1947 年 1 月历任区队队长，淮涟团警卫连连长，华东警备第九旅 27 团机枪连连长，2 营 4 连连长。1950 年 11 月任步兵 102 师 306 团 2 营副营长，农建四师 12 团营长。1954 年 6 月后参加创建宝应湖农场，历任行政组组长，作业区主任，农场场长，党委书记，革委会主任等职。其间担任宝应县工业部部长，国营宝应县垦殖场党委书记，江苏水利工程总队党委副书记，引江管理处主任。1977 年 5 月，病故于扬州。

刘鸿书

1918 年 6 月出生，江苏盐城人，大专文化，1948 年 11 月起义入伍，历任总队队长、副科长、军参谋处处长、副团长。1949 年 9 月北京农业机械学院学习。农建四师时期任司令部副参谋长。部队转业后调省级机关工作，后任南京林业学院院长、顾问。1982 年离休，享受厅局级待遇。

王智卿

1928 年 6 月出生，江苏南通市人，大专文化。1951 年 2 月参加革命。农建四师时期，任团生产股实习生、分场技术员。1955 年调任盐城专区工作，历任盐城地区农科所，盐城专区农业局技术员，副科长、科长、副局长、局长、盐城市副市长。1983 年 3 月任盐城市政协副主席。

崔济民

1908 年 1 月出生，河南巩义市人，1931 年 10 月加入中国共产党。土地革命时期，从事兵运、工运、学运工作。抗战时期，延安抗大学习，毕业后历任政治教师、武装工作团副团长、统战股长。新四军江北留守处主任、教导员、新四军干校和抗大五分校教员，盐城县第一区区长兼区委书记，盐城县政府秘书。阜宁县辖区区长兼区委书记，建阳县委敌工部部长，淮北西路八路军军分区政治部主任兼独立团政委，华东第二军直属政治部主任。解放战争时期，历任纵队联络部部长、前线军工委副书记、军管团团长兼政委、山东燕昌淮军分区政委。新中国成立后历任盐城军分区和农四师政委、农业部国营农场干部学校校长兼书记、农垦部设计院院长、书记、湖南常德市委书记、农业部土管局局长。离休后享受副部级待遇。2000 年 4 月去世。

蔡秋明

1925 年 1 月出生，江苏射阳县人，大专文化，盐阜联中会计专科学校毕业，1942 年 6 月参加革命，1943 年 7 月加入中国共产党。历任盐阜联中会计，阜东县委秘书，县直机关党总支书记，五汛区委书记兼区队教导员。华东野战军三十四军一〇二师政治部秘书科科长。1952 年 4 月，历任农建四师司令部办公室主任、处长、部委委员，省农垦公司党委书记兼总经理，省农林厅革命领导小组副组长，省革命委员会生产指挥组农水组、计划组副组长，办事组副组长，中共江苏省委、省革命委员会办公室副主任、副秘书长，江苏省人民政府常务副秘书长，省政府经济研究中心副总干事，省老龄委副主任，省南北挂钩领导小组副组长（专职），省老区促进会执行理事，中国新四军和华中抗日根据地研究会顾问，1984 年离职休养。2016 年 2 月 28 日，在南京去世，享年91 岁。

徐方恒

女，1921 年 9 月出生，安徽芦江县汤池镇人，农建四师政治部副主任。中国共产党党员。历任区委书记、县妇女部长、滁县地委、妇女副书记、行政公署副专员，盐城地区副专员。农建四师政治部副主任，省农业厅党组成员、副厅长，中共江苏省委常委、省革委会副主任。1949 年当选为全国妇女代表大会代表。列入华中工委纪念馆《人物志》。

祝斌

1920 年 11 月出生，江苏阜宁县人，高级经济师。1939 年毕业于江南新四军抗日军政大学。历任阜宁县淮河大队营长，县农会主任兼新四军三师 24 团特务营营长，八区农会主任、区大队长，一区区委副书记、书记，中共阜宁县委组织部部长，民运部长，阜宁县委副书记、书记，盐城地委人武部副部长，盐城军分区政治部副主任，一〇二师12 团团长兼政委，徐州地委常委兼组织部部长，连云港市委副书记、代理书记、市长。盐城地委副书记兼行政公署副专员，盐城市湖海文艺社名誉社长，市人民政府经济研究中心特约研究员，淮海经济区顾问，盐城市政协主席。1986 年离职休养。2010 年因病去世。

朱斌

1924 年 11 月出生，江苏洪泽县人，初中文化，1943 年 1 月参加革命，1947 年 5 月，加入中国共产党。历任华警九旅连指导员，农建四师时期任副营长、营长。部队转业后任淮海农场分场场长、书记、农校校长，1960 年 7 月后，历任淮海农场副场长、团委书记、滨淮农场书记，1974 年 1 月任兵团 12 团副政委，1976 年 3 月任淮海农场革委会主任、党的核心小组组长。1976 年 10 月，调滨淮农场任书记，后调任江苏农垦职工大学校长、党委书记，1984 年 10 月，离休，享受副厅级待遇。

孙碧

女，1921年5月出生，安徽泗县人，1939年1月参加革命，1939年1月加入中国共产党。抗日战争时期历任区委委员、区委书记、区党委委员、团党委委员，宣传队副队长。解放战争时期，历任组织股长、政治处副主任。新中国成立后任淮海农场党委委员、常委，农场工会筹委会副主任、工会副主席、主席。1960年调盐城专署，任地区妇联主任、盐城市总工会副主席、主席。

张林

1923年10月出生，江苏阜宁人，1941年4月参加革命，初中文化。历任民运队队员、支书、区委、政治指导员、工作队队长、副区长，组织干事，副总支书记，政治教导员。华警九旅时期，任11团政治处副主任（准团级）。1955年11月，调省级机关工作，后支援西藏建设。

殷开华

1928年6月出生，江苏涟水县人，1946年12月参加革命，1947年1月加入中国共产党。历任学员、见习医生、干事，农建四师军医，副连级。后选送南通医学院学习，毕业调盐城专区任卫生局局长。

刘振国

1923年出生，河南胃县人，初中文化，1939年加入中国共产党，历任宣传员、见习参谋、书记、文印员、技术书记、师组织干事、农建四师政治处任干部科副科长（正营级）。1955年10月，调任省农场管理局工作。

徐智良

1921年出生，江苏滨海人，高中文化。1948年8月参加革命，1945年6月加入中国共产党，历任区教联主任、代政治教导员、区员、副区长、代区长、总队副队长，分区书记，参谋。华警九旅时期任司令部干部参谋。农建四师时期任办公室副主任（正营级）。1955年调任省计划经济委员会办公室主任、处长，省计委党委副书记，1983年12月离休，享受厅局级待遇。2005年10月病故。

二、兵团时期

王勇

1928年10月出生，江苏盐城人，初中文化，1944年加入中国共产党，1945年参加革命。历任抗大五分校学员、班长、排长、机要员、机要组长、秘书、助理员、南京军区机要科副科长、科长。1969年10月任江苏生产建设兵团二师十团政委。团党委委员、常委、书记。1975年9月调任南京军区机要科科长、保密局局长，1988年10月离休，享受师级待遇。

张兴泉

1922年5月出生，安徽蒙城县人，1939年10月参加革命，1942年3月加入中国共产党。新四军三师任排长，华中军区司令部任作战科参谋，三野司令部警通队任队长，南京军区司令部防化营任营长。1970年3月，调任兵团二师十团副团长。1975年8月，调南京军区工作。1982年离休。

刘瑞生

1921年9月出生，河北大域县人，1939年2月参加革命，1942年8月加入中国共产党。1969年10月任江苏生产建设兵团二师10团团长。1974年1月任江苏生产建设兵团12团副团长，1979年5月离休，享受副师职待遇。2004年，因病去世。

孙立元

1928年出生，江苏大丰人，初中文化，1945年1月参加革命，1946年10月加入中国共产党。历任副指导员，副连长，连长，营参谋长，副营长，营长。1969年11月任江苏建设兵团12团团长，1974年2月任江苏建设兵团二师10团团长，1975年11月任南京军区管理所所长。1979年11月任江苏省饮食服务公司副经理，省商业厅副主任，1984年12月离休，享受局级待遇。2009年病故。

汪永财

1925年1月出生，安徽肥西县人，初中文化，1948年7月参加革命，1949年10月加入中国共产党。历任战士、班长、排长、连长、队长、营长、参谋长。1969年10月任江苏生产建设兵团二师10团参谋长、副团长。1975年调舟山部队任副团长、团党委委员。1985年10月离休，享受副师级待遇。

王庆祥

1929年3月出生，河南省人，高小文化，1947年参加革命，1948年加入中国共产党。历任战士，通讯员，文书，书记、干事，股长，参谋，副团长。1969年10月任江苏生产建设兵团二师10团副团长、党委委员。

张建新

1928年5月出生，山东威海人，初中文化。1947年10月参加革命，1948年4月加入中国共产党。历任战士、通讯员、文书、书记干事、助理员、政治处副主任、主任。1969年10月任江苏生产建设兵团二师10团政治处主任，团党委委员。1970年4月调任江苏生产建设兵团政治部宣传处处长。

刘少雄

1921年6月出生，江苏东台人，1943年8月参加革命。历任校长、组长、股长、馆长、科长、部长、秘书、书记、省贫协宣传部部长。1969年任建设兵团二师10团副政委、团党委委员，1973年8月调任省出版局副局长。

李育伍

1921年2月出生，安徽广德人，初中文化，1944年8月参加革命，1945年12月，加入中国共产党。历任文工团团员、团长。南京军区前线歌舞团编导。1972年12月任江苏生产建设兵团二师10团副政委。1975年调南京军区前线歌舞团工作，1981年2月离休，享受副师级待遇。

三、农场时期

张振华

1903年10月出生，安徽萧县人，小学文化。1938年3月参加革命，1939年8月加入中国共产党。抗日战争时期，历任战士、分队长、政治指导员、特派员、队长、区队长、科长、参谋。解放战争时期，历任正副政治教导员，副主任，参谋长，大队长，副团长，团长，农建四师时期，任团长，淮海农场书记，场长，革委会副主任，盐城地区农垦局顾问。享受厅局级待遇。

张本佑

1926 年出生，山东莱阳人。高中文化，1947 年 2 月参加革命，同年 12 月加入中国共产党，历任农建四师战士、排长、连长。1976 年 4 月任新洋农场副场长，享受县处级待遇。2005 年去世。

杨士均

1925 年 10 月出生，江苏淮安人，1943 年 6 月参加革命，1944 年 10 月加入中国共产党，历任民兵中队队长，区大队长。1949 年 1 月后，华东警备第九旅一〇二师，历任排长、正副连长、正副营长。1954 年 12 月任江苏省委农村工作部政治处处长。1956 年调东北垦区，历任农垦局计划处处长，八五二农场组织部部长，八五六农场第一副场长，牡丹江垦区农业处处长、农机处处长、作业处处长，密山农垦局副局长等职。1965 年调临海农场，历任场党委书记，革委会主任，兵团 11 团副团长等职，1976 年 5 月任中国援助坦桑尼亚专家组组长。1976 年 4 月调省农垦局农业处任处长。

朱万龙

1928 年 2 月出生，江苏盐城市人，1947 年 5 月参加工作，同年 9 月加入中国共产党。1955 年任淮海农场监察员，1963 年，调临海农场，历任人秘股长，党委委员，监委副书记，场革委会副主任，生产股长，营教导员，场政工科长，电厂革委会主任，支部书记，1977 年 6 月任临海农场副场长。1981 年调任弶港农场副场长，督导员，1988 年 9 月离休。

顾月芳

女，1941 年 10 月出生，江苏射阳县人。1960 年参加工作，1965 年 10 月加入中国共产党，1960 年 9 月任射阳县前涧小学、淮海农场小学教师；1962 年 10 月任淮海农场供应站营业员，1965 年 5 月任淮海农场第三生产队副队长，副指导员；1975 年 5 月任兵团二师 10 团 2 营副教导员；1977 年 1 月任淮海农场二分场场长兼党总支书记，1979 年 3 月任淮海农场副场长；1979 年 4 月调任黄海农场任副场长，工会主席，1996 年 10 月退休，2009 年 12 月，病故。

陈辉

1924 年 11 月出生，江苏省泗阳县人，1942 年 6 月参加革命。新中国成立前任盐城地委武工大队支部书记，步兵一〇二师 306 团营教导员，转业后历任淮海农场头庄分场、西汛分场党委书记兼场长，淮海农场人武部部长，1965 年调临海农场任场党委书记，革委会副主任。1969 年后，调二师 7 团（现属黄海农场）、农垦干校、复兴圩农场工作，历任政治处副主任、主任、副政委、副校长、党委书记。

徐一清

1930 年出生，江苏江阴市人，大学文化，高级工程师。1963 年 9 月参加工作，历任淮海半农半读农校、淮海机训班教师、淮海农场革委会常委，兵团二师 10 团生产股技术员、1983 年 1 月，调省农垦局任科教处科长、副处长、处长。1990 年退休。

陆平

1938 年 10 月出生，上海市人，大学文化，高级工程师。1962 年 9 月参加工作，任淮海农机修配厂技术员。1983 年 1 月，调省农垦局工作，历任副科长、科长、农机处副处长、处长、农机公司经理，协理员。1998 年退休。

郭兴泽

1902 年 9 月出生，江苏丹阳县人，1949 年 7 月参加革命，大专文化。1949 年 7 月，任上海市军管会讲师。1949 年 10 月，任华东农林水利部，农林水利委员会秘书。1950 年任华东农林部特产处、棉麻改进所技正。1952 年 7 月任农建四师农业科技师。1954 年 3 月，任淮海农场作业科农业工程师。1956 年 5 月任淮海农场生产室农艺师。1956 年 10 月，任淮海农场副场长，射阳县政协委员。1986 年 11 月离休。1972 年 5 月因病去世。

周志超

1921 年出生，江苏涟水县人，初中文化，高级会计师，1941 年 5 月参加革命，1945 年 10 月加入中国共产党。历任县大队给养员、办事员、会计、科员、秘书，供给科股长、淮涟团会计、供给科股长、供给科主任。农建四师时期任师后勤处财务科会计，科长。

1955 年部队转业后历任淮海农场党委委员、财务科科长、总会计师、副场长、场长、江苏生产建设兵团二师 10 团党委委员、副团长，兵团撤销后任农场党的核心领导小组组长、场革委会主任。1977 年 10 月，调省农垦局任财务处处长，1988 年 1 月，援坦桑尼亚姆巴利拉农场担任专家组组长。2005 年 1 月，因病去世。

李志明

1931 年 6 月出生，江苏南通市人，1950 年 9 月参加工作，1956 年加入中国共产党。北京财经学院毕业，分配至江苏省农垦局财务处任会计、科长。1976 年 4 月调任淮海农场场长、党委书记。1980 年 7 月调任南通地区农垦局局长，党委书记。1991 年退休。

张白锷

1900 年出生，浙江明光市人，1939 年加入中国共产党，1940 年 4 月任乡长，同年 6 月兼任嘉山县第二区大队长；1941 年 5 月任中共涧溪区委书记、区长。1942 年 7 月任嘉山县民兵总队副队长。1945 年 11 月任盱眙县总队队长。1947 年 2 月任中共淮南第二工委委员兼第二支队司令，同年 9 月中共高宝县委组织三支武装（张白锷任司令），任中共盱眙县委委员，县民兵队队长，县长。新中国成立后，任安徽滁县军分区参谋长。1953 年后历任中国人民解放军农建四师 12 团团长，宝应湖农场场长。华东电管局计划科科长，安徽省农业厅粮食生产局局长。1963 年 12 月 29 日，病故于上海。

刘亚山

1920 年 5 月出生，江苏涟水人，初中文化，1947 年 6 月入伍参加革命，1949 年 3 月加入中国共产党。历任副班长、班长、副排长、排长、副连长、连长、干事、区队副队长、教导大队排长，代营长，农训队队长，主任，科长，淮海农场农机修理厂副厂长、厂长。1965 年 5 月任淮海农场副场长，1969 年 10 月任兵团二师 10 团副参谋长，1976 年 4 月任淮海农场副场长，1979 年 7 月调任三河农场场长，1984 年 3 月离休。2012 年病故。

袁敦

1924 年 2 月出生，江苏盐城人，大专文化，1943 年 4 月参加革命，1948 年 10 月加入中国共产党，历任会计兼管理员、校长、见习办事员、科员、财经副区员、正副主任、大队长、股长、军需员、会计、书记兼会计、秘书、科员，1954 年 9 月选送北京农机学院深造，后任淮海农场财务科副科长，1974 年调任江苏生产建设兵团工资改革办公室副主任，

1976年调省农垦局，任劳经处处长，计财处处长，1986年2月，离休。2016年病故。

盛能力

1924年2月出生，浙江慈溪市人，1949年4月参加工作，1956年5月加入中国共产党，毕业于苏北农学院，新疆八一农学院研究生，历任工人、学生、实习生、农业技术员、农场生产科正副科长，1968年10月任农场革委会副主任，兵团二师十团生产股副股长。1976年调省农垦局，任农业处、科教处副处长，其间出国任厄瓜多尔农业部顾问，1984年离休。

周道中

1931年6月出生，江苏高邮人，初中文化，1949年4月参加革命，1950年6月加入中国共产党。历任支书、乡长、县团委书记，团省委处长。1969年10月，调任淮海农场10团组织股副股长。1975年10月，调任农垦局政治处处长、局党委委员。1983年调任省计生委副主任。1991年6月离休，享受副厅级待遇。

万金萍

女，1950年3月出生，江苏连云港市人，初中文化，1972年8月入党。1970年3月22日，上山下乡，在江苏生产建设兵团7营28连工作。历任班长，排长，指导员，营教导员、副场长。1981年，调任连云港市江苏生产建设兵团砖肥厂副厂长。1983年，调东风制药厂、天晴正大集团制药公司，任工会主席。2005年退休。2013年2月病故。

叶金珠

女，1945年3月出生，江苏无锡市人，初中文化，1963年10月参加工作，1966年10月加入中国共产党。历任农工、社教工作队队员、副队长，副政治教导员，代政治指导员，团委委员，兵团撤销后任党的核心小组成员。1996年4月任农场副场长。1979年1月调农垦第三纺织厂任副厂长，工会主席等职，2006年3月退休。

陈忠明

1928年3月出生，江苏盐城人，初中文化。1946年6月参加革命，1947年11月加入中国共产党，为盐城县警卫连、县中队、二十四军战士、警卫员、学员。1951年1月，在二十四军后勤部任班长、上士，1952年10月入朝参战。1953年12月，历任七十四师任炮长、司务长、副连长、连长、师直农场、七〇师八一农场任政治协理员、副场长、场长。1973 年 5 月，任七十师 210 团副团长。1976 年 2 月，任淮海农场副场长、副书记、场长、顾问，1988 年离休。2011 年 5 月病故。

王锦香

1924 年 5 月出生，江苏大丰人，1946 年 2 月参加革命，同年加入中国共产党。历任副队长、事务长、乡长、乡政治指导员、青年主任、支部书记，副政治教导员、政治教导员、班主任、中队长、副书记、分场书记、场长、场直党总支书记，1979 年 6 月，任淮海农场党委副书记，场党委委员。1984 年 1 月离休，1988 年 10 月病故。

李如俊

1930 年 10 月出生，江苏高邮人，1955 年 10 月，参加工作，高级农艺师。1982 年 10 月加入中国共产党。历任淮海半农半学学校教师、教导主任。10 团生产股农业技术员，淮海农场农业科技术员、副科长、科长、副场长。1984 年 3 月，任淮海农场场长，1985 年 11 月调任农垦职大副校长，1990 年 10 月退休，2012 年，因病在淮阴去世。

薛元海

1940 年 6 月出生，江苏武进人，大学文化，农业推广研究员。1965 年 1 月参加工作，1978 年 8 月加入中国共产党。历任淮海半农半读学校教师、10 团农业股技术员、农场农业科技术员。1982 年 7 月，任农场农业科副科长、农艺师、高级农艺师、农场党委书记、场长。1988 年 5 月调任农垦职大副校长、农业推广研究员（正高）。2001 年淮阴工学院工作，省植保学会、植物病理学会理事。

纪明全

1944 年 10 月出生，江苏盐城人，大专文化，1962 年任淮海农场三垛分场会计。1969 年 3 月后，历任二师 10 团 6 营 43 连指导员、营副、教导员、团副参谋长。1975 年 9 月，任淮海农场副场长、副书记、党的核心领导小组成员、场革委会副主任。1979 年 3 月，援藏任西藏自治区山南地区农牧局局长、党组书记。1982 年 12 月，任江苏省盐城地区农垦局局长，党委书记。1992 年 12 月，中国农垦上海公司任总经理、党委书记。盐城市四至八届人大代表，1984 年中共江苏省党代会代表。1989 年参加兴办中赞友谊农场。2004 年退休。

周布卿

1938 年 7 月出生，江苏东台人。1960 年 9 月，盐城农专读书。1962 年 9 月，回乡劳动。1969 年 6 月，苏北农学院毕业分配到弶港农场工作，历任 16、22、21 连指导员，农场办公室秘书，农场政工科科长，副场长，副书记。1985 年调任淮海农场党委书记，1988 年 3 月，任淮海农场场长，1992 年 12 月，调任盐城农垦局工会主席，1998 年 7 月退休，享受正处级待遇。

叶秀河

1946 年 10 月生，江苏省滨海县人，大专文化，高级经济师。1970 年 4 月至 1980 年 9 月担任滨海县蔡桥、八滩镇机械厂生产员、县手工业局办事员。1980 年 10 月至 1992 年 11 月任淮海石油机械厂副组长、科长、副厂场、厂长（副场级），1992 年 12 月，任淮海农场场长，场党委副书记。2002 年 12 月，调任江苏农垦大华种子公司党委书记。

尤锦华

1948 年 12 月出生，江苏滨海县人，1964 年 10 月入伍，历任班长、副排长、排长，1975 年 10 月转业至农场，历任农场人武部干事、副部长、部长。1984 年 3 月任淮海农场纪委书记、工会主席，1993 年 6 月，任淮海农场党委副书记、书记。1995 年 8 月，调黄海农场任党委副书记、督导员。2008 年退休。

叶崇山

1926 年 12 月出生，浙江金华县人，大专文化，高级农艺师。1983 年加入中国共产党，1948 年 12 月参加工作，总农艺师。农建四师时期历任农业技术员、副队长。1954 年 9 月，北京农业机械化学院进修。历任淮海农场分场技术员、农科站副站长、农业科技员、副科长、科长。1983 年 5 月农牧渔业部表彰为"农业技术推广先进工作者"。1989 年 8 月，农业技术推广获农牧渔业部三等奖，1991 年省农作物协会"从事省农业科学技术 30 年先进个人""农业技术推广先进个人""地膜棉新技术推广科技一等奖"。省农学会、省作物学会会员。2012 年，入选建场 60 周年 10 大杰出人物。1992 年离休。

王治

1924 年 12 月出生，安徽阜阳人，大学文化，高级工程师，总工程师，市政协常委

（1981 至 1985 年）。1952 年南京大学毕业分配至淮海农场，从事农机工作。1976 年在工业学大庆中主持研制、设计气门唑，获农业部科技进步三等奖，获部优产品，1983 年 9 月国家农牧渔业部授予"先进个人"称号。1984 年 5 月获国家部委、纪经委、省农牧渔业部、林业部等四部委先进个人。省农机学会理事。淮海农场建场 60 周年杰出人物。2003 年 10 月去世。

陈俊

1957 年 11 月出生，江苏射阳县人。中国共产党员。大专文化，高级农艺师。1981 年 12 月参加工作，1985 年 12 月入党。1982 年至 1994 年 6 月在临海农场先后担任分场技术员、助理农艺师、农科站站长、农艺师、分场副场长、副书记、分场长、书记、农业科长。1994 年 7 月，任淮海农场副场长、副书记、场长。1993 年 4 月被盐城市"工会"授予"优秀企业家"称号。2004 年 4 月，盐城市政府授予"盐城市第五届劳动模范"。盐城市劳模协会常务理事、市企业家协会副会长。2006 年 11 月后，调任宝应湖农场书记、临海农场副场长。

徐开泉

1952 年 12 月出生，江苏扬州人，1970 年 9 月参加工作，1975 年 8 月加入中国共产党，大专文化。高级政工师。射阳县 8、9、11 次党代会代表。1988 年 2 月电大法律专业毕业。1990 年 12 月，农业部北京农垦管理学院学习结业。1970 年 9 月，兵团二师 10 团 3 营 13 连农工。1970 年 3 月入伍。1976 年 4 月，淮海农场供应站，盐城地区农垦局工作队营业员、队员、门市组长。1978 年 12 月，淮海农场政工科、组织科办事员，见习干事，干事，副科长，科长，党委委员。1989 年 5 月，淮海农场工会副主席，主席，农场党委委员，1993 年 6 月，任淮海农场党委副书记。2003 年 12 月，淮海农场书记。2007 年 1 月，调任东坝头农场书记，2013 年 1 月退休。

许峰

1962 年 12 月出生，江苏泗阳人，中国共产党员，大专文化，高级农艺师。1978 年 8 月参加工作，1978 年 8 月，黄海农场历任机耕队职工、农机科技术员、分场技术员、副场长、农服中心副主任、农场副场长、场长、党委副书记。1983 年 9 月，农垦职大读书。1990 年 3 月，调任泗阳农场副场长。2006 年 12 月，调任淮海农场场长、党委副书记。2011 年 5 月，任黄海农场场长。2012 年 4 月任省农垦集团农业发展公司副总裁。

束向红

1956 年 5 月出生，江苏省东台市人，中国共产党党员。1981 年毕业于盐城师范学院中文系，中学高级教师。1981 年 8 月弶港农场任中学教师、教导主任、校长、教育科长、宣传科长、党委副书记、纪委书记、工会主席等职。2003 年 11 月至 2006 年 11 月任东坝头农场党委书记。2006 年 12 月任淮海农场党委书记兼纪委书记、工会主席、农场场长、党委副书记。中国散文学会会员，中外散文诗研究会会员，《作家与读者》专栏作家，《中国文艺》驻地作家，盐城市杂文学会会员。

王进强

1966 年 4 月出生，江苏东台市人，中国共产党员，大学文化，高级农艺师。1992 年 10 月参加工作，射阳县十一届、十二届人代会代表。1990 年 8 月，任淮海农场分场技术员、分场副场长，种子公司经理、书记。2008 年 5 月，调任淮海农场副场长（主持工作）。2011 年 12 月，调任淮海农发分公司经理、淮海农场党委书记。2017 年，调任苏垦农发纪委书记、副总经理。

李卫东

1964 年 1 月出生，江苏东台市人，大学文化。1980 年 3 月参加工作，1987 年 3 月加入中国共产党，高级政工师。1992 年 6 月，中央党校干部函授学院大专班政治专业学习毕业。2006 年 6 月，江苏省委党校干部函授学院公共管理专业本科毕业。1979 年 9 月调任新曹农场学校教师，农场工会干事、团委副书记、工会专职常委，新曹农场缫丝厂党支部书记、工会主席、总支副书记、工会主席。1997 年 11 月，任新曹农场办公室副主任，宣传文化中心副主任、主任，工会副主席，办公室主任等职。2011 年 12 月，调任淮海农场党委委员、纪委书记、工会主席。2016 年 1 月，调任黄海农场党委副书记、社区主任、苏垦农发黄海分公司经理。苏垦农发黄海分公司书记、党委委员。滨淮农场有限公司董事长，

单祥忠

1963 年 10 月出生，江苏大丰市人，大学文化，高级农艺师。1985 年 6 月毕业于江苏农学院农学系。1985 年 7 月参加工作，1994 年 3 月加入中国共产党，历任新洋农场农业技术员、农科站站长、副所长、农业科副科长。1994 年 3 月任赞比亚中赞友谊农场副场

长。1997年12月，任农业科副科长（主持工作），1998年12月，任黄海农场副场长。2006年11月，任临海农场党委书记、纪委书记、工会主席、场长。2018年，任淮海农场有限公司党委书记、董事长、总经理、党委委员，射阳县党代会代表、政协委员。

王立新

1966年8月出生，江苏涟水人。农业推广硕士研究生，高级经济师。1986年7月，参加工作，1995年11月，加入中国共产党。历任淮海农场多种经营公司副经理（主持工作）、乳品厂厂长、农场办公室主任、副场长。2006年12月，任新洋农场党委书记、纪委书记。2007年10月，任滨淮农场场长、党委书记；2011年11月任新洋农场党委书记，江苏省农垦农业发展有限公司新洋分公司总经理。2014年10月，任江苏农垦集团公司办公室主任。2016年3月，任苏垦农发党委书记、总经理。2020年2月任苏垦集团副总经理、党委委员。

余新放

1959年5月出生，浙江温州人，大专文化程度。1986年8月，参加工作，1987年12月，加入中国共产党。历任新洋农场大队会计、统计、劳资科干事、农场办公室副主任、劳动服务中心主任、医改办主任，场长工作部部长兼劳资科科长。2001年7月，任新洋农场副场长。2006年12月，任淮海农场副场长。2011年12月，任新洋农场有限公司党委书记、党委委员、社区管委会主任。

王玉林

1927年3月出生，安徽萧县人，大学文化，1952年9月，北京农业大学毕业，分配参加农建四师开荒建场工作。历任实习生、科员、农业技术员。1981年12月加入中国共产党，1964年7月，调新洋农场农科所任农业技术员，1984年9月，任新洋农场总农艺师，有多项科技成果获部省级奖励，1994年2月，享受二档政府特殊津贴。1987年3月退休。2016年因病去世。

陈金祥

1924年10月出生，江苏盐城南洋人，1942年参加革命，1943年5月加入中国共产党。任南洋镇任办事员、乡党支部书记等职。1945年入伍，先后在盐东县独立团警卫连、步兵一〇二师304团警卫连任政治教导员，部队转业后先后，历任淮海农场人事科副科长、团委书记、办公室主任。1960 年任淮海农场副场长，1970 年任江苏建设兵团二师 10 团副参谋长。1975 年，任临海农场场长，副书记。1983 年，获国家农牧渔业部颁发"长期坚持农牧渔业技术推广工作成绩突出"荣誉证书，1984 年离休。2014 年因病去世。

周赤波

1923 年 11 月出生，江苏淮阴人，1940 年参加工作，1940 年 2 月加入中国共产党。1940 年 8 月，二师七旅干校学员，1942 年 3 月任淮安县民政科办事员，学救会长。1945 年 5 月任淮安县民兵总队、县武委会会计兼秘书。1946 年 7 月任淮安县民兵总队供给股股长。1949 年 3 月任华东警备第九旅 27 团供给处副主任。1950 年 12 月任步兵一〇二师 306 团供给处主任，后勤处主任。1952 年 4 月任农业建设第四师后勤处供应科长，12 团办公室主任，工程科长，1955 年 9 月，任淮海农场基建科科长，临海分场场长、党委书记，1957 年 3 月任中国农业科学院南京农业机械化研究所行政科长，1962 年 8 月任洪泽湖农场副场长。1966 年 1 月任黄海农场副场长，1969 年 11 月任兵团二师 7 团司令部副参谋长。1975 年 8 月调任大有农场办事组组长。1975 年 11 月，调任淮海农场领导小组成员，革委会副主任，农场副场长，1983 年 12 月离休，享受厅局级待遇。2000 年 9 月在盐城去世。

徐美俊

1939 年 11 月出生，江苏响水县人，中专文化。1962 年 7 月，淮海农业学校毕业，分配淮海农机修造厂工作，历任技术员、车间主任、生产科长。1973 年 8 月、1979 年 10 月两次出国，支援坦桑尼亚姆巴利拉农场，回国任淮海农机修造厂副厂长、厂长。1985 年 3 月调任淮海农场副场长。1994 年 7 月，调任江苏农垦淮安地区农垦局建筑安装公司经理。1989 年 11 月因病去世。

邵子良

1925 年 5 月出生，江苏涟水县人，1947 年 11 月参加革命，1948 年 10 月加入中国共产党，历任战士、队长、农建四师工程科科员（正连级）。部队转业后调任盐城地区交通局副科长，滨海县陈涛公社副社长。1963 年 4 月，调农场工作，历任三垛分场副场长、红星分场革委会主任、农场农业科科长。兵团时期，历任 10 团 1 营副营长、团后勤处副处长。1979 年 6 月任淮海农场副场长，党委委员。2009 年 3 月因病去世。

傅积中

1932 年 9 月出生，1955 年 9 月参加工作，1954 年 12 月加入中国共产党。大学文化，高级工程师。大学毕业后分配到农场，历任农场农机科技术员、连长，农机修理厂技术员、组长、副厂长，农场农机科副科长、科长。1977 年 9 月，出席全国"工业学大庆"会议，受到党和国家领导人的接见。1979 年 10 月，调任淮海农场副场长，党委委员。1983 年 1 月，调省农垦局，历任外经处副科长、科长，副处长、处长。1993 年 10 月退休。

王书聪

1937 年 6 月出生，山东日照人，大学文化程度，高级工程师。1959 年 10 月，北京农机学院毕业分配至农场，历任淮海农机学校教师，10 团机运股技术员，副股长，农机科科长。1982 年 5 月，任淮海农场副场长。1975 年、1983 年两次去坦桑尼亚任农机组长、专家组副组长。1979 年受联合国拖拉机训练班邀请去孟加拉国讲课。1984 年 4 月，调任江苏农垦农机监理所总工程师，1998 年 10 月退休。2020 年 4 月因病去世。

黄广吉

1941 年 6 月出生，江苏兴化人，1961 年 9 月参加工作，1966 年 9 月加入中国共产党。高中文化。工作后历任淮海农场财务科会计、副科长、科长。1984 年 3 月至 1985 年 7 月任淮海农场副场长。1985 年 8 月，调任省农垦局财务处科长，后调任省审计署副处长、处长。2001 年 6 月退休。

顾家成

1946 年 10 月出生，江苏阜宁人，1968 年 10 月入党，高级政工师，大专文化。1965 年入伍，在部队历任战士、公务员、警卫员。1969 年 10 月复员，分配至淮海农场，历任副班长、排长、副指导员、指导员、分场副场长、场长；针织总厂、粮食加工厂厂长。1988 年 4 月，调任淮海农场副场长。1993 年 1 月，调任东坝头农场场长。1996 年 1 月，调任滨淮农场工作组组长、场长、党委书记。

张士斌

1947 年 10 月出生，江苏滨海县人，高级农艺师，1986 年 10 月加入中国共产党。

1982 年 8 月，南京农学院毕业分配农场工作，历任分场农业技术员、农场农业科技术员、副科长、科长。1990 年 2 月任淮海农场副场长，党委委员。2004 年内退，2007 年 1 月退休。

黄胜亮

1947 年 2 月出生，江苏滨海人，毕业于盐城师专，大学文化，高级教师。1981 年加入中国共产党。1969 年，黄海农场参加工作，历任中学教师、副校长、校长，教委主任、总支书记。1993 年 2 月，调任黄海农场宣传科科长，办公室主任，教育科科长。1995 年 10 月，调任淮海农场办公室主任、副场长、党委委员。2009 年 10 月内退。

韩绪楼

1954 年 8 月出生，江苏泗洪县人，大专文化，高级经济师。1984 年 5 月加入中国共产党。1971 年 1 月参加工作，1971 年 1 月兵团二师 7 团（黄海农场）2 连和一机队职工、统计员、驾驶员、组长。1984 年 11 月任黄海农场新荡修理厂，黄海机械厂副厂长（主持工作）、厂长、支部书记。1994 年 10 月至 1996 年 10 月，黄海农场场长助理，副场长。1996 年 11 月调任淮海农场副场长，党委委员。2011 年 10 月内退。

贺在锐

1967 年 7 月出生，大学文化，1986 年 3 月在黄海农场三分场参加工作，1994 年 12 月加入中国共产党，1996 年 3 月毕业于江苏省农业大学农业管理专业证书班。2007 年毕业于北京应用技术大学经济管理专业四年制大学本科。2010 年 10 月，参加美国美联大学工商企业管理 MBA（研究生班）学习，1986 年 3 月，任黄海农场机耕队驾驶员、副队长、队长。2001 年 1 月，黄海农场分场副场长、场长、总支书记，2008 年 1 月，黄海农场场长工作部部长、场长助理。2011 年 5 月，调任黄海农场副场长、农发黄海分公司副总经理、党委委员，2003 年 9 月，调任淮海农场场长、党委委员。2012 年 10 月任临海农场党委书记，2018 年调任黄海农场有限公司任党委书记。

王灿明

1972 年 12 月出生，江苏阜宁县人，大学文化，学士学位，1996 年 7 月参加工作，1997 年 7 月加入中国共产党，高级农艺师。1996 年 7 月淮海农场三分场农业技术员，2001 年 4 月，三分场二十大队任大队长，2002 年 12 月，任淮海农场农科所副所长，2007

年3月，任第四管理区副主任，2008年3月省委驻灌南扶贫工作队队员，2009年12月，任农场农业中心党支部书记，2011年12月，苏垦农发淮海分公司任总经理助理。2013年6月，任苏垦农发淮海分公司副总经理、总经理，工会主席。淮海农场纪委书记、党委委员。

孙司正

1963年5月出生，江苏泗洪人，大学文化，1979年10月参加工作，1985年加入中国共产党。历任黄海农场变电所副所长、所长、支部书记，机电中心主任助理、副主任，黄海农场社区常务副主任、总支书记。2009年9月以后，历任黄海农场场长助理，党委委员，社区工会主席、总支书记。2017年调任淮海农场有限公司副总经理、社区副主任。2020年5月，内部退养。

陈海军

1975年4月出生，江苏射阳人，1997年8月参加工作，2007年10月加入中国共产党。历任淮海农场六机站、农机科、农水中心技术员。淮海农场农业发展中心主任助理、副主任，农场水利服务中心主任，农机监理所副所长，苏垦农发淮海分公司农机水利中心主任、总经理助理，副总经理，淮海农场党委委员，淮海农场有限公司党委委员。2019年4月，调任苏垦农发滨淮分公司副总经理、滨淮农场有限公司党委委员。

李海峰

1973年7月出生，江苏滨海县人，大学文化，高级经济师，2004年加入中国共产党。1997年7月参加工作，历任淮海农场分场部、政研室工作人员、国有资产管理科干事、农场工作部秘书、副部长（主持工作）、部长，机关党总支书记。2014年1月，任农场场长助理。2006年7月，任淮海农场党委委员，副场长。2017年9月，调任江苏农垦麦芽有限公司纪委书记。

孙国祥

1971年2月出生，江苏射阳县人，大学文化。1990年3月入伍，历任战士、上士。1993年9月加入中国共产党，政工副研究员，1994年12月，射阳县电视台实习记者，1996年11月，农场组宣部办事员、干事。2006年5月，淮海农场文化中心干事，2007

年 3 月任淮海农场党委工作部副部长，2012 年 6 月，淮海农场宣传科副科长（主持工作），2014 年 1 月，淮海农场宣传科科长。2015 年 4 月，临海农场挂职任场长助理。2017 年 10 月，任淮海农场宣传科科长、场长助理。2018 年 6 月，任淮海农场有限公司党委委员、纪委书记、工会主席。擅长新闻宣传、摄影、摄像，曾有多项作品获苏垦集团和各级报刊奖励，曾被评为射阳县、省农垦优秀党员、企业文化建设先进个人，优秀宣传干部、优秀工会积极分子。

贺在利

1974 年 11 月出生，江苏泗洪人，大学文化，1994 年在黄海农场三分场参加工作，2009 年 5 月加入中国共产党。1993 年 7 月，毕业于江苏农垦中等职业技术学校（东辛农机校），1997 年 7 月南京农机校农机修理专业，农垦班毕业，2013 年 7 月，盐城师范学院机电一体化专业毕业。2017 年 1 月，郑州大学电气工程及自动化专业毕业。1994 年 1 月，任黄海农场机耕队修理工、副队长、农机站副站长、农机监理员、队长等职。2011 年 12 月，任黄海农场队长、主任助理、主任、总支书记等职，2020 年 2 月，任苏垦农发淮海分公司总经理助理、副总经理，淮海农场党委委员。

李文忠

1965 年 4 月出生，江苏滨海县人，大学文化。1982 年 6 月参加工作，1993 年 12 月加入中国共产党，助理工程师。2007 年 7 月，毕业于淮阴工学院农学专业。2011 年 7 月，中央广播电视大学工商管理专业毕业。1982 年 6 月后，历任滨淮农场职工教师、机耕队驾驶员、副队长、队长、副书记、书记。2002 年 3 月至 2011 年 6 月，任滨淮农场管理区副主任、主任、副书记，2011 年 12 月至 2013 年 6 月，任苏垦农发滨淮分公司办公室主任，2013 年 7 月，任苏垦农发滨淮分公司总经理助理、副总经理、工会主席，2020 年 2 月，调任苏垦农发淮海分公司副总经理、工会主席。

戴学林

1974 年 8 月出生，江苏建湖县人，2002 年 9 月加入中国共产党，大学文化，高级农经师。1997 年 9 月参加工作，至 2020 年 10 月，新洋农场历任农业中心办公室秘书、团委书记、文化中心主任、党委工作部副部长、纪委书记，苏垦农发人力资源部经理，新洋农场纪委书记、党委委员。2020 年 11 月，调任淮海农场有限公司副总经理、工会主席、社区副主任，党委委员。

第二节　知青人物

张士淮

1948年2月出生，江苏无锡市人，1969年3月，农场红光分场二八新点职工，1973年推荐上大学，毕业后回无锡长期从事财政管理。2005年，援疆任伊犁州常委、霍城县委书记。2006年，总书记胡锦涛视察新疆时亲切接见。2007年，时任国务院总理温家宝视察新疆时亲切接见，援疆任务结束后，先后担任无锡市财政局局长、无锡市第十二届政协副主席、党组副书记。

晁念胜

1951年5月出生，江苏徐州市人，1968年参加工作，历任淮海农场班长、副排长、支部书记。1973年推荐上大学，毕业后到徐州工作，1992—1999年援藏。历任徐州市委组织部秘书、副科长、科长，共青团徐州市委副书记，淮海战役纪念馆管理处处长，邳县长，西藏谢通门县委书记，地区行署经济体制改革委员会副主任、副专员，徐州开放大学副校长，江苏城市职业技术教育学院徐州分校副校长。

胡新凤

女，1951年9月出生，徐州知青，1970年1月，兵团10团7营28连战士，历任副班长、排长、副指导员。1972年加入中国共产党。1975年大学毕业后分配到徐州20中；1977年调到安徽省科委政治处工作，历任安徽省科委（后改名为科技厅）团委书记，副处级调研员，直属机关党委专职副书记、人事处处长。其间在电大汉语言专业毕业。安徽省教育学院（后改名为合肥师范学院）任纪委书记。2011年10月退休，享受副厅级待遇。

余锡生

1945年10月出生，江苏无锡市人，1963年12月，农场头庄一队职工，1964年12月，应征入伍，历任空军某部战士、政治干部、上海空军政治学院副院长，大校军衔，退休后享受副军职待遇。

王忠

1949 年 2 月出生，江苏无锡市人，1969 年 3 月来农场，任连队农业技术员、副排长，人称"水稻谜"。1974 年，受兵团嘉奖，并推荐到江苏农学院读书，1977 年，留校任教，1980 年，攻读植物生理学研究生，获中国科学院生物学科理学硕士学位。1991 年二度公派赴日留学，主攻植物超微结构和水稻开花机理，回国后获国家自然科学基金资助，主持 20 项研究课题，主编和主讲了国家精品教材《植物生理学》，发表论文近百篇，撰写出版了《水稻开花与结实》——水稻生殖器官发育图编，破格晋升为教授，享受国家特殊津贴，省教学名师，博士生导师，当选为扬州市政协常委，江苏省政协委员。

钱焕琦

女，1952 年 8 月出生，江苏无锡市人，1969 年 3 月，淮海农场红旗分场二队职工，1971 年 6 月，加入中国共产党。历任班长、排长、副连长、营副教导员。1975 年，南京师范学院中文系读书，1978 年，留校任教，后聘为教授，历任南师大公共管理学院副院长、金陵女子学院院长，已出版著作、教材 30 余部，发表论文 100 余篇。

卞三荣

1953 年 8 月出生，江苏无锡市人。1969 年 3 月，淮海农场红星二队七组职工，5 月调红星二队食堂工作，1970 年兵团二师 10 团 7 营 28 连炊事班班长、保管。1973 年 8 月，加入中国共产党。1973 年 11 月推荐考试进入常州财经学校学习（中专），1975 年 8 月，分配至无锡市财政局工作（后为无锡财政税务局）。1979 年 2 月，调中国建设银行无锡分行工作。1981 年 11 月，任建设银行拨款一科副科长，1984 年 4 月，中共江苏省委党校经济理论干部专修班学习（大专）。1984 年 5 月后，历任建设银行无锡分行综合科科长、监察审计科科长、中国建设银行宜兴支行行长、中国建设银行江阴支行长；1996 年 1 月，后任中国建设银行无锡分行副行长、行长、党委书记。2013 年退休。

蒋建萍

女，1953 年 2 月出生，江苏无锡市人，1969 年 3 月淮海农场红星二队职工，任五班班长。1970 年，任江苏生产建设兵团二师 10 团 7 营 28 连排长、副指导员。1971 年 5 月，加入中国共产党。1973 年，任 10 团 7 营副教导员。江苏省妇联执委。1975 年，任淮海农场五分场团总支书记、副场长。1976 年，任淮海农场四分场党总支副书记、场长。1979

年，任江苏省农垦局商业办公室副科长。1980 年，派驻北京中国农垦农工商总公司。1982 年江苏省农垦局驻南京筹建农垦中山大厦。1983 年，调无锡市总工会办公室，历任民主管理部副部长、太湖工人文化宫副主任、国际联络部部长、市总政策研究室主任、市工人运动学会秘书长、市总工会组织部纪检干部。2008 年退休。

朱永仁

1944 年出生，江苏无锡市人，高级教师，1963 年 12 月，农场头庄二队职工，历任农场政治处青年干事、保管员、司务长、后勤处工作人员、宣传干事等职。1979 年 3 月，回城后历任中学教师、教务主任、市高招办、自考办书记、主任、市三中书记、校长、市工业学校书记、校长，2005 年退休。

陈新民

1969 年 3 月出生，江苏无锡市人，淮海农场职工，历任班长、副排长，1972 年 12 月应征入伍，在南京军区舟山要塞从事军事管理工作，后在陆军指挥学院从事军事教育工作。历任连长、参谋、教员、处长、国际军事教育交流中心主任，首席教授等职、专业技术 3 级（副军职），大校军衔。

王德莉

女，江苏无锡市人，1969 年，淮海农场五连职工。1979 年 1 月，回城后长期从事法律工作。2000 年 4 月，国务院授予"全国先进工作者"称号，2003 年 2 月第十届全国人大代表，曾获最高人民法院"全国法院模范""人民满意好法官"称号。

陈曾

1946 年 3 月出生，江苏无锡市人，注册会计师。1963 年 12 月，淮海农场三垛分场三队职工。1964 年调到分场试验组任五分场、一分场机耕队会计。1979 年 3 月，回城分配至无锡市五金公司工作，任财务科会计、副科长。1981 年加入中国共产党。1983 年，任无锡市商业局财务科长、财务审计处处长。1985 年，参加全国财贸干部管理学院进修，1992 年，任无锡市五金公司总经理。2001 年，任无锡市东华会计师事务所所长。

殷毅中

1944 年 2 月出生，江苏无锡市人。1963 年 9 月，淮海农场三垛分场三队职工，

1965年春调到分场部任植保员。1966年，负责全场水稻病虫害预测预报工作。1972年，兼任江苏生产建设兵团二师10团7营农技员。1977年，调任淮海农场六分场技术员。1979年，回锡，到母校无锡市清名桥中学任高中英语教师。历任英语学科组长、教务主任、副校长。1988年加入中国共产党。2015年加入无锡市诗词协会和碧山吟社，中华诗词学会。参加编译国际学术论文集《植物耐寒性及防寒技术》（书刊学术出版社），2015年，获第九届新视点抗战精神赞全国诗词大赛金奖和华鼎奖全国诗词大赛金奖。

张和平

女，1952年出生，江苏无锡市人，1963年9月，初中毕业下放农场红光分场7连，1973年4月加入中国共产党。历任班长、副排长、副连长、苏垦地毯厂副教导员，出席师青代会、兵团青积代会，1979年1月回城，在深圳市政府政策研究中心工作。

金秋

女，1949年8月出生，江苏无锡市人，1969年，淮海农场八连职工。1972年，加入中国共产党。1979年1月，回城后被选派到中国人民大学短期进修。1997年，评为高级会计师。2015年，出版25万字的个人文集《金秋》的落叶。1993年被选为中国医药会计学理事，现为无锡市作家协会理事，中国散文家协会会员，无锡市知青文化研究会《无锡知青》杂志编委。

陈德胜

1948年10月出生，江苏连云港人，1967年9月，锦屏中学初中毕业来兵团二师10团7营26连，历任战士、团支部书记、排长、副连长、指导员、党支部书记、民兵营长、派出所干警。1982年，调任无锡日报报社，历任团总支书记、印刷厂书记、厂长、经营部书记、副总经理、组织人事部保卫处处长、工会副主席，高级政工师，2018年退休。

承大光

1949年11月出生，江苏无锡市人，1969年3月，淮海农场职工，历任农工、营部通讯员，1972年，推荐去盐城师专读书，毕业后分配至红卫分场教师。1978年，考入"南京化工学院"读书，大学毕业后分配到中石化无锡地质实验室工作，任副所长。

彭刚

1949 年 2 月出生，江苏无锡市人，1969 年 3 月，淮海农场红卫分场农牧队职工，后参军入伍，复员回无锡市，到无锡市委工作，历任领导秘书、无锡市人事局、土管局局长。

殷志麟

1951 年 3 月出生，江苏无锡市人，1969 年 4 月，淮海农场红星分场第三生产队职工，历任班长、文书。1972 年应征入伍，在南京军区舟山要塞服役，从事教育训练。1993 年转业后到无锡市广播电视局、中央电视台无锡外景基地（太湖影视城）、无锡广播电视台，从事广播电视管理工作。

第三节　其他人物

一、贡献人物

邱维民

1928 年出生，山东济南市章丘市人，大学文化，教授级高级工程师、高级监理工程师，享受国家特殊津贴。农建四师和农场水利技术员。1979 年 11 月调江苏省农垦设计院，历任技术员、工程师、总工程师、农垦监理所所长、总工程师、省监理协会副会长、淮阴市建筑学会地基基础组专家组组长、省水利学会、农垦专业委员会主任、咨询服务部总工程师、省建设监督协会副会长。农场工作期间设计和提出"围圩封闭"改良盐土的工程技术，在省农垦和地方推广。省农垦高标准农田示范工程领导小组成员和技术指导组组长，承担省重点交通水运工程《高良闸》建设任监理工程师，并创立编制了《船闸工程质量评定标准》，获国家科技进步奖、国家最高建筑工程质量奖《鲁班》奖。主持高良闸复线船闸、宁连一级公路、淮江公路、灌溉渠大桥、公铁路立交桥、大运河 2 号特大桥等省内著名工程建设项目监理 28 项，11 项获得部省级奖励。农场建场 60 周年 10 大杰出人物之一。2013 年 6 月去世。

殷俊洪

1953年9月出生，1978年7月考入上海化工学院。1982年6月，就职于中国化工进出口公司，历任任业务员、科长、副处长、处长、驻美国休斯敦副总裁、海外进出口集团公司总裁。公司改制后，创办了HY有限责任公司，任董事长、总裁，在美国华盛顿等城市和国内的香港、上海、成都、南京、北京等地开办分公司，主要经营化工原料，总资产达2.4亿美元。

江希友

1928年8月出生，江苏淮安市灌南县人。1949年3月入伍，历任12团战士、班长。1952年10月，发明"江大锹"挖土新法，农四师一等治河功臣，农建四师垦荒模范。1954年7月12日，当选省人民代表大会代表。1955年农四师转业后，回乡务农。

仇泉

1928年6月出生，江苏南通县人，1951年4月入伍，1954年7月加入中国共产党。历任农建四师战士、副班长、班长、兵团二师10团16连副连长。建场初期的水利建设中，敬称"仇大筐"与"江大锹"闻名全师。1953年11月、1954年4月，两次被评为农建四师二等功臣。2012年4月，被评为农场建场60周年10大杰出人物之一。1988年退休，2020年8月因病去世。

刘少峰

1934年出生，江苏淮阴县人。农建四师文工团团员，著名淮剧表演艺术家。江苏省淮剧团著名演员。早年学艺，主攻淮剧小生，受过名家指点。曾在古装戏《潘金莲告状》《大庙会》《打金枝》《借蓝衫》，现代戏《渔滨河边》《一家人》《黄海前哨》《小宴》《金色的教鞭》《打碗记》《奇婚记》《黄海潮》等戏中扮演主要角色。《潘金莲告状》获省表演二等奖；《黄海潮》获省二届淮剧节优秀表演奖。《金色的教鞭》拍成电影，《草莽皇帝》拍成电视片。录制音像、唱片、磁带多集。刘少峰曾是农建四师文工团团员，历任江苏省淮剧团团长、名誉团长。中国剧协理事、省剧协理事、省文联委员、省淮剧艺术研究会会长、盐城市剧协主席。2000年去世。

二、生产能手

强明生

女，1935 年出生，江苏扬州市人。1951 年 7 月入伍，1952 年 8 月，调任农建四师一分场机耕队（拖拉机训练队）副组长，1954 年，立功受奖。中国第一代女拖拉机手。

郭佩兰

女，1928 年出生，1948 年 12 月入伍，1953 年 8 月加入中国共产党。农建四师梁庄机耕队一名拖拉机手。1954 年，立功受奖。中国第一代女拖拉机手。

张兰

女，1937 年 5 月生，淮海农场 14 大队农工，兵团时期担任排长、副连长。20 世纪 70—80 年代，全场"拾花能手"，农场先进工作者，当选江苏省党代会代表。

周清文

1925 年 12 月出生，江苏泰州县人，1954 年淮海农场农机修理厂车间副主任。1980 年调任靖江减速机厂任车间主任。1956 年 2 月，被评为"江苏省先进生产者"，1957 年 5 月，获"全国农业劳动模范"称号，出席北京全国劳模大会，与毛泽东、周恩来、刘少奇等国家领导人合影。1966 年 4 月，被水利部表彰为"全国水利先进工作者"。

三、种粮大户

顾海坤

1952 年 2 月出生，江苏省滨海县人，高中文化，助理农艺师。1969 年 3 月，南京 132 部队战士，1972 年至 1979 年，任淮海农场 20 大队司务长，1980 年至 2005 年，历任生产队长、分场副场长、场长等职。多次获农场先进工作者、优秀共产党员称号。1995 年被授予江苏农垦"最佳主人翁"称号，2003 年，被农业部表彰为"全国种粮大户"，奖励手扶拖拉机一台。2002 年牵头承租粮田 3560 亩，年粮食总产达 341.76 万公斤，年亩产达到 960 公斤，年产值达到 351.6 万元，净利润 160 万元。

顾洪林

1961 年 5 月出生，大专文化，中国共产党员。1980 年 10 月参加工作，历任牛场场长、生产队长，淮海农场 34 大队大队长。多次被授予农场先进工作者、优秀共产党员称号。2010 年被农业部授予"全国粮食生产大户"称号。2010 年他牵头承包股份田 2500亩，年产粮食总产 280 多万公斤，平均粮食年亩产 1125 公斤。总收入 720 多万元，利润 150 多万元，带动 20 多户职工致富。

四、百岁老人

唐昌明

1912 年 6 月出生，大学文化，1948 年起，从事农业技术工作，后任农建四师、淮海农场农业技术员。1964 年，调任新洋农场农校教师，农科所技师，人称"唐技师"。为人不争强好胜，日常生活随意，不挑食，喜欢吃肉。2012 年 4 月逝世。

张雪娥

女，1921 年 10 月出生，江苏海门市人，1960 年随海门移民来农场。年轻时曾被日本人抓去坐水牢，落下一身疾病。因身体虚弱，不能正常工作。1962 年主动退职，女儿顶替。她与世无争，知足常乐，勤劳俭朴。

邱维珍

女，1920 年 5 月 4 日出生，与次子朱荣美一起居住，老人身体状况良好，可以与人正常交流，偶尔还会帮媳妇剥花生、摘毛豆。

丁吉女

女，1921 年 2 月 13 日出生，生育 6 个子女，身体状况良好，由子女轮流照顾其生活起居。2021 年 9 月 16 日去世，终年 101 岁。

张瑞瑞

女，1920 年 5 月出生，江苏海门市人，1960 年随海门移民来农场。生育 5 个子女，百岁时穿针引线，洗衣做饭种菜。老人性格开朗、乐观，粗茶淡饭，与人相处和睦。2021 年 8 月 10 日去世，终年 102 岁。

附　录

江苏省淮海农场"建场 60 年
大事和人物" 评选结果

二〇一一年四月十六日

根据江苏省农垦集团公司的部署和农场党委的安排，为迎接建场 60 周年，农场于 2011 年 9 月开始，开展了"建场 60 年大事和人物"评选活动。评选活动在广泛宣传的基础上，本着公开、公平、公正的原则，经基层推荐，农场集中筛选，初选出 70 件大事和 16 个人物，并把候选大事和人物刊登在《淮海大地报》上，由职工投票评定出 60 件大事和 10 个人物。评选结果如下。

一、大事（按发生时间为序）

1. **中国人民解放军步兵第一〇二师改编为农业建设第四师**　1952 年 4 月 20 日，中国人民解放军步兵第一〇二师，奉中共中央军委主席毛泽东命令改编为农建四师，部队万名官兵开赴苏北黄海之滨五岸六垛荒草滩屯垦戍边。

2. **"斯大林 80 号"拖拉机首次开进荒草滩**　1952 年 6 月 28 日，第一批"斯大林 80 号"拖拉机开进荒草滩，农建四师从此拥有了当时国内最先进的大型垦荒机械。

3. **建场初期的"三大战役"**　1952 年下半年起，农建四师先后发起了大规模的搭建住房、兴修水利、开荒生产的"三大战役"，初步解决了农建四师的立足与生根问题。

4. **农建四师出版《生产战线报》**　1952 年 7 月 28 日，农建四师创办《生产战线报》，先后出刊 350 期，报纸停刊后设备并入《盐阜大众报》报社。这是淮海农场历史上第一份铅印的内部报纸。

5. **农业部原副部长刘瑞龙来农建四师视察**　1952 年 8 月 14 日，时任农业部副部长、华东棉垦委员会主任刘瑞龙等来农建四师视察。同时，传达陈毅对农建四师是"皇帝的气魄（当家作主），叫花子的干法（艰苦奋斗）"的赞扬，给全师官兵以巨大鼓舞。

6. **农建四师首次成功种植小麦、棉花、水稻** 农建四师分别于 1952 年 10 月第一次试种 1000 多亩小麦，1953 年 4 月第一次试种棉花，1953 年 5 月第一次采用机械旱直播种植水稻。

7. **农业部推广农建四师积肥经验** 1952 年 12 月，农业部发出关于积极推广农建四师积肥经验的文件，在广大农村掀起了声势浩大的积肥运动。

8. **"国营淮海农场"正式命名** 1953 年 4 月 20 日，经中央军委批准，"国营淮海农场"被正式命名。命名为淮海农场是因农建四师前身一〇二师的主力部队曾参加过淮海战役，同时农场所在地又处于淮河下游黄海之滨和临近淮海战役的东部战场。

9. **农场大量引进和招进各类人员** 1953 年，第一次从外地引进一批农业技术人才；1958 年和 1960 年，分别从东台、海门等地招进大批人员；1991 年 3 月，农场从淮阴、沭阳等地招进一批退伍军人。

10. **农场兴办拖拉机修理厂** 1953 年 12 月 14 日，淮海农场拖拉机修理厂（前身系农建四师军械修理所）正式开工兴建，1954 年 6 月 29 日竣工投产，设计能力为年修理 100 台拖拉机。

11. **全国慰问团来农建四师慰问** 1954 年 3 月，全国人民慰问解放军代表团第四总团第三分团在朱春苑、陈敏之率领下，来到农建四师慰问，受到万名官兵的热烈欢迎。

12. **农建四师官兵彻底转业** 1955 年 9 月，中国人民解放军农业建设第四师建制撤销，全体官兵彻底转业，由供给制改为工资制。

13. **农场创办全日制中小学校** 1956 年 9 月，农场创办了小学；1968 年 8 月，创办了初中；1971 年 12 月，创办了高中。共培养 12000 多名小学生，8000 多名初中生，4000 多名高中生。2002 年 7 月，学校整体移交地方政府。

14. **农业单位推行"三包一奖"制度** 1958 年 3 月，农场农业推行"三包一奖"制度，即包成本、包产量、包面积和超额完成奖励。1966 年、1967 年，农场大部分植棉职工获得奖励。

15. **农场开办农业、财会类学校** 1958 年 5 月至 1961 年，农场开办了淮海农校，面向社会招生，列入全国统一招生计划；1964—1970 年，农场开办了半农半读农业技术学校，开设作物栽培专业；1983 年 9 月，农场开办了职工学校。

16. **临海分场划出，独立建场** 1960 年 4 月 18 日，农场原临海分场被批准单独建立江苏省国营临海农场，原临海分场人员、资产等一并划出。

17. **大批知青来场**　1962—1977 年，农场先后接收和安置无锡、苏州、徐州、盐城、连云港、阜宁、射阳等地知识青年共计 7000 余人。1979 年，知青陆续返城。

18. **江苏生产建设兵团第二师第 10 团成立**　1969 年 10 月 28 日，中国人民解放军南京军区江苏生产建设兵团第二师第 10 团正式成立，撤销国营淮海农场建制；1975 年 6 月，经国务院和中央军委批准，撤销生产建设兵团，恢复国营淮海农场建制。

19. **农场推行农业匡圩封闭、治水改土模式**　20 世纪 70 年代起，农场农田水利实行匡圩封闭、治水改土模式，实现了旱能灌、涝能排的生产格局。该项成果后来在江苏农垦和沿海县、市推广，1983 年获省科普奖，1991 年获省农垦科技奖。

20. **农场在 17 连开展水利大会战**　1970 年 12 月，农场 2800 多名干部职工集中在 17 连开展农田水利大会战，原定 5 天的任务 3 天就完成，挖土 5.8 万方，人均挖土 20 方，累计挖沟 40 多条，大中沟 3800 米，挑土铺生 2000 多亩。

21. **农场医院获全国农垦系统先进单位称号**　1979 年 12 月，淮海农场医院被农垦部表彰为全国农垦卫生系统先进单位。

22. **农业单位实行联产计酬承包责任制**　1980 年 3 月，农场农业连队实行联产承包奖赔制度，开始了农业经营体制的改革。

23. **开垦荒地建立东滩分场**　1981 年 12 月，农场投入大量人力、物力、财力，实施东滩开发工程，对海边滩涂碱地进行复垦，坚持养殖和垦荒相结合，到 1984 年复垦土地 8000 余亩，后经批准成立东滩分场。

24. **成立江苏省国营淮海农工商联合公司**　1984 年 6 月 30 日，江苏省国营淮海农工商联合公司成立，在管理上与农场实行一套班子、两块牌子；2004 年 11 月 11 日，江苏省淮海农工商实业有限公司注册登记，这是农场首次进行工商登记。

25. **省政府在农场建立农建四师纪念碑**　1992 年 4 月，建场 40 周年之际，江苏省人民政府在场部建立了中国人民解放军农业建设第四师纪念碑，以纪念农建四师垦荒建场的丰功伟绩。

26. **农场建造文化、体育广场**　1998 年，农场投资 200 多万元在场部建造文化广场；2010 年，农场投资 180 多万元，建造塑胶运动广场，为职工健身、娱乐提供了良好的场所。

27. **农场精神文明建设硕果累累**　1996 年以来，农场连续被评为"盐城市文明单位"；1997 年以来，农场连续被评为"江苏省文明单位"；2011 年 6 月被评为"江苏农垦思想政治工作先进单位"；2011 年 9 月，被授予"盐城市文明单位标兵"称号。

28. **全面实施扩粮工程**　1995 年 3 月，农场实施扩粮工程，即扩粮压棉，实行稻麦轮作，这一种植方式一直延续至今。

29. **职工养老金纳入全省统筹**　1996 年 6 月开始，农场离退休人员养老金逐步纳入全省统筹。

30. **淮河入海水道工程征用农场土地**　1998 年 3 月，国家实施建设淮河入海水道工程，共征用我场土地 3000 多亩，工程于 2002 年年底完工。

31. **《一支英雄的部队》一书出版**　1998 年 9 月 15 日，由省农垦事业管理办公室和省农垦集团公司编印的《一支英雄的部队》一书出版，此书主要记载了农建四师来到黄海之滨垦荒建场的经历。

32. **成功推广新型机插秧技术**　从 1999 年开始，我场引进新型机插秧技术，并购进手扶式插秧机，后引进洋马、久保田等高速插秧机；2009 年 3 月，农场推广硬盘工厂化育秧技术，扩大机插秧面积。

33. **农业土地实行租赁经营**　2000 年 9 月，农场将七分场确定为先交后种、两费自理的租赁经营模式试点；2001 年 9 月，试点工作扩大到一、七分场；2002 年 9 月，推广至全场。

34. **"渠星"牌大米获"全国十大金奖大米"称号**　2002 年，"渠星"牌大米在中国优质稻米博览会上荣获"十大金奖大米"称号，同时被评为盐城市最受欢迎产品。

35. **农场中小学和派出所从农场剥离**　2002 年 1 月，淮海农场派出所从农场剥离；2002 年 7 月，淮海农场中小学校从农场剥离。

36. **实施节水灌溉工程，兴建防渗渠道**　2003 年初，农场从五分场三十八大队开始实施节水灌溉工程，兴建防渗渠道，并逐步向全场推广。

37. **农场医院被批准为医保定点单位**　2003 年 2 月开始，淮海农场医院先后被批准为射阳城镇职工定点医院、滨海县新农合医疗定点医院和射阳县新农合医疗定点医院。

38. **江苏农垦淮海农场社区管理委员会成立**　2005 年 3 月，江苏农垦淮海农场社区管理委员会成立；2006 年 3 月，社区管委会被省农垦集团公司列为社区管理工作试点单位之一。

39. **农场被确定为国家级"无公害农产品示范基地农场"**　2005 年 3 月，淮海农场获得农业部授予的国家级"无公害农产品示范基地农场"称号。

40. **农场被授予"江苏省农业产业化重点龙头企业"称号**　2005 年 5 月，省发改委授予淮海农场"江苏省农业产业化重点龙头企业"称号，加快了农业产业化步伐。

41. **农场加大龙头企业技改力度**　2005 年，农场为米业公司新上一条具有国际先进水平的日本佐竹大米加工线；2006—2008 年，农场先后为米业公司、商物公司、种子公司各上马一条粮食烘干线，先后建成 4 万吨总仓容的标准粮库，为粮食和种子安全生产提供了有力的保障。

42. **实施五岸灌区五期改造工程**　2005 年 12 月，农场投资 1700 多万元（其中国家、省财政资金 1050 万元，农场配套资金 650 万元），完成水利部下达的节水灌溉五岸灌区改造五期工程。这是农场建场以来农田水利工程投入最多的项目。

43. **农场进一步开拓场外投资市场**　2007 年 6 月，农场取得盐城房产独立开发资格；2008 年 3 月，农场投资农垦麦芽项目；2008 年 10 月，农场投资正大苏垦猪业项目；2009 年 6 月，农场投资苏垦米业项目；2011 年 11 月，农场投资射阳麦海房产项目。

44. **农场"四张文化牌"誉满垦区**　2007 年以来，农场积极打造传统文化、广场文化、廉政文化和绿色文化"四张文化牌"，连续成功举办 5 届广场文化节，大力推进了和谐农场建设，提升了农场影响力和知名度，在全省乃至全国农垦系统产生广泛影响。中国共产党新闻网和《农民日报》分别报道，农场就这一做法在 2009 年 6 月全省思想政治工作经验交流会上做了典型发言。

45. **江苏省土地复垦项目实施**　2006—2010 年，连续实施 2 期土地复垦项目，累计有 9 个项目，总投资 3800 多万元，新增耕地 9600 亩，建成防渗渠、排灌站、桥涵闸洞路等一大批农田水利设施，为农场的可持续发展增添了后劲。

46. **农场社区获省"思想政治工作先进单位"称号**　2008 年 1 月，淮海农场社区被江苏省思想政治工作研究会评为"思想政治工作先进单位"；2009—2011 年，农场连续 3 年被省农垦集团公司表彰为"农场社区管理工作先进单位"。

47. **农场党委创办《淮海大地》报**　2008 年 3 月，淮海农场党委创办《淮海大地》报，为四开四版，每月出刊 2 期。这是淮海农场历史上第一次采用最先进的激光照排、胶版印刷的报纸，至 2012 年底出刊 100 期，受到上级和兄弟单位的好评。

48. **农场建造神禾路别墅群**　2008 年 3 月开始，农场利用场部神禾路北侧 1000 多米长的零星地段规划建成了 75 套别墅，成了农场一道靓丽的风景。

49. **"爱莲苑"水生花卉装扮北京奥运会场馆**　2008 年 6 月 23 日，淮海农场"爱莲苑"20 多万株水生花卉运抵北京装扮奥运场馆。"爱莲苑"产品规模已跻身全国水生花卉 50 强，"紫重阳"曾荣获全国水生花卉评比一等奖。

50. **农场推行农业土地模拟股份制经营**　2008 年 9 月 26 日，农场全面推行农业土地模拟股份制经营，增强了"统"的功能，强化了国有经济的掌控能力。

51. **农场公路建设实现全场联通** 2008—2010 年，淮海农场新建硬质道路 120 多公里，场部到分场、大队全部实现交通硬质化，方便了职工生产生活。

52. **农场参与农业保险** 农场从 2009 年开始参与农业保险，为农场的生产经营提供了必要的利益保障。

53. **建立农建四师暨淮海农场历史陈列馆** 2009 年 11 月，经省农垦集团公司党委同意，农场投资建设农建四师暨淮海农场历史陈列馆，陈列馆除序厅和后厅外，共分"历经沧桑，屯垦戍边""上下求索，曲折前行"和"开拓奋进，走向繁荣"3 个展厅，通过大量实物、图表和情景再现等形式，充分展示了农建四师和农场各个发展阶段的历史风貌。至 2012 年底，参观人数已达 2.5 万人次，已成为盐城市爱国主义教育基地和盐城市未成年人社会实践基地。

54. **"渠星"牌啤麦被评为江苏省名牌产品** 2010 年 1 月，经江苏省名牌战略推进委员会专家评审，农场"渠星"牌啤酒大麦荣获"江苏省名牌产品"称号，这是农场 60 年来唯一的江苏省名牌产品。

55. **农场购进 2 台凯斯-7088 大型收割机** 2010 年 5 月，淮海农场投资 330 多万元，在全省第一家购买 2 台美国产凯斯-7088 大型收割机，这是国际上目前最先进的收割机，收割质量好、速度快、故障少。

56. **成功举办全国农垦发展现代农业工作会议专场文艺演出** 2010 年 5 月，淮海农场代表省农垦集团公司以"在希望的田野上"为主题，在射阳县人民大会堂成功举办欢迎参加全国农垦发展现代农业工作会议代表的专场文艺演出，受到与会代表的高度赞扬。

57. **农场被确定为省级"廉政文化建设示范点"** 2010 年 8 月 15 日，淮海农场被省纪委正式确定为省级"廉政文化建设示范点"，是江苏农垦系统唯一的一家。

58. **临海高等级公路贯穿农场** 2011 年 6 月，江苏临海高等级公路射阳、滨海段经过我场 10 多公里，征用三、四分场土地 470 多亩，取土区占用 300 亩，线外工程占用 60 亩。

59. **实施集中居住，加大城镇投资力度，搞好危房改造工程** 2011 年 8 月，农场实施危房改造工程，首批建设 400 多户，规划新建五星、南苑、西园、神禾路、渠星路南等小区和建设点，改善职工居住条件，提高城镇化水平。

60. **实施农业资源整合** 2011 年下半年，根据省农垦集团公司部署，农场实施农业资源整合。

二、人物（按姓氏笔画为序）

1. **王治**　男，1924 年 12 月生，原淮海农场总工程师。1976 年在"工业学大庆"运动中成绩显著，被省委、省政府表彰；1983 年 9 月被国家农牧渔业部评为先进个人；1984 年 5 月获国家科委、国家经委、农牧渔业部、林业部等 4 部委表彰。

2. **仇泉**　男，1928 年 6 月生，雅号"仇大筐"，原兵团时期 3 营 16 连副连长。在建场初期的水利建设中成绩突出，曾与当时的江希友并称为"江大锹""仇大筐"。1953 年 11 月和 1954 年 4 月 2 次被农建四师评为二等功臣。

3. **艾明山**　男，1911 年 1 月生，原农建四师师长、省农场管理局局长、省政协副主席。当年，他带领全师万名官兵在黄海之滨屯垦戍边、建设农场。

4. **叶崇山**　男，1926 年 12 月生，原农场总农艺师。1983 年 5 月，被农牧渔业部表彰为"农业技术推广先进工作者"；1983 年 8 月，获农牧渔业部"地膜棉新技术推广科技一等奖"；1991 年 7 月，被省作物协会表彰为"从事农业科学技术 30 年先进个人"。

5. **江希友**　男，1923 年 8 月生，雅号"江大锹"，农建四师垦荒功臣。1952 年 12 月，他发明的挖土法在当时的水利战役中在全师推广；1953 年 12 月，被农建四师表彰为特等功臣；1955 年转业。

6. **李桂莲**　男，1912 年 2 月生，原农建四师副师长。1952 年 4 月 20 日，代表全师指战员接受毛泽东主席的改编命令。同年 4 月 22 日，率部开赴黄海之滨的苏北灌溉总渠两岸，屯垦戍边，建设农场。

7. **余德和**　男，1944 年 3 月生，原种子公司经理。1990—1995 年，在开展大小麦品种试验工作中成绩突出，被省农林厅、省农业科学院评为科技一等奖，曾连续 10 年获得农垦系统先进个人称号。

8. **邱维明**　男，1928 年 7 月生，原农建四师水利技术员。他首次提出农业推行匡圩封闭模式，实现机站排灌两用，这一技术在全省农垦系统推广应用，1983 年荣获农业部金质奖。

9. **沈友法**　男，1933 年 5 月生，原兵团时期 2 营 9 连副连长。他在生产工作中敢想敢干、吃苦耐劳、不计报酬，深受职工群众夸赞。1969 年 10 月 5 日，他作为江苏省代表团成员，赴北京参加国庆 20 周年观礼活动。

10. **薛春曙**　男，1945 年 10 月生，原农场副总农艺师。1980 年，出席省劳动模范和先进单位代表大会；1989 年 12 月，获省"丰收杯"高产竞赛棉花项目三等奖；有 3 项科研成果获江苏农垦科技进步奖。

江苏省淮海农场"建场 60 周年大事和人物"评选委员会

二〇一一年四月十六日

江苏省淮海农场历年获得荣誉情况

顺序	日 期	荣 誉 称 号	种类	颁 发 机 关	文号	备注
1	1955 年 4 月 1 日	江苏省篮排球联赛分区联赛男子篮球队"亚军"	奖杯	南通联赛区大会主席团		
2	1955 年 4 月 1 日	江苏省篮排球联赛分区联赛女子篮球队"亚军"	奖杯	南通联赛区大会主席团		
3	1973 年 8 月 1 日	师首届文艺汇演好节目奖（歌舞《运秧草》）	奖状	南京军区江苏生产建设兵团第二师		
4	1973 年 8 月 1 日	师首届文艺汇演好节目奖（女声独唱《鱼水歌》）	奖状	南京军区江苏生产建设兵团第二师		
5	1986 年 7 月 1 日	先进集体	奖状	中央农业广播学校		
6	1986 年 10 月 1 日	先进教学班	奖状	中央农业广播学校淮海农场教学班		
7	1986 年 10 月 1 日	完成"双补"任务立案证	证书	射阳县职工教育办公室		教育科
8	1987 年 3 月 1 日	脱盲单位证书	证书	射阳县职工教育办公室		教育科
9	1987 年 3 月 1 日	职工教育先进集体	奖状	射阳县人民政府		
10	1987 年 9 月 1 日	搞好水费收缴促进工程管理	锦旗	滨海县水利建设指挥部		
11	1988 年 1 月 1 日	职工教育先进集体	奖状	射阳县职工教育办公室		教育科
12	1988 年 9 月 1 日	教育先进集体	锦旗	省农工商联合总公司		
13	1988 年 8 月 1 日	"岗埠杯"杂交油菜高产竞赛二等奖	奖状	省农工商联合总公司		
14	1989 年 8 月 1 日	全国农牧渔业丰收奖三等奖	奖状	中华人民共和国农业部		编号：890677（部级）
15	1989 年 9 月 1 日	职工教育先进集体	奖状	射阳县职工教育办公室		教育科
16	1990 年 4 月 1 日	科技进步鼓励奖	奖状	省农垦总公司		优质啤麦的开发与利用
17	1990 年 9 月 1 日	教育先进集体	奖状	射阳县人民政府		教育科
18	1991 年 5 月 1 日	职工教育十年成果展览一等奖	奖状	射阳县职工教育办公室		教育科
19	1991 年 9 月 1 日	职工教育先进集体	奖状	射阳县人民政府		教育科
20	1992 年 3 月 1 日	江苏农垦教育目标管理考核标准达标证书（优秀等级）	证书	省农垦总公司		教育科
21	1992 年 9 月 1 日	职工教育先进集体	奖状	射阳县人民政府		教育科
22	1993 年 3 月 1 日	安全生产"三无"单位	奖状	省农垦总公司		

（续）

顺序	日 期	荣 誉 称 号	种类	颁 发 机 关	文号	备注
23	1993 年 4 月 1 日	人武达标先进单位	奖状	射阳县人民政府		
24	1993 年 9 月 1 日	职工教育先进集体	奖状	射阳县计划经济委员会射阳县职工教育办公室		教育科
25	1993 年 1 月 1 日	环保工作先进集体	奖状	射阳县环境保护局		工业科
26	1994 年 5 月 1 日	一九九三年度人武工作先进单位	奖状	射阳县人民政府		
27	1994 年 6 月 1 日	一九九三年度科技进步二等奖	奖状	省农垦总公司		直播棉高产栽培技术
28	1994 年 6 月 1 日	一九九三年度科技进步三等奖	奖状	省农垦总公司		啤麦冈二优质栽培技术研究和推广
29	1994 年 6 月 1 日	一九九三年度科技进步二等奖	奖状	省农垦总公司		培肥改土与配方技术的应用研究
30	1994 年 6 月 1 日	一九九三年度科技进步三等奖	奖状	省农垦总公司		多效唑调节控制作物生长技术
31	1994 年	一九九三年度科技进步四等奖	奖状	江苏省人民政府		直播棉高产栽培技术
32	1994 年	一九九三年度科技进步四等奖	奖状	江苏省人民政府		培肥改土与配方技术的应用研究
33	1995 年 1 月 1 日	一九九四年度十优企业	奖状	省农垦总公司		
34	1995 年 3 月 1 日	一九九四年度安全生产"三无"企业	证书	省农垦总公司		
35	1995 年 3 月 1 日	二级农机标准化管理农场	奖状	省农垦总公司		
36	1995 年 4 月 1 日	人武工作先进单位	奖状	盐城市人民政府盐城军分区		
37	1995 年 5 月 1 日	以劳养武先进单位	奖状	射阳县以劳养武办公室		
38	1995 年	一九九五年度十佳企业	奖状	省农垦总公司		
39	1996 年 2 月 1 日	一九九五年环保工作一等奖	奖状	射阳县环境保护局		
40	1996 年 2 月 1 日	一九九五年度全国农垦系统农机管理标准化优秀单位	证书	中华人民共和国农业部农业局		部级
41	1996 年 2 月 1 日	科技进步三等奖	奖状	省农垦总公司		稻麦两熟制改良中低产体系的研究
42	1996 年 2 月 1 日	科技进步二等奖	奖状	省农垦总公司		作物化学调节栽培技术研究

（续）

顺序	日 期	荣 誉 称 号	种类	颁 发 机 关	文号	备注
43	1996 年 3 月 1 日	一九九五年安全生产"三无"企业	证书	省农垦总公司		
44	1996 年 8 月 1 日	全国农牧渔业丰收奖三等奖	奖状	中华人民共和国农业部		
45	1996 年	一九九六年十优先进单位	奖状	省农垦总公司		
46	1997 年 3 月 1 日	一九九六年安全生产"三无"企业	证书	省农垦总公司		
47	1998 年 2 月 1 日	一九九七年度综合治理先进集体	证书	射阳县委县政府		
48	1998 年 3 月 1 日	一九九七年度安全生产先进集体	奖状	射阳县安委会		
49	1999 年 3 月 1 日	一九九七年度先进企业	奖牌	省农垦集团有限公司		
50	1998 年 3 月 1 日	1996—1997 年度科技进步三等奖	奖状	省农垦集团有限公司		
51	1998 年 3 月 1 日	1996—1998 年度科技进步一等奖	奖状	省农垦集团有限公司		
52	1998 年 5 月 1 日	优秀企业	奖状	省农垦集团有限公司		
53	1998 年 5 月 1 日	1997 年度盐城市文明单位	奖牌、证书	盐城市委市政府		
54	1998 年 12 月 1 日	1998 年度信息工作组织奖	奖状	省农垦集团有限公司		
55	1999 年 1 月 1 日	一九九八年度先进企业	奖牌	省农垦集团有限公司		
56	1999 年 4 月 1 日	一九九八年度安全生产先进集体	奖状	射阳县安委会		
57	1999 年 9 月 1 日	江苏省文明单位（1997 年、1998 年）荣誉称号	证书	江苏省精神文明建设指导委员会		
58	1999 年 9 月 1 日	江苏省文明单位（1997 年、1998 年）	奖牌	江苏省精神文明建设指导委员会	苏文明委（1999）22 号	证书在档案室
59	1999 年 10 月 1 日	1999 年度信息工作优胜奖（优秀奖）	证书	省农垦集团有限公司		
60	2000 年 1 月 1 日	场部绿化达标	证书	射阳县人民政府		
61	2000 年 2 月 1 日	水稻千亩优胜奖	奖状	省农垦集团有限公司		
62	2000 年 2 月 1 日	大麦百亩优胜奖	奖状	省农垦集团有限公司		
63	2000 年 2 月 1 日	婚姻登记管理三等奖	奖状	射阳县民政局		
64	2000 年 2 月 1 日	一九九九年度先进企业	奖牌	省农垦集团有限公司		
65	2000 年	一九九九年度安全文明单位	奖牌	射阳安委会		
66	1993 年 2 月 1 日	省级绿化标准证书	荣誉证书	江苏省绿化委员会		
67	1988 年 12 月 1 日	文明单位	奖状	盐城农垦公司		
68	1986 年 5 月 1 日	科技进步三等奖	奖状	省人民政府		水稻大面积机械化高产栽培技术及其理论研究［参与］
69	1986 年	科技进步四等奖	奖状	省人民政府		农田杂草发生和防治技术的研究和推广

（续）

顺序	日 期	荣 誉 称 号	种类	颁 发 机 关	文号	备注
70	1987 年 6 月 1 日	科技进步三等奖	奖状	省人民政府		小麦机械化高产栽培技术研究［参与］
71	1992 年 2 月 1 日	1991 年度科技进步三等奖	奖状	省农垦总公司		
72	1984 年 5 月 1 日	1983 年节能工作成绩显著	奖状	市计经委		
73	1984 年 1 月 1 日	1983 年生产建设成绩显著	奖状	省农垦总公司		
74	1985 年 2 月 1 日	1980—1984 年工农业总产值翻一番	奖状	省农垦总公司		
75	1987 年 9 月 1 日	1987 年夏粮亩增产超百斤	奖状	省农垦总公司		
76	1983 年 1 月 1 日	先进集体	嘉奖令	省人民政府		
77	1980 年	1979 年度先进集体	奖状	省农垦局		
78	1983 年 1 月 1 日	科技普及成绩显著	奖状	省人民政府		
79	1983 年 2 月 1 日	82 年计生工作成绩显著	奖状	市地区行政公署		
80	1986 年 12 月 1 日	全国计划生育先进集体	奖状	国家计划生育委员会		
81	1982 年 12 月 1 日	计划生育先进集体	嘉奖令	省人民政府		
82	1983 年 1 月 1 日	1982 年度工作显著	奖状	省农垦局		
83	1987 年 2 月 1 日	1986 年度农机管理标准化农场	奖状	省农垦总公司		
84	1990 年 4 月 1 日	省科技进步二等奖	奖状	省农垦总公司		围圩封闭改造低洼盐渍地
85	1980 年 2 月 1 日	1979 年度先进集体	奖状	国家农垦部		
86	1984 年 12 月 1 日	企业整顿合格证	证书	省农垦总公司		
87	1991 年 11 月 1 日	技术革新和新技术推广成绩显著	奖状	省农垦公司		
88	1989 年 11 月 1 日	射阳县首届离退休干部运动会扑克牌比赛第五名	奖状	射阳老干局、人事局、体委、老年人体协		
89	1988 年 2 月 1 日	1987 年农机管理标准化农场	奖状	省农垦总公司	苏垦联农字［88］029 号	
90	1997 年 3 月 1 日	文明单位	奖牌	省盐城农垦公司		共四块，农场、石机厂、医院、四机站各一块
91	2000 年 4 月 1 日	1999 年度统计工作先进集体	奖状	射阳县人民政府		
92	1988 年 8 月 1 日	1988 年夏粮总产大幅度增产	奖状	省农垦总公司		
93	1989 年 2 月 1 日	1988 年度农机管理标准化农场	奖状	省农垦总公司		
94	2000 年 5 月 1 日	盐城文明单位	证书	市精神文明建设委员会		
95	1983 年	双文明建设先进集体	奖状	省人民政府		
96	1985 年 2 月 1 日	1980—1984 年工农业总产值翻一番	奖状	省农垦总公司		
97	2000 年 7 月 1 日	管理效益年先进企业	奖状	省农垦总公司		
98	1978 年	科技工作先进集体	奖状	省革委会		农科站

（续）

顺序	日 期	荣 誉 称 号	种类	颁 发 机 关	文号	备注
99	2000 年 11 月 1 日	综合档案室先进集体	奖状	省农垦总公司		
100	1999 年 4 月 1 日	纪委监察室先进集体	证书	省农垦总公司纪委监察室		
101	1998 年 4 月 1 日	二分场十一大队大麦百亩方评为"三八"丰产方	证书	省农垦总公司工会		
102	1998 年 7 月 1 日	全国农林水产系统职工技协先进集体	证书	中国农林协会全国委员会		
103	1996 年 2 月 1 日	麦田硬草化除剂开发研究项目获 1994—1995 年度江苏农垦科技进步三等奖	奖状	省农垦总公司		
104	1998 年 1 月 1 日	1997 年度扶贫解困工作先进集体	奖状	省农垦总公司工会		
105	2000 年 4 月 1 日	1999 年度安全生产先进集体	奖状	射阳县安委会		
106	1997 年 4 月 1 日	纪委监察室 1995—1996 先进集体	奖状	省农垦总公司纪委监察室		
107	2001 年 2 月 1 日	2000 年农机管理先进单位	奖状	省农垦总公司		
108	2001 年 2 月 1 日	水稻机插秧示范推广二等奖（2000 年）	奖状	省农垦总公司		
109	2001 年 2 月 1 日	2000 年种子产业化竞赛三等奖	奖状	省农垦总公司		
110	2001 年 2 月 1 日	2000 年农业高产高效丰收杯竞赛水稻百亩方优胜奖	奖状	省农垦总公司		
111	2001 年 2 月 1 日	2000 年农业高产高效丰收杯竞赛小（大）麦千亩方优胜奖	奖状	省农垦总公司		
112	2000 年 10 月 1 日	江苏农垦轻型栽培稻田杂草发生规律与化除配套技术研究二等奖（1998—1999）	奖状	省农垦总公司		编号：005305
113	1998 年 12 月 1 日	1998 年度财务管理先进集体	奖状	省农垦总公司		
114	2000 年 12 月 1 日	2000 年财务管理先进集体	奖状	省农垦总公司		
115	2001 年 4 月 1 日	2000 年度盐城市文明单位	证书	盐城市精神文明建设委员会		
116	2001 年 2 月 1 日	2000 年度先进企业	奖牌	省农垦总公司		
117	2001 年 4 月 1 日	1999—2000 年盐城市优秀企业	奖牌	盐城市计经委、企业管理协会		
118	2001 年 2 月 1 日	2000 年度安全生产先进企业	奖牌	射阳县人民政府		
119	1999 年	1999 年度企业资信等级 AAA 级	奖牌	江苏国际咨询评估公司		有效期 1999 年度
120	2001 年 2 月 1 日	江苏农垦工会工作先进集体	奖状	省农垦总公司工会		
121	2000 年 12 月 1 日	工会工作六强单位	奖牌	江苏省农垦工会		
122	2001 年 12 月 1 日	1999—2000 年度省文明单位	证书	江苏省精神文明建设指导委员会		
123	2002 年 5 月 1 日	江苏省农垦科技进步奖	证书	省农垦总公司		拌种剂应用开发研究一等奖
124	2002 年 3 月 1 日	第五次全国人口普查先进单位	奖状	市人口普查领导小组		
125	2002 年 6 月 1 日	盐城文明单位	证书	市文明委		
126	1997 年 4 月 1 日	1996 年农机监理先进单位	奖状	江苏农垦农机监理所		

（续）

顺序	日 期	荣 誉 称 号	种类	颁 发 机 关	文号	备注
127	1999年1月1日	1998年农机监理先进单位	奖状	江苏农垦农机监理所		
128	2000年8月1日	1999年度农机监理先进单位	奖状	江苏农垦农机监理所		
129	2001年6月1日	2000年度江苏省农机监理先进单位	奖状	江苏省农机管理所		
130	2000年10月1日	"中华绒螯蟹及中华鳖苗种的培育和混养技术研究"项目江苏农垦1998—1999年科技进步三等奖	奖状	省农垦公司		
131	2000年12月1日	2000年全国农牧渔业丰收奖三等奖。项目：鱼、虾、蟹、鳖高产高效混养配套技术	奖状	农业部		
132	2001年7月1日	2000年度江苏农垦农机监理先进单位	奖状	省农垦总公司农机监理所		
133	2002年5月1日	江苏省农垦2000—2001年科技进步三等奖——黄颡鱼品种引进及养殖推广	荣誉证书	省农垦总公司		
134	1997年12月1日	企业事业单位档案管理合格证	证书	江苏省档案局	32099708	
135	1998年9月1日	档案达标升级工作先进单位	奖状	省农垦总公司		
136	1989年	农业部优质产品奖（豆乳粉）	奖状	农业部		
137	2000年5月1日	射阳县"巨龙杯"《残疾人保障法》知识竞赛活动组织奖	奖状	射阳县残联、射阳日报社、射阳巨龙纺织厂		
138	2002年7月1日	2001年度农机监理先进单位	奖状	省农垦农机监理所		
139	2002年4月1日	2001年度养老保险工作先进集体	奖状	省农垦集团有限公司		
140	2003年2月1日	2001—2002年安全生产先进企业	奖状	省农垦集团有限公司		
141	1997年7月1日	思想政治工作先进集体	奖状	盐城农垦思想政治工作研究会		
142	2003年12月1日	2001—2002年度江苏省文明单位	证书	江苏省精神文明建设指导委员会		
143	2003年10月1日	2003年全国农牧渔业丰收奖三等奖	奖状	农业部		
144	2001年	2001年度企业资信等级AAA级	奖牌	江苏东宇国际咨询评估有限公司		
145	2002年	2002年度企业资信等级AAA级	奖牌	江苏东宇国际咨询评估有限公司		
146	1999年4月1日	1998年纪委监察室先进集体	奖状	省农垦总公司纪委监察室		
147	2003年2月1日	绿化达标单位（2002年度）	奖牌	盐城市人民政府		
148	1999年9月1日	1997年、1998年江苏省文明单位	奖牌	江苏省精神文明建设指导委员会		与57号同内容
149	2004年6月1日	2003年度盐城市文明单位	证书	盐城市文明委		

（续）

顺序	日 期	荣 誉 称 号	种类	颁 发 机 关	文号	备注
150	2004 年 12 月 1 日	2003—2004 年安全生产先进企业	奖状	省农垦总公司		
151	2003 年 5 月 23 日	2003 年度 3A 资信等级证书	证书	江苏东宇国际咨询评估有限公司		
152	2005 年 3 月 30 日	2005 年度 3A 资信等级证书	证书	江苏东宇国际咨询评估有限公司		
153	2005 年	2005 年度企业资信等级证书 AAA 级	奖牌	江苏东宇国际咨询评估有限公司		
154	2004 年	2004 年度企业资信等级证书 AAA 级	奖牌	江苏东宇国际咨询评估有限公司		
155	2004 年 4 月 1 日	2004 年度企业资信等级证书 AAA 级	证书	江苏东宇国际咨询评估有限公司		
156	2005 年 6 月 1 日	2004 年度盐城市文明单位	证书	盐城市文明委		
157	1998 年 11 月 1 日	1997—1998 年度盐城市职工思想政治工作先进集体	证书	盐城市宣传部、计经委、总工会		
158	1998 年 11 月 1 日	盐城市职工思想政治工作优秀论文	证书	盐城市宣传部、计经委、总工会		《强化教育重在提高全场职工思想道德素质》
159	2005 年 7 月 1 日	2002—2004 年江苏省农垦科技进步奖三等奖	证书	省农垦集团有限公司		港啤一号优质高产栽培技术研究
160	2005 年 7 月 1 日	2002—2004 年江苏省农垦科技进步奖三等奖	证书	省农垦集团有限公司		万亩成片稻田进水沟养殖技术
161	2005 年 7 月 1 日	2002—2004 年江苏省农垦科技进步奖一等奖	证书	省农垦集团有限公司		水稻机插秧高产节本优质技术体系的研究应用
162	2005 年 7 月 1 日	2002—2004 年江苏省农垦科技进步奖二等奖	证书	省农垦集团有限公司		加强服务体系建设、推进农业产业化
163	2005 年 7 月 1 日	2002—2004 年江苏省农垦科技进步奖二等奖	证书	省农垦集团有限公司		长江系中华绒螯蟹良种推广及产业化开发
164	2005 年 7 月 1 日	2002—2004 年江苏省农垦科技进步奖三等奖	证书	省农垦集团有限公司		沿海万亩意扬生态林网建设
165	2005 年 1 月 1 日	2004 年度先进企业	奖牌	省农垦集团有限公司		
166	2005 年 4 月 1 日	第七届盐城市优秀企业	奖牌	盐城市企业联合会、企业家协会、工业经济联合会		
167	2005 年 5 月 1 日	江苏省农业产业化重点龙头企业	奖牌	江苏省发展和改革委员会	苏垦部农〔2005〕17 号	
168	2001 年 12 月 1 日	1999—2000 年度省文明单位	奖牌	江苏省精神文明建设指导委员会		

（续）

顺序	日期	荣誉称号	种类	颁发机关	文号	备注
169	2003 年 12 月 1 日	2001—2002 年度江苏省文明单位	奖牌	江苏省精神文明建设指导委员会		
170	2005 年 12 月 1 日	2003—2004 年度江苏省文明单位	证书	江苏省精神文明建设指导委员会		
171	2003 年 4 月 1 日	2002 年度盐城市文明单位	证书	盐城市文明委		
172	2006 年 2 月 1 日	2005 年度城市管理先进集体	证书	射阳县城市管理局、人事局		
173	2006 年 2 月 1 日	2005 年度先进企业	奖牌	省农垦总公司	射城管[2006] 1 号	
174	2006 年 3 月 1 日	2005 年度关心支持国防建设先进单位	奖牌	射阳县政府、人武部		
175	2006 年 10 月 1 日	2005 年度征兵工作先进单位	奖牌	射阳县政府、人武部		
176	2006 年 8 月 1 日	2005 年度盐城市文明单位	奖牌	盐城市文明委	盐文明委[2006] 110 号	
177	2006 年 8 月 2 日	2006 年度盐城市文明单位	证书	盐城市文明委	盐文明委[2006] 10 号	
178	2006 年 12 月 1 日	2006 年度企业资信等级 AAA 级	证书	江苏东宇国际咨询评估有限公司		
179	2007 年 5 月 1 日	江苏省社区思想政治工作先进集体	证书	江苏省思想政治工作研究会	苏政研[2007] 7 号	
180	2005 年 11 月 1 日	无公害农产品示范基地农场	证书	农业部		
181	2003 年 5 月 1 日	2003 年度 3A 资信等级	奖牌	江苏东宇国际咨询评估有限公司		
182	2004 年 4 月 1 日	2004 年度企业资信等级 AAA 级	银盘	江苏东宇国际咨询评估有限公司		
183	2007 年 6 月 1 日	2007 年度企业资信等级 AAA 级	证书	江苏东宇国际咨询评估有限公司		
184	2007 年 6 月 1 日	2006 年度企业资信等级 AAA 级	奖牌	江苏东宇国际咨询评估有限公司		
185	1986 年 5 月 1 日	1987 年江苏农垦科技进步一等奖	证书	省农垦总公司	苏垦联科字[88] 050 号	粮食作物栽培技术组合优选应用研究（参与）
186	1986 年 5 月 1 日	1987 年江苏农垦科技进步一等奖	证书	省农垦总公司	苏垦联科字[88] 050 号	地膜植棉新技术大面积推广应用（参与）
187	1986 年 5 月 1 日	1988 年江苏农垦科技进步二等奖	证书	省农垦总公司	苏垦联科字[88] 050 号	Z03X—350 型绕线闸阀研制（主持）
188	1986 年 5 月 1 日	1989 年江苏农垦科技进步二等奖	证书	省农垦总公司	苏垦联科字[88] 050 号	
189	1987 年 4 月 1 日	1986 年场办工业先进单位	证书	省农垦总公司	苏垦联工字[87] 137 号	
190	2004 年 2 月 1 日	2003 年度安全生产先进集体	奖牌	射阳县人民政府		
191	2007 年 2 月 1 日	2006 年度安全生产先进集体	奖牌	射阳县安委会		
192	2007 年 7 月 1 日	2006 年度盐城市文明单位	奖牌	盐城市精神文明建设委员会	盐文明委[2007] 8 号	
193	2008 年 2 月 1 日	2007 年度城市管理工作先进集体	奖牌	射阳县城市管理局、人事局	射城管[2008] 1 号	

（续）

顺序	日 期	荣 誉 称 号	种类	颁 发 机 关	文号	备注
194	2008 年 1 月 1 日	2005—2006 年度江苏省精神文明建设工作先进单位荣誉称号	奖牌	江苏省精神文明建设指导委员会		
195	2008 年 1 月 1 日	2005—2006 年度江苏省精神文明建设工作先进单位荣誉称号	证书	江苏省精神文明建设指导委员会		
196	2008 年 2 月 1 日	江苏农垦 2007 年度新闻宣传工作先进单位	证书	江苏省农垦集团有限公司		
197	2004 年 2 月 1 日	江苏农垦系统第五期农业综合开发先进单位	奖牌	江苏省农垦集团有限公司		
198	2007 年 5 月 1 日	2007 年度《中国老区建设》宣传工作优秀奖	奖状	中国老区建设促进会		
199	2008 年 12 月 1 日	2008 年度江苏农垦农资采购工作先进单位	奖牌	江苏省农垦集团有限公司大宗农业生产资料采购办公室	苏垦农资办[2008] 4 号	
200	2007 年 1 月 1 日	2006 年度国土资源管理工作一等奖	奖牌	射阳县国土资源局		淮海农场国土所
201	2007 年 2 月 1 日	2007 年度国土资源管理工作先进单位	奖牌	滨海县国土资源局		
202	2009 年 1 月 1 日	2008 年度国土资源管理工作一等奖	奖牌	射阳县国土资源局	射国土资发[2009] 3 号	淮海农场国土所
203	2009 年 1 月 1 日	2008 年度全县国土资源工作先进单位	奖牌	滨海县国土资源局	滨国土资发[2009] 1 号	
204	2009 年 3 月 1 日	2008 年度集镇管理工作先进集体	奖牌	射阳县城市管理局	射城管[2009] 21 号	
205	2008 年 5 月 1 日	职工文化展示周节目一等奖	证书	射阳县总工会		《青春集合在军旗下》
206	2008 年 8 月 1 日	职工乒乓球大赛体育道德风尚奖	证书	射阳县首届庆奥运展风采职工乒乓球大赛组委会		
207	2008 年 8 月 1 日	男子单打第二名	奖杯	射阳县文明办、总工会、体育局等		
208	2008 年 8 月 1 日	女子单打第二名	奖杯	射阳县文明办、总工会、体育局等		
209	2008 年 2 月 1 日	2007 年度盐城市文明单位	奖牌	盐城市文明委		
210	2009 年 2 月 1 日	江苏省农垦工会服务二次创业先进集体	奖牌	江苏省农垦工会		
211	2009 年 2 月 1 日	2008 年度优秀团委	证书	射阳县团委	团射委[2009] 3 号	
212	2008 年 3 月 1 日	企业工会建设年活动先进单位	奖状	江苏省农垦工会		
213	2007 年 3 月 1 日	革新性工作成果	证书	江苏省农垦工会		建立劳动安全隐患档案
214	2009 年 7 月 1 日	2009 年度三 A 级资信企业	证书	江苏中诚信用管理有限公司		
215	2009 年 7 月 1 日	2009 年度三 A 级资信企业	铜牌	江苏中诚信用管理有限公司		
216	1988 年 9 月 1 日	教育先进集体	锦旗	江苏省农垦集团有限公司		
217	1987 年 9 月 1 日	搞好水费收缴，促进工程管理	锦旗	滨海县农田水利建设指挥部		

（续）

顺序	日 期	荣 誉 称 号	种类	颁 发 机 关	文号	备注
218	2009 年 8 月 1 日	盐城市文明单位	证书	盐城市文明委	盐文明委	
219	2009 年 8 月 2 日	盐城市文明单位	奖牌	盐城市文明委	盐文明委 [2009] 4 号	
220	2009 年 8 月 3 日	江苏省农业产业化重点龙头企业	铜牌	江苏省发展和改革委员会		
221	2007 年 7 月 1 日	江苏省农业产业化重点龙头企业	铜牌	江苏省发展和改革委员会		
222	2007 年 2 月 1 日	2003—2006 年平安射阳创建先进集体	铜牌	射阳县委县政府		
223	2010 年 2 月 1 日	2009 年度促进就业和社会保障工作先进集体	铜牌	射阳县委县政府		
224	2010 年 2 月 1 日	2009 年度城市管理工作先进集体	铜牌	射阳县政府		
225	2010 年 2 月 1 日	2009 年度"五好"综治办	铜牌	射阳县政府		
226	2009 年 12 月 1 日	江苏名牌产品	证书	江苏省名牌战略推进委员会		啤酒大麦
227	2010 年 2 月 1 日	2009 年度新闻宣传工作先进单位	证书	省农垦集团有限公司		
228	2010 年 5 月 1 日	江苏省农业产业化重点龙头企业协会会员证	证书	江苏省农业产业化龙头企业协会		
229	2010 年 5 月 1 日	第一届江苏省农业产业化重点龙头企业协会会员单位	铜牌	江苏省农业产业化龙头企业协会		
230	2010 年 3 月 1 日	江苏农垦和谐劳动关系企业	铜牌	江苏省农垦工会		
231	2010 年 3 月 1 日	江苏农垦工会服务二次创业先进集体	铜牌	江苏省农垦工会		
232	2010 年 11 月 1 日	江苏农垦职工广场舞比赛一等奖	奖杯	江苏省农垦工会		
233	2002 年 2 月 1 日	2001 年度优秀团委	铜牌	射阳县团委		
234	2010 年 9 月 1 日	2009 年度盐城市文明单位	证书	盐城市精神文明建设委员会	盐文明委 [2010] 8 号	
235	2011 年 1 月 1 日	2009 年度盐城市文明单位	铜牌	盐城市精神文明建设委员会	盐文明委 [2010] 9 号	
236	2011 年 1 月 1 日	2011 年度三 A 级资信企业	证书	江苏安博尔信用评估有限公司	苏安信评字 3205151217 号	
237	2011 年 1 月 1 日	2011 年度三 A 级资信企业	小匾	江苏安博尔信用评估有限公司	苏安信评字 3205151217 号	
238	2011 年 1 月 1 日	2011 年度三 A 级资信企业	铜牌	江苏安博尔信用评估有限公司	苏安信评字 3205151217 号	
239	2005 年 12 月 1 日	2003—2004 年度江苏省文明单位	牌匾	江苏省精神文明建设指导委员会		
240	2011 年 2 月 1 日	2010 年度社区管理工作先进单位	牌匾	省农垦事业管理办公室		
241	2011 年 2 月 1 日	2010 年度先进企业	牌匾	省农垦集团公司		
242	2010 年 3 月 1 日	省农垦农资采购工作 2009 年度先进单位	牌匾	省农垦集团公司大宗农业生产资料采购办公室		
243	2010 年 1 月 1 日	2009 年度社区管理先进单位	牌匾	省农垦事业管理办公室		

（续）

顺序	日 期	荣 誉 称 号	种类	颁 发 机 关	文号	备注
244	2010 年 1 月 1 日	2009 年度先进企业	牌匾	省农垦集团公司		
245	2011 年 1 月 1 日	2010 年度城市管理工作先进集体	牌匾	射阳县城市管理局等		
246	2010 年 12 月 1 日	2007—2009 年度江苏省精神文明建设工作先进单位	证书	省精神文明建设指导委员会		
247	2011 年 2 月 1 日	江苏农垦工会财务工作竞赛一等奖	证书	省农垦工会		
248	2011 年 3 月 1 日	江苏农垦和谐劳动关系企业	铜牌	省农垦工会		
249	2011 年 3 月 1 日	江苏农垦先进职代会单位	铜牌	省农垦工会		
250	2011 年 3 月 1 日	2010 年农资采购工作先进单位	铜牌	省农垦集团农资采购办公室		
251	2011 年 6 月 1 日	江苏农垦先进基层党组织	铜牌	省农垦集团公司党委	苏垦集党〔2011〕30 号	
252	2011 年 6 月 1 日	2009—2010 年江苏农垦思想政治工作先进单位	铜牌	省农垦集团公司党委	苏垦集党〔2011〕30 号	
253	2011 年 9 月 1 日	江苏省省属企业档案工作先进单位	铜牌	省档案局、省国资委		
254	2011 年 7 月 1 日	江苏农垦第四届职工乒乓球比赛女子团体第一名	奖杯	省农垦集团公司		
255	2012 年 2 月 1 日	2011 年度城市管理工作先进集体	铜牌	射阳县城管局、人力资源和社会保障局	射城管〔2012〕1 号	
256	2011 年 11 月 1 日	盐城市爱国主义教育基地	牌匾	盐城市委宣传部	盐宣〔2011〕26 号	
257	2011 年 6 月 1 日	2009—2010 年江苏农垦基层思想政治工作先进单位	铜牌	省农垦集团公司党委	苏垦集党〔2011〕31 号	
258	2012 年 2 月 1 日	2010 年度农场社区工作先进单位	铜牌	省农垦事业管理办公室	苏垦事社〔2012〕4 号	
259	2012 年 2 月 1 日	团建工作提升奖	证书	射阳县团委	团射委〔2012〕3 号	
260	2012 年 5 月 1 日	江苏省国有企业"四好"领导班子	证书	江苏省委组织部、国资委党委		
261	2012 年 5 月 1 日	江苏省国有企业"四好"领导班子	牌匾	江苏省委组织部、国资委党委		
262	2012 年 6 月 1 日	先进基层党组织	牌匾	射阳县委		
263	2012 年 4 月 1 日	江苏省五一劳动奖状	奖杯	江苏省总工会		
264	2012 年 4 月 1 日	江苏省五一劳动奖状	牌匾	江苏省总工会		
265	2012 年 9 月 1 日	江苏农垦职工广场舞比赛优秀组织奖	牌匾	江苏省农垦工会		
266	2011 年 9 月 1 日	2010 年度盐城市文明单位标兵	牌匾	盐城市委、市政府		
267	2012 年 8 月 1 日	2011 年度盐城市文明单位	证书	盐城市文明委	盐文明委〔2012〕2 号	
268	2012 年 8 月 1 日	2012 年度盐城市文明单位	牌匾	盐城市文明委		
269	2012 年 1 月 1 日	江苏农垦 2011 年度"十件大事"评选活动组织奖	证书	省农垦集团公司宣传部		
270	2012 年 2 月 1 日	江苏农垦 2011 年度新闻宣传工作先进单位	证书	省农垦集团公司		
271	2012 年 8 月 1 日	江苏农垦企业文化故事征集优秀组织奖	证书	省农垦职工思想政治工作研究会		

（续）

顺序	日 期	荣 誉 称 号	种类	颁 发 机 关	文号	备注
272	2013 年 2 月 26 日	2013 年度农场社区工作先进单位	牌匾	农垦事业管理办公室		
273	2013 年 3 月 7 日	2012 年度江苏农垦宣传工作先进单位	证书	农垦集团公司		
274	2013 年 3 月 13 日	江苏省农垦模范职工之家	证书	农垦集团公司工会		
275	2013 年 7 月 23 日	2011—2012 年度江苏农垦思想政治工作先进单位	证书	农垦集团公司		
276	2013 年 12 月 30 日	盐城市生态农场	牌匾	盐城市人民政府		
277	2013 年 12 月 31 日	农建四师暨淮海农场历史陈列馆"国家 AA 级旅游景区"	牌匾	盐城市旅游景区等级评定委员会		
278	2014 年 2 月 1 日	国家 AA 级旅游景区	牌匾	全国旅游景区质量等级评定委员会		
279	2014 年 1 月 1 日	盐城市生态农场	牌匾	盐城市人民政府		
280	2014 年 1 月 1 日	2010—2012 年省文明单位	牌匾	江苏省精神文明建设指导委员会		
281	2014 年 1 月 22 日	农场社区"党建工作创新工程示范点"	牌匾	农垦集团公司		
282	2014 年 2 月 19 日	农场社区工作先进单位	牌匾	农垦事业管理办公室		
283	2015 年 6 月 25 日	农场社区"先进党支部"	牌匾	省国资委党委		
284	2015 年 10 月 1 日	2013—2014 年度盐城市文明单位	牌匾	盐城市精神文明建设指导委员会		
285	2015 年 5 月 1 日	江苏农垦 2014 年度企业文化建设先进单位	牌匾	江苏省农垦集团有限公司		
286	2015 年 5 月 1 日	江苏农垦 2014 年度新闻宣传工作先进单位	牌匾	江苏省农垦集团有限公司		
287	2015 年 2 月 1 日	2014 年度先进企业	牌匾	江苏省农垦集团有限公司		
288	2015 年 2 月 1 日	2014 年度农场社区工作先进单位	牌匾	农垦事业管理办公室		
289	2015 年 2 月 1 日	江苏农垦党建工作创新工程示范点	牌匾	中共江苏省农垦集团有限公司委员会		
290	2015 年 10 月 1 日	十二五江苏农垦企业文化建设先进单位	牌匾	中共江苏省农垦集团有限公司委员会		
291	2015 年 11 月 1 日	2015 年模范职工之家	牌匾	中华全国总工会		
292	2016 年 9 月 1 日	江苏省文明单位	牌匾	江苏省精神文明建设指导委员会		
293	2016 年 7 月 1 日	江苏农垦思想政治工作先进单位（2014—2015 年度）	牌匾	中共江苏省农垦集团有限公司委员会		
294	2016 年 11 月 1 日	2016 年度江苏农垦新闻宣传工作先进单位	牌匾	中共江苏省农垦集团有限公司委员会		
295	2016 年 2 月 1 日	2015 年度先进企业	牌匾	江苏省农垦集团有限公司		
296	2016 年 2 月 1 日	2015 年度农场社区工作先进单位	牌匾	农垦事业管理办公室		
297	2017 年 2 月 1 日	省国资委省属企业信访维稳工作先进单位	牌匾	江苏省国资委		
298	2017 年 2 月 1 日	2016 年度先进企业	牌匾	江苏省农垦集团有限公司		
299	2017 年 2 月 15 日	江苏农垦"2016 年度先进企业"	牌匾	农垦集团公司		

（续）

顺序	日期	荣誉称号	种类	颁发机关	文号	备注
300	2017 年 10 月 28 日	2017 年度企业文化建设先进单位	证书	中国企业文化建设（江苏）峰会		
301	2018 年 2 月 6 日	江苏农垦 2017 年度社区工作先进单位	牌匾	农垦集团公司		
302	2018 年 6 月 8 日	2017 年射阳县档案工作"先进集体"	牌匾	射阳县政府		
303	2018 年 12 月 1 日	农场工会"模范职工之家"	牌匾	农垦集团公司		
304	2019 年 2 月 26 日	2018 年度"新闻宣传工作先进单位"	证书	农垦集团公司		
305	2019 年 2 月 26 日	苏垦集团企业文化阵地建设合格单位	牌匾	农垦集团公司		
306	2019 年 11 月 7 日	2016—2018 年"江苏省文明单位"	牌匾	省文明委		
307	2019 年 12 月 18 日	2017—2018 年度"文明单位"	牌匾	盐城市文明委		
308	2020 年 5 月 6 日	2019 年盐城市五一劳动奖状	奖状	盐城市总工会		

江苏省淮海农场 1952—2020
统计资料汇编

指标名称	计量单位	建场	第一个五年计划					
		农建四师时期 (1952.4—1955.9)				国营淮海农场 (1955.10—1967.4)		
		1952	1953	1954	1955	1956	1957	年递增（±）%
1. 总户数	户	150	143	140	155	562	1141	50.04
2. 总人口	人	10010	9990	9827	2739	2249	4562	−14.54
3. 职工人数	人	10010	9990	9827	2739	2249	2019	−27.40
其中：农业职工	人							
管理人员	人			1579	320	320	320	−41.26
从业人数	人	10010	9990	9827	2739	2249	2019	−27.40
平均从业人数	人	10010	10000	9909	6283	2494	2134	−26.59
4. 工资总额	万元	23	23	22	26	94	73	26.15
5. 职均收入	元	—	23	23	95	420	23	0.00
人均收入	元							
可支配收入	元							
6. 离退休人数	人							
劳退工资和退休金	万元							
7. 房屋总面积	平方米	19000	20460	22000	23155	26050	53687	23.09
8. 土地总面积	亩	138090	135090	135092	140563	136262	308220	17.42
①耕地面积	亩	20916	42354	72870	92998	100374	106800	38.55
②林地面积	亩	—	2785	2785	1214	1297	1679	−11.88
③水面面积	亩	5800	5800	5800	6000	5859	9404	10.15
其中：养殖	亩							
④果园面积	亩			74	34	37	46	−14.66
⑤可垦荒面积	亩							
⑥水泥晒场	亩							
⑦道路面积	亩							
⑧盐田面积	亩							
⑨居民点用地	亩							
⑩公用占地	亩							
⑪其他	亩							
9. 农作物播种面积	亩	20916	42354	72870	72998	100372	106800	38.55
10. 粮食总产量	吨		569	3130	7175	7028	10729	108.36

（续）

指标名称	计量单位	建场 农建四师时期（1952.4—1955.9）				第一个五年计划 国营淮海农场（1955.10—1967.4）		
		1952	1953	1954	1955	1956	1957	年递增（±）%
其中：大麦	吨				12	353	1246	919.63
小麦	吨		569	2747	5448	2457	5190	73.77
水稻	吨			383	1716	4218	4294	123.90
大豆	吨		75	15	107	48	55	−7.49
棉花	吨		93	57	205	134	236	26.28
肉类产量	吨							
成鱼产量	吨							
11. 资产总额	万元	—	256	389	424	412	431	13.93
其中：流动资产合计	万元	—	56	86	112	121	124	22.17
存货	万元							
固定资产原值	万元	110	200	305	338	323	353	26.22
固定资产净值	万元	110	200	303	312	291	307	22.78
12. 当年固定资产投资	万元	110.10	136.70	113.30	64.30	17.90	23.50	−26.57
其中：农业投入	万元	110.10	136.70	113.30	64.30	17.90	23.50	−26.57
13. 负债总额	万元	—						
14. 所有者权益	万元							
其中：实收资本	万元	—						
15. 资产负债率	%							
16. 农业机械总动力	千瓦	865	1227	1688	1832	1830	1378	9.77
17. 用电总数	万度	8	9	12	12	12	12	8.47
18. 收割机	台	—	2	3	8	6	6	31.61
19. 拖拉机	混合台	5	15	21	28	24	25	37.97
20. 化肥总消耗量	吨	—						
21. 电站数	座	—						
22. 社会总产值	万元	0	23	20	43	78	94	42.90
其中：农业	万元	—	23	14	27	57	74	34.73
工业	万元	—	—	6	16	22	20	48.63
建筑业	万元	—						
运输业	万元	—	—					
商业	万元	—						
23. 国内生产总值	万元	23	26	26	−9	−46	10	−15.66
其中：第一产业	万元	23	26	26	−9	−46	10	−15.66
第二产业	万元	—						
第三产业	万元	—						
24. 营业收入	万元	—	2.47	40.59	49.00	49.93	68.96	129.87
25. 利润总额	万元		3.42	3.76	−34.58	−140.09	−62.97	
26. 纳税总额	万元							

（续）

指标名称	计量单位	第二个五年计划					
		国营淮海农场（1955.10—1967.4）					
		1958	1959	1960	1961	1962	年递增（±）%
1. 总户数	户	1124	1384	1723	1780	1826	9.87
2. 总人口	人	4497	5536	6893	7118	7303	9.87
3. 职工人数	人	1782	2754	2385	3191	3285	10.22
其中：农业职工	人						
管理人员	人	192	205	175	253	261	−3.99
从业人数	人	1782	2754	2385	3191	3285	10.22
平均从业人数	人	1901	2268	2570	2788	3238	8.70
4. 工资总额	万元	64	99	85	90	83	2.80
5. 职均收入	元	360	360	356	282	254	61.66
人均收入	元	360	360	356	282	254	−8.35
可支配收入	元	317	317	313	248	223	−8.35
6. 离退休人数	人						
劳退工资和退休金	万元						
7. 房屋总面积	平方米	57030	58876	61543	62990	67577	4.71
8. 土地总面积	亩	308220	205508	173291	172391	172391	−10.97
①耕地面积	亩	108470	103879	65805	74921	73768	−7.13
②林地面积	亩	1875	2472	3308	3308	3591	16.42
③水面面积	亩	9404	9404	9404	9404	9404	0.00
其中：养殖	亩						
④果园面积	亩	41	105	248	197	360	50.91
⑤可垦荒面积	亩						
⑥水泥晒场	亩						
⑦道路面积	亩						
⑧盐田面积	亩						
⑨居民点用地	亩						
⑩公用占地	亩						
⑪其他	亩						
9. 农作物播种面积	亩	108470	103960	65807	74921	73768	−7.13
10. 粮食总产量	吨	16373	17858	18181	21571	9545	−2.31
其中：大麦	吨	545	1115	1287	2008	0	−100.00
小麦	吨	1307	1606	1595	1562	3349	−8.39
水稻	吨	14522	15138	15299	18001	6196	7.61
大豆	吨	24	27	9	9	2	−47.21

（续）

指标名称	计量单位	第二个五年计划					
		国营淮海农场（1955.10—1967.4）					
		1958	1959	1960	1961	1962	年递增（±）%
棉花	吨	233	314	168	162	83	−18.99
肉类产量	吨						
成鱼产量	吨		9	3	14	8	−5.90
11. 资产总额	万元	454	484	568	572	528	4.14
其中：流动资产合计	万元	116	133	194	181	139	2.33
存货	万元						
固定资产原值	万元	389	408	443	454	468	5.83
固定资产净值	万元	338	352	375	391	389	4.84
12. 当年固定资产投资	万元	41.30	31.60	34.90	37.50	31.90	6.30
其中：农业投入	万元	33.30	29.30	6.40	31.10	10.20	−15.37
13. 负债总额	万元	—					
14. 所有者权益	万元						
其中：实收资本	万元	—					
15. 资产负债率	%						
16. 农业机械总动力	千瓦	1562	1690	1623	1702	742	−11.65
17. 用电总数	万度	12	12	12	12	12	0.10
18. 收割机	台	6	6	6	6	6	0.00
19. 拖拉机	混合台	31	33	29	31	26	0.79
20. 化肥总消耗量	吨						
21. 电站数	座						
22. 社会总产值	万元	278	275	213	237	124	5.74
其中：农业	万元	168	139	94	92	37	−13.05
工业	万元	110	136	119	145	87	34.65
建筑业	万元						
运输业	万元						
商业	万元						
23. 国内生产总值	万元	8	124	93	96	−11	−202.97
其中：第一产业	万元	8	124	93	96	−11	−202.97
第二产业	万元	—					
第三产业	万元						
24. 营业收入	万元	204.80	261.60	263.26	176.97	151.00	16.97
25. 利润总额	万元	−63.84	18.20	1.49	0.45	−99.67	9.62
26. 纳税总额	万元	8	7	7	6	5	−10.12

（续）

指标名称	计量单位	过渡阶段			
		国营淮海农场（1955.10—1967.4）			
		1963	1964	1965	年递增（±)%
1. 总户数	户	2061	2140	2315	8.24
2. 总人口	人	8243	8561	9261	8.24
3. 职工人数	人	3971	4357	4782	13.33
其中：农业职工	人				
管理人员	人	254	248	270	1.14
从业人数	人	3971	4357	4782	13.33
平均从业人数	人	3628	4164	4570	12.17
4. 工资总额	万元	86	116	125	14.56
5. 职均收入	元	216	267	262	1.08
人均收入	元	216	267	262	1.08
可支配收入	元	190	235	231	1.08
6. 离退休人数	人				
劳退工资和退休金	万元				
7. 房屋总面积	平方米	72036	75919	78264	5.02
8. 土地总面积	亩	172391	172391	172391	0.00
①耕地面积	亩	71488	69628	78571	2.12
②林地面积	亩	3411	4110	5240	13.42
③水面面积	亩	9404	9404	12893	11.09
其中：养殖	亩				
④果园面积	亩	506	428	510	12.31
⑤可垦荒面积	亩	70	75	75	3.51
⑥水泥晒场	亩				
⑦道路面积	亩				
⑧盐田面积	亩				
⑨居民点用地	亩				
⑩公用占地	亩				
⑪其他	亩				
9. 农作物播种面积	亩	71488	69628	78571	2.12
10. 粮食总产量	吨	26304	25328	22933	33.94
其中：大麦	吨	5676			
小麦	吨	2883	1341	1051	−32.04
水稻	吨	17745	23987	21882	52.29
大豆	吨	24	32	27	129.47

（续）

指标名称	计量单位	过渡阶段			
		国营淮海农场（1955.10—1967.4）			
		1963	1964	1965	年递增（±）%
棉花	吨	106	581	214	37.36
肉类产量	吨				
成鱼产量	吨	21	15	3	−30.66
11. 资产总额	万元	587	666	638	6.51
其中：流动资产合计	万元	182	243	202	13.30
存货	万元				
固定资产原值	万元	490	517	541	4.91
固定资产净值	万元	405	424	436	3.86
12. 当年固定资产投资	万元	25.70	33.60	42.60	10.12
其中：农业投入	万元	20.60	30.50	24.80	34.47
13. 负债总额	万元				
14. 所有者权益	万元				
其中：实收资本	万元	—			
15. 资产负债率	%				
16. 农业机械总动力	千瓦	861	941	980	9.74
17. 用电总数	万度	12	12	12	−0.42
18. 收割机	台	6	6	6	0.00
19. 拖拉机	混合台	29	31	32	7.17
20. 化肥总消耗量	吨				
21. 电站数	座				
22. 社会总产值	万元	190	304	267	29.10
其中：农业	万元	117	219	146	58.20
工业	万元	73	84	121	11.54
建筑业	万元				
运输业	万元				
商业	万元				
23. 国内生产总值	万元	50	145	67	−281.71
其中：第一产业	万元	50	145	67	−281.71
第二产业	万元	—			
第三产业	万元				
24. 营业收入	万元	172.88	381.65	253.18	18.80
25. 利润总额	万元	−42.63	21.16	−65.85	−12.90
26. 纳税总额	万元	7	8	8	16.23

（续）

指标名称	计量单位	国营淮海农场	第三个五年计划				
			军管时期（1967.5—1969.9）			兵团时期（1969.9—1975.8）	
		1966	1967	1968	1969	1970	年递增（±）%
1. 总户数	户	2342	2450	2549	3331	3501	8.62
2. 总人口	人	9367	9800	10194	13322	14004	8.62
3. 职工人数	人	4810	5089	5187	7043	8359	11.82
其中：农业职工	人						
管理人员	人	336	347	380	420	623	18.20
从业人数	人	4810	5089	5187	7043	8359	11.82
平均从业人数	人	4796	4950	5138	6115	7701	11.00
4. 工资总额	万元	127	118	120	196	186	8.21
5. 职均收入	元	263	232	232	279	223	−3.23
人均收入	元	263	232	232	279	223	−3.23
可支配收入	元	232	204	204	245	196	−3.23
6. 离退休人数	人						
劳退工资和退休金	万元						
7. 房屋总面积	平方米	81543	85877	91069	105933	120887	9.08
8. 土地总面积	亩	172391	172391	172391	171971	171971	−0.05
①耕地面积	亩	78893	77355	77076	76932	75442	−0.81
②林地面积	亩	5324	6862	7099	7099	7473	7.36
③水面面积	亩	12893	12893	12893	12893	12893	0.00
其中：养殖	亩						
④果园面积	亩	518	474	501	515	699	6.51
⑤可垦荒面积	亩	75	75	65	65	65	−2.82
⑥水泥晒场	亩						
⑦道路面积	亩						
⑧盐田面积	亩						
⑨居民点用地	亩						
⑩公用占地	亩						
⑪其他	亩						
9. 农作物播种面积	亩	78891	77353	77076	76932	75442	−0.81
10. 粮食总产量	吨	18243	26396	23615	28475	34608	8.58
其中：大麦	吨						
小麦	吨	668	7462	7550	7625	7128	46.65
水稻	吨	17575	18934	16065	20850	27480	4.66
大豆	吨	55	155	102	156	122	35.05

（续）

指标名称	计量单位	第三个五年计划					
		国营淮海农场	军管时期（1967.5—1969.9）			兵团时期（1969.9—1975.8）	
		1966	1967	1968	1969	1970	年递增（±）%
棉花	吨	831	857	264	254	223	0.87
肉类产量	吨						
成鱼产量	吨	3	4	3	9	12	36.85
11. 资产总额	万元	458	507	455	506	523	−3.88
其中：流动资产合计	万元	199	248	188	194	198	−0.38
存货	万元						
固定资产原值	万元	389	401	423	481	508	−1.24
固定资产净值	万元	259	259	267	313	325	−5.68
12. 当年固定资产投资	万元	29.10	10.80	20.20	66.40	36.30	−3.15
其中：农业投入	万元	22.60	4.60	8.00	66.40	6.50	−23.49
13. 负债总额	万元						
14. 所有者权益	万元						
其中：实收资本	万元	—					
15. 资产负债率	%						
16. 农业机械总动力	千瓦	1139	1088	1167	1088	1259	5.13
17. 用电总数	万度	12	13	12	14	16	5.96
18. 收割机	台	6	6	8	8	8	5.92
19. 拖拉机	混合台	36	34	36	33	37	2.95
20. 化肥总消耗量	吨						
21. 电站数	座						
22. 社会总产值	万元	303	309	194	197	154	−10.36
其中：农业	万元	247	257	115	137	93	−8.54
工业	万元	56	53	79	60	61	−12.77
建筑业	万元						
运输业	万元						
商业	万元						
23. 国内生产总值	万元	99	120	12	14	8	−34.09
其中：第一产业	万元	99	120	12	14	8	−34.09
第二产业	万元	—					
第三产业	万元						
24. 营业收入	万元	251.02	412.92	239.82	226.73	204.65	−4.17
25. 利润总额	万元	−35.43	−7.19	−116.50	−191.36	−187.12	23.23
26. 纳税总额	万元	8	9	9	9	9	3.65

（续）

指标名称	计量单位	第四个五年计划					
		兵团时期（1969.9—1975.8）					
		1971	1972	1973	1974	1975	年递增（±）%
1. 总户数	户	3712	3738	3658	3611	3600	0.56
2. 总人口	人	14848	14950	14630	14445	14398	0.56
3. 职工人数	人	8916	9130	8949	8802	8834	1.11
其中：农业职工	人				7818	6578	−15.86
管理人员	人	301	246	240	314	330	−11.93
从业人数	人	8916	9130	8949	8802	8834	1.11
平均从业人数	人	8638	9023	9040	8876	8818	2.75
4. 工资总额	万元	204	219	230	271	185	−0.17
5. 职均收入	元	229	240	257	308	209	−1.27
人均收入	元	229	240	257	308	209	−1.27
可支配收入	元	202	211	226	271	184	−1.27
6. 离退休人数	人						
劳退工资和退休金	万元						
7. 房屋总面积	平方米	124813	132832	140957	147313	149464	4.34
8. 土地总面积	亩	171971	171971	171971	171941	171941	0.00
①耕地面积	亩	74687	74483	73493	73812	73523	−0.51
②林地面积	亩	7893	7919	7588	6165	6005	−4.28
③水面面积	亩	12893	12893	12893	12893	12893	0.00
其中：养殖	亩						
④果园面积	亩	807	821	821	821	821	3.27
⑤可垦荒面积	亩	30	30	30	30	30	−14.33
⑥水泥晒场	亩						
⑦道路面积	亩						
⑧盐田面积	亩						
⑨居民点用地	亩						
⑩公用占地	亩						
⑪其他	亩						
9. 农作物播种面积	亩	74687	74483	73493	73812	73523	−0.51
10. 粮食总产量	吨	59396	48005	47795	51700	47442	6.51
其中：大麦	吨						
小麦	吨	8276	7555	7555	9825	15444	16.72
水稻	吨	51120	40450	40240	41875	31998	3.09
大豆	吨	31	102	138	122	103	−3.34

（续）

指标名称	计量单位	第四个五年计划					
		兵团时期（1969.9—1975.8）					
		1971	1972	1973	1974	1975	年递增（±）%
棉花	吨	190	207	414	325	363	10.18
肉类产量	吨						
成鱼产量	吨	13	13	30	23	15	4.56
11. 资产总额	万元	603	527	679	677	713	6.39
其中：流动资产合计	万元	254	259	378	344	351	12.13
存货	万元						
固定资产原值	万元	546	593	646	698	748	8.06
固定资产净值	万元	349	268	302	333	362	2.18
12. 当年固定资产投资	万元	36.10	24.50	87.20	42.30	37.00	0.38
其中：农业投入	万元	17.30	17.50	78.00	41.20	32.00	37.55
13. 负债总额	万元						
14. 所有者权益	万元						
其中：实收资本	万元	—					
15. 资产负债率	%						
16. 农业机械总动力	千瓦	1336	947	3725	4900	5100	32.28
17. 用电总数	万度	19	24	30	50	39	19.87
18. 收割机	台	8	8	8	6	10	4.56
19. 拖拉机	混合台	39	48	45	51	50	6.21
20. 化肥总消耗量	吨		1665	1419	1227	1330	−7.21
21. 电站数	座	2	4	11	16	18	55.18
22. 社会总产值	万元	227	291	386	489	507	26.85
其中：农业	万元	154	205	256	272	267	23.39
工业	万元	74	86	131	217	240	31.49
建筑业	万元						
运输业	万元						
商业	万元						
23. 国内生产总值	万元	61	40	158	121	27	26.21
其中：第一产业	万元	61	40	158	121	27	26.21
第二产业	万元	—					
第三产业	万元						
24. 营业收入	万元	288.78	334.16	474.81	465.95	495.77	19.36
25. 利润总额	万元	−152.13	−188.63	−86.42	−165.18	−173.28	−1.53
26. 纳税总额	万元	9	10	14	15	16	10.73

（续）

指标名称	计量单位	第五个五年计划 国营淮海农场（1975.9—2004.11）					
		1976	1977	1978	1979	1980	年递增（±）%
1. 总户数	户	3510	3461	3315	2391	2366	−8.05
2. 总人口	人	14041	13844	13259	9563	9465	−8.05
3. 职工人数	人	8645	8622	8340	5941	5561	−8.84
其中：农业职工	人	6236	7750	5728	2794		−19.27
管理人员	人	314	303	298	263	248	−5.55
从业人数	人	8645	8622	8340	5941	5561	−8.84
平均从业人数	人	8740	8634	8481	7141	5751	−8.19
4. 工资总额	万元	268	299	343	257	327	12.12
5. 职均收入	元	304	347	411	433	428	15.43
人均收入	元	304	347	411	433	428	15.43
可支配收入	元	268	305	361	381	377	15.43
6. 离退休人数	人						
劳退工资和退休金	万元						
7. 房屋总面积	平方米	150941	159437	167016	169490	173165	2.99
8. 土地总面积	亩	171941	171941	171941	171941	171941	0.00
①耕地面积	亩	73338	73299	73122	73122	72902	−0.17
②林地面积	亩	6135	6165	6325	6325	6325	1.04
③水面面积	亩	13148	13148	13148	13148	13368	0.73
其中：养殖	亩	530	530	530	530		0.00
④果园面积	亩	821	792	821	821		0.00
⑤可垦荒面积	亩	30	12	13	12		−26.32
⑥水泥晒场	亩						
⑦道路面积	亩	7921	7894	7894	7898		−0.10
⑧盐田面积	亩						
⑨居民点用地	亩	4617	4720	4720	4720	4720	0.55
⑩公用占地	亩						
⑪其他	亩						
9. 农作物播种面积	亩	73338	73299	64872	73122	72902	−0.17
10. 粮食总产量	吨	42593	35093	55925	5675	6610	−32.58
其中：大麦	吨				785	859	9.43
小麦	吨	13542	10617	16410	1384	1226	−39.76
水稻	吨	29051	24476	39515	3507	4525	−32.38
大豆	吨	251	313	282	510	580	41.26

（续）

指标名称	计量单位	第五个五年计划 国营淮海农场（1975.9—2004.11）					
		1976	1977	1978	1979	1980	年递增（±)%
棉花	吨	392	416	528	557	495	6.43
肉类产量	吨						
成鱼产量	吨	15	4	8	10	10	−8.73
11. 资产总额	万元	767	794	908	1133	1192	10.81
其中：流动资产合计	万元	385	388	466	652	656	13.31
存货	万元						
固定资产原值	万元	796	747	916	988	1018	6.33
固定资产净值	万元	383	406	442	481	536	8.15
12. 当年固定资产投资	万元	19.00	32.80	34.50	23.56	63.00	11.23
其中：农业投入	万元	11.50	13.50	24.50	23.56	28.00	−2.64
13. 负债总额	万元						
14. 所有者权益	万元						
其中：实收资本	万元						
15. 资产负债率	%						
16. 农业机械总动力	千瓦	4881	9125	9405	11735	13477	21.45
17. 用电总数	万度	144	144	102	135	299	49.95
18. 收割机	台	10	10	10	11	13	5.39
19. 拖拉机	混合台	52	54	54	59	60	3.71
20. 化肥总消耗量	吨	660	743	2772	2597	3886	23.92
21. 电站数	座	24	23	26	29	31	11.49
22. 社会总产值	万元	496	546	774	768	916	12.54
其中：农业	万元	283	286	314	416	392	8.00
工业	万元	214	261	363	256	417	11.69
建筑业	万元			11	11	15	16.08
运输业	万元				33	33	69	44.44
商业	万元			53	53	21	−36.15
23. 国内生产总值	万元	187	224	299	308	377	69.55
其中：第一产业	万元	187	224	299	308	377	69.55
第二产业	万元						
第三产业	万元						
24. 营业收入	万元	596.47	722.81	870.35	968.97	907.32	12.85
25. 利润总额	万元	−99.83	−98.06	−62.90	32.50	25.61	−168.22
26. 纳税总额	万元	20	23	19	19	24	8.86

（续）

指标名称	计量单位	第六个五年计划 国营淮海农场（1975.9—2004.11）					
		1981	1982	1983	1984	1985	年递增（±）%
1. 总户数	户	2385	2393	2396	2355	2253	−0.98
2. 总人口	人	9541	9570	9585	9419	9012	−0.98
3. 职工人数	人	5686	5910	4066	3992	3240	−10.24
其中：农业职工	人						
管理人员	人	290	271	258	449	405	10.31
从业人数	人	5686	5910	4066	3992	3240	−10.24
平均从业人数	人	5624	5798	4988	4029	3616	−8.86
4. 工资总额	万元	333	428	388	505	568	11.67
5. 职均收入	元	428	428	660	847	938	16.98
人均收入	元	428	428	660	847	938	16.98
可支配收入	元	377	377	581	745	825	16.98
6. 离退休人数	人						
劳退工资和退休金	万元						
7. 房屋总面积	平方米	94310	94310	94310	94310	102869	−9.89
8. 土地总面积	亩	171941	171941	171941	171941	171941	0.00
①耕地面积	亩	72902	72940	74060	74094	73890	0.27
②林地面积	亩	6325	6325	6479	6510	6375	0.16
③水面面积	亩	13368	16196	13228	13380	12380	−1.52
其中：养殖	亩			579	579	579	0.00
④果园面积	亩		850	442	707	707	−5.96
⑤可垦荒面积	亩						
⑥水泥晒场	亩						
⑦道路面积	亩			8691	8691	8691	0.00
⑧盐田面积	亩						
⑨居民点用地	亩	4720	4720	4720	4720	4720	0.00
⑩公用占地	亩						
⑪其他	亩						
9. 农作物播种面积	亩	72902	71199	71332			−0.72
10. 粮食总产量	吨	6894	7894	9033	9927	10229	9.13
其中：大麦	吨	844	779	196	115	69	−39.61
小麦	吨	1853	2437	2804	3037	3027	19.82
水稻	吨	4198	4678	6034	6775	7133	9.53
大豆	吨	780	785				16.34

（续）

指标名称	计量单位	第六个五年计划					
		国营淮海农场（1975.9—2004.11）					
		1981	1982	1983	1984	1985	年递增（±）%
棉花	吨	1109	908				35.41
肉类产量	吨						
成鱼产量	吨	12	15	10			0.00
11. 资产总额	万元	1489	1493	1625	2015	2669	17.49
其中：流动资产合计	万元	921	933	990	1252	1682	20.73
存货	万元						
固定资产原值	万元	1090	1148	1268	1459	1656	10.23
固定资产净值	万元	568	560	635	763	987	12.98
12. 当年固定资产投资	万元	80.43	84.81	96.77	182.53	358.28	41.57
其中：农业投入	万元	26.63	26.80	22.50	5.00	22.67	−4.14
13. 负债总额	万元						
14. 所有者权益	万元						
其中：实收资本	万元						
15. 资产负债率	%						
16. 农业机械总动力	千瓦	13493	10153	10960	13490	13420	−0.08
17. 用电总数	万度	371	352	447	760	700	18.57
18. 收割机	台	13	14	14	17	17	5.51
19. 拖拉机	混合台	59	61	61	69	70	3.13
20. 化肥总消耗量	吨	4606	4594	5925			15.10
21. 电站数	座	35	35	38	61	68	17.01
22. 社会总产值	万元	1232	1511	1781	2219	2593	23.14
其中：农业	万元	547	727	942	1257	1102	22.94
工业	万元	611	709	752	862	1301	25.53
建筑业	万元	23	23	28	33	92	43.73
运输业	万元	30	30	38	46	76	1.87
商业	万元	21	21	21	21	21	0.00
23. 国内生产总值	万元	510	626	712	769	829	17.10
其中：第一产业	万元	510	626	712	769	829	17.10
第二产业	万元						
第三产业	万元						
24. 营业收入	万元	1264.08	1360.49	1677.58	1906.88	2780.00	25.10
25. 利润总额	万元	150.21	161.80	281.93	220.41	200.00	50.84
26. 纳税总额	万元	27	36	42	43	61	20.71

（续）

指标名称	计量单位	第七个五年计划 国营淮海农场（1975.9—2004.11）					
		1986	1987	1988	1989	1990	年递增（±）%
1. 总户数	户	2253	2217	2694	2173	2189	−0.57
2. 总人口	人	9013	8868	8557	8690	8756	−0.57
3. 职工人数	人	3452	5168	4967	4793	4716	7.80
其中：农业职工	人				901	1171	29.97
管理人员	人	493	693	618	700	707	11.79
从业人数	人	3452	5168	4967	4793	4716	7.80
平均从业人数	人	3346	4310	5068	4880	4755	5.63
4. 工资总额	万元	678	837	1054	995	930	10.37
5. 职均收入	元	1215	1619	2122	2077	1972	16.04
人均收入	元	1215	1619	2122	2077	3187	27.73
可支配收入	元	1069	1424	1868	1827	1736	16.04
6. 离退休人数	人						
劳退工资和退休金	万元						
7. 房屋总面积	平方米	102869	102869	102869	102869	115389	2.32
8. 土地总面积	亩	171941	162634	162634	162634	162634	−1.11
①耕地面积	亩	73870	73043	73289	72439	73909	0.01
②林地面积	亩	10431	10431	10342	10592	10622	10.75
③水面面积	亩	12380	32701	32761	33611	30833	20.02
其中：养殖	亩	579	579	1337	1377	856	8.13
④果园面积	亩	707	707	477	477	294	−16.10
⑤可垦荒面积	亩			17	17	17	0.00
⑥水泥晒场	亩						
⑦道路面积	亩	8691	8691	4623	4723	6303	−6.22
⑧盐田面积	亩			445	445	445	0.00
⑨居民点用地	亩	4720	4720	4480	4590	5534	3.23
⑩公用占地	亩						
⑪其他	亩			304	304	304	0.00
9. 农作物播种面积	亩			29704	29704	29704	0.00
10. 粮食总产量	吨	10672	12213	17188	22667	21064	15.54
其中：大麦	吨	60	2495	4283	2960	5791	142.54
小麦	吨	3188	2890	3999	5882	3511	3.01
水稻	吨	7424	6828	8906	13825	11762	10.52
大豆	吨						

（续）

指标名称	计量单位	第七个五年计划					
		国营淮海农场（1975.9—2004.11）					
		1986	1987	1988	1989	1990	年递增（±）%
棉花	吨						
肉类产量	吨						
成鱼产量	吨						
11. 资产总额	万元	3260	3789	4710	5996	6498	19.48
其中：流动资产合计	万元	2154	2503	3073	3935	4543	21.98
存货	万元						
固定资产原值	万元	1877	2152	2607	3091	2990	12.55
固定资产净值	万元	1107	1286	1637	2061	1956	14.66
12. 当年固定资产投资	万元	293.50	219.54	433.77	391.55	399.66	2.21
其中：农业投入	万元	234.80	175.63	347.02	313.24	319.73	69.77
13. 负债总额	万元						
14. 所有者权益	万元						
其中：实收资本	万元						
15. 资产负债率	%						
16. 农业机械总动力	千瓦	14737	14200	16303	18286	16920	4.74
17. 用电总数	万度	1000	1200	1500	1535	1271	12.67
18. 收割机	台	21	22	28	25	30	12.03
19. 拖拉机	混合台	78	87	95	91	90	5.15
20. 化肥总消耗量	吨						
21. 电站数	座	69	79	72	77		3.16
22. 社会总产值	万元	2944	3681	4692	4829	5018	14.12
其中：农业	万元	893	1084	1396	1962	1905	11.56
工业	万元	1589	2214	2607	2292	2801	16.57
建筑业	万元	183	96	288	129	163	12.09
运输业	万元	91	94	113	117	59	−5.10
商业	万元	189	192	289	330	91	33.44
23. 国内生产总值	万元	999	1250	1755	1814	1225	8.12
其中：第一产业	万元	999	1250	1755	1814	1225	8.12
第二产业	万元						
第三产业	万元						
24. 营业收入	万元	3503.70	3180.90	4595.70	6042.80	6783.30	19.53
25. 利润总额	万元	225.60	304.10	550.80	662.50	58.30	−21.85
26. 纳税总额	万元	95	110	150	156	236	31.01

（续）

指标名称	计量单位	第八个五年计划					
		国营淮海农场 (1975.9—2004.11)					
		1991	1992	1993	1994	1995	年递增（±）%
1. 总户数	户	2204	2368	2366	3412	3626	10.62
2. 总人口	人	8814	9472	9462	9357	9152	0.89
3. 职工人数	人	3299	3170	3085	4546	4428	−1.25
其中：农业职工	人	1409	2106		2003	1887	10.01
管理人员	人	723	706	562	555	456	−8.40
从业人数	人	3299	3170	3085	4546	4428	−1.25
平均从业人数	人	4008	3235	3128	3816	4487	−1.15
4. 工资总额	万元	954	895	1281	1558	2162	18.38
5. 职均收入	元	2054	1777	2688	2817	4841	19.67
人均收入	元	3936	4284	5200	5400	5436	11.27
可支配收入	元	1808	1564	2365	2479	4260	19.67
6. 离退休人数	人						
劳退工资和退休金	万元						
7. 房屋总面积	平方米	129505	221715	228486	232470	115767	0.07
8. 土地总面积	亩	162634	162634	162634	162630	132570	−4.01
①耕地面积	亩	74287	75183	75183	75183	72135	−0.48
②林地面积	亩	10794	10856	10794	10860	10860	0.44
③水面面积	亩	30143	30143	30143	30090	31485	0.42
其中：养殖	亩	803	948	1503	3015	690	−4.22
④果园面积	亩	294	132		236		−7.13
⑤可垦荒面积	亩						
⑥水泥晒场	亩	29					
⑦道路面积	亩	6500	6500	6500	6495	2925	−14.23
⑧盐田面积	亩	300	300	300	195		−100.00
⑨居民点用地	亩	5510	5710	5710	5768	4560	−3.80
⑩公用占地	亩						
⑪其他	亩	304	304	304	304	304	0.00
9. 农作物播种面积	亩	29704	29704	29704	29704	29700	0.00
10. 粮食总产量	吨	23091	22790	25756	28022	47346	17.58
其中：大麦	吨	6677	6113	7169	7247	13357	18.19
小麦	吨	2263	4053	3395	2926	3724	1.19
水稻	吨	14150	12624	15192	17849	30265	20.81
大豆	吨						

（续）

指标名称	计量单位	第八个五年计划 国营淮海农场（1975.9—2004.11）					
		1991	1992	1993	1994	1995	年递增（±）%
棉花	吨						
肉类产量	吨						
成鱼产量	吨						
11. 资产总额	万元	7639	8232	7512	9062	13666	16.03
其中：流动资产合计	万元	5443	6290	6466	6466	9471	15.83
存货	万元						
固定资产原值	万元	3436	3646	4083	3987	6960	18.41
固定资产净值	万元	2196	2215	3064	3064	3728	13.78
12. 当年固定资产投资	万元	149.70	604.50	437.10	201.00	958.20	19.11
其中：农业投入	万元	149.70	51.00	32.00	47.00	110.00	−19.22
13. 负债总额	万元		3118	7928	7928	10476	49.77
14. 所有者权益	万元		2183	885	1113	2897	9.89
其中：实收资本	万元		1536	1536	1536	2098	10.95
15. 资产负债率	%		38	106	87	77	26.49
16. 农业机械总动力	千瓦	19768	14333	15002	16323	15797	−1.36
17. 用电总数	万度	1186	1126	804	804	907	−6.53
18. 收割机	台	30	29	32	32	33	1.92
19. 拖拉机	混合台	100	105	103	103	113	4.66
20. 化肥总消耗量	吨	13053	8492	7562	7562	10038	−6.35
21. 电站数	座	72	68	72	72	76	1.36
22. 社会总产值	万元	7461	6429	5157	10450	14746	24.06
其中：农业	万元	2545	2845	2303	5465	9880	38.99
工业	万元	3170	3082	2414	4565	4281	8.86
建筑业	万元	331	200	160	176	239	7.87
运输业	万元	88	105	110	81	94	10.02
商业	万元	1328	196	170	162	252	22.66
23. 国内生产总值	万元	2297	2624	3074	2621	15082	65.23
其中：第一产业	万元	1147	1198	1452	1267	2604	16.29
第二产业	万元	993	1062	899	706	989	−0.09
第三产业	万元	158	364	723	649	1317	70.04
24. 营业收入	万元	8049.10	8363.50	9484.00	11189.30	15081.70	17.33
25. 利润总额	万元	106.80	−705.90	−296.50	302.80	1318.60	86.59
26. 纳税总额	万元	230	121	199	61	199	−3.39

（续）

指标名称	计量单位	第九个五年计划					
		国营淮海农场（1975.9—2004.11）					
		1996	1997	1998	1999	2000	年递增（±）%
1. 总户数	户	3684	3870	3857	3851	3699	0.40
2. 总人口	人	9026	8876	8858	8849	9139	−0.03
3. 职工人数	人	4326	4218	4154	4331	3992	−2.05
其中：农业职工	人	1630	1757	2126	2064	1955	0.71
管理人员	人	537	561	536	533	519	2.62
从业人数	人	4326	4218	4154	4331	3992	−2.05
平均从业人数	人	4377	4272	4186	4243	4162	−1.49
4. 工资总额	万元	2452	2409	2533	2632	1999	−1.56
5. 职均收入	元	5618	5729	6004	6083	5054	0.86
人均收入	元	6700	6700	6700	6700	3187	−10.13
可支配收入	元	4944	5042	5284	5353	4448	0.86
6. 离退休人数	人					2383	0.00
劳退工资和退休金	万元						
7. 房屋总面积	平方米	116695	117481	219759	220350	220337	13.74
8. 土地总面积	亩	132570	132570	132570	132570	135675	0.46
①耕地面积	亩	76785	76785	73260	70500	70500	−0.46
②林地面积	亩	10860	10815	3720	3735	3735	−19.22
③水面面积	亩	2168	32520	33015	35775	35775	2.59
其中：养殖	亩	3180	31800	3450	3105	3105	35.10
④果园面积	亩	480	75				
⑤可垦荒面积	亩	1650	—	—	—	—	
⑥水泥晒场	亩			4200	450	450	0.00
⑦道路面积	亩	2895	4500	5400	2895	2895	−0.21
⑧盐田面积	亩	15		3780	3780	3780	0.00
⑨居民点用地	亩	4605	4605	4575	3810	3810	−3.53
⑩公用占地	亩						
⑪其他	亩	795	795	795	795	795	21.20
9. 农作物播种面积	亩	24540	26670			6975	−25.16
10. 粮食总产量	吨	55100	54370	59157	66943	56402	3.56
其中：大麦	吨	13327	8970	7262	18886	13649	0.43
小麦	吨	5012	3697	3963	6593	5279	7.23
水稻	吨	36761	41703	47932	41464	37474	4.37
大豆	吨						

（续）

指标名称	计量单位	第九个五年计划					
		国营淮海农场（1975.9—2004.11）					
		1996	1997	1998	1999	2000	年递增（±）%
棉花	吨						
肉类产量	吨						
成鱼产量	吨						
11. 资产总额	万元	17752	17669	19325	19017	19353	7.21
其中：流动资产合计	万元	12541	11869	13575	12956	12086	5.00
存货	万元					3868	0.00
固定资产原值	万元	8519	9771	10307	10508	11602	10.76
固定资产净值	万元	2364	5695	5550	5388	6107	10.37
12. 当年固定资产投资	万元	2104.10	1510.00	823.60	1009.80	967.00	0.18
其中：农业投入	万元	1133.90	408.70	408.70	487.60	217.00	14.55
13. 负债总额	万元	13791	13396	14776	15922	14457	6.65
14. 所有者权益	万元	3965	3897	4549	4778	4896	11.07
其中：实收资本	万元	1842	1842	1844	1844	1844	−2.55
15. 资产负债率	%	78	76	76	84	75	−0.51
16. 农业机械总动力	千瓦	18507	18544	17835	28435	26733	11.10
17. 用电总数	万度	948	953	960	812	680	−5.60
18. 收割机	台	38	38	38	43	66	14.87
19. 拖拉机	混合台	138	146	143	176	168	8.25
20. 化肥总消耗量	吨	12481	12384	15161	12581	11103	2.04
21. 电站数	座	65	66	72	75	80	1.03
22. 社会总产值	万元	13134	13171	15979	21006	14793	0.06
其中：农业	万元	9274	8824	9621	12718	8748	−2.40
工业	万元	3126	3524	5234	6297	4749	2.09
建筑业	万元	476	503	587	811	824	28.13
运输业	万元	42	33	27	186	280	24.29
商业	万元	217	287	510	994	193	−5.21
23. 国内生产总值	万元	15602	14731	15207	20401	7011	−14.20
其中：第一产业	万元	3759	3051	3429	3730	4098	9.49
第二产业	万元	698	1300	1382	1629	1111	2.36
第三产业	万元	1424	1697	1777	1974	1802	6.47
24. 营业收入	万元	15601.60	14730.90	15207.30	20401.20	17986.50	3.59
25. 利润总额	万元	1018.80	301.70	718.20	106.30	300.20	−25.62
26. 纳税总额	万元	311	305	226	283	230	2.92

（续）

指标名称	计量单位	第十个五年计划					
		国营淮海农场（1975.9—2004.11）				淮海农场有限公司（2004.12—2020.12）	
		2001	2002	2003	2004	2005	年递增（±）%
1. 总户数	户	3688	3664	3653	3617	3581	−0.65
2. 总人口	人	9045	8907	8789	8878	8775	−0.81
3. 职工人数	人	3240	3452	3674	3601	3540	−2.37
其中：农业职工	人	1770	2202	2758	2926	3030	9.16
管理人员	人	510	418	326	281	370	−6.54
从业人数	人	3694	3665	3959	4064	4064	0.36
平均从业人数	人	3616	3346	3563	3638	3571	−3.02
4. 工资总额	万元	1694	2034	2335	2859	1039	−12.27
5. 职均收入	元	5373	6029	6634	7200	8698	11.47
人均收入	元	3936	4284	5200	5400	5436	11.27
可支配收入	元	4728	5306	5838	6336	7654	11.47
6. 离退休人数	人	2421	2418	2497	2531	2449	0.55
劳退工资和退休金	万元						
7. 房屋总面积	平方米	223761	227793	207212	208012	220617	0.03
8. 土地总面积	亩	135675	135675	135675	135675	138690	0.44
①耕地面积	亩	75015	72810	72810	72810	77265	1.85
②林地面积	亩	5085	5085	6180	6180	6780	12.66
③水面面积	亩	34350	34350	34350	34350	25755	−6.36
其中：养殖	亩	3105	3105	3105	3105	3105	0.00
④果园面积	亩						
⑤可垦荒面积	亩	—	—	—	—	—	
⑥水泥晒场	亩	525	525	525	525	840	13.30
⑦道路面积	亩	2955	2955	2955	2955	2955	0.41
⑧盐田面积	亩	3780	3780	3780	3780		−100.00
⑨居民点用地	亩	4620	4620	4620	4620	4620	3.93
⑩公用占地	亩						
⑪其他	亩	795	795	795	795	795	0.00
9. 农作物播种面积	亩	1665	3870	3870	3870	19455	22.77
10. 粮食总产量	吨	58688	60000	52400	54981	60275	1.34
其中：大麦	吨	14070	16800	17215	18939	22833	10.84
小麦	吨	2775	3200	3185	1993	1872	−18.73
水稻	吨	41843	40000	32000	34049	35570	−1.04
大豆	吨						

（续）

指标名称	计量单位	第十个五年计划					
		国营淮海农场（1975.9—2004.11）				淮海农场有限公司（2004.12—2020.12）	
		2001	2002	2003	2004	2005	年递增（±）%
棉花	吨						
肉类产量	吨						
成鱼产量	吨						
11. 资产总额	万元	17821	22162	19236	20924	24238	4.60
其中：流动资产合计	万元	9951	13546	13672	14364	14555	3.79
存货	万元	3619	4718	4482	2892	4194	1.63
固定资产原值	万元	9623	12998	12933	13980	14772	4.95
固定资产净值	万元	4656	6596	5538	5861	6182	0.24
12. 当年固定资产投资	万元	1048.00	1214.10	1580.40	1238.40	2030.50	15.99
其中：农业投入	万元	74.70	357.30	819.00	42.00	751.00	28.18
13. 负债总额	万元	11137	13662	11893	13636	15515	1.42
14. 所有者权益	万元	6684	6540	7343	7288	8723	12.25
其中：实收资本	万元	1582	1844	1844	1844	1844	0.00
15. 资产负债率	%	62	62	62	65	64	−3.04
16. 农业机械总动力	千瓦	25810	24372	24454	25274	25859	−0.66
17. 用电总数	万度	820	749	700	660	700	0.58
18. 收割机	台	79	79	82	84	79	3.66
19. 拖拉机	混合台	192	192	191	201	214	4.96
20. 化肥总消耗量	吨	15839	13622	14622	10789	11452	0.62
21. 电站数	座	79	79	76	78	78	−0.51
22. 社会总产值	万元	17001	13848	16435	21001	18423	4.49
其中：农业	万元	10926	7718	10844	15725	13652	9.31
工业	万元	3705	2515	3030	2944	1179	−24.32
建筑业	万元	1199	487	345	348	495	−9.69
运输业	万元	793	1100	950	280	337	3.78
商业	万元	378	2028	1266	1704	2760	70.33
23. 国内生产总值	万元	8230	8417	9156	9655	10135	7.65
其中：第一产业	万元	4249	3928	5618	5902	6918	11.04
第二产业	万元	1143	1208	805	921	696	−8.94
第三产业	万元	2838	3281	2733	2832	2521	6.95
24. 营业收入	万元	18903.50	16629.00	19492.00	21121.30	19996.70	2.14
25. 利润总额	万元	525.80	418.40	425.00	450.30	461.90	9.00
26. 纳税总额	万元	205	147	92	62	24	−36.62

（续）

指标名称	计量单位	第十一个五年计划 江苏省淮海农场有限公司（2004.12—2020.12）					
		2006	2007	2008	2009	2010	年递增（±）%
1. 总户数	户	3535	3517	3498	3471	3582	0.01
2. 总人口	人	8711	8628	8571	8481	8400	−0.87
3. 职工人数	人	3427	3299	3170	3085	3003	−3.24
其中：农业职工	人	2935	2756	2627	2567	2479	−3.93
管理人员	人	249	259	301	316	311	−3.41
从业人数	人	4231	4024	4044	4429	4489	2.01
平均从业人数	人	3484	3363	3235	3128	3044	−3.14
4. 工资总额	万元	3081	3728	3872	4338	5161	37.79
5. 职均收入	元	9000	11171	12157	13886	17020	14.37
人均收入	元	6700	9300	11646	12927	14470	21.63
可支配收入	元	7920	9831	10698	12220	14978	14.37
6. 离退休人数	人	2616	2656	2688	2644	2629	1.43
劳退工资和退休金	万元						
7. 房屋总面积	平方米	242777	273177	297977	299859	304305	6.64
8. 土地总面积	亩	138690	138770	138770	138770	138859	0.02
①耕地面积	亩	77265	78480	80100	80550	80550	0.84
②林地面积	亩	7380	9825	10425	27900	28095	32.89
③水面面积	亩	25755	13950	10230	8085	7980	−20.89
其中：养殖	亩	3105	3105	1485	795	600	−28.02
④果园面积	亩						
⑤可垦荒面积	亩	—	—	—	—	—	
⑥水泥晒场	亩	840	840	1605	2250	2610	25.45
⑦道路面积	亩	2955	2955	2955	6000	6000	15.22
⑧盐田面积	亩						
⑨居民点用地	亩	4020	4560	10005	12330	11970	20.97
⑩公用占地	亩		36	3690	2190	795	
⑪其他	亩	795	795	795	795	860	1.57
9. 农作物播种面积	亩	19455	19002	13455	860	1537335	139.63
10. 粮食总产量	吨	63250	67118	70385	72598	72793	3.85
其中：大麦	吨	23347	29018	29514	30788	23980	0.99
小麦	吨	2383	4100	2613	1410	6613	28.71
水稻	吨	37520	34000	38258	40400	42200	3.48
大豆	吨					25	

（续）

指标名称	计量单位	第十一个五年计划 江苏省淮海农场有限公司（2004.12—2020.12）					
		2006	2007	2008	2009	2010	年递增（±）%
棉花	吨					5	
肉类产量	吨	77	118	245	469	1579	112.81
成鱼产量	吨	2303	1129	801	27	10	−74.33
11. 资产总额	万元	21679	35531	41593	53168	41170	11.18
其中：流动资产合计	万元	6685	18139	22771	31154	16804	2.92
存货	万元	1482	2451	5920	9215	9533	17.85
固定资产原值	万元	20595	24909	25590	27550	33609	17.87
固定资产净值	万元	10643	10856	10608	11245	18352	24.31
12. 当年固定资产投资	万元	5840.00	5371.40	4341.30	5648.10	5106.60	20.26
其中：农业投入	万元	1114.00	2333.60	2157.20	2863.30	2179.40	23.75
13. 负债总额	万元	10477	23475	29124	39948	25999	10.88
14. 所有者权益	万元	11202	12056	12469	13219	15171	11.70
其中：实收资本	万元	3428	3865	3865	5281	7678	33.02
15. 资产负债率	%	48	66	70	75	63	−0.27
16. 农业机械总动力	千瓦	24197	27840	30574	31555	32473	4.66
17. 用电总数	万度	710	690	750	750	860	4.20
18. 收割机	台	43	76	80	85	91	2.87
19. 拖拉机	混合台	153	210	215	224	236	1.98
20. 化肥总消耗量	吨	14592	13206	14218	12228	14942	5.46
21. 电站数	座	78	80	80	78	78	0.00
22. 社会总产值	万元	17754	20794	21949	24745	31569	11.37
其中：农业	万元	12939	14261	15762	15777	20887	8.88
工业	万元	1188	2970	1891	3072	3000	20.54
建筑业	万元	940	900	1800	2150	3658	49.19
运输业	万元	440	380	360	480	520	9.06
商业	万元	2247	2283	2136	3266	3504	4.89
23. 国内生产总值	万元	10931	12024	14008	17100	19367	13.83
其中：第一产业	万元	7079	8110	9217	10965	12255	12.11
第二产业	万元	1021	999	1644	2350	2522	29.38
第三产业	万元	2831	2915	3148	3785	5745	17.90
24. 营业收入	万元	21652.00	23461.00	24912.50	28981.30	41505.50	15.73
25. 利润总额	万元	3012.00	3893.70	3267.20	3438.60	5056.90	61.39
26. 纳税总额	万元	205	218	262	326	673	95.61

（续）

指标名称	计量单位	第十二个五年计划 江苏省淮海农场有限公司（2004.12—2020.12）					
		2011	2012	2013	2014	2015	年递增（±)%
1. 总户数	户	3377	3332	3284	3250	3203	−2.21
2. 总人口	人	8281	8186	8085	7979	7852	−1.34
3. 职工人数	人	2928	2741	2602	2459	2314	−5.08
其中：农业职工	人	2392	2127	1868	1239	1087	−15.20
管理人员	人	322	313	318	292	331	1.25
从业人数	人	4286	3874	2602	3169	2455	−11.37
平均从业人数	人	2966	2835	2672	2531	2450	−4.25
4. 工资总额	万元	7923	9409	10465	9905	10807	15.93
5. 职均收入	元	26713	33518	37061	39227	42364	20.01
人均收入	元	15917	17510	19261	21187	23806	10.47
可支配收入	元	23507	29496	32614	34520	37280	20.01
6. 离退休人数	人	2804	2786	2880	2973	2992	2.62
劳退工资和退休金	万元	2106	5974	6735	7754	7712	38.33
7. 房屋总面积	平方米	312305	344305	351097	381287	385487	4.84
8. 土地总面积	亩	138770	137568	137568	136904	138276	−0.08
①耕地面积	亩	80550	79349	79349	78685	78685	−0.47
②林地面积	亩	28095	28095	28095	5623	5956	−26.67
③水面面积	亩	7890	7890	7890	7890	7890	−0.23
其中：养殖	亩	600	600	600	600	600	0.00
④果园面积	亩				100	140	40.00
⑤可垦荒面积	亩	—	—	—	—	—	—
⑥水泥晒场	亩	2610	2610	2610	9000	9000	28.09
⑦道路面积	亩	6000	6000	6000	20250	20250	27.54
⑧盐田面积	亩						
⑨居民点用地	亩	11970	11970	11970	13202	14701	4.20
⑩公用占地	亩	795	795	795	795	795	0.00
⑪其他	亩	860	860	860	859	859	−0.01
9. 农作物播种面积	亩	153979	159469	1593602	157155	163635	−36.11
10. 粮食总产量	吨	73000	76423	76443	81801	94078	5.26
其中：大麦	吨	17000	24138	16737	15733	12538	−12.16
小麦	吨	14000	6746	14665	25214	26677	32.17
水稻	吨	42000	45540	45041	40854	54863	5.39
大豆	吨	16	18			47	13.46

指标名称	计量单位	第十二个五年计划 江苏省淮海农场有限公司（2004.12—2020.12）					
		2011	2012	2013	2014	2015	年递增（±）%
棉花	吨	100	20			2	−16.74
肉类产量	吨	1390	1850	1870	1368	1170	−5.82
成鱼产量	吨	10	10	20	10	12	3.71
11. 资产总额	万元	45951	45254	49715	58984	60689	8.07
其中：流动资产合计	万元	24810	24409	25671	29963	32810	14.32
存货	万元	10457	12623	10049	17939	17178	12.50
固定资产原值	万元	32693	33759	38484	46772	49290	7.96
固定资产净值	万元	18194	17693	27195	24657	24328	5.80
12. 当年固定资产投资	万元	5966.00	6866.58	7253.30	4637.00	4068.00	−4.45
其中：农业投入	万元	1976.80	1586.38	2603.68	3862.00	3099.00	7.29
13. 负债总额	万元	36412	35309	33667	39962	43705	10.95
14. 所有者权益	万元	9540	9945	16048	19022	16984	2.28
其中：实收资本	万元	4748	4566	1844	2844	2844	−18.02
15. 资产负债率	%	79	78	68	68	72	2.66
16. 农业机械总动力	千瓦	32544	34593	28249	33802	35386	1.73
17. 用电总数	万度	1250	1565	1800	2109	2353	22.30
18. 收割机	台	50	42	43	35	36	−16.93
19. 拖拉机	混合台	225	216	219	242	272	2.88
20. 化肥总消耗量	吨	10836	11646	11645	10614	11894	−4.46
21. 电站数	座	75	82	83	88	80	0.51
22. 社会总产值	万元	34660	34393	33653	58602	59167	13.39
其中：农业	万元	25295	26707	22286	27070	28931	6.73
工业	万元	1585	900	390	20809	18839	44.41
建筑业	万元	4200	3205	3592	1800	400	−35.77
运输业	万元	600	650	800	821	980	13.51
商业	万元	2981	2931	6585	8102	10017	23.38
23. 国内生产总值	万元	20862	20985	21611	26526	26448	6.43
其中：第一产业	万元	14458	12156	11745	11830	13435	1.86
第二产业	万元	2295	1668	1145	4153	2485	−0.30
第三产业	万元	4110	7160	8720	10543	10528	12.88
24. 营业收入	万元	39383.60	39165.04	40492.20	66822.00	72342.00	11.75
25. 利润总额	万元	4206.22	3908.98	4199.20	6026.00	6740.00	5.91
26. 纳税总额	万元	968	557	420	327	367	−11.42

（续）

指标名称	计量单位	第十三个五年计划 江苏省淮海农场有限公司（2004.12—2020.12）					
		2016	2017	2018	2019	2020	年递增（±）%
1. 总户数	户	3176	3157	3096	3059	3011	−1.23
2. 总人口	人	7787	7656	7507	7321	7143	−1.87
3. 职工人数	人	2190	1949	1798	1637	1455	−8.86
其中：农业职工	人	981	944	774	707	644	−9.94
管理人员	人	304	344	318	316	261	−4.64
从业人数	人	2528	2521	2213	2196	2095	−3.12
平均从业人数	人	2278	2063	1881	2037	1537	−8.90
4. 工资总额	万元	12074	11015	11187	12719	11382	1.04
5. 职均收入	元	47680	52203	53840	58406	64761	8.86
人均收入	元	26085	28803	30860	32403	33375	6.99
可支配收入	元	41958	45939	47379	51397	56990	8.86
6. 离退休人数	人	3116	3251	3523	3410	3447	2.87
劳退工资和退休金	万元	5128	4048	4064	4304	4569	−9.94
7. 房屋总面积	平方米	395487	395487	395487	395487	395487	0.51
8. 土地总面积	亩	138276	138276	138276	129819	129819	−1.25
①耕地面积	亩	78685	78685	78685	78268	78268	−0.11
②林地面积	亩	5956	5956	5956	5956	5956	0.00
③水面面积	亩	7890	7890	7890	7890	7890	0.00
其中：养殖	亩	600	600	600	600	600	0.00
④果园面积	亩	140	140	140	140	140	−0.07
⑤可垦荒面积	亩	—	—	—	—	—	—
⑥水泥晒场	亩	9000	9000	9000	9387	9387	0.85
⑦道路面积	亩	20250	20250	20250	12682	12682	−8.94
⑧盐田面积	亩			—			
⑨居民点用地	亩	14701	14701	14701	14701	14701	0.00
⑩公用占地	亩	795	795	795	795	795	0.00
⑪其他	亩	859	859	860	—	—	
9. 农作物播种面积	亩	164991	164528	163335	163575	156636	−0.87
10. 粮食总产量	吨	87151	92490	88198	98504	87364	−1.47
其中：大麦	吨	6830	2971	2354	836	7509	−9.74
小麦	吨	31139	41360	40397	43763	32763	4.20
水稻	吨	49182	48159	45447	53905	47091	−3.01
大豆	吨	47	75	38	140	136	23.68

（续）

指标名称	计量单位	第十三个五年计划 江苏省淮海农场有限公司（2004.12—2020.12）					
		2016	2017	2018	2019	2020	年递增（±）%
棉花	吨	2		42	143	140	133.89
肉类产量	吨	2347	1972	2344	1999	1319	2.42
成鱼产量	吨	12	20	30	40	40	27.23
11. 资产总额	万元	65457	59368	65502	69887	80372	5.78
其中：流动资产合计	万元	30741	29786	32845	40252	54036	10.49
存货	万元	19697	19782	22786	27864	28289	10.49
固定资产原值	万元	54829	54859	53852	55279	54471	2.02
固定资产净值	万元	27667	27642	24579	23839	23193	−0.95
12. 当年固定资产投资	万元	5945.00	6047.00	5932.70	5783.30	2558.80	−8.86
其中：农业投入	万元	2445.00	2444.00	3599.90	2366.38	1652.30	−11.82
13. 负债总额	万元	45529	46445	46499	51867	59068	6.21
14. 所有者权益	万元	19061	19038	19003	18046	21314	4.65
其中：实收资本	万元	3266	3266	3266	2844	2844	0.00
15. 资产负债率	%	70	78	71	74	74	0.41
16. 农业机械总动力	千瓦	38921	38921	39878	41061	46270	5.51
17. 用电总数	万度	2713	2623	2570	2855	2691	2.72
18. 收割机	台	39	39	39	38	38	1.09
19. 拖拉机	混合台	283	283	268	268	300	1.98
20. 化肥总消耗量	吨	12021	12021	13230	12501	14272	3.71
21. 电站数	座	78	78	77	86	83	0.74
22. 社会总产值	万元	64094	65092	69903	69201	74261	4.65
其中：农业	万元	33681	33681	34997	25338	30402	1.00
工业	万元	20373	20374	22226	23392	28508	8.64
建筑业	万元	190	189	140	240	743	13.18
运输业	万元	1210	1210	1420	2120	1980	15.10
商业	万元	8640	9638	11120	18111	12629	4.74
23. 国内生产总值	万元	28941	30584	33240	33947	35778	6.23
其中：第一产业	万元	14689	15578	15801	11876	15700	3.16
第二产业	万元	2906	2892	4698	6204	6743	22.10
第三产业	万元	11346	12114	12741	15867	13335	4.84
24. 营业收入	万元	77667.00	75987.43	96324.30	96477.88	102083.70	7.13
25. 利润总额	万元	9729.00	9402.60	11102.60	6961.52	9642.70	7.43
26. 纳税总额	万元	291	431	524	511	423	2.87

江苏淮海农场志
JIANGSU HUAIHAI NONGCHANGZHI

后记

《江苏淮海农场志》（1952—2020）在淮海人的共同努力下，终于面世了。

淮海农场素有"江苏农垦摇篮"之称，是江苏农垦的发源地，创建于1952年4月，由中国人民解放军步兵一〇二师奉毛主席命令改编创建。几十年来，关心和热爱淮海农场的各界仁人志士，都希望了解和研究淮海农场，由此激发我们编纂这部志史。

2011年1月，农场成立"淮海农场志编纂委员会"，组成专业编纂班子，编纂场志工作就此展开。编纂人员集中力量，到农场档案室查阅档案，摘抄复印大量的史料，深入企业（单位）走访，约请访问多位老干部、老同志，收集素材，考证史实，并通过大范围地征集珍贵的物品和照片，获得了第一手丰富的实物和史料。志书编纂人员几易其稿，历时3年，完成近32万字的《淮海农场志》（1952—2012），2015年6月出版。

2020年9月，淮海农场被列入第一批农场志编纂单位。随后，农场志修编委员会成立，《淮海农场志》（1952—2020）修编工作进入准备阶段。9月14日，农场参加了中国农垦农场志丛编纂委员会举办的编纂培训班。随后，修志工作启动。

2020年12月，中国农垦农场志丛编纂委员会一行在省农垦集团公司人员陪同下来到农场，就农场社会经济发展和第一批中国农垦场志编纂单位情况进行调研，对修编工作提出了具体要求。

《江苏淮海农场志》在原《淮海农场志》（1952—2012）的基础上增编8年的史料。场志修编过程中，中国农垦农场志丛编纂委员会专业人员认真审阅《淮海农场志》（1952—2020），提出了多项修改意见，并指导修订。农场党委领导高度重视，多次进行专题会议，听取编纂工作安排，了解进度，布置落实有关措施。全场各单位、各部门积极支持配合，为志书的顺利编纂提供了大量宝贵的数据和资料。

本志书以大量事实，反映淮海农场建立以来，特别是改革开放后的巨变。全志设六编、二十四章，120万字，横向分类描述，第一章前设概述和大事记，概述作宏观分层提挈，大事记作纵向顺时贯通，较翔实、全面地反映了淮海农场概况。2021年4月15日，《江苏淮海农场志》（1952—2020版）经相关部门、单位编纂人员多次校核修改，初稿完成。

众手成志，本书凝聚了很多人的心血。县内各界人士给予了很大的关心和帮助，射阳县地方志办公室董彪和蒯本智同志及时给予业务指导；兄弟农场给予了大力支持和帮助，于广生、高家政提供了农建四师时期的很多珍贵历史资料；农场老同志、老军垦人提供了很多鲜为人知的信息。值此，我们向对志书编纂工作给予关心、支持和帮助的各级领导，有关单位，以及所有积极参与此项工作的各界人士谨表谢忱。

由于编撰水平有限，加之志书时间跨度大，涉及面广，资料收集不尽完善，有些史实难以考证，难免存有错误和疏漏，敬请领导、专家学者、读者不吝赐教。

编　者

2021年6月